Mit den besten Empfehlungen

Ihr Elster Verlag

Peter Zudeick

Der Hintern des Teufels

Ernst Bloch – Leben und Werk

ELSTER VERLAG
MOOS & BADEN-BADEN

Satz und Herstellung:
Reinhard Amann, Leutkirch

Druck und Bindung:
Kösel, Kempten

Umschlagfoto:
Hannes Pflaum

ISBN 3-89151-004-7

Für Tim

Inhalts-verzeichnis

Ein guter Brief spricht vom Schreiber,
ein gutes Buch vom Leser.

Einleitung

November 1971, Volkshochschule Köln. Der große Vortragssaal ist überfüllt, auch das Podium voll besetzt. Aus einer Seitentür wird ein Mann geführt, mittelgroß, fast weißhaarig, gebeugt, an zwei Krücken gehend. Trotzdem muß er noch gestützt werden. Sein Begleiter führt ihn zum Rednerpult, die Krücken werden abgestellt, und dann geht es los: Ernst Bloch spricht. Woher die Kraft aus diesem kranken Körper kommt, bleibt unerfindlich. Der alte Mann da, der mit beiden Armen das Rednerpult umklammert, donnert, säuselt, jubelt, schimpft, doziert, deklamiert – er steht unter Dampf, da braust und zischt es, dieser 86jährige Greis *lebt* auf eine Art und Weise, die den Zuhörer in Bann schlägt. Tatsächlich: Das alles ist so unbeschreiblich, daß man unversehens zu solch ausgelaugten Metaphern greift. Mehr als eine Stunde spricht Bloch über sein „Prinzip Hoffnung“, anschließend stellt er sich noch fast eine Stunde den Fragen seiner Zuhörer.

Von der Jugend war viel die Rede, von der Studentenrevolte, der Heuchelei der Mächtigen, revolutionärer Geduld und rascher Heldentat – doch die Erinnerung daran ist eher blaß. Umso lebendiger steht das *Bild* des 86jährigen vor mir, der vulkanische Ausbruch aus einem scheinbar erlöschenden, gebrechlichen Körper. „So einen Kerl habe ich zeit meines Lebens nicht gesehen“, spricht der Wirt in einer Anekdote von Heinrich von Kleist. So erging es mir – wie vielen – mit Ernst Bloch.

Später kamen andere Erfahrungen hinzu: Seminar in Tübingen, persönliche Begegnung, wissenschaftliche Auseinandersetzung mit dem Werk. Bei der Beschäftigung mit der Literatur zu Bloch fiel mir auf, daß einige Autoren merkwürdige Verständnisschwierigkeiten hatten, daß er an Stellen mißverstanden wurde, die ich für gänzlich einleuchtend gehalten hatte. Dieselbe Erfahrung auch in Gesprächen. Ich stellte fest, daß vielen die Erfahrung der Mündlichkeit Blochs fehlt, dieses für den Zugang zu seinem Denken so wichtigen Elements. Wer diese Art zu denken und zu sprechen nur aus Büchern kennt, wird den vitalen Gestus, den philosophischen Eros nicht so leicht als Teil dieses Philosophierens begreifen können und damit einer wichtigen Bloch-Qualität verlustig gehen. Außerdem: In die rein „wissenschaftliche“ Auseinandersetzung geht die Person als Ganzes in der Regel nicht ein. Die Biographie gibt allenfalls ein paar Anmerkungen her oder spielt gerade noch als Hintergrund für bestimmte politische Ansichten eine Rolle. Dabei ging es *mir* immer wie Ludwig Marcuse: „Nur Menschen, nicht Ideen haben mich beeinflußt; oder nur Ideen, die sehr individuelle Züge zeigten. Philosophie war mir immer Menschen-, nicht Ideengeschichte.“ Daß hinter einer Philosophie gelebtes Leben steht, daß Biographie auf bedeutsame Weise mit Entstehung und Geltung des „Werks“ zu tun hat, ist mir gerade an Ernst Bloch aufgegangen.

Bloch ist „Zeitgenosse“ in auffälliger Weise. Er hat die Jahrhundertwende als Heranwachsender erlebt, den ersten Weltkrieg und die Oktoberrevolution als junger Mann, die Weimarer Zeit, den heraufkommenden Faschismus als Vierzigjähriger, er war 54 Jahre alt, als der zweite Weltkrieg begann; pendelnd von einer Emigration in die andere, kämpfend gegen den Krieg Wilhelms, gegen den Hitlers, und in all dieser Unruhe von Kampf, Krieg und Exil unerschütterlich an seinem Werk arbeitend. Mit 64 Jahren steht Bloch 1949 zum ersten Mal als Universitätsprofessor vor Studenten, nimmt Teil am sozialistisch gewollten Aufbau der DDR, zankt sich mehr und mehr mit dem System herum, geht schließlich, 76jährig, wieder in die Emigration, diesesmal von Deutschland nach Deutschland, und macht abermals eine Universitätskarriere. Das ist ein Leben prall von Zeitgeschichte, die bei Bloch nicht nebenherfährt, auch nicht bloß im Rucksack mitgeschleppt wird, sondern in der er immer drinsteckt, von Anfang an und bis ins hohe Alter, die ihn prägt, auf die er reagiert, die er mitprägt. Wer Bloch nur „wissenschaftlich“ darstellen will, dem muß dies alles unter der Hand verdorren. So liest sich derlei auch meist.

Schreiben wir also ein biographisch-politisches Porträt des Philosophen Ernst Bloch und seiner Philosophie der Utopie, also über das, was in bester Tradition „Leben und Werk“ heißt: Biographisches nicht als bloße „Illustration“ mißbrauchend, Werkhaftes nicht als unvermittelte Theoriegebilde mißverstehend. Wobei man sich hüten muß, vor lauter Lust am Leben ins bloß Anekdotische abzugleiten. „Es ist doch völlig gleichgültig, wann Kant sich eine neue Waschschüssel gekauft oder ein Schopenhauer statt eines Fisches ein Fleischgericht zum Mittagessen in seinem Restaurant in Frankfurt bestellt hat. Wenn das Philosophie wird“, so Bloch, „dann ist die Philosophie tatsächlich am Ende.“ Und ebenso muß man vermeiden, so zu tun, als sei man überall dabeigewesen. Bloch hat Alfred Döblin, der sich auf seinen realistischen Schreibstil einiges zugute hielt, einmal gefragt: „Woher wissen Sie, daß Wallenstein beim Gespräch mit dem Kaiser drei Schritte zurücktrat?“ Zwar wollte er Döblin gar nicht entlarven, sondern nur zeigen, daß „das Unbeweisbare es ist, was das Salz gibt.“ Gleichwohl schwebe dies Beispiel warnend über uns.

Zum Werk: Längst sind zentrale Begriffe von Blochs Philosophie allgemeiner Sprachgebrauch geworden, meist auf fatale Weise. Das „Prinzip Hoffnung“ hat eine steile Karriere gemacht, ist zum allgegenwärtigen Zitat in allen Lebenslagen geworden, in der Regel in völliger Umkehrung des Gemeinten. Ein Beispiel für viele: „Verhandeln und Warten nach dem Prinzip Hoffnung“ – mit dieser Überschrift wird in der

„Stuttgarter Zeitung" signalisiert, daß bei den KVAE-Verhandlungen in Stockholm niemand etwas Konkretes in Händen hat und alle nur darauf hoffen, es werde schon etwas dabei herauskommen. Allenthalben – im Sport, in der Politik, in der Wirtschaft – gilt das „Prinzip Hoffnung" als das Gegenteil konkreten Denkens und praktischen Handelns, wobei nur selten so schön genialer Blödsinn herauskommt wie bei Wolfgang Neuss: „Fußball is es nich, Handball is es nich, Golf heißt der neue grüne Sport. Wegen dem grünen Golfprinzip Hoffnung: von Bloch zu Bloch."

Im Namen von Ernst Bloch ist *eben der* Luderbegriff von Hoffnung und Utopie Sprachgebrauch geworden, gegen den er zeitlebens so tapfer wie grimmig gefochten hat. Ähnliches ließe sich bei den Kategorien „aufrechter Gang", „konkrete Utopie" und anderen zeigen, mit der grämlichen Schlußfolgerung, daß Blochs Lebenswerk zwar als schicker Zitatensteinbruch genutzt wird, daß Inhalt und Lebendigkeit dieses Lebens und dieses Werks aber eher in wissenschaftlichen Bibliotheken vor sich hin träumen, als daß sie öffentlich weiterwirken.

Auch deshalb dieses Buch: Einem möglichst breiten Publikum, nicht den Fachphilosophen, soll Kern, Entwicklung und gegenständliche Fülle des Blochschen Denkens gezeigt werden, indem gleichzeitig sein Leben beschrieben wird. Dabei sollte auch vermieden werden, schlauer zu tun, als der Leser gerade sein kann. Wenn also zum Beispiel über „Geist der Utopie" aus dem Jahre 1918 die Rede ist, wird nicht die Textgestalt der Zweitauflage von 1923 oder gar die Bearbeitung von 1964 zugrundegelegt, was ansonsten in der Bloch-Literatur üblich geworden ist. Das macht gegebenenfalls Wiederholungen nötig, scheint aber die einzige Methode, Ergebnisse von Entwicklungen tatsächlich da abzugreifen, wo sie historisch auftauchen. Auch soll nicht allzuviel „abgehandelt" werden. Statt *über* Bloch und seine Zeitgenossen wird, wann immer möglich, *mit* ihnen und *durch* sie gesprochen. Auf Bloch bezogen will ich damit auch erreichen, daß sich etwas von seiner Sprachgestalt vermittelt, ohne daß diese umständlich beschrieben werden müßte: Schließlich will dieses Buch Einführung in Blochs Leben und Werk sein, und das heißt nicht zuletzt Anregung zum Weiterlesen. Dies freilich kann nicht erspart werden.

Nicht beabsichtigt ist daher auch allerlei Schlaues und Belesenes zu Einzelthemen der Philosophie der Utopie. Über die „Aporetik der Seinsbestimmung in der Ontologie des Noch-Nicht-Seins" (das wäre ein hübscher Dissertations-Titel) wird der Leser in diesem Buch nichts erfahren, die grundsätzlichen Probleme der Philosophie Blochs werden zwar angesprochen, aber hier nicht im einzelnen untersucht. Vielmehr sollen die großen Linien nachgezeichnet werden, was Vereinfachungen notwendig macht. Der Gefahr der Simplifizierung hoffe ich dabei zu entgehen. An einzelnen Stellen, die mir für den Gang des Blochschen Denkens besonders kennzeichnend scheinen, wird auch die eine oder andere Tiefenbohrung angesetzt. Auch diese Mühe kann dem Leser nicht erspart werden, zu herabgesetzten Preisen läßt sich Ernst Bloch nicht verkaufen.

So machen wir uns denn auf die Spur dieses unruhigen Geistes, dessen Denken von Anfang an „Leben“ auf eine Art und Weise reflektiert, die Rebellion gegen jede Form einschnürender Systematik und Mechanik bedeutet. Bloch hat etwas Diabolisches: „Luzifer empört sich als Herr der Vielheit gegen den einen Gott, daher nennt ihn noch Hegel den Herrn der Wanzen und Läuse, denn Hegel läßt das Besondere nur gelten, soweit es das eines Allgemeinen ist.“ Bloch ist der Anwalt dieser Einzelheit, er ficht für das Recht des Besonderen, das seines Besten beraubt wird, wenn es zur Einheit verallgemeinert wird. Das gilt für ihn politisch wie theologisch wie im philosophischen System. In einer frühen Debatte mit Georg Lukács kommt dies so zum Tragen: „Das Leben ist nichts, das Werk ist alles, das Leben ist lauter Zufall und das Werk ist die Notwendigkeit selbst“, schreibt Lukács 1911. Dagegen wendet sich Bloch in einem Brief: „Ich bin bei dir wohl vor dem Verdacht sicher, ein Liebhaber des Lebens zu sein; aber ich möchte es zu dem *Tempel* als seinem Prinzip hinführen (der Hintern des Teufels ist die Unruhe), wie die *Form zu Gott* als ihrem Prinzip hinzuführen ist (die Langeweile ist der Hintern Gottes).“ „Der Hintern des Teufels“ – das ist das Leitbild des Unruhestifters Ernst Bloch zeit seines Lebens gewesen, rebellisch und aufrührerisch gegen den „Hintern Gottes“ und seine Langeweile.

Fast 60 Jahre später schließt Bloch einen Vortrag in der Kölner Volkshochschule so ab: „Tätige Weisheit, keine kontemplative, sondern eine sich in des Teufels Wirtshaus aufhaltende Weisheit, die nicht stillhält oder schlechte Weihe allem gibt, den Kopf schüttelt und glaubt, aus allem heraus zu sein, sondern eine Weisheit ohne diese Beruhigung verbindet sich in der Tat zu revolutionärer Weisheit, was kein Paradox ist und sich mit der Zukunft in der Vergangenheit durchaus berühren kann.“

Ein guter Brief spricht vom Schreiber, ein gutes Buch vom Leser. Bloch hat zeit seines Lebens und Werks das immer zeigen wollen: Daß in der Philosophie, daß in den fortgeltenden Inhalten vergangener Kultur und Politik von dem geredet wird, was den Menschen angeht. De te fabula narratur (von Dir erzählt die Geschichte): Nicht zufällig zitiert Bloch immer wieder diesen Satz des Horaz, der nicht zufällig von Karl Marx im Vorwort zum „Kapital“ zitiert wurde. Daß Blochs Philosophie stets vom Leser sprechen will, von dem einzelnen, den es angeht, will dieses Buch unter anderem zeigen: und will insofern nicht nur über Ernst Bloch sprechen, sondern auch – und gleichzeitig – vom Leser, den Bloch etwas angehen könnte.

Sagen Sie ihm, daß er für die Träume seiner Jugend soll Achtung tragen, wenn er ein Mann sein wird.

Friedrich Schiller, Don Carlos, IV/21.

Kapitel 1
1885 – 1905

Häkchen und roter Faden

Die eigene Biographie mochte Ernst Bloch nie allzu wichtig nehmen. Was nur einen selbst betrifft, hielt er nicht für bedeutsam. So sind die Mitteilungen über seinen Lebensweg insgesamt spärlich; über die ersten zwei Jahre nach dem Tod seiner Frau Else (1921) hat er ausführlich berichtet, aber eben in der Absicht, ein „Gedenkbuch" für sie, weniger über sich zu schreiben. Ansonsten erfahren wir von ihm selbst Genaueres lediglich über Kindheit und Jugend. Die nämlich gehen für Bloch auf besondere Weise über den engeren Bereich des Privaten hinaus. Wie etwas anfängt, wie *wir* anfangen und uns aus diesen Anfängen herausbilden, das ist für ihn ein eigentümlich philosophisches Thema: „Mit fast nichts fangen wir an. Das treibt uns, will mehr spüren. Sieht sich danach um, tastet und greift."

Dieses Motiv ist für Bloch so wichtig, daß auch die eigene Biographie zum Gegenstand des philosophischen Interesses wird, ihm verdanken wir die ersten niedergeschriebenen Kindheitserinnerungen, unter dem Titel „Geist, der sich erst bildet" 1930 in seinem Buch „Spuren" veröffentlicht. Das Wort „Erinnerungen" ist dabei mit Rabatt zu nehmen. Es sind natürlich Interpretationen des erwachsenen Mannes, der auf seine, philosophisch bestimmte Weise über Kindheitseindrücke nachgedacht hat und das Ergebnis dieses Nachdenkens in der ihm eigenen Art erzählt: „Spüre mich atmen, hin und her, koche leise. Merkte auch, daß ich taste, schrie, hörte aber nichts."

Bloch beschreibt weiter, wie das Kleinkind seine Umwelt sieht und erfährt: „Wird es heller, so kommt das Kriechen oder man kauerte herum. Vor den Ritzen im roten Sandstein und den rennenden Ameisen, sonst ist nichts da. Sonderbar werden die Ritzen kleiner, sobald man wächst, die Hand deckt zu viel von ihnen zu. Andres steigt auf, Büsche, der Garten hinterm Haus, sehr verwildert; man wagt sich überall hin, der Wind in den Blättern. Schloß man die Augen, so wird man gesehen, von der kleinen schwarzen Pumpe. Der Busch dahinter und ein junger Hund, den ich Meintwegen nannte, waren die ersten Freunde. Auch ein Holzblock für den Waschzuber hieß so, nein, er war das: ›meint‹ war das lange, ›wegen‹ das Querholz daran."

Angst vor weißen Gesichtern in der Dunkelheit, vor dem bösen Weib, vor Gespenstern und Märchenfiguren prägt sich dem Kind ein: „Hinter dem obersten Fenster eines hohen Eckhauses wohnte der kleine Muck; stundenlang sahen wir zu den scheußlichen Ziegelsteinen empor. Manchmal sahen wir ein Gesicht hinter den Scheiben, an den Füßen hatte es die großen Schuhe und gewiß das Stöckchen in der Hand. So oft ich konnte, wartete ich vor der Tür, um den Ausgang des Mucks zu sehen. Einmal fragten wir den Briefträger nach ihm, aber der sagte nichts und schüttelte den Kopf, das kannte man von Erwachsenen, wenn man sie nach unförmigen Dingen fragte, desto sicherer waren sie da". Und weiter geht es mit bunten Merkwürdigkeiten, arabischen Steinen, Glaskugeln, Begegnungen mit kleinen schwarzen Männlein beim Sammeln von Rheinkieseln – es ist eine schillernde, phantasiehaltige, zauberhafte Welt, die uns da geschildert wird.

„Das nackte, schonungslose Gesicht des Spätkapitalismus": Industrie in Ludwigshafen um 1910.

Ort der bunten Handlung: Ludwigshafen, die graue Industrie- und Arbeiterstadt mit ihrem Panorama von Hochöfen, Fabrikschloten, Chemiedreck und Hafenanlagen – hier wurde Ernst Simon Bloch am 8. Juli 1885 geboren. Ludwigshafen gehört zu dieser Zeit noch zu Bayern, Blochs Vater Markus war königlich-bayerischer Eisenbahnrevisor im Tarifbüro der Pfalzbahn, „tüchtig in seinem Fach, durchaus eine Beamtenseele, sehr wenig von der Muse geküßt; also ein normaler Mann, in seiner Weise." Die Mutter Barbara ist „schwierig", sie kränkelte wohl, war „nervös, nicht ganz auf der Höhe, schwierige Ehe".

Die Eltern waren Juden, allerdings angepaßte königlich-bayerische Staatsbürger. 1862 hatte Großherzog Friedrich von Baden die bürgerliche Gleichstellung der Juden angeordnet, ein Reichsgesetz von 1869, das seit 1871 für alle deutschen Einzelstaaten rechtskräftig war, hob die Beschränkungen der bürgerlichen und staatspolitischen Rechte für Juden – wenigstens formal – auf. In der Pfalz hatten ohnehin liberalere Bestimmungen als in Bayern gegolten, und diesen Rechtszustand hatte man beim Anschluß an Bayern 1816 weitgehend bestehen lassen.

Viele Juden sind begeisterte Nationalisten, eifrige Verfechter der totalen Assimilation nach den Grundsätzen: „1. Wir sind nicht deutsche Juden, sondern deutsche Staatsbürger jüdischen Glaubens. 2. Wir brauchen und fordern als Staatsbürger keinen anderen Schutz als den der verfassungsmäßigen Rechte. 3. Wir gehören als Juden keiner politischen Partei an. Die politische Anschauung ist, wie die religiöse, die Sache des einzelnen. 4. Wir stehen fest auf dem Boden der deutschen Nationalität. Wir haben mit den Juden anderer Länder keine andere Gemeinschaft als die Katholiken und Protestanten Deutschlands mit den Katholiken und Protestanten anderer Länder."

Wichtig dabei: Juden durften auch in den Staatsdienst, und sie durften ihre jüdisch klingenden Vornamen ändern. Blochs Vater ist derart niemals mit seinem Taufnamen Markus – ohnehin eine Latinisierung des jüdischen Mordechai – gerufen worden, sondern immer nur Max, seine Mutter Barbara wurde stets Berta genannt. Das war für den Sohn Ernst so selbstverständlich, daß er auch in seinem quasi-offiziellen Lebenslauf anläßlich seiner Promotion die Vornamen der Eltern mit Max und Berta angab. Mit der jüdischen Religion und deren Riten nahmen es die Blochs folglich auch nicht sehr genau, die Feiertage wurden nicht eingehalten – bis auf eine Ausnahme, die Bar Mizvah, die Einsegnung für den Sohn Ernst.

Finanziell ging es den Blochs gut, es gab keine Entbehrungen, man konnte sich sogar den Luxus von Urlaubsreisen gönnen. Auch in der Verwandtschaft mußte keiner darben: Bloch erzählt von einem reichen Onkel in Mannheim, der „90 Prozent der deutschen Spritproduktion kontrolliert" hat. Man wird sagen können, daß Ernst Bloch in einer Atmosphäre bürgerlichen Wohlstands aufgewachsen ist. Freilich hat er dies Elternhaus nicht gemocht, er spricht von einer „schwierigen Kindheit", davon, daß er sich einsam fühlte. „Und die meisten Kinder, weinen sie, so über ihre Eltern, über den Ort, wo sie sind", notiert Bloch später. Nur an eine Tante in Worms, bei der er gelegentlich die Ferien verbrachte, erinnert er sich gern, ansonsten kommt seine Familie bei ihm schlecht weg; auch später, als er erwachsen ist, gibt es bei gelegentlichen Besuchen stets Streit. 1921 schreibt Bloch sogar anläßlich der Lektüre von Kellers „Grüner Heinrich", der den Tod seines Vaters betrauert: „Ich hatte überhaupt keinen Vater".

Mit zehn Jahren kommt Bloch ans Königliche Gymnasium Ludwigshafen in der Schulstraße, was die schwierige Kindheit nicht eben erleichtert: „Die Schule kam noch hinzu, das hatte gerade noch gefehlt", für den Knaben Bloch ist das Gymnasium „entsetzlich" und „stupid", gar ein „Zuchthaus", er leidet unter seinen Mitschülern wie unter den Lehrern: „Welche Kleinbürger, welche Narren; man war ihr Hund und rebellisch." Dieser Zustand bessert sich erst ein wenig, als er in der Obertertia sitzenbleibt. Das normale Elend mit der Schule geht zwar auch dann weiter: „Obwohl dieser Schüler Repetent ist, sind seine Leistungen derart mangelhaft, daß es fraglich ist, ob er das Klassenziel erreichen wird", heißt es im Osterzeugnis der Wiederholungsklasse. Aber immerhin wird er durch das Sitzenbleiben „von einer scheußlichen Bagage von Schulkameraden befreit – das waren alles schon Prä-Nazis", und kommt zu Mitschülern, die ihm das Leben leichter machen und deren freundlichen, kameradschaftlichen Umgang er häufig hervorhebt. Einig ist man sich in der neuen Klasse vor allem im Protest gegen Elternhaus und Schule: Immer wieder notiert Bloch, daß dies Element für ihn eine entscheidende Rolle gespielt hat. „Ich erinnere mich, früh auf den Geschmack gekommen zu sein. Aufsässig gegen Haus und Schule, der rote Faden spann sich an. Pläne zum Ausreißen, wie fast in jeder Jugend, hin zu schöner Fremde, die keine war, sondern Verwandtes."

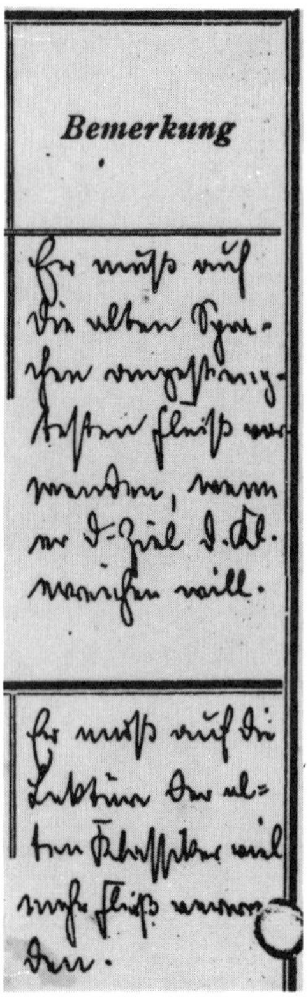

Klassenziel gefährdet: Aus dem Untersekunda-Zeugnis (1901/02).

„Früh wird gekrümmt, was ein Häkchen werden soll" – dagegen lehnt der junge Bloch sich auf. Ein in den 60er Jahren geschriebener Lebenslauf beginnt so: „Am besten krümmt man sich nicht beizeiten. Auch auf die Gefahr hin, kein Häkchen zu werden."

Der Protest allerdings bleibt vage, er will ganz allgemein das Gegenteil von allem, was Schule und Elternhaus ausmacht, richtet sich gegen Enge, Muff und Kleinbürgertum. „Haß gegen den Durchschnitt erfüllte in dieser Zeit fast alle. Die junge Gans will sich verbessern, der junge Flegel spuckt auf den häuslichen Muff. Jünglinge treiben auf ein edleres Leben, als es gegebenenfalls der Vater führt, auf ungeheuerliche Taten zu. Das Glück wird versucht, es schmeckt verboten und macht alles neu." So beschreibt Bloch später einmal die Jugend um die Jahrhundertwende, und in diese Beschreibung geht deutlich eigenes Erleben und Empfinden ein.

Die Aufsässigkeit äußert sich zum einen als Fluchtwunsch, man will ausreißen, und das geht für den Knaben Bloch in Ludwigshafen merkwürdigerweise besonders mühelos, nämlich ohne die Stadt und die nähere Umgebung tatsächlich zu verlassen. Die „reine Fabrikstadt Ludwigshafen, häßlich, geschichtslos, gegründet durch Chemie, doch voll haariger Burschen, Schiffern, Kneipen wie bei Jack London" ist für Ernst Bloch ein aufregendes Sammelsurium von Fabrikschmutz und buntem Abenteuer: „Die Knaben Ludwigshafens haben Krane vor Augen, Jahrmarkt und Karl May", und um die Stadt herum „die dunstige Ebene mit Sumpflöchern und Wassertümpeln, eine Art Prärie, die keine Gütchen und Idyllen kennt, zu der Fabrikmauern und Feuerschlote bedeutend passen; die Telefonstange singt dazu."

Die weite Welt des Jack London kommt über den Rhein und den Hafen zu den Jungen: „Auf Schiffen, die von Holland herunterkamen, hörten wir den Matrosen zu, die von Schlangen erzählten, die sie gefressen hatten; einer von uns

Eine Art Prärie, die Telefonstange singt dazu. Ludwigshafen um 1850.

wurde fast tätowiert. Sie logen wahrscheinlich sehr viel und auch wir brauchten etwas zum holländischen Tabak, zu Bier und Brezeln, maskierten uns in den verbotenen Kneipen als Bettler und Kapitäne, erzählten von Würmern im Holzbein, von unserem Pferd auf der Dachstube, vom Stadtschlitten hinter der protestantischen Kirche, vor allem vom Schwefelschiff im Winterhafen, wo der Lumpenarsch diente – spießige Dinge, aber sehr geschüttelt." Man streunt in der Stadt umher, die seltsam verwildert wirkt, Bloch spricht einmal vom „Wildwest am Rhein". Man geht in Kneipen, obwohl die Disziplinarordnung für Höhere Schulen im Königreich Bayern das ausdrücklich verbietet, aber schon die Namen der Wirtshäuser sind so verlockend wie treffend: „Zum Sohn der Wildnis" oder „Zum Scharfrichter von Augsburg", Detektivroman und Karl-May-Szenerie liegen gleich nebenan: „Manchmal glaubten wir an der Themse zu sein, wo die Polizeischiffe Marryats jagen, oder am Susquehanna. Besonders bei hohem Wolkenstand, gegen Abend, im Herbst, gab die öde und verrauchte Ebene alles her. – Mitternacht war längst vorüber und ehe noch der Morgen graut, müssen die Yumas umzingelt sein, Sam Hawkens, Old Wabble, Old Death, Old Surehand, Old Firehand durchstreiften die weite Prärie. Nscho-tschi leuchtete, Winnetou umarmte Old Shatterhand".

Vor allem die Welt des Jahrmarkts, mit dem Versprechen von Märchen und Orient in sich, zieht den jungen Bloch in ihren Bann: „Man zog zum Meßplatz am schönen Tag, Männer standen am Weg mit Spieluhren umgehängt oder mit Drehorgeln auf dem Boden. Die Schaukelpferde fuhren ihren Kreis, reich drehten sich die Spiegel, die silbernen und Goldlitzen funkeln. Das Licht in den Buden brannte und hinter den Bäumen leuchtet es vor, das Zigeunerweib hat das Grafenkind gestohlen, Rumpelstilzchen haust, wo Wölfe und Füchse sich gute Nacht sagen. – Wie das alles ineinan-

Die Silberbüchse Winnetous – Karl May im Kostüm.

derschäumte, so nährte und umklang es die Knabenseele, mischte ihr die Sehnsüchte. Kurz, es gab fast keinen Alltag in dieser Zeit, jenseits der Schule."

Dieser schulische Alltag erschien dagegen immer öder, und so kam zu den gemischten Sehnsüchten, je mehr die „Knabenseele" pubertierte, auch die nach großer Welt und Bohème, nach Mädchen und Ausschweifungen. Davon ist ohnehin häufig die Rede, von früher „Unzucht" im Alter von zwölf Jahren, offenbar aber ohne weibliche Beteiligung, dann vom deutlichen „Sinn für Mädchen", der immer heftiger wurde, von „energischen Gelagen". Dies alles konkretisiert sich in dem Wunsch, nach München auszureißen: „München war ungefähr der Inbegriff von allem, was anders ist, also Bohème, Freiheit, Kunst, Leben, Schönheit, Fülle des Daseins, Jugendstil", und der alte Bloch charakterisiert diesen Wunsch als eine „sehr verfrühte Ausgabe von Hippieträumen".

Dazu kam auch politisches Interesse, sozialdemokratisch ausgerichtet. Ludwigshafen hatte nur eine recht dünne bürgerliche Schicht, der Großteil der Bevölkerung war Industrieproletariat, von rund 61 000 Einwohnern um die Jahrhundertwende etwa zwei Drittel. „Mit Politik habe ich mich zu beschäftigen begonnen, als ich abends diese verhungerten Proletarier ausgemergelt durch die Straßen Ludwigshafens schleichen sah." Marx und Engels, so Bloch, habe er schon früh gelesen, Kontakte zu sozialdemokratischen Redakteuren kamen hinzu, heimlich abonnierte er den „Vorwärts". Man las linke Broschüren, „ganz sonderbare Bilder machten klar, daß die Gesellschaft, in der wir standen, Schwindel und die Welt eine Maschine war". Bloch ließ sich von den Redakteuren die Protokolle der SPD-Parteitage geben und studierte sie nach eigenen Angaben alle durch. Und so las der 14jährige Pennäler aus gutem Hause die Reden von Bebel und Rosa Luxemburg, „die mir aus dem Herzen gesprochen haben." Das Ergebnis solcher Lektüre waren erste eigene politische Aufsätze: „Weltraubpolitik und menschliche Rechte" hieß einer, wie Bloch sich erinnert, ein anderer „War die Kaiserkrönung 1871 in Versailles die Erfüllung der Ideale von 1848 oder Revanche dafür?" Antwort: „Natürlich Revanche!" Für einen Bürgersohn aus gutem Hause eine unerhörte Äußerung: Die Sozialistengesetze sind zwar abgeschafft, nicht aber die Hetze gegen Sozialisten und Sozialdemokraten, das Kaiserreich strotzt nur so vor Nationalbewußtsein. Da ist eine solche Haltung über die Maßen revolutionär und hätte die Eltern, wenn sie davon erfahren hätten, mehr aufgebracht als die schlechten Schulzeugnisse. Freilich: Wenn man dieses politische Interesse auch als direktesten Ausdruck des Protestes gegen Schule und Elternhaus werten und nicht nur als jugendliche Romantik abtun kann, bleibt Romantik als Motiv doch auch hier wirksam, wie noch an der Erläuterung abzulesen ist, die Bloch 1974 für sein damaliges Engagement gibt: „Wir alle waren ja Unterdrückte, wir alle waren Erniedrigte und Beleidigte gewesen, wir Pennäler, wir Jugendlichen."

Ein dritter Flucht- und Protestraum für den jungen Bloch wurde die Philosophie, wurde die Schloßbibliothek in Mannheim. Ein „hungriger Junge, der auf etwas aus war, was er in seiner Umgebung nicht gefunden hat, in einem nicht sehr gemäßen Elternhaus und in einer völlig ungemäßen Schule, entsetzlichen Paukern preisgegeben", mochte hier wohl eine ihm gemäßere Umgebung finden. Die Schloßbibliothek, eine „philosophiehaltige Oase", bot dem jungen Bloch die große Philosophie bis zur Mitte des 19. Jahrhunderts; er liest vom 15., 16. Lebensjahr an „mit heißem Bemühen" Schopenhauer, Spinoza, Leibniz, Kant, Fichte, Hegel und Schelling. Sogar Schellings „Philosophie der Mythologie und Offenbarung", besonders schwere Kost, nimmt er sich vor: „Ich als naiver Bursche habe sie rausgeholt, vier Bände Vorlesungen habe ich von Anfang bis Ende verschlungen." Vor allem aber immer wieder Hegel und dessen Schüler: „Hier lernte ich also Hegel und die Hegelschule mit 16, 17, 18 Jahren kennen, so vollständig, als ob ich damals gelebt hätte, als ob ich 1820 in einem Hörsaal Hegels gesessen hätte, so nah und so frisch."

„Eine philosophiehaltige Oase": Schloßbibliothek Mannheim.

Das große Hegel-Buch des Hegel-Schülers Rosenkranz soll Bloch nahezu auswendig gekannt haben, auch Schopenhauer-Texte repetierte er nach Aussagen von Leipziger und Tübinger Schülern aus dem Gedächtnis, von Schillers Don Carlos ganz zu schweigen; ich habe selbst noch erlebt, wie er große Passagen aus Hegels „Phänomenologie des Geistes", nicht eben ein Kochbuch, zum Teil wörtlich aus dem Kopf hersagte.

Zu Hause wurden die philosophischen Bücher verboten, der Junge sollte erst einmal ordentlich seine Vokabeln lernen, aber davon hielt der Schüler Bloch nicht viel. Auf der Schule war er nur in Sport und Religion gut, ansonsten ein ziemlicher Versager: Er verlegte sich lieber aufs Schreiben von Traktaten, betitelte ein Schulheft mit „Theorien und Hypothesen" und beschäftigte sich mit großen Dingen. Zunächst auf dem Gebiet der Physik, „weil alle Knaben, die halbwegs etwas taugen, ein Interesse für Physik haben." In der Schule gab es dieses Fach bis zur Untersekunda gar nicht. Ausgestattet mit einer Dampfmaschine, dem in Bürgerhäusern standesgemäßen Weihnachtsgeschenk für Gymnasiasten, machte sich Bloch an die Untersuchung des Problems, warum denn solche Maschinen explodieren, machte die höchst praktische „Entdeckung", daß Dampfkessel-Explosionen durch Kesselstein entstehen und schrieb im würdigen Alter von 11 Jahren eine Abhandlung mit dem Titel: „Über die Verhütung von Dampfkessel-Explosionen".

Auch sonst war der junge Bloch ein bemerkenswerter Knabe: „Ich lernte sehr früh alle möglichen Traktätchen kennen, auch billig materialistische: ›Moses oder Darwin‹, ›Die Wahrheit über Klosterei und Volksverdummung‹, ›Spaziergänge eines Atheisten‹." So gerüstet, schrieb er mit 13 Jahren eine philosophische Abhandlung zum Thema „Das Weltall im Lichte des Atheismus". Da er aber das Wort „Atheismus" nie gehört hatte, kam es zu einer Begebenheit, die der alte Bloch gerne erzählte: Bei seiner Bar Mizvah – der jüdische Ritus interessiert ihn so wenig, daß er einfach von Konfirmation spricht – fügt er der dreifachen religiösen Formel jeweils, gesenkten Hauptes vor sich hinmurmelnd, „Ich bin ein Atheist" hinzu, das „ei" aber als Doppellaut gesprochen, also nicht „Athe-ist". Und auch das Wort Materie hatte er immer nur gelesen, so daß er nicht „Materi-e" sagte, sondern das Wort auf der letzten Silbe betonte und „ie" als langes „i" aussprach. In seiner Abhandlung über den Atheismus schrieb er: „Die Materie ist die Mutter alles Seienden. Sie allein hat alles hervorgebracht, und kein überirdisches Wesen hatte dabei seine Hand im Spiel." Das ist zwar ein etwas grobschlächtiger Materialismus, aber immerhin hat sich hier ein 13jähriger Schüler die Grundthese eines von falschem Zauber befreiten, vom Himmel auf die Erde geholten Denkens zu eigen gemacht.

„Die Materie ist die Mutter alles Seienden. Sie allein hat alles hervorgebracht, und kein überirdisches Wesen hatte dabei seine Hand im Spiel."

Etwa in dieser Zeit – um 1898/99 – entsteht ein weiterer philosophischer Aufsatz über die „Welt des Gefühls und des Verstandes". Da heißt es in einer eigentümlichen Mischung aus altklugem und lyrischem Stil: „Im System sind die Gedanken wie Zinnsoldaten, man kann sie wohl nach Belieben aufstellen, aber kein Reich damit erobern. Unsere Philosophie war immer an grammatischen Haken oder an der Systematik ruhebedürftiger alter Herren aufgehängt; Wissenschaft ist radiziertes, Kunst potenziertes Leben, und die

Philosophie? Unser Blut muß werden wie der Fluß, unser Fleisch wie die Erde, unsere Knochen wie die Felsen, unser Gehirn wie die Wolken, unser Auge wie die Sonne." Zwar geht hier pubertäres Naturgefühl um, Schwärmerei und Jugendstil treiben ihr bekanntes Unwesen („Im Deutschen schreibt er gern im Stile der ›Modernen‹", heißt es in der Abschlußbeurteilung der Obersekunda, also im Sommer 1903), aber immerhin kann man hier schon etwas vom sprachlichen Zugriff des reifen Bloch ahnen und zugleich die große Geste des Jünglings bestaunen, den präzis sich äußernden Drang darin, philosophisch zu werden, eine – neue – Philosophie zu formulieren.

„Unser Blut muß werden wie der Fluß, unser Fleisch wie die Erde, unsere Knochen wie die Felsen, unser Gehirn wie die Wolken, unser Auge wie die Sonne."

Auch eine Widerlegung Newtons unternahm Bloch um dieses Alter herum, eine Beobachtung auf dem Jahrmarkt aufnehmend. Da war ein Luftballon weggeflogen, eine vor allem finanziell schmerzliche Angelegenheit, die zum Nachdenken zwang: Wieso *fallen* Ballons nicht, wenn Newton doch behauptet, daß alle Dinge dem Erdmittelpunkt zustreben, und dies Schwerkraft nennt. Also mußte eine „Neue Hypothese über die Schwerkraft" her, und die lautete so: „Alle Dinge streben nach dem Ort der ihnen gleichen Dichte, und zwar mit desto größerer Stärke, je weiter dieser Ort von ihnen entfernt ist. Indem die ihnen gleiche Dichte für die meisten Dinge sich in der Erde befindet, sind sie schwer. Der Luftballon aber steigt auf, und das so lange, bis er den Ort seiner ihm gleichen Dichte, Gasdichte fern und oben, erreicht hat." Eine feine Theorie, mit dem kleinen Fehler zwar, daß sie nicht stimmt, aber auch mit einer ordentlichen Pointe, die der alte Bloch anmerkt: „Das ist die närrische Ideologie eines Jungen, der durchbrennen will, der in die ihm gleiche Dichtigkeit der Luft kommen will, der nach München will, zu Atelierfesten, in die große Musik, in die zwei Pinakotheken, zu schönen Studentinnen und Schauspielerinnen, der erleben will, was in die Phantasie greift. Das ist der gleiche Dichtigkeitspunkt, und deshalb habe ich Newton verworfen."

Ganz im Sinne solcher physikalisch-philosophischer Neigungen stand dann der Aufsatz „Über die Kraft und ihr Wesen", im Alter von siebzehn Jahren geschrieben. Er befaßt sich mit der damaligen Diskussion über die „neue Energetik" in der Naturwissenschaft, die Materie nicht mehr als bloß mechanischen Stoff, sondern als Kraft erklären will, als Energie, deren Wesen die Bewegung ist. Eine Erklärung, die dem 17jährigen Bloch durchaus nicht genügt: „Die Definition der Bewegung als Ursache der Kraft ist genauso impertinent nichtssagend wie die Definition des Menschen als Ursache seines Schattens." Also wird weitergefragt nach dem, was hinter Bewegung und Kraft denn eigentlich stehe, nach dem Ding an sich, wie es bei Kant heißt, und Bloch kommt schließlich zu der Formulierung: „Das Wesen der Kraft ist nicht zu errechnen, nur im eignen Fleisch zu erfahren. Unsere Philosophie der Kraft löst nicht nur alle Stoffe und Elemente in Energie auf wie die Naturwissenschaft, deutet nicht nur das Ding an sich als energetischen allgemeinen Willen, der gleichsam seinen Beruf verfehlt hat, ziellos in sich und seine Kreise zurückfließt: sondern das Wesen der Welt ist Drang und Kraft zur Gestaltung, zum aufgeschlagenen Geheimnis des Lebens an jeder Stelle; das Ding an sich ist die objektive Phantasie."

Hier taucht zum erstenmal ein Begriff auf, der eindeutig in die Richtung der später ausgebreiteten Philosophie weist. Ernst Bloch hat fast 70 Jahre später, als längst andere, präzisere Kategorien die „objektive Phantasie" abgelöst hatten, die Sammlung seiner philosophischen Aufsätze in Band 10 der Gesamtausgabe mit dem Untertitel „Zur objektiven Phantasie" versehen.

Diesen Aufsatz nun schickte der Schüler Bloch an die „Frankfurter Zeitung", zeigte ihn aber auch Mitschülern, und so sprach sich herum, daß Bloch eine Arbeit in der

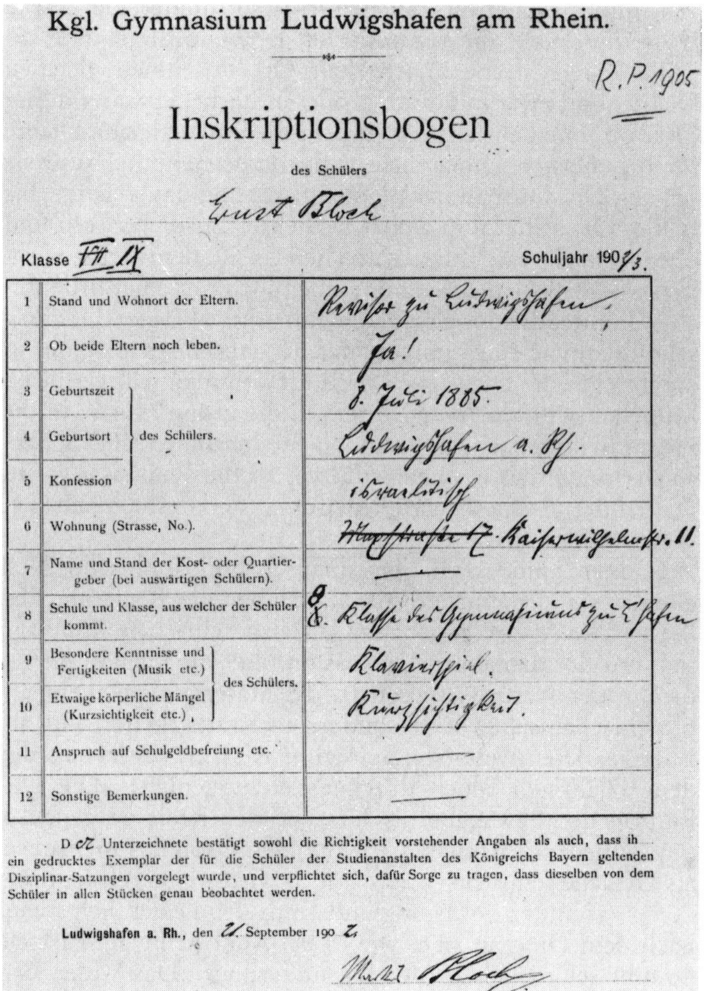

Kgl. Gymnasium Ludwigshafen am Rhein.

R.P. 1905

Inskriptionsbogen

des Schülers

Ernst Bloch

Klasse ~~VIII~~ IX — Schuljahr 1902/3.

1	Stand und Wohnort der Eltern.	Revisor zu Ludwigshafen.
2	Ob beide Eltern noch leben.	Ja!
3	Geburtszeit des Schülers.	8. Juli 1885.
4	Geburtsort des Schülers.	Ludwigshafen a. Rh.
5	Konfession des Schülers.	israelitisch
6	Wohnung (Strasse, No.).	~~Hauptstraße 17~~. Kaiser-Wilhelmstr. 11.
7	Name und Stand der Kost- oder Quartiergeber (bei auswärtigen Schülern).	—
8	Schule und Klasse, aus welcher der Schüler kommt.	8. Klasse des Gymnasiums zu L'hafen
9	Besondere Kenntnisse und Fertigkeiten (Musik etc.) des Schülers.	Klavierspiel.
10	Etwaige körperliche Mängel (Kurzsichtigkeit etc.) des Schülers.	Kurzsichtigkeit.
11	Anspruch auf Schulgeldbefreiung etc.	—
12	Sonstige Bemerkungen.	—

Der Unterzeichnete bestätigt sowohl die Richtigkeit vorstehender Angaben als auch, dass ihm ein gedrucktes Exemplar der für die Schüler der Studienanstalten des Königreichs Bayern geltenden Disziplinar-Satzungen vorgelegt wurde, und verpflichtet sich, dafür Sorge zu tragen, dass dieselben von dem Schüler in allen Stücken genau beobachtet werden.

Ludwigshafen a. Rh., den 21. September 1902

[illegible] Bloch

(Unterschrift des Vaters oder dessen Stellvertreters).

Klavierspiel und Kurzsichtigkeit – die Besonderheiten des Schülers Bloch.

Presse veröffentlichen wollte. Nach der Disziplinarordnung der Höheren Schulen des Königreichs Bayern war derlei aber untersagt, zumindest brauchte man eine Genehmigung des Rektors. Da Bloch eine solche nicht eingeholt hatte, mußte er das Manuskript zurückziehen, um einer empfindlichen Strafe zu entgehen, noch bevor die Zeitung über eine Veröffentlichung hatte entscheiden können. Bloch erzählt: „Der Direktor des Gymnasiums hat es gelesen. Er verstand kein Wort davon; es kam der Begriff ›objektive Phantasie‹ vor. Und ich sagte: ›Darunter verstehen wir nicht das Erdichten von wahnhaften Vorstellungen in dem Sinn, wie der Psychologe oder Mediziner vielleicht Phantasie deutet.‹ Der hat das Wort Psychologe nicht lesen können, sondern Philologe gelesen. Also, ich machte den Lehrerstand verächtlich, und ich wurde zu zwei Stunden Karzer verurteilt, und eine Dimissionsandrohung lag in der Luft." Später hat Bloch seinen Aufsatz dem Philosophie-Historiker Wilhelm Windelband zu lesen gegeben, und der soll gesagt haben: „Wenn Sie noch einige Ergänzungen hinzugefügt hätten und aufs Dreifache vermehrt, hätten Sie mit dieser Arbeit bei mir promovieren können."

In der Schule hatte man eine weniger hohe Meinung von Ernst Bloch. In der Abschlußbeurteilung der Untersekunda, eben jenes Schuljahres, in dem Bloch sein Traktat „Über die Kraft und ihr Wesen" verfaßte, konnte man lesen: „Durch seine Unruhe beim Unterricht gab er oft Anlaß zu Tadel, nicht minder ist sein unbescheidenes und selbstgefälliges Verhalten zu rügen, das mit dem tiefen Stand seiner Kenntnisse durchaus nicht im Einklang steht." Unbescheiden und selbstgefällig – das ist ein Vorwurf, der sich durch Blochs gesamte Schulzeit zieht. „Nicht unbegabt" oder „Gut begabt", gar „Sehr gut begabt" steht zwar in den Beurteilungen, aber eben auch „nervös, flatterhaft, flüchtig, oberflächlich, zerfahren, nicht gründlich genug, nicht fleißig genug", und schon in der Quarta ist die Rede von „Eigendünkel und großer Selbstüberschätzung", er gilt als vorlaut und frech den Lehrern gegenüber; „nicht aufrichtig und offen genug; hintergeht seine Lehrer, wenn der kann" (Unterprima); und er geht ihnen mit seinem Hang zum Philosophischen wohl gründlich auf die Nerven: „Von sich und seinem ›philosophischen‹ Wissen höchst eingenommen; affektiert in Sprache und Umgangsformen" (Obersekunda). „Von seinem philosophischen Wissen zu sehr zu Allotria stilistischer Art verführt, vergeudet er auch viel zu viel Zeit durch Spekulationen, die zum mindesten verfrüht sind", meint der Klassenlehrer über den 18jährigen Unterprimaner; im Abschlußbericht der Oberprima klingt das allerdings positiver: „Vielseitiges Interesse und ausgebreitetes Wissen auf Gebieten, die den Mitschülern meist ganz fremd sind, sind ihm eigen." Wie sehr ihn einige, vermutlich die meisten Lehrer gehaßt haben müssen, dokumentiert folgende Abschlußbeurteilung der Untersekunda, in der alles versammelt und auf die Spitze getrieben ist, was die Lehrer im Laufe der Jahre am Schüler Bloch auszusetzen hatten: „An der nötigen Begabung fehlt es ihm nicht, nur ist er zu wenig gesammelt und sehr oberflächlich; er beschäftigt sich mit Dingen, die ihm noch sehr fern liegen sollten (Schopenhauer und dergleichen), und ver-

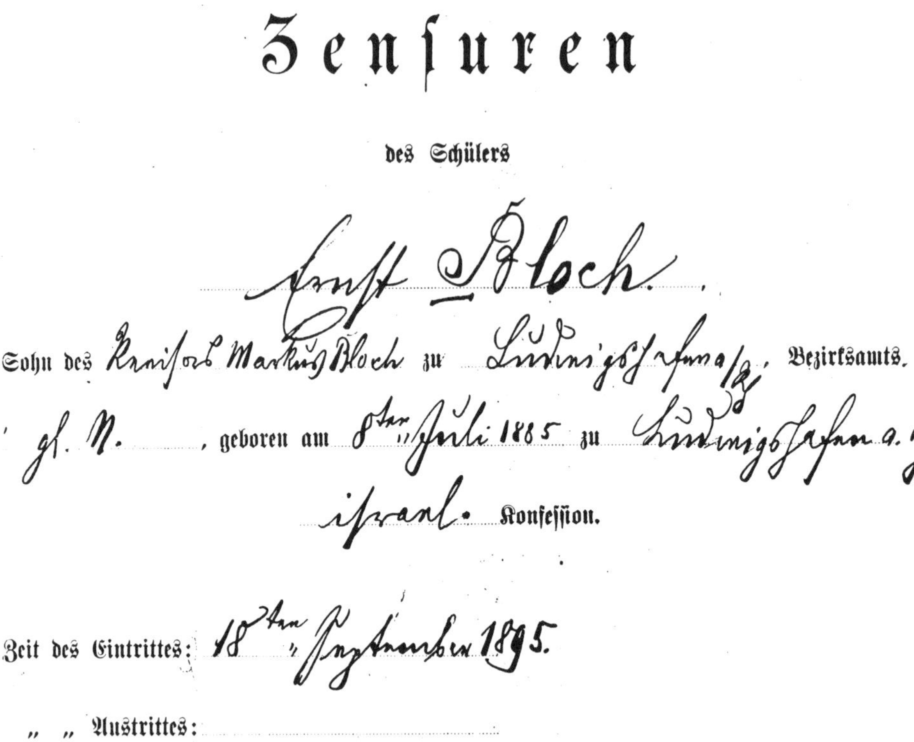
Zensuren

des Schülers

Ernst Bloch.

Sohn des Kaufmann Markus Bloch zu Ludwigshafen a/Rh. Bezirksamts.

Pf. B., geboren am 8ten Juli 1885 zu Ludwigshafen a. Rh.

israel. Konfession.

Zeit des Eintrittes: 18ten September 1895.

„ „ Austrittes:

säumt dabei das Notwendige. Bizarre Ideen, die er oft an den Mann zu bringen sucht, im Zusammenhalt mit seinem oft träumerischen und zerfahrenen Wesen lassen den Lehrer unwillkürlich auf den Gedanken kommen, daß er geistig nicht ganz normal sei. Seine Selbstüberhebung und Eitelkeit, sein Mutwille und seine Frechheit, sein Mangel an Wahrheitsliebe lassen ihn als einen äußerst unsympathischen Schüler erscheinen. Um so bedauerlicher ist es, daß er auf seine Mitschüler, denen er zu imponieren versteht, von Einfluß zu sein scheint." In seiner neuen Klasse war Bloch in der Tat schnell zum Wortführer geworden („spielt unter seinen Mitschülern gern den Hanswurst", heißt es schon im Quinta-Zeugnis). Man traf sich in Diskussionszirkeln und sprach über seine Abhandlungen, unternahm allerlei Streifzüge miteinander, und die Mitschüler werden wohl die gemeinsamen Erlebnisse kaum so „übersteigert" aufgenommen haben, wie Bloch das von sich selbst einräumt, wie es seiner Meinung nach aber auch „zu Jugend und Lautverstärkung paßt“. Man wird sich den Jüngling Ernst Bloch sehr wohl als Lautverstärker, Lautsprecher einer selbstbewußten, wohl auch selbstgefälligen Jugendlichkeit, Jugendbewegtheit vorzustellen haben.

„Unter uns war Ernst Bloch schon damals berühmt, wenn auch nur wegen des erfindungsreichen Unfugs, den er anstellte, und der frechen, kaltblütig ausgeführten Streiche, die man ihm zuschrieb. Den Geist der Rebellion wußte er schon in seiner frühen Jugend um sich zu verbreiten“, so die Erinnerungen von Friedrich Burschell, fünf Jahre jüngerer Mitschüler Blochs. Auch Klassenkameraden erinnern sich daran, daß Bloch immer irgendetwas ausheckte, auch das Wort führte, wenn die Interessen der Schüler zu vertreten waren oder allerlei organisiert werden sollte: „Der Feger macht's“, war ein geflügeltes Wort unter den Mitschülern, wenn Bloch irgendetwas anpackte.

Seine Lehrer hielt er, wie wir gesehen haben, für Narren, er beschäftigte sich in der Mannheimer Schloßbibliothek mit den philosophischen Größen der Vergangenheit und korrespondierte mit den Köpfen der Gegenwart: Ernst Mach,

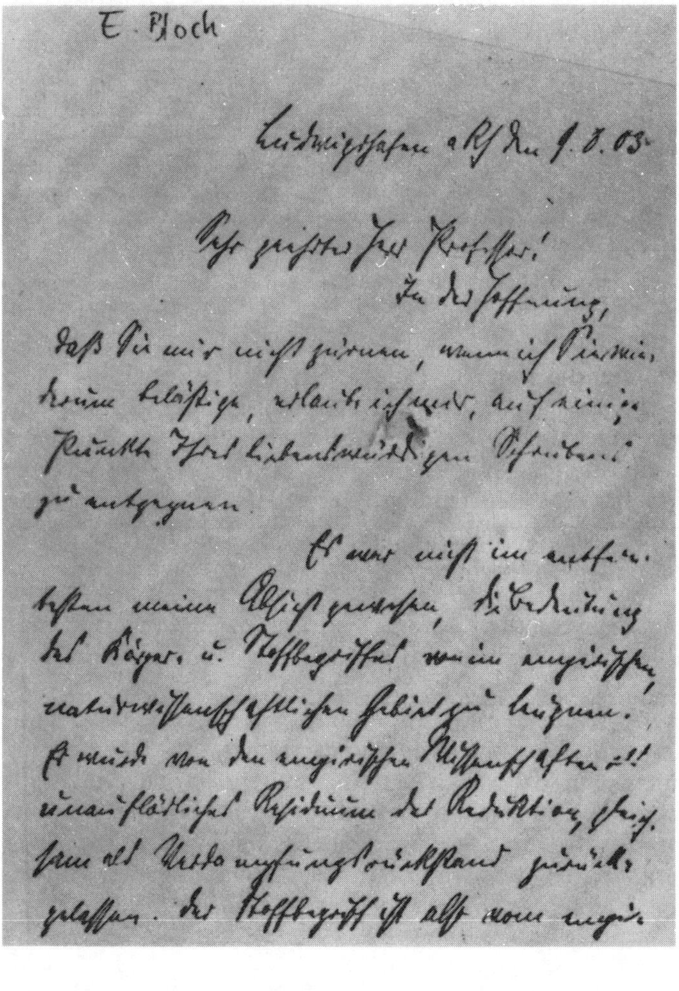
E. Bloch

Ludwigshafen a/Rh den 1.8.03

Sehr geehrter Herr Professor!

In der Hoffnung, daß Sie mir nicht zürnen, ...

„In der Hoffnung, daß Sie mir nicht zürnen . . .“ – Brief an Ernst Mach vom 1. 8. 1903.

Ernst Mach

Theodor Lipps, Eduard von Hartmann, Wilhelm Windelband, Wilhelm Wundt und andere wurden mit Postkarten oder Briefen des Schülers Bloch beglückt: „Ich hatte das so angefangen, daß ich Fragen an sie stellte und um Aufklärung bat über einzelne Sätze in ihren Schriften. Aber da mußte ich doch für die Rückantwort eine Briefmarke beilegen: ich dachte mir, das sei höflich. Und da dies zehn Pfennig kostete, habe ich an die meisten nur engbeschriebene Postkarten geschickt, und die so Angesprochenen haben sauer reagiert. Ein gewisser Theobald Ziegler aus Straßburg antwortete z.B. so: ›Probleme lassen sich nicht auf Postkarten lösen.‹ Sehr indigniert, von oben herab. Und diese Briefe durften nicht etwa an meine elterliche Wohnung adressiert werden, sondern die habe ich postlagernd auf der Post abgeholt." Und weiter, was den Respekt betrifft: „Die Philosophen, von denen ich etwas lernen konnte, waren alle schon seit mindestens fünfzig Jahren tot, so daß die Briefwechsel ohnehin nicht von besonderem Respekt getragen waren ausgenommen vielleicht der Briefwechsel mit Lipps und, später, der mit Simmel." Daß dieser Schüler Ernst Bloch für einen königlich-bayerischen Gymnasiallehrer wie ein Monstrum gewirkt haben muß, wird man sich leicht vorstellen können.

Im Weihnachtszeugnis 1904 heißt es: „Er muß sich viel mehr anstrengen, wenn er die Absolutorialprüfung bestehen will." Und Ostern 1905 klingt es noch dramatischer: „Seine Leistungen sind so gering, daß er bei den tiefgehenden Lükken in seinem Wissen nur unter äußerster Anspannung seiner Kraft die Absol.-prüfg. bestehen kann." Es ist nicht überliefert, ob diese äußerste Anspannung stattgefunden hat, jedenfalls liest sich die Abschlußbeurteilung der Oberprima um einiges milder als alles Vorhergehende, es ist sogar die Rede davon, daß Bloch in der *Schule* „manche Untugenden, über die man früher zu klagen hatte, abgelegt hat."

Immerhin besteht Bloch im Juli 1905 das Abitur, wenn auch mit Hängen und Würgen, aber auch für den Fall des Scheiterns war Vorsorge getroffen: Er wollte in die Schweiz ausreißen, das Geld dafür sollte von der Mutter seines besten Freundes kommen, denn in der Schweiz konnte man ohne Abitur Philosophie studieren.

„Was, Philosophie? Dazu sind Sie ja viel zu dumm!", soll der Gymnasialdirektor mit dem schönen Namen Stumpf ausgerufen haben, als er Blochs Studienwunsch erfuhr, und auch seine Eltern waren nicht recht begeistert, vor allem der Vater nicht, dessen Erlaubnis und vor allem Geld doch benötigt wurde. Der Vater war ein praktischer Mensch und hatte seinen Sohn schon nach dem Einjährigen von der Schule nehmen und als Lehrling in einer Eisenwarenhandlung unterbringen wollen; ihm die Zustimmung zu etwas derart Unnützem wie einem Philosophiestudium abzuringen, schien aussichtslos. Auf der anderen Seite scheint Ernst

Bloch selbst, der Bürgersohn aus gutem Hause, kaum auf die Idee gekommen zu sein, sein Studium selbst zu finanzieren.

Man macht Urlaub im Schweizer Ferienort Ragaz. „Wir kamen am Abend an, und als ich aus meinem Hotelzimmer blickte, sah ich unten im Mondschein einen Friedhof mit einem kleinen Mausoleum liegen. Vom Fenster aus war nichts wirklich zu erkennen. Als ich aber am nächsten Morgen hinunterging, entdeckte ich die in die Wand gemeißelte Inschrift: ‚Hier ruht Georg Friedrich Wilhelm Schelling. Dieses Monument setzte ihm in ewiger Dankbarkeit sein treuer Freund und Schüler, König Maximilian II. von Bayern'." Vater Max, königlich-bayerischer Eisenbahnbeamter, war beeindruckt, er sah, daß man auch mit Philosophie recht weit kommen kann, „allerdings nur, wenn man mehr Fleiß hat, als ich in der Schule gezeigt hatte, und so erlaubte er mir rätselhafterweise, Philosophie zu studieren, allerdings mit der Auflage, auch juristische Vorlesungen zu hören, damit ich Rechtsanwalt werden könne." Dies muß sich zwar nicht unbedingt buchstäblich so zugetragen haben, aber es ist ein schönes Beispiel für Blochs Kunst, treffende Anekdoten zu erzählen.

Karriere eines Philosophen: Grabstein vom König.

Nun steht also, im Spätsommer 1905, ein eben 20jähriger Abiturient vor uns, der sich anschickt, in München zu studieren – Ludwigshafen und Mannheim im Rücken, einiges an Philosophie im Kopf und Karl May nebst etwas Sozialdemokratie im Herzen. Ludwigshafen und Mannheim – das sind nicht nur die Orte, in denen Bloch zufällig Kindheit und Jugend verlebt hat und die er nun hinter sich läßt. Für ihn sind es typische Gegenpole städtischer Erscheinungsbilder, die in seinem weiteren Denken eine Rolle spielen. Bloch spricht von einem „Zusammenstoß von Ludwigshafen und Mannheim", der zugleich ein „Zusammenstoß von Hegel und Marx" sei: „Der harte, seltsame, knisternde Akkord zwischen dem Futurum links des Rheins und dem Antiquarium rechts des Rheins ging mir ziemlich deutlich durch mein ganzes Philosophieren nach."

Ludwigshafen ist der Typus der häßlichen Nacktheit (das „nackte, schonungslose Gesicht des Spätkapitalismus"), die gleichzeitig gewissermaßen Ehrlichkeit ist, sie zeigt „proletarisch-kapitalistische Mischwirklichkeit ohne Maske". Das eröffnet dann auch, so sieht es jedenfalls Bloch, eine Chance, solche Leere und Gestaltlosigkeit zu füllen, mit Inhalten zu füllen, die noch nicht verbraucht sind, Ausgangspunkt zu werden für einen kulturellen und gesellschaftspolitischen Neubau. „Seestadt auf dem Lande" hat Bloch Ludwigshafen genannt, Seestadt deshalb, weil um sie herum ein Meer noch unverbauter Zukunft liege. Noch 1970 sagt er, wohl sehend, daß sein Ludwigshafen von 1905 diese Hoffnungen nicht eingelöst hat: „Ich hoffe, daß es doch einmal so kommt, daß sich da eine sehr repräsentative Stadtarchetypik herausbildet, die scharf schon in das nächste Jahrhundert hineinreicht. Und so betrachte ich es ganz richtig und auch nicht undankbar, daß das meine Geburtsstadt geworden und in einem sehr übertragenen Sinn auch geblieben ist."

Dagegen ist Mannheim („Ein Schritt über die Brücke und die Luft war anders") der Typus des Gewachsenen, Wohlgebauten, die reizende, freundliche Residenzstadt, das Kulturzentrum, das gepflegte Gärtchen des pfälzischen Bürgertums, das „anmutig in den Logen plaudert", aber im Unterschied zu Ludwigshafen sehr wohl eine Maske trägt, sich parfümiert und schminkt: Dahinter, so Bloch, verbirgt sich die reaktionäre Sehnsucht nach der guten alten Zeit, in der angeblich alles so trefflich eingerichtet war und die es nun zu erhalten gälte – also keinerlei Aufbruch zu neuen Ufern.

Trotzdem birgt auch der Typus Mannheim in sich ein Versprechen, Bloch sieht hier Elemente dessen, was er „Heimat" nennt – eine Kategorie, die eine zentrale Rolle in seiner Philosophie spielen wird. Beide Städte zusammen (das „Ensemble" Ludwigshafen – Mannheim) bilden für Bloch einen Knotenpunkt: „Noch das Alte zu plündern, zu Neuem zu montieren, gelingt vom Standort solcher Städte am besten." Und so nachgetragen alle diese Interpretationen aus den 20er und 30er Jahren auch sind, Bloch besteht darauf, daß diese Auffassungen schon damals „in einem nachdenklichen jungen Leben“ eine Rolle gespielt haben, mehr noch: Ludwigshafen und Mannheim, dieses „Ensemble von Fabrik und bunter Aura mochte wohl die Suche nach einer Philosophie nahelegen, einer zwischen Verstand und Aura unzerstückelten.“

Zur Erinnerung: Die Suche nach einer solchen Philosophie war schon früh artikuliert worden, in der Abhandlung über die „Welt des Gefühls und des Verstandes“, deren Kernsatz lautete: „Wissenschaft ist radiziertes, Kunst potenziertes Leben, und die Philosophie?“ Will sagen: Die Wissenschaft zieht gleichsam die Wurzel des Lebens, reduziert seine Fülle auf dürre Formeln, in der Kunst ist das Leben mit sich multipliziert, die Kunst bereichert, erhöht das Leben – aber was tut die Philosophie, was ist ihre Aufgabe, fragt der 14- oder 15jährige Bloch. Eine erste Antwort war im Traktat des 17jährigen versucht worden, dort war das Schlüsselwort „objektive Phantasie“ gefallen. Es soll den Ort bezeichnen, wo Wissenschaft, Kunst, Leben, wo Gefühl und Verstand ihr Gemeinsames haben könnten, und der 85jährige Bloch sagt über dieses Schlüsselwort: „Ich glaube, daß der Grundgedanke sich seit meinem 17. Lebensjahr nicht mehr ins Ungewisse verrückt hat; er wurde nur mit immer mehr Material und immer versuchterer Konkretion ausgebaut und vielleicht auch vertieft.“ Bloch hat auch in anderen Zusammenhängen immer wieder hervorgehoben, „daß fast jedem schöpferischen Typ, und dem philosophischen am sichersten, ein Bild in der Jugend aufging, das er ausführen sollte, an das er sich zu halten hatte.“ Und er zitiert gerne Marquis Posas Worte an die spanische Königin, sie möge doch Don Carlos sagen, „daß er für die Träume seiner Jugend soll Achtung tragen, wenn er ein Mann sein wird.“ (Schiller, Don Carlos, IV/21) Dazu Bloch: „Genau das wollte ich auch.“

Und aus den Träumen seiner Jugend hebt nun die Suche an nach dem, was den Menschen und seine geistigen und gefühlsmäßigen Kräfte, was die Welt und ihre Dinge sowohl antreibt wie definiert. Die Marschroute ist vorgegeben: „Es gibt nur Karl May und Hegel, alles dazwischen ist eine unreine Mischung.“ Dieser „hübsch jungenhafte“ Satz – so bezeichnet Bloch seinen frühen Ausspruch selbst – beschreibt die Ausgangslage des jungen Mannes wohl nicht allzu schlecht, der nun auszieht, das Philosophieren zu lernen und darin, darüberhinaus eine neue Philosophie zu suchen. Es gilt, diese Suche – in Leben und Werk – nachzuzeichnen.

Karl May und Hegel – alles andere ist eine unreine Mischung.

Kapitel 2
1905 – 1914

Die Muttersprache der alten Philosophen

München („unsere heimliche Hauptstadt") war so selbstverständlich das erste Ziel des Studenten Bloch, wie das erste Studienfach Philosophie war. Schon die Jugendaufsätze hatten sich um die Kernfrage aller Philosophie, die Frage nach Ich und Welt, Subjekt und Objekt gedreht, diese Frage leitet auch den Studienwunsch: „Was ist das Zentrum? Das Subjekt oder das Objekt? Populärer gesagt: die Psychologie oder die Metaphysik? Wie kann ich diese unvereinbaren Bündel des ›Ich‹ und des ›Nicht-Ich‹ zusammenbringen? Die Beschäftigung mit dem ›Ich‹ führte im Zusammenhang mit der Verplattung der Zeit in die Psychologie hinein, und da war der interessanteste Mann, der damals in Deutschland lehrte, Theodor Lipps in München."

Das paßte also ganz gut zusammen: Die Sehnsucht des Pennälers nach der Bohème-Stadt München und ein interessanter Lehrer an der Münchener Universität, obwohl Bloch in seiner halb ironischen, halb überheblichen Art anmerkt, daß nicht so sehr die Philosophie ihn nach München gezogen habe (denn die Philosophen, von denen er etwas lernen konnte, waren ja schon seit mindestens 50 Jahren tot), sondern eine „siebzehnjährige Schauspielerin. Sie war mir bedeutend wichtiger als der Philosophieprofessor Theodor Lipps." Diese Wendung ist sicherlich eher der Blochschen Lust an der Pointe geschuldet als der historischen Wahrheit, wenn auch ein ausgeprägter Hang zur Weiblichkeit für Bloch immer sprichwörtlich war; so macht er auch für seinen Wechsel von München nach Würzburg die Anziehungskraft einer Studentin verantwortlich, weniger die Universität. Aber immerhin hatte Bloch schon als Schüler mit Theodor Lipps Briefe gewechselt, durchaus respektvoll, wie wir sehen konnten, und auch sonst scheint der Professor nicht gar so unwichtig gewesen zu sein. 1914 erinnert sich Bloch in einem Nachruf dankbar an den Verstorbenen, wenn auch eher an den moralischen Menschen als an den Forscher und Lehrer. Er beschreibt einen Auftritt von Lipps bei einer Protestversammlung 1905 gegen die Greuel der russischen Reaktion: „Ich scheue nicht das Wort Revolution; aber ich denke an die sittlich notwendige Revolution. Es gibt ein unzweifelhaftes Recht derselben. Revolution ist Recht, wenn sie Pflicht ist. Und sie kann Pflicht sein, heiligste Pflicht. Kein Volk hat das Recht, sich sittlich zugrunde richten zu lassen. Und wehe dem Volk, das nicht die sittliche Kraft hat, jene Pflicht der Revolution zu erfüllen, wenn sie ihm zur Pflicht geworden ist." Derlei imponierte dem Studenten Bloch.

Als Nebenfächer belegte er in München Physik, Germanistik und Musik. Das Interesse für Physik hatten wir bereits erläutert, das für Musik entstand ebenfalls sehr früh: Seine Eltern hatten ihn Klavier lernen lassen, er hörte Mozart und Bach, auch Wagner, besuchte die Oper, genauer: „mußte mit dreizehn Jahren einen Abonnementsplatz im Hof- und

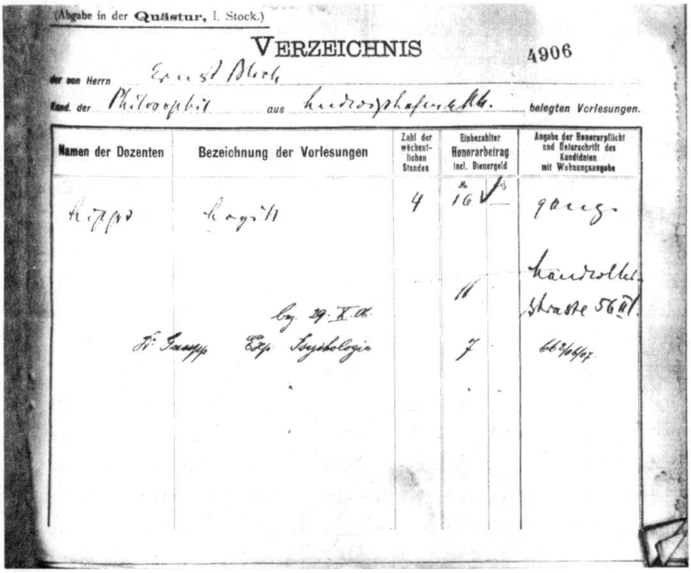

(Abgabe in der Quästur, I. Stock.)

VERZEICHNIS 4906

der von Herrn Ernst Bloch

Kand. der Philosophie aus Ludwigshafen a. Rh. belegten Vorlesungen.

Namen der Dozenten	Bezeichnung der Vorlesungen	Zahl der wöchentlichen Stunden	Einbezahlter Honorarbetrag incl. Dienergeld	Angabe der Honorarpflicht und Unterschrift des Kandidaten mit Wohnungsangabe
Lipps	Logik	4	16	

Logik bei Lipps:
Einschreibebuch der Universität München.

Nationaltheater Mannheim absitzen", er konnte schon als Knabe „fast alle Partituren und die Klavierauszüge spielen", eine Fähigkeit, die er bis ins hohe Alter nicht verlor. Wir werden noch sehen, daß die Musik durch das ganze Leben Blochs eine wichtige Rolle spielt und auch in seinem Werk, besonders in „Geist der Utopie", einen entscheidenden Platz einnimmt.

In die Münchner Zeit fällt auch die Veröffentlichung der ersten – bisher bekannten – Arbeit Blochs, ein Aufsatz über Nietzsche, an dem zweierlei interessant ist: Zum einen zeigt sich, wie belesen der 21jährige Philosophiestudent ist, wie souverän er sich bereits in der Geschichte der Philosophie bewegt. Zum anderen macht er mit seiner Nietzsche-Interpretation deutlich, auf welchem Wege er sich selbst philosophisch befindet. Er sieht in seiner Zeit eine „geistige Umstimmung, die das Maschinenzeitalter heraufführte", sieht eine Epoche politischer und geistiger Umwälzungen, deren Philosoph Nietzsche geworden sei: „Das Alte löst sich auf und das Neue will noch nicht werden. Selten haben sich die Geister so ungestüm von einer leeren Vergangenheit losgerissen als in unseren Tagen. Viele Gedanken sind eine greifbare Macht im Leben geworden, die früher – etwa zur Zeit der französischen Aufklärung oder der deutschen Romantik – nur in den Salons zu finden war. Ich meine die Arbeiterbewegung, die Frauenbewegung, die ethische Bewegung usw. Schwere Fragen sind aufgetaucht, welche die Zeit in eine dämmernde Erwartung bringen." Nietzsche ist für Bloch der Philosoph, der am meisten um die systematische, philosophische Einordnung der neuen kulturellen Phänomene gerungen hat. Das sei ihm zwar nicht gelungen („Das letzte Wort wird nie gesprochen. Es sind in seinen Büchern immer nur dämmernde Andeutungen zu finden."), aber gerade das ist es, was Bloch interessiert, das Unfertige, Unabgeschlossene dieses Denkens: „Seine Größe liegt durchaus nicht in seinen Werken, sondern vielmehr in seinen Wünschen. Mit einem Wort: er ist kein Erfüller, sondern ein Prophet." Und auch der Inhalt dieser Prophetie ist für Bloch wichtig. Die Betonung des Individualismus in der Lehre vom Übermenschen oder vom Willen zur Macht deutet Bloch so: „Nur die Richtung zur gänzlichen Bejahung des Lebens ist bedeutungsvoll. Diese lebensfreudige Weltanschauung sollte durch Verkündigung des unendlichen Rechts alles Ursprünglichen, Eigenen, Echten, Starken geschaffen werden." Das ist der Anknüpfungspunkt für Blochs Denken, das die Autonomie des Subjekts herausstellen will: „Von hier aus geht der Weg zu einer neuen Philosophie der Kultur: zu einem durch genaue Erforschung und Vertiefung des Selbst ermöglichten und eroberten Standpunkt der vollkommenen Autonomie."

In München hielt Bloch es nicht allzu lange aus, das Psychologisieren eines Theodor Lipps war sicherlich nicht dazu angetan, den Studenten Bloch länger zu fesseln, wenn auch ohne Zweifel einige Denkanstöße von hier ausgehen: Lipps kam es bei der Analyse der Erkenntnisakte vor allem auf die psychische Erfahrung des einzelnen Individuums an, eine Methode, die wiederum die „Würzburger Schule" der „Denkpsychologie" stark beeinflußte, bei deren Begründer und Hauptrepräsentanten Oswald Külpe Bloch später promovierte. Andererseits hat die „heimliche Hauptstadt" wohl nicht das gehalten, was der junge Bloch sich schwärmerisch von ihr versprochen hatte: „die trübseligen ersten zwei Semester in München in qualvoller Einsamkeit" – so liest man es später.

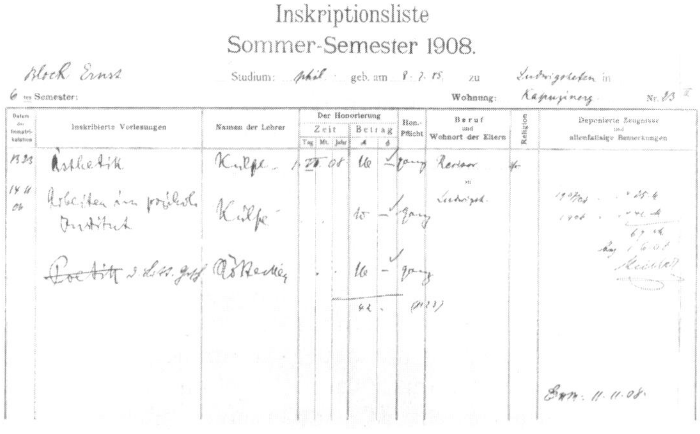
Inskriptionsliste
Sommer-Semester 1908.
Bloch Ernst Studium: phil. geb. am 8. 7. 85 zu Ludwigshafen
6tes Semester: Wohnung: Kapuzinerg. Nr. 83

Datum der Immatrikulation	Inskribierte Vorlesungen	Namen der Lehrer	Der Honorierung Zeit Tag	Mt.	Jahr	Betrag ℳ	₰	Hon.-Pflicht	Beruf und Wohnort der Eltern	Religion	Deponierte Zeugnisse und allenfallsige Bemerkungen
	Ästhetik	Külpe				16		ganz			
	Arbeiten im psychol. Institut	Külpe				10	–	ganz			
						16	–	ganz			

67 Mark Studiengebühren für Külpes Seminare in Würzburg.

So ging er schon nach zwei Semestern zu Oswald Külpe nach Würzburg. Külpe vertrat innerhalb der Psychologie einen kritischen Realismus, der die Eigenständigkeit des menschlichen Erkenntnisvermögens betont, hier wurde im psychologischen Laboratorium experimentiert, viel mit Selbstbeobachtung gearbeitet und darüberhinaus Geschichte der Philosophie, Erkenntnistheorie, Ästhetik betrieben. Bloch studierte also an einem Ort, wo genau die philosophische Auseinandersetzung mit einer modernen Naturwissenschaft systematisch betrieben wurde, die ihn schon als Pennäler beschäftigt hatte.

Später kritisiert er zwar die allgemeine Wertschätzung für die experimentelle Psychologie, die damals im Schwange war: „was hat die Psychologie anderes mit der Philosophie zu schaffen, als daß sie ihre Lehrstühle besetzt?" Aber er räumt doch ein, daß es einige „bessere ältere Männer in diesem subalternen Kreis" gibt, und dazu zählt er eben auch seinen Doktorvater als einen jener „langsam aussterbenden enzyklopädischen Köpfe". Was enzyklopädisches Denken heißt, hat Bloch sicherlich von Külpe lernen können.

In Würzburg blieb Bloch vier Semester (Wintersemester 1906 bis Sommersemester 1908), belegte Vorlesungen in Psychologie, Physiologie, Philosophie und Physik; hier hat er wohl besonders fleißig studiert, von „Entsagung und Arbeit" ist später im Zusammenhang mit Würzburg die Rede, von „starken geistigen Entscheidungen, Kämpfen, Stürmen, Durchbrüchen in dieser Stadt, dem eigentlichen Ort meiner geistigen Jugend und Experimentierzeit."

Bloch wurde schließlich am 25. Juli 1908 nach der mündlichen Prüfung in Philosophie mit den Nebenfächern Physik und Germanistik promoviert. Wenn man die Eintragungen in den Einschreibebögen zugrundelegt, brachte er recht wenig Voraussetzungen für eine Promotion mit, wobei freilich bedacht werden muß, daß diese Inskriptionsbögen wahrscheinlich nur das Allernotwendigste umfassen, Bloch sich im übrigen um den Universitätsbetrieb wenig scherte und an seiner Doktorarbeit werkelte: „Und so habe ich meine Ruhe gehabt, es hat sich niemand um mich gekümmert, niemand in mein Manuskript und mein Denken hineingesehen." Bloch betont darüberhinaus mehrfach, daß er sich immer „ziemlich abseits von der Universitätsphilosophie gehalten" habe. Auch wußte er die Inhaber von Lehrstühlen aufs allerfeinste zu verspotten: „Sie haben ihr Brot und ihr Amt und sonst nichts, freilich nicht immer zur Freude der auf sie angewiesenen Jugend." Die Reaktion eines jungen Studenten auf die Lehrstuhlinhaber karikierte er so: „Hier mag die Enttäuschung nach allzu frühem Liebesgenuß viel Ähnlichkeit mit dem Erstaunen haben: also so sieht ein Philosoph aus, das also ist die alte Liebe zur Weisheit, aus der Nähe und in Funktion gesehen?"

Aber er verdankte doch nach eigenen Aussagen immerhin

„Der eigentliche Ort meiner geistigen Jugend und Experimentierzeit" – Würzburg.

dem Philosophiehistoriker Windelband, einigen Vertretern des Neukantianismus, natürlich Georg Simmel (siehe unten) und auch Edmund Husserl einiges. Die Dissertation jedenfalls („Kritische Erörterungen über Rickert und das Problem der modernen Erkenntnistheorie") ist eine *direkte* Auseinandersetzung mit der damaligen Universitätsphilosophie, und zwar mit dem Neukantianismus, einer philosophischen Schule, die versuchte, an die erkenntnistheoretische Fragestellung Kants neu anzuknüpfen.

Grundsätzlich fordert der Neukantianismus eine scharfe methodische Trennung zwischen Natur- und Gesellschaftswissenschaften, damit vor allem jeden materialistischen Forschungsansatz aus dem Bereich der Soziologie ausgrenzend. Kants Erkenntnistheorie wurde stark formalisiert, die praktische Philosophie und die Problematik des „Ding an sich" traten in den Hintergrund. Die Marburger Schule (Cohen, Natorp, Vorländer, Cassirer) versuchte Kants Lehre zu einem „logischen Idealismus" weiterzuentwickeln, in dem der absolute Vorrang der Wissenschaft in der Philosophie gefordert wurde und philosophisches Denken sich vor allem in logischen Begriffsoperationen vollzog. Die Südwestdeutsche Schule (Windelband, Rickert, Lask, Bauch) stellt im Unterschied dazu die Wertproblematik in den Mittelpunkt. Die ethischen Fragen in Kants Lehre werden hier stärker behandelt als Fragen der theoretischen Logik, aber wie die Marburger beharren auch die Südwestdeutschen auf der strikten Trennung zwischen Natur- und Geisteswissenschaften, für „Weltanschauungsfragen" soll die Philosophie nicht zuständig sein. Ludwig Marcuse, der bei Rickert studierte, erinnert sich, daß die sogenannten „Welträtsel" in dieser Philosophie nicht vorkommen, „denn Rickert kommandierte, mit einem seiner unvergeßlichen Dikta: daß nach ihnen nicht einmal gefragt werden dürfe." Es liegt nahe, daß Bloch sich an solchen Begriffen von Philosophie reiben mußte. Seine Auseinandersetzung mit Rickert und die Kritik an der neu-

Immanuel Kant

kantianischen Erkenntnistheorie muß uns hier nicht im einzelnen beschäftigen, wenn ich auch glaube, daß Blochs Überlegungen zur naturwissenschaftlichen Begriffsbildung und der kulturphilosophische Einfluß Simmels in seiner Dissertation für sein späteres Werk einen wichtigeren Stellenwert haben, als die wissenschaftliche Diskussion bisher anzunehmen bereit ist.

Nur zwei Problemkreise der Dissertation sollten wir näher betrachten, weil sie ein wesentliches Licht auf Blochs philosophische Entwicklung werfen:

1. Bloch argumentiert gegen ein Wissenschaftsverständnis, das ganz mechanisch an naturwissenschaftlichen Methoden sich orientiert, das nur als exakt gelten läßt, was berechnet und gemessen werden kann. Besonders an Rickert kritisiert Bloch, daß für ihn die sinnliche Gegebenheit – also das, was durch die menschlichen Sinne zu erfassen ist – letztlich rational nicht zu durchdringen sei. An der sinnlichen Gegebenheit hafte eine „Zufälligkeit" und „Sinnlosigkeit", so Rickert, die wir nicht aufklären können. Mit einer solchen Feststellung aber will Bloch sich nicht zufrieden geben: Für ihn reicht es nicht aus, wenn wir das, was sich unserem unmittelbaren Eindruck als chaotisch, zufällig, zersplittert dartut, vom wissenschaftlichen Begriff also nicht einzufangen ist, unserer unzureichenden Erkenntnisfähigkeit zuschreiben und für unerkennbar erklären. Vielmehr betont Bloch: „Die gesamte Irrationalität des Seins enthüllt sich in der nächsten Nähe, ja in der gerade durchlebten Sekunde, deren Reichtum noch durch keine Fragekategorie eingefaßt wurde." Das heißt: Das deutlichste Hinweiszeichen für den von der rationalen Erkenntnis ausgekreisten Bereich ist für Bloch die „am stärksten erlebte Unlösbarkeit des sinnlichen Augenblicks", also die Schwierigkeit oder gar Unmöglichkeit, das in diesem Augenblick Erlebte, Empfundene zum Gegenstand von Erkenntnis zu machen. Genau das soll aber geschehen, Zentrum einer neuen Erkenntnistheorie soll die Neufassung all der Begriffe und Kategorien sein, „die als Rückstände und Ergebnisse der früheren Frageprozesse überliefert wurden". In dieser Problemstellung steckt der Kern der späteren Theorie vom „Dunkel des gelebten Augenblicks", dessen Aufhellung schließlich die Lösung des Welträtsels liefern können soll, über das Rickert nicht einmal nachdenken wollte.

Heinrich Rickert

2. Damit gehen Blochs Überlegungen weiter in den Bereich der Geschichtsphilosophie: Hier kritisiert er, daß die neukantianisch orientierte Geschichtswissenschaft sich damit zufrieden geben will, Vorgänge zu beschreiben und „geschichtliche Richtigkeiten" festzustellen. Ihn interessiert vielmehr der Geschichtsprozeß als Einheit von Ver-

gangenheit, Gegenwart und Zukunft: „Das ganze historische Diesseits ist noch so unzureichend erleuchtet, daß die Idee der helleren und wertbetonten Zukunft kaum verblassen kann." Daher Blochs Forderung einer utopischen Idee, einer neuen Metaphysik, die in der Lage wäre, die „gelebte Gegenwart" so aufzuhellen, daß eine Erkenntnis sowohl der Anfänge der Geschichte möglich wäre wie auch des Ziels, zu dem die Dinge in ihrem Prozeß treiben. Hier ist es die „Rätselhaftigkeit des Individuums", die als Wegweiser dienen soll. In ihr liege nämlich ein Impuls, „der weit über die herkömmliche Begründung der Apriorität hinaus" wirke. Der Sinn dieses Impulses ist Anstoß „auf dem Wege zu der inneren Einswerdung der erkennenden Seele mit allen Dingen, die im Reich der Natur oder der Gnade geschehen". Einen philosophischen Begriff oder gar ein Kategoriensystem, das die Vorgänge erfassen könnte, die sich in der Auflösung der Vergangenheit, dem Werden der Gegenwart und dem Heraufkommen der Zukunft abspielen – also im Prozeß der Geschichte, in dem die Natur aber mitgedacht werden soll –, gibt es nach Meinung Blochs noch nicht. „Aber es ist völlig evident, daß die neue Metaphysik in der Lösung jener Rätsel liegen muß, die als die eigentlichen Schicksale der Geschichte und Utopie erst unter einer absoluten Mitwissenheit in die Herrschaft und die neuen Befehle der Erkenntnis übertreten." Das sind die letzten Sätze von Blochs Dissertation, sie beschreiben sein Lebens- und Werkprogramm zwar noch verschwommen, aber doch schon auf einer präziseren Fragestufe: Es ist die Suche nach einer neuen Metaphysik, die „Philosophie der Utopie" wird heißen können.

Berlin: Kolloquium und Suppen bei Simmel

Von Würzburg ging Bloch nach Berlin („ein München sehr anderer Ordnung"), vor allem um bei Georg Simmel weiterzuarbeiten: „Er war fast der einzige lebende Philosoph, der mich weiterhin interessierte." Simmel war damals der Star der Berliner akademischen Szene, er ist einer der Hauptrepräsentanten der aus Frankreich kommenden „Lebensphilosophie", er gehört zu den Begründern der formalen Soziologie in Deutschland, er hat die amerikanische wesentlich beeinflußt, philosophisch zwar nie ein großer Systematiker, aber doch ein vielfältiger Anreger. Er hatte Erfolg bei den Studenten, seine Kollegs waren überfüllt, über Vorlesungen vor breiterem Publikum berichtete sogar die Tagespresse. In seinem Haus verkehrten Künstler und Schriftsteller, allerdings fand er in der offiziellen akademischen Welt weniger Beachtung. Da spielte das antisemitische Vorurteil gegen den Juden Simmel eine Rolle, wohl auch ein bißchen Neid der Kollegen; und so bekam Simmel in Berlin nie einen Lehrstuhl, er blieb Privatdozent mit dem Titel

„außerordentlicher Professor", auch dieser Titel wurde ihm lange vorenthalten, während „all die Maulhelden, Ignoranten, Halbtalente und Mediokritäten" auf den Lehrstühlen saßen.

Was die Studenten an Simmel faszinierte, war zum einen die Thematik, zum anderen die Vortragsart: „Georg Simmel hat doch als erster jene Rückwendung der Philosophie auf konkrete Gegenstände vollzogen, die kanonisch blieb für jeden, dem das Klappern von Erkenntniskritik und Geistesgeschichte nicht behagte", merkt Adorno an. Georg Lukács sieht das so: „Georg Simmel war zweifellos die bedeutendste und interessanteste Übergangserscheinung in der ganzen modernen Philosophie. Deshalb war er für alle wirklich philosophisch Veranlagten der jüngeren Denkergeneration (die mehr als bloß kluge oder fleißige Einzelwissenschaftler in philosophischen Einzeldisziplinen waren) so überaus anziehend, daß es fast keinen unter ihnen gibt, der nicht für kürzere oder längere Zeit dem Zauber seines Denkens erlegen wäre." Eine besonders plastische und eindrucksvolle Schilderung des Phänomens Georg Simmel verdanken wir Ludwig Marcuse: „Als ich Simmel denken sah und denken hörte, begann ich – nicht ein Gelehrter zu werden, sondern ein Denkender. Simmel belastete nie (selbst nicht mit Wissenswertem); er setzte im Hörer Prozesse in Bewegung, die mich zum ersten Mal fühlen ließen, was Freiheit ist: unkontrolliertes Sich-Bewußtwerden, man hat keine Ahnung, wohin es noch führen wird. An der äußersten Kante des Katheders stehend, mit einem spitzen Bleistift sich in irgend eine Unzulänglichkeit einbohrend, von Rembrandt und Stefan George und dem Geld und der Ästhetik des Henkels sprechend, setzte der zarte, behende, mausfarbene Mann etwas in Gang, was nie wieder zum Stillstand kam und eine der Seligkeiten ist: das grenzenlose Fort und Fort des Einsehens – auch in das, was es mit dem Einsehen auf sich hat. Er war mein Sokrates. Er gab nicht Lösungen, sondern einen Antrieb, der sich als Perpetuum erwies. Er war im Sinne geistiger Beweglichkeit und Unruhe der philosophischste Philosoph, den ich im Leben getroffen habe."

Georg Simmel, „der zarte, behende, mausfarbene Mann".

Zu diesem Georg Simmel also pilgerte Ernst Bloch – und war so begeistert wie seine Zeitgenossen: „Verglichen mit den gedruckten Seminarübungen so mancher damals gleichzeitiger Schulhäupter stellte Simmels Schrifttum endlich wieder eine Philosophie für Erwachsene dar." Simmels Themenbreite – Soziologie, Geschichtsphilosophie, Wirtschaftsphilosophie, Philosophie des Geldes, Moralwissenschaft, Religion, Kant, Goethe, Schopenhauer und Nietzsche so gut wie Rembrandt und die ganze Breite der Kulturwissenschaft – das faszinierte Bloch, vor allem aber die Behandlung scheinbar abseitiger Gegenstände „herab bis zum Henkel, zurück bis zur Ruine, hinaus bis zu den Alpen, die Simmel alle betroffen und fügsam-abstrakt bedacht hat."

Und auch die Sprache hat etwas Neues, verlockend Nicht-Akademisches: „Diese andere Sprache, die nichts Schulmeisterhaftes an sich hatte und nicht Epigonentum war, sondern endlich wieder einen Kontakt mit dem ungeheuren Weltgeheimnis an kleinen Erscheinungen herzustellen versuchte, machte mir Eindruck.“ Bloch nennt Simmel einen „Denker des Vielleicht“, ähnlich Ludwig Marcuse: „er vermachte mir das ›Vielleicht‹, ›Wahrscheinlich‹, den Enthusiasmus gegen die Sicherheit.“

„Der Kobold neben dem Hörsaal – Die Kunst des philosophischen Spaziergangs“.

Simmels „Lust zur Abschweifung“, die Liebe zu Hintersinnigem und Paradoxem, die ausgeprägte Neigung zur Pointe – das alles zeigt sich für Bloch in Aussprüchen, die er in Simmels Kolleg notiert hat: „Vielleicht sind auf der Welt nur fünfzehn Menschen, die bewegen sich aber so schnell, daß man meint, es seien mehr. – Merkwürdig, daß auch Fremde mit einem Schlag weg sind, wenn sie abreisen, statt allmählich abzureisen, wie die Schlangen. – Die neuesten Lehren der Physik (Relativitätstheorie und dergleichen) wirken auf mich wie Dienstmädchen; sie sind mir gleichgültig, aber sie regen mich auf. – Das Ganze der Wahrheit ist vielleicht so wenig wahr wie das Ganze der Materie schwer ist.“ Es ist der „Kobold neben dem Hörsaal“, den Bloch in derlei Sprüchen walten sieht.

Es liegt auf der Hand, daß Blochs frühe Arbeiten zu großen Teilen von diesem Denk- und Sprechgestus Simmels beherrscht waren, daß die Lust, aus dem Geleise der Universitätsphilosophie auszubrechen, über allerlei scheinbar Nebensächliches zu sinnieren, im Kleinen und Alltäglichen die großen Fragen aufzuspüren und das Ganze in die leichte, schmiegsame Form des wissenschaftlichen Essays zu gießen, von Simmel geerbt ist, und diese „Kunst des philosophischen Spaziergangs“ hat Bloch auch später noch bewußt gepflegt. Dies gilt im übrigen auch für Lukács, Adorno, Ludwig Marcuse und einige andere, denen Simmel erste Anstöße zum Denken gab.

Treffpunkt solcher junger Intellektueller war das Privatkolloquium in der Wohnung des Professors, eine um so exklusivere Veranstaltung, als gerade ein Dutzend Leute am Tisch in Simmels Arbeitszimmer Platz fanden. Bloch ging also – wir sind im Wintersemester 1908/09 – zu Simmel und sagte: „Ich habe jetzt in Würzburg promoviert und habe mir als Belohnung dafür Berlin und Sie selbst, Herr Professor, ausgesucht.“ Worauf der Herr Professor den jungen Doktor kalt abblitzen ließ: „Halten Sie es denn, Herr Doktor, für ein so großes Verdienst zu promovieren, daß Sie eine Belohnung brauchen?“ Im übrigen sei das Kolloquium besetzt, man brauche nicht weiter darüber zu reden. Aber so leicht wollte Bloch sich nicht geschlagen geben, er blieb einfach sitzen und erzählte dem Professor von seiner großen Entdeckung, die im Alter von 22 Jahren, also ein Jahr zuvor, wie ein Blitz über ihn gekommen war: die Entdeckung des „Noch-Nicht-

Bewußten" – Bloch nennt dies noch rund 65 Jahre später seinen „einzigen und ersten originalen Gedanken".

Die Psychoanalyse – vor allem bei Sigmund Freud – hatte auch von Nicht-Bewußtem gesprochen. Bei diesem Unbewußten handelt es sich aber um Tatbestände, die aus dem Bewußtsein verlorengegangen oder herausgedrückt worden sind und die nur noch im Traum oder in krankhaften Handlungen erscheinen. Solche unbewußt gewordenen Tatbestände müssen nun, so Freud und seine Schule, durch die Methoden der Psychonanalyse wieder heraufgeholt, vergegenwärtigt werden. DiesesFreudsche Unbewußte nennt Bloch das „Nicht-Mehr-Bewußte" und setzt ihm das „Noch-Nicht-Bewußte" an die Seite – nicht als Gegenbegriff, sondern als Ergänzung. Der Bereich des Unbewußten, argumentiert Bloch, ist durch das „Nicht-Mehr-Bewußte" nicht hinreichend definiert, es gibt auch Bewußtseinszustände, die nicht etwa vergangen und verloren, sondern erst noch im Kommen sind, es gibt Dinge, Zustände, Entwicklungen, die uns erst noch dämmern, von denen wir so gerade eine Ahnung haben. Das liegt zum einen daran, daß wir bestimmte Entwicklungen noch nicht richtig erfaßt haben, uns dämmert erst noch das Bewußtsein davon, andererseits aber auch daran, daß die Dinge, Zustände, Entwicklungen selbst noch „dämmern", erst im Entstehen begriffen, noch ungeworden sind. Derart entspricht dem „Noch-Nicht-Bewußten" als Bewußtseinszustand des Menschen ein „Noch-Nicht-Gewordenes" in der Objektwelt. „Es ging mir um das, was vor uns dämmert, um das, was erscheint in der Jugend, in Wendezeiten wie Renaissance, Sturm und Drang, in der Französischen Revolution, in der Frühromantik und in dem Pathos des Neuen, dem eigentümlichen Pathos des Kreativen im Menschen selber". An anderer Stelle zitiert Bloch aus einem damaligen Manuskript: „Besonders in der schöpferischen Arbeit wird eine eindrucksvolle Grenze überschritten, die ich als die Übergangsstelle zum noch nicht Bewußten bezeichne. Mühe, Dunkel, krachendes Eis, Meeresstille und glückliche Fahrt liegen um das Land, wo noch niemand war, ja das selber noch niemals war. Das den Menschen braucht, Wanderer, Kompaß, Tiefe im Land zugleich." Und er kommentiert diese Stelle: „Ein entscheidender Tenor war mit dieser damaligen Aufzeichnung notiert, samt Begriff von Heimat, die sich erst bildet."

„Mühe, Dunkel, krachendes Eis, Meeresstille und glückliche Fahrt".

Simmel war offenbar beeindruckt von den Darlegungen des jungen Doktors. „Es scheint, daß Sie ja wirklich ein besonderes philosophisches Interesse Ihr eigen nennen", war die immer noch unterkühlte Antwort, schon am selben Abend aber erhielt Bloch einen Rohrpostbrief: „Es hat sich doch gezeigt, daß Sie Platz finden können in meinem Kolloquium, und ich bitte sehr um Ihren Besuch am nächsten Dienstag nachmittag". Aus dieser Bekanntschaft wurde rasch eine Freundschaft, schon kurze Zeit später fuhren Leh-

Korpsstudent und Gardeleutnant: Berlin – Potsdamer Platz 1910.

rer und Schüler für drei Wochen nach Italien: „Und dort habe ich einen Generalausverkauf meines Jugendphilosophierens machen müssen.“ Simmel war ein anregender Gesprächspartner, umfassend gebildet, ein Kunst- und Literaturkenner, aber auch sonst talentiert: Bloch „genoß neben philosophischen Gesprächen Simmels Suppen, denn Simmel war ein leidenschaftlicher und erfinderischer Suppenkoch“, weiß Karola Bloch zu berichten.

Freilich dauert diese enge Verbindung nicht allzu lange. Bloch findet bald, daß dieser geistsprühende Mann „zumeist nichts als geistreich“ ist, leer, ziellos, kurzatmig, „nichts als stets wiederholter methodischer Schaum und Eiertanz und deshalb rasch zur Langeweile umschlagend“, ein impressionistischer Psychologe, „der sich in alles hineinwindet und aus allem wieder herauswindet“. Das stört den gestrengen Philosophieschüler, der doch ausgezogen war, eine neue Metaphysik zu begründen, an seinem „koketten“ Meister über die Maßen: Daß dieser niemals richtig Farbe bekennen mochte, das „Reden ohne eine bestimmte Behauptung“, der grundsätzliche, „gefräßige“ Relativismus: „Bei Simmel gab es nie ein gebietendes Lehrwort, nie einen schöpferischen Gedanken, bei dem ein Halt gewesen wäre, an dem man sich hätte halten können.“

So entstand allmählich eine Entfremdung, die später endgültig wurde: Beim Ausbruch des Ersten Weltkrieges ließ sich Simmel vom allgemeinen Hurrapatriotismus anstecken, hielt vaterländische Vorträge für den Krieg, „während es doch bei höheren Intellektuellen zur Selbstverständlichkeit gehörte, daß man den Krieg ablehnte und Wilhelm II. nach wie vor als ein Unglück für Deutschland und die Welt betrachtete“. Bloch – damals längst in Heidelberg – schrieb seinem alten Lehrer einen Brief: „Sie haben niemals eine definitive Antwort auf etwas gesucht, niemals. Das Absolute war Ihnen vollkommen suspekt und verschlossen, auch das Hinstreben zu einem Absoluten war Ihnen verschlossen. Heil Ihnen! Nun haben Sie es endlich gefunden. Das metaphysische Absolute ist für Sie jetzt der deutsche Schützengraben!“

Der Bruch war da, man traf sich noch einmal zufällig in der Straßenbahn in Heidelberg, wo Simmel einen Vortrag halten sollte. Ob nun Blochs Schilderung dieser Begegnung der Wahrheit in ganzer Größe und Schönheit entspricht, sei dahingestellt; man kann sich aber immerhin vorstellen, daß es sich so zugetragen hat: „Ich habe ihn nicht gegrüßt, er aber grüßte mich, und davon war ich doch ergriffen. Ich habe kühl geantwortet, aber ich ging in seinen Vortrag. Der war entsetzlich. Es war ein einziger Pro-Kriegs-Vortrag, alldeutsch bis zum Exzeß, völlig unbegreiflich. Und das war das Ende.“

Zwei Evangelisten in Heidelberg: Lukács und Bloch

Nach Heidelberg war Bloch schon Ende 1911 gegangen, Berlin war ihm lästig geworden, nicht nur wegen der allmählichen Entfremdung von Simmel. Nach drei Jahren hatte er genug von der Hochburg des Preußentums: „Korpsstudent und Gardeleutnant, das ist das tonangebende deutsche Gesicht geworden. Deutschland hat seine Seele verloren, die alte, winklige, fromme, traumerfüllte. Sie schwimmt nun in den chemischen Abwässern, die das Land durchstinken, sie ist zu Kasernenhöfen verreckt, ausgereckt, ausplaniert. Der freundliche, älter verwurzelte Süden ist zu schwach; die Isar und das Kloster Schäftlarn kommen gegen die chemischen Abwässer und die Pickelhaube nicht auf.“ Ein anderes, nicht unbekanntes Motiv mag außerdem eine Rolle gespielt haben: „Berlin, wiederum der Rekurs des Trüben, Ungemäßen in einer subalternen langgezogenen Liebschaft ohne Liebe und Erfüllung“.

So zieht es ihn wieder in den freundlichen Süden; zwar gibt es zwischendurch auch andere Pläne. Kurze Zeit verbringt er im Frühjahr 1911 in Bonn, offenbar hat er zunächst vorgehabt, sich dort länger niederzulassen. So schreibt Georg Lukács im Februar 1911 an seinen Freund Leo Popper: „Er wird aber in irgendeine deutsche Kleinstadt ziehen – wahrscheinlich nach Bonn –, und dort habe ich nichts verloren.“ Bloch wohl auch nicht so viel, wie er vermutet hatte – schon im April schreibt er an Lukács: „Hier ist die Zeit mit einem sehr wilden Leben und merkwürdigerweise mit weiteren, sehr glücklichen systematischen Ausarbeitungen und Zusammenführungen erfüllt. Aber ich werde in einigen Tagen doch abreisen und ins Isartal ziehen." Zu dieser Zeit treiben Bloch neben der Arbeit augenscheinlich allerlei Mädchengeschichten um: So ist von einer Frau die Rede, die um diese Zeit noch in Zürich wohnt und mit der er wohl in München zusammenleben will: „Ich bin nur so stark auf die Frau, meine Frau, eingestellt, daß ich fast die Wichtigkeit des Werks aus den Augen verliere oder wenigstens nicht bedrückt bin, daß ich so wenig arbeite".

Im selben Brief berichtet Bloch von einem reichen Mädchen aus Mannheim, um das er sich bemühen wolle: „das Mädchen hübsch, schwarz, ›klug‹, dazu mindestens eine Million Mitgift, später drei weitere Millionen Mark zu erwarten." Das Problem ist aber, daß die Eltern keinerlei gesellschaftlichen Verkehr pflegen, so daß Bloch nicht recht weiß, wie er an die Millionen herankommen soll: „ich müßte sie zuerst auf eine umständliche, zeitraubende smokinghafte Weise kennenlernen, bevor ich weiß, ob ich sie überhaupt kennenlernen will." Im Dezember desselben Jahres heißt es aus Garmisch: „Übrigens weiß ich vieles von einem jetzt fünfzehnjährigen Mädchen, das ich mir (noch zwei bis drei Jahre Arbeit und Vorbereitung) zur Braut ausersehen möchte."

Ein sehr wildes Leben in einer deutschen Kleinstadt: Das alte Bonn.

Nicht nur aufgrund des ironischen Tons in diesen Briefen ist anzunehmen, daß Bloch Affären mit Damen nicht sonderlich ernst genommen hat. Emma Ritoók, die er durch Georg Lukács kennengelernt hat („Emma und ich haben unsere Freundschaft übrigens jetzt endgültig in der schönsten Weise geschlossen", heißt es am 22.2.1911 aus Ludwigshafen an Lukács), hat sehr bald Grund, sich bitter zu beklagen: Das „wilde Leben in Bonn" hat dieser Freundschaft offenbar schweren Schaden zugefügt, wie man einem Brief Emmas an Lukács entnehmen kann: „Meine Meinung über sein ethisches Wesen, das sich in ihm während seines Bonner Aufenthalts wohl entfaltete, ließ ich ihn nicht nur fühlen, sondern sagte sie ihm auch; das lindert nur, daß ich ihn nicht für einen schlechten Menschen, sondern bloß für einen mit kranker Ethik halte."

Wie immer dies zu interpretieren ist: Bloch reist schon nach knapp zwei Monaten – vermutlich Anfang Mai 1911 – wieder aus Bonn ab, hält sich kurz in Grünwald auf, und lebt dann seit Oktober 1911 abwechselnd in Garmisch und in Heidelberg. Die Entscheidung für Garmisch ging auf die Frau zurück, die er dann tatsächlich 1913 heiratete: Von Bonn kommend traf er in einem abgelegenen Gasthaus auf der Konradshöhe in Baiersbronn im Isartal Else von Stritzky, offenbar eine beeindruckende Begegnung. „Ich kam aus Bonn, erzählte von dort, sprach mit ihr über meine Kantdeutung, zerriß den Steiner. Auf einer Bank an der Isar habe ich sie zuerst geküßt; auf dem schönen, altfränkischen Sofa in meinem Zimmer, während eines Gewitters, lag ich zuerst bei ihr." Die Entscheidung für Heidelberg indes hat mit Georg Lukács zu tun. 1911 beginnt die Zeit des engen Zusammenlebens mit Georg Lukács. Die beiden hatten sich schon 1910 in Berlin in Simmels Kolloquium kennengelernt und waren augenscheinlich recht angetan voneinander. „Das war seit langer Zeit der erste intellektuelle Impuls; er ist ‚durch-und-durch' Philosoph vom Schlag eines Hegel, er hat mir viel genützt", schreibt Lukács am 11.2.1911 an seinen Freund Leo Popper. An anderer Stelle heißt es: „Bloch hatte auf mich gewaltigen Einfluß, denn er hatte mich durch sein Beispiel davon überzeugt, daß es möglich sei, in der althergebrachten Weise zu philosophieren, wie Aristoteles oder Hegel zu philsophieren." Noch 1967 spricht Lukács von einer glanzvollen Jugenderinnerung: „inmitten dieser Professorenphilosophie ist plötzlich jemand auferstanden, der die Muttersprache der alten Philosophie und im Geist der alten Philosophen gesprochen hat."

Bei Bloch hat es – seinen Angaben zufolge – nicht sofort gefunkt: „Ich kannte ihn zu diesem Zeitpunkt noch nicht, Simmel ebenfalls nicht, und Simmel bat mich daher, mit ihm zu sprechen, um sich ein Bild von ihm und seinen Vorstellungen machen zu können. Ich gestehe, daß er mich zuerst nicht außergewöhnlich beeindruckte". Diesen Eindruck gab

Georg Lukács – der weltgewandte Aristokrat.

Bloch Simmel, aber auch Lukács' damaliger Freundin Emma Ritoók weiter, die es Lukács sofort berichtete, worauf dieser geantwortet haben soll: „Emma, ich glaube nicht, daß ein großer Philosoph gleichzeitig auch ein guter Menschenkenner sein muß."

Falls Bloch tatsächlich zunächst distanziert gegenüber Lukács gewesen sein sollte – das schlug bald ins genaue Gegenteil um. Als die beiden sich kennenlernten, hatte sich Lukács schon einen Namen gemacht. Er war ständiger Mitarbeiter verschiedener Zeitschriften, war als Autor von literaturtheoretischen und literatursoziologischen Arbeiten hervorgetreten, hatte 1908 eine zweibändige „Entwicklungsgeschichte des modernen Dramas" veröffentlicht, 1910 eine „Methodologie der Literaturgeschichte". Bloch gehörte zu den wenigen Auserwählten, die das Manuskript von „Die Seele und die Formen" lesen, ein Essay, mit dem Lukács 1911 seinen guten Ruf festigte.

In Budapest trafen sich die beiden jungen Philosophen wieder, sie blieben in ständigem Briefkontakt, das Frühjahr 1912 verbrachten sie gemeinsam in Italien – Bildungsreisen in den Süden waren damals sehr in Mode. Lukács war bereits Ende 1911 nach Florenz gefahren, um seine Ästhetik als ersten Teil eines philosophischen Systems zu entwerfen. „Im Frühjahr 1912 kam Bloch nach Florenz und überredete mich, gemeinsam mit ihm nach Heidelberg zu fahren, wo die Umgebung für unsere Arbeit günstig sei." Schon vorher hatte man gemeinsame Berufspläne gehabt. Als Bloch nach Bonn ging, wollte sich Lukács in Budapest habilitieren, falls das aber nicht gelingen sollte, wollte er sich um einen Lehr-

Ernst Bloch – das Enfant terrible.

stuhl in Freiburg bemühen, „und es wäre möglich, daß auch Bloch dort eine Stellung erhält." Spätestens seit dem Italien-Aufenthalt – Florenz und Ravenna – entwickelt sich zwischen beiden eine bemerkenswerte Wahlverwandtschaft, nach Blochs Worten eine „wirkliche Symbiose". Man ist „Tag und Nacht" zusammen und verhält sich schließlich wie „kommunizierende Röhren", zumindest nach Blochs Erinnerung: „Wenn wir getrennt waren und uns dann wiedersahen nach ein oder zwei Monaten – da konnte es vorkommen, daß ich oder er dort anfingen zu sprechen oder zu denken, wo der andere gerade aufgehört hatte. In der Zwischenzeit war ganz Verwandtes mit uns geschehen, obwohl wir gar nicht miteinander gesprochen hatten, so daß wir uns, wie wir es nannten, einen ‚Naturschutzpark der Differenzen' bauten, indem wir einige Gegensätze sozusagen synthetisch herstellten."

Die beiden müssen in Heidelberg schon ein merkwürdiges Pärchen abgegeben haben: Hier der verwöhnte ungarische Großbürgersohn mit Adelstitel und guten Manieren, da der mittellose junge Philosoph aus kleinbürgerlichem Hause, hier der schon arrivierte und geachtete philosophische Schriftsteller, da der Erneuerer der Philosophie von eigenen Gnaden, für den nicht viel mehr als die ungeheure Selbsteinschätzung sprach, der zudem den George-Kreis, dem sein Freund Lukács nicht allzu ferne stand, böse zwischen die Zähne genommen hatte: „Sauer und ölig sammelt es sich um George an, Ladenschwengel erscheinen mit fettem Weiheton, Spießbürger letzten Endes; eitle, eingebildete Mediokritäten tragen sich antik und katholisch zugleich, sind lächerlich in ihrer Reife, ihrer allerwohlfeilsten Geschlossenheit, ihrer Beschimpfung der Sehnsucht, dieser einzig wahren Eigenschaft ehrlicher Menschen."

Ein Markenzeichen Heidelbergs zu dieser Zeit sind die literarischen und philosophischen Zirkel und Salons. Durch die Vermittlung von Lukács kam Bloch in den Max-Weber-Kreis, ein ähnlich exklusiver Zirkel wie bei Simmel in Berlin, in dem sich der in diesen Dingen viel liebenswürdigere und gewandtere Lukács nach Blochs Erinnerung eher wohlfühlte als Bloch selbst, der dies mehr als lästige Pflicht ansah.

Bloch hat gerne Anekdoten aus dieser Zeit erzählt, vorzugsweise solche, in denen er als Enfant terrible auftritt und Lukács als „Aristokrat, der sich der bösen Streiche seines Freundes schämen muß", wie Gerhard Zwerenz berichtet. Eine der schönsten ist die vom ersten Auftreten Blochs im Hause Weber. Lukács hatte von seinem Freund geschwärmt und war gebeten worden, dieses wundersame Philosophen-Exemplar doch zu einer Abendgesellschaft mitzubringen. Bloch wollte zuerst nicht recht, dann nur unter der Bedingung, daß etwas Gescheites aufgetischt werde. Lukács erkundigte sich also bei der Dame des Hauses nach dem Menu, Blochs war's zufrieden, und so ging man denn speisen. „Mitten im geselligen Geplänkel dieser Schmocks und feinen Pinkels" mußte Bloch nun für das gute Essen bezahlen: Er wurde gefragt, was es denn mit seiner berühmten Philosophie auf sich habe. „Denen durfte ich nichts ersparen, ich habe mir die Siebenmeilenstiefel des Begriffs angezogen und in ein paar Minuten, tiefgründig über alle Niederungen hinweg, die Grundgedanken der antizipierenden Funktion dargelegt. Betretenes Schweigen. Mein Partner fühlte sich bemüßigt, es zu lockern, und gab der geneigten Tischrunde eine populäre Erläuterung, angemessen deren Fassungsvermögen. ›Ach so, gewiß, sehr interessant!‹ Das Geplätscher des seichten Stroms konnte seinen Fortgang nehmen. Ich freilich blieb ziemlich schweigsam, Rache brütend. Die übte ich auf dem Zenit der Fidelitas, als ich mich zur Verblüffung der Gesellschaft dem kommentierungsfreudigen Freunde auf den Schoß setzte, den Zeigefinger mit Spucke befeuchtete und ihm damit die Nase salbte. Peinlich berührt, zog man sich von diesem Tête-à-Tête zurück, wohlerzogen räumten wir vorzeitig das Feld. Lukács fragte, was der Blödsinn solle. Höre Djouri, antwortete ich: Bislang dachte ich, wir seien Schelling und Hegel, doch nun stelle ich fest, wir sind Leibniz und Wolff. Und Du bist der Wolff!"

Max Weber

Auf jeden Fall haben die beiden jungen Philosophen die allgemeine Aufmerksamkeit auf sich gezogen, Paul Honigsheim, der damals zum selben Kreis gehörte, spricht sogar von „Aufruhr". In die bürgerliche Wohlanständigkeit der Salons brach um diese Zeit ohnehin eine neue Welt ein, die Wissenschaftler vom Schlage Max Webers natürlich neugierig machte, aber auch für Irritationen sorgte. „Neben die festgefügten Gehäuse der älteren Generation stellen junge Leute einen anderen Lebensstil jenseits der Konvention", berichtet Webers Frau Marianne. „Gesellschaftliche Freiheit beginnt sich zu entwickeln, wie sie bisher nur in Münchner Künstlerkreisen zuhause war. Neue Typen, in ihren geistigen Impulsen mit den Romantikern verwandt, stellen einmal wieder ›bürgerliche‹ Denk- und Lebensordnungen in Frage." Zu diesen neuen Typen gehörten auch und vor allen Bloch und Lukács: „Diese jungen Philosophen bewegten eschatologische Hoffnungen auf einen neuen Gesandten des überweltlichen Gottes, und sie sahen in einer durch Brüderlichkeit gestifteten sozialistischen Gesellschaftsordnung die Vorbedingung des Heils." Für derlei Messianisches hatte Max Weber zwar durchaus kein Ohr, aber er schätzte die beiden Philosophen doch als seine Schüler, sicherlich Lukács mehr als Bloch. An dessen ersten Aufritt erinnert sich Weber so: „Gerade war ein neuer jüdischer Philosoph da – ein Jüngling mit enormer schwarzer Haartolle und ebenso enormem Selbstbewußtsein, er hielt sich offenbar für den Vorläufer eines neuen Messias und wünschte, daß man ihn als solchen erkannte." So irritiert wie Max Weber selbst waren auch wohl andere – zu seinem Kreis kamen damalige oder spätere Berühmtheiten wie Karl Jaspers, Gustav Radbruch, Emil Lederer, Ernst Troeltsch, Friedrich Naumann, Theodor Heuss –, zumal von Friedrich Naumann ist überliefert, daß er den jungen Mann mit dem prophetischen Gehabe wohl für ein wenig verdreht und überspannt gehalten hat.

Webers philosophischer Salon – das Haus in der Ziegelhäuser Straße.

Weber selbst, so wird berichtet, war zuweilen recht indigniert über Blochs Diskussionsbeiträge: „dieser Mann ist voll von seinem Gott, und ich bin Wissenschaftler", und einmal soll Weber recht wütend auf Bloch gewesen sein, weil dieser bei einer musikwissenschaftlichen Diskussion partout nicht auf den Soziologen hören wollte: „Der Mann kann in wissenschaftlichen Fragen nicht ernstgenommen werden", soll Weber geschimpft haben. Vor allem das Benehmen Blochs muß Weber und einige andere aufgeregt haben; folgt man Honigsheims Darstellung, dann scheuten einige Leute das Treffen am Sonntag nachmittag, wenn Bloch auch dort war, und Maria Bernays, eine Schülerin Webers, überlieferte den Satz des Meisters: „Ich würde gerne einen Träger zu Blochs Haus schicken, der seine Koffer packt und sie zum Bahnhof bringt, damit Bloch wegfährt." Falls das so stimmen sollte: Den jungen Doktor hat derlei kaum angefochten. „Wer mich ablehnt, der ist von der Geschichte gerichtet!", will er Marianne Weber gegenüber verkündet haben.

Immerhin haben Bloch und Lukács, „die bald das Gespräch beherrschten", Max Weber und seinen Kreis stark beschäftigt und zumindest für Gesprächsstoff gesorgt, sie waren Berühmtheiten, die auch literarisch porträtiert wurden: Thomas Mann hat in der Figur des Naphta in seinem „Zauberberg" eine Karikatur von Georg Lukács gezeichnet, in der Bloch auch eigene Züge wiedererkennt: „Naphta verkörpert gewissermaßen uns beide: sowohl Lukács, auf den die rein physische Beschreibung – klein von Wuchs, große Nase – und die Charakterisierung – listig – zutreffen, als auch mich."

Auf der anderen Seite gibt es auch freundliche Erinnerungen an die beiden, und auch die Rollenverteilung erscheint gelegentlich anders. So sieht Honigsheim Lukács einmal sogar als „Adepten" des ›katholisierenden jüdischen Apokalyptikers‹ Bloch. Karl Jaspers beschreibt die beiden als „Gnostiker, die ihre theosophischen Phantasien in geselligen Kreisen mitteilten. Nach einem Vortrag von Lukacz sprach Bloch feierlich: eben ging der Weltgeist durch diesen Raum. Lukacz galt manchen als eine Art Heiliger, Bloch war eher ein elementarer, ganz aufrichtiger Junge, der durch seine Wärme und Unbefangenheit und seine geistreichen Ironien Sympathien erweckte. Man sprach in Heidelberg von beiden. Der Philosoph Lask machte den Witz: Wer sind die vier Evangelisten? Matthäus, Marcus, Lukacz und Bloch." Zu den Ironien Blochs gehörte auch die Bemerkung, daß „die Frau jedes Professors jeden Tag um fünf in ihrem Salon eine Tasse Tee in Erwartung des Messias bereithält"; dieser von Paul Honigsheim überlieferte Ausspruch findet sich in Blochs „Geist der Utopie" wieder, da spricht er von einer Zeit, „in der es ja aus allen Ecken und Enden symbolisch zu wehen beginnt, in der jeder Salon die Teetasse für den Messias bereit hält und es manchem zu passieren scheint, der Messias zu sein".

Insgesamt scheint dem ungleichen Paar Bloch – Lukács das Auftreten in der akademischen Gesellschaft Heidelberg viel Freude gemacht zu haben: „Es gab auch viel Spaß mit Figuren, die wir nicht besonders geschätzt haben. Verblühte Wespen unter den Weibern und besoffene Lokomotivführer unter den Professoren, die so rasten und feuilletonistisch sein wollten, wie es kein Feuilletonist zustande bringt, mangels professoraler Gründlichkeit." Und es scheint ebenso, daß die beiden zwar gelegentlich als junge Wilde auftraten, andererseits die bürgerliche Rollenerwartung aber auch gerne enttäuschten: „Man erwartete, daß wir schäumend enthusiastisch sind, und wir sprachen ungeheuer gelehrt und in langen Perioden mit ironischer Geheimrätlichkeit, alte Zeiten beschwörend, wobei wir uns gut verstanden und die Melodie gut beherrschten."

Freilich haben Lukács und Bloch in Heidelberg nicht nur die professoralen Salons mit ihrem Genie beglückt, sie haben auch intensiv zusammengearbeitet und gemeinsam Berufspläne geschmiedet. Lukács hat sich mehrmals Hoffnungen auf eine Professur in Heidelberg gemacht, und auch Bloch soll entsprechende Versuche angestellt haben. Wie aus einem Brief eines Leipziger Bekannten von Georg Lukács hervorgeht, hat Bloch 1912 oder 1913 sogar einmal versucht, in Leip-

„Heidelberg, das schmuddelige badische Mekka des Geschwätzes und der Georgeschen Korpsstudenten und der Urerlebnisse von heutzutage! Die Wahl ist schwierig: haben die übrigen Universitäten die große Zeit erhalten, so hat sich hier der Salon zersetzt; und verblühte Wespen, Zuckerln, Ölsardinen, esoterische Konfektionäre, die Lügner um George, die Patienten des Ressentiment, alle diese koketten Wanzen riechen solange nach dem Unendlichen, bis das Unendliche nach Wanzen riecht."

zig über eine Professur zu verhandeln, augenscheinlich aber nicht sehr geschickt, nur auf der Durchreise und ohne ein fertiges Manuskript einer Habilitationsschrift in Händen. Gar so fern von der immer wieder verhöhnten Universitäts-Philosophie mochte sich Bloch offenbar doch nicht halten.

Einstweilen aber wurde am großen Werk gearbeitet. So schäumend und schwärmerisch man in Heidelberg auch auftrat, nach Blochs Auskunft hielten die beiden Freunde es eher mit dem objektiven Denken. „Kurioserweise übten wir strengste Systematisierung. Einräumung aller Gegenstände an ihren Ort, wodurch sie auch erkannt werden. So wie eine Hausfrau alles auf den Platz stellt, muß ein Philosoph alles auf seinen Platz stellen – die Hausfrau, damit sie es leicht findet, und der Philosoph, damit er es erkennt. Die Topologie, sagten wir damals, ist schon die halbe Philosophie." In der Berliner Zeit hatte Bloch bereits an Aufsätzen und Geschichten gearbeitet, die später in den Sammlungen „Durch die Wüste" und „Spuren" erscheinen, aber auch „Berge von ungelingenden Manuskripten" fallen in diese Zeit, „asketisch in der formalen Logik angesiedelt (um von dieser her, als ›innerer Linie‹, jederzeit auf dem kürzesten Weg die großen Probleme übersichtlich zu haben)".

Bloch schwebte immer ein großes philosophisches System vor, „lange Jahre des Sammelns, der Notizen, ohne Fähigkeit, gestalten zu können (Druck der Verantwortung, es sollte nicht als *das* Werk zustande kommen)" waren vorausgegangen. Dabei steht Bloch in ständigem Gedankenaustausch mit Lukács. 1910 verspricht er, als „Revanche" für das Manuskript von „Die Seele und die Formen" Lukács das zweite Kapitel seines Buches vorzulegen „über das so sehr seltsame Problem der Objektivität", und weiter heißt es: „Sonst stecke ich nach wie vor in meiner metaphysischen Arbeit, vor allem über das Bewußtsein, über die Natur als

Enklave der Geschichte und die historische Funktion der Zeit." Im April 1911 berichtet Bloch von einigen Änderungen des ursprünglichen Plans, im Oktober hat er die gesamte Konzeption umgeworfen und stellt nun ein auf fünf Bände angelegtes System der axiomatischen Philosophie vor:

„I. Die anorganische Natur in der Summe der axiomatischen Philosophie
II. Die organische Natur in der Summe der axiomatischen Philosophie
III. Die Geschichte in der Summe der axiomatischen Philosophie
IV. Die Ethik in der Summe der axiomatischen Philosophie
V. a)Ästhetik
b)Dogmatik
c)Letze Logik und Axiomatik in der Summe der axiomatischen Philosophie"

In einem weiteren Brief an Lukács nennt Bloch den Titel des geplanten Buches so: „Das Denken der Wissenschaft und Philosophie als Logik des Systems". Die Anlehnung an Hegels „Enzyklopädie der Wissenschaften" und „Wissenschaft der Logik" geht also bis in den Titel des großen Werks, es war geplant als „System, gegen das das Hegelsche sich wie eine Hundehütte ausnehmen sollte (ganz lausbübisch mitgeteilt, nur um das Postulat anzugeben)", auch eine „Summa" im thomasischen Sinn galt als Vorbild.

Diese Beschäftigung mit Logik und Systematik mag bei Bloch verwundern, und später in der Schweiz (1917) hat er gegenüber Max Scheler, der ebenso erstaunt war, daß Bloch sich mit etwas so Trockenem wie Logik beschäftigte, so argumentiert: „Das muß so gemacht werden, daß man die Sphären donnern hört. Es ist das Paradox, daß in diesem ganz und gar Trockenen und Glanzlosen darin steckt, was das Feuer anzieht und Funken schlägt." Aber der Funkenschlag will nicht so recht gelingen, die Arbeit zieht sich hin: „Indes, wenn bei Anfängern im Schreiben oft das Niedergeschriebene schrecklich schrumpft und nach gar nichts mehr auszusehen scheint, so kann das Schreiben des ersten Buchs, als des alles enthalten sollenden, von Uferlosem bedroht sein. Das Vielzuviel von Manuskripten, nach einem allzu umfänglichen Plan, rauschte fruchtlos, begrub fast. Ein Schritt zurück gewissermaßen, war notwendig, neu anhebend und konzentriert, frei vom unpassenden, ganz sachfremden Epigonentum hinter Thomas, hinter Hegel."

Noch 1914 schreibt Bloch an Lukács, daß er am letzten Kapitel seines Buches sitze, der endgültige Titel: „Der Name Gottes. Einleitung in die Summe der systematischen Philosophie". Aber es ist offenbar immer noch nicht so weit. 1916 schreibt er: „Ich arbeite die ganze Zeit Logik und glaubte in Kürze fertig zu werden", aber auch daraus wurde nichts.

Ähnlich verhielt es sich bei Lukács: Er saß in der Heidelberger Zeit an der großen Ästhetik, die Teil eines philosophischen Systems werden sollte, und er hebt ausdrücklich das wohlwollend-kritische Interesse hervor, das auch Bloch seinem Plan gegenüber zeigte. Nach Blochs Erinnerung ging die Gemeinsamkeit sogar so weit, daß Lukács die Ausarbeitung einer gemeinsamen Philosophie vorgeschlagen habe: Bloch sollte vor allem zur Philosophie der Musik schreiben, Lukács die bildenden Künste übernehmen. „Er war der Ansicht, es sei unnötig, uns gegenseitig jeweils das zu zeigen, was wir geschrieben hatten. So weit ging unser Einverständnis, unsere Harmonie." Aber auch Lukács muß seine Systempläne auf die lange Bank schieben, Blochs Logik bleibt liegen (sie wird in den 20er Jahren fertig, das Manuskript geht aber dann nach 1933 verloren); spätestens 1914, mit dem Ausbruch des Ersten Weltkrieges, gerät das alles ins Hintertreffen: Jetzt ist Wichtigeres zu tun.

Kapitel 3
1914 – 1917

Geist der Utopie – Werk aus Sturm und Drang

Der Ausbruch des Ersten Weltkrieges bedeutete für Ernst Bloch in mancher Hinsicht einen Einschnitt. Vom endgültigen Bruch mit Simmel hatten wir gehört, auch Max Weber zeigte sich von der deutsch-nationalen Seite („Weber selbst teilte die allgemeine Kriegsbegeisterung und empfing uns zu Kriegsbeginn 1914 in seiner Reserveoffiziersuniform"), mit Lukács gab es die ersten Auseinandersetzungen um den Expressionismus, auch ernsthafte persönliche Zerwürfnisse. Aus einem Brief Blochs an Lukács vom März 1914 geht hervor, daß es einen Riesenkrach gegeben haben muß. Bloch wirft dem Freund Gefühlskälte und Gleichgültigkeit auch nahestehenden Menschen gegenüber vor, Lukács sei „nur höflich, sehr begrenzt und oft irrend im menschlichen Verstehen, ohne Güte (es schien sich mir in Deiner erkältenden Gleichgültigkeit gegen kleine Dinge und vor allem sozial untergeordneten Menschen zu zeigen)". Auch in Gelddingen, so Bloch, zeige sich der Freund kleinlich „wie ein Eierhändler und nicht wie ein Diplomat", obwohl er von seinem Vater mühelos Geld hätte bekommen können und auch immer bekam. Der mit Geld – zumal dem anderer Leute – immer recht sorglos operierende Bloch konnte nicht verstehen, daß der wohlhabende Lukács sich so knickrig zeigte und sogar bei seinem Freund Ernst die Außenstände anmahnte.

Aber auch um die Einschätzung des Krieges muß es schon Differenzen gegeben haben. In der leidenschaftlichen Ablehnung dieses Krieges war man sich wohl einig. Jaspers, Radbruch, Lederer und Lukács gehörten neben Bloch zu der kleinen Gruppe, die sich nicht von der allgemeinen Kriegsbegeisterung anstecken ließ.

Nicht so klar war aber, wie man – persönlich und politisch – auf diesen Krieg reagieren sollte. Bloch: „Mit dem Krieg wurden verstärkt politische Phänomene sichtbar, die einen mehr oder weniger notwendigerweise zum Marxismus führen mußten, den wir zwar in der Theorie, aber noch nicht in Verbindung mit irgendeiner Praxis kannten." Die Art dieser Praxis und die Rolle der Intellektuellen in ihr war das Problem: Während Bloch eher der Meinung war, die Intellektuellen hätten mit ihren Mitteln in die politischen Kämpfe einzugreifen, neigte Lukács zu der Auffassung, man müsse die Intellektuellen-Rolle aufgeben und sich auch politisch-praktisch einmischen – eine Haltung, die er vier Jahre später in der ungarischen Räterepublik in die Tat umsetzte.

Darüberhinaus gab es theoretische Differenzen, die schon früh aufgetaucht waren: Die Schilderung der „wahren Symbiose" und der Notwendigkeit eines „Naturschutzparks der Differenzen" malt die Wirklichkeit auch der Heidelberger Zeit wohl etwas rosa. So gibt es schon über die Kunstphilosophie in Lukács' „Die Seele und die Formen" unterschiedliche Meinungen, die allerdings eher nebenbei und in aller Herzlichkeit und Behutsamkeit vorgetragen werden. Vor allem die Tragödientheorie von Lukács („Metaphysik der Tragödie") kann Bloch so nicht akzeptieren. Daß dieses Dasein unerträglich ist und überwunden werden muß – darüber sind sich beide einig. Aber Lukács ist der Meinung, daß nur Auserwählte den hoffnungslosen Zustand dieser Welt erkennen und nur auf der Höhe einer tragischen Ethik besiegen können – derlei muß Bloch als Elitekult begreifen und ablehnen. Gegen solchen geistigen Aristokratismus setzt Bloch – radikal demokratisch – auf die Einheit aller Individuen.

Diskussionen gab es aber auch um recht lebenspraktische Fragen. Beide wollten sich auf irgend eine Weise dem Kriegsdienst entziehen. Lukács ließ sich von Karl Jaspers Ausmusterungsatteste schreiben, Bloch wurde an einen anderen Arzt weitergereicht, der ihn wegen hochgradiger Kurzsichtigkeit kriegsdienstuntauglich schrieb – aber das hielt nicht allzu lange: Im Herbst 1915 muß Lukács nach Budapest zurück, weil seine Befreiung vom Militärdienst nicht mehr verlängert wird, und auch Bloch fürchtet jetzt die Einberufung: „Auch ich bin ernstlich in Gefahr, soviel ich von zuverlässiger Seite höre, denkt man im Oktober unserer Kategorie näher zu treten. Aber ich glaube, meine hohe Kurzsichtigkeit dazu mit einer von einem Münchener Privatdozenten der Augenklinik konstatierten ›nervösen Sehstörung‹ genügt. Das ist Plakatstil an Deutlichkeit, man hütet sich ja auch, farbenblinde Lokomotivführer anzustellen und es ist nicht weniger schlimm, wenn ich als Myop versehentlich deutsche Generale erschieße und aus Versehen in französische Graben gerate." Im Mai desselben Jahres hatte es noch Auseinandersetzungen darüber gegeben, wie man sich denn nun verhalten sollte in diesem Krieg, Bloch meinte, „man kann ihm ausweichen wie einem Geschwür oder einem Abgrund", dabei ging es augenscheinlich um eine Reise, die Bloch vorgeschlagen, Lukács aber wohl abgelehnt hatte.

Atteste für Georg Lukács: Karl Jaspers.

Die allgemeine Verstimmung zwischen Lukács und Bloch muß zu dieser Zeit schon recht tief gewesen sein, denn danach kam es kaum noch zu Kontakten. Bloch beklagt sich im August 1916 darüber, daß Lukács ihn auf der Rückreise von Budapest nach Heidelberg nicht in Grünwald besucht habe, er findet das Verhalten des Freundes „undurchdringlich" und meint: „Ich habe gar kein forderndes ›Liebesverlangen‹ und habe mich gänzlich mit dem status quo abgefunden, aber es ist mir ein Freundschaftsproblem, um dessen Lösung ich Dich bitte. Wir begegnen uns unaufhörlich in einem Reich, in dem keiner, der lebt, atmen kann und das überhaupt keiner ahnt; und wenn wir uns außen sehen, erkennen wir uns an der Farbe des Strohhuts oder an Ähnlichem, als ob alles Andere Hekuba wäre, als ob es kein erlebbares Freimaurerzeichen gäbe." Und im November bezieht sich Bloch auf einen fünf Jahre alten anderen Brief: „Er macht Dir vielleicht verständlich, warum mir das ›decrescendo‹ unserer Beziehungen und die stetig sinkende

Bewußtheit deinerseits, daß ich es bin, der es damit nicht leicht nimmt, irgendwie belastend erschien; für Dich und mich." Wie abgekühlt das Verhältnis schließlich war, zeigt auch ein Brief von Georg Lukács an Paul Ernst vom März 1917: „Haben Sie in München Bloch gesehen? Und wenn ja: wie haben Sie ihn gefunden? Ich sah ihn schon seit Jahren nicht." Aber es war nicht nur die innere und äußere Trennung von Georg Lukács, die ganze Heidelberger Clique wurde durch den Krieg auseinandergerissen, Emil Lask und andere Freunde wurden eingezogen, nur einige Kontakte, zum Beispiel mit Lederer und dessen Frau blieben.

Ohnehin hatte sich für Bloch schon seit 1913 einiges geändert: Das „seigneurial gelehrte Junggesellenleben" mit Lukács war nach seiner weißen Heirat mit Else von Stritzky im Juni 1913 zu Ende, dafür begann ein Leben mit Glanz und Luxus. Bis dahin war Bloch finanziell von seinen Eltern abhängig gewesen, er hatte keine eigenen Einkünfte, gelegentlich pumpte er sich etwas von Freunden, besonders von Lukács. Das änderte sich durch die Bekanntschaft mit Else von Stritzky schlagartig. Ihr Vater verdiente Millionen mit einer Brauerei und Platinbergwerken in Riga. Else bekam regelmäßig Geld von zu Hause, viel Geld, das beiden ein üppiges Leben ermöglichte. Nach der Hochzeit bezog man in Heidelberg eine Villa am Neckar („glanzvolles Haus, Tag und Nacht Gäste, aristokratischer Luxus, von Else geformt und regiert"). Das Haus in der Ziegelhäuser Landstraße erschien Freunden wie „eine weiß schimmernde Gralsburg, die mit Balkonen, Terrassen und Rosenspalieren prunkte." Eine exklusive Münchener Einrichtungsfirma hatte die Villa „im Geheimratsstil" ausgestattet. das gefiel Bloch aber bald nicht mehr, er verkaufte die kalte Pracht und richtete das Haus mit Antiquitäten ein. „In kurzer Zeit hatte er seine Burg am Neckar in ein Schatzhaus verwandelt. Ich erinnere mich noch gut an die reich geschnitzte Ulmer Truhe in seinem Arbeitszimmer, an die erlesenen Teppiche, das dunkel schimmernde Zinn und die langen Reihen der in Leder gebundenen klassischen Philosophen."

Verwandelt erschien auch Bloch selbst, und zwar durch den Einfluß Elses. Friedrich Burschell erzählt, daß Bloch anspruchsvoll und ungeduldig Freunden gegenüber gewesen war und zum Jähzorn neigte, weshalb sich die beiden in Berlin auch überwarfen. In Heidelberg renkte sich das wieder ein, Bloch war nun viel milder. „Einer der Gründe lag für mich auf der Hand. Er hatte eine Frau gefunden, die mit ihrer Sanftmut und Güte einem Engel glich." Ende 1914 zogen die beiden in ein großes, schloßähnliches Haus in Grünwald bei München („tiefe Verborgenheit in unserem kleinen, abgeschiedenen, wiese- und waldumgebenen Schloß mit den vielen Zimmern und herrlichen alten Möbeln, Teppichen"), das im Frühjahr 1915 endgültig eingerichtet war. Hier in Grünwald schrieb Ernst Bloch von April

1915 bis Mai 1917 „Geist der Utopie", das erste Hauptwerk, das eigentlich gar keins werden sollte.

Wir hatten schon gesehen, daß Bloch eigentlich große Systempläne umtrieben (s.o., S. 47–48). Zwar gab es Vorarbeiten zu „Geist der Utopie" schon in Garmisch: „Der Gedankenkomplex des ›Geist der Utopie‹ ist selbstverständ-

„In Garmisch sind auch die Anfänge meiner Philosophie schriftlich entstanden – als eine bayerische Geburt, mit dem Willen, der Alpen würdig zu sein, die ich vor meinem Fenster hatte."

lich lange vor dem Krieg gedacht und festgestellt, er reicht in seinen Anfängen zurück bis ins Jahr 1907." Das Buch war aber „ursprünglich nur als Nebenwerk gedacht, mit dem ich mich von der Logik erholte." Der Krieg, der Expressionismus, die russische Oktoberrevolution – das waren die Ereignisse, die vom philosophischen System weg zur anderen Thematik drängten, zu dem „Sturm- und Drang-Buch, contra Krieg in Nächten hineingewühlt und durchgesetzt", ein Buch „gegen Preußen, gegen Österreich, schonender in Ansehung der Entente, aber scharf polemisch auch gegen deren kapitalistischen, imperialistischen Zusammenhang gewendet." Eine „erste opusmäßige Bekundung, musikhaft, sozialistisch, metasozialistisch, ein noch überladenes Kompaktum".

Was Bloch mit seinem Buch will, sagt er in jener Mischung von Appell und Pamphlet, die seit „Geist der Utopie" für ihn kennzeichnend geworden ist: „Wie nun? Es ist genug. Nun haben wir zu beginnen. In unsere Hände ist das Leben gege-

ERNST BLOCH

GEIST DER UTOPIE

MÜNCHEN UND LEIPZIG
VERLAG VON DUNCKER & HUMBLOT
1918

By

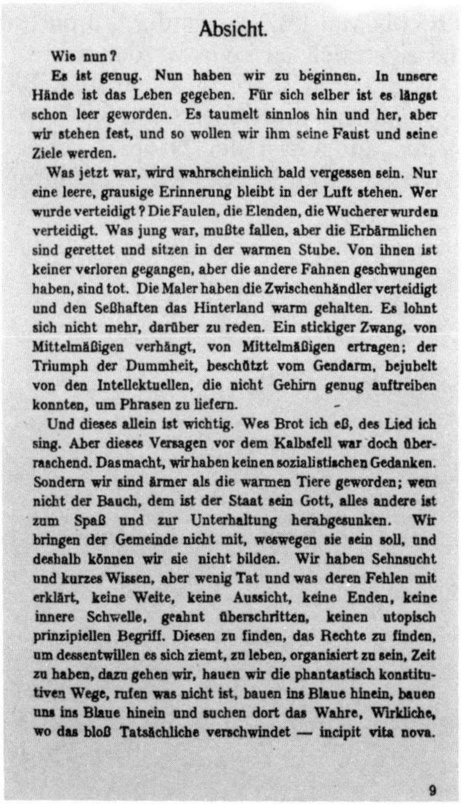

Absicht.

Wie nun?

Es ist genug. Nun haben wir zu beginnen. In unsere Hände ist das Leben gegeben. Für sich selber ist es längst schon leer geworden. Es taumelt sinnlos hin und her, aber wir stehen fest, und so wollen wir ihm seine Faust und seine Ziele werden.

Was jetzt war, wird wahrscheinlich bald vergessen sein. Nur eine leere, grausige Erinnerung bleibt in der Luft stehen. Wer wurde verteidigt? Die Faulen, die Elenden, die Wucherer wurden verteidigt. Was jung war, mußte fallen, aber die Erbärmlichen sind gerettet und sitzen in der warmen Stube. Von ihnen ist keiner verloren gegangen, aber die andere Fahnen geschwungen haben, sind tot. Die Maler haben die Zwischenhändler verteidigt und den Seßhaften das Hinterland warm gehalten. Es lohnt sich nicht mehr, darüber zu reden. Ein stickiger Zwang, von Mittelmäßigen verhängt, von Mittelmäßigen ertragen; der Triumph der Dummheit, beschützt vom Gendarm, bejubelt von den Intellektuellen, die nicht Gehirn genug auftreiben konnten, um Phrasen zu liefern.

Und dieses allein ist wichtig. Wes Brot ich eß, des Lied ich sing. Aber dieses Versagen vor dem Kalbsfell war doch überraschend. Das macht, wir haben keinen sozialistischen Gedanken. Sondern wir sind ärmer als die warmen Tiere geworden; wem nicht der Bauch, dem ist der Staat sein Gott, alles andere ist zum Spaß und zur Unterhaltung herabgesunken. Wir bringen der Gemeinde nicht mit, weswegen sie sein soll, und deshalb können wir sie nicht bilden. Wir haben Sehnsucht und kurzes Wissen, aber wenig Tat und was deren Fehlen mit erklärt, keine Weite, keine Aussicht, keine Enden, keine innere Schwelle, geahnt überschritten, keinen utopisch prinzipiellen Begriff. Diesen zu finden, das Rechte zu finden, um dessentwillen es sich ziemt, zu leben, organisiert zu sein, Zeit zu haben, dazu gehen wir, hauen wir die phantastisch konstitutiven Wege, rufen was nicht ist, bauen ins Blaue hinein, bauen uns ins Blaue hinein und suchen dort das Wahre, Wirkliche, wo das bloß Tatsächliche verschwindet — incipit vita nova.

9

Geist der Utopie:
Titelblatt und „Absicht".

ben. Für sich selber ist es längst schon leer geworden. Es taumelt sinnlos hin und her, aber wir stehen fest, und so wollen wir ihm seine Faust und seine Ziele werden." Das sinnlos hin- und hertaumelnde Leben – das ist für Ernst Bloch zunächst der Krieg mit seinen Folgen: „Die Faulen, die Elenden, die Wucherer wurden verteidigt. Was jung war, mußte fallen, aber die Erbärmlichen sind gerettet und sitzen in der warmen Stube. – Ein stickiger Zwang, von Mittelmäßigen verhängt, von Mittelmäßigen ertragen; der Triumph der Dummheit, beschützt vom Gendarm, bejubelt von den Intellektuellen, die nicht Gehirn genug auftreiben konnten, um Phrasen zu liefern."

Das deutsche Volk ließ sich, so Bloch, zu diesem Krieg, zur Kriegsverherrlichung verleiten, und es schwenkte auch nicht um, als die Heuchelei des Hurrapatriotismus deutlich wurde: „Aber der Held kämpfte langsam im Lehm, der abgesessene Reitersoldat in den Unterständen, der Säbel verschwand, sogar die Regimentsfahne verschwand, und sollte das alles noch nicht ausreichen, so waren die Granaten dazu da, und diese schnitten vollends ins übertechnische Gefühl; die Artillerie tötete die Mystik."

Um diesen Krieg zu verstehen, muß man nach Blochs Meinung seine zwei Gesichter sehen: Er ist zum einen ein nackter Unternehmerkrieg, zum anderen ein abstrakter Militär- und Machtstaatskrieg. Bloch akzeptiert und übernimmt hier also zunächst die These vom kapitalistischen Weltkrieg, der von widerstreitenden Profitinteressen in Gang gesetzt und mit betrügerischer Ideologie verbrämt wird. Aber er differenziert diese These sogleich. Über diesen Krieg könne man nicht mehr nur mit ökonomischen Kategorien reden: „Denn der vorliegende Krieg ist so beschaffen, daß er selbst für die großzügigsten geschäftlichen Zwecke zu kostspielig, zu riskant und verlustreich sein muß." Vielmehr muß als zweites erklärendes Element die relative Eigendynamik des Militarismus hinzukommen: „jedes Volk war willenlos an die Kapitalbewegungen und dann, was vor allem wichtig ist, an die zwangsläufig gewordene Maschine des stehenden Heerwesens angeschlossen." Eine solche Eigendynamik des Militärapparats macht Bloch vor allem in Preußen aus, in der Gesinnung des preußischen Junkertums: „Viel Feind, viel Ehr, gut für die Ritter, aber ein arbeitenwollendes Land kann auch zu sehr geehrt werden. Der Gendarm ist nicht das deutsche Gesicht, und das preußische Gift, das sinnlos zu Tode organisierende, muß aus dem Reich verschwinden."

Dabei geht Blochs Kritik über Krieg, Kapitalismus und Preußentum weit hinaus, es ist eine grundsätzliche Kritik an diesem „Zeitalter der Gottferne". Da ist zunächst die Maschinenkultur des Industriezeitalters, die Bloch kritisiert, übrigens in gleichem Atemzug mit der Kritik an einem Sozialismus, der diese Industriekultur umstandslos bejaht: „Aber man darf nicht vergessen, die Maschine ist eine kapitalistische Erfindung. Sie ist, wenigstens im gewerblichen Gebrauch, durchaus nur zu den Zwecken billiger Massenproduktion mit hohem Umsatz und großem Gewinn und wahrhaftig nicht zur Erleichterung der menschlichen Arbeit oder gar zur Veredlung ihrer Resultate konstruiert. Wir wüßten nicht, was so erleichternd wirkte an dem Rasseln der Webstühle, an der Nachtschicht, an dem furchtbaren Zwang der gleichmäßigen Tourenzahl, an der verhinderten Werklust des Mannes, der immer nur Teile zu bearbeiten hat und niemals das Glück der ganzen und Fertigproduktion genießen kann –, wir wüßten nicht, was hier erleichternd wirkte gegenüber der früheren gemächlichen Herstellung (hier Haus, dort Werkstatt daneben) eines kleinen Quantums ehrlich gefertigter, kunsthafter Handgewirke." Zwar distanziert sich Bloch sogleich von bloß romantisierender Kapitalismuskritik: Man kann nicht einfach den alten Bauern und Handwerker kopieren, man kann die Industrialisierung nicht zurückdrehen, die Maschine ist, sofern sie der Arbeitserleichterung dient, ein Fortschritt. Aber ein deutliches romantisches Element leuchtet doch durch, wenn er von der „heraufkommenden Welt von neuem bäuerlicher, frommer, ritterlicher Menschen" spricht. Die Maschine macht für Bloch alles leblos und unmenschlich: „Ihr eigentliches Ziel ist das Badezimmer und Klosett, die fraglosesten und originalsten Leistungen dieser Zeit, genau so wie die Möbel im Rokoko und die Architektur in der Gotik die eingeborenen Kunstarten dieser Epochen darstellen. Hier regiert die Abwaschbarkeit, irgendwie fließt überall das Wasser von den Wänden herab, und der Zauber der modernen sanitären Anlagen mischt sich als das Apriori der Maschinenware unmerklich noch in die entferntesten und kostbarsten Architekturgebilde dieser Zeit." Das gilt freilich nicht überall: „Man sieht allmählich ein, eine Geburtszange muß glatt sein, aber eine Zuckerzange mit nichten."

Die Erzeugung des Ornaments

Gegen die glatte Maschinenkultur setzt Bloch das Menschengemäße des Ornaments. „Die Erzeugung des Ornaments", um 1916 entstanden, war eine bewußte Auseinandersetzung mit Lukács, ein Plädoyer für die Kunst der damaligen Avantgarde, den Expressionismus. Bloch fragt, was Ornamentik philosophisch bedeutet, was in den verschiedenen Kunstepochen die Menschen dazu bringt, Ornamente zu erzeugen, was in der Kunst Ägyptens „kristallartige" Ornamente erzeugt, in der Gotik und im Barock aber wuchernde, verschlungene Ornamentik. Und er kommt zu dem Schluß, daß in Ornamenten mehr als der Wille zum Schmuck und zum Zierat steckt, daß sich hier menschlicher Wille selbst formt: „Das Ornament ist immerhin eine erste vermummte Auskunft darüber, daß man etwas erfahren kann aus der bildenden Kunst unter der zusammenfassenden Kategorie ›Versuch der Selbstbegegnung‹." Diese Art von versuchter Selbstbegegnung hatte Bloch schon im Einleitungskapitel von „Geist der Utopie" an einem vergleichsweise schlichten Gegenstand deutlich machen wollen: „Ein alter Krug" ist, im besten Simmelschen Sinne, das Objekt des ersten Selbstbegegnungs-Schrittes. Es ist ein einfaches Gefäß, ein Krug mit einem bärtigen Mann, dieses „braune, ungeschlachte Gerät, fast ohne Hals, mit wildem Männergesicht und einem bedeutenden, schneckenartigen, sonnenhaften Zeichen auf der Wölbung". Dieser Krug ist noch kein Kunstwerk („aber mindestens so müßte ein Kunstwerk aussehen, um eines zu sein"), und doch ist hier etwas den Betrachter Betreffendes zu entdecken, an diesem Gegenstand ist Selbstbegegnung möglich: „wer den alten Krug lange genug ansieht, trägt seine Farbe und Form mit sich herum. Ich werde nicht mit jeder Pfütze grau und nicht von jeder Schiene mitgebogen, um die Ecke gebogen. Wohl aber kann ich krugmäßig geformt werden, sehe mir als einem Braunen, sonderbar Gewachsenen, nordisch Amphorahaften entgegen, und dieses nicht nur nachahmend oder einfach einfühlend, sondern so, daß ich darum als mein Teil reicher, gegenwärtiger werde, weiter zu mir erzogen an diesem mir teilhaftigen Gebilde."

Man muß sich allerdings einlassen wollen auf diese Betrachtungsweise, um nicht schon hier Blochs Darstellung als reine Spinnerei abzutun: Hier wird eben keine materiale Analyse eines (Kunst-) Gegenstands vorgelegt, sondern die höchst subjektivistische Vereinnahmung des Gegenstands in das eigene Kunstwollen. So ist es dann nicht verwunderlich, daß Bloch in der Malerei des Expressionismus eine neue Weise der menschlichen Selbstbegegnung sieht. Schon im Impressionismus, bei van Gogh zumal, sieht Bloch die Abkehr von bloß bildnerischem Darstellen: „wir sind plötzlich mit darin und gerade dieses wird gemalt". Der expressionistische Umschwung aber geht noch weiter: „Wir sind ichhafter geworden, fühlender, ungenauer, formend, weiter ›räumlich‹ dahinter gehend, das Selbst steigt auf. So strömt das Blut der neuen Werke bewußt aus ganz anderen Quellen als denen des Formlebens." Die Distanz zwischen „dem malerischen Subjekt und dem malerisch dargestellten Objekt" wird geringer, die Dinge werden zum Echo des Menschen, zu den „Bewohnern des eigenen Inneren". Die Bilder von Marc und Kandinski, ihre Zeitschrift „Der Blaue Reiter", das ist die ganz andere Welt, eine Welt der Unruhe und Unordnung, eine der „Suche nach Chiffren, nach etwas, das es noch gar nicht in der vorhandenen Welt gibt". In dieser Welt tritt uns Menschen nach Bloch das entgegen, was in uns selbst immer schon auf der Suche ist: „Hier können uns die Bildwerke, fremdartig bekannt, wie Erdspiegel erscheinen, in denen wir unsere Zukunft erblicken, wie die vermummten Ornamente unserer innersten Gestalt, wie die endlich wahrgenommene, adäquate Erfüllung, Selbstgegenwart des ewig Gemeinten, des Ichs, unserer im Geheimen schwingenden Herrlichkeit, unseres verborgenen Götterdaseins."

Vermummte Ornamente unserer innersten Gestalt. Die Zeitschrift „Der blaue Reiter".

Es leuchtet ein, daß sich an derlei Erörterungen der Konflikt mit Georg Lukács entzünden mußte, nach dessen Kunstverständnis das klassische Formstreben die Erfüllung des Kunstwollens ist und die Malerei des Expressionismus allenfalls als Erscheinungsform von Dekadenz und Verfall gelten kann: „für Lukács war dies nur Geschmiere!" Zudem ist Lukács nicht so optimistisch wie Bloch, was die Überwindung dieser gottlosen Welt und die Selbstfindung des Subjekts betrifft. In seiner „Theorie des Romans" stellt er die entscheidende Frage, „ob wir wirklich im Begriffe sind, den Stand der vollendeten Sündhaftigkeit zu verlassen, oder ob erst bloße Hoffnungen die Ankunft des Neuen verkündigen; Anzeichen eines Kommenden, das noch so schwach ist, daß es von der unfruchtbaren Macht des bloß Seienden wann immer spielend erdrückt werden kann." Diese Frage bleibt für Lukács unbeantwortet, eines ist für ihn aber sicher: Die zeitgenössische Kunst der Avantgarde kann ein solcher Hoffnungs- und Symbolträger nicht sein, sie kollidiert mit seinem Ordnungspathos.

Musik als Beschwörung der Göttlichkeit

Die Musik ist für Bloch der zweite Bereich, in dem etwas sich andeuten könnte, was in dieser Welt so noch nicht ist. Vom ursprünglichen Interesse an Musik hatten wir schon gehört, Mozart und Bach waren seine Lieblingskomponisten, Wagner lernte er zunächst nur durch Monumentalaufführungen etwa der „Götterdämmerung“ kennen und verabscheute ihn entsprechend. Das änderte sich aber bald. Die Würzburger Semester waren neben der Philosophie vor allem der Musikwissenschaft gewidmet, in den folgenden Jahren ist dem Briefwechsel immer wieder zu entnehmen, wie sehr Bloch in der zeitgenössischen Diskussion über Musik zu Hause war, wie sehr die Welt von Oper und Konzertsaal die seine war.

Die häusliche Musikpraxis kam hinzu: Waren Gäste da, setzte sich der Hausherr nach dem Essen regelmäßig an den Flügel. „Wenn er Wagner spielte, donnerte es, bei Beethoven und Mozart vibrierten die Saiten. Seine Zuhörer sollten zu spüren bekommen, wie große Musik überwältigen könne. Er unterbrach sich häufig, wiederholte und erläuterte die Passagen, auf die es ihm besonders ankam.“ Wobei Blochs Verhältnis zur Musik durchaus kein bloß feierliches war: „Von einem der Lieder des jungen Richard Strauß oder einem Satz aus einer Mahler-Symphonie ging er unvermittelt und mit größtem Gusto zu ordinären Schlagern und Märschen über, wie man sie als Begleitung zu den zappelnden Streifen des damaligen Kinematographen zu hören bekam.“

Ein guter Techniker am Piano ist Bloch nach Auskunft von Zeitgenossen nicht gewesen, und nach seiner Selbsteinschätzung auch kein sonderlich schöpferischer Musiker. Er konnte zwar Partituren spielen, „aber nicht ein einziges Thema, nicht eine einzige Durchführung, nicht ein einziger Kontrapunkt eigener Art sind mir je auch nur im Traum gelungen, von der Zeit des Wachseins gänzlich zu schweigen.“

Hätte mit den musikalischen Neigungen nicht „ein gewisses philosophisches Talent“ konkurriert, wäre Bloch wohl Dirigent geworden, und zwar „vermutlich ein mediokrer Kapellmeister“. So aber überwog das philosophische Interesse an Musik, getrieben von persönlicher Betroffenheit, gesteigert zu nahezu ekstatischer Begeisterung. „Es singt unaufhörlich in mir“, schreibt Bloch 1913, und in „Geist der Utopie“ lesen wir: „Wie erhebt sich das Herz, wenn es dich, Unendlicher denkt! Wir ahnen gewiß, daß noch Herrlicheres erscheinen wird, aber das ist Wunsch und nicht Werk, und so schäumt unsere Seele zu den Sternen auf in dem ersten rauhen, sturmgepeitschten, sprechenden Meer dieser Musik. Beethoven ist Luzifers guter Sohn, ist der führende Dämon zu den letzten Dingen.“ So jubelt Bloch über Beethoven, und Mahler, „dieser sehnsuchtsvolle, heilige, hymnenhafte Mann“, scheint dann schon ein Stück Erfüllung des Wunsches nach noch Herrlicherem zu sein: „Das

Herz bricht auf vor dem Ewig, ewig, vor dem Urlicht tief innen; wie ein ferner Bote kam dieser Künstler in seine leere, matte, skeptische Zeit, erhaben in der Gesinnung, unerhört in der Kraft und männlichen Glut seines Phatos, und wahrhaft nahe daran, das letzte Geheimnis der Musik über Welt und Gräbern zu spenden.“

Die Musik hat diesen herausragenden Stellenwert in der frühen Philosophie der Utopie vor allem deshalb, weil sie „ja ohnehin mit sichtbaren Gegenständen nichts zu tun hat, sondern ein Hören von etwas Heraufkommendem ist.“ Die mögliche Selbstbegegnung des Subjekts ist nach Bloch in der Musik sogar noch deutlicher als in der bildenden Kunst: „Man kann sagen, die Musik verherrlicht seit alters die andere Wahrheit, die konstitutive Phantasie, die neue Philosophie unter den Künsten. Nur der Ton, dieses Rätsel der Sinnlichkeit, ist unbeladen genug von der Welt, von Vogelstimmen, ja selbst von dem an sich schon jenseitigen Heulen in den Schluchten und Wasserklammen, von allen Konkurrenzen und Halbfabrikaten der Naturschönheit oder eines anderen bereits realen Gestaltetseins.“ Und diese Eigenschaft, das Offene, Unbeladene, macht den Ton geeignet, das zu sagen, was Sprache nicht sagen kann, was auch die Ornamente in der bildenden Kunst nicht angeben können. Es ist eine eigene unabgelenkte Sprache der Musik, die etwas ausdrückt, „das auch alle Menschen zu verstehen glauben, wenn sie ein Verhältnis zur Musik haben, aber von dem keiner weiß, was es bedeutet.“ Und prophetisch bestimmt Bloch, daß eine Zeit kommen wird, wo der Ton spricht, „wo die neuen Musiker den neuen Propheten vorhergehen werden: und so wollen wir den Primat eines sonst Unsagbaren der Musik anweisen, diesem Kern und Samen, diesem Widerschein der bunten Sterbenacht und des ewigen Lebens, diesem Saatkorn zum inneren mystischen Meer des Ingesindes, diesem Jericho und ersten Wohnort des heiligen Landes. Wenn wir uns nennen könnten, käme unser Haupt, und die Musik ist die einzige subjektive Theurgie.“

Das Orakelhafte von Blochs Sprache in diesen Passagen weist überdeutlich darauf hin, wie wenig derlei mit Erkenntnis im hergebrachten Sinn zu tun hat, wie sehr es Beschwörungsformel nicht nur ist, sondern ganz bewußt sein soll. Beschworen wird die Möglichkeit der menschlichen Selbstbegegnung und Selbstfindung, gesucht wird nach Anzeichen in dieser Welt, nach Chiffren und Symbolen, nach vermummten Gestalten, in denen sich dies menschliche Selbst finden ließe, in denen sich das Menschengesicht aufdeckt. Bloch will ausdrücklich eine „Metaphysik der Innerlichkeit“ formulieren, denn der Blick auf diese Welt sagt ihm, „daß dieses, was es gibt, nicht die Wahrheit sein kann, und daß es über der vorliegenden Tatsachenlogik noch eine verschollene und verschüttete Logik geben muß, in der erst die Wahrheit wohnt.“

Gerade dies aber scheint die größte Schwierigkeit zu bereiten: Nämlich durch den Gang nach Innen sich selbst und den Dingen gleichsam auf die Schliche zu kommen. Denn die Innerlichkeit des Subjekts ist das, was Bloch gerade als das „Dunkel" schlechthin bezeichnet: „Wann lebt man eigentlich, wann ist man selber in der Gegend seiner Augenblicke oder Verwirklichungen, Wirklichkeiten bewußt anwesend?" Wir wissen nicht, wer oder was wir sind, wir müssen gleichsam außer uns gehen, um etwas sehen, erkennen zu können: „Ich kann leichthin sagen, was ich jetzt und nachher will, aber niemand kann angeben, was er überhaupt will, in diesem doch so sehr zweckhaften Leben." Anders: „Wir haben kein Organ für das Ich oder Wir, sondern liegen uns selbst im gelben Fleck, im Dunkel des gelebten Augenblicks, dessen Dunkel letzthin unser eigenes Dunkel, uns Unbekanntsein, Vermummt- oder Verschollensein ist". Wenn wir aber schon nicht wissen, wer oder was wir sind, dann können wir zumindest die Frage nach unserer Identität stellen, und dies geschieht nach Bloch am besten nicht in einer komplizierten philosophischen Analyse, sondern am ursprünglichsten, am wenigsten abgeleitet im *Staunen*. Das ist die Rückbesinnung Blochs auf die griechische Philosophie, in der bei Platon und Aristoteles zum Beispiel das Staunen als Anfang des Philosophierens überhaupt bezeichnet wird: Das Staunen über das Alltägliche, Selbstverständliche, das nun plötzlich fragwürdig wird. Die glatte Oberfläche des selbstverständlich Gegebenen wird rissig, etwa durch die simple Kinderfrage: „Warum ist etwas und nicht nichts? Warum gibt es diese Welt?" Hier setzt für Bloch das eigentliche Fragen an, das ein Fragen nach Ich und Welt in einem ist. Er versucht das Gemeinte an dem Märchen von dem Kind zu verdeutlichen, das sich im Berg Gold und Juwelen in die Taschen steckt und den Ruf „Vergiß das Beste nicht" überhaupt nicht versteht, weil es die blaue Blume und ihren Wert nicht erkennt.

Was daliegt, fertig ausgelegt, zurechtgemacht, lenkt uns vom Eigentlichen ab. „Es ist so, ein Mann will etwas kaufen. Es fehlt ihm etwas, er weiß aber nicht was. Er geht in ein großes Warenhaus. Da kommt nun eine Verkäuferin oder ein Verkäufer und bietet ihm alles mögliche an: Hosen, Schlipse, Krawattennadeln, Glühbirnen, Bücher, Fahrräder usw. usf. Am Schluß kauft er irgend etwas, was er aber gar nicht haben will. Es wurde ihm nichts anderes angeboten. Er hatte seine ursprüngliche Frage, sein ursprüngliches Staunen, das Staunen der Kinder, das die Erwachsenen in eigentümlichen Augenblicken haben, die ebenfalls einen ganz unscheinbaren Inhalt zu haben scheinen", vergessen.

„Der bedürftige Mensch wünscht nur das Eine, das Fließende, Dunkle, Leidvolle in sich gelöst, begründet zu erhalten". Aber die Wissenschaft liefert ihm das nicht, sie liefert lauter Vorgefertigtes in objektiver Systematik, das aber ist dem vom Selbsterstaunen bewegten Subjekt fremd, und

„wenn wir die begrifflichen Schleifen zurückgelegt haben, stehen wir so klug da wie zuvor, oder schlechter, denn eine falsche Sättigung ist gekommen.“ Gegen diese falsche Sättigung aber will Bloch angehen: „Die Wissenschaft baut unseren Anteil ab, sie zieht die Wurzel, wo die Kunst potenziert und die Philosophie mit dem letzhinigen Subjekt integriert.“ Wir erinnern uns: In einer Jugendschrift hatte Bloch die Frage gestellt: „Die Kunst ist potenziertes, die Wissenschaft radiziertes Leben, und die Philosophie?“ (s.o., S. 18 – 19) Hier wird die Antwort versucht: Die Philosophie will das Subjekt mit sich selbst identisch werden lassen.

Utopische Wesensschau

„So bleibt dieses als letztes Ziel: die Frage nach uns zu fassen, rein als Frage, nicht als Hinweis auf die Lösung; die ausgesagte, aber unkonstruierte, unkonstruierbare Frage selber als Antwort auf die Frage.“ Dahinter steht die Vermutung, daß das Dunkel des gelebten Augenblicks gerade durch die unkonstruierbare Frage allererst gelichtet werden könnte, daß also das Dunkel des Unmittelbaren mit der Frage nach uns selbst zusammenfalle, des Rätsels Lösung also nicht in irgendeinem göttlichen Hochdroben oder Jenseits, sondern in der allernächsten menschlichen Nähe liege. Und von dieser geht Bloch weiter zu der nächsten Vermutung, daß im *Utopischen* dieses Rätsels Lösung liegen könnte: Was wir Menschen sind, was die Welt ist, ist nicht bereits fertig, es ist in Chiffren und Symbolen verborgen, leuchtet in Träumen und Ahnungen utopisch auf, zeigt sich keimhaft in menschlichen Werken und Taten. „An uns allein ist es, zu raten, zu befehlen, zu entscheiden, was an Neuem kommen soll.“ Das alles ist freilich nicht zu beweisen, es ist nicht Ergebnis einer philosophischen Analyse, sondern einer inneren Überzeugung, die ihre Evidenz aus sich selbst gewinnt. Das zeigt sich auch in Formulierungen, die immer wieder nach dem Muster „Es kann doch gar nicht anders sein, es muß doch diesen Weg geben“ hartnäckig die Grundaussage von „Geist der Utopie“ wiederholen und variieren: „Denn das, was ist, kann nicht wahr sein, aber es will durch die Menschen zur Heimkehr gelangen.“ So heißt es: „Wir werden doch nicht nur geboren, um hinzunehmen oder aufzuschreiben, was war und wie es war, als wir noch nicht waren, sondern alles wartet auf uns, die Dinge suchen ihren Dichter und wollen auf uns bezogen sein.“ Oder: „Es wäre uns nicht möglich, derart am Unzulänglichen zu leiden, wenn nicht in uns etwas weiter triebe und weit über alles Leibliche hinaustreiben wollte.“ Solcherart ist Bloch auch gar nicht mehr interessiert an der einzelwissenschaftlichen Untersuchung der gegenwärtigen Realität, ihn interessiert das, „was die Dinge, Menschen und Werke in Wahrheit seien, nach dem Stern ihres utopischen Schicksals, ihrer utopischen Wirklichkeit gesehen.“ Im Alter hat Bloch dazu folgende Erläuterung gegeben: „Wahrheit in diesem Sinn ist nicht die wissenschaftliche und auch nicht die phänomenologische, sondern eine utopische Kategorie. In ihr sind das wahre Sein und die Welt getrennt. Die Realität wird nicht aus- oder eingeklammert, sondern verworfen: utopische Wesensschau.“

Und im Sinne dieser utopischen Wesensschau geht der Ruf des Philosophen an die Menschen, diese Welt zu überwinden („nur in uns selber brennt noch Licht, nicht in der Welt“), am eindrucksvollsten formuliert wohl in dieser Passage: „Es geht um uns und weiß nicht, wohin es geht, nur wir selbst sind noch Hebel und Motor, es stockt das äußere und offenbarte Leben: aber der neue Gedanke bricht endlich hinaus, in die vollen Abenteuer, in die offene, unfertige, taumelnde Welt, um so, in dieser seiner Stärke, mit unserem Leid gegürtet, mit unserer trotzigen Ahnung, mit der ungeheuren Gewalt unserer Menschenstimme, Gott zu ernennen und nicht eher zu ruhen, als bis sich unsere innersten Schatten unterworfen haben und die Erfüllung jener hohlen, gärenden Nacht gelungen ist, um die herum noch alle Dinge, Menschen und Werke gebaut sind.“

Wir haben keinen sozialistischen Gedanken

Nun genügt es Bloch aber nicht, diesen ekstatischen Aufruf zum Umdenken auszustoßen, er will durchaus nicht beim Denken und Wünschen bleiben. So subjektivistisch, so schwärmerisch „Geist der Utopie“ auch ist, schon hier versucht Bloch seinen Utopie-Begriff von allzu großer Verblasenheit freizuhalten. So spottet er gegen die „Posse“ der Erleuchtung und Weltverbesserung nur aus den Tiefen des Subjekts heraus, gegen das bloße Träumen (bemerkenswert und auch heute noch lesenswert seine Don-Quixote-Analyse), den privaten Utopismus. Es gehört schon eine vernünftige Analyse dieser Welt dazu, und ein Begriff davon, was wir wollen. Der fehlt aber, wie Bloch kurz und bündig, nach alledem wohl auch verblüffend feststellt: „Das macht, wir haben keinen sozialistischen Gedanken.“ Freilich meint Bloch einen Sozialismus-Begriff, der umfassender als der heute übliche, für die „Gedankenatmosphäre“ dieser Zeit aber durchaus typisch ist. Es ist ein Sozialismus, der vor allem auf das – romantisierte – Brüderlichkeitsideal der Aufklärung und auf christliche Ökumene-Gedanken sich beruft: „Wir bringen der Gemeinde nicht mit, weswegen sie sein soll, und deshalb können wir sie nicht bilden. Wir haben Sehnsucht und kurzes Wissen, aber wenig Tat und was deren Fehlen mit erklärt, keine Weite, keine Aussicht, keine Enden, keine innere Schwelle, geahnt überschritten, keinen utopisch prinzipiellen Begriff. Diesen zu finden, das Rechte zu finden, um dessentwillen es sich ziemt, zu leben, organisiert zu sein, Zeit zu haben, dazu gehen wir, hauen wir die phantastisch konstitutiven Wege, rufen was nicht ist, bauen ins Blaue hinein, bauen uns ins Blaue hinein und suchen dort das

Karl Marx – in seinem Namen eine Revolution in Rußland, nicht in Deutschland: für Bloch ein Skandal.

Wahre, Wirkliche, wo das bloß Tatsächliche verschwindet – incipit vita nova."

Dort also soll es hinausgehen, das ist die „verpflichtende Stoßrichtung" von „Geist der Utopie": Gegen die elende Realität, über das bloß Tatsächliche hinaus das Wahre zu suchen vermittels eines utopisch prinzipiellen Begriffs, in Richtung auf eine sozialistische Brüdergemeinde. So vage, verschwommen, ja verworren Blochs Darlegungen über weite Strecken dieses Erstlingswerks auch sind, hier will er doch mit aller Macht konkret werden, will Anker werfen in der Realität, in der Gegenwart – das Losungswort heißt Oktoberrevolution: „Aber nun ist die russische Revolution losgebrochen. Und von ihr erst zieht der Ernst herauf, die Werte an die richtige Stelle zu legen und aus ihrem täuschenden Bündnis mit dem Unwert zu lösen."

Ärgerlich an dieser Revolution ist für Bloch allerdings, daß sie eine russische, keine deutsche ist. Während Deutschland der Welt den preußischen Militär- und Obrigkeitsstaat beschert hat, erwacht das „andere" Deutschland ausgerechnet in Rußland: „Karl Marx, der Sozialismus als Wissenschaft, die alte deutsche Philosophie, alle die an der russischen Grenze vordem so sicher der Zensur verfallenen Bücher, das System der organisierten Freiheit" – für Bloch ist das ein deutscher Skandal.

Im Kaiserreich des Ersten Weltkriegs sieht Bloch zwar kaum Anzeichen für eine eigene revolutionäre Bewegung. Aber er hat die Hoffnung, daß nach einem glücklichen Frieden das „Land der Untertanen" sich auf die „Früchte seiner eigenen proletarischen Theorie" besinnen und die „demokratische Sozialisierung in Deutschland herrlicher noch als in Rußland" verbreiten könne. Antrieb für eine solche Revolution ist allerdings nicht eigentlich das verelendete, auf die Spitze getriebene Proletariat, das im Sinne Marxens in seiner Selbstaufhebung die Klassengesellschaft aufhebt, sondern der jüdische Messianismus in Blochs spezifischer Interpretation. Rußland, Deutschland und das Judentum werden hier zum universalen Hoffnungsträger der Menschheit zusammengemischt: „in unserem tiefsten, noch namenlosen Inneren schläft der letzte, unbekannte Christus, der Kälte-, Leere-, Welt- und Gottbesieger, Dionysos, der ungeheure Theurg, von Moses geahnt, von dem milden Jesus nur umgeben, aber nicht verkörpert." Ernst Bloch, der nach dem Diktum von Oskar Negt gern „Deutscher Philosoph der Oktoberrevolution" genannt wird, ist also – zumindest in dieser frühen Phase – eher der deutsche „Theologe der Revolution"; er verdient in der Tat jenen Ehrentitel, den er ein paar Jahre später Thomas Münzer gegeben hat. Freilich muß darauf hingewiesen werden, daß dies eine ausgeprägt säkularisierte Theologie ist, die Gottsuche wird energisch auf die Füße gestellt, es soll zwar eine Seelenwanderung, aber keinen Himmel, kein Jenseits geben, in dem ein über die Welt herrschender Gottvater thront. So ist auch der Messias, dessen Revolution die Übel dieser Welt hinwegfegen soll, bei Bloch kein von Gott Gesandter oder Gesalbter; der noch nicht gekommene, nicht vollendete Christus schläft *in uns selbst*, wir Menschen sind die Heilsbringer. Was Bloch unentwegt als „aufgedecktes Menschengesicht" bezeichnet, ist die genaue Umkehrung der üblichen, christlich gemeinten Menschwerdung Gottes. Es ist die durch und durch ketzerische Gottwerdung des Menschen, und der Mensch, der in dieser Gottwerdung endlich zu sich selbst gekommen ist, wird erweckt und verwirklicht in der mystischen Brüdergemeinde, die Bloch Sozialismus nennt: „und so ist es immer noch denkbar und aus der Kurve der bisherigen Geschichte zu begreifen, anders, es muß wieder denkbar werden, es gibt keinen Zweifel daran, daß durch die tausendfachen Energien, durch die äonenweite Optik einer neuen Proklamation das Judentum mit dem Deutschtum nochmals ein Letztes, Gotisches, Barockes zu bedeuten hat, um solchergestalt mit Rußland vereint, diesem dritten Rezipienten des Wartens, des Gottesgebärertums und Messianismus, – die absolute Zeit zu bereiten."

Auch bei verwegenster Auslegung wird man nicht sagen können, daß derlei in der russischen Oktoberrevolution auch nur im entferntesten gemeint war, aber das berührt

Bloch nicht weiter: Die sozialistische Wirtschaftordnung, die Abschaffung des Eigentums, die „durch das revolutionäre Proletariat erzwungene Entlastung des Menschen von den Fragen der Ökonomik", die mögliche Abschaffung der Armut, die Erleichterung der Arbeit durch sinnvoll eingesetzte Technik, die Umformung des Staates zu einem bloßen Instrument von „Verbrauchs- und Produktionsregelung" – alle diese und andere Ziele des Sozialismus sind für Bloch nur erst Vorstufen. Der so erreichte Gesellschaftszustand nimmt der menschlichen Existenz das Erbärmliche, aber er läßt „das Leid, die Sorge und die ganze sozial unaufhebbare Problematik der Seele stärker als jemals hervortreten, um sie den großen, übermenschlichen, überirdisch eingesetzten Gnadenmitteln der Kirche, der notwendig und Apriori nach dem Sozialismus gesetzten Kirche zu verbinden." Bloch interessiert, was danach kommt. „Karl Marx, der Tod und die Apokalypse" heißt das letzte Kapitel von „Geist der Utopie", und Bloch schlägt diesen verwegenen thematischen Bogen nicht um des Effekts willen. An der biblischen Apokalypse interessiert ihn die These, daß der Anfang der wahren Welt erst am Ende liege, daß die eigentliche Schöpfung noch gar nicht gekommen ist. Das ist – behutsam verweltlicht – auch sein Thema: Diese Welt ist nicht die wahre, sie muß überwunden werden, sie wird das mit der sozialistischen Revolution, und dieses revolutionäre Ende ist gleichzeitig der Anfang der möglichen wahren Welt, und in dieser hat dann eine wiederaufgebaute Kirche als eine Art Erziehungs- und Heilanstalt ihre zentrale Funktion, „die Seele, der Messias, die Apokalypse sind das Apriori aller Politik und Kultur." Insofern hält Bloch es auch für wenig verdienstvoll, „wenn der Marxismus atheistisch konsequent bleibt, um der Menschenseele nichts anderes als einen mehr oder minder eudämonistisch eingerichteten ›Himmel‹ auf Erden ohne die Musik zu geben, die aus diesem mühelos funktionierenden Mechanismus der Ökonomie und des Soziallebens zu ertönen hätte."

Begeisterung bei den Expressionisten

„Geist der Utopie" machte Bloch mit einem Schlag bekannt. Er hatte das Glück, das Manuskript bei dem renommierten Verlag Duncker & Humblot unterzubringen, und das auf kuriosen Wegen. Der Verlagslektor Feuchtwanger, Bruder des Schriftstellers Lion Feuchtwanger, suchte einen kompetenten Mann für eine Expertise und schickte ausgerechnet Georg Simmel das Manuskript. Bloch berichtet über Simmels Antwort an Feuchtwanger: „ ›Trotz des vielen Unverständlichen und sehr Subjektiven, Phantastischen und Unorganischen finde ich diese Arbeit doch so interessant und originell, daß usw.‹ – ich finde, daß die Ausstellungen doch selbst von Simmels Voraussetzungen aus ein großes

Lob sind. Aber Simmel betonte seine musiktechnische Inkompetenz und bat die Arbeit an den Wiesbadener Hofkapellmeister Klemperer schicken zu können. Der hat nur einen Fehler entdeckt: nämlich, daß ich sage, Beethoven hätte die Synkope *erfunden*. So bin ich also beruhigt."

Vor allem die Gemeinde der Expressionisten hat Blochs Erstling natürlich mit großer Begeisterung aufgenommen, schließlich sprach hier einer aus ihrem Geiste. Auch hat Bloch nie ein Hehl daraus gemacht, daß „Geist der Utopie" die Atmosphäre des expressionistischen Jahrzents, seine Aufgewühltheit und Sensibilität wiedergibt, er hat es stets als Sturm- und Drang-Buch bezeichnet und dessen revolutionäre Romantik betont. Und von der sind auch die ersten Reaktionen bestimmt, sie atmen fast schon plagiatorisch Blochs Ton, der allerdings selbst den allgemeinen Brustton des expressionistischen Aufbegehrens mehr wiedergibt als eigenständig schöpft.

„Einsames Licht in eisiger Sturmnacht."

„Dem, der in einer eisigen Sturmnacht im Schnee verirrt plötzlich vor sich ein einsames Licht aufblinken sieht, mag es ähnlich ums Herz sein wie dem, der in der finsternen, armen Sturmnacht der Kriegszeit plötzlich im Herzen Deutschlands ein fremdartig glühendes Licht aufgehen sah: eine neue deutsche Metaphysik." Die Lyrikerin Margarete Susman feiert derart überschwenglich ihren Freund Ernst Bloch, den sie bei Simmel in Berlin schon kennengelernt hatte und der ihr wenig später seinen „Thomas Münzer" widmet. „Wir wissen wieder, was ein Philosoph ist", meinte Friedrich Burschell, denn Bloch hatte genau den Ton getroffen, den man hören wollte, hier artikulierte jemand das, was das expressionistische Jahrzehnt lyrisch, dramatisch, malerisch, bildnerisch gesucht, ertastet hatte. „Um uns geht es; wir werden angeredet und aufgerufen, wir, die gegenwärtigen, von ihrer Heimat abgeschnittenen Menschen. Der Utopist wirft seinen Anker auf den Grund der tiefsten, der furchtbarsten Nacht, in der je gelebt wurde. Die maßlose Gottverlassenheit unserer heutigen Welt, ihr wertfreies und sinnverlassenes Sein – gerade diese längsten und schwärzesten Lebensnächte werden ihm zu den Adventsnächten einer neu heraufbrechenden geschichtsphilosophischen Epoche." Oder: „Der Prophet im Werk allerdings, und das ist Ernst Bloch, ein großer, zorniger, gotterfüllter Prophet aus dem herrlichen, erwartungsschweren jüdischen Blut, nah verwandt der russischen Tiefe und der deutschen Inbrunst, muß noch schreien und donnern und immer auf den Abstand deuten; anders läßt sich der Messias nicht vorbereiten." Kein Wunder – denn Bloch hat in „Geist der Utopie" das ganze Instrumentarium expressionistischen Lebensgefühls durchgespielt, und er beherrscht diese Klaviatur wie kaum ein anderer: Kritik an der bürgerlichen Gesellschaft, an Verlogenheit, Mittelmaß, am Zwang bürgerlicher Moralvorstellungen, an Geistfeindlichkeit, an der Mechanisierung und Kommerzialisierung der Gesellschaft, der Leere und Bindungslosigkeit menschlicher Beziehungen, daraus erwachsend die Sehnsucht nach dem neuen Menschen, einer neuen Religiosität, der brüderlich-sozialistischen Zukunftsgesellschaft – das sind die Themen des expressionistischen Jahrzehnts, Bloch hat sie – pathetisch, ekstatisch, mitreißend – formuliert. „So ist das Buch lebendig, Aktivität, glühendes Erleben der Selbstbegegnungen, nicht deren abstrakte Predigt“ – so feiert Ernst Blaß „Geist der Utopie“, er nennt das Buch „eine ›rettende Tat‹, der eine tiefe Dankbarkeit geschuldet wird.“ Und: „ein Leuchtturm, nicht mehr erhofft in unserem Dunkel, versendet plötzlich sein gewaltiges Licht.“

Auch nicht so begeisterte Reaktionen loben an Bloch, daß hier die Lebensferne der üblichen Kathederphilosophie endlich durchbrochen werde, man habe das „Gefühl, hier sei die Philosophie dem Fluch des Offiziellen entronnen.“ Theodor W. Adorno, von dem diese Einschätzung stammt, beschreibt etwas von der Atmosphäre, in der solche Bücher gelesen werden: „Der dunkelbraune, auf dickem Papier gedruckte, über vierhundert Seiten lange Band versprach etwas von dem, was man von mittelalterlichen Büchern sich erhofft und was ich als Kind zuhause noch an dem schweinsledernen ›Heldenschatz‹ verspürte, einem verspäteten Zauberbuch des achtzehnten Jahrhunderts, voll abstruser Anweisungen, an deren manche ich mich heute noch besinne. Der ›Geist der Utopie‹ sah aus, als wäre er von Nostradamus eigener Hand geschrieben. Auch der Name Bloch hatte diese Aura. Dunkel wie ein Tor, gedämpft dröhnend wie ein Posaunenstoß, weckte er eine Erwartung des Ungeheuren, die mir rasch genug die Philosophie, mit der ich studierend bekannt wurde, als schal und unterhalb ihres eigenen Begriffs verdächtig machte.“ Der Einfluß auf den jungen Adorno muß jedenfalls durchgreifend gewesen sein: „Das Buch, Blochs erstes und alles Spätere tragendes, dünkte mir eine einzige Revolte gegen die Versagung, die im Denken, bis in seinen pur formalen Charakter hinein, sich verlängert. Dies Motiv, allem theoretischen Inhalt vorausgehend, habe ich mir so sehr zugeeignet, daß ich meine, nie etwas geschrieben zu haben, was seiner nicht, latent oder offen, gedächte.“

„Dunkel wie ein Tor, dröhnend wie ein Posaunenstoß.“

Philosophie jenseits der philosophischen Universitäts-Literatur – das ist wohl ein wesentliches Element dieses Buches. Ludwig Marcuse notiert, daß die einflußreichsten Bücher dieser Zeit genau diesem Trend folgten, nämlich „von den philosophischen Stiftlern hinweg.“ Marcuse nennt neben Bloch Jaspers, Keyserling, Ziegler, Klages und andere, Namen, die bemerkenswerterweise auch bei Bloch auftauchen: „Nicht grundlos ist der Auszug der Philosophie aus den Universitäten eingetreten: Ziegler, Spengler, Keyserling, so verschiedenartig sie auch seine mögen, es ist immerhin eine andere Reihe als das vergreiste Geschwätz der Kantstudenten, als die Herzensmeinungen der Lehrbeamten.“

Walter Benjamin schreibt 1919 an Ernst Schoen über „Geist der Utopie": „Ungeheure Mängel liegen zu Tage. Dennoch verdanke ich dem Buch Wesentliches und zehnfach besser als sein Buch ist der Verfasser. Es mag Ihnen genügen, zu hören, daß dies doch das einzige Buch ist, an dem ich mich als einer wahrhaft gleichzeitigen und zeitgenössischen Äußerung messen kann." Benjamin wollte das Buch unbedingt besprechen, allerdings wurde daraus nichts, und ein halbes Jahr später scheinen dann die negativen Eindrücke überwogen zu haben: „In diesem Buche ist der Gehalt vom Bedürfnis sich auszusprechen überall getrübt", heißt es im Februar 1920, und: „In diesem Buch hat er etwas Schnellfertiges, Überfertiges gegeben" – beides Einschätzungen, die der Wahrheit recht nahe kommen.

Überwiegend ablehnend reagierte die Musikkritik: „Für den Erfolg dieses Buches sorgt schon der Zeitgeist, der aus ihm spricht, ein ungestillter Trieb zum Metaphysischen mit einem stark mystischen und vielmals ausgesprochen okkultistischen Einschlag. Nicht begriffliche Klarheit, sondern Verhüllung durch Bild und Gleichnis ist der Ton der Darstellung. – Die Einhüllung der Gedanken in Bilder und Gleichnisse wird schließlich zur Manier und ermüdet nicht nur, sondern stößt durch sprachlichen Schwulst ab." Zwar gab es gelegentlich auch Lob für die Musikphilosophie – so von Furtwängler und Max Weber – aber insgesamt stießen Blochs Darlegungen doch auf Ablehnung, der schlimmste Verriß kam von dem Musikwissenschaftler Paul Bekker, der unter anderem meinte: „Blochs Unkenntnis sowohl musikwissenschaftlicher wie musikästhetischer Schriften, vor allem aber der Werke der Tonkunst, ist geradezu grotesk und wird nur noch überboten von der Unverfrorenheit, mit der er im Tonfall des Magiers über Dinge spricht, von denen seine Seele nichts ahnt." Diese und andere Kritiken haben Bloch so sehr geärgert, daß er später in „Durch die Wüste" gründlich abrechnete: „Nulle insgesamt und zu nichts tauglich, als man ladet sie in die Pistole des Witzes und schießt sie in die Luft." Das ist ihm zum Teil auch gelungen, so daß diese Abrechnung zu dem Köstlichsten gehört, was Bloch an polemischer Brillanz geliefert hat.

Bedenken anderer Art hatte die königlich-bayerische Militärzensur. Blochs Ausführungen zum Krieg, zur Revolution und zum Preußentum erregten zwar Verdacht, aber „auf ihre Wirkungsfähigkeit auf weitere Kreise der Öffentlichkeit geprüft, gewinnen sie ein politisch bedeutend harmloseres Ansehen." So sah das jedenfalls der Zensor, der offenbar Spezialist für politische Propaganda war: „Die Ideen über eine Revolutionierung Deutschlands deuten zunächst geistige Umwälzung an. Sofern sie politisches Gebiet betreten, entbehren sie jeden Fingerzeigs für die praktische Anwendung des höchst ideellen Gehalts, und das Wichtigste: sie ermangeln allen agitatorischen Wirkungsmöglichkei-

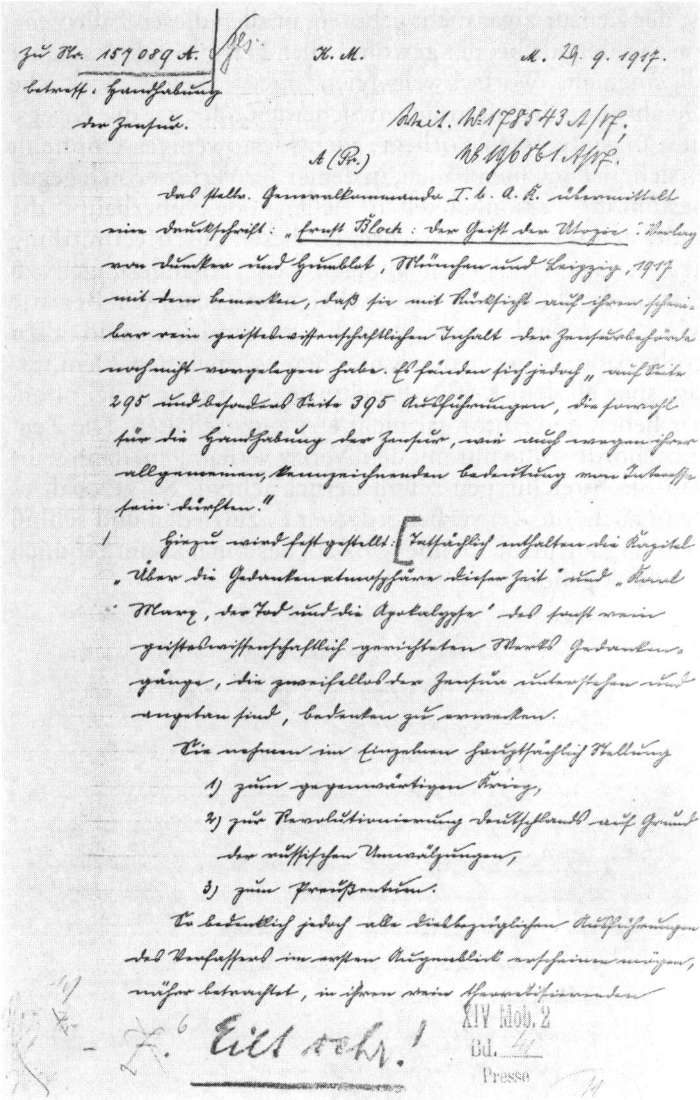
Zu Nr. 157089 A. K. M. M. 29. 9. 1917.
betreff: Aufhebung der Zensur.
Abt. Nr. 178543 A/17; Nr. 196561 A/17.
A (Pr.)

Das stellv. Generalkommando I. b. A. K. übermittelt eine Druckschrift: „Ernst Bloch: Der Geist der Utopie" Verlag von Duncker und Humblot, München und Leipzig, 1917 mit dem Bemerken, daß sie mit Rücksicht auf ihren scheinbar rein geisteswissenschaftlichen Inhalt der Zensurbehörde vorher nicht vorgelegen habe. Es fänden sich jedoch „auf Seite 295 und besonders Seite 395 Ausführungen, die sowohl für die Aufhebung der Zensur, wie auch wegen ihrer allgemeinen, kennzeichnenden Bedeutung von Interesse sein dürften."

Hierzu wird festgestellt: Tatsächlich enthalten die Kapitel „Über die Gedankenatmosphäre dieser Zeit" und „Karl Marx, der Tod und die Apokalypse" des sonst rein geisteswissenschaftlich gerichteten Werks Gedankengänge, die zweifellos der Zensur unterstehen und angetan sind, Bedenken zu erwecken.

Sie nehmen im Einzelnen hauptsächlich Stellung
1) zum gegenwärtigen Krieg,
2) zur Revolutionierung Deutschlands auf Grund der russischen Umwälzungen,
3) zum Preußentum.

So bedenklich jedoch alle diesbezüglichen Ausführungen des Verfassers im ersten Augenblick erscheinen mögen, näher betrachtet, in ihrer rein theoretisierenden

Eilt sehr!

XIV Mob. 2
Bd. 4
Presse

Dossier der königlich-bayerischen Militärzensur über „Geist der Utopie", Blatt 1.

ten auf die für eine politische Revolutionierung tatsächlich in Betracht kommenden breiteren Kreise. Sie können unter diesem Gesichtspunkt geradezu als harmlos bezeichnet werden." Das wäre wohl das Letzte gewesen, was Bloch sich unter der Wirkung seines „Geist der Utopie" vorgestellt hätte.

Immerhin hat der Zensor doch etwas zu zensieren gefunden, und er verbindet seine Streichungs-Vorschläge mit einer interessanten Interpretation: „Viel zweifelhafter als der rein gedankliche Inhalt erscheint dagegen in den bezeichneten Fällen der formale Ausdruck des Verfassers, vielleicht liegt sogar der eigentliche Grund der meisten Bedenken gegen den Inhalt in dem Umstand, daß der Verfasser seine Diktion häufig mit verfänglichen Ausdrücken zu dekorieren liebt. Es ist der Zensur zwar nicht geboten, in allen diesen Fällen einzuschreiten, da bei der gewöhnlichen Harmlosigkeit solcher allgemeinen Wortschwelgereien meist keine wirkliche Gefährdung der öffentlichen Sicherheit oder gar der Kriegsführungsinteressen vorliegt; nichtsdestoweniger empfiehlt es sich, in einzelnen Fällen, in denen der Verfasser sich gegen bestimmte Persönlichkeiten richtet oder überhaupt die äußersten Grenzen überschreitet, diesen durch Vermittlung des Verlags zu Ausscheidungen oder Abänderungen zu bestimmen.“ Unter anderem schlägt der Zensor vor, Begriffe wie „jauchzendes Schlachtvieh“ zu streichen und allzu grobe Angriffe gegen den Kaiser herauszunehmen. Dem Verlag, speziell dem Lektor Feuchtwanger, war es dabei offenbar lieber, den Autor gar nicht erst einzuschalten. Die Zensurbehörde sollte nur mit dem Verlag verhandeln, dann würden die Streichungen schon berücksichtigt. So geschah es dann auch, die Zensurbehörde war es zufrieden und schloß den Vorgang im September 1917 ab, das Buch konnte endlich in Druck gehen.

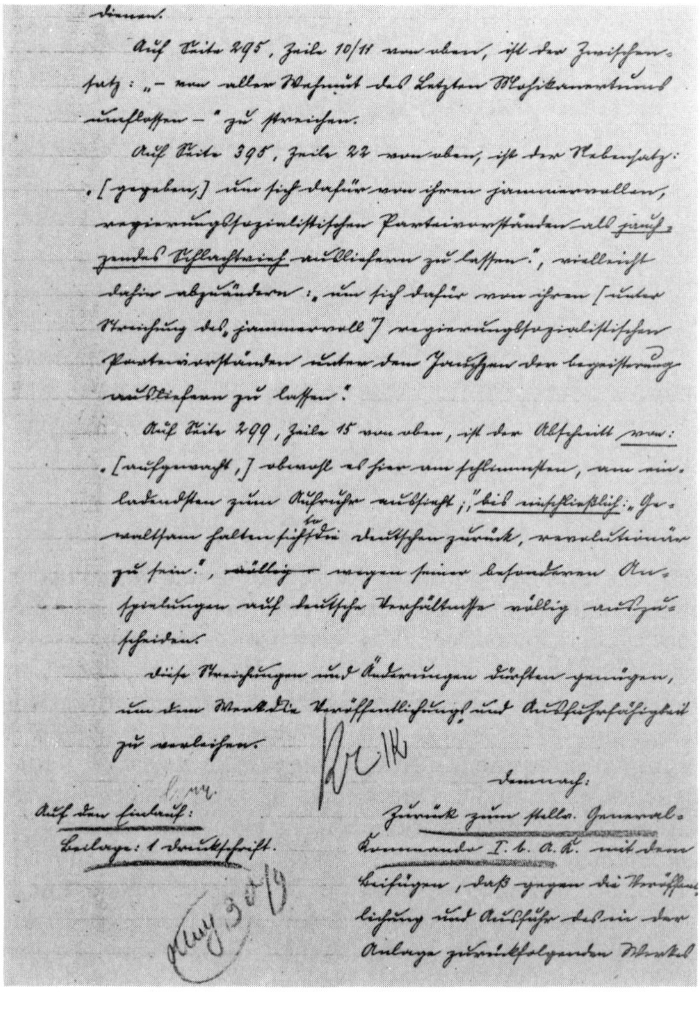

Streichungsvorschläge des Zensors: „Jauchzendes Schlachtvieh“ mochte die Obrigkeit nicht lesen.

Kapitel 4
1917 – 1922

Erstes Exil und frühes Leid

Doch treten wir ein paar Schritte zurück: Als Bloch im Mai 1917 das Manuskript von „Geist der Utopie" abgeschlossen hatte, ging er in die Schweiz. Äußerer Anlaß war ein Auftrag von Emil Lederer, der mit Max Weber, Werner Sombart und Edgar Jaffé in Heidelberg das „Archiv für Sozialwissenschaft und Sozialpolitik" herausgab. Für diese Publikation sollte Bloch eine Studie über pazifistische Ideologien in der Schweiz anfertigen, die er im Juli 1918 abschloß und unter dem Titel „Über einige politische Programme und Utopien in der Schweiz" in Band 46 dieser Zeitschrift (1918/19) veröffentlichte: „aber die Clique um Weber, vor allem seine Frau Marianne, war dagegen; denn der Artikel endete mit der positiven Darstellung der pazifistischen und anarchistischen Anschauungen von Hugo Ball."

Dieser Auftrag war wohl eher eine Arbeitsbeschaffungsmaßnahme, Bloch selbst bezeichnet ihn als „nur halb ernst gemeint", die Arbeit sollte ihm ein Mindesteinkommen sichern. Für den erbitterten politischen Gegner des wilhelminischen Deutschland wäre eine publizistische Arbeit im Kaiserreich schwierig, auf keinen Fall ertragreich gewesen; die Situation im Reich war miserabel, die Menschen litten Hunger, es gab die ersten Unruhen, das Papier war knapp, so daß für einen Schreiber ohnehin harte Zeiten drohten. Blochs „Geist der Utopie" war noch nicht auf dem Markt, und auch von seiner Frau kam kaum noch Geld. Man hatte es versäumt, rechtzeitig Vermögenswerte nach Deutschland zu schaffen, so daß der Ausbruch des Krieges dem luxuriösen Leben zunächst ein Ende bereitete. Else hatte immer ansehnliche Summen von Besuchen aus Riga mitgebracht oder sich von Vater oder Bruder mitbringen lassen. Das ging während des Krieges nur noch mit großen Schwierigkeiten, zumal auch in Riga selbst nicht alles zum besten stand. Zwar gab es 1915 wieder Grund zur Hoffnung: „Man darf übrigens in Rußland wieder Bier trinken und ich glaube, daß der Fall Przemysls sehr günstig auf den Konsum einwirken wird". Aber die Situation ändert sich nicht grundlegend, im August 1916 schreibt Bloch: „Ich bin ein müder, von anderthalbjährigem Kampf mit Elend und Deklassierung zermürbter Mensch mit einer kranken Frau, die sich pflegen und gut nähren müßte und statt dessen hungert und Stammgast in Pfandhäusern und auf der Gerichtsvollzieherei geworden ist." Eine Geldquelle war also willkommen.

Über die Arbeit an der Studie hinaus konnte Bloch in der Schweiz mit Zeitungsartikeln Geld verdienen, die er im Deutschland Hindenburgs und Ludendorffs nicht hätte schreiben können. Insofern ist es auch gerechtfertigt, vom ersten Schweizer „Exil" zu sprechen, auch wenn Bloch nicht aus Deutschland verbannt worden war. Es ist die „gezwungen oder freiwillig ins Exil verbannte Jugend", zu der Bloch sich zählt und mit der er von der Schweiz aus gegen das wilhelminische Deutschland kämpft.

Bloch wohnte zunächst in Bern und bekam dort schnell Kontakt mit einer Gruppe von Pazifisten, Mitarbeiter oder Sympathisanten der seit April 1917 erscheinenden „Freien Zeitung", die sich als „unabhängiges Organ für demokratische Politik" verstand. Zu dieser Gruppe gehörten Annette Kolb, Alfred Fried, René Schickele, Hugo Ball, Hermann Hesse und andere, denen zumindest die Gegnerschaft zum Kaiser-Deutschland gemeinsam war. Bloch wurde von Oktober 1917 an einer der wichtigsten Autoren dieser Zeitung. Der bayerische Gesandte in Bern hatte zunächst dafür gesorgt, daß Bloch als Emigrant nicht in ein Internierungslager gesteckt wurde. Die regelmäßigen Artikel in der zweimal wöchentlich erscheinenden Zeitung, dazu ein paar Aufsätze in der Züricher Zeitschrift „Friedenswarte", der von Friedrich Burschell herausgegebenen „Revolution" und in René Schickeles Zeitschrift „Weiße Blätter" sorgten für ein nicht eben üppiges, aber doch geregeltes Einkommen. Dazu kamen zwei Broschüren in Hugo Balls „Freiem Verlag", im wesentlichen überarbeitete und stark erweiterte Fassungen von Zeitungsartikeln. (Schadet oder nützt Deutschland eine Niederlage seiner Militärs? Bern 1918; Vademecum für heutige Demokraten. Bern 1919.)

Winterkurorte in der Schweiz
Saison 1917
Oktober 1917 No. 9
ENGADIN
SUISSE SWITZERLAND Svizzera
IDEALSTER WINTERSPORTPLATZ
Singer's Zwieback der Beste.
Sils-Engadin
Sils Maria. Hotels Alpenrose, Barblan, Edelweiss, Silserhof und Waldhaus.
Sils-Baselgia. Margna und Pension Chasté.
Fex-Tal. Hotel Fex und Pension zur Sonne.

So wurde die „Friedenswarte" nach Deutschland gebracht: Außen der „idealste Wintersportplatz" – im Inneren „Der Weg Schelers".

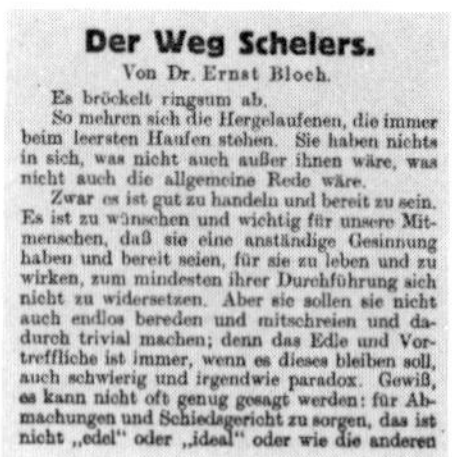
Der Weg Schelers.

Von Dr. Ernst Bloch.

Es bröckelt ringsum ab.

So mehren sich die Hergelaufenen, die immer beim leersten Haufen stehen. Sie haben nichts in sich, was nicht auch außer ihnen wäre, was nicht auch die allgemeine Rede wäre.

Zwar es ist gut zu handeln und bereit zu sein. Es ist zu wünschen und wichtig für unsere Mitmenschen, daß sie eine anständige Gesinnung haben und bereit seien, für sie zu leben und zu wirken, zum mindesten ihrer Durchführung sich nicht zu widersetzen. Aber sie sollen sie nicht auch endlos bereden und mitschreien und dadurch trivial machen; denn das Edle und Vortreffliche ist immer, wenn es dieses bleiben soll, auch schwierig und irgendwie paradox. Gewiß, es kann nicht oft genug gesagt werden: für Abmachungen und Schiedsgericht zu sorgen, das ist nicht „edel" oder „ideal" oder wie die anderen

In den zwei Jahren des Schweizer Exils schrieb Bloch über 100 Artikel allein für die „Freie Zeitung", einige davon anonym, einige unter den Pseudonymen Ferdinand Aberle, Jakob Bengler, Eugen Reich, Dr. Fritz May und Dr. Josef Schönfeld. Daß er unter Pseudonymen schreiben mußte, paßte Bloch nicht so recht, war aber wohl sinnvoll. In Deutschland galten die Emigranten als Landesverräter, deren Aktivitäten von deutschen Stellen überwacht wurden, die „Freie Zeitung" durfte nach Deutschland zum Beispiel nicht eingeführt werden, auch die „Friedenswarte" stand unter Aufsicht der Zensurbehörde. Die Arbeiten der Emigranten wurden deshalb getarnt nach Deutschland geschickt, so zum Beispiel das Oktoberheft 1917 der „Friedenswarte" unter dem Titel „Winterkurorte in der Schweiz", das aber vom Stellvertretenden Generalkommando I.b.A.K. aufgefangen wurde. Und so konnte die Zensurbehörde des bayerischen Kriegsministeriums am 24. Oktober 1917 ihre Bloch-Akte erweitern: „In diesem Heft stellt sich Dr. Ernst Bloch, der schon bei früherer Gelegenheit sozialistische Gesinnung bewiesen hatte, durch seinen Aufsatz ›Der Weg Schelers‹ endgültig als Mitarbeiter eines erklärt sozialistischen Organs dar." Aber auch daran findet die Zensur nichts sonderlich Aufregendes: „Im Übrigen ist über die Haltung Blochs nichts Neues zu sagen: Die theoretische Ideologie seines radikalen Standpunktes entbehrt aller praktischen Anwendbarkeiten und erweist sich daher, wenigstens im gegenwärtigen Aufsatz, als ziemlich ungefährlich für die Interessen der Kriegsführung." Bei Blochs Aufsätzen aus der „Freien Zeitung" wäre der Zensor vielleicht nicht so ruhig geblieben.

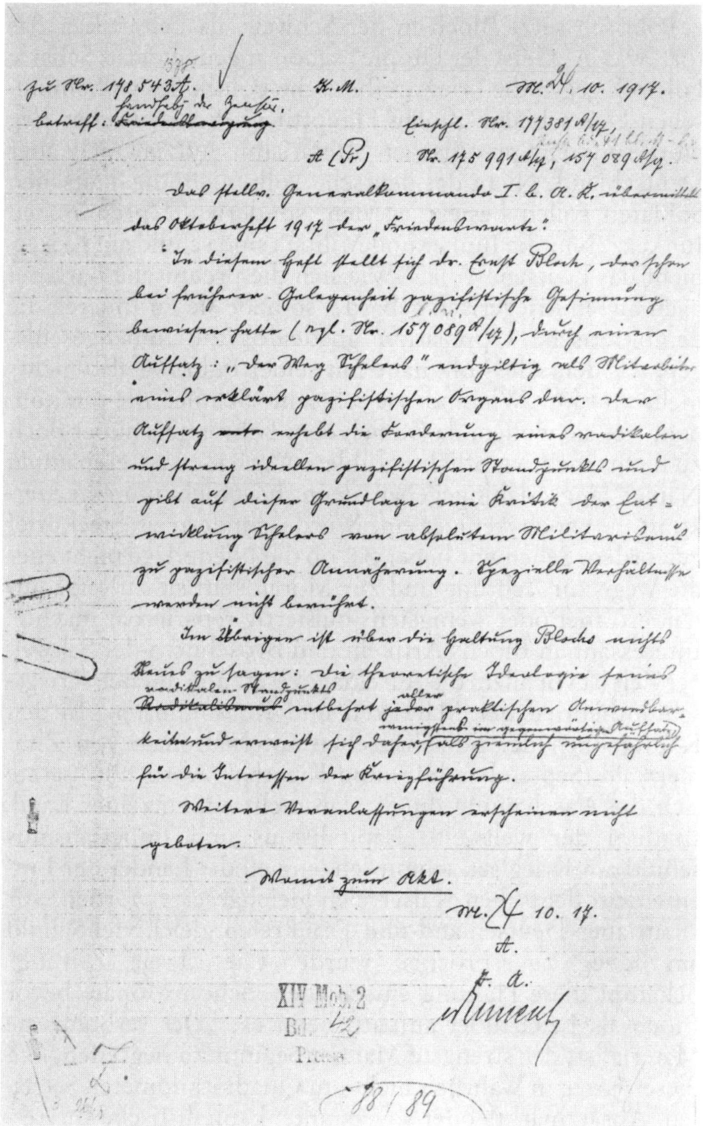

Das stellv. Generalkommando I. b. A. K. übermittelt das Oktoberheft 1917 der „Friedenswarte":

„In diesem Heft stellt sich Dr. Ernst Bloch, der schon bei früherer Gelegenheit pazifistische Gesinnung bewiesen hatte (vgl. Nr. 157089/17), durch seinen Aufsatz: „der Weg Schelers" endgiltig als Mitarbeiter eines erklärt pazifistischen Organs dar. Der Aufsatz erhebt die Forderung eines radikalen und streng ideellen pazifistischen Standpunkts und gibt auf dieser Grundlage eine Kritik der Entwicklung Schelers vom absolutem Militarismus zu pazifistischer Annäherung. Spezielle Verhältnisse werden nicht berührt.

Im Übrigen ist über die Haltung Blochs nichts Neues zu sagen: die theoretische Ideologie seines radikalen Standpunkts entbehrt jeder praktischen Anwendbarkeit und erweist sich daher als ziemlich ungefährlich für die Interessen der Kriegführung.

Weitere Veranlassungen erscheinen nicht geboten.

Womit zum Akt.

XIV Mob. 2
Bd. 42
Presse

„Im Übrigen ist über die Haltung Blochs nichts Neues zu sagen" – Dossier der Militärzensur zur „Friedenswarte".

Das Arbeiten unter Pseudonym ist für Bloch „eines der widerlichsten Phänomene im an sich schon so höchst unerfreulichen und schwierigen Gebiet des Konflikts der Pflichten", aber nach reiflicher Überlegung habe er es dann doch getan. Gelegentlich wohl auch aus praktischen Erwägungen: Im Juni 1918 zum Beispiel kam die Nachricht, daß sein Schwiegervater für zwei Monate in Mannheim sein dürfe, eine der wichtigsten Einnahmequellen der Familie Bloch stand also wieder zur Verfügung: „Veröffentlichte ich nun in der Zeit dieser zwei Monate unter meinem Namen, so erhält meine Frau – noch kurz vor dem Krieg russische Staatsangehörige – keinen Paß oder, wenn auch, so doch keine Erlaubnis zur Rückreise."

Politisch setzt Bloch in der Schweiz als Leitartikler das fort, was in „Geist der Utopie“ schon angedeutet ist: Scharfe Polemik gegen die kriegstreiberische Politik des wilhelminischen Deutschland. Blochs Hauptthese: Ein deutscher Sieg würde nur dem preußischen Militarismus nützen, nicht aber Deutschland. Nicht das deutsche Volk, nicht die deutschen Soldaten sollen besiegt werden, sondern die preußischen Junker: „Nur die Junker und Militärs sind schuld am Kriege, nicht das deutsche Volk.“ Wie sich die preußische Barbarei nach außen kriegerisch gebärde, so habe sie im Inneren die demokratische Opposition gnadenlos zusammengeschlagen, das deutsche Volk habe mit seiner Führung also nichts mehr zu tun: „Wir sind wie schlechte Schüler, die tun können, was sie wollen, da sie sich dem Lehrer gegenüber doch zu nichts mehr verpflichtet fühlen. Wir haben unseren guten Namen längst dahingegeben, deutsch ist nicht nur eine Herkunft und noch weniger eine Würde, sondern ein Steckbrief geworden. Sehen wir lieber zu, ob die Niederlage nicht eher die Wege zur Achtung und zur Moral, statt sie zu verschütten, eröffnet oder wenigstens bußfertig reparierbar macht.“ Interessant an Blochs Artikeln und Broschüren der Schweizer Zeit ist vor allem die Auseinandersetzung mit den Kriegsschuldtheorien der Marxisten und Kommunisten. In den Konferenzen der Sozialistischen Internationale von Zimmerwald (September 1915) und Kienthal (April 1916) setzte sich die Anschauung durch, daß nicht ein einzelnes Land, sondern der weltweite Kapitalismus und Imperialismus schuld am Krieg sei, womit tendenziell die Länder der Entente dem deutschen Kaiserreich gleichgesetzt wurden, vor allem aber Deutschland und Frankreich gleich viel Schuld am Krieg zugesprochen wurde. Die „Freie Zeitung“ bekämpt diese Haltung entschieden. Schon Monate bevor Bloch als Leitartikler auftritt, heißt es: „Der verbohrteste Materialist, der strengste Marxist beginnt zu begreifen, daß dieser Krieg in Wahrheit nicht um Quadratkilometer, Seehäfen, Absatzmärkte oder sogenannte ›kapitalistische Interessen‹ geführt wird, sondern zunächst einmal um die Frage, ob jenes Königtum von Gottes Gnaden aus der Welt verschwinden soll, das mitten im 20. Jahrhundert ohne Volksbefragung Krieg oder Frieden über die Welt verhängt.“ Die Autoren der „Freien Zeitung“ sehen diesen Krieg vor allem als Kampf zweier Ideen: der Idee der liberalen Demokratie und der Idee der militaristisch-autoritären Zwangsherrschaft, wobei die tatsächlichen kolonialen Interessen von Entente-Staaten (wie Frankreich) ausgeblendet, das feudal-militaristische Herrschaftssystem der preußischen Junkerkaste herausgestrichen wird.

Das mag mit dem heimlichen Auftraggeber und Finanzier der Zeitung zusammenhängen: Das Blatt war vermutlich ein Organ der französischen Propaganda, hatte regelmäßige Kontakte zu deren Schweizer Leiter Haguenin. Bloch spricht 1976 selbst davon, daß außer Hugo Ball und ihm die Mitarbeiter der Zeitung „bestochene Hunde“ gewesen seien, „Vaterlandsverräter für Geld, bürgerliches Gesindel mit revolutionären Phrasen.“ Hans Schlieben, den ehemaligen Konsul des Deutschen Reiches in Belgrad, Begründer und Herausgeber der „Freien Zeitung“, nennt Bloch eine „zwielichtige Gestalt“. Aber immerhin liegt Bloch in seinen Artikeln auf der Linie der Zeitung; hat er sich opportunistisch angepaßt?

Gegen Junkertum und Sozialdiktatur

Wir konnten sehen, daß Bloch schon in „Geist der Utopie“ recht differenziert über dieses Thema sprach, immer von zwei Gesichtern dieses Krieges redete: dem kapitalistischen und dem militaristischen. Wenn wir davon ausgehen, daß die Datierung eines früheren Aufsatzes in der Sammlung „Politische Messungen“ stimmt, dann hat Bloch schon 1911 die Meinung vertreten, daß die Kapitalinteressen durch den preußischen Militarismus gar nicht so gut vertreten sein müssen. Damals ging es um den „Panthersprung“, die zweite Marokkokrise: Wilhelm II. hatte das deutsche Kanonenboot „Panther“ zur Wahrnehmung der Interessen von Mannesmann an marokkanischem Erz nach Agadir geschickt, durch die Intervention der Engländer kam es nicht zum Krieg. Wäre es dazu gekommen, so Bloch, so hätte das den Interessen des Kapitals nicht so sehr gedient, blühte doch das Geschäft in Friedenszeiten ganz gut. *Allein* das Kapitalinteresse kann deshalb nach Blochs Meinung diese Kanonenbootpolitik nicht erklären, zum Kriegsinteresse gehört ein zweites Element – eben das hochgerüstete preußisch-deutsche Kriegsheer. Zwar bedingen sich beide, ohne den Expansionstrieb des Großkapitals gäbe es den deutschen Militarismus nicht in diesem Umfang: „aber der deutsche Generalstab ist eine eigene Macht, wie in keinem anderen Land, und fast eben eine eigene Logik.“

Dieses Argumentationsmuster hält Bloch auch später durch; beim Ausbruch des Weltkriegs spricht er von dessen zwei Gesichtern, dem „nackten Unternehmerkrieg“ und dem „abstraktesten Militär- und Machtstaatskrieg“, und letzlich erhofft er sich von diesem Krieg die Entlarvung beider Mächte: „an ihm beginnt der Abbau des hochkapitalistischen, neufeudalen Kriegs-, Militär- und Staatszaubers von Gottes oder auch eines minderen Geistes Gnaden.“ Wer wie die Zimmerwalder global den Kapitalismus für den Weltkrieg verantwortlich macht und den Kampf gegen das preußische Junkertum für überflüssig erklärt, nimmt nach Blochs Meinung der „gegenwärtig allein möglichen deutschen Revolution“ den Gegenstand. Er warnt eindringlich vor einer solchen Haltung, die Gefahr läuft, „das junkerlich-militärische Zwangs- und Obrigkeitswesen“ zu unterschätzen und dem angestrebten Sozialismus weiterzuvererben.

Bloch gehört zu den ersten ausdrücklichen und ernsthaften Warnern vor einem Staatssozialismus: „Sozialismus ohne weitgehende Auflockerung der Verbände, ohne weitgehendste Demokratie auch des Einzellebens ist lediglich ein Preußentum anderer Ordnung.“ Wer die bürgerlichen Freiheiten, die Ideale der bürgerlichen Revolution nicht wahrt und verwirklicht, so Bloch, tendiert zu „bolschewistischer Sozialdiktatur“.

Der „Rote Zar“: Wladimir Iljitsch Lenin.

Dies wirft Licht auf die grundsätzliche Frage der Einstellung Blochs zur russischen Oktoberrevolution. „Natürlich ein befreiter Jubel ohnegleichen über die russische Revolution“, so erinnert sich Bloch 1974, und nochmals, Bloch und Lukács betreffend: „Wir haben selbstverständlich beide die Oktoberrevolution als eine *Erfüllung* betrachtet, Lukács noch mehr im theologischen Sinn als damals ich.“ Wie theologisch auch Blochs Revolutionsverständnis zunächst war, konnten wir schon sehen (s.o., S. 64). Vor allem aber ist wichtig, wie bald sich Ernst Bloch genau von dem distanziert hat, was vor allem Lenin und die Bolschewiki in der Sowjetunion trieben. „Lenin, der ›rote Zar‹“ heißt ein Artikel von Ferdinand Aberle alias Ernst Bloch am 27.2.1918 in der Freien Zeitung. Die Argumentation: Man darf nicht allen Greuelgeschichten über angebliche Schreckensherrschaft der Bolschewiki glauben, zumal solche Nachrichten von interessierter Seite sensationell aufgeputzt sind. „Aber etwas von alledem muß doch irgendwie stimmen“, heißt es weiter. (Man wird diesen Satz im Ohr behalten müssen für die Beurteilung dessen, was Bloch in den 30er Jahren zu den Moskauer Prozessen sagt.) Bloch argumentiert weiter, daß der Beginn der russischen Revolution zu akzeptieren war: „Dieses war Osten, war Tolstoi, war Rußland; alles geschah von innen her, fast gewaltlos, die revolutionäre Idee wirkte selbst der brutalsten Autokratie gegenüber, die je die Welt gesehen hatte, nicht tötend wie ein Schwert, sondern vertreibend, in ihr Nichts auflösend, satanvertreibend wie ein Amulett.“ Lenins „autokratisches Regiment“ aber führe „Rußland irgendwie wieder in seine alten Formen“ zurück; vor allem die Aussage, die russischen Bauern müßten zum Kommunismus gleichsam wie zu ihrem Glück gezwungen werden, ist Bloch ein Dorn im Auge. Schließlich: „Jedes Volk hat nur denjenigen Sozialismus zu erwarten, den es nach Maßgabe seiner bürgerlichen Freiheit, seines Liberalismus verdient.“ Wenn aber die Entwicklung in Rußland so weitergehe, werde die russische Revolution „wie Lenin, die pure Machtgebärde erben und, schlimmer noch als dieses, jenes ›große Zuchthaus‹ bringen, als welches sich bezeichnenderweise nicht nur die Bürger, sondern auch die akademischen Staatssozialisten in Deutschland den Organisationszauber genossenschaftlich geregelter Produktions- und Konsumtionswirtschaft vorstellen.“

Im August 1918 sah Bloch (diesesmal als Jakob Bengler) „Die letzten Tage der Bolschewiki“ heraufkommen, nennt Lenins Politik „rätselhaft in all ihrer Zerfahrenheit, in all ihrem entsetzlichen Mißverhältnis zwischen Absicht und Erfolg“, kritisiert den Vertrag von Brest-Litowsk und die damit eingegangene Kumpanei zwischen der proletarischen Revolution und dem imperialistischen Kaiserreich. Und wiederum als Jakob Bengler läßt Bloch am 16.11.1918 seine ganze Enttäuschung über den „erkrankten Sozialismus“ ab: „Niemals hätte man es als Sozialist für möglich gehalten, daß aus dem Rußland der sozialistischen Revolution nichts als Gestank, Verrottung, neuer Dschingis-Khan mit den Gebärden des Völkerbefreiers, mit den mißbrauchten Insignien des Sozialismus kommt.“ Von Rußland, das wissen wir schon seit „Geist der Utopie“, hat Bloch nämlich etwas ganz anderes erwartet; nicht Lenin, sondern Dostojewskij, Tolstoi, „russische Seele“ in einem Sinn, der von der landläufigen Abgeschmacktheit dieses Begriffs erstaunlicherweise wenig abweicht: „Sondern Rußland in erster Linie hat eine Stimme, so unermeßlich gütig, warm, tief, christushaft, daß man nicht verstehen kann, wie der Bolschewismus zu solch verzweifelt entsetzlicher Tonart greift, so grauenvoll unmenschlich und gottlos bereits seit einem Jahr den Liebessatz, Erkenntnissatz Rainer Maria Rilkes schändet: ›Die anderen Staaten grenzen an Berge, Meere, Flüsse, Rußland aber grenzt an Gott‹.“ Es ist Bloch offenbar erst sehr viel später aufgegangen, daß ein revolutionäres Land anderes zu besorgen hat, als die Vorstellungen eines deutschen Lyrikers nicht zu „schänden“.

In der Broschüre „Vademecum für heutige Demokraten“ (Bern 1919), faßt Bloch die Quintessenz seiner publizistischen Tätigkeit in der Schweiz zusammen: Er lobt den wichtigen Anstoß, den die russische Oktoberrevolution in die Welt gesetzt hat, kritisiert aber die bolschewistische Politik, die eine Weiterführung der sozialen Revolution eben verhindert und nicht befördert habe. Dabei legt er nun ausdrücklich Wert darauf, daß diese Kritik nicht „vom bürgerlichen, sondern vom Standpunkt eines radikalen internationalen Sozialismus aus“ geäußert wird. Die Kritik an der falschen Einschätzung des Preußentums durch Lenin und die Bolschewiki wird erweitert „zu einer Kritik mancher Gedankengänge des Marxismus selbst“: So ist für Bloch die marxistische Arbeitswertlehre nicht in der Lage, den Preis von Seltenheitsgütern zu erklären, ein ganz wesentlicher Punkt der Ökonomie dieser Jahre, weil alle von Monopolen regierten Waren den Charakter von Seltenheitsgütern hatten. Weiter: „Der Begriff der Ware und des Marktes, wie er bis 1914 galt, ist gestört, und mit ihm alle Gesetze der Warenproduktion“. Und schließlich: Die ökonomischen Veränderungen reichen nicht aus, um aus ihnen gradlinig die Veränderungen des Überbaus in den kriegführenden Staaten zu erklären.

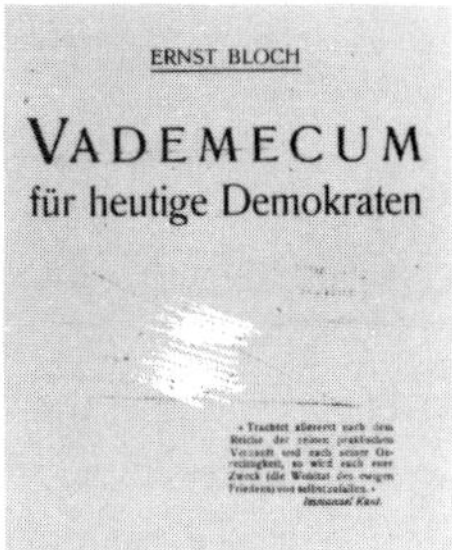

Schon in „Geist der Utopie“ hatte Bloch angedeutet, daß Marx in seinen Analysen das Agrarproblem sträflich außer acht gelassen habe. In seiner Studie über politische Programme in der Schweiz betont er, daß „Lassalle, wo nicht indirekt auch Marx die Junker geschont haben, daß Marxens wesentlich nur dem Industriesystem zugewandte Analyse den Agrarfeudalismus außer rechtem Kampf und Begriff gelassen hat.“ Diese theoretischen Lücken im Marxismus haben für Bloch nun in der Sowjetunion dazu geführt, daß die alte Mirverfassung, „dieser in Rußland glücklich erhaltene Rest bäurischer Gemeinfreiheit, kommunistischer Agrarwirtschaft“, unter dem Beifall der Bolschewiki beseitigt wurde – für Bloch ein Widersinn ohnegleichen. Er schließt aus alledem einmal mehr, daß ein althergebrachtes Staatsverständnis die revolutionäre Entwicklung entscheidend hemmt: „es ist den Kennern schrecklich klar, daß fortwirkendes Preußentum im Sozialismus diesen entweder endlos aufhalten würde oder daß Feldwebelei in Rot den Sozialismus ›realisieren‹ würde.“ Die politische Freiheit kommt nicht automatisch mit der Revolution, sie muß erkämpft werden, sie ist durch nichts zu ersetzende Voraussetzung für ökonomische Freiheit. Notwendig wäre danach „eine Sprengung der Diktatur jeder Art, auch wo sie sich noch so revolutionär vorkommt, und in Wahrheit doch nur verlängerte preussische Organisation oder Zarismus ist.“

Aber die russische Revolution ist für Bloch in der Schweizer Emigration ohnehin nicht das erste Thema, zum Ende des Krieges interessiert ihn mehr und mehr, was denn nun aus Deutschland wird. Im Jahr 1918 war auch unter den Schweizer Emigranten heftig diskutiert worden, ob denn ein Waffenstillstand oder ein Kompromißfriede angestrebt werden sollte – die Niederlage Preußen-Österreichs war abzusehen, und die verschiedenen Arten, den Krieg zu beenden, standen zur Diskussion. Bloch gehört zu den radikalen Verfechtern der These, daß dieser Krieg zu Ende geführt werden müsse, bis zur endgültigen Niederlage des Wilhelminismus: „Es ist heute nicht pazifistische Aufgabe, bestehende Kriege um jeden Preis zu beenden, sondern künftige Kriege ursächlich zu verhindern.“ Pazifismus heißt für Bloch nämlich nicht Stillhalten, sondern sehr wohl *Kampf* gegen den Krieg und für den Sieg von Frieden und Weltdemokratie: „Preußen allein ist der Krieg und hält ihn fest; Oesterreich-Ungarn ist der Gestank, der der Welt im Wege liegt, und der sie nicht zum Frieden, zum Ende der Gewalt, zum reinlichen Völkerbund gelangen läßt.“ Und ein solcher Pazifismus zieht eine „Niederlage des hohenzollerisch-habsburgischen Systems der Niederlage der Menschheit“ vor.

Seine ganze Hoffnung setzt Bloch auf den amerikanischen Präsidenten Wilson und dessen Einfluß auf die Entente, ihre Idee eines „wehrhaften Pazifismus“ durchzusetzen, und insofern gibt es nach seiner Meinung für die Entente mit

Einer der Zufluchtsorte in der Schweiz: Interlaken.

Preußen-Österreich nichts zu verhandeln, weil dabei nur Halbes herauskommen könnte: „Der Kampf, der Sieg, nicht der unreinliche Pakt, nicht der leere Kompromiß, mit bolschewistischen Zukunftswechseln abschreckenden Erfolges, bringen den Frieden".

Nun ist das alles leicht gesagt für jemanden, der das Elend des Krieges und seine Folgen nicht zu tragen hat wie die Landsleute in Deutschland, und er beklagt denn auch die Position des Emigranten, der nicht selbst kämpft, „sondern aus verhältnismäßiger Geborgenheit dem unausdenkbaren Elend zusieht und dem entsetzlich – mit fremdem, nicht dem eigenen Blut – bezahlten Erfolg der guten Sache schließlich zufrieden applaudiert." Und Bloch fordert nicht nur, den bitteren Weg der Niederlage bis zum Ende zu gehen, sondern auch Reue, Umkehr, „innerstes Erleben der deutschen Kriegsschuld", Demut, weil eben das deutsche Volk nicht bloß das unschuldige Schlachtopfer seiner Herren ist, sondern selbst „kräftig genug gesündigt" hat. Das heißt: „dieses Deutschland selber muß sich schließlich vernichten und zertrümmern, wenn die Rückkehr rühmlich, ja wenn sie einfach nur als Sittlich-Geistiges möglich sein soll; wenn also das alte, verschüttete, das uns aufgegebene und utopische Deutschland noch einmal ans Licht gelangen soll." Wohlgemerkt: Bloch zielt unverändert auf eine sozialistische Revolution, sie ist für ihn der erste Schritt zur Verwirklichung des „utopischen" Deutschland, und mit der ganzen Sprachgewalt, die schon in „Geist der Utopie" die eindrucksvollsten Passagen ausmachte, beschwört er auch jetzt noch einmal das Bild von Totentanz und Auferstehung: „Jetzt steht

Deutschland da als eine verfaulte Ruine, in der Geld und Rohheit ihren Totentanz, ihren Bockskult feiern; Jesus Christus ist zum Gaunerspott geworden. Deutschland ist eine einzige finstere, mitternächtliche, knarrende Todesmaschine, in der der Satan haust; sie abzubrechen, die Menschen, die sie bedienen, wieder zur Wahrheit und Besinnung zu führen, ihnen statt des schändlichen Baals und Machtgottes wieder den Gott der Liebe und des Wunders zu zeigen, dazu bedarf es noch anderer Erneuerungen, anderer Revolutionen als nur derer der Obrigkeit und der Kapitalismen. Und zwar gerade in der sozialistischen Republik, als welche, wenn anders kein totaler Staatssozialismus ohne Freiheit und Menschenziele entspringen soll, das Staatshafte, Institutionelle auf ein ökonomisch-soziales Minimum herabsetzt."

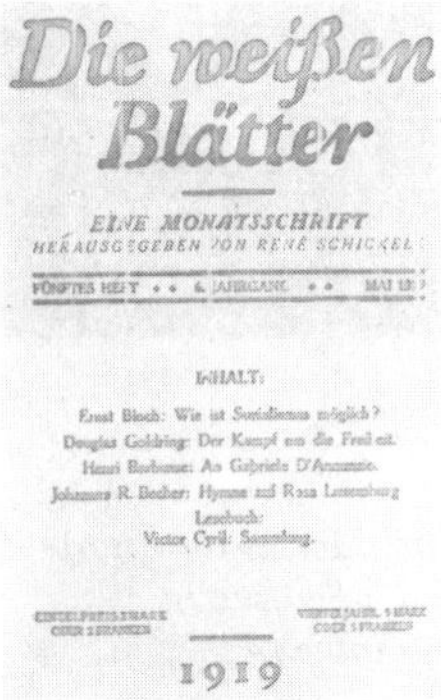
Die weißen Blätter

EINE MONATSSCHRIFT
HERAUSGEGEBEN VON RENÉ SCHICKEL

FÜNFTES HEFT • • 6. JAHRGANG • • MAI 1919

INHALT:

Ernst Bloch: Wie ist Sozialismus möglich?
Douglas Goldring: Der Kampf um die Freiheit.
Henri Barbusse: An Gabriele D'Annunzio.
Johannes R. Becher: Hymne auf Rosa Luxemburg
Lesebuch:
Victor Cyril: Sammlung.

1919

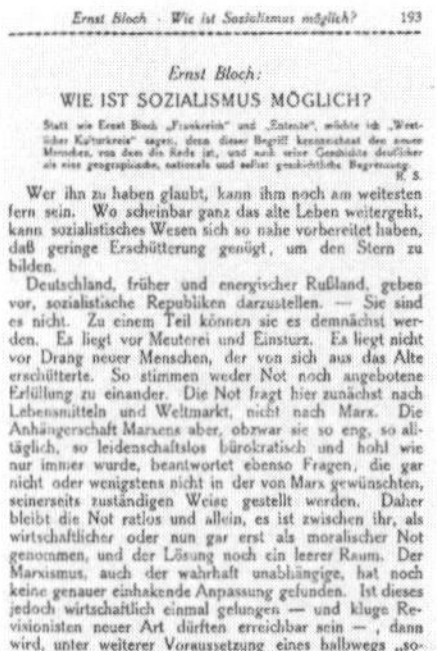
Ernst Bloch · Wie ist Sozialismus möglich? 193

Ernst Bloch:
WIE IST SOZIALISMUS MÖGLICH?

Statt wie Ernst Bloch „Frankreich" und „Entente", möchte ich „Westlicher Kulturkreis" sagen, denn dieser Begriff kennzeichnet den neuen Menschen, von dem die Rede ist, und auch seine Geschichte deutlicher als eine geographische, nationale und selbst geschichtliche Begrenzung.
R. S.

Wer ihn zu haben glaubt, kann ihm noch am weitesten fern sein. Wo scheinbar ganz das alte Leben weitergeht, kann sozialistisches Wesen sich so nahe vorbereitet haben, daß geringe Erschütterung genügt, um den Stern zu bilden.

Deutschland, früher und energischer Rußland, geben vor, sozialistische Republiken darzustellen. — Sie sind es nicht. Zu einem Teil können sie es demnächst werden. Es liegt vor Meuterei und Einsturz. Es liegt nicht vor Drang neuer Menschen, der von sich aus das Alte erschütterte. So stimmen weder Not noch angebotene Erfüllung zu einander. Die Not *fragt* hier zunächst nach Lebensmitteln und Weltmarkt, nicht nach Marx. Die Anhängerschaft Marxens aber, obzwar sie so eng, so alltäglich, so leidenschaftslos bürokratisch und hohl wie nur immer wurde, beantwortet ebenso Fragen, die gar nicht oder wenigstens nicht in der von Marx gewünschten, seinerseits zuständigen Weise gestellt werden. Daher bleibt die Not ratlos und allein, es ist zwischen ihr, als wirtschaftlicher oder nun gar erst als moralischer Not genommen, und der Lösung noch ein leerer Raum. Der Marxismus, auch der wahrhaft unabhängige, hat noch keine genauer einhakende Anpassung gefunden. Ist dieses jedoch wirtschaftlich einmal gelungen — und kluge Revisionisten neuer Art dürften erreichbar sein — , dann wird, unter weiterer Voraussetzung eines halbwegs „sozialisierten" Gesamtzustands der Weltwirtschaft, gewiß in Deutschland *Sozialisierung* möglich. Ihre Formen mögen

13

Dies alles ist freilich noch während des Krieges geschrieben, die Perspektiven mögen sich danach, erst recht nach der nun tatsächlichen „Revolution" in Deutschland verschoben haben. Aber an dieser „Revolution" findet Bloch wenig Mitreißendes. Zwar heißt es: „Liebknecht am Schloßfenster – ein starkes, bis ins Innerste greifendes Symbol. Heil sei dem Tag, Heil der Stunde!" Aber überzeugend ist das alles für Bloch nicht. Daß Leute wie Scheidemann und Ebert an der Spitze stehen, „statt sich so verborgen als denkbar zu halten oder zugleich mit dem obersten Kriegsherrn zu desertieren", ist für ihn unverständlich. Nur die Matrosenaufstände entsprechen dem, was er sich unter einer radikalen Wende, unter Revolution vorstellt.

Im Mai 1919 schließlich faßt Bloch in einem programmatischen Aufsatz („Wie ist Sozialismus möglich?") zusammen, wie er die Chancen für den Sozialismus einschätzt. Er kommt zu dem verblüffenden Ergebnis, daß der Krieg recht günstige Voraussetzungen geschaffen hat: Zum einen – bezogen auf Deutschland – habe der Krieg alle gesellschaftlichen Klassen so ausgeblutet, daß sie an der bisherigen Geldwirtschaft und Klassenform nurmehr wenig Interesse zeigten – von daher wäre der Boden für den Sozialismus bereitet. Doch ist für Deutschland der Sozialismus nach wie vor schwierig, weil nicht das deutsche Volk die Niederlage seiner Militärs bewerkstelligt hat, es außerdem an den entsprechenden präsozialistischen Traditionen fehlt. Folglich ist, wie schon früher zu hören war, die wahre Revolution nur vom Westen zu erwarten. In „Geist der Utopie" war es ja noch die Dreifaltigkeit von Judentum, Rußland und Deutschland gewesen, die den Sozialismus möglich machen sollten; während des Krieges entdeckte Bloch zwei weitere notwendige Elemente: den „magischen Willen" aus den USA und die „mystische Leichtigkeit" aus Frankreich; nun sind es nur noch die westlichen Völker, die das Licht der Revolution anzünden können. Das Bemerkenswerte an dieser Prognose: Einen revolutionären Kampf mit Barrikaden und Blutvergießen hält Bloch für überflüssig, weil seiner Meinung nach die westlichen Völker sich allesamt einig sind über das gemeinsame Ziel. Sie „fühlen ein Licht, das die schwersten Schatten löst, das Übersehenes, himmlisch Unterirdisches plötzlich ins grellste Zentrum rückt, das die geheime, ketzerische, pythagoräische, essäische, urchristliche, albigensische, wiedertäuferische Blüte, Ideengewalt der Menschenrechte, Traum Weitlings und aller Bekenner der Freiheit und Heiligung, des Utopierechts der Menschheit zur Vollendung bringt. Die freien Völker, durch steigend gemeinsamen Machtekel überraschend aus den Klassen herausgelöst, sehen sich nur noch mit schwachem Widerstand der eigenen göttlichen Dynamik preisgegeben."

Die Überraschung wird man nachempfinden können, und es bleibt darüberhinaus beeindruckend, ja bedrückend, wie weit der Realitätsverlust eines Mannes im Exil gehen kann, der doch sonst bei aller Schwarmgeisterei den scharf-analytischen Sinn fürs Politische sich erhalten hatte. Wo in dieser Epoche Anzeichen eines kollektiven Machtekels und des daraus resultierenden kollektiven Willens zum internationalen Sozialismus gewesen sein sollen, ist nicht auszumachen; es bleibt festzuhalten, daß Bloch hier eine seiner eklatantesten Fehleinschätzungen abgegeben hat. Die Terminologie freilich läßt darauf schließen, daß Bloch längst in einem anderen Land sich befand, in einem anderen Zeitalter – in dem Thomas Münzers, mit dessen Leben und Werk er sich zu dieser Zeit intensiv beschäftigte.

In der Tat war die politische Publizistik nicht Blochs Hauptbeschäftigung, er arbeitete intensiv an philosophischen Aufsätzen, so zum Hiob-Problem, bereitete die zweite Ausgabe von „Geist der Utopie" vor, machte sich in Thun wieder an die formale Logik („in Interlaken diese beendet"), begann ein Konzept zur Erkenntnistheorie, eine Ketzergeschichte. Drei Monate lang führte Bloch intensive philosophische Gespräche mit Max Scheler in Bern „in fast täglicher und nächtlicher Symbiose". Zu den noch in der Schweiz geschriebenen Aufsätzen gehört auch die wichtige Arbeit „Über das noch nicht bewußte Wissen", die ebenfalls 1919 in der Zeitschrift „Die weißen Blätter" erschien. Dieser Aufsatz schließt eine bemerkenswerte Lücke: In „Geist der Utopie" nämlich bleiben die Ausführungen Blochs zu seinem zentralen Thema recht vage. Seine frühe Entdeckung des Noch-Nicht-Bewußten wird nicht einmal angesprochen, anderes – Dunkel des gelebten Augenblicks, unkonstruierbare Frage, Formen utopischen Bewußtseins – wird nur angedeutet, zum Teil auch vom überschäumenden Sprachgestus mehr verdunkelt als erhellt. Bloch hat wohl gemerkt, welche Lücken vorhanden waren, die zweite Ausgabe von „Geist der Utopie" sollte insgesamt Ergänzung, aber auch Straffung und Systematisierung bringen, der Aufsatz von 1919 wird zum Kern der späteren Änderungen.

Bloch legt hier dar, was anläßlich der „Entdeckung des Noch-Nicht-Bewußten“ und dem Vortrag bei Simmel schon einmal kurz skizziert wurde: Es gibt ein Noch-Nicht-Bewußtes, das heißt etwas, das noch nicht ist, hat gleichwohl Wirkung auf unser Bewußtsein. „Wir sind unserer nie selber, als gerade erlebend inne. Nicht einmal das Jetzt, daß wir rauchen, schreiben, genau dieses nicht, ist uns an sich bewußt. Erst unmittelbar danach stellt sich das vor uns hin: so ist uns stets nur ein soeben Vergehendes gegenwärtig, deckt sich mit dem, was wir als scheinbar gegenwärtig erfahren.“ Freud hat nun nach Bloch ganz richtig gesehen, daß solche Bewußtseinsbestände ins Unbewußte absinken können und im Traum oder Psychosen sich wieder regen. Nur was in die Zukunft weist, kann dieses Unbewußte nicht enthalten: „Da wir selber aber uns noch niemals sahen, können wir dessen uns auch nicht erinnern. Was niemals bewußt war, kann auch nicht unbewußt werden; weder unser ‚Wollen‘ als ‚solches‘ noch das ganze übrige Dunkel des gerade gelebten Augenblicks ist gegeben. Wir leben uns, aber erleben uns nicht, und es ist derart sicher, daß wir uns an uns selber weder in der scheinbaren Gegenwart noch vor allem in irgendeinem Abschnitt der Erinnerung besitzen.“ Dagegen leuchten im Hoffen, in den verschiedenen Formen des utopischen Bewußtseins Zeichen dessen auf, was wir sein könnten, was wir noch nicht wissen, wovon wir aber ein dämmerndes Bewußtsein haben: „Vor allem in Tagen der Erwartung, wo nicht ein Gewesenes, sondern das Kommende selber einwirkt, in empörtem Leid, in der Dankbarkeit des Glücks, in der Vision der Liebe, rezeptiv am stärksten in der Musik, die von Anfang bis Ende unsere seelische Latenz zum Ziel hat und ihr das Wort gebären will, vor allem aber in der schöpferischen Arbeit selber wird die eindrucksvolle Grenze zu einem noch-nicht-bewußten Wissen deutlich überschritten.“

Mit den Finanzen steht es schlecht

Trotz der regelmäßigen publizistischen Tätigkeit in der Schweiz blieb Blochs finanzielle Lage prekär. Nach der Oktoberrevolution in Rußland war es noch schwieriger geworden, Geld von Elses Familie aus Riga heranzuschaffen. Später merkt Bloch einmal halb ironisch an: „Ich sagte damals, die russische Revolution hat mich viele Millionen gekostet, so viel ist sie mir aber auch wert.“ Von Wilhelm Muehlon, einem ehemaligen Krupp-Direktor, der in die Schweiz emigriert war, wurden die Blochs gelegentlich, vermutlich sogar regelmäßig unterstützt, im Juli 1918 bat Bloch Muehlon, doch den Verlag Orell-Füssli für ihn zu interessieren, weil er zwei Broschüren anbieten wollte: Einen „Almanach der deutschen Demokratie“, eine Sammlung von Äußerungen deutscher Politiker, Dichter und Philosophen gegen die Gewalt und für die Freiheit, und eine Broschüre zur „Geschichte und Kritik des preußischen Militarismus“. Mit anderen Buchplänen hatte Bloch überall nur freundliche Zustimmung, aber keine konkreten Zusagen gefunden, „Geist der Utopie" war zwar im Sommer 1918 in Deutschland erschienen, aber es gab Vertriebsschwierigkeiten, deutsche Verlage stellten wegen Papierknappheit ihre Produktion ein – es wurde brenzlig. „Zugleich wäre es mir äußerst angenehm, da es uns schlecht geht, sofern das Vermögen meiner Frau in Häusern und Grundstücken in Riga investiert und nichts von dort vorläufig herauszubringen ist, wenn mir Orell-Füssli auf diese beiden Broschüren einen Vorschuß zur ungestörten Muße der Ausarbeitung, bzw. Fertigstellung geben könnte", heißt es in dem Brief an Muehlon, und Bloch geht sogar so weit, politische Zurückhaltung anzubieten, damit der Absatz nicht gefährdet wird: „ich werde in beiden den Ton so halten, daß ein Verbot in Deutschland nicht zu befürchten ist."

Aus diesen Plänen wurde nichts. Hugo Ball sorgte dafür, daß in seinem „Freien Verlag" die Broschüre „Schadet oder nützt Deutschland eine Niederlage seiner Militärs?" erschien, eine überarbeitete Fassung der gleichnamigen Artikelserie aus der „Freien Zeitung"; der „Almanach der deutschen Demokratie" blieb ungeschrieben, wesentliche Elemente davon gingen dann in die „Vademecum"-Broschüre ein, die auch große Passagen der Geschichte des preußischen Militarismus enthält. Das alles aber änderte an der finanziellen Not nicht viel. Noch im August 1918 schreibt Bloch an Muehlon: „Schon länger ist das Geld da. Es gibt mir Ruhe und ein recht bedroht gewesenes absolutes Freiheitsgefühl zurück." Doch im Dezember heißt es schon wieder: „Ich bin sehr betrübt, daß es mit den Finanzen so steht. Aber ich möchte fragen: Kennen Sie nicht jemanden, der mir für die nächste Zeit etwas Geld zum Leben gibt?"

Das scheint nicht der Fall gewesen zu sein, jedenfalls äußert sich Bloch fast 50 Jahre später recht brummig über Herrn Muehlon, der da in Bern in einer großen Villa gelebt habe und sehr eilig mit dem Geldeintreiben gewesen sei. Wie schlecht es den Blochs ging, schildert Alfred Fried aus dem Kreis der Schweizer Pazifisten am 17.8.1918 in einem Brief an Muehlon: „Die beiden Leutchen haben buchstäblich nichts zum Leben. Haben seit Monaten keine Miete mehr bezahlen können, können nur dann etwas kochen, wenn sie es von den Händlern geborgt bekommen. Die Rechnungen türmen sich, und die Geduld der Borger bricht allmählich zusammen. Aber daneben läuft ein Mann wie Bloch ohne jeden Pfennig in der Tasche herum. Gerade gestern war ich Zeuge einer Szene, die in mir den Entschluß reifen ließ, an Sie zu schreiben. Meine Frau und Frl. Schwalb waren bei Frau Bloch, die einige Tage krank war. Ich holte sie ab. Dr. Bloch war angezogen, um sich mit jemandem, mit dem er eine Unterredung hatte, zu treffen. Da verlangte er von seiner Frau etwas Geld fürs Café. Die gute Frau suchte in allen

Schubladen, in allen möglichen alten Portemonnaies und brachte schließlich mit Messing und Kupfer 70 Rappen zusammen. Darob war Bloch sehr verärgert, er meinte, die Frau müsse doch für ‚mindestens 3 Franken' immer vorgesehen sein, er könne nun nicht fortgehen, etc. Alles vor uns! Natürlich sprangen wir ein. Aber die Szene machte einen furchtbaren Eindruck auf mich. Hier muß etwas geschehen."

Die finanzielle Lage wurde dann gegen Ende des Jahres 1918 um so schwieriger, als Bloch nicht mehr für die „Freie Zeitung" arbeitete. Bloch selbst erzählt, daß er nach der Niederlage Deutschlands und der Ausrufung der Republik keinen Grund mehr gesehen habe, noch politische Artikel zu schreiben. Der Auftrag war erfüllt: „Bisher, so sagte ich, waren die Feinde unserer Feinde unsere Freunde; nachdem unser Feind, der deutsche Militarismus, vernichtet ist, können wir anders sprechen und brauchen keine Amerikaner als Bundesgenossen mehr. Wir würden bloß noch für das anglofranzösische Kapital arbeiten." Der letzte Satz deutet auf Meinungsverschiedenheiten hin, die ohnehin im Kreis der Freien Zeitung geschwelt hatten. Bloch berichtet Muehlon über „lange, quälende Bedenken dagegen, darin überhaupt zu schreiben und darin mit meinem Namen zu schreiben", und wir haben ja gesehen, wie drastisch sich Bloch später über einige Mitarbeiter der Zeitung geäußert hat (s.o., S.75). „Einmal sagte ich zu Hugo Ball: Wie können wir in der ›Freien Zeitung‹ noch weiterschreiben bei Herrn von Schlieben als Herausgeber und neben Artikeln wie denen von Rösemeier, diesem unbegabten Kerl. Da sagte Ball mir unvergeßlich: ›Einverstanden mit allem, was Sie sagen, nur nicht mit dem Schluß. Wenn 500 Katzen vor dem kaiserlichen Schloß miauen, da achte ich nicht darauf, daß es Katzen sind, sondern daß sie protestieren. Ich stelle mich mitten unter sie und miaue mit.‹ Damit hatte Ball recht."

Eben dieser Hugo Ball nun wird im November Anlaß für eine heftige Auseinandersetzung. Er hatte einen Leitartikel mit antisemitischen Floskeln veröffentlicht, und Bloch kündigte an, „daß ich keine Zeile mehr für die F.Z. schreibe, wenn sich auch nur entfernt eine solche Einfältigkeit wiederholt." Er wollte sogar eine eigene politische Zeitschrift unter dem Titel „Rot und Gold" gründen, aber es fehlte an Geld. Ob nun wegen der geschilderten Streitigkeiten oder weil er tatsächlich seine Arbeit für beendet hielt: Blochs letzter politischer Leitartikel in der „Freien Zeitung" erschien am 21.12.1918 („Zur Ankunft Wilsons in Europa"), danach lediglich noch ein Auszug aus „Vademecum" und ein „Aufruf für Georg Lukács in Budapest".

In dieser Zeit wurden die Blochs von Freunden unterstützt, die sie in Interlaken gefunden hatten, „Schweizer aus altem Schrot und Korn", eine Stammtischrunde von Entente-Freunden, „die gegen Ludendorff und gegen Wilhelm opponierten bis zum Exzeß." Diese Freunde hielten die Blochs über Wasser, sie gaben Geld, „ließen uns umsonst wohnen, lieferten Wäsche und luden uns immer ein." Trotzdem: „nach wie vor aber wußten wir zumeist nicht, wovon wir morgen leben sollten." Die Interlakener Freunde wollten Bloch sogar zum Ehrenbürger ihrer Stadt machen und ihm damit die Schweizer Staatsangehörigkeit verschaffen; „denn einen Ehrenbürger kann man weder ausweisen noch ins Lager schicken." Aber dazu kam es nicht. Am 8.11.1918 war die deutsche Republik ausgerufen worden, Bloch verzichtete auf die Schweizer Staatsangehörigkeit: „Jetzt ist es doch nicht mehr nötig, es gibt doch eine Deutsche Republik. Was soll ich denn hier?"

Ernst Bloch Ende 1920 – Zeichnung von S. Ebba.

Gleich nach der Ausrufung der Republik hatte René Schikkele Bloch und Ball aufgefordert, nach Deutschland zu gehen, weil die Revolution sie jetzt brauche. Das schien in der Tat nicht so abwegig zu sein, hatte doch Bloch selbst noch am 20.11.1918 in der „Freien Zeitung" betont: „ein leichtes wäre es der sozialistischen Intelligenz, in die Arbeiter- und Soldatenräte einzutreten und nach dem Maß ihrer Fähigkeiten darin sichtbar und leitend zu wirken." Aber er zögerte doch: „So wichtig kommen wir uns nicht vor", im übrigen versprach er sich zunächst nicht so viel von der ganzen Sache: „ich bin kein Massenredner, und der deutsche Karren ist so verfahren, daß ihn Zeitungsartikel gewiß nicht herausreißen." Daß Schickele ihn und Ball dann als „Etappenschweine der Revolution" beschimpfte, nahm er zwar zunächst nicht wichtig, aber zwei Wochen später hatte er sich doch entschlossen, in Deutschland „die neue Weltzeit zu vertreten", wozu ihn offenbar ein Brief Muehlons bewogen hatte. Ihm schreibt er im Dezember 1918: „Kurz und gut, ich werde bald in das dunkle Land fahren. Kann ich, wie ich glaube, nicht unmittelbar volksmäßig einwirken, so hoffe ich doch bei den Studenten, bei der intellektuellen Jugend etwas ausrichten zu können." Aber für die Reise und für die geplante Zeitschrift braucht Bloch Geld, und auch seine Frau will er versorgt wissen, während er er sich um ein Weiterkommen in Deutschland kümmert. „Wäre es nicht einfach, die Bank zu beauftragen, meiner Frau ohne weiteres bis auf Widerruf die 200 Franken an jedem Ersten auszuzahlen? Ich hoffe, daß wir es nicht mehr lange brauchen und könnte, nachdem ich nichts mehr vorerst für die F. Z. schreibe und wir keinen Pfennig Kapital irgendwo noch liegen haben, der Monatswechsel nicht auf 300 Franken erhöht werden?"

Außerdem braucht er einen Paß, um nach Deutschland zurückreisen zu können. In einem Brief an den Geheimen Sekretär der Bayerischen Gesandtschaft in Bern heißt es am 23.12.1918: „Gerne möchte ich gleich nach Weihnachten nach München fahren. Könnte ich den Paß zugeschickt bekommen? Oder ist es nötig, daß ich ihn persönlich abhole? Wie ich höre, soll die Sache doch nicht ganz so einfach sein, wie ich es mir dachte." Und schließlich: „Vielleicht ist es möglich, daß meine Frau und ich einfach von der Gesandtschaft die Versicherung erhalten, daß mit ihr und mir politisch alles in Ordnung ist". So einfach war das alles tatsächlich nicht; Bloch bekam zwar den Paß, aber der Geheime Sekretär schrieb auch, daß eine solche Reise mit großen Schwierigkeiten verbunden sei: „Auf der Strecke Lindau verkehren bloß Postzüge; außerdem habe ich kürzlich in der Zeitung gelesen, daß Fahrkarten zur Zeit nur dann abgegeben werden dürfen, wenn die Dringlichkeit der Reise nachgewiesen wird." Das ließ sich arrangieren, Professor Jaffé, ein alter Bekannter aus Heidelberg, lud Bloch dringlich nach München ein.

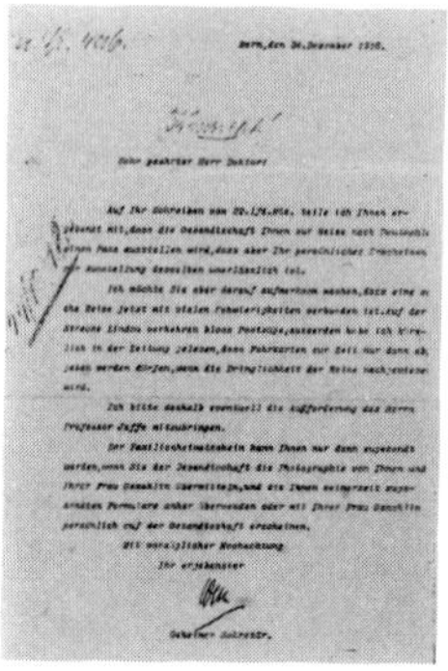

Brief der bayerischen Gesandtschaft in Bern vom 23. Dezember 1918.

Im Frühjahr 1919 reiste man schließlich nach Deutschland: „Januar 19 wurde Else schwer krank, darauf ich; sie stand trotz Fieber auf, pflegte mich gesund und bereitete alles zur Abreise nach Deutschland." Else ging zu ihrem

Vater nach Wiesbaden, Bloch zunächst auf Einladung des Verlegers S. Fischer nach Berlin. Else wurde wieder krank, lag im Frühjahr und Sommer 1920 in Wiesbaden im Krankenhaus, Bloch pendelte zwischen Berlin und Wiesbaden, „vagabundieren müssend, sah Else immer nur in der ihr und mir fremdesten Umgebung im Spital, siech, unglücklich, verzweifelt, sich zwingend, ohne einen Laut oder auch nur einen Blick der Klage; das Schlimmste war ihr, mich schlecht aufgehoben und unglücklich zu wissen." Im Herbst 1920 landete man für kurze Zeit wieder in Garmisch, schließlich in München. Es war keine glückliche Zeit für Bloch: Politisch hatte sich alles ins Gegenteil dessen verkehrt, was er gehofft hatte. Das neue Deutschland mit einer revolutionären, sozialistischen Jugend war nicht Wirklichkeit geworden, „lauter ahnungslos gewordene Fremde und Restauration" traf Bloch in der Heimat an. „In Deutschland gab es nach kurzer Zeit die Neue Sachlichkeit, es kamen die Feldzüge Noskes, das Wiedererstehen des Militarismus, es kam der neue Jubel um Ludendorff, später dann um Hindenburg." In einem 1919 datierten, 1923 in „Durch die Wüste" veröffentlichten Aufsatz „Jugend, Hindenburg und die Republik" klingt die ganze Enttäuschung durch, die Bloch angesichts der Entwicklung im Nachkriegsdeutschland empfunden haben muß. Daß die alte Generation, die 1914 gejubelt hat, wieder zu Hindenburg läuft, wäre für ihn verständlich. „Aber am erstaunlichsten: die Jugend selber drängt sich frisch ans Messer, Schüler und Studenten rotten sich gegenrevolutionär zusammen, dulden, ja fordern die Phraseologie von Rassenhaß und Reaktion." Gerade auf die Studenten, die jungen Intellektuellen hatte Bloch doch wirken wollen, gerade hier erwacht der reaktionäre Geist der Väter. „So stumpf, so brutal, so instinktlos konnte der deutsche Student geraten; Enkel, Urenkel wackerer Ahnen, der Träumer und Revolutionäre des deutschen Wartburgfestes, der unterdrückten Burschenschaft, des Frankfurter Parlaments." Und auch das revolutionäre Proletariat läßt auf sich warten: „Die Arbeitermassen sind eine große Hoffnung, aber der Geist kann von ihnen, die an die kleinbürgerliche Ideologie angrenzen, noch nicht getragen werden; so bleibt denn der entsetzliche Anblick, daß sich die Idee der Revolution gegen ihre natürlichen Träger, gegen die Mehrzahl intellektueller Jugend in Defensivstellung halten muß."

Bloch ist in dieser Zeit weiter mit dem „Thomas Münzer" und der Neuauflage von „Geist der Utopie" beschäftigt, offensichlich ist sogar eine amerikanische Ausgabe geplant. Das schreibt Bloch jedenfalls an Max Scheler, bei dem er anfragt, ob er ihn nicht auf ein Extraordinariat an die Universität Köln berufen lassen könne. Als Privatdozent will er sich nicht niederlassen, „das ist mir zu armselig". Wenn schon eine ordentliche Professur nicht zu haben sei, dann wenigstens eine außerordentliche. Als Vorlesungsfach schlägt er

Ästhetik vor, „ohnedies wird bei mir ja alles zur Metaphysik, und wir zwei könnten gegenseitig außer Konkurs, einen schönen Glockenschlag ergeben." Als „Eintrittsbillett zur akademischen Laufbahn" bietet Bloch ein 250-Seiten-Werk über „Probleme der formalen Logik" an und meint: „Sie sehen, meine Geister blühen weiter, und ich sehne mich nach ›nichts als‹ nach einer Sinekure, um mein System schaffen zu können." Als Lebensstellung aber sieht er den Posten eines Professors nicht: Sobald das System fertig ist, will Bloch in die Politik gehen. Wie ernst das alles gemeint war, läßt sich nicht mehr feststellen, jedenfalls wurde aus der akademischen Karriere in Köln nichts.

Ohnehin hatte Bloch zunächst Aussichten auf einen ganz guten Job in Berlin. Samuel Fischer, dem er seinen „Thomas Münzer" angeboten hatte, wollte einen sozialistischen Verlag gründen und auch der Zeitschrift „Neue Rundschau" eine andere Orientierung geben. Alfred Döblin sollte literarischer, Ernst Bloch philosophischer Redakteur werden. Darüberhinaus bot ihm Fischer einen Generalvertrag an, freilich mit seltsamen Konditionen, weil die Inflation das Geld rapide entwertete: „Sie bekommen mit sofortiger Auszahlung die Hälfte des Gewinns, den ich als Verleger von der Zeitschrift habe, und der zweimal wöchentlich festgestellt wird." Das kam Bloch ganz gelegen; zwar erschreckte er Fischer mit dem Satz: „Herr Fischer, das empfiehlt sich schon dadurch, weil es klingt wie aus dem Märchen, wo das Schneiderlein zum König sagt: Geben Sie mir Ihre Tochter und die Hälfte des Reichs." Warum Fischer ziemlich verstört reagierte, erfuhr Bloch erst später: Fischer hatte eine Tochter und suchte gerade einen Mann für sie und den Verlag. „Er muß einen Augenblick lang gedacht haben, ich machte ihm einen Antrag." Daran jedenfalls lag es wohl nicht, daß der Vertrag nicht zustandekam. Zur Zeit der geplanten Unterschrift brach vielmehr der Kapp-Putsch los (13. März 1920), und Fischer bat Bloch wegen der unsicheren politischen Situation, doch von dem Vertrag zurückzutreten.

Kindheit, erste Liebe, hohes Alter: Else

Die fortdauernde und sich verschlimmernde Krankheit seiner Frau Else macht die Situation zusehends schlimmer. Schon einen Monat nach der Hochzeit war sie in Heidelberg schwer krank geworden, mußte sich einer gefährlichen Operation unterziehen und lag danach sieben Monate krank, war auch in den folgenden Jahren immer wieder ans Bett gefesselt. In der Schweizer Zeit: „Else so oft krank und hilflos in ihrem unbeheizbaren Dachzimmer in Thun (und dann zuletzt in Interlaken), nicht breiter, als daß Bett und Nachttisch darin Platz hatten unter der schrägen Wand." Nur die letzten Monate – man hatte im Herst 1920 endlich wieder eine gemeinsame Wohnung in München gefunden – brachten für Bloch das immer erhoffte Glück, „nach den elenden

Wochen der Trennung im Frühjahr und Sommer und einzelnen sexuellen Bewegungen zu anderen Frauen". Alles, was Bloch erträumt hatte, erfüllte sich in dieser Zeit, „so, daß mir kein Wunsch mehr übrig blieb." Sie lebten die letzten Monate, „als wären es die ersten und letzten zugleich, Kindheit, erste Liebe und gemeinsames ganz hohes Alter in Einem."

Am 2. Januar 1921 starb Else von Stritzky. Wie einschneidend, wie schwer und schicksalhaft der Tod seiner geliebten „Samurai-Frau" für Bloch gewesen sein muß, läßt sich annähernd aus dem „Gedenkbuch für Else Bloch- von Stritzki" ersehen, das auf Blochs ausdrücklichen Wunsch in den Ergänzungsband zur Gesamtausgabe aufgenommen wurde. Es handelt sich um Tagebuchaufzeichnungen über fast zwei Jahre, vom Tode Elses bis zum November 1922, ein intimes, oft allzu privates, anrührendes Dokument einer – auch nach dem Urteil von Zeitgenossen – außergewöhnlichen Beziehung. Else hat Ernst Bloch, vor allem bei Abfassung von „Geist der Utopie" vielerlei zustimmende Anregung gegeben, besonders die Beurteilung der christlichen Mystik war von ihr, der gläubigen evangelischen Christin aus Riga, entscheidend geprägt. „Else glaubte fest an die absolute Wahrheit meiner Philosophie. Sie kam ihr aus dem gleichen Blut und aus der gleichen Region wie die Bibel; sie erläuterte die Bibel durch meine Philosophie und meine Philosophie durch die Bibel. Else war vollkommen erfüllt von ihrem Christenglauben; sie war fromm und das Wunder erwartend wie ein Kind, und dabei war nicht der geringste infantile Zug, gar irgendein Pfäffisches an ihr." Bloch spricht an einer Stelle sogar mal davon, daß „Geist der Utopie" in Grünwald „mit meiner Frau Else zusammen geschrieben wurde", und diese Ausdrucksweise scheint nicht übertrieben zu sein. „Durchstrich ich eine Stelle, im Manuskript oder im gedruckten Buch, so schauerte sie leise zusammen; nur dieses, daß *ich* es tat, daß ich ein Anderes an die Stelle des Durchstrichenen setzte, milderte, stellte richtig. Ihre Achtung, ihre Verehrung meines Werks war so unbedingt und grenzenlos wie ihre Liebe; die schwierigen, religiös-metaphysischen Stellen, Gegenden meiner Philosophie verstand sie am leichtesten, waren ihr am vertrautesten." Und: „Ohne Else hätte ich, vordem wenig inwendig, sondern prunkvoll und objektiv, auf subjektlose Objektivitäten gerichtet, das Selbstbegegnende, Metaphyische, die Gestalt der unkonstruierbaren Frage nicht sehen, ahnen können."

Aus einem Notizbuch um 1916/17, als „Geist der Utopie" abgeschlossen wurde, zitiert Bloch ein Else-Porträt: „Frau: ihr schönes, frommes, stilles, vollkommen innerliches Leben um mich führt. Wie eine Schubertsche Melodie; die Droste-Hülshoff und Fräulein von Klettenberg sind ihre Schwestern. Stahlartig, dabei völlig seelisch; das Frohsein an sich, lächelt vor sich hin. Alles Freudige ihr nur ein Reiz, klingt innen stärker, Brennspiegel. Wie Kinder ihre Finger vor sich zählen, ganz mit sich beschäftigt, Ruhe, heiterste Gelassenheit. Ihr Lächeln ist nicht von dieser Welt, aus ihren weitgeöffneten blauen Augen leuchtet schon das andere Leben."

„Die lichte, anmutige Seele" – Else von Stritzky.

In „Geist der Utopie" geht das Bild Elses dann so ein: „die lichte, anmutige Seele, rasch und stark entflammt, mit dem stillen, frommen, tiefen, vollkommen innerlichen Leben im stahlblauen Blick", und im Gedenkbuch heißt es nochmals: „Sie lächelte. Oft wußte ich nicht, warum. Sie freute sich, war grundlos froh, ich fragte dann, ob sie wieder ihre Finger zähle. Niemand, der ihr Lächeln sah, konnte es je vergessen. – Sehr selten wurde ein Mensch so geliebt wie ich von ihr: und keiner wurde mehr, tiefer geliebt." Aufschlußreich auch diese Eintragung: „Else als Schutz, mich vor der Welt abtrennend": Oder dies: „Wie oft, wie alttestamentlich an Elses Liebreiz erglühend, sagte ich: ›Das Auge des Herrn ruht mit Wohlgefallen auf seiner treuen Magd.‹ Und sie breitete die Arme um mich aus." Eine Episode aus der Schweiz: „Es war eine entsetzliche Schnee- und Sturmnacht in Interlaken. Ich sagte: ›Wenn Du jetzt hörtest, daß ich in Iseltwald (3 bis 4 Stunden von Interlaken) mit gebrochenem Fuß auf dem Weh läge, würdest Du, glaube ich, sofort hingehen und mich sogar hierhertragen.‹ Sie sagte: ›Das ist doch selbstverständlich.‹ Ich: ›Aber wenn Du dort lägest, würdest Du mit gebrochenem Fuß die Nacht auch hierhergehen, damit ich nicht in den Sturm hinauszugehen brauchte.‹ Sie lachte und fand auch das selbstverständlich."

Am 26.1.1921 schreibt Bloch an Lukács: „Ich fühle, seit Else tot ist, mein Leben abgeschlossen. Alles, was noch kommen mag, bis ich sie wiederfinde, ist kurzes Nachholen." Und zwei Wochen später notiert er: „Käme sie mich zu holen, ich besänne mich keinen Augenblick und ginge mit: in den Tod als den gleichen Zustand, in dem sie mindestens ist." Für fast zwei Jahre ist Blochs Produktivität stark reduziert: „Möchte nichts in meinem Leben beginnen, nichts, von dem sie nicht wenigstens die Anfänge kennt, damit sie immer ganz bei mir sein kann." Von den meisten Freunden zieht er sich zurück, Walter Benjamin schreibt an Gershom Scholem: „Die Frau von Ernst Bloch, einer der Menschen, die wir am liebsten gehabt haben, ist in München gestorben. Wir haben ihn nun zu uns eingeladen, aber noch keine Antwort, ob er kommt." Bloch kam nicht, auch zu anderen Einladungen nicht, und gab wohl auch nicht allzu freundlich Auskunft: „Er schrieb einen Brief, der zwar durchaus nicht einer Absage gleichkommt, aber ausführt, daß er augenblicklich nur den Umgang mit einfachen Menschen vertrüge und gereizt begründet, warum er mich nicht zu jenen zählt."

Der Rebell in Christo – Thomas Münzer

Allerdings ist Bloch nicht untätig, er schließt sich weder *ganz* von Freunden ab, noch läßt er die Arbeit *ganz* ruhen. Er ist im Herbst 1920 in Garmisch, bietet dem Verlag des „Neuen Merkur" das Münzer-Manuskript an, will auch gleich eine Analyse des Werks mitliefern von einem 28jährigen Philosophen, „geistig aus Lukács' Geschlech". Am 27.1.1921 notiert er: „Ich arbeite seit einiger Zeit wieder". Im Frühjahr und Sommer 1921 ist er unterwegs, er besucht Margarete Susman in Säckingen und die Lederers in Heidelberg, zu denen der Kontakt nie abgerissen ist. Zwischendurch geht er einige Male nach Seeshaupt am Starnberger See, um das Münzer-Manuskript abzuschließen, das dann im Juli 1921 endgültig vorliegt. Das Buch erscheint im Herbst desselben Jahres bei Kurt Wolff in München. Allerdings gibt es noch einige Schwierigkeiten, weil plötzlich S. Fischer auftauchte und Rechte aus dem alten Vertrag geltend machte, von dem nach Blochs Version ja Fischer selbst zurückgetreten war. Aber schließlich einigen sich die beiden Verlage, der Münzer kann ohne einstweilige Verfügung erscheinen. „Das sind so Lebenssachen", schreibt Bloch.

Später nennt Bloch sein Münzer-Buch eine „Coda" zu „Geist der Utopie", ein „Jugendwerk mit bedeutendem Gegenstand. Seine revolutionäre Romantik findet Maß und Bestimmung in dem Buch ›Das Prinzip Hoffung‹." Revolutionäre Romantik spiegelt sich vor allem in Blochs Sprache, die zwar an den Gestus von „Geist der Utopie" erinnert, aber trotzdem anders zupackt. Versperrten in „Geist der Utopie" allzu häufig wuchtige Sprachbrocken und überschäumendes Fabulieren im Grenzbereich des Unsagbaren den Weg zum Text, so erleichtert hier die Beziehung auf einen konkreten historischen Fall den Zugang; das Mitreißende an Blochs Bilderfülle reißt nicht weg, sondern drängt hin zum dargestellten Gegenstand. „So erscheine uns – denn der Staat ist des Teufels, aber die Freiheit der Kinder Gottes ist die Substanz –, mache uns hell und befestige uns der Rebell in Christo Thomas Münzer."

Zudem kann Bloch an Thomas Münzer und den Bauernkriegen auch klarmachen, was in „Geist der Utopie" einerseits nur verschwommen durchschien, andererseits noch recht abstrakt dargestellt wurde (eine nicht eben bekömmliche Mischung), nämlich seine These von der relativen Eigenständigkeit und historisch immer wiederkehrenden Sprengkraft utopischer Vorstellungen über die wirtschaftliche Ursache von Rebellionen hinaus" als Umgang des ältesten Traums, als breitester Ausbruch der Ketzergeschichte, als Ekstase des aufrechten Gangs und des geduldlosesten, rebellischsten, ernstlichen Willens zum Paradies. Neigungen, Träume, erste reine Regungen, zielhafte Begeisterungen sind noch von anderer als der greifbarsten Not genährt und dennoch niemals wesenlose Ideologie; sie gehen nicht unter, färben real eine lange Strecke mit, entspringen einem originalen, werterzeugenden, wertbestimmenden Punkt in der Seele, brennen auch nach aller empirischen Katastrophe uneingelöst weiter, nicht anders wie sie aller Zeit die Tiefenrichtung des sechzehnten Jahrhunderts, des Chiliasmus von Bauernkrieg und Wiedertäufertum als dauernd gegenwärtig voranhalten."

Thomas Münzer, Prediger zu Allstedt in Thüringen.

Blochs eigene revolutionäre Theologie, die am Beispiel „Geist der Utopie" schon skizziert wurde, wird hier plastisch in der Interpretation von Münzers Predigt: „ist Gott Mensch geworden, so werde begriffen, daß und wiefern der gänzlich erfaßte, abgrundhafte Mensch auch Gott werde, sein innerstes Ebenbild vernehmend." Das ist genau die Ketzer-Theologie, die wir bereits angesprochen haben Bloch nennt sie „revolutionäre Subjektsmagie", die den Menschen in das Bild Gottes einsetzt, „Gott völlig ins Inwendigste, in sein Unsterbliches, in den Wahrtraum des Menschengeistes, in das Wunder des geahnten, noch ungewußten Ebenbildes, in den Heiligen Geist über Ding, Welt und Gott einführend." Darüberhinaus ist „Thomas Münzer" Blochs erstes explizit geschichtsphilosophisches Werk, sein Stellenwert rangiert deutlich über einer bloßen „Coda“ zu „Geist der Utopie“, hier wird ein Begriff des geschichtlichen Erbes konstruiert und exemplifiziert, der über zehn Jahre später die marxistische Kulturerbe-Diskussion wesentlich beeinflußt: „Die Toten kehren, wie im neuen Tun, so im neuanzeigenden Sinnzusammenhang wieder, und begriffene Geschichte, gestellt unter die fortwährenden revolutionären Begriffe, zur Legende getrieben und durcherleuchtet, wird unverlorene Funktion in ihrer auf Revolution und Apokalypse bezogenen Zeugenfülle. Sie ist keineswegs zerfallene Bilderfolge, keineswegs auch ein festes Epos des Fortschritts und der heilsökonomischen Vorsehung, sondern harte, gefährdete Fahrt, ein Leiden, Wandern, Irren, Suchen nach der verborgenen Heimat; voll von tragischer Durchstörung, kochend, geborsten von Sprüngen, Ausbrüchen, einsamen Versprechungen, diskontinuierlich geladen mit dem Gewissen des Lichts.“ Diese Definition von Geschichte hat sich für Bloch durch das gesamte Lebenswerk nicht grundlegend geändert, und viele Mißverständnisse seiner Philosophie hätten sich vermeiden lassen, wenn seine Interpreten dieser zentralen Passage stets den Rang zugestanden hätten, den sie für seine ganze Philosophie immer hatte. Bauernkrieg und Thomas Münzer sind zwar Vergangenheit, Münzer ist tot, und die Sieger schreiben die Geschichte. Aber: „Geschlagen ziehen wir nach Haus, unsre Enkel fechten's besser aus“, sangen die Bauern des 16. Jahrhunderts, und das ist die Kampfparole, die Bloch mit neuem Leben erfüllen will: „Münzer verwandte Tage sind wieder gekommen, und sie werden nicht mehr ruhen, bis ihre Tat getan ist. Nun stehen, großgewachsen, die Erben der Münzerschen Webergesellen und Tuchknappen auf dem revolutionären Plan, nicht mehr zu vertreiben; die Zeit geht aufrecht unter ihrer Last, ihrer Sendung; die letzte sozial mögliche Klasse, Erbin der Bauernschaft, losreißende Tangentialkraft ins Unendliche, wird befreit, die Sprengung des Klassen- und Machtprinzips, die letzte irdische Revolution steht in Geburt.“

Für Bloch gibt es ein „Gewissen“ der Tradition, eine „unterirdische Geschichte der Revolution“, und die proletarische Revolution tritt seiner Meinung, seiner Hoffnung nach dieses Erbe an. „Derart also vereinigen sich endlich Marxismus und Traum des Unbedingten im gleichen Gang und Feldzugsplan; als Kraft der Fahrt und Ende aller Umwelt, in der der Mensch ein gedrücktes, ein verächtliches, ein verschollenes Wesen war, als Umbau des Sterns Erde und Berufung, Schöpfung, Erzwingung des Reichs: Münzer mit allen Chiliasten bleibt Rufer auf dieser stürmischen Pilgerfahrt.“

Was in „Geist der Utopie“ noch in allzu mystischen Spekulationen verwoben war, ist hier schon klarer gefaßt, Blochs genauere Auseinandersetzung mit dem Marxismus hinterläßt in „Thomas Münzer“ erste Spuren. Gleichzeitig hält sich ein Element durch, das in „Geist der Utopie" noch recht unvermittelt neben einer oberflächlichen Marx-Adaption stand, nämlich die Betonung des subjektiven Faktors in der Geschichte, die Rolle des Menschen, seiner Träume, Wünsche, Selbstprojektionen in dieser eben nicht durch „objektive" Verhältnisse bis ins letzte ausdeterminierten Geschichte. Von „Thomas Münzer" an wird dies Theorie-Element immer stärker, immer genauer mit einem immer genaueren Marxismus-Verständnis vermittelt, aber es wird nicht weg-objektiviert. Die bloße kalte Analyse geschichtlicher Prozesse interessiert Bloch wenig, er will aufschreiben, was die Menschen betrifft: Worin *wir* nicht vorkommen, das ist keine philosophische Landschaft. Daß die Geschichte Thomas Münzers auch von mir erzählt, erzählen kann, daß ich mit Münzer gemeint bin, das ist Blochs Credo: „Wir wollen immer nur bei uns sein. So blicken wir auch hier keineswegs zurück. Sondern uns selber mischen wir lebendig ein. Münzer und das Seine und alles Vergangene, das sich lohnt, aufgeschrieben zu werden, ist dazu da, uns zu verpflichten, zu begeistern, das uns stetig Gemeinte immer breiter zu stützen." Oder anders, ein beliebtes biblisches Motiv aufnehmend, das später sogar als Titel für eine Essay-Sammlung dient: „Doch was sich gestern träumte und intendierte, muß morgen sein, gegen die Sehnsucht wenigstens ist weder Gewalt noch Finsternis gewachsen, hinter der Wüste wartet Kanaan in unerforschter Pracht, und Gott ist immer noch, immer wieder bei Tag Wolke, in der trübsten Nacht Feuersäule."

Die zeitgenössische Kritik hat mit Blochs Münzer wenig anfangen können, vor allem die Fachleute – Theologen und Historiker – haben das Buch eher abgelehnt. „Dies Buch ist kommunistisch-apokalyptisches Manifest, und nicht historische Darstellung" – das ist der Tenor der meisten Rezensionen. Vor allem wird Bloch angekreidet, wie respektlos er mit Martin Luther umgeht, den er recht umstandslos als Chefideologen der herrschenden Klasse darstellt. Derlei kann die offizielle Theologie, für die Luthers Abkanzelung Münzers als gottloser Rebell und Empörer kanonisch geworden ist, natürlich nicht akzeptieren. Auf der anderen Seite wird das Buch als typischer „Stimmungsausdruck unserer Zeit" gelobt: „Blochs Buch wird seinen dauernden Wert behalten als Dokument des religiös-sozialen Radikalismus und der expressionistischen Gebahrung des Nachrevolutionsjahrs." Wirklich getroffen hat Bloch ein gründlicher Verriß seines „Münzer" in der Frankfurter Zeitung, von keinem Geringeren als Siegfried Kracauer, was Bloch veranlaßte, eine ebenso böse Gegendarstellung loszulassen. Bloch war der Meinung, Kracauer habe das Buch überhaupt nicht verstanden und Bloch mit Buber verwechselt. Einige Jahre später freundeten sich die beiden erst an, nachdem diese Geschichte aus der Welt war.

Ernst Bloch 1921 – Gemälde von Willy Geiger.

Auch neben der Arbeit am „Thomas Münzer" war Bloch recht rege. Der Verlag Kurt Wolff kündigt im Herbst 1921 gleich vier neue Projekte an: „Frühe Schriften", „1789 für Deutschland", „Parerga zum Ersten Mai" und die zweite Ausgabe von „Geist der Utopie". Außerdem erscheinen nach Abschluß des Münzer eine Reihe kleinerer Arbeiten: Allein zwölf Aufsätze im „Neuen Merkur" 1921/22, meist kürzere Stücke, Vorarbeiten zu „Geist der Utopie" (1923), zu „Durch die Wüste" oder zu den „Spuren", so daß die Notierung vom 19.11.1922: „So beginne ich nach langer Pause wieder zu schreiben" nicht so verstanden werden darf, daß zwischen Sommer 1921 und November 1922 eine völlige schöpferische Pause eingetreten wäre. Und Bloch hat wohl auch nicht nur um Else getrauert. Im Februar 1922 schreibt er aus Seeshaupt: „Teils war ich sieben Wochen verreist, teils bin ich jetzt fast jede zweite Nacht auf Maskenbällen, mache in toller Hecht und Verfluchter Kerl."

Kurz vor der letzten Tagebucheintragung vom November war Bloch in Riga gewesen, hatte dort Elses Bruder getroffen und den Nachlaß abgewickelt. Sein Erbteil ist groß genug, um für die nächste Zeit ein bequemes Auskommen zu sichern. Die nächste Lebensstation soll – wieder – Berlin sein. Schon 1921 hatte er notiert: „Ich glaube doch, Berlin, das kräftige, utopische, ist noch am meisten meine Stadt."

Kapitel 5
1922 – 1933

Durch die Wüste nach Berlin – Spuren auf der Spur

Bemerkenswert, daß das Gedenkbuch für Else von Stritzky *eine* wichtige Eintragung nicht enthält: Am 22.7.1922 heiratet Ernst Bloch in Frankfurt die Malerin Henriette Linda Oppenheimer, also zu einer Zeit, da Bloch nach Bekundungen von Freunden und Bekannten noch in tiefer Trauer wegen Elses Tod von aller Welt zurückgezogen lebt. Diese zweite Ehe muß recht merkwürdig gewesen sein: Ob Bloch sich von ihr eine Aufbesserung seiner finanziellen Situation erhofft oder aus welchen anderen Gründen er diese Frau geheiratet hat, ist von ihm nicht zu erfahren gewesen. Er hat mit ihr 1922 ein Haus in Berlin-Zehlendorf bezogen, es spricht allerdings nichts dafür, daß sie seine anschließenden Reisejahre miterlebt hat. Man erfährt nur, daß die Ehe nicht glücklich war. Linda Oppenheimer kommt im Leben Blochs nur als Datum vor. Die Erstausgabe der „Spuren" von 1930 ist zwar Linda gewidmet, diese Widmung wird aber in späteren Ausgaben getilgt. Seine Freunde und Bekannten erwähnen sie nie, er hat auch gegenüber seiner dritten Frau Karola selten über die zweite gesprochen, dafür ausführlicher über die erste. Karola berichtet, daß sie Bloch zuerst flüchtig in Berlin 1923 kennengelernt hat, damals noch in Begleitung von Linda: „Er war in Nordafrika gewesen und trug einen Burnus und arabische Pantoffeln." Im Frühjahr 1927 sah sie ihn in Heidelberg wieder, zu dieser Zeit lebte er von Linda schon getrennt, das Haus in Zehlendorf war aufgegeben, die Möbel irgendwo eingelagert. Bloch erzählte Karola von der ersten Frau Else: „Er liebte sie immer noch tief und weinte nach beinahe sieben Jahren um diese ungewöhnliche Frau." Am 1.7.1928 wurde Bloch von Linda Oppenheimer geschieden, Spuren hat diese Frau in seinem Leben nicht hinterlassen.

1922 also ging Bloch nach Berlin, wo Paul Cassirer ihm einen Generalvertrag anbot. Dieser Vertrag war nun noch merkwürdiger als der mit Samuel Fischer geplante (s.o., Seite 88), aber für Bloch recht bequem. Cassirer rechnete ihm vor, wie wenig man mit dem Schreiben philosophischer Bücher verdienen könne und meinte: „Ich kaufe Ihnen ein kleines Häuschen in Zehlendorf und geb Ihnen monatlich 400 Mark. Aber bitte, verlangen Sie nie eine Abrechnung zu sehen; denn dann regt sich mein kaufmännisches Gewissen." Mit einem solchen Deputat und dem Geld aus der Erbschaft von Else konnte Bloch sich wieder einigermaßen kommod einrichten. Er schrieb in dieser Berliner Zeit zunächst nicht viel. Die Vorarbeiten für die Neuauflage von „Geist der Utopie" waren weit gediehen, sie kam 1923 bei Cassirer heraus. Die Erstausgabe von 1918 wird darin „als vorläufige Fixierung, als gedrucktes Konzept" bezeichnet. „Mit der hier vorliegenden neuen Ausgabe erst erscheint ›Geist der Utopie‹ in endgültiger, systematischer Form." Die Änderungen gegenüber der Erstfassung sind in der Tat zunächst formaler Art, Bloch hat einiges neu geordnet, umgruppiert und so sein Buch übersichtlicher strukturiert.

Das Kapitel „Über die Gedankenatmosphäre dieser Zeit“, in dem vor allem zeitgenössische Philosophen unters polemische Seziermesser kommen, wird zu größten Teilen ausgegliedert und in die Essay-Sammlung „Durch die Wüste“ übernommen. Neben der Passage über den „Alexanderzug“ übernimmt Bloch aus diesem Kapitel lediglich noch den Abschnitt über Kant und Hegel („Innerlichkeit und System“) in die zweite Ausgabe („Kant und Hegel oder Inwendigkeit, die Welt-Enzyklopädie überholend“), allerdings schon mit einer spürbaren „Aufwertung“ Hegels. Zwar betont Bloch noch immer die Wichtigkeit von Kants Ethik des Sollens, weil darin die Verwirklichung sittlicher Forderungen aus der Kraft des Individuums für möglich gehalten, damit also in Blochs Augen Zukunft inhaltlich ernst genommen wird, während bei Hegel durch die Macht des Prozesses alles Werden schon ausdefiniert scheint. Diese Kritik an Hegels Prozeßlogik bleibt wohl erhalten, aber die strenge Opposition Kant – Hegel zugunsten Kants wird schon spürbar entschärft, eine andere Hegel-Rezeption bahnt sich an.

> **DIES BUCH LIEGT HIER ZUM ZWEITEN MAL VOR. ES WURDE BEGONNEN APRIL 1915, BEENDET MAI 1917, ERSCHIEN SOMMER 1918. DIE DAMALIGE AUSGABE IST JEDOCH LEDIGLICH ALS VORLÄUFIGE FIXIERUNG, ALS GEDRUCKTES KONZEPT ZU BETRACHTEN. MIT DER HIER VORLIEGENDEN NEUEN AUSGABE ERST ERSCHEINT DER „GEIST DER UTOPIE“ IN ENDGÜLTIGER, SYSTEMATISCHER FORM.**

Vorbemerkung zu „Geist der Utopie“ 1923.

Wesentliche Änderung: Das Kapitel „Die Gestalt der unkonstruierbaren Frage“ wird erheblich ausgeweitet, von rund 50 auf über 220 Seiten. Wir hatten schon gesehen, daß Bloch in der Ausgabe von 1918 zum Thema „Noch-nicht-bewußtes Wissen“ fast nichts sagt; die Bemerkungen zum „Dunkel des gelebten Augenblicks“ bleiben ungenau, ohne rechte Kontur, wohl auch ohne den rechten Willen, systematisch zu argumentieren. In die Zweitfassung geht nun das ein, was 1919 in dem Aufsatz „Über das noch nicht bewußte Wissen“ (s.o., Seite 81) ausgeführt wurde, ausführliche Erörterungen über das Staunen als Beginn der Philosophie kommen hinzu.

Auch stilistisch wird einiges überarbeitet, Bloch redet nicht mehr unentwegt von Innerlichkeit („Metaphysik der Innerlichkeit“ heißt jetzt „Metaphysik des Wirproblems“), insgesamt dokumentiert die zweite Fassung von „Geist der Utopie“ zum einen den Willen zur Zurücknahme des überbordenden Subjektivismus, zum anderen den nach größerer Klarheit, auch Eigenständigkeit der Formulierungen. Am deutlichsten werden diese Tendenzen im Schlußkapitel „Karl Marx, der Tod und die Apokalypse“, das jetzt den Untertitel trägt: „Oder über die Weltwege, vermittelst derer das Inwendige auswendig und das Auswendige wie das Inwendige werden kann.“ Bezeichnend, daß Bloch in späteren Äußerungen über sein Frühwerk diesen erst in der zweiten Ausgabe hinzugefügten Untertitel als wesentlich heraushebt: „Bei Marx ist Verwandtes in den Pariser Manuskripten ausgedrückt, als Naturalisierung des Menschen und Humanisierung der Natur. Das Inwendige soll auswenig werden, also naturhaft, aber im gleichen Akt soll das Auswendige wie das Inwendige werden. Das ›wie‹ ist entscheidend, es wendet sich gegen subjektiven und objektiven Idealismus, indem das Auswendige auch in the long run keineswegs als das Inwendige ausgegeben wird. Vielmehr kann es dem Inwendigen nur adäquat werden.“ Zwar konnte Bloch die Pariser Manuskripte Marxens 1923 noch nicht kennen, sie waren frühestens Ende der 20er Jahre in Bruchstücken bekannt und wurden erst 1932 vollständig veröffentlicht. Aber insgesamt macht das Schlußkapitel doch deutlich, daß Blochs Marx-Verständnis genauer geworden ist, seine Bemühung, die Säkularisations-Tendenzen von „Geist der Utopie“ klarer herauszuarbeiten, ebenfalls, die marxistische Terminologie wird stärker. Jörg Drews merkt an: „es ist, als habe er sich später der offenen Religiosität dieser ersten Arbeit geschämt, als habe er ein Tabu legen wollen über die inbrünstige Frömmigkeit, mit der er sich und sein Denken im *Geist der Utopie* einbekannte.“

Im selben Jahr wie die Zweitfassung von „Geist der Utopie“ erscheint auch die Essay-Sammlung „Durch die Wüste“, ebenfalls bei Cassirer in Berlin. Der Titel dieser Sammlung ist doppelt programmatisch: „Durch die Wüste ziehen wir nun wie lange schon. So soll dieser Titel dem ganzen Buch voranstehen, und auch heitere Erinnerung steigt dabei mit auf, mitten im Ernst, an ein Knabenbuch, heiß gelesen, an Spuren im Sand und Geröll, an rasende Ritte hinterher, den Schut vernichtend, Senitza befreiend. ›Durch die Wüste‹ geht der dunkle, kanaanitische Weg, seit vierhundert Jahren schon, immer neu in die Oede zurückwerfend, und gar langsam will er enden.“

Die erste Gruppe dieser „Kritischen Essays“ sind Auszüge aus *dem* Kapitel von „Geist der Utopie“, das in die Zweitausgabe nicht übernommen worden war („Über die Gedankenatmosphäre dieser Zeit“), unter anderem den Krieg und die veränderte politische Situation betreffend, „zum Teil auch dem zweiten Fahrplan der Revolution gemäß, wie er 1918 endlich eingeführt wurde oder zu werden schien.“ Die politische Thematik ist die von „Geist der Utopie“, die Stimmung freilich nicht mehr so ekstatisch-auf-

bruchsfroh wie noch fünf Jahre zuvor: „Wir sind arm und matt und fühlen nicht einmal, wie sehr. Die meisten treiben ihr ödes, angstvolles, künstlich abgestumpftes Leben voran. Gedrückt und gleichförmig schleichen die Tage der Massen dahin, voll Sorge, kaum unterbrochen durch die spärliche, dumpfe Langeweile ihrer Freuden. Nichts mehr zieht an als das Geld, der kümmerliche schlaue Händler ist allem vorgelagert, und darüber herrscht der hohle, trumpfende Schein. Ein Stoß gegen dieses kommt vielleicht, aber nur noch aus drängendster äußerer, kaum irgendwo mehr aus seelischer Not. Der Mann aus dem Volk, als Bauer nur noch roh und gierig, als Arbeiter städtisch ausgewaschen, hat seinen Klang verloren; ein anderes, als er ist, muß ihn emporreißen, außer sich setzen. Dazu noch schlecht, von leeren, geheimnislosen Anpassern geführt, wird er nur scheinbar ändern, nur selten erneuern." Bemerkenswert dabei: Der Aufruhr, die Revolution „aus seelischer Not", die Bloch vorher für die einzig mögliche und richtige hielt, spielt jetzt kaum noch eine Rolle, wenn überhaupt, bringt nur noch das äußere Elend den Anstoß zu Veränderung. Das befindet Bloch zwar recht resigniert – der andere Weg ist ihm immer noch der wichtigere –, aber er hat doch immerhin gesehen, daß für seine Theorie von der revolutionstreibenden Kraft der inneren Verzweiflung an der Gottlosigkeit dieser Welt wenig reale Voraussetzungen vorliegen.

Hauptteil der Sammlung indes sind kulturkritische Aufsätze unter dem Titel „Destructio Destructionis" (also: Zerstörung der Zerstörung), zunächst eine umfangreiche Auseinandersetzung mit der Kritik an „Geist der Utopie", dann geschliffen polemische Attacken auf zeitgenössisches Philosophieren, insgesamt stilistisch an die politischen Aufsätze anschließend, also den schwärmerischen Ton von „Geist der Utopie" weitgehend vermeidend. Inhaltlich allerdings finden wir hier wenig Neues, Bloch hatte wohl die Absicht – und zur Durchführung dieser Absicht einen geneigten Verleger –, bis dahin Ungedrucktes oder verstreut Veröffentlichtes in Buchform erscheinen zu lassen. Gemeinsam ist beiden Büchern aus dem Jahre 1923 eine Gattung philosophischer Texte, die er bereits im „Neuen Merkur" ausprobiert hatte (s.o. S.95). 1921/22 waren dort zehn „Philosophische Anekdoten" erschienen, kleine Formen auf der Wegscheide von Philosophie und literarischer Erzählung: „Eine Art, auch im Kleinen philosophisch in diese Welt zu sehen."

Mit solchen Beispielerzählungen experimentiert Bloch schon längere Zeit, die Anfänge reichen nach seinen Angaben noch weit vor die Entstehung von „Geist der Utopie" (Erstfassung) zurück. Er hat dann versucht, einige dieser Texte in der zweiten Fassung unterzubringen, freilich wirkte das nicht recht überzeugend, in der überarbeiteten Neuausgabe 1963 fehlen sie auch wieder. In „Durch die Wüste" erscheinen eine ganze Reihe solcher Stücke unter dem Titel

„Einige philosophische Anekdoten und Studien“ als Anhang, haben ersichtlich auch hier keinen rechten Ort. Ihren eigentlichen Platz bekommen sie dann in den „Spuren“ (dort wird ausführlicher die Rede davon sein).

DER NEUE MERKUR
MONATSHEFTE
HERAUSGEBER: EFRAIM FRISCH
FÜNFTER JAHRGANG
APRIL 1921 — MÄRZ 1922
MÜNCHEN
VERLAG „DER NEUE MERKUR“

Blochs „Philosophische Anekdoten“ im „Neuen Merkur“ – erste Versuche dessen, was später „Spuren“ heißt.

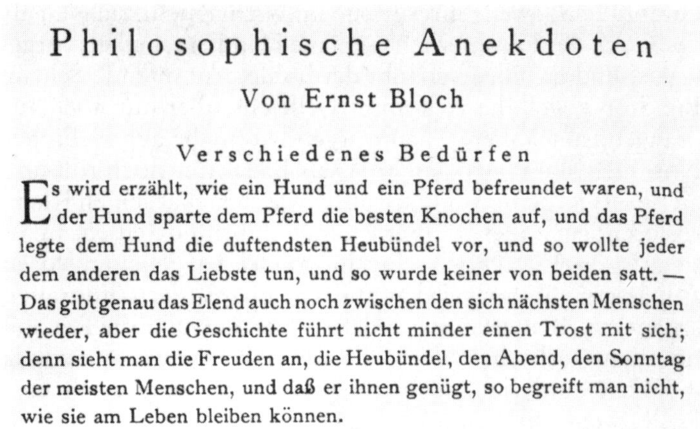
Philosophische Anekdoten

Von Ernst Bloch

Verschiedenes Bedürfen

Es wird erzählt, wie ein Hund und ein Pferd befreundet waren, und der Hund sparte dem Pferd die besten Knochen auf, und das Pferd legte dem Hund die duftendsten Heubündel vor, und so wollte jeder dem anderen das Liebste tun, und so wurde keiner von beiden satt. — Das gibt genau das Elend auch noch zwischen den sich nächsten Menschen wieder, aber die Geschichte führt nicht minder einen Trost mit sich; denn sieht man die Freuden an, die Heubündel, den Abend, den Sonntag der meisten Menschen, und daß er ihnen genügt, so begreift man nicht, wie sie am Leben bleiben können.

Sonderlich erfolgreich sind seine Werke allerdings nicht. Im Sommer 1923 beklagt sich Bloch, daß die „endgültige“ Ausgabe von „Geist der Utopie“, nach Hans Mayers Urteil „eine kurze Weile ein Modebuch der bürgerlich aufsässigen Jugend“, die Rezensenten wenig interessiert. Auch um „durch die Wüste“ mochte sich kaum jemand kümmern. Aber Bloch bleibt zuversichtlich: „Ich weiß, daß meine Arbeit nicht untergeht, daß das Prinzip, das ich in die Welt gebracht habe, diese nicht mehr verläßt; aber die unübertreffliche Vergeblichkeit meiner Produktion unter den Zeitgenossen macht mir dennoch keine Freude.“ Später sah er das gelassener und erzählte mit Vergnügen über einen besonderen Erfolg: „1921 schrieb mit eine Nudelfabrik, ich solle Reklametexte für sie entwerfen. ›Wir sind auf sie aufmerksam geworden durch Ihre vorzüglichen Untersuchungen über die Utopie des Geistes.‹“

1924 geht Bloch für einige Zeit auf Reisen, zunächst nach Positano und Palermo. Alfred Kantorowicz erinnert sich an eine Begegnung in Positano, die typisch für vieles ist, was über Bloch erzählt wird: „Ernst Bloch erzählte Gespenstergeschichten aus China, Indien, Afrika, Norwegen, Polen, deren hintergründige Gleichniskraft ich nur ahnte. Nie zuvor hatte ich jemanden mit solcher Gewalt, solcher Anschaulichkeit aus der strömenden Fülle der Gesichte heraus erzählen hören. Er war ein Mann von vierzig Jahren, ich kaum dem Jünglingsalter entwachsen, ergriffen von der Übermacht seines Geistes, versunken und aufgerüttelt in einem.“

Im Spätherbst reist Bloch weiter nach Nordafrika, vor allem Tunesien, lebt „in der Wüste, weit im Arabischen, unter Beduinen und Kamelen“. Es war bezeichnenderweise nicht die arabische *Philosophie*, die ihn damals interessierte – mit ihr hat er sich erst viel später auseinandergesetzt –, ihn zog die *Märchenwelt* von Tausendundeine Nacht an, „denn ich wäre nicht der, der ich bin, und das, was ich gemacht habe, wäre nicht das, was es ist, wenn es nicht die arabischen Partien in den Hauffschen Märchen und nicht 1001 Nacht gäbe."

Schließlich ist es das Reisen selbst, das Bloch faszinierte, er war immer gerne unterwegs, das Reisemotiv spielt auch philosophisch eine große Rolle: „Ein Mensch nimmt sich mit, wenn er wandert. Doch ebenso geht er hierbei aus sich heraus, wird um Flur, Wald, Berg reicher. Auch lernt er, buchstäblich, wieder kennen, was Verirren und was Weg ist, und das Haus, das ihn am Ende empfängt, wirkt keineswegs selbstverständlich, sondern als erreicht." Und: „Schlecht wandern, das heißt, als Mensch dabei unverändert bleiben. Ein solcher eben wechselt nur die Gegend, nicht auch sich selber an und mit ihr." Die Welt- und Selbsterfahrung von Faust wird so zum bedeutenden Thema Blochscher Philosophie, der Ausgang des Subjekts aus der bloßen Innerlichkeit, die Welt er-fahrend, sich gleichzeitig an ihr berichtigend, aber auch die Welt verändernd dadurch, daß er sein Selbst auf diese Reise mitnimmt, Welt gestaltend und prägend. Derart spielt das Faust-Motiv auch später bei Blochs Hegel-Interpretation eine entscheidende Rolle, wie wir noch sehen werden.

Seine Reise- und Ortsbeschreibungen sind plastische Beispiele für eine Betrachtung der äußeren Welt, die ohne das mitreisende Ich überhaupt nicht gedacht werden kann: „Die Stadt scheint in dem öden Land völlig frisch und unverbunden zu beginnen. So bodenlos ist der bekannte, oft bemerkte künstliche Eindruck – und künstlich ist er freilich selber. Denn in der Tat ist auch hier sehr Boden, nur ein eigener, sonderbarer, der sich in die Stadt durchaus hineinschickt, den sie nicht so überwindet, wie man denkt. Einer aus Sumpf, worin

„Weit im Arabischen, unter Beduinen und Kamelen" – Nordafrika.

Berlin schwimmt, aus Sand, worauf es gebaut ist. Nicht mehr so frisch und abgestoßen, doch auch nicht mehr so künstlich geht die Stadt aus dem Blick auf ihre merkwürdige Landschaft auf. Diese selber stimmt nicht, so wenig wie die aufregend unwirkliche Stadt." So stellt sich für Bloch „Berlin, aus der Landschaft gesehen" dar; den Harz erlebt er so: „Zwar die Wege des Harz sind luftkurhaft grün und gehören ganz zu uns; die Bode fließt, eine freundliche und bescheidene Gestalt. Doch fern daneben, tiefer drin geht es eben finster zu in den kleinen Baumschluchten, sie fangen so gut die Nebel, die am Boden ziehen." Und der Rheinfall zu Schaffhausen liefert ihm sogleich Hinweise auf gesellschaftliche Zusammenhänge: „Ekel an schmutzigen Dingen, hat man gesagt, ist allemal einer an uns selbst. Aber die Betroffenheit vor schönen oder bedeutenden geht über den Menschen hinaus, der sie hat. Sie zeigt nicht nur innere Zustände an, sondern sagt zugleich, wie verkapselt immer, über den natürlichen Anlaß aus, der sie hervorgerufen hat. Nicht ohne Grund eben erregen Naturkuriosa wie Grotten, Wasserstürze und dergleichen heute besonders offene Betroffenheit; denn dem gekommenen Bruch im Subjekt der überlieferten Gesellschaft entspricht dieser Bruch im gewohnten Naturzusammenhang."

Nach seinem Afrika-Aufenthalt lebt Bloch fast zwei Jahre – 1925 und 1926 – in Paris, macht kurze Abstecher nach Sanary in Südfrankreich und wiederum nach Italien, Ende 1926 geht er zurück nach Berlin. Hier entwickelt sich die Freundschaft mit Walter Benjamin, die für ein paar Jahre beider Leben und Arbeit merklich beeinflußte. Kennengelernt hatten sich die beiden schon 1918 in Bern, wo Benjamin seit 1917 an seiner Dissertation saß. „Er lebte zurückgezogen, steckte – wie seine Frau Dora sagte – bis über die Ohrwascherln in den Büchern", erinnert sich Bloch. Einige Jahre

Paris: „Eine halbjährige wahre Symbiose" mit Walter Benjamin.

später sah man sich in Berlin wieder, wo Benjamin „unglücklich und unpassend in der väterlichen Villa hauste." Man war zusammen in Italien, unter anderem auf Capri und in Positano. „Danach, nach diesem Aufenthalt in einer zu uns wohlpassenden süditalienischen Landschaft, kam eine halbjährige wahre Symbiose in Paris 1926, ziemlich eng zusammen, täglich, vor allem nächtlich." Über die Bedeutung Blochs für Benjamin hatten wir schon anläßlich seines Urteils über „Geist der Utopie" gehört, aus Paris hört es sich ähnlich an: „Bloch ist außerordentlich und mir, als bester Kenner meiner Sachen, sehr ehrwürdig (er weiß viel besser Bescheid als ich selber, denn er hat nicht nur alles inne, was ich je geschrieben habe, sondern auch jedes gesprochene Wort von vor Jahren), aber während ich mich ganz den Erscheinungen des Pariser Lebens hingeben muß, ist und bleibt Garmisch die Sehnsucht, auf die er immer zurückkommt."

„Das kränkliche Aussehen der Marzipanfiguren": Walter Benjamin.

Die gegenseitige Wertschätzung und Zuneigung kann allerdings nicht verhindern, daß das allzu enge Zusammenleben in Paris auf die Dauer auf die Nerven ging, „eine Art Schützengrabenkrankheit" entwickelte sich laut Bloch, die doch zu erheblichen Irritationen führte. Das legte sich dann aber wieder, „wie es sich gehört, als wir in Berlin zusammenkamen in einem Abendrot von Freundschaft."

Karola Bloch erinnert sich an die erste Begegnung mit Benjamin: „Wir trafen ihn auf dem Kurfürstendamm, Ernst machte mich mit ihm bekannt. Benjamin sagte zu mir: ‚Gnädigste, ist Ihnen schon einmal das kränkliche Aussehen der Marzipanfiguren aufgefallen?' Er zog aus seiner Tasche eine halbe Walnußschale, in die eine Krippe mit Maria und dem Jesuskind aus Marzipan kunstvoll eingearbeitet war. Wir gingen zu dritt in die Mampe-Stube und bewunderten die Walnuß." Dies Skurrile, Verschrobene hat Bloch an Benjamin besonders gemocht, ohnehin verbindet die beiden Philosophen und Schriftsteller die Liebe zum scheinbar Nebensächlichen, der genaue Blick auf das Kleine, Unscheinbare, das es in sich hat. Über Benjamins Buch „Einbahnstraße" sagt Bloch: „Ein sonderbares Gebilde, in dem lauter Aphorismen oder Merkwürdigkeiten versammelt sind – und das alles geordnet in Form einer Straße. Die neuesten Frühjahrsmodelle von Metaphysik waren hier ausgestellt, mit ganz sonderbaren Wendungen und einer sonderbaren Art, Philosophie darzustellen." Bloch betont, daß er hinsichtlich der „Detailkunde" viel von Benjamin gelernt hat, er war andererseits schon von Georg Simmel her auf derlei geeicht, ohne Zweifel haben Bloch und Benjamin einander vielfältig beeinflußt und „befruchtet". Auf die Verwandtschaft vor allem der „Einbahnstraße" mit Blochs „Spuren" ist häufig hingewiesen worden, bis zu der Unterstellung, Bloch habe aus der „Einbahnstraße" mehr oder weniger abgeschrieben. Das muß hier nicht im einzelnen widerlegt werden, aber anhand einer genauen Analyse ließe sich leicht zeigen, daß die „Spuren"-Texte nicht nur ihre eigene Geschichte (wie erwähnt), sondern auch ihre eigene Struktur haben. Nach Adornos Erinnerung hat ihm Benjamin bei einer Begegnung 1923 erzählt, er und Bloch „oder beide gemeinsam arbeiteten an dem Plan eines Systems des theoretischen Messianismus." Aber für Adorno ist doch klar: Selbst wenn es solche Pläne gegeben haben sollte, konnte „von irgend etwas wie einer geistigen Abhängigkeit oder sogar Affinität, der Fiber des Denkens nach", keine Rede sein. In der Tat sind die philosophischen Differenzen zwischen Bloch und Benjamin groß genug. Schon in seiner Rezension der „Einbahnstraße" reiht Bloch den Autor Benjamin eher unter die Surrealisten ein, und das ist weder schmeichelhaft gemeint, noch von Benjamin so aufgefaßt worden. Und als diese Rezension in „Erbschaft dieser Zeit" wieder abgedruckt wird, zusammen mit anderen Erwähnungen Benjamins, die diesen nicht durchweg begeisterten, gab es Spannungen, die die Freundschaft vor allem im gemeinsamen Pariser Exil nach 1933 belasteten.

Aber schon vorher muß beiden klar geworden sein, daß in wichtigen Fragen wenig Übereinstimmung herrschte, in einer für Bloch ganz fundamentalen sogar klare Differenz – nämlich bei der Interpretation des Hoffnungs-Begriffs. Das wird besonders deutlich an der Deutung der allegorischen Darstellung der Hoffnung von Andrea Pisano auf dem Portal des Florenzer Baptisteriums. Benjamin zu dieser Figur: „Sie sitzt, und hilflos erhebt sie die Arme nach einer Frucht, die ihr unerreichbar bleibt. Nichts ist wahrer." Bei Bloch heißt es: „Sie sitzt wartend, obwohl sie geflügelt ist, und trotz der Flügel erhebt sie, wie Tantalus, die Arme nach einer unerreichbaren Frucht." Das ist der entscheidende Unterschied: Für Benjamin ist die Vergeblichkeits-Geste der Spes das Wahre, für Bloch ist sie bloßes Sinnbild der falschen Hoffnung, eine Figur, in der Hoffnung „als Übel sich auf ihr Trügerisches bezieht". Und diesem Sinnbild setzt er *seine* „Wahrheit" entgegen, seinen Begriff einer fundierten, mit dem real Möglichen vermittelten Hoffnung. Es ist die tiefe Resignation Walter Benjamins, dessen auf Erich Kästner gemünzte Charakterisierung „Linke Melancholie" so bedeutsam auf ihn zurückfällt, die ihn vom kämpferischen Gestus eines Ernst Bloch fundamental unterscheidet. Die Problematik des beiderseitigen Verhältnisses kommt in der folgenden Einschätzung Benjamins durch Bloch, wenn auch nur angedeutet, zum Tragen: „Im ganzen war er eine eher schwierige Natur; aber das waren wohl die Gestehungskosten oder der Erziehungszoll zu seinen sonstigen bedeutenderen Schwierigkeiten im Werk, Entlegenheiten und fruchtbaren Absurditäten, die eben sagten: Die großen Schläge können heutzutage nur noch mit der linken Hand geführt werden, was nicht nur politisch links heißt, sondern auch scheinbar nebenbei, links, nicht rechts, nicht verabredet.

Andrea Pisanos „Spes" auf der Südtür des Florenzer Baptisterium.

Und dieses Staunende und Erstaunliche hatte bei Benjamin eine gute Presse und kam in gute Obhut."

Man wird bei alledem auch berücksichtigen müssen, daß Bloch möglicherweise mit seiner Bezeichnung „wahre Symbiose" für die Beziehung zu Benjamin allein stand – er geht ohnehin recht großzügig mit diesem Begriff um, denn nach Lukács und Scheler ist Benjamin schon der dritte, der „symbiotisch" mit Bloch lebt. Es kann durchaus sein, daß Bloch vor lauter Freude, für den fast völlig entfremdeten Jugendfreund Georg Lukács „Ersatz" gefunden zu haben, diese neue Freundschaft allzu überschwenglich beurteilt. „Benjamin hatte einen einzigartigen Blick fürs bedeutsame Detail" – das ist Blochs bekannte Wertschätzung für den Freund. Eigentlich interessant an diesem Zitat ist der Nebensatz: „was Lukács so ungeheuer fehlt", und dies macht deutlich, wie stark Persönliches hier mitschwingt.

Mit Lukács hatte Bloch in den gerade vergangenen Jahren nur noch wenig Briefkontakt, persönlichen so gut wie gar nicht. Lukács war im Dezember 1918 in die KP Ungarns eingetreten, Mitglied der Regierung Bela Kun geworden. Nach

Georg Lukács, stellvertretender Volkskommissar für Unterricht.

der Niederlage der Räteregierung mußten die kommunistischen Führer fliehen, Lukács ging 1919 nach Wien, wo man ihn aber erkannte und anzeigte, er wurde verhaftet. Seine alten Freunde Ernst Bloch, Emil Lederer und Franz Baumgarten organisierten öffentliche Proteste, unter anderem schrieb Bloch einen Aufruf „Zur Rettung von Georg Lukács", Lukács wurde auf freien Fuß gesetzt. „Geschichte und Klassenbewußtsein" bespricht Bloch 1923 ausführlich und kommt zu dem Ergebnis, daß Lukács im Prinzip das Geschäft von „Geist der Utopie" betreibe, nur auf einer anderen Theorie-Ebene. Über 50 Jahre später bemerkt Bloch: „In Lukács' Buch gibt es Sätze, die von mir stammen könnten, und umgekehrt gibt es in meinen zur gleichen Zeit erschienenen Büchern Sätze, die den starken Einfluß von Lukács verraten. Man findet zu dieser Zeit bei Lukács auch die Kategorie des Utopischen, das ›Dunkel des gelebten Augenblicks‹ , die Kategorie des ›Noch-Nicht-bewußten Wissens‹ und sogar die Theorie der objektiven Möglichkeit. Lukács hat als erster diese unsere Ideen publik gemacht." Und an anderer Stelle: „Noch nicht Bewußtes, noch nicht Gewordenes, das nicht aufgeschlagene Gesicht von uns und der ganzen Welt: das war das Geschäft, das Lukács früher auch mitbetrieben hat." Und dies wiederum ist nicht nur Lob in der Sache, natürlich schwingt Persönliches mit, wenn Bloch über „Geschichte und Klassenbewußtsein" sagt: „Ein

Mit proletarischer Ballonmütze: Ernst Bloch 1925.

großartiges Buch, in dem die letzten Wimpel unserer Freundschaft noch da sind." Lukács sieht das ganz anders, damals schon, erst recht nach über 50 Jahren: „Ich glaube, man muß heute nur den *Geist der Utopie* oder den *Thomas Münzer* neben meine *Geschichte und Klassenbewußtsein* stellen, um zu sehen, daß damals schon eine vollkommene Scheidung der Wege da war, obwohl wir beide links und auf der Seite des Kommunismus waren. Ich meine, diese Scheidung hat sich für mich vertieft, mit jedem Schritt, mit dem ich ein echterer Marxist geworden bin."

Was Lukács hier mit „echterer Marxist" meint, ist für Bloch gerade die Abdankung des schöpferischen Denkens. „Der Anschluß an die kommunistischen Bewegung war für ihn wohl gleichzeitig eine Stütze und eine Zuflucht", meint Bloch später. Lukács vollzieht mit diesem Schritt auch einen völligen Bruch mit seinem gesamten Frühwerk, während Bloch seine politischen Ansichten lediglich modifiziert, präzisiert. Bloch ist der Meinung, daß der Intellektuelle seine historische Rolle auch außerhalb der Partei spielen kann, für Lukács ist konsequente Parteinahme nur innerhalb der revolutionären politischen Praxis möglich. Bloch sieht darin die Gefahr, daß der Intellektuelle sein Amt als theoretischer Fortdenker und kritischer Prüfer der revolutionären Praxis aus dem Auge verlieren könnte, und er ärgert sich vor allem über den Schematismus im Denken und Schreiben, den er an

Lukács wahrzunehmen meint. Den ersten Satz eines Leitartikels seines alten Freundes in der „Roten Fahne" zitierte er gern als Beispiel für sprachliche Verkümmerung: „Die Nationalitätenfrage in der östlichen Türkei erhebt erneut drohend ihr Haupt." Auch erzählte Bloch häufig von einer Begegnung mit Lukács Mitte der 20er Jahre, bei der Bloch ihn, den bedeutenden Kenner der deutschen Romantik, auf einige besonders schöne Passagen in Wilhelm Tiecks „Blonder Eckbert" hingewiesen habe. Lukács soll geantwortet haben: „Um das literarische Werk Tiecks vom materialistischen marxistischen Standpunkt aus richtig beurteilen zu können, muß man erst einmal die ökonomische und politische Situation des deutschen Kleinbürgertums in der ersten Hälfte des 19. Jahrhunderts untersuchen."

Die „letzten Wimpel der Freundschaft" zwischen Bloch und Lukács wehten also Anfang der 20er Jahre nur mehr schwach, so daß Walter Benjamin eine für Bloch recht schmerzliche Lücke füllte, auch was gemeinsame Unternehmungen nicht philosophischer Art betrifft. 1928 beteiligten sich beide an Haschisch-Experimenten, die ärztlich überwacht und später in der „Zeitschrift für Neurologie" ausgewertet wurden. „Der heutige Rausch verhält sich zum vorigen wie Calvin zu Shakespeare", notiert Bloch bei der Sitzung vom 14. Januar 1928. Benjamin: „Der erste Rausch machte mich mit dem Flatterhaften des Zweifels bekannt; das Zweifeln lag als schöpferische Indifferenz in mir selber. Der zweite Versuch aber ließ die Dinge zweifelhaft erscheinen." Michael Landmann, mit dem Ernst Bloch ausführliche Gespräche geführt hat, erzählt von dieser Begebenheit so: „Benjamin sah alsbald Dante und Petrarca im Gespräch, an dem er sich beteiligte. Bloch rief dazwischen: ›Seit wann kannst du so gut italienisch?‹ Benjamin machte eine Handbewegung, so als ob das das Dümmste sei, was einer überhaupt sagen kann." Bloch soll sich insgesamt als ungeeignetes Versuchsobjekt entpuppt haben, weshalb er auch an späteren Sitzungen nicht mehr teilnahm: „Statt in andere Welten entrückt zu werden, sprach er höchst diesseitig dem kalten Buffet zu, das die Ärzte, da Haschisch Appetit erzeugt, aufgebaut hatten." Benjamin notiert seine Reaktion, als er aufgefordert wird zu essen: „Nein, ich nehme nichts. Selbst wenn Sie sich zu diesem Zweck Jamben vorbinden, werde ich nicht essen."

Bekanntschaften und Freundschaften gab es in dieser Berliner Zeit in Fülle: Adorno besuchte Bloch in Berlin, weil er von „Geist der Utopie" so beeindruckt war, und die beiden wurden Freunde. Otto Klemperer, der sich schon bei der Vermittlung des Manuskripts von „Geist der Utopie" an Duncker & Humblot verdient gemacht hatte, gehörte bald zum engeren Freundeskreis. Bloch war von der Kroll-Oper begeistert, interessierte sich für die Bühnen-Experimente,

Enge Freundschaft mit Bloch – Otto Klemperer.

besuchte viele Proben und wurde oft um seinen Rat bei Aufführungen gefragt.

Besonders eng war Blochs Beziehung zu Bert Brecht, damit auch zu Kurt Weill und Lotte Lenya; Bloch war bei den Proben zur Dreigroschenoper ständiger Gast. Diese Oper hatte es ihm besonders angetan, er hat über Brechts Thematik und Weills Musik viel geschrieben, zumal das Lied der Seeräuber-Jenny liebte er über alles: „Unvergeßliche Rhythmen, ein unvergeßlicher Tango, der plötzlich eine Bedeutung bekommt, das Lied der Seeräuber-Jenny in der Dreigroschenoper. Viele Sonderbarkeiten, Großartigkeiten und Eleganzen, die plötzlich auftreten neben den brutalsten Trivialitäten, die allerdings ironisch zitiert werden.“

Über dieses Lied erscheint 1929 in der Zeitschrift „Anbruch“ ein Aufsatz, in dem die revolutionären Elemente von Kolportagestoffen wie solchen Seeräubergeschichten betont werden: „Haben nicht Flintenweiber, Petroleusen zu vielen Zeiten die Revolution begleitet und paßt nicht dem Weib die Räuberbraut vorzüglich auf den Leib, in jeder besseren Kolportage und dem Leben, das einmal kolportagehaft scharf wird?“ Und weiter: „Die Gäste lachen zwar über Jennys Lied und finden es nett, die Bürger reagieren sich ab und helfen der Dreigroschenoper zu einem Erfolg, den ihr Bierulk, aber nicht diese starke Dynamitstelle verdient hätte. Der Kerl der Seeräuber-Jenny kommt leider nicht als Bote des Schlusses und beschießt die Stadt (was die revolutionäre Logik des Stückes gewesen wäre): es ist dennoch unzuverlässige Musik, dicke Luft im Amüsement, die satte Kunst ist hin, die Substanz erscheint als Dreck, im Abwaschzuber und in dem, was die denkt, die davor steht.“ Karola Bloch erinnert sich: „Ernst liebte dieses Lied so sehr, daß er es als Nationalhymne bei frohen Anlässen empfahl.“

Begegnung in einer Kutscherkneipe: Bertolt Brecht.

Den Autor der Dreigroschenoper hatte Bloch schon früh kennengelernt. „Zeit: 1921, Ort: eine Kutscherkneipe der Augsburger Straße in Berlin, wo außer Kutschern die jungen Schauspieler, Schriftsteller und Studenten höherer intellektueller Ordnung hinkamen. Ich sitze zusammen mit ein paar Regisseuren, ganz anständigen Leuten, z.B. Lubitsch, der damals noch in Berlin war. Währenddessen saß nahe der Theke ein junger Mann, schäbig angezogen, blaß, stopplig im Gesicht, mit einer Nickelbrille billigster Art, wie sie bloß kleine Uhrmacher tragen, und hatte eine Molle vor sich. Lubitsch oder ein anderer sagte mir: ›Der dort sitzt, ist, glaube ich, einer namens Brecht, der jetzt nach Berlin gezogen ist. In München hat er eine Premiere gehabt.‹ Nun hatte ich kurz vorher im Münchner Merkur Brechts Flibustiergeschichte ›Bargan läßt es sein‹ gelesen. Flibustier waren die Seeräuber im Golf von Mexiko im 17. Jahrhundert. Seeräuber, das ist meine Branche. Daher las ich die Geschichte und war weg. Schon der Titel ›Bargan läßt es sein‹ ist echtester Brecht, von jetzt aus gesehen, damals konnte man das natürlich noch nicht wissen. In der Geschichte haben die Korsaren ein Schiff erobert, aber die Beute war nicht groß genug, um sie unter eine ganze Mannschaft zu teilen. Daher wird ein Kontingent der Mannschaft in ein Flußbett kommandiert, wo sie angeblich Ausschau halten sollen, ob keine Regierungstruppen im Anzug sind; in Wahrheit aber wird in das Flußbett Wasser abgeleitet, daß sie ertrinken. Damit sind der Flibustier-Kapitän und seine Offiziere die Hälfte der hungrigen Mäuler los.

Wie das Flußbett sich durch das einströmende Wasser wieder füllt, schreibt Brecht: ›Das Wasser stieg mit dem Ernst einer Erscheinung, die ihr Handwerk versteht.‹ Donnerwetter, das ist ein Satz. ›Ernst einer Erscheinung‹, das ist Sprache der Hegelschen Phänomenologie. Sie steht hier zusammen mit schnoddrigstem Münchnerisch und Berlinisch, und es ist auch ein Stück Gerstäcker drin. Also welch eine Montage. Das war mir geblieben. Als ich nun erfuhr, daß Brecht im Lokal ist, stand ich auf, setzte mich auf den Stuhl nebendran, sprach kein Wort, bestellte mir auch ein halbes Helles, hob das Glas und sagte: ›Das Wasser stieg mit dem Ernst einer Erscheinung, die ihr Handwerk versteht, prost!‹ Er blickte erstaunt auf, wurde ein bißchen rot und sagte: ›Bargan läßt es sein. Wir wollen es nicht so sein lassen, nicht? Bertolt Brecht.‹ Ich nannte meinen Namen und so fing die Bekanntschaft an. Eine Brecht sehr gemäße Art, miteinander bekannt zu werden."

Fleißig fürs Feuilleton

Das Jahr 1928 bringt für Ernst Bloch eine Periode neuer, verstärkter Produktivität. Nach der Rückkehr von seinen Reisen hatte er einige wenige Aufsätze im „Berliner Tageblatt", dem „Neuen Merkur", dem „Tage-Buch" und der „Neuen Rundschau" veröffentlicht. 1928 kam eine regelmäßige Mitarbeit an der „Weltbühne" und vor allem an der „Frankfurter Zeitung", wohl durch Vermittlung von Siegfried Kracauer, dazu. Die „Frankfurter Zeitung" hatte Bloch in guter Erinnerung: An sie hatte er seinen Pennäler-Aufsatz geschickt und dort auch 1916 eine Vorarbeit zu „Geist der Utopie" untergebracht. Ende der 20er Jahre entfaltet Bloch im Feuilleton dieser Zeitung eine rege Tätigkeit, für „Weltbühne" und „Frankfurter Zeitung" zusammen hat er von 1928 bis 1930 – dem Erscheinungsjahr der „Spuren" – über 60 Aufsätze veröffentlicht. Das sind zum einen Vorarbeiten zu den „Spuren", zu einem geringeren Teil auch schon für „Erbschaft dieser Zeit", aber auch eigenständige Texte, Kulturkritik, Literaturbetrachtungen, Reiseschilderungen, Stadt- und Landschaftsbeschreibungen, mikroskopische Blicke auf scheinbar Nebensächliches und Abseitiges – ganz im Sinne des alten Berliner Lehrers Georg Simmel. Er schreibt von der „Angst des Ingenieurs", über das „Glück im

Winkel“ und „Kaufmanns-Latein“, über „Konnersreuth in der Presse“ und „Die Silberbüchse Winnetous“, es geht „Um den Brocken“ wie um das „Wirtshaus im Spessart“ oder „Dürers revolutionäre Gesellen“. Der Leser dieses klassischen Feuilletons, das in bester Tradition des literarischen und wissenschaftlichen Essays steht und das in diesen Jahren – zumal in der Frankfurter Zeitung – von Namen wie Bloch, Benjamin, Joseph Roth repräsentiert wird, wird nicht mit gängigem Zeitungsdeutsch konfrontiert: „Es ist nicht nötig, zu leben. Das wollen viele heute nicht, wenigstens nicht so. Es ist nötig, Schiff zu fahren. Das geht nur selten und nimmt fast immer die gleichen mit.“ Das erfährt der Leser der Frankfurter Zeitung vom 30.4.1930 unter dem Titel „Erfahrung der Grenze“, und wer sich auf diesen Text weiter einläßt, wird in Blochs Fahrt- und Reisemetaphorik (s.o., S. 101) weiter eingeführt, die weite Fahrt immer im Blick auf den kleinen Alltag betrachtend: „Die Nebenstrecke, auf der heute die meisten leben müssen, hat wenig Verkehr mit Überraschungen, wenig unerwartete Begegnungen, gar keine unvorhergesehenen Wunder. Der Betrieb kann das nicht brauchen, und er kann keine Menschen brauchen, die Überraschungen wollen. Briefe über die maschinelle Erziehung des Menschen – es ist nicht nötig, sie zu schreiben; der Betrieb erzieht selbst dazu.“

Eine Buchseite zu Weihnachten 1930 gibt Bloch Gelegenheit, die Bedeutung von Kolportage-Literatur hervorzuheben, eins seiner Lieblings-Themen: „Auf dem Tisch vor mir sieht es heiter aus. Schöne bunte Einbände, haben wenig Geschmack, aber es passiert etwas darauf. Rotgelb fährt die Flamme aus den Gewehren, Neger erdolchen einen Alligator von unten, Überfall auf den Pazifik und die Fackeln der Banditen glühen prächtig auf Glanzpapier. Lauter Gegenbilder zum grauen Schulbuch, lauter große Augenblicke, zu denen man nie kommt, sie erlebt zu haben.“ Das ist eine Denkfigur, die wir schon in den Kindheitserinnerungen angetroffen haben, die sich durch Blochs Werk von Anfang bis Ende durchhält: „Wäre es zuhause anders, brauchten die Kinder nicht so grell zu lesen. Gäbe es ein richtiges soziales Leben, so gäbe es keine so wilden und sehnsüchtigen Jugendbücher.“ Was in solchen wilden Träumen steckt, ist unerledigter Anfang, ist ein Ursprung, der nie zu dem Seinen herauskommen konnte, der noch auf Erfüllung wartet und desto wilder und bunter pocht und bohrt. „Die Stärke und Ursprünglichkeit, die alten Träume zu halten, daraus die allemal noch unbekannte Humanität als Mündung heraus zu prozessieren, ist überall das große, heute beginnend fällige Problem; ein Problem aktuell und nicht nur romantisch, utopisch und nicht vorzeitlich, marxistisch und nicht nationalsozialistisch betriebenen Wirklichmachens von uns eingekelterten Menschen. Der Trieb zu Indianern und was damit gemeint war fiel in die gleiche Zeit wie die Konfirmation oder Einsegnung (in ein andres als das bloße platt erwachsene Leben). Wildwest ist stärker als der Altar übriggeblieben; wehe dem Christbaum, wenn auch dies noch unterginge." Kolportage und Abenteuerroman als Wegzeichen zur Humanität und Wildwest als Rettung des Christbaums – derlei Pointen waren für die Leser von Weltbühne und Frankfurter Zeitung ständiges Lesevergnügen.

Das Jahr 1928 brachte aber auch eine kleine private Komplikation für Ernst Bloch: Er war von seiner zweiten Frau Linda Oppenheimer noch nicht geschieden, hatte eine, wenn auch noch nicht allzu feste Beziehung zu Karola Piotrkowska, da kam durch einen Brief von Else Lasker-Schüler die Nachricht, daß er am 11. April Vater einer reizenden Tochter namens Mirjam geworden sei. Im Frühjahr 1927 war Bloch von Berlin aus für kurze Zeit nach Heidelberg gegangen, danach wieder nach Positano, dort hatte er Frida Abeles kennengelernt, die Mutter seiner Tochter Mirjam. Frau Abeles hatte Schwangerschaft und Niederkunft verschwiegen, und Bloch hatte sich nicht weiter für sie interessiert – überhaupt scheint er in diesen Dingen recht unbekümmert gewesen zu sein. Später allerdings hat er gelegentlich Kontakt zu seiner dann erwachsenen Tochter gehabt. Karola Bloch erinnert sich: „Durch einen Zufall habe ich Mutter und Kind später kennengelernt, im Jahre 1933 in Ascona, wo ich mit Ernst meine Semesterferien verbrachte. Wir waren gerade in einem Schuhladen, als eine Frau mit einem 5jährigen Mädchen das Geschäft betrat. Ich merkte plötzlich, wie Ernst verlegen wurde. Dann begrüßte er die Frau und machte uns miteinander bekannt. Ernst versprach, Frida zu besuchen, tat es dann aber nicht. Er haßte Komplikationen. Und da ihm eine besondere Beziehung zu Frida Abeles fehlte, drückte er sich vor einem Gespräch. Später haben wir Mirjam oft gesehen; ich hatte und habe noch heute eine sehr gute Beziehung zu ihr."

Später oft gesehen – Bloch mit seiner Tochter Mirjam 1968.

Daß die 20er Jahre, zumal in Berlin, eine bewegte Zeit waren, wird inzwischen den meisten bekannt sein, und so überrascht es nicht, daß auch Ernst Bloch und Karola Piotrkowska erlebnisreiche Jahre miteinander verbringen mit vielen Begegnungen, Gesprächen, Diskussionen, Theatererlebnissen. Aber Karola wollte nicht immer nur an der Seite des berühmten Ernst Bloch mitlaufen, sie wollte selbst etwas tun. Daher ging sie nach Wien, holte dort das Abitur nach und begann ein Architekturstudium. Im Dezember 1929 reiste Ernst seiner Karola nach: „Ich war zwar immer in Kontakt mit ihm gewesen, aber ich wollte die alte Beziehung nicht wieder aufnehmen. Doch Ernst wich und wankte nicht, er bezauberte mich aufs Neue, so daß ich glücklich war, ihn in Wien zu haben." Er quartiert sich in Wien ein, trifft hier auch nach langer Zeit Georg Lukács wieder, man führt hitzige Diskussionen und gebärdet sich nicht sehr freundschaftlich. Schließlich zieht Bloch nach Mödling außerhalb Wiens. Karola wohnt jetzt ganz bei ihm. Die Weihnachtsferien verbringen beide in Berlin und beschließen, zusammen wieder dorthin zu ziehen. Frühjahr und Sommer 1930 bleiben sie aber noch in Mödling, dann kommt der Wechsel, zunächst in ein Junggesellenheim in Berlin-Steglitz, danach in den „Roten Block“ in Wilmersdorf am Laubenheimer Platz, auch Künstlerkolonie genannt. Die Bühnengenossenschaft und der Schutzverband Deutscher Schriftsteller hatten um diesen Platz herum drei Wohnblocks für ihre Mitglieder gebaut, die Blochs ziehen in die Kreuznacher Straße 52. Peter Huchel und Gustav Regler wohnen im selben Haus, Alfred Kantorowicz, Ernst Busch, Axel Eggebrecht, Alfred Sohn-Rethel gleich um die Ecke. Karola: „Der ‚Rote Block' bildete eine erfreuliche Gemeinschaft, in der Parteilose, Kommunisten und Sozialdemokraten versammelt waren.“

Berlin, Laubenheimer Platz – der „Rote Block“.

September 1930 kommen im Verlag Paul Cassirer Blochs „Spuren“ heraus. Wir hatten schon gesehen, daß Bloch früh mit der Gattung „Philosophische Anekdoten“ gespielt, aber noch keinen Platz für sie gefunden hatte, auch wird diese Form zunächst noch nicht von literarischen und kulturwissenschaftlichen Essays oder Reisefeuilletons getrennt – das alles entwickelt sich erst in den 20er Jahren zu der Gattung philosophischer Parabelerzählung, die für den Band „Spuren“ typisch ist. Der Charakter dieser Geschichten freilich macht Schwierigkeiten. „Es muß Mitte der Zwanziger Jahre gewesen sein“, erzählt Hans Mayer, „da las ich, damals noch Abiturient und dann sehr junges Semester, im ›Berliner Tageblatt‹ gelegentlich etwas sonderbare Prosastücke eines gewissen Ernst Bloch. Ich konnte nicht viel damit anfangen, wußte auch nicht so recht, was hier geboten werden sollte: spannende Erzählung war das offenbar nicht, trat jedoch ebensowenig in der Terminologie und mit dem Systemanspruch einer philosophischen Abhandlung auf."

Bloch nennt diese „Prosastücke" einfach Erzählungen oder Geschichten, wobei er genau zwischen zwei Arten von Geschichten unterscheidet: „Die einen sind so beschaffen, daß sie behaglich zu Ende gelesen werden, im Bett, in der Nacht, vor dem Einschlafen. Die Geschichte ist zu Ende, alles ist gelöst, man knipst das Licht aus und schläft den Schlaf des Gerechten, auch wenn man keiner ist." *Blochs* Geschichten dagegen sollen nicht zu Ende sein, in ihnen wohnt ein Überschuß, ein Aufmerken wird erzeugt, irgendetwas stimmt nicht, ein Unbehagen bleibt zurück: „Was leicht und seltsam ist, führt oft am weitesten. Man hört etwa eine Geschichte, wie die vom Soldaten, der zu spät zum Appell kam. Er stellt sich nicht in Reih und Glied, sondern neben den Offizier, der ›dadurch‹ nichts merkt. Außer dem Vergnügen, das diese Geschichte vermittelt, schafft hier doch noch ein Eindruck: was war hier, da ging doch etwas, ja, ging auf seine Weise um. Ein Eindruck, der über das Gehörte nicht zur Ruhe kommen läßt. Ein Eindruck in der Oberfläche des Lebens, so daß diese reißt, möglicherweise."

„Wenn ich ein Buch wie seine ›Spuren‹ in die Hand nehme, dann gluckst es und gibt nach wie ein Stück Moos kurz vor einer Quelle." (Martin Walser)

Es sind solche Begebenheiten, die für sich wenig auszusagen scheinen, die auf mehr abgeklopft werden, weil sie aufhorchen lassen, wenn man ihnen nur genau genug zuhört: „Man achte gerade auf die kleinen Dinge, gehe ihnen nach." Diese kleinen Dinge sind Spuren durchaus im Sinne der Detektivgeschichte, der Bloch später einen vielbeachteten Aufsatz widmet: „Etwas ist nicht geheuer, damit fängt das an. Aber zugleich muß nach dem Weiteren, das hier das Nähere ist, gesucht werden. Nach einem versteckten Wer ist gefragt." Der Detektiv ist der Spurensucher mit dem Blick für das Befremdliche am sonst Unauffälligen, für die *eine* entscheidende Kleinigkeit, die im glatt vorgefundenen Zusammenhang nicht stimmt, der Zigarettenstummel am Tatort, das blonde Haar, der Lippenstift am Glas: „Der Fall selber muß etwas in sich haben, so ganz nebenbei."

Ähnlich verhält es sich mit den Geschichten, die Bloch selbst erzählt, keine Krimis zwar, aber doch vergleichbar: „Da ist doch eine Spur von etwas und Spur im Stil von einer ›Wild-West‹-Geschichte, im Stil von Cooper, Karl May und Gerstäcker. Da ist an einem Baum die Rinde beschädigt, und das gibt dem Sherlock Holmes, der dann ›Old Shatterhand‹ heißt oder der ›Rote Freibeuter‹ bei Cooper, sehr viel zu denken. Da war doch jemand, da ging doch etwas vor, das bedeutet doch etwas; da ist eine Spur von etwas geblieben." Und so ist sein Erzählen ein „Spurenlesen kreuz und quer", es sind volkstümliche Geschichten, Anekdoten, Märchen, Geschichten über das ganz Normale, über Alleinsein, Warten, Hoffen, den Singsang des Alltags: „Merkwürdig, wie das manche halten, sieht sie niemand. Die einen schneiden morgens Gesichter, noch andre tanzen sich eins, die meisten summen sinnlos vor sich hin. Auch in Pausen, beim Zahlen etwa, summen manche etwas, das man nicht versteht, das sie selber nicht hören, in dem aber viel darin sein mag. Da fallen Masken ab oder ziehen neue auf, je nachdem, närrisch genug ist die Sache. Allein sind viele etwas irr, sie singen ein Stück von dem, was früher mit ihnen los war und nicht fest geworden ist. Sie sind schief und geträumte Puppen, weil man sie gezwungen hat, noch schiefer und öder erwachsen zu werden."

„Da es nicht für alle reicht, springen die Armen ein."

Es sind auch Geschichten von Armut und Erniedrigung, aus dem Alltag kleiner, gedrückter Leute: „Was tun Sie? fragte ich. Ich spare Licht, sagte die arme Frau. Sie saß in der dunklen Küche, schon lange. Das war immerhin leichter als Essen zu sparen. Da es nicht für alle reicht, springen die Armen ein. Sie sind für die Herren tätig, auch wenn sie ruhen und verlassen sind." Bettler und Huren kommen in diesen Geschichten vor, Straßen- und Wirtshaus-Szenen, vom hummeressenden Arbeiter ist die Rede – freilich wird hier Armut und Elend nicht aufgeputzt, literarisch interessant gemacht, zur höheren Ehre des Großen, der die Kleinen liebt: „Die meisten werden dunkel gehalten und sich sehen sie kaum. Der Mann am fließenden Band, der acht Stunden pro Tag dieselbe Bewegung machen muß, ist genau so verschollen wie der Bergarbeiter. Keiner liebt den fünften Stand um der schönen Augen willen, die er schon hat." Auch in einer Geschichtensammlung also betreibt Bloch *die* Art von „Klassenanalyse", die seit je die seine war: Das Verhältnis des bürgerlichen Intellektuellen zum Proletariat bedenkend, wägend.

So läßt er einen, „der viel für die proles übrig und manches mit ihr getan hatte", erzählen, was er von den Kommunisten hält, die nie sagen wollen, wie die neue Gesellschaft denn aussieht, aber ganz genau zu wissen vorgeben, daß der Proletarier das revolutionäre Subjekt ist. „Denn so vorsichtig ihr aufs Kommende seht, so träumt ihr doch dauernd ein Wunderbares,das in der Arbeiterklasse sei, hier seid ihr durchaus Gläubige. Hier betreibt ihr nicht nur die nüchterne Aufhebung von Not und Ausbeutung, sondern malt den ganzen Menschen, den neuen Menschen in die unentschiedene Gegend. Dabei ist der jetzige Prolet doch meist nur ein mißglückter Kleinbürger, läuft zu den Völkischen oder zu den Budikern ab, die auf dem roten Kanapee sitzen. Aus seinem Klassenbewußtsein hört ihr, obwohl ihr dicht darin zu sein glaubt, eine Weise heraus, die, bei uns wenigstens, nur sehr undeutlich oder gar nicht gespielt wird." Und der Geschichtenerzähler Ernst Bloch antwortet diesem „grillenhaften" Mann: „Er vergaß nur mit dem, was er dem Andren so zu schaffen machte, daß ihn der Genosse gar nicht enttäuschen kann. Denn er spiegelt doch gerade nichts vor, zum Unterschied vom ehemaligen Bürger, der dann so enttäuscht hat. Am Sieg der bürgerlichen Klasse hat man, was große

Worte, selbst menschliche Inhalte bedeuten, wenn der Grund nicht in Ordnung ist. Die proles ist doch grade die einzige Klasse, die keine sein will; sie behauptet nicht und kann allerdings nicht behaupten, daß sie als solche besonders großartig wäre, jeder Proletkult ist falsch und bürgerlich angesteckt. Sie behauptet nur, daß sie den Schlüssel zum menschlichen Speiseschrank hergibt, wenn man sie aufhebt, nicht aber, daß sie den Schrank mit sich führe oder gar, daß sie dieser sei." So erscheint an dieser eher entlegenen, vom Leser gewiß nicht erwarteten Stelle ein vorläufiges Resumee von Blochs in diesen Jahren sehr intensiver Auseinandersetzung mit Marx, seine nunmehr recht präzise Vorstellung von Art und Funktion des revolutionären Subjekts in Marxens Geschichtsphilosophie, all das weit ab von der religionsphilosophischen Schwarmgeisterei des „Geist der Utopie" von 1918.

Allerdings bleibt Blochs alter Einwand bestehen, daß die proletarische Revolution, daß die Abschaffung von Unterdrückung, Armut, wirtschaftlicher Not erst der Anfang sein kann: „Auch ohne Armut wird man sich noch genug unähnlich oder falsch bedingt sein, es gibt noch Zufall, Sorgen, Geschick genug und kein Kraut gegen den Tod." So sind die „Spuren" auch Geschichten über Zufall, Sorgen, Geschick und Tod, enthalten befremdliche Erzählungen aus chassidischen, ostjüdischen Quellen, geheimnisvoll Orientalisches, von Grauen und Todesschreck, Todesahnung, vom Befremden an sich selbst. „Aber da fand einmal ein Bursche, weit von hier, einen Spiegel, kannte so etwas noch gar nicht. Er hob das Glas auf, sah es an und gab es seinem Freund: ›ich wußte nicht, daß das dir gehört.‹ Dem andern gehörte das Gesicht auch nicht, obwohl es ganz hübsch war." „Weitergeben" heißt diese Geschichte, hier gibt jemand sich, seine Identität weiter, weil diese ihm selbst, wenn auch hier nur als Spiegelbild, verborgen ist. „Motive der Verborgenheit" heißt ein anderes Stück, und überall klingt so eins der zentralen Themen Blochschen Philosophierens an: das menschliche Inkognito. Spätestens seit „Geist der Utopie" wird die Frage nach dem, was der Mensch in Wirklichkeit ist, hinter oder unter seinen äußeren und inneren Verwachsungen, immer wieder gestellt.

„Motive der Verborgenheit."

Vielfach variiert kehrt dies Thema also auch in den „Spuren" wieder, es wird wohl am schönsten erzählt in der Geschichte vom Clown, der als Pausenfüller im Zirkus auf die Frage „Wer sind Sie denn?" die verabredete ulkige Antwort vergessen hat, den Faden verliert, das Bewußtsein von sich selbst: „Er begann zu schwanken, schlug mit den Armen um sich, murmelt mit veränderter Stimme immer wieder dasselbe: Weiß nicht, weiß nicht, weiß nicht." Seinem Partner und dem Publikum vergeht allmählich das Lachen, bis der Clown wieder zu sich kommt und ruft: „Nein! Ich bin ein Clown und heiße der dumme August." Das lockt zum Nach-Sinnen („Der Vorfall war klein, hat es aber in sich“) über das, was in uns allen versteckt ist, über die Frage, ob denn das, was wir sind, wirklich *wir* sind: „Ist denn das Allabendliche wirklich seine Rolle, in der er auch laut Paß, Gewerbeschein gewickelt ist, und ist es unsere Definition überhaupt, in die uns gerade auch ein seßhafter Beruf tauft, selbst ein durchaus nicht verfehlter?“ Und die Geschichte endet mit dem Satz: „Bei wie vielen mindestens ist ihr Paß gefälscht, gerade weil er kraft des Meldeamts echt ist.“

Berliner Börsen-Courier

MODERNE TAGESZEITUNG FÜR ALLE GEBIETE

Berliner Tageblatt

und Handels-Zeitung

6

Exzentrik.

Der Exzen[illegible] Clown erzählte von seinem größten Erfolge:

Ich fiel von einem Trapez in die Manege. Das Publikum lachte, denn ich war wirklich auf den Kopf gefallen, lag sekundenlang wie betäubt; dann stand ich langsam auf, sah mich blöde um: ich hatte das Gedächtnis verloren. Ich wußte nicht mehr, daß ich Clown war und verstand den Lärm im Zirkus nicht, ging verwundert in der Manege hin und her. Mein Partner kam, wie jeden Abend, auf mich zu und fragte, wie wir einstudiert hatten: „Was wollen Sie hier? Wer sind Sie?“

Ich schüttelte den Kopf, sah verwundert den Partner an. „Ich weiß nicht“, sagte ich.

„Sie müssen doch wissen, wer Sie sind?“ schimpfte der Partner.

„Ich weiß nicht. Ich weiß nicht“, sagte ich. Der Partner wurde verwirrt, ich hätte etwas anderes antworten müssen, er sagte vorschriftsmäßig: „Schämen Sie sich nicht, in solchen Lumpen aufzutreten?“

Und ich sah mir mein Kostüm an, dann wiederholte ich: „Ich weiß nicht.“

Der Partner gab mir, wütend, eine kräftige Ohrfeige. Ich taumelte, der ganze Zirkus schien sich zu drehen, während, durch den Schlag, mein Gedächtnis wieder erwachte. Ich sah mich in der Arena um, antwortete stolz:

„Ich schäme mich nicht, in solchen Lumpen aufzutreten — ich bin Clown!“ und umarmte meinen Partner.

Ob ich wirklich mein Gedächtnis verloren habe, ist ungewiß, aber gewiß ist: nie werde ich vergessen, daß fünf Minuten lang das Publikum applaudierte und lachte. **Bohdan.**

Ohrfeige und Gelächter.

Von [Nachdruck verboten.]

Ernst Bloch.

Da rannte einer mit überlangen Hosen hin durch den Sand. Beim Versuch, dem Stallmeister zu entkommen, schlug der Clown auf die Rampe, doch so unglücklich, daß er die Besinnung verlor und, wieder hochgekommen, nicht mehr wußte, wo er war. Hart vor dem Mann ohne Gedächtnis stand jetzt der Stallmeister, vorschriftsgemäß, denn auch der Stuß gehörte noch zum Programm.

„Wer sind Sie?“ fragte der Stallmeister. „Weiß nicht“, sagte der Clown. Diese Antwort war noch richtig. „Sie müssen doch wissen, wer Sie sind?“ schimpfte der Stallmeister. „Weiß nicht, weiß nicht“, antwortet mehrmals der Clown. Schon hätte er etwas anderes sagen müssen, auch der Partner wurde verwirrt, fuhr aber fort: „Schämen Sie sich nicht, in solchen Lumpen hier aufzutreten?“ Da sah der Clown an sich herab, repetierte, im gleichen ratlosen Entsetzen, mit dem man sich im Traum zuweilen, nur mit dem Hemd bekleidet, auf der Straße verfolgt sieht: „Weiß nicht, weiß nicht.“ Diese Antwort war jetzt völlig falsch, der Clown hätte sagen müssen: „Herr Stallmeister, ich komme von der Table d'hote, habe noch keine Zeit gehabt, mich für die Manege umzuziehen.“ Und hier war nun, vorschriftsgemäß, eine Ohrfeige des Stallmeisters fällig. Der Stallmeister gab sie ihm auch, doch überstark, da er selbst aus dem Spiel herausgeraten und kein Maß mehr hatte. Da hörte plötzlich der Clown ungeheures Gelächter, Gelächter des Publikums, und schrie, nicht anders überstark, schrie wie ein Ertrinkender, der den fernen Retter sieht, diesem zu: „Ich bin ein Clown, nein, ich schäme mich nicht, in Lumpen aufzutreten.“ Selbst die Allernächsten in der Loge hatten von dem ungeheuren Abgrund nichts bemerkt, jetzt wieder überbrückt, die Pièce ging mit fester Bahn zu Ende, ja, der Clown, wieder wach geworden, vergaß das Ganze bald, wie einen Traum in den ersten Morgenstunden, nachdem man sich gewaschen, gefrühstückt hat, wieder in der Arbeit steht.

Hier war es die Ohrfeige, und der Mann kam zu sich. Gelächter, und er kam als Clown zu sich. Bei uns lehren Zifferblatt, Straßenbild, Elektrische und Dienst, woran wir sind. Ohrfeige und Gelächter des Publikums, in viel Gestalt, hält unseren Fall auf, begrenzt oder definiert uns aus dem verschwimmenden Wesen heraus, und diese Definition ist besser als keine, ist freilich auch nur so beschaffen, besser als gar keine zu sein. Das dankt man den Reizen, den Ohrfeigen, dem Gelächter der jeweiligen Umwelt: mit unseren Lumpen zufrieden zu werden, sie aus unserem in Erinnerung gebrachten Stand selber zu begreifen. Aber an Ohrfeigen, Gelächter freilich findet man doch noch kein richtiges Gedächtnis seiner selbst. Schon die Kirchenglocken lehren den Clown wie den Schulrat, daß sie dieses nicht sind, daß es vor Gott diese Titel nicht gibt, daß sie nicht als solche schon dauernd wesentlich, also „erinnert“ sind.

Ausgerechnet dieser Text übrigens war Anlaß für einen Plagiatsstreit: Bloch hatte eine Geschichte mit dem Titel „Exzentrik“ im „Berliner Börsencourier“ gelesen, dazu eine „philosophische Glosse“ geschrieben, die – erheblich gekürzt – unter dem Titel „Ohrfeige und Gelächter“ am 29. September 1925 im „Berliner Tageblatt“ veröffentlicht wird.

Daraufhin beschwert sich der Autor von „Exzentrik“, Theodor Fantas (Pseudonym „Bohdan“), das sei seine Geschichte, Bloch habe bei ihm abgeschrieben. Worauf Bloch halb amüsiert, halb verwundert antwortet, daß er in der Tat die Geschichte gelesen und dann das aufgeschrieben habe, was ihm an ihr bedenkenswert erschienen sei. Erfinden von Geschichten sei seine Sache nicht.

Unterdessen hatte Bloch nur noch zweimal für das „Berliner Tageblatt“ geschrieben und Weihnachten 1929 den Literaturteil des Blattes in der „Weltbühne“ heftig kritisiert. Darin macht er sich höchst bissig über das Niveau von Buchbesprechungen her und zieht das Fazit: „Solche Literaturblätter sind aus eigenen Kräften korrumpiert; sie stehen unter dem Niveau des dümmsten und ahnungslosesten der möglichen Leser. Sie hindern, daß die paar Männer, die in Deutschland zur Buchkritik taugen, im Schlendrian der Besprecherei machtlos sind. Berlin hat nicht einmal die Presse, die es verdient.“ Dieser Verriß ließ nun das „Berliner Tageblatt“ nicht ruhen, man kramte in alten Bloch-Beiträgen, suchte und fand den Plagiatsvorwurf aus dem Jahre 1925 und schrieb: „Herr Bloch hat einen Namen, der uns nicht unbekannt ist. Wir erinnern uns dieses Namens, weil Herr Bloch bei einem Plagiat gefaßt worden ist.“ Kein Geringerer als Carl von Ossietzky nahm daraufhin in der „Weltbühne“ Bloch gegen das „Plagiatsgeschrei“ in Schutz. Immerhin hat die Affäre Bloch so beeindruckt, daß er den umstrittenen Text in die Erstausgabe der „Spuren“ nicht aufnahm; er erscheint erst in der erweiterten Ausgabe 1969.

Das hier zugrundeliegende Mißverständnis freilich liegt nicht allzu ferne. Schon bei Gershom Scholem und Walter Benjamin hatten wir den Vorwurf des Abschreibens gehört, und auch Blochs Nacherzählungen von chassidischen Geschichten können zu der Vermutung führen, Bloch hätte aus Martin Bubers Sammlung chassidischer Geschichten abgekupfert: In ihnen finden wir genau die Verbindung von Erzählung und Kommentar wie in Blochs „Spuren“, das „Merke“ ist für sie so typisch wie andererseits für Johann Peter Hebel, auf den Bloch sich ausdrücklich beruft (er nennt ihn den „allergrößten Geschichtenerzähler“) und von dem er einige Motive und die Erzählweise erbt: „Ein früher, alter Ton kommt herüber, bleibt bei uns. Er erzählt, aber wie, Hebel ist leicht, lebhaft, dicht, spannend, bedächtig in einem“ – dies kann ohne Gewalt zur Selbstbeschreibung Blochschen Erzählens umgemünzt werden. „Folgendes wurde blank erfunden, scheint auch nicht recht möglich.“ – „Ich kenne eine kleine, fast niedere, ostjüdische Geschichte, an der freilich der Schluß merkwürdig enttäuscht.“ – „Ich kenne keine schönere Geschichte des Scheidens, seiner genauen Wehmut, seines möglichen Untergangs oder aber der verträumenden Nachreife seiner Bilder als die von dem Maler, welche folgendermaßen beginnt.“ Solche Anfangssätze sind Hebelsch im besten Sinne wie die eingefügten Kommentare: „So etwas ist selten, doch kommt es vor und ergreift noch nachträglich.“ Dies alles ist bewußte Nähe zu einem Erzählstil, den Bloch genau und einfühlsam an Hebel beschrieben hat.

Man wäre also auf der falschen Fährte, wollte man den Urtexten solcher Geschichten nachspüren und Bloch des Plagiats überführen.Zu deutlich ist seine Absicht, nicht zu erfinden, sondern nacherzählend auszudeuten, zugängliche Beispiele für das anzuführen, was im eigentlichen Medium der Philosophie – selbst in der Blochs – so nicht gesagt werden kann, wobei das Wort „Beispiel“ selbst noch ungenau ist. Denn Bloch bringt in solchen Geschichten wie der vom „Dummen August“ nicht etwa Illustration eines philosophischen Lehrsatzes, sondern er erzählt die Sache selbst, erzählt vom Dunkel des Menschen im Bewußtsein seiner selbst, das auf ein mögliches „Inkognito von sich selber“ hindeutet, also nicht nur eine Unkenntlichkeit anderen, sondern sich selbst gegenüber. Aus solchen erzählten Situationen könnte dann gleichzeitig ein wenig von dem heraufdämmern, was der Mensch sein könnte, aber noch nicht geworden ist, dessen er nur ahnend, in solch merkwürdigen Übergangssituationen, im plötzlichen Staunen innewird. „Aus Begebenheiten kommt da ein Merke, das sonst nicht so wäre; oder ein Merke, das schon ist, nimmt kleine Vorfälle als Spuren und Beispiele. Sie deuten auf ein Weniger oder Mehr, das erzählend zu bedenken, denkend wieder zu erzählen wäre; das in den Geschichten nicht stimmt. Manches läßt sich nur in solchen Geschichten fassen, nicht im breiteren, höheren Stil, oder dann nicht so.“ Das „Spurenlesen kreuz und quer“ ist so eher ein Philosophieren in anderer Form als Erläuterung der Philosophie, oder, wie Hans Mayer sagt: „Blochs Geschichten sind selbst die Philosophie, statt sie paradigmatisch zu demonstrieren. Die Erzählform ist bereits der Inhalt.“

Der Kommentar als entbehrliche Grobheit.

Was zum Beispiel das mögliche Bewußtwerden des Dunkels des gelebten Augenblicks im Staunen anbetrifft, hatte Bloch immer wieder Annäherungen zu bringen versucht: „Ein Tropfen fällt, und es ist da; eine Hütte, das Kind weint, eine alte Frau in der Hütte, draußen Wind, Heide, Herbstabend, und es ist wieder da“, heißt es in „Geist der Utopie“. Mit solchen „Erläuterungen“ wird der Leser freilich allein gelassen, dies übrigens ganz bewußt: „Man ist hier entweder mit oder bleibt draußen. Man muß hier entweder bejahen oder verzichten. Denn gerade indem uns die Worte bloß anklingen, fern, von Vorstellungen kaum noch umspielt, und doch zugleich so, als ob wir mit in die Ferne genommen wären, sinnlich, symbolisch und nicht minder direkt erhöht, wird der Kommentar zur entbehrlichen Grobheit.“ Damit verzichtet Bloch darauf, einen Kern seiner Philosophie überhaupt zu vermitteln. Mit dieser elitären Einstellung gibt er sich später nicht mehr zufrieden, er sucht immer wieder neue Wege, dies Staunen zu erklären, führt dazu häufig eine Passage aus Hamsuns „Pan" an, die so endet: „Die ersten Regentropfen fielen. ›Es regnet‹, sagte ich. ›Ja, denken Sie nur, es regnet‹, sagte auch sie und ging bereits." Auch hier bleibt die Schwierigkeit, derlei einfach zu kommentieren, aber die in den „Spuren" gefundene Lösung des Weiterfabulierens eröffnet wenigstens die Möglichkeit, sinnlich mitgenommen zu werden, wie „Geist der Utopie" das gefordert hatte: „Ja, denken Sie nur, es regnet. Die das fühlte, plötzlich darüber staunte, war weit zurück, weit voraus. Wenig fiel ihr eigentlich auf und doch war sie plötzlich an den Keim alles Fragens gerückt. In der Jugend sind wir doch häufig so leer und rein gestimmt. Wir sehen zum Fenster hinaus, gehen, stehen, schlafen ein, wachen auf, es ist immer dasselbe, scheint nur in dem sehr dumpfen Gefühl: wie ist das alles doch unheimlich, wie übermächtig seltsam ist es, zu ›sein‹. Sogar diese Formel ist schon zu viel, sieht aus, als ob das nicht Geheure nur am ›Sein‹ läge. Denkt man sich aber, daß nichts wäre, so ist das nicht weniger rätselvoll. Es gibt keine rechten Worte dafür oder man biegt das erste Staunen um."

„Ja, denken Sie nur, es regnet."

So versucht also das „fabelnde Denken" einzufangen, was im Medium der Philosophie seinen schweren Gang hat, so auch in diesem Beispiel, das „Dunkel des gelebten Augenblicks" erzählerisch umspielend: „Sind wir matt, so merken wir erst recht nicht, was geschieht. Das erfuhr ein Mädchen, als es den Freund abholte, ihn nach langem wiedersah. Auf dem Weg nach Hause gab man ihr einen verspäteten Brief, den der Freund geschrieben hatte. Sogleich ließ das Mädchen den Freund beiseite und las die geschriebenen Worte, die ihr wichtiger waren als die eben gesprochenen. Unfähig, das Unmittelbare zu leisten, flüchtete sich das Mädchen in die Liebe als Brief. Floh das Erleben an sich, ging mitten darin in ein Äußeres über, in ein Erinnern oder bereits Gestelltes, das das unmittelbare Erleben ersetzte. Das war ihr leichter zu sehen als das Hier und Da, das nebelt und an dem wir uns nicht lange halten können."

Das Buch wurde von der *Kritik* freundlich aufgenommen, die „Frankfurter Zeitung" druckte eine ganzseitige Besprechung, aber Erfolg bei den *Lesern* hatten die „Spuren" nicht. Das merkte auch die „Frankfurter Zeitung", die ihre Kundschaft nach einem halben Jahr durch Siegfried Kracauer darauf hinweisen ließ, daß in diesem „noch viel zu wenig gelesenen Buch" nicht nur ein neues Schatzkästlein Hebelscher Art zu finden, sondern auch die Stimme des echten Revolutionärs zu hören sei – es hat wenig genutzt. 1934 beklagt Bloch, „daß von dem im September 30 erschienenen Buch bis Dezember 32 noch nicht hundert Exemplare verkauft worden waren. Der Absatz dürfte seitdem nicht gestiegen sein. Hiesige Kenner meiner übrigen Sachen kannten von den ›Spuren‹ nicht einmal den Namen." Und das ist ein schlimmes Indiz, denn seine „übrigen Sachen", *obwohl er mit ihnen berühmt geworden war,* liefen auch nicht so recht: „›Thomas Münzer‹ und ›Geist der Utopie‹ liegen seit 1925 völlig verschollen; es hat sich keinerlei tragende, lauttragende Atmosphäre darum gebildet."

Frühe Kritik am Faschismus

Aber das alles muß ihn nicht so sehr schmerzen; durch seine publizistische Tätigkeit ist er im Berlin der beginnenden Dreißiger eine bekannte Figur. Das Leben dort wird unterdessen immer turbulenter. Karola tritt 1932 in die KPD ein, Bloch steht der Partei zwar nahe, wird aber, entgegen einer weitverbreiteten Legende, kein Mitglied. Der Bankenkrach 1929 hatte die wirtschaftliche Lage erheblich verschärft, die Nazis errangen immer mehr Stimmen bei den Wahlen. Bloch hatte früh vor den Nazis gewarnt, als andere noch über die dummen, ungehobelten Braunhemden witzelten. Schon 1924 schreibt er: „Man ging zuerst wohl daran vorüber. Winkte ab, zuckte die Achseln über das hämische Pack, wie es vorkroch. Über die roten Plakate mit den faselnden Sätzen, aber dem klaren Schlagring dahinter. Was frühmorgens grob ans Bett trat, den Paß zu fordern, das schlug sich hier an den Säulen und langen Mauern als Partei an. Juden ist der Zutritt verboten." Im Publikum Hitlers erkennt Bloch den „treulosen Pöbel" wieder, der schon 1919 nicht den Weg zur deutschen Revolution ebnen half, sondern das Wiedererstarken der Reaktion möglich machte: „Das sind nicht nur verelendete Kleinbürger, wie sie bald diesem, bald jenem helfenden Mittel zulangen, das ist auch organisiertes Proletariat, nicht einmal relativ organisierbares, bei der Stange haltendes Lumpenproletariat, sondern durchaus nur Lumpenpack, die rachsüchtige, kreuzigende Kreatur aller Zeiten." Und – ebenfalls in schmerzlicher Parallele zu 1919 – ist es die Jugend, die den falschen Weg geht: „Siebzehnjährige brennen Hitler entgegen, Bierstudenten von ehemals, öde, im Glück der Bügelfalte schwelgend, sind nicht mehr zu erkennen, es hämmert ihr Herz. – Der Tribun Hitler ist zweifellos eine mächtige suggestive Natur, leider um gar vieles vehementer als all die echten Revolutionäre, die Deutschland 1918 zitierten".

Viele Elemente der späteren Faschismus-Analysen Blochs sind hier schon in bemerkenswerter Klarheit anzutreffen, vor allem dies: „Man unterschätze nicht den Gegner, sondern stelle fest, was so vielen eine psychische Tatsache ist und sie begeistert." Das ist für Bloch zum einen die verlogene, „windfängerische Kopie" des Sozialismus: „Bei den Kommunisten wie bei den Nationalsozialisten wird wehrhafte Jugend aufgerufen; hier wie dort ist der kapitalistisch-parlamentarische Staat verneint, hier wie dort wird die Diktatur gefordert, die Form des Gehorsams und des Befehls, der Tugend der Entscheidung statt der Feigheiten der Bourgeoisie, dieser ewig diskutierenden Klasse." Und schon 1924 erkennt Bloch, was es mit diesem reaktionären Antikapitalismus auf sich hat, den Hitler und die Seinen wie ein Banner vor sich hertrugen: „offener Betrug, um mittels des bloßen Gegensatzes zum Finanzkapital den sehr viel größeren Gegensatz zum Sozialismus zu verdecken." Diesen Gegensatz benennt er so: „Völkisch statt international, romantisch-reaktionäre Staatsmystik statt des sozialistischen Willens zum Absterben des Staates, zur Herabsetzung einer Maschinerie auf die Organisation des Unwesentlichen, Autoritätsglaube statt der in allem echten Sozialismus latenten letzhinigen Anarchie. – Hitler, Hitlerismus, Faschismus, ist die Ekstase bürgerlicher Jugend: dieser Widerspruch zwischen Kraft und Bourgeoisie, zwischen Ekstase und dem leblosesten Nationalismus macht die Bewegung zum Spuk." Womit sich Bloch aber durchaus nicht beruhigt, denn da das Proletariat „durch die mehrheitssozialistischen Führer" um seine eigene Revolution gebracht worden ist, ist ausgerechnet die Hitlerjugend „zur Zeit die einzige revolutionäre Bewegung in Deutschland", ein Zustand, der sich nach Blochs Einschätzung erst dann ändern wird, wenn „ein Erstarken des Proletariats aus der Unruhe das falsche Bewußtsein vertreibt." Dieser Prozeß vor allem hat ihn in den folgenden Jahren beschäftigt, er arbeitet intensiv an einer Faschismus-Analyse. Im November 1930 erscheint sein Aufsatz „zum ›Dritten Reich‹" in der „Frankfurter Zeitung", die Keimzelle seiner späteren Arbeiten zur „Originalgeschichte des Dritten Reiches". Schon hier versucht er, was später programmatisch für seine Analysen der Nazi-Ideologie wird, die nazistische Besetzung ursprünglich revolutionär gemeinter Begriffe aufzudecken und diese Begriffe wie ihre Inhalte für die sozialistische Propaganda zurückzugewinnen.

Blochs Lebensgefährtin seit Ende der 20er Jahre: Karola Piotrkowska.

1932 reisen die Blochs noch einmal nach Italien – Gardasee, Brescia, Verona, Venedig, Rom. Bloch will weiter nach Nordafrika: „Er kannte Tunis, Algier, Marokko – der Mahgreb zog ihn an", schreibt Karola Bloch. Sie aber will zurück nach Berlin, im Mai 1932 sind sie wieder zuhause. Die Situation hat sich inzwischen verschärft, es kommt mehr und mehr zu Straßenschlachten, die Braunhemden überfallen den „Roten Block". Karola stürzt sich in die Parteiarbeit, nimmt an Schulungen teil, macht Agitprop. Dabei lernt sie Georg Lukács kennen, der im Sommer 1931 im Auftrag des Bundes Proletarisch-Revolutionärer Schriftsteller von Moskau nach Berlin gegangen war, um dort Schulungen zu leiten – oder, von der anderen Seite gesehen, im Auftrag der Komintern die deutschen linken Schriftsteller auf Moskauer Linie zu bringen. Auf diese Weise trifft Karola Lukács recht häufig, unter anderem in einem literarischen Zirkel in seiner Wohnung. Er läßt zwar Grüße an Bloch ausrichten, will ihn aber nicht treffen. Die Entfremdung ist nach wie vor tief. In dieser hektischen, betriebsamen und kämpferischen Zeit begleitet Bloch die politischen Aktivitäten von Karola zwar mit Engagement und Interesse, betätigt sich selbst aber nicht direkt politisch, sondern ist nach der Erinnerung Karolas „öfters in Ludwigshafen bei den Freunden Max und Lene Hirschler. Das Berlin der damaligen Tage war ihm zu turbulent. Er brauchte Konzentration für seine Arbeit, die Pfalz war ruhiger für ihn und oft eine Oase."

Unterdessen war mit dem Sturz der Regierung Müller (SPD) die Weimarer Republik ihrem Ende nahe gekommen, die Zeit der Notverordnungen kam, man zählte sechs Millionen Arbeitslose, das Bürgertum rückte immer mehr nach rechts, die Nazis paktierten mit den Deutschnationalen. Am 30. Januar 1933 ernennt Hindenburg Hitler zum Reichskanzler, am 27. Februar, so erinnert sich Karola, läutet es in der Frühe. Johannes R. Becher kommt, um die Freunde zu warnen: Der Reichstag brennt. Karola kämmt schnell die Bibliothek durch, bringt verdächtige Bücher in Sicherheit, zwei Koffer mit Manuskripten Blochs werden auf den Dachboden gebracht. Die SA kommt, will mit Dr. Bloch sprechen, der ist auf Reisen. Man will den Dachboden sehen, und da Karola auch den Bodenschlüssel von Peter Huchel hat, schließt sie dort auf, und die SA-Leute sehen nicht viel mehr als eine Madonna, die bei den Huchels untergestellt war. „Madonna hat geholfen", sagte Ernst Bloch später.

Als die Nazis am 5. März 1933 legal an die Macht kommen, erfährt Bloch in Ludwigshafen davon. Karola: „Ich rief ihn an und bat ihn, sofort Deutschland zu verlassen und in die Schweiz zu gehen. Zum Glück gelang ihm die Flucht, obwohl er bereits steckbrieflich gesucht wurde." Bloch hatte sich bei den Nazis längst gründlich unbeliebt gemacht. Seine Schriften waren bekannt, er gehörte zu den exponierten linken Kritikern des „Dritten Reiches". Am 6. März 1933 erscheint – wiederum in der Zeitschrift „Das Tage-Buch" – sein Artikel „Über den deutschen Schulaufsatz", in dem es über die Darstellung sogenannter „freier" Themen heißt: „hier breitet sich ungeordnetes Nichtdenken aus (unter dem Schein des Gefühls), inhaltlose Allgemeinheit (unter dem Schein der eigenen Persönlichkeit); der ›freie‹ Aufsatz präpariert Hitler." Nichtdenken und Inhaltslosigkeit als Vorbereitung von Hitler – derlei mochten sich die Nazis nun nicht mehr bieten lassen.

Das „Tage-Buch" wird verboten, Bloch flieht am 6. März 1933 nach Zürich. „Weil ein Steckbrief gegen mich ergangen war, daß ich sofort verhaftet werden sollte wegen Verächtlichmachung der Reichsregierung." Da er aber fürchtet, in Basel durchsucht zu werden, bittet er eine Philosophie-Studentin aus Ludwigshafen, mit der er zu dieser Zeit offenbar ein Verhältnis hatte, das Manuskript von „Erbschaft dieser Zeit" über die Grenze zu bringen und ihm in Basel zu übergeben. Auf diese Weise, so erzählt Elisabeth Waldmann selbst, habe sie nicht nur das eine Manuskript, sondern einen großen Teil des Werkes für die Nachwelt gerettet. Zusätzlich brachte Karola, die noch bis April 1933 in Berlin blieb, die zwei Manuskriptkoffer vom Dachboden über die Grenze nach Zürich, so daß die weitere Ausarbeitung des Blochschen Werkes gesichert war.

Kapitel 6
1933 – 1938

Auf der Flucht vor den Nazis – das Exil als Lebensform

In der Schweiz wohnen Karola Piotrkowska und Ernst Bloch zunächst in einem Zimmer in Küsnacht am Zürichsee, ziehen dann in die Wohnung des Schriftstellers Hans Mühlestein in Zollikon, Bloch als Untermieter von Karola, weil die beiden nicht verheiratet und die Schweizer in derlei Dingen recht streng sind. Schon bald bildete sich ein Freundeskreis von deutschen und Schweizer Antifaschisten und Demokraten, obwohl das politische Klima für Emigranten aus Deutschland nicht besonders gut war. Bloch traf hier nicht mehr die Atmosphäre von 1919 an, in der Schweiz von 1933 gab es eine Nationale Front, offenen Judenhaß und politische und wirtschaftliche Kollaboration mit Nazi-Deutschland. Vorerst aber blieben die deutschen Emigranten unbehelligt; Karola fängt in Zürich ein Architekturstudium an, Bloch arbeitet weiter an „Erbschaft dieser Zeit".

Zu den Freunden zählte bald auch der Philosoph und Schriftsteller Joachim Schumacher, der mit Bloch Kontakt aufnahm, um Arbeitsmöglichkeiten für Siegfried Kracauer auszukundschaften. Am 19. September 1933 schreibt Bloch an Schumacher: „Sehr geehrter Herr Doktor, ist es Ihnen recht, so treffen wir uns im Café Terrasse an einem Fenstertisch oder wenigstens in der Nähe der Fenster. Schwierig ist nur die Identifizierung, wobei hinzukommt, daß mir selbst Zeichen nicht viel helfen, da ich ziemlich kurzsichtig bin. Hoffentlich sagt es Ihnen mehr, wenn ich mir etwas als meine Zeichen aussuche: daß ich einen Regenmantel anbehalte, reichliche, grauschwarze Haare, glattrasiert, längliches Gesicht, Hornbrille, Pfeife." Zum Erkennungszeichen Pfeife kam es dann nicht. Bloch rauchte eine Zigarre, weil er sich wegen einer Nikotinvergiftung ein paar Tage schonen mußte.

Schumacher, der Bloch schon seit Jahren als Autor von „Geist der Utopie" und der Aufsätze in der Frankfurter Zeitung schätzte, erlebte Bloch so: „bei aller Klarheit, Stärke, Lebendigkeit seiner Gesichtszüge, der Hände, der gesamten Haltung, empfand ich die große, völlig unselbstbewußte Ruhe seiner Energie, die Verbindung von Frohsinn und Strenge; nicht die geringste Eitelkeit; völlige Natürlichkeit, Direktheit, Wärme und Kraft der Person und ihrer Präsenz." Es entwickelte sich eine Freundschaft, die über lange Jahre hielt – trotz späterer politischer Differenzen.

Finanziell ging es Bloch auch jetzt noch nicht schlecht. Zwar hatte er Schwierigkeiten, Geld aus Deutschland herauszubekommen, aber immerhin war aus der Erbschaft von Else noch ein kleines Polster da, und Karola bekam von ihrer Familie regelmäßig einen Wechsel. Das Leben läßt sich recht angenehm gestalten, man hat Zeit und Geld für Reisen, gutes Essen und allerlei Unternehmungen, insgesamt sieht es danach aus, als könne man in der Schweiz die Emigration zwar nicht in Saus und Braus, aber doch letztlich unter ganz annehmbaren Bedingungen verbringen.

Aber die Schweizer Fremdenpolizei beobachtet die Emigranten von Anfang an mit Unmut: Sie machen kein Hehl aus ihrer antifaschistischen Einstellung, verkehren in der Züricher „Gesellschaft der Freunde der Sowjetunion", veröffentlichen weiter Politisches und verhalten sich insgesamt so, daß die Schweizer Behörden, ängstlich auf Wohlverhalten gegenüber Nazi-Deutschland bedacht, mit immer größerem Unbehagen reagieren.

Als Karola im Sommer 1933 während der Semesterferien in Ascona ihre Tasche liegen läßt, findet die Polizei Briefe von kommunistischen Freunden. Die beiden werden als Agenten der Komintern verhaftet, verhört, verbringen eine Nacht im Gefängnis von Ascona, eine weitere im Gefängnis von Bellinzona, werden dort zwar freigelassen, stehen aber fortan in Zürich unter Polizeiaufsicht. In Bern plant man, die beiden auszuweisen. Aber es gelingt, die Ausweisung bis zu Karolas Architektendiplom hinauszuzögern.

Im Sommer 1934 kommt die Ausweisungsverfügung der Berner Fremdenpolizei – ohne Begründung. Bloch sucht noch einmal um Verlängerung nach, die Fremdenpolizei antwortet: „Ihr Schreiben vom 28. August beantwortend, teilen wir Ihnen mit, daß Ihrem Ansuchen um Erstreckung der Ihnen ausgesetzten Ausreisefrist nicht entsprochen werden kann. Sie haben somit das Land auf den festgesetzten Termin zu verlassen.

Die Ihnen ursprünglich auf Zusehen hin eingeräumte Tolerierung wurde abgebrochen, weil Sie für die einwand-

Ungeliebte Gäste im zweiten Exil in Zürich.

„Kehre um Kehre abwärts" – der Maloja-Pass.

„Hier möchte ich ein Buch beenden" – Menaggio am Comer See.

freie Beobachtung der Toleranzbedingungen keine genügende Gewähr bieten. Hochachtungsvoll Eid. Fremdenpolizei."

Zum 15. September 1934 müssen Karola und Ernst die Schweiz verlassen. Wie ihnen erging es vielen, auch Joachim Schumacher und seine Frau werden bald darauf ausgewiesen. Die letzten Tage ihres Aufenthalts in der Schweiz machen die Blochs Urlaub, zuletzt in Maloja. Von dort aus reist Karola zu ihren Eltern nach Lodz, Bloch fährt den Maloja-Paß hinunter nach Chiavenna. Diesem Grenzübertritt verdanken wir eine seiner schönsten Reisebeschreibungen: „So geht die berühmte Straße steil abwärts. Kehre um Kehre zieht die alte Schlucht von Maloja herunter ins Bergell. Diese Abfahrt nach Italien dürfte die jäheste, dabei die fühlbarste und lebendigste sein. – Hindurch fallend voran geht die Fahrt, aber rückwärts geht die Jahreszeit: aus frühem Herbst in frühen August. Voller wird das botanische Orchester, füllt sich mit immer zugetaneren Stimmen, der Norden zieht ab und schmilzt in der weichen, schweren Luft des Mittags. Jetzt auch steigt die erste Zeder aus der Tiefe, die Wipfel heben sich und werden ein Dach."

Eine Zeitlang wohnt Bloch am Comer See in Menaggio, „das Bellagio gegenüber liegt; dort ist nachmittags keine rechte Sonne mehr. Dafür ein Hotelchen Corona, worin ich vorzüglich aufgehoben war und schön im Schatten, dieser philosophischeren Lichtart, meine Korrekturen lesen konnte. Zur Erholung fuhr ich dann Nachmittags von Zeit zu Zeit nach Bellagio, wärmte mich, erging mich in der Nietzschelandschaft, war allein und sublimierte mich. Jedenfalls erfüllt diese Gegend die Wünsche, die man bei der Durchreise hat: hier möchte ich ein Buch beenden."

Zwischenzeitlich geht er nach Mailand, wo er sich mit den Korrekturfahnen „ungenügend beschäftigt fand", wie Joachim Schumacher erzählt. Die Schumachers werden daher eingeladen; da es kalt und regnerisch ist, geht man einen Regenmantel für Bloch kaufen. Der Verkäufer, Blochs Italienisch nur unvollkommen verstehend, bringt einen Paletot. „Woraufhin die Szene nun buchstäblich opernhaft gerät, indem Bloch mit seinem phantastischen Gedächtnis auch für Verdi-Arien irgendeine Stelle mit großer, völlig unbefangener Bariton-Stimme herausdeklamiert und schauspielerisch zu erkennen gibt, daß er, als ein vielleicht nicht unbedeutender Anonymus auf der Durchreise, jedenfalls unerkannt bleiben wolle.

Sein Verdi-Gesang bringt von allen Seiten weitere Angestellte, Schneider und Ausbesserer auf den Schauplatz. Die Leichtigkeit, mit der Bloch diese so ganz und gar italienische Szene nicht nur einleitet sondern ausspielt, mit großen Gesten völlig unprivater Freude am Theatralischen, die Verknüpfung mit den auflachenden Zuhörern – das war nicht nur ein Stück italienischen Karnevals sondern echt Bloch-

Bloch in Mailand, Herbst 1934.

scher Chaplinade." Schließlich findet sich doch noch ein leichter Regenmantel zu herabgesetztem Preis, „Bloch behielt den Mantel gleich an und verließ mit uns die Szene – nicht ohne große Schlußgebärde und Abgesang, Applaus empfangend wie der Held vor dem Vorhang in der Oper."

Wirklich abgeschlossen wird „Erbschaft dieser Zeit" in Locarno, hier schreibt Bloch das Vorwort, das Buch kann nun endlich, nach langen Mühen, erscheinen. Zunächst hatte er das Manuskript beim Amsterdamer Emigrationsverlag Querido unterbringen wollen, aber Verleger Landshoff zeigte sich spröde. Bloch bittet Klaus Mann, dem er schon im Oktober 1933 das Manuskript geschickt hatte, um Vermittlung bei Landshoff. Er fürchtet, daß das Buch gar nicht erscheint: „Daher bin ich, gegebenenfalls, bereit, vorerst auf jedes Honorar zu verzichten, ja, mit dem bischen Geld, das ich noch habe, eine Art Risikoprämie zu übernehmen." Diese Art von Finanzierung scheint Landshoff gefallen zu haben, er wollte nun gleich die gesamten Druckkosten von Bloch erstattet haben, „als wäre ich ein kleiner Anfänger aus vermögendem Haus", wie Bloch empört an Klaus Mann schreibt. Er ist recht verzweifelt und bittet Mann, weiter zu vermitteln. „Fünfzig Bücher werden auch über dieses Buch einmal geschrieben werden; – nur jetzt findet es keinen Verleger." Schließlich aber bringt er das Manuskript beim Züricher Verleger Oprecht unter, der offenbar einen Mäzen für das Projekt gefunden hat. Allerdings läßt dann auch Oprecht mit den Korrekturfahnen auf sich warten, Bloch wird immer ungeduldiger. Als im Juni endlich die Korrekturen gelesen und wieder beim Verlag sind, ist er zuversichtlich, daß das Buch im September erscheint (und plant gleich ein neues mit dem Titel „Besetztes Gebiet im Irrationalen"). Im Juli hat sich der Erscheinungstermin schon auf Oktober verschoben, Mitte November beklagt er sich, daß das Buch noch immer nicht ausgeliefert ist.

Unterdessen hatten sich Karola und Ernst im Oktober 1934 in Wien wiedergetroffen, am 12. November heiraten sie dort. Joachim Schumacher über die Zeremonie: „Der Rabbiner, der die Zeremonie vollzog, antwortete auf die Bemerkung Blochs, er sei schon zweimal vorher verheiratet gewesen: ›Das ist ganz schriftgemäß; Salomon hatte tausend Frauen.‹"

Gleich am nächsten Tag hatte Karola Gelegenheit, eine von Blochs „Geschichten" mitzuerleben. Beim Spaziergang auf der Kärntnerstraße wird Bloch von einer Prostituierten begrüßt, Karola ist verwundert. Die Erklärung: „Am Tage vor unserer Hochzeit war er gleichfalls hier auf der Kärntnerstraße gegangen, als ihn die besagte Dame mit den Worten: ‚Quo vadis, domine?' begrüßte. Ernst war überrascht daß die Nutte ihn lateinisch ansprach und fing an, sich mit ihr zu unterhalten. Er sagte ihr, daß er zwar kein Interesse an ihr hätte, aber gerne eine Tasse Kaffee mit ihr trinken würde.

Wien, Oper, Kärntner Straße.

Im Café brachte er ihr dann einige griechische und lateinische Redewendungen bei, die ihr in ihrem Metier weiterhelfen sollten. Und ausgerechnet dieser Dame mußte er einen Tag nach seiner Hochzeit wieder begegnen! Mit Ernst erlebte man oft solche Geschichten."

Auch in Österreich beherrschten die Nazis allmählich die Straße, aber immerhin wurden unter dem Dollfuß-Regime keine Juden verfolgt, die Blochs konnten einigermaßen ruhig und angenehm leben. Schnell bildete sich ein Freundeskreis: Elias Canetti, Anna Mahler, der Komponist Ernst Krenek, der Bildhauer Fritz Wotruba.

Karola findet bald Arbeit in einem Architektenbüro, wo sie unter anderem einen Auftrag bearbeitet, den Paula Wessely und Attila Hörbiger erteilt hatten. Sie nimmt Kontakt zu österreichischen Kommunisten auf und bekommt recht bald von deutschen KP-Führern den Auftrag, Kurierfahrten nach Polen zu übernehmen, einigermaßen abenteuerliche Veranstaltungen: „Ernst war nicht sehr angetan von meinen gefährlichen Ausflügen, aber er hinderte mich nicht. Wenn ich wieder auf eine Reise ging, umarmte er mich bewegt und sagte: ›Du machst zu meiner Philosophie die Praxis.‹" Seine Philosophie, nämlich „Erbschaft dieser Zeit", war inzwischen endlich erschienen, aber das Publikum war gar nicht so wild darauf, wie Bloch angenommen hatte. Auf der einen Seite fehlte die deutsche Leserschaft – das Buch war nur illegal und getarnt ins Deutsche Reich zu bringen –, andererseits waren Rezensenten und Leserschaft im Exil nicht so zahlreich, daß eine große Verbreitung zu erwarten war.

Schon im Juni hatte Bloch Klaus Mann um einen Vorabdruck in dessen Amsterdamer Zeitschrift „Die Sammlung“ gebeten, es kam aber dann nur zu einer Rezension von Mann selbst. Weitere Besprechungen ließen auf sich warten. Joachim Schumacher versuchte zweimal vergeblich, eine Besprechung in den „Neuen Deutschen Blättern“ unterzubringen, Bloch gab ihm sogar konkrete Anweisungen, wie er diese Rezension aufzubauen habe: Den Akzent solle er auf Ungleichzeitigkeit legen, dann auf die Strawinski-Passage eingehen und den enzyklopädischen Anspruch Blochs herausarbeiten. Schumachers Text blieb zwar damals unveröffentlicht, ist aber 1975 zu Blochs 90. Geburtstag erschienen, und man kann sehen, daß Schumacher zumindest im ersten Punkt auf seinen Freund gehört hat. Allerdings gab es zwischen beiden auch Differenzen, vor allem was die Sprache des Buchs anbelangt, „eine fast zu gedrängte und mit lauter hohem Bildungsgut assoziierte“, wie Schumacher in der Rezension zurückhaltend anmerkt. Im Klartext war er fest davon überzeugt, daß Bloch mit seiner Darstellungsart nur noch eine kleine Intelligenzschicht innerhalb einer machtlos gewordenen Opposition erreicht. Aber Bloch wehrt sich entschieden gegen die Forderung nach Allgemeinverständlichkeit: „Geht doch das demokratisch-sozialdemokratische Verlangen nach Allgemeinverständlichkeit verdächtig gut mit ebensolchem Verlangen des Koofmich, also Verlegers zusammen, der seine Waren bequem verkaufen will.“ Bloch versteht sich als philosophischer Spezialist, der seine Ware nicht unbedingt an jedermann verkaufen muß: „Es geht mir keineswegs durch und durch, wenn ein Prolet sagt, er verstünde kein Wort.“ Vor allem „Erbschaft dieser Zeit“, in dem ja gerade eine gute, volksnahe Propaganda-Sprache gefordert wird, ist nach Blochs Meinung für Popularisierung recht ungeeignet: „Mit Fibelton wäre hier nicht Verständlichkeit, sondern platter, enger, schaler Unsinn entstanden.“

Diese Debatten aber bleiben weitgehend privat, erst 1936 erscheint die nächste Rezension, und zwar von Blochs Jugendfreund Friedrich Burschell, hier und da ist das Buch in der österreichischen und Schweizer Tagespresse vermerkt. Bloch versteht die Unlust der Welt an seinem Buch nicht: „Wie ist es möglich, daß der Problem- und Sachgehalt der ›Erbschaft dieser Zeit‹ ein halbes Jahr nach Erscheinen des Buchs weder in der kleinen noch in der großen Diskussion über die Situation des Geistes unserer Zeit eine Rolle spielt?“ Im März 1935 schreibt er: „Vom Buch sollen etwa 600 Exemplare in den Handel gekommen sein. Kritiken sind noch kaum erschienen.“ Erst 1936 schöpft er Hoffnung, daß die Karriere von „Erbschaft dieser Zeit“ nunmehr beginne. Daß Bloch so auf den Erfolg seines Buches drängte, ist verständlich. Er hatte schon in „Thomas Münzer“ versucht, den Zusammenhang zwischen frühchristlichen Utopien, Messianismus, Mystik und konkreten politischen Revolutionen in die aktuellen politischen Kämpfe einzubringen – ohne Erfolg. Er hatte schon früh das Phänomen des Hitler-Faschismus ernst genommen, zuerst in seinem zentralen Aufsatz über „Hitlers Gewalt“ 1924 (s.o., S. 122), dann auch zu anderen, eher abseitigen Anlässen. Dies alles ist aber nicht der Hauptschlag gegen den Faschismus, den hebt sich Bloch für eine Gesamtanalyse auf, und die soll eben „Erbschaft dieser Zeit“ sein. Als das Buch dann endlich erscheint, ist die braune Pest längst ausgebrochen, die Arbeiterbewegung hat genau die Fehler auf die Spitze getrieben, die Bloch im Buch warnend analysiert. Allerdings bleibt noch ein wenig Hoffnung. Als er 1934 in Locarno das Vorwort schreibt, bereitet die Kommunistische Internationale gerade eine Kurskorrektur vor, die im Oktober 1934 verkündet wird und Blochs Vorstellungen recht nahe kommt. So kann er im Vorwort noch formulieren: „Die Zeit fault und kreißt zugleich. Der Zustand ist elend oder niederträchtig, der Weg heraus krumm. Kein Zweifel aber, sein Ende wird nicht bürgerlich sein.“

Das nämlich ist für ihn klar: Der Faschismus soll besiegt werden, der Sieger soll „proletarische Revolution“ heißen. Wir hatten schon in der zweiten Ausgabe von „Geist der Utopie“ (1923) und in folgenden kleineren Arbeiten eine Präzisierung des Blochschen Verhältnisses zum Marxismus beobachtet, spätestens jetzt können wir von einer Hinwendung zum Marxismus sprechen; wo er früher noch allgemeiner von Sozialismus gesprochen und den Sozialismus Marxens und seiner Anhänger eher argwöhnisch betrachtet hatte, steht jetzt das klare Bekenntnis: „Der Tenor dieser Blätter, der Standort, von dem untersucht wird, ist des näheren marxistisch.“

Das bringt auch mit sich, daß die Voraussetzungen des marxistischen Revolutions- und Geschichtsverständnisses nicht mehr ausdrücklich und systematisch untersucht werden. Sie sind Grundlage von Blochs Analysen, nicht deren Gegenstand. Nur gelegentliche Nebenbemerkungen gehen auf diese Voraussetzungen noch ein, etwa wenn Bloch die Notwendigkeit einer proletarischen Revolution damit erläutert, daß „die proletarische Befreiung und damit, letzthin, die aller Menschen nur das Werk der Arbeiterklasse selbst sein kann.“

So ist für Bloch auch selbstverständlich, daß die Nazis „fürs Kapital, das sie rief“, die Aufgabe übernommen haben, den wahren Charakter des Faschismus, seine kriegsvorbereitende Politik und das Interesse von Industrie und Großkapital daran zu verschleiern, so selbstverständlich wie die Feststellung, daß diese Phase des Kapitalismus seine letzte, daß das ihn tragende Bürgertum eine untergehende Klasse ist. Soweit stimmt Bloch mit der offiziellen Ideologie der KPD, der er zwar nie angehörte, aber nahe stand, überein. Aber das alles interessiert ihn nicht so sehr; für ihn ist darüberhinaus die Frage wichtig, wie denn nun der Untergang dieser Welt, der den Weg zum Sozialismus ebnen soll, zu bewerkstelligen wäre. Denn daß dies kein quasi-automatischer Prozeß sein kann, hatte Bloch schon in „Thomas Münzer" betont, und hier unterscheidet sich Bloch vehement von der offiziellen Partei-Linie. Die KPD nämlich hatte, je bedrohlicher Macht und Einfluß der Nazis wurden, immer überzeugter erklärt, nun sei der Faschismus am Wendepunkt angekommen, der Absturz ins Verderben stehe kurz bevor, so als gebe es einen weltgeschichtlichen Fahrplan, auf den man sich verlassen könne. Unterdessen beschäftigten sich die Kommunisten damit, mögliche Bündnispartner zu vergraulen, die SPD wurde zum Hauptfeind auserkoren, die Sozialfaschismustheorie aufgestellt, all das in bester Übereinstimmung mit der Komintern-Politik. Leo Trotzki hat diese Politik so beurteilt: „Sie registriert nur die Niederlagen. Ihre Resolutionen und übrigen Dokumente sind nicht mehr als Photographien der Rückseite des geschichtlichen Prozesses."

Demgegenüber will Bloch wissen, wie der ständig wachsende Erfolg der Nazis zu erklären ist, wie die kommunistische Propaganda zu arbeiten hat, um die Volksmassen nicht zu Hitler laufen zu lassen. Seine Überlegung: „Es geht nicht an, dicke Bücher über den Nationalsozialismus zu schreiben, und nach der Lektüre ist die Frage, was das sei, das so auf viele Millionen Menschen wirke, noch dunkler als zuvor." Zwar ist auch er der Meinung, daß die Faschisten durch Betrug und Verführung zum Erfolg kommen, doch mit dieser Erklärung will er sich nicht zufrieden geben. Denn die Betrogenen, eine wachsende Zahl von Deutschen aus allen Schichten, können nicht allesamt dumm, gemein, roh wie die Nazis sein, in dieser Betrügbarkeit und Verführbarkeit steckt nach Blochs Meinung „ein Stück älteren und romantischen Widerspruchs zum Kapitalismus, mit Vermissungen am gegenwärtigen Leben, mit Sehnsucht nach einem unklar anderen." Wie dies zu verarbeiten sei, versucht Bloch in der *Theorie der Ungleichzeitigkeit* darzustellen.

„Vermissungen am gegenwärtigen Leben."

Darüberhinaus interessieren ihn aber auch die ideologischen Produkte der bürgerlichen Gesellschaft, die nach kommunistischer Theorie mit Volldampf in ihren eigenen Untergang fährt. Für Bloch kann das, was eine solche Gesellschaft an Kunst, Wissenschaft, Philosophie produziert, nicht sämtlich Dekadenz sein, hier stecken Merkwürdigkeiten, auf die geachtet werden muß: „Gerade hier ist der Reichtum einer brechenden Zeit groß, einer auffallenden Mischzeit von Abend und Morgen in den zwanziger Jahren." Diesen Komplex versucht Bloch in seiner *Theorie des kulturellen Erbes* zu verarbeiten.

Bloch hat von vornherein gewußt, daß ein solches Unternehmen verdächtig sein muß; deshalb grenzt er sich auch vorsorglich gegen ›sozialdemokratische Verwässerung‹ und ›trotzkistische Quertreibereien‹ ab und befindet: „was die

Partei vor dem Hitlersieg getan hat, war vollkommen richtig, nur was sie nicht getan hat, das war falsch." Diese Fehler will Bloch analysieren, damit sie künftig vermieden werden. Zu diesem Zweck geht er auf Entdeckungsreise durch die 20er Jahre, eine politisch wie wirtschaftlich unsichere Zeit, in der die Unterhaltungsindustrie für Ablenkung sorgt: Zerstreuung und Rausch, die Atemlosigkeit des Lebens vor allem in der Hauptstadt Berlin sind Blochs Themen, er berichtet vom Alltag des Klein- und Mittelbürgers, von Muff, Klatsch, Stammtisch, Kitsch, eine Internationale Dauer-Marathon-Tanzmeisterschaft ist für ihn ein ebenso bemerkenswertes Zeit-Zeichen wie die Rassenideologie der Nazis. Das ist nun eher ein Kaleidoskop, keine zusammenhängende Darstellung der 20er Jahre, gleichsam soziologisch aufgemacht. Bloch hat „Erbschaft dieser Zeit" aus Anlaß geschrieben, er nennt das Buch selbst ein „Handgemenge", er hat vorher erschienene Aufsätze übernommen, insgesamt handelt es sich um eine Sammlung von Impressionen, Feuilletons, Essays, die um das Zentrum der Theorie der Ungleichzeitigkeit und des kulturellen Erbes gebaut sind.

„Handgemenge" mit den 20er Jahren.

Paradebeispiel für eine gesellschaftliche Gruppe, die in den 20er Jahren die allgemeine politische Unsicherheit und die Orientierungslosigkeit des Bürgertums repräsentiert, sind für Bloch die Angestellten. Der Angestellte ist – wie bei Siegfried Kracauer – der Prototyp dieser Zeit, er „entspricht ganz dem Bild, das sich die Herren aus ihm machen, das er aus sich machen läßt."

Bloch weist darauf hin, daß die Zahl der Angestellten sich in der gleichen Zeit verfünffacht hat, in der die Zahl der Arbeiter sich nur verdoppelt hat: „doch ihr Bewußtsein hat sich nicht verfünffacht, das Bewußtsein ihrer Lage gar ist völlig veraltet." Sie fühlen sich immer noch, wie vor dem Krieg, als bürgerliche Mitte, dabei sind die längst proletarisiert. „Mit einem Pflichtgefühl, woran es nichts zu nagen und zu beißen gibt, polieren sie noch ihre Ketten vaterländisch." Schlimmer noch: Ein Großteil der Angestellten, mit noch ständischer Ideologie, bilden eine „Art Stammgruppe" der Nazis. Sie begehren zwar gegen ihre Abhängigkeit und wirtschaftlichen Abstieg auf, aber nicht als unterdrückte Klasse, sondern als Stand, der bessere Zeiten gesehen hat. Diejenigen aber, die ihre Lage vielleicht erkennen könnten, sollen gar nicht erst auf den Geschmack kommen, dafür gibt es allerlei Zerstreuung: „Cafés, Filme, Lunapark weisen dem Angestellten die Richtung, die er zu gehen hat: – Zeichen, viel zu überbeleuchtet, als daß sie nicht verdächtig wären, der wahren Richtung auszuweichen, nämlich der zum Proletariat." Das Ladenmädchen imitiert die Dame aus dem Film, der Angestellte den Herrn mit steifem Hut und Schnurrbärtchen. „Die Herren kommen wie aus Operetten", hatte Ernst Blaß dazu gesagt.

Wetterwinkel in der künftigen Volksfront

Eine solche Haltung nennt Bloch „Ungleichzeitigkeit", sie stellt er auch bei anderen Schichten fest. „Gleichzeitig" ist nach dieser Theorie ein Bewußtsein, das auf der Höhe der Zeit ist. „Ungleichzeitig" nennt Bloch eine gegenwartskritische Haltung, die sich aus dem Festhalten an alten Produktions- oder Kulturformen speist: etwa in der *Jugend* als romantische Schwärmerei gegen die allzu nüchterne, sachliche Gegenwart, im *Bauerntum* als Bodenständigkeit und Naturgebundenheit gegen die technische Entwicklung, im *bürgerlichen Mittelstand* als Sehnsucht nach den alten Zeiten gegen den gesellschaftlichen Abstieg ins Proletariat. Dies ist subjektiver Widerspruch gegen eine als ungemäß empfundene Realität, ein Widerspruch, der aber aus objektiven Verhältnissen kommt. Bloch geht dabei zurück auf eine Bemerkung von Marx, der bei der Entwicklung der kapitalistischen Produktion ein Mitwachsen alten Erbes feststellte, die „Fortvegetation altertümlicher, überlebter Produktionsweisen, mit ihrem Gefolg von zeitwidrigen, gesellschaftlichen und politischen Verhältnissen." Bloch geht weiter: Aus diesem Weiterwirken älterer Produktionsweisen und gesellschaftlicher Verkehrsformen erwächst auch ein Denken, Fühlen, Handeln, das aus vorkapitalistischen, vorindustriellen Zeiten weiterlebt. Diese Bewußtseinsformen können nun schlicht fortschritts- und technikfeindlich sein, rückständig und reaktionär – so die offizielle Linie der kommunistischen Propaganda. Aber solches Bewußtsein kann auch unterdrückte, unabgegoltene Vergangenheit enthalten, Wünsche und Sehnsüchte, die von sozialistischer Politik ernstgenommen werden müssen. Die kommunistische Propaganda macht nach Bloch den entscheidenden Fehler, diese Wut gegen die Gegenwart, den romantischen Antikapitalismus, den Zorn auf die Kälte des Maschinenzeitalters den Verführungen der Nazis zu überlassen. Er hat nämlich beobachtet, und das ist ein Hauptthema von „Erbschaft dieser Zeit", daß die Nazis solch ungleichzeitiges Bewußtsein ganz geschickt ausnutzen und mit ihren reaktionären Inhalten füllen, auch weil die Kommunisten ihnen kampflos das Feld überlassen. Dagegen Bloch: „Die Ungleichzeitigkeit vieler Impulse, Reaktionen und Reaktionsbasen ist der ›Wetterwinkel‹ in der künftigen Volksfront; nichts wichtiger daher, als ihn studiert zu haben, als ihm nicht naiv und lediglich von außen her oder oben herab gegenüberzustehen."

Daher will Bloch Begriffe für die politische Propaganda retten, die von den Nazis besetzt wurden, und dabei kennt er kaum Grenzen: Nicht nur Volk, Nation, Vaterland, Heimat, Boden, auch den Begriff Führer will er den Fängen der Nazis wieder entreißen, ja sogar das „Dritte Reich" erklärt Bloch zu heimatlichem Gebiet, das zurückzuerobern wäre. Das klingt nun sehr wagemutig, auch sinnlos und schädlich: Was soll man mit derart mißbrauchten Wörtern, mit Begriffen, die schon zu „Markenzeichen" für die Reaktion geworden sind, in der kommunistischen Propaganda anfangen? Richtet man damit nicht mehr Schaden an?

Bloch hat dieses Problem zwar gesehen, aber er hat auch erkannt – als einer der wenigen, wenn nicht als einziger marxistischer Analytiker des Faschismus –, daß die faschistische Besetzung von Begriffen wie Revolution, Volk, Arbeiterschaft die Menschen wirklich täuschen konnte. Diese Täuschung war ja so perfekt, daß bis heute in der politischen Diskussion nicht nur im Bierdunst des Stammtischs, sondern auch von Volksvertretern und Kabinettsmitgliedern der von den Nazis inszenierte Unsinn der Parallelisierung von Nationalsozialismus mit Sozialismus und Kommunismus mit dem Anspruch auf Ernsthaftigkeit vertreten wird. Bloch hat gewußt, was es bedeutet, Signifikantes preiszugeben, und zwar deshalb, weil er gewußt hat, wie solche Begriffe und ihre Inhalte die Menschen ansprechen. Seine Theorie, daß in revolutionären Bestrebungen bestimmte mythische, auch mystische Bestände immer wieder mitschwingen, ja gegebenenfalls motivierend eingreifen können, wird von den Nazis und ihren Anhängern ja auf vertrackte, fatale Weise bestätigt. Und so begibt sich Bloch eben ganz bewußt in vermeintliches „Feindesland", um den Nazis sogar den Begriff „Drittes Reich" wieder zu entreißen, denn er weiß: „das bloße Wort schon hüllt den Kleinbürger ahnend ein." Bei einem solchen Wort leuchten alte Bilder auf, die in bestimmten Überlieferungszusammenhängen unvergessen sind: „Der Terminus ›Drittes Reich‹ hat fast alle Aufstände des Mittelalters begleitet, es war ein leidenschaftliches Fernbild, und führte ebensoviel Judentum wie Gnosis mit sich, ebensoviel Revolte der Bauernkreatur wie vornehmste Spekulation. – Heute lebt davon nur die Phrase, doch im selben Maß wie die Not in den alten Schichten gestiegen ist, auch wie Bierdunst explosibel wurde, hat die Phrase gezündet, und ein Geisterzug pervertierter Erinnerungen zieht durchs halbproletarische ›Volksgedächtnis‹."

Demgegenüber zieht Bloch die begriffliche wie inhaltliche Linie „Drittes Reich" von Joachim di Fiore bis zu Lessing, eine Linie, die man seiner Meinung nach hätte revolutionär und sozialistisch besetzen, ›dialektisch verwandeln‹ müssen, um gleichsam den Anschluß an gelebte Utopie – so unterirdisch auch immer sie weiterlebt – nicht zu verpassen. Aufgabe der KPD und ihrer Propaganda wäre die „Verwandlung mythischer Anfänge in wirkliche, dionysischer Träume in revolutionäre" gewesen. Dies versäumt zu haben, schreibt Bloch einem „allzu üblichen Vulgärmarxismus" zu: „Große Massen Deutschlands, vor allem die Jugend (als stark organisierter und mythisch verflochtener Zustand), konnten schon deshalb nationalsozialistisch werden, weil sie der Marxismus, der sie deutet, nicht zugleich auch ›bedeutet‹." Und gegen das gängige Argument, der wissenschaftliche Sozialismus habe doch gerade das Irrationale zu bekämpfen: „der

Erfolg der nationalsozialistischen Ideologie quittiert, seines Teils, den allzu großen Fortschritt des Sozialismus von der Utopie zur Wissenschaft; er war bei Engels völlig anders gemeint." Das heißt also: Was Bloch schon in „Geist der Utopie", dann prägnanter, weil stärker auf die zeitgenössischen revolutionären Strömungen bezogen, im „Thomas Münzer" zu bewerkstelligen trachtete, ist nicht begriffen worden, und für diese Ignoranz stellen ausgerechnet die Nazis den Kommunisten jetzt die Quittung aus – man wird ermessen können, wie schmerzlich zentral dieses Thema für Bloch war und blieb.

In diesem Zusammenhang macht er den Kommunisten auch den Vorwurf, daß sie die Nazis nicht ernst genug nehmen. Die Hoffnung, „daß die SA-Proleten und ein Teil der anderen Pauperisierten kommunistisch landen", hält Bloch zumindest für verfrüht, allein schon deshalb, weil zwar der angebliche Antikapitalismus der Nazis sich als Trug herausstellen könnte, der angebliche Kampf gegen den Mechanismus des Industriezeitalters aber nicht so leicht, weil man Marxismus und Kommunismus selbst als mechanistisch hinstellen kann. Wie geschickt das die Nazis verstanden haben, erläutert Bloch 40 Jahre später so: „Ich war einmal im Sportpalast, es war kurz vor dem Sieg Hitlers, wo zwei Propagandisten gesprochen haben, ein Kommunist und ein Nazi. Es gab zwischen den beiden Herren einen höflichen Wettstreit, wer zuerst sprechen soll. Der chevalereske – scheinbar chevalereske – Nazi hat den Kommunisten gebeten, zuerst zu sprechen, was der als Auszeichnung empfunden hat, der Dummkopf; und fing nun an zu reden. Da kam alles vor: der Grundwiderspruch und die Durchschnittsprofitrate, die schwierigsten Partien aus dem *Kapital* und immer neue Zahlen. Die Versammelten aber verstanden kein Wort und hörten ihm sehr gelangweilt zu. Der Beifall war mäßig und mehr als matt. Dann kam der Nazi, der sprach am Anfang sehr höflich: ›Ich danke dem Herrn Vorredner für seine lichtvollen oder für die meisten hier nicht so sehr lichtvollen Ausführungen. Und daraus können Sie schon etwas gelernt haben, bevor ich gesprochen habe. Was tun Sie denn, soweit Sie zum Mittelstand, zum kleinen Mittelstand gehören, in Büros arbeiten, z.B. als Buchhalterinnen oder Buchhalter – was tun Sie denn den ganzen Tag? Sie schreiben Zahlen, addieren, subtrahieren usw., und was haben Sie heute gehört von dem Herrn Vorredner? Zahlen, Zahlen und nichts als Zahlen. So daß der Satz unseres Führers wieder eine neue Bestätigung gefunden hat, von einer unerwarteten Seite: Kommunismus und Kapitalismus sind die Kehrseiten der gleichen Medaille.‹ Dann eine wohleinstudierte Pause. Als die zu Ende war – sie hat ziemlich lange gedauert –, reckte sich der Bursche auf, in Nachfolge Hitlers hat der das gemacht, warf mit einem Mal die Arme in die Höhe und schrie mit Stentorstimme ganz langsam ins Publikum hinein: ›Ich aber spreche zu Euch in höherem Auftrag!‹ Sofort war der Stromkreis geschlossen: der Übergang zu Hitler."

Demgegenüber hebt Bloch die propagandistische Arbeit von Leuten wie Bruno von Salomon hervor, der mit Texten von Münzer und Büchner in Thüringen und Hessen über Land gezogen sei und so mit den Menschen in einer Sprache gesprochen habe, die sie noch verstanden, in der sie selbst, ihr Leben, ihre Geschichte vorkamen.

Die Erbtante muß erst tot sein

Bloch will aber nicht nur auf dem Gebiet der politischen Propaganda nach dem Rechten sehen, dem rechten sozialistischen Erbe, sondern auch andere Bewußtseinsformen daraufhin prüfen, was sie an möglicher Erbmasse tragen. Das trifft zunächst – ein altes Thema für ihn – auf Märchen, Sage, Kolportage zu, hier findet Bloch allemal unabgegoltene Vergangenheit: „Benjamin bereits gab dazu Fingerzeige; auch die ›Spuren‹ haben gelehrt, was es mit Stoff nebenbei, mit allerhand kleinen Geschichten, Märchen und Items an Wundern des Teiches auf sich hat. Die Berauschung geschieht nur um der Lüge willen; doch der Jahrmarkt in ihr, die Glücks-Kolportage, der Gang zu den ›Anfängen des Lebens‹, gar der Waldrausch, Meerrausch des Pan tragen, wider die Absicht, rebellische Zeichen. Und die bleibende Bedeutung dieser romantisch bezeichneten Gehalte enthüllt sich nicht selbst romantisch, sondern nur aus der Intention des Ungewordenen, noch nicht Gewordenen, kurz, nicht aus der gehaltenen Vergangenheit, sondern aus dem eingehaltenen Weg der Zukunft."

Und auch die Gegenwart soll dem Zugriff des sozialistischen Erbes dienen. Bloch mustert in „Erbschaft dieser Zeit" nicht nur den von den Nazis besetzten Bereich, nicht nur Mythisches, längst Vergangenes, er will eben auch die Erbschaft *seiner* Zeit antreten, will das zeitgenössische Bürgertum, seinen Alltag, seine Kultur, Kunst, Wissenschaft, Philosophie inspizieren. Daß das Bürgertum eine untergehende Klasse ist, bedarf für Bloch – wie gesehen – keiner Frage. Er will den Absturz, Einsturz dieser bürgerlichen Welt gleichwohl beobachten und nicht einfach aus seinen Betrachtungen ausblenden, weil das alles „Fäulnis" und „Dekadenz" sei. Dabei spricht er ausdrücklich von einem Beutezug, davon, daß man den Feind ausrauben müsse, oder: „Gewiß muß die Tante erst tot sein, die man beerben will; doch vorher schon kann man sich sehr genau im Zimmer umsehen."

Ihn interessiert dabei zum einen das bürgerliche Bewußtsein: Die Zerstreuungs- und Ablenkungsmanöver der Kulturindustrie, Literatur als Ausdruck der Verwirrung der Zeit, Wissenschaft als Sachwalter von Verunsicherung und Sorge. Es kommt ihm dabei nicht bloß auf die Entlarvung einer bürgerlichen Ideologie an, die den Niedergang ihrer eigenen

Klasse zwar zumindest ahnt, aber nicht wahrhaben will; sondern ihm geht es um das, was auch an diesen Bewußtseinsformen zu erben ist, welchen Überschuß über bloße Klassenideologie sie produzieren. „Trägt das untergehende Bürgertum, eben als untergehendes, Elemente zum Aufbau der neuen Welt bei, und welche sind, gegebenenfalls, diese Elemente?" Auf diese Frage gibt Bloch nirgends eine definitive Antwort, er stellt keinen Katalog der positiven Erbmasse auf. Es geht ihm zunächst um das *Problem* des Kulturerbes, weil andere Marxisten gerade auf diesem Gebiet allzu fertige – negative – Lösungen parat haben; gegen diese Lösungen fragt er immer wieder an. „Die Frage lautet: Kann nichts geerbt werden? Oder ist es nicht einfach so, daß hier der Lack der schönen Oberfläche springt, daß man etwas sieht und merkt, das in der revolutionären Zeit ohnehin, aber auch in der großen sogenannten Glanzzeit einer Gesellschaftsperiode nicht sichtbar war, weil es dort unter der schönen Zurichtung, unter dem riesigen ästhetischen Gehabe und dem Schein versteckt war? Jetzt springt dieser Lack und sonderbare Dinge erscheinen, die nie sichtbar waren und auch viel zu entlegen schienen, um sichtbar zu sein." So führt Bloch die Montage-Technik in Malerei und Literatur als Beispiel dafür an, daß Dinge, die in der üblichen Ordnung nichts miteinander zu tun haben, plötzlich dicht zusammenrücken, daß andererseits die in der üblichen Ordnung zusammengefügten Dinge auseinanderreißen. Er zitiert die Verfremdungs-Technik, die den üblichen Scheincharakter der Kunst bewußt zerstört, er nennt Schriftsteller wie Joyce, Kafka, Proust, die recht genau Rechenschaft ablegen über die tatsächliche Entfremdung der bürgerlichen Ordnung, die eben nicht mehr in Ordnung ist.

An solchen Stellen wird deutlich, wie sehr „Erbschaft dieser Zeit" immer wieder auch eine Auseinandersetzung mit Georg Lukács ist. Lukács hatte die These vertreten, daß die jeweils letzte kapitalistische Maschine notwendig die beste, die höchstentwickelte ist. Das jeweils letzte Kunstwerk aber drückt nach Lukács nur immer hoffnungsloser die Fäulnis der untergehenden kapitalistischen Gesellschaft aus. Das würde aber heißen, so Bloch, daß Picasso, Strawinsky, Schönberg, Eisler, Bartók, Dos Passos, Brecht, Einstein, Planck, Heisenberg, Bohr einfach nur Dekadenz wären, daß an ihnen sozusagen nur Abbild der bürgerlichen Katastrophe, nicht Weiterweisendes gefunden werden könnte. Das aber will Bloch, er will nachsehen, was diese Künstler und Wissenschaftler in der Zeit des Niedergangs schon an Aufbruch, an Vorwärtsrichtung zu bieten haben.

Im Sommer 1935 entschließen sich die Blochs auf Anraten von Freunden in Paris, nach Frankreich zu gehen, weil die Nazis auch in Österreich immer stärker wurden. Sie verbringen noch einen Urlaub in Jugoslawien, fahren anschließend nach Venedig, wo sie auf Geld von Oprecht aus Zürich war-

ten, von Venedig dann nach Paris. Dort wohnen sie zunächst im Hotel Helvetia am Jardin du Luxembourg, einem der vielen Emigranten-Hotels im Paris dieser Jahre. Alfred Kantorowicz und seine Frau leben dort, Johannes R. Becher und andere Bekannte und Freunde aus Deutschland. Zu dieser Zeit sind auch Walter Benjamin und Siegfried Kracauer in Paris, beide in großer Armut, das Verhältnis Blochs zu Benjamin ist, nicht zuletzt wegen „Erbschaft dieser Zeit", gespannt (s.o., S. 104).

1935 in Paris.

Das Brot der Emigration: Gänsebraten

Die Blochs kamen kurz vor dem „Internationalen Kongreß zur Verteidigung der Kultur" (21. – 25. Juni 1935) in Paris an. Aldous Huxley, John Dos Passos, Sinclair Lewis, Romain Rolland, André Gide, Heinrich Mann, Thomas Mann, Bert Brecht – was Rang und Namen hat in der zeitgenössischen internationalen Literatur, ist auf diesem Kongreß vertreten. Blochs Vortrag („Dichtung und sozialistische Gegenstände") richtet sich gegen die „Sorge der Dichter", der Marxismus trockne die Phantasie aus, stünde der dichterischen Subjektivität argwöhnisch, ja feindlich gegenüber: „er öffnet der Dichtung Tore, wo spätkapitalistische Öde, Einsamkeit, Richtungslosigkeit drängen." Dies vor allem in der Sowjetunion, wo „die Literatur an ihrem Stoff, einem wirklichen Frühstoff, eher ertrinken als verdursten könnte." Schon hier nimmt Bloch innerhalb der linken Intelligenz der deutschen Emigration eine besondere Position ein: Gegen den Argwohn vieler Sympathisanten angesichts der Entwicklung in der Sowjetunion hält er den Anspruch des Marxismus auf Betonung des schöpferischen Individuums und die Hoffnung auf die Sowjetunion als Verwirklichung des Sozialismus aufrecht. Vor dem Schriftstellerkongreß entwikkelt Bloch auch zum erstenmal ausführlicher seine Theorie vom Vor-Schein-Charakter der Kunst: Kunst und Literatur, wenn sie denn bedeutend sein wollen, sind dem dialektischen Prozeß verpflichtet, und das heißt auch, daß sie dem verpflichtet sind, was in diesem Prozeß aus sich heraus, über sich (als Gegenwart) hinaustreibt: „denn die Wahrheit ist nicht Abbildung von Fakten, sondern von Prozessen, sie ist letzthin die Aufzeigung der Tendenz und Latenz dessen, was noch nicht geworden ist und seinen Täter braucht."

Kunst ist, als Zuendetreiben des Prozesses, Vor-Schein dieses Noch-Nicht-Gewordenen, und „der subjektive Faktor des Dichterischen ist dem künstlerischen Vor-Schein dann der Geburtshelfer." Die Stoffe: „Da ist die Kindheit oder das Märchen als Stoff, der sich stets erfrischt. Da sind die aufsässigen Traumbilder in unterdrückten Schichten oder der kaum noch umfunktionierte Reichtum der Kolportage. Da warten die Volksaufstände aller Zeiten auf ihre rote Epopöe, auf ›historische‹ Poesie von einer Art, wie das Bürgertum keine besaß, besitzen konnte. Da ist die Ketzergeschichte, ein Fundus mächtig betreffender Brüder, Feinde, Symbole – und poetisch fast unentdeckt, trotz dem Fauststoff. Da ist in der eigenen Generation eine Welt mit Kampf, Leichen, Siegern, Grauen, Gefahren, Entscheidungen angebrochen, mit Dunkel und Licht von Shakespearschem Format. Da ist eine Natur, auf die seit Rimbaud noch keine Antwort erfolgt ist, und auf die ohne erweckende qualitative Latenzsprache poetisch überhaupt keine Antwort mehr gegeben werden kann."

Karola bekommt nach einigen Mühen in Paris Arbeit in einem Architektenbüro. Zusammen mit dem Geld aus

Polen, den – allerdings schmalen – Tantiemen für „Erbschaft dieser Zeit", ein paar Einkünften Blochs aus seiner Mitarbeit an Emigranten-Zeitschriften konnte man sich einrichten; das Hotel Helvetia war wie eine fröhliche Wohngemeinschaft. „Eines Tages erklärten Ernst und Kanto, sie wollten eine Gans essen. Für unsere ärmlichen Verhältnisse war das ein Luxus. Aber die Männer gaben nicht nach. So kauften Friedel und ich eine Gans, brachten sie zum Bäcker, der sie eines Sonntags für uns briet, und dann fand das große Festessen mit allem Drum und Dran statt. Bei solchen Essen war Ernst immer besonders fröhlich, ja ausgelassen. Er sprudelte über von Geschichten. Das Brot der Emigration war also nicht immer bitter."

Es wurde sogar noch angenehmer: Bruno von Salomon zog mit seiner Frau nach Südfrankreich und stellte den Blochs seine kleine Wohnung an der Porte d'Orléans in Montrouge zur Verfügung. Bloch selbst zog es dann auch in den Süden. Im August 1935 fährt er nach Sanary, einem Fischerdorf in Südfrankreich, das in den 30er Jahren ein Treffpunkt deutscher Intellektueller war. Bert Brecht, Thomas Mann, Lion Feuchtwanger, Arnold Zweig, Ernst Toller, Alfred Kerr, René Schickele, Erwin Piscator, Arthur Koestler, Hermann Kesten und viele andere kamen häufig oder lebten sogar vorübergehend dort wie Ludwig Marcuse: „In Sanary hatten wir besonderes Glück; es kamen die reizendsten Weltrevolutionäre an." Bloch vor allem hat offenbar großen Eindruck auf Marcuse gemacht: „Unter diesen Moskauer Deutschen war einer, gegen den mein Lehrer in Marx, Georg Lukács, noch ein Primitiver des Dialektischen Materialismus war: Ernst Bloch. Wer die Phantasie-armen und verbreiteten Bilderchen vom Philosophen, vom Denker, vom Weisen zu Hilfe zöge, um sich eine Vorstellung von ihm zu machen, käme zu nichts. Eher ähnelte dieser Mann gewissen legendären rabbinischen Schlauköpfen, die wußten, was sie wollten, und definitiv wollten, was sie wußten – und in märchenhaften Geschichten und Geschichtchen, in raffinierten Thesen, in Witzen voll Fußangeln und verspielten Wendungen, die sehr exakt und voll unausgewickelter Einsichten sind, ihre Sache vorwärts trieben.

Ernst Bloch ist unter anderem auch der bedeutendste Spaßmacher des Wanderzirkus Diamat geworden: wendig, ulkig, dogmatisch, anarchistisch, eine barocke Wort-Fontäne. Lukács ist eine respektable Fabrikmarke; seit Jahrzehnten steht fest, was hier geleistet wird und was nicht. Bloch ist eine one man show; ein Marxismus auf eigne Faust. Jene Romantiker, die außerdem hoch Kabolz schossen, sprachen so ähnlich wie er.

Damals in Sanary, 1935, als ich ihn kennenlernte, wurde er gerade Fünfzig, aber man durfte es nicht wissen. Er hatte recht. Vielleicht hätte man das Purzelbaumschlagen des intellektuellen Lausbuben nicht so sehr genossen, wenn man

„Bloch ist eine One-Man-Show": Ludwig Marcuse.

den Sprühregen von ausgekochten Bonmots einem Herrn in reiferen Jahren hätte zuschreiben müssen. Er brach aus jeder korrekten Debatte aus und rhapsodierte einige Seiten der ›Phänomenologie‹, als sei sie eine lockere Arie, zu welcher der Sänger allerdings auch sehr sentimentale Beziehungen habe. Er sprach wie gedruckt, aber nicht papiern; der Druck wurde nicht drückend, sondern berückend. Der Marxismus wurde in seinem Dialekt ein talmudisch-bänkelsängerisches Klären. Er hatte damals soviel Humor wie Brecht Sarkasmus." Sanary war eine Art deutscher Kolonie geworden, dort wurde die „Freie Deutsche Hochschule" gegründet, der Schutzverband deutscher Schriftsteller druckte antifaschistische Bücher, die in harmlosen Einbänden nach Deutschland geschmuggelt wurden. Bloch arbeitet an politischen Aufsätzen, vor allem aber an Reise- und Ortsbeschreibungen, die später als „Geographica" herauskamen.

„Im September kam Ernst sonnengebräunt und wie immer heiter zurück", erzählt Karola Bloch. Er trifft in Paris Benjamin und Kracauer wieder, Letzterem ging es finanziell besser. Da überbrachte Karolas Kontaktmann den Wunsch der Partei, sie solle nach Prag gehen, weil Paris für ihre Reisen nach Polen zu ungünstig liege. Zwar hatte Bloch ohnehin Kontakte zu Prag, er war Mitarbeiter der „Neuen Weltbühne", er korrespondierte mit Wieland Herzfelde vom Malik-Verlag, aber trotzdem mochten sie Paris nicht verlassen: „Wir liebten Paris, hatten unseren Freundeskreis hier. Der Gedanke, nun wieder auf Achse zu sein, uns an eine neue Umgebung gewöhnen zu müssen, erschreckte uns." Man überlegte hin und her, schließlich siegte die Parteidisziplin. „Beide nahmen wir die Entschlüsse der Partei ernst, beide glaubten wir, unsere Pflicht erfüllen zu müssen, und diese Pflicht rief uns nach Prag."

Das Exil wechselt, der Gänsebraten bleibt

Es zeigte sich dann, daß der Wechsel nach Prag viele gute Seiten hatte. Hier gab es weniger bürokratische Schwierigkeiten, man mußte nicht wie in Paris hinter einer Aufenthaltsgenehmigung herlaufen. „Man geht einen Monat nach seiner normalen Anmeldung (wird durch den Portier besorgt) aufs Büro, schmiert mit 20 Kronen die ›Schreibgebühr‹ extra und erlangt Aufenthaltserlaubnis für zwei Jahre", schreibt Bloch an Schumacher. Prag war – neben Paris und Sanary – in diesen Jahren zu einem Zentrum der deutschen Emigration geworden. Das Klima für deutsche Antifaschisten war denkbar gut, es gab eine deutsche Universität, deutsche Schulen, Theater, Zeitungen. Die tschechoslowakische Regierung – zunächst unter Präsident Masaryk, dann unter Benesch – unterstützte demonstrativ die Emigration. 1936 wurde Heinrich (damals in Marseille) und Thomas Mann (damals in Zürich) die tschechoslowakische Staatsbürgerschaft verliehen, insgesamt erhielten von 1935

Ein Herz für deutsche Emigranten – Prag um 1935 mit Moldaubrücke und Theynkirche.

bis 1937 fast 900 deutsche Emigranten die Staatsbürgerschaft. Ohnehin war die CSSR-Kultur stark deutsch geprägt, deutsche Verlage und Zeitschriften werden neu gegründet, die „Neue Weltbühne", der „Gegenangriff", der „Simpl" (als Fortsetzung des „Simplicissimus"), der „Monat" – Bert Brecht, Johannes R. Becher, Stefan Heym, Wieland Herzfelde, John Heartfield, Heinrich und Thomas Mann, Arnold und Stefan Zweig, Ernst Toller, Theodor Lessing, Lion Feuchtwanger, Bruno Frei, Joseph Roth, Jakob Wassermann und viele andere sind hier aktiv. Zwar übt die deutsche Gesandtschaft in Prag erheblichen Druck auf die Regierung wegen ihrer emigrantenfreundlichen Politik aus, aber die bleibt hart.

Exilkomitees und Emigrantenvereine, Verlage, Zeitschriften und Theater werden großzügig unterstützt, so zum Beispiel die „Notgemeinschaft deutscher emigrierter Schriftsteller", in denen neben Heinrich Mann, Lion Feuchtwanger,

Arnold Zweig und Friedrich Burschell auch Bloch aktiv ist. Auch die Tschechen gründen solche Komitees: Das Hilfskomitee für deutsche Emigranten und das Hilfskomitee für Opfer des Faschismus (beide 1933), das Komitee zur Rettung von Ossietzky (1934), die Thomas-Mann-Gesellschaft (1937).

Zwar merkt Bloch an: „Das äußere Elend der Emigration merkt man hier fast stärker als in Paris", aber für ihn selbst trifft das weniger zu. Durch regelmäßige Arbeit bei der „Neuen Weltbühne" verdient er eigenes Geld, „etwa 8 Sfr. die Seite (50 Tschechenkronen); das entspricht – von den Mietpreisen abgesehen – einem hiesigen Kaufwert von 16 Sfr. – Man braucht die Hälfte wie in der Schweiz; hat man diese, so ist das Leben ungestört." Auch die Mietpreise scheinen den Blochs nicht allzu großes Kopfzerbrechen gemacht zu haben. Weltbühne-Herausgeber Budzislawski und Wieland Herzfelde hatten ihnen zunächst eine kleine möblierte Wohnung besorgt, bald schon reicht es für eine eigene Wohnung. Sie lassen sogar die Möbel aus Berlin kommen – was erstaunlicherweise klappt –, und so haben die Blochs in der Prager Emigration eine bequeme Dreizimmerwohnung, Barockschrank, Steinway-Flügel, Teppiche, Bilder, holländische Sitzmöbel, sogar eine Hausangestellte, eine kurios gutbürgerliche Insel im Exil: „man kommt sich wie ein Ex-König vor", schreibt Bloch. Die Unterstützung durch Karolas Familie geht weiter, sie selbst arbeitet wieder als Architektin. Es gab einen Bert-Brecht-Klub, wo die Exilierten sich trafen, Vorträge hielten und politische Debatten führten. Insgesamt hält Bloch Prag zwar für „durchdringend kleinbürgerlich", aber die Lebensumstände sind für Exilverhältnisse durchaus angenehm, vor allem: „Ein Lichtpunkt die Gänsebraten, die musikalische Tradition, die bequeme Bibliothek." Zu Blochs Gänsebraten-Leidenschaft erzählt Karola: „Wieland und Ernst erklärten eines Tages, sie wollten allein eine Gans verspeisen. Wir Frauen richteten also den Braten, und die Männer aßen ihn ohne unsere Gesellschaft langsam und genußvoll auf." Allzu bitter war das Brot der Emigration also auch in Prag nicht.

Debatte um „Erbschaft dieser Zeit" in der „Internationalen Literatur".

Unterdessen machte „Erbschaft dieser Zeit" tatsächlich Karriere, aber wohl anders, als Bloch angenommen hatte. In der Moskauer Exilzeitschrift „Internationale Literatur" führte Hans Günther eine ausführliche und grundsätzliche Auseinandersetzung mit Bloch. Joachim Schumacher, der bei seiner Moskau-Reise 1935 auch Lukács besucht hatte, berichtet, daß dieser sich „höchst aggressiv" über Blochs Buch geäußert hatte. Der Artikel von Günther ist für Schumacher ein „reiner Abklatsch der Argumente von Lukács, das Produkt eines beflissenen Unterprimaners des abstraktroten Oberlehrers."

Ob dies *so* stimmt, sei dahingestellt; festzuhalten ist, daß Günther eine eingehende, in der großen Linie auch faire

Besprechung vorlegt, die allerdings an bestimmten Vorgaben nicht vorbeikommt. Zunächst prüft er Blochs Anspruch, ein Marxist zu sein. Die Antwort: Bloch ist ein kämpferischer Antifaschist, er hält sich auch – theoretisch wie praktisch – von allerlei sozialdemokratischen und trotzkistischen Abirrungen fern; gleichwohl ist er nicht „auf Linie", es ist durchaus unmarxistisch, ein Erbe auch noch an den Zerfallserscheinungen des Spätkapitalismus antreten zu wollen.

Marx und Engels hatten die großen Leistungen bürgerlicher Kultur für beerbenswert erklärt, Lukács vor allem – auf den Günther sich allerdings nicht ausdrücklich bezieht – hatte daraus eine quasi-offizielle Parteiphilosophie konstruiert, Bloch wird von daher nun scharf zurückgepfiffen. Spätbürgerliche Ideologie sei von Marx und Engels abgelehnt worden, wie und wo zu erben sei, liege damit unzweifelhaft fest: „Das wichtigste Kriterium war für sie, wieweit die Philosophie, Ökonomie, Staatstheorie usw. der Vergangenheit die objektive, vom Bewußtsein unabhängige Wirklichkeit ihrer Epoche wenigstens relativ richtig und wahr widergespiegelt haben, wieweit sie also tatsächliche Entwicklungsstufen im historischen Prozeß der Annäherung unserer Erkenntnis an die objektive, absolute Wahrheit bedeuteten." Daran, so Günther, habe man sich zu halten, wer aber im Sterbehaus des zeitgenössischen Bürgertums nach Erbmasse sich umsehe wie Bloch, laufe Gefahr, den Marxismus zu verfälschen, mische ihm allerlei Irrationalismus bei, den der wissenschaftliche Sozialismus doch gerade so erfolgreich abgeschüttelt habe. Deshalb der Rat an Bloch: „ Abschütteln, nichts als abschütteln!" Zwar findet Günther auch einiges Lobenswerte an Blochs Buch – die Ablehnung des platten, vulgären, mechanischen Materialismus zum Beispiel, Blochs „Waffengänge" mit der zeitgenössischen Philosophie und dergleichen mehr –, aber insgesamt wird Bloch aufgefordert, auf die richtige Linie einzuschwenken, nämlich das „Wertvolle" an bürgerlicher Kultur schöpferisch dem Marxismus einzuverleiben, den „heutigen bürgerlichen Verfall" aber rücksichtslos zu bekämpfen.

Die Einzelheiten von Günthers Kritik, seine Richtigkeiten, Mißverständnisse und Zurechtbiegungen, müssen uns hier nicht weiter beschäftigen. Bemerkenswert daran ist vielmehr die Struktur, das innermarxistische Kritikritual, das von da an kennzeichnend für Debatten um Bloch wird. Dazu gehört zum einen der Vorwurf des „unmarxistischen" Vorgehens, das undiskutierbare Festhalten an ehernen Marxsätzen, die von der Partei in unüberschreitbare Leitlinien gepreßt wurden, weiter die Kritik an Sprache und Darstellungsart, die schon bei Blochs Freund Schumacher notiert wurde, bei Günther auch nicht durchweg falsch ist, aber letztlich auf eine *prinzipielle* Verurteilung zielt. Zwar lobt Günther die Schönheiten, den Variationsreichtum von Blochs Sprache, bemängelt aber zugleich, daß sie oft

„geschnörkelt, verklausuliert, gespreizt und absonderlich“ sei: „Der Stil ist auch nicht frei von kleinen Eitelkeiten, und wo sich Brillanz findet, spürt man nicht selten, sie ist gewollt, gesucht, gezeigt.“ Bloch macht nach Günther „nicht das kleinste Zugeständnis an Allgemeinverständlichkeit“, setzt zuviel Kenntnisse des Lesers voraus, so daß „Erbschaft dieser Zeit“ letztlich ein „sektiererisches“ Werk ist: „adressiert nur an eine auserlesene Geistes-Sekte.“

Die Redaktion gibt Bloch Gelegenheit zur Erwiderung, die drei Hefte später erscheint. Offenbar hat ihn zunächst der Vorwurf, er argumentiere unmarxistisch, besonders getroffen: „Das Buch hat überall den marxistischen Leitstern über sich, daher kein Klischee vor sich.“ Auch dies ist eine Argumentationsfigur, die künftig in Auseinandersetzungen um Blochs Marxismus immer wiederkehren wird: Seinen Kritikern wirft er vor, sie hielten sich an ein vorgegebenes Denk- und Urteilsschema, während doch gerade der Marxismus schöpferisch sich gebärden, das Gegenteil von Klischee sein müsse: „Von vornherein ist gar nichts zu wissen. Man muß in die Sache selbst hinein, in jede, fast von Fall zu Fall. Falsch, einen Stoff zu fingern, bis er in die vorgepaßte Form paßt. Noch falscher, nur die Form vorzutragen und sich das Dickicht der immer neuen lernenden Arbeit zu ersparen.“ Dies genau wirft er aber denjenigen vor, die nur von vornherein fest definierte bürgerliche Geisteserrungenschaften für ein proletarisch brauchbares Erbe halten; damit verstellt man sich, so Bloch, einen wichtigen Teil der Kulturgeschichte. „In jenem Gebiet der Ideologie, das nicht Verschleierung, sondern ›Überschuß‹ ist, geht es ganz besonders kompliziert her, ganz besonders reich an Zwischengliedern.“

Zwei Hefte später druckt die „Internationale Literatur“ eine Antwort von Hans Günther, in der nun ganz unzweideutig gesagt wird, was die Moskowiter von Bloch halten: Ihm fehlt das rechte Vertrauen in die Kraft und Wahrheit des Marxismus-Leninismus, er ist noch nicht genügend mit der Arbeiterbewegung verbunden, er analysiert die ökonomischen Tatbestände, die Voraussetzungen seiner Thesen sind, nicht wirklich, er nimmt Themen auf, die mit Marx und Engels schon erledigt sind – zumal zum letzten Punkt führt Günther eine Argumentation vor, die Blochs ganzen Zorn hervorgerufen haben muß und die wegen ihrer unglaublichen Plattheit lesenswert bleibt: Blochs Gedanke, sich zur zeitgenössischen Philosophie so zu verhalten wie Hegel zu seinen Vorgängern, nämlich deren Philosophie als ›aufgehobene‹ Momente in sein eigenes System einzuverleiben, sei abwegig. Begründung: Marx habe schließlich das Hegelsche System umgestülpt und aufgehoben, und damit habe er der Philosophie *ein Ende gemacht.* Es sei daher absurd, im System des Marxismus noch philosophische Theorien, wie verwandelt auch immer, aufzuheben, die nach Marx gekom-

men sind, weil seine Aneignung und Anverwandlung endgültig war.
Damit ist diese Debatte in der „Internationalen Literatur" abgeschlossen, in der Prager Emigration aber geht sie weiter. Das Thema Kulturerbe zumal beherrscht Vorträge und Diskussionen im Brecht-Klub, vor allem zwischen Ernst Bloch und Hanns Eisler, die sich in zwei Beiträgen in der „Neuen Weltbühne" niederschlagen: „Avantgarde-Kunst und Volksfront" und „Die Kunst zu erben". Dabei geht es um die zentrale Frage, wie die zeitgenössischen Künstler, die sich als Avantgarde verstehen, und die Volksfront miteinander umgehen können, umgehen müssen, zumal die Avantgarde sich in einer schwierigen Lage befindet: „Von den breiten Massen isoliert, droht der Fascismus sie zu vernichten. Andererseits befürchtet sie von der einzigen Kraft, die imstande ist, Hitler zu schlagen, von der Volksfront, Unverständnis und Senkung ihres Niveaus." Die Antwort: Ein wirklicher Avantgardist ist ein Künstler nur dann, wenn er seine neuen Kunstmittel „für das Leben und die Kämpfe der breiten Massen brauchbar" macht. Dafür erwartet der Avantgarde-Künstler von der Volksfront, daß seine Kunst nicht einfach ausgeblendet wird: „Was die Künstler brauchen, ist nicht die Mitteilung, daß alles, was in heutiger Zeit produziert wird, notwenigerweise faul sein muß und faul sein wird, sondern sie brauchen Verständnis und Kenntnis ihrer spezifischen Produktionsprobleme." Und es fehlt auch nicht der Hinweis, daß die Verurteilung der zeitgenössischen Kunst als bürgerlicher Abfall die politische Funktion der Avantgarde verkennt, die „in einem tapferen Gegensatz zu den eigentlichen Schund- und Fäulnisprodukten der kapitalistischen Ramschkultur" stehe.

„Die Kunst zu erben" – Diskussionen mit Hanns Eisler.

Zugespitzt wird diese Diskussion dann in der Expressionismus-Debatte, ein Thema, das für Bloch immer eine große Rolle gespielt hatte und bei dem Georg Lukács von Anfang an sein wichtigster Widersacher war. Lukács hatte seit 1934 in der „Internationalen Literatur" an literaturtheoretische Diskussionen angeknüpft, die in Deutschland vor 1933 schon erkennbar gewesen waren. Den Expressionismus hatte er 1934 noch einmal grundsätzlich als Zerfallserscheinung des Kapitalismus gekennzeichnet und betont, daß „die Faschisten – mit einem gewissen Recht – im Expressionismus ein für sie brauchbares Erbe erblicken", denn „der Expressionismus als schriftstellerische Ausdrucksform des entwickelten Imperialismus beruht auf einer irrationalistisch-mythologischen Grundlage; seine schöpferische Methode geht in die Richtung des pathetisch-leeren, deklamatorischen Manifestes, der Proklamierung eines Scheinaktivismus". Diese Haltung entsprach etwa dem, was 1934 auf dem Moskauer Schriftstellerkongreß als Kampf für den sozialistischen Realismus formuliert worden war. Das Thema wurde nun, 1937, wieder aktuell, als Klaus Mann in

Klaus Mann – Aufsatz über Gottfried Benns „Verirrung".

der Exil-Zeitschrift „Das Wort" einen Artikel über Gottfried Benn. Die Geschichte einer Verirrung" schrieb und den für viele unverständlichen Weg Gottfried Benns zu den Faschisten als persönliches, intellektuelles Versagen bezeichnete. Im selben Heft erschien ein Aufsatz von Alfred Kurella (unter dem Pseudonym Bernhard Ziegler), in dem Benns Entwicklung zum Faschismus aus seinen ideologischen Voraussetzungen entwickelt und begründet wird. Darüberhinaus stellt Kurella die These auf: „Erstens läßt sich heute klar erkennen, wes Geistes Kind der Expressionismus war, und wohin dieser Geist, ganz befolgt, führt: in den Faschismus. Zweitens müssen wir ehrlicherweise zugeben, daß jedem von uns aus jener Zeit etwas in den Knochen steckengeblieben ist." Für viele deutsche Emigranten muß dies eine ungeheure Provokation gewesen sein, denn gerade linksorientierte Intellektuelle und Künstler, die vom Expressionismus angezogen gewesen waren, waren in den 30er Jahren überzeugte Anhänger der Volksfront geworden. Nun wurde ihnen gleichsam die Warntafel: „Achtung – neigt zum Faschismus" umgehängt.

Aufgefordert, an dieser Debatte teilzunehmen, zeigte sich Bloch zunächst spröde. Er hatte zwar im November 1937 in der „Neuen Weltbühne" noch einmal deutlich zu machen versucht, was der Expressionismus auch für die Volksfront bedeuten kann. Anlaß war die Münchener Ausstellung über „entartete" Kunst und die Rede Hitlers gegen den Expressionismus, der ähnliche Argumente gebraucht hatte wie die KP-Führung. Das mußte Bloch natürlich erschrecken, und so weist er noch einmal darauf hin, daß den Expressionismus zentral der Wille zur Veränderung ausmacht, der „Sturm durch diese Welt, um Platz für die Bilder einer echteren zu machen". So ist der Expressionismus für Bloch „gewiß noch eine innerbürgerliche Revolte, eine innermythologische Überwindung der Mythologie, aber eine, die aus der Nacht zum Licht wollte und sich nicht scheute, lieber aus der Nacht der Unterdrückten als aus dem bisher herrschenden Tag das Licht herauszudestillieren." Über diesen Aufsatz hinaus mochte Bloch offenbar nicht weiter tätig werden. Im Dezember 1937 schreibt er an den „Wort"-Redakteur Fritz Erpenbeck, daß er an dieser Diskussion nicht teilzunehmen gedenke. Zum Aufsatz Kurellas bemerkt er: „Ich halte es für einen großen Fehler, daß zwei Monate nach Hitlers Rede gegen den Expressionismus das ›Wort‹ einen solchen Artikel gebracht hat."

Außerdem, so Bloch, sei das Thema nicht mehr aktuell, und überhaupt habe er keine Lust, die „zensurerteilenden Oberlehrer" in solchen schulmeisterlichen Diskussionen zu ertragen. Damit ist eindeutig Hans Günther gemeint, der Bloch in der „Internationalen Literatur" wegen „Erbschaft dieser Zeit" gebeutelt hatte, und Bloch fügt hinzu: „In der I.L. habe ich, mit zwanzig Jahren wissenschaftlicher Arbeit hinter mir, den Rohrstock schon zweimal, mit größtem Erstaunen, erlebt." Aber schließlich hat er sich doch überreden lassen, an dieser Debatte teilzunehmen, die in den nächsten Heften des "Wort" von Rudolf Leonhard, Herwarth Walden, Kurt Kersten, Gustav von Wangenheim und anderen geführt wurde. Tenor dieser Aufsätze: Der Expressionismus habe einen neuen, revolutionären Weg gehen wollen, viele ehemalige Expressionisten seien nicht umsonst jetzt Anhänger der Volksfront, fatal sei es vor allem, den Expressionismus als notwendige Vorstufe zum Faschismus zu bezeichnen. Im Juni 1938 erscheint Blochs Beitrag, und für ihn ist wiederum völlig klar, wer hier sein Gegner ist: Georg Lukács. Er hält sich mit Bernhard Ziegler alias Alfred Kurella nicht lange auf, Bloch weiß, daß die Schärfen in Kurellas Argumentation verbalradikalisierte Grundansichten von Lukács sind. Und so ist sein Beitrag zur Expressionismus-Debatte an dieser Stelle vor allem eine Auseinandersetzung mit dem damals vier Jahre alten Lukács-Aufsatz „›Größe und Verfall‹ des Expressionismus". Bloch wirft Lukács vor, daß kein expressionistischer Maler in seiner Analyse vorkomme, obwohl die *Bilder* für die damalige Bewegung wichtiger und bezeichnender waren als die *Literatur.* Lukács beziehe sich aber nicht einmal auf die Literatur, sondern auf die „Literatoren" der Bewegung, auf Vorworte, Nachworte, Einleitungen zu Sammlungen, auf Zeitschriften-Artikel: „Es ist derart nicht die Sache selbst, mit ihrem konkreten Eindruck an Ort und Stelle, mit ihrer nachzuerfahrenden Wirklichkeit, sondern das Material ist selber schon ein indirektes, ist Literatur über den Expressionismus, die nochmals literarisiert, theoretisiert und kritisiert wird."

Dies alles mutet nun wie provinzielles Geplänkel mittelalter Herren über Jugendauseinandersetzungen an, wie denn überhaupt der heutige Beobachter auf den ersten Blick erstaunt sein muß, mit welcher Verve die Expressionismus-Debatte damals geführt wurde, als hätten die Volksfront-Anhänger im Exil nichts Besseres, Wichtigeres zu tun gehabt. Blochs Artikel macht indes deutlich, wie eminent politisch diese Auseinandersetzung in ihrem Kern schon immer war. Für ihn verwechselt Lukács nämlich den subjektiv revolutionären Pazifismus der expressionistischen Bewegung mit dem, was aus diesem Pazifismus nach dem Krieg – angewandt auf die russische Revolution – objektiv konterrevolutionär geworden ist. Das ist für Bloch ein „Schulbeispiel für den abgelaufenen, gerade von Lukács bekämpften Soziologismus und Schematismus." Zum anderen schlägt Lukács, so Bloch, alle subjektiv gutwillige Opposition gegen die herrschende Klasse, sofern sie nicht explizit kommunistisch ist, eben dieser herrschenden Klasse zu. „So will es eine Schwarz-Weiß-Zeichnung, die den wirklichen Umständen schwerlich gerecht wird, den propagandistischen erst recht nicht." Schuld an dieser Schematisierung Lukács', womit immer auch die offizielle Linie der KP gemeint ist, ist nach Bloch ein von vornherein fertiges Weltbild: „Weil Lukács einen objektivistisch-geschlossenen Realitätsbegriff hat, darum wendet er sich, bei Gelegenheit des Expressionismus, gegen jeden künstlerischen Versuch, ein Weltbild zu zerfällen (auch wenn das Weltbild das des Kapitalismus ist). Darum sieht er in einer Kunst, die Zersetzungen des Oberflächenzusammenhangs auswertet und Neues in den Hohlräumen zu entdecken versucht, selbst nur subjektivistische Zersetzung; darum setzt er das Experiment des Zerfällens mit dem Zustand des Verfalls gleich." Und schließlich: Lukács verkennt das mögliche Erbe am Expressionismus als einer Kunst, die *im Kern* auf eine humane Welt abzielte, die *im Kern* volkstümlich, antiformalistisch war, also alles das, was der Volksfront als Kunstbegriff sehr wohl liegen müßte: „Das Erbe des Expressionismus ist noch nicht zu Ende, denn es wurde noch gar nicht damit angefangen."

Lukács bekommt noch einmal Gelegenheit, mit allen Verteidigern des Expressionismus abzurechnen, er macht vor allem Bloch den Vorwurf, seine Theorien seien anarchistisch und unmarxistisch. Das „Schlußwort" zur Expressionismus-Debatte spricht dann Alfred Kurella, der im Juli-Heft seine Behauptung zurücknimmt, daß der Expressionismus eine Vorstufe des Faschismus sei. Insgesamt hält er sich aber an den von Lukács vorgegebenen Interpretations-Rahmen: Expressionistische Kunst, so das endgültige Verdikt, ist bestenfalls „objektiv reaktionäres Schaffen bei subjektiv revolutionären Absichten".

Blochs höchst fruchtbare Aufsatzproduktion in den fünf Jahren des europäischen Exils nimmt diese Thematik, die Zentrum von „Erbschaft dieser Zeit" war, immer wieder auf und schreibt sie fort. Die Nazis bleiben in Blochs Visier, der tägliche Faschismus wird in allen möglichen Facetten, die dem Emigranten überhaupt erreichbar sind, analysiert, und damit kommt auch immer wieder die Aufgabe der Volksfront in den Blick, die Frage der Propaganda, der Volkstümlichkeit, des kulturellen Erbes. Und stets präsentiert sich Bloch als ein kritischer Intellektueller, der zwar eindeutig zum Marxismus sich bekennt, sich die Definition dieses Marxismus aber nicht von irgendeiner schematischen Parteilinie vorschreiben lassen will. So verfolgt er auch weiter seine These von der notwendigen Besetzung faschistisch mißbrauchter Begriffe durch die sozialistische Propaganda. Er schafft es sogar, eine ausführliche Studie zur „Originalgeschichte des Dritten Reichs" in „Das Wort" unterzubringen. Die Redaktion schreibt zwar ein distanzierendes Vorwort, aber immerhin hat Bloch hier die Möglichkeit, seine schon in „Erbschaft dieser Zeit" angedeutete These vom rebellischen Ursprung und der revolutionären Beerbbarkeit des Reichsgedankens in einem Organ auszubreiten, das der Moskauer Parteilinie zumindest recht nahe stand.

Für Stalin – gegen alle Anfechtungen

Dabei zeigt sich – zunächst noch am Rande – ein bemerkenswerter Punkt. Bloch, der in vielen Diskussionen die kulturpolitischen Thesen der stalinistischen Parteiführung vehement in Zweifel zieht, ist allgemeinpolitisch deutlich auf der Seite Stalins. So heißt es in der „Originalgeschichte des Dritten Reiches" anläßlich der Überlegung, daß das Wort Führer von den Nazis wieder zurückerobert werden müsse: „Die revolutionäre Klasse und ganz sicher die revolutionär noch Unentschiedenen wünschen ein Gesicht an der Spitze, das sie hinreißt, einen Steuermann, dem sie vertrauen und dessen Kurs sie vertrauen – die Arbeit auf dem Schiff geht dann leichter. – Das Kommunistische Manifest enthält kein Wort von Führern oder nur zwischen den Zeilen, gleichsam im mitgegebenen Dasein seiner Verfasser, derer, die es erlassen haben. Doch sobald das Manifest realisiert zu werden begann, leuchtete neben den erhabenen Vätern des Marxismus der Name Lenin auf, es folgte der Name Stalin – wirkliche Führer ins Glück, Richtgestalten der Liebe, des Vertrauens, der revolutionären Verehrung."

Das war von Bloch durchaus so platt gemeint, wie es sich anhört. Zu dieser Zeit war er Anhänger Stalins, und wenn für „Anhänger Stalins" das Wort „Stalinist" erlaubt ist – und nicht nur für die Befürworter „stalinistischer" Denkweise und Methoden – dann war Bloch zu dieser Zeit „Stalinist". Diese befremdliche Erkenntnis tut natürlich allen weh, die Bloch für einen besonders wichtigen Vertreter eines unorthodoxen, kritischen, humanen Sozialismus halten, was bei der Einschätzung dieser Phase seines Lebens zu grotesken Eiertänzen von sympathisierenden Bloch-Interpreten geführt hat. Ich denke aber, daß gerade Ernst Bloch eine ehrliche und nüchterne Darstellung auch seiner schlimmen Irrtümer verdient hat.

Für Ernst Bloch war die russische Oktoberrevolution nach eigener Aussage das wichtigste politische Ereignis. Wir hatten gesehen, daß seine Einschätzung dieser Revolution schwankt, daß er sehr bald enttäuscht ist vom Weg der Bolschewiki und von Lenin, aber immer noch auf die Einlösung des wesentlichen Versprechens dieser Revolution hofft, die für ihn letztlich in eine religiös-mystische Brüdergemeinschaft münden soll. Was ihn 1917 an den Entwicklungen der russischen Revolution störte, das waren der Rückfall in zaristische Strukturen und die Tendenz zur Überspringung der Inhalte der bürgerlichen Revolution. 1937 formuliert Bloch genau in Erinnerung an seine damaligen Überlegungen zur Ostorientierung (Orientierung an der proletarischen Revolution) und Westorientierung (Orientierung an den formaldemokratischen Errungenschaften der bürgerlichen Revolutionen): „Engels sagt einmal, die soziale Revolution nehme die Bourgeoisie beim Wort, das heißt, sie verwirkliche die bürgerlichen Anfangsideale der Freiheit, Gleichheit, Brüderlichkeit. Die Volksfront, gegen den gemeinsamen Feind aller

„Führer ins Glück, Richtgestalt der Liebe": Blochs Stalin-Bild.

Werktätigen, ja alles dessen, was noch ein Menschengesicht trägt, vereinigt, stellt den unbetrüglichen Vorhof zu dieser Verwirklichung dar. – Es gibt kein friedliches Hineinwachsen des Kapitalismus in den Sozialismus, doch es gibt ein Weitertreiben der formalen Demokratie zur materialen."

Das sind die beiden Pole: Der gemeinsame Feind aller Werktätigen ist der Faschismus, Vorreiter und Garant für die Durchsetzung der sozialen Revolution ist die Sowjetunion – dies hat sich gegenüber 1917 geändert, als Bloch noch von den westlichen Ländern, die eine bürgerliche Revolution „im Leib haben", die wahre Revolution erhofft. 1937 glaubt er nicht mehr daran, daß der Westen ein Bollwerk gegen den Faschismus, gar ein Hort der proletarischen Revolution werden könne, jedenfalls vorläufig nicht. Diese Haltung und die Situation im Exil führt Bloch dann zu Einschätzungen, die ansonsten nicht zu erklären wären. „Wenn es um die Stärkung der Sowjetunion ging, war er dabei", erzählt Karola Bloch, und es spricht einiges dafür, daß dies wirklich so simpel ablief, wie es hier gemeint ist.

Anläßlich der Moskauer Prozesse (1936/37) gegen tatsächliche oder vermeintliche Kritiker Stalins reagierte die europäische Linke mit Entsetzen und allerlei eilfertigen Vergleichen mit dem Hitler-Terror. Dagegen verteidigt Bloch die Maßnahmen des Stalinschen Machtapparates als Notwehr gegen die Feinde des sozialistischen Aufbaus und vertraut im übrigen fest darauf, daß auch hier die Vorstellung von Marx, Engels und Lenin als Leitbild gelten: „Je eher, je lieber wird die Gewalt über Menschen sozialistisch abgebaut, demokratische Freiheit für alle eingeführt; sie ist das Ziel, auch der Wunsch unterwegs. Die Diktatur ist durch die Klassenfeinde diktiert, fällt im glücklichen Verlauf des sozialistischen Aufbaus von selbst. Auch die Gewaltschraube ist ein äußerst elastisches und keineswegs bejubeltes Instrument; es zieht sich im Fall der Gefahr an, hart und unerbittlich, es läßt in besseren Zeiten nach und hofft, sehr bald zu verrosten." Als dann Leopold Schwarzschild, Herausgeber des „Tage-Buch", in dem auch Bloch veröffentlicht hatte, von „Hexenprozessen" spricht, reagiert er besonders scharf. Schwarzschild hatte nach dem Anlaß gefragt, „der den Diktator der Sowjetunion dazu treibt, die Kommunistenmorde im Dritten Reich weit in den Schatten zu stellen". Diese in der Tat wagemutige und historisch wie ideologisch falsche Parallele kommt für Bloch aus der „Psychologie des Völkischen Beobachters". Er räumt zwar ein, daß für den westlichen Leser an den Prozessen nicht alles ohne weiteres verständlich ist, liefert aber die Erläuterung gleich mit: Die Besonderheit des russischen Gerichtsverfahrens führt er an, die Notwendigkeit von Geheimsitzungen, all das gründe eben in der „Notwehr des Staates". Denn für Bloch ist erwiesen, daß den Trotzkisten all das zuzutrauen ist, was den Angeklagten vorgeworfen wird, daß der Effekt der trotzkistischen Umtriebe „deutscher Faschismus in Moskau" gewesen wäre – also durchaus plausible, wenig geheimnisvolle Hintergründe dieser Prozesse, wie Bloch meint: „Es ist eine Naivität ohnegleichen, Trotzkis Pläne zu bezweifeln, weil er sie in seinen letzten Büchern nicht jedem freundlichen Käufer expressis verbis dargestellt hat."

Daß ihm bei dieser „Beweisführung" selbst nicht ganz wohl gewesen sein kann, belegt die Schlußpassage dieses Artikels: „Als Sokrates über gewisse Dunkelheiten des Heraklit befragt wurde, antwortete er: ›Was ich verstanden habe, ist vortrefflich, daraus schließe ich, daß das Andere, was ich nicht verstanden habe, ebenso vortrefflich sei‹. Gerade der Antifaschismus, der auf die Objektivität seines Urteils über Rußland Wert legt, fährt mit diesem Satz eines weisen Mannes nicht übel." Karola Bloch berichtet, daß er auch ihr diesen Satz, „der wohl eher ihm selbst Mut machen sollte", einzuprägen versucht hat. „Die Moskauer Prozesse erfüllten uns mit Entsetzen, wir verstanden sie nicht. Aber die Partei verteidigte die Maßnahmen, und Ernst versuchte, in ihnen einen Sinn zu finden, an eine Verschwörung der Feinde der Sowjetunion zu glauben." Fraglich, ob Bloch tatsächlich dieses Entsetzen geteilt hat, auf jeden Fall hatte er Anlaß genug zu Mißtrauen in die Entwicklung der Sowjetunion. Im Frühjahr 1935 waren Sylvia und Joachim Schumacher von einer Reise dorthin zurückgekommen, sie hatten mit dem Gedanken gespielt, nach Moskau zu emigrieren. Die Erzählungen der Schumachers über das politische Klima in der Sowjetunion waren einigermaßen abschreckend. „Aber wir konnten dennoch nicht von unserer großen Achtung für das Land lassen, in dem die erste proletarische Revolution ans Ziel gekommen war. Ja, wir planten sogar, selbst in die Sowjetunion zu emigrieren." Später schreibt Schumacher an Bloch, daß die Moskauer Prozesse in seinem Buch „Angst vor dem Chaos" eine sehr negative Rolle spielen würden. Bloch dazu: „mindestens dieselbe überlegte Klugheit, die wir innerhalb der Volksfront uns auferlegen, ist in allen Angelegenheiten der SU am Platz. Nur immanent läßt sich hier wirken, nicht ätzend, aggressiv, gereizt. Vielleicht milderst Du doch noch die Angriffe. Sie vermasseln uns die ganze Tour. Ich müßte in meiner Rezension – um der gemeinsamen Sache willen – jedenfalls entschieden von ihnen abrücken." Diese Äußerung könnte darauf hindeuten, daß auch Bloch von den Vorgängen beunruhigt war und aus taktischen Gründen öffentlich eine apologetische Haltung einnahm. Dem widerspricht allerdings eine andere Briefstelle: „Ich bin ja, was Stalin angeht, nicht Deiner Meinung, auch im ›privaten Kämmerlein‹ nicht, und die (ohnehin fragwürdige) Lehre, daß ›der Sozialismus so alt ist wie die Welt‹, beruhigt mich über die Bereitwilligkeit nicht, den Sozialismus ›von Stalin abzulösen‹." Bloch warnt davor, sich die „Unorientiertheit und Oberflächlichkeit" der Kritik an den

„Naivität ohnegleichen, Trotzkis Pläne zu bezweifeln": Blochs Trotzki-Bild.

Moskauer Prozessen zu eigen zu machen: „Unsereins hat nicht mit dem sommon sense des durchschnittlichen Polizeibeamten von Scotland Yard zu reagieren. In der, wenngleich paradoxen, Moskauer Version, in der Richtung dieser Version liegt die Wirklichkeit; und Du bist sonst nicht gegen das Paradoxe." Das Hin und Her dieser „Argumentation" mag deutlich machen, daß Bloch zwar *Zweifel* an der Richtigkeit seiner Haltung gehabt haben mag, daß er aber *verzweifelt* daran festhielt, weil das Eingeständnis brutalster Unterdrükkung und Mißachtung der Ziele der Revolution ausgerechnet im „Mutterland der Revolution" der Verzweiflung an der sozialistischen Sache gleichgekommen wäre.

So kommt für Bloch Lion Feuchtwangers Buch „Moskau 1937" wie gerufen: „Die kleine Schrift kommt rechtzeitig an. Zweifel sind bei manchen eingerissen, viele haben Vorteil daraus." Feuchtwanger, selbst kein erklärter Kommunist, schildert in diesem Buch überschwenglich eine Begegnung mit Stalin, beschreibt einen Trotzkistenprozeß, worauf Bloch zufrieden kommentiert: „das Faktum der Geständnisse sieht im Moskauer Gerichtssaal weniger rätselhaft aus als in einigen außerrussischen Redaktionen, und darauf kommt es schließlich an." Feuchtwangers Buch bestätigt Blochs Kritik an den Wankelmütigen: „Diese sehen sozialistische Vollkommenheit als bare Münze an (die sie geschenkt haben wollen) statt als Prozeß (an dem sie mitarbeiten). Sie urteilen allzu hurtig und kontemplativ, sie lösen den Sozialismus von Stalin ab und heften ihn an die ewigen Sterne ihrer Einbildung und Innerlichkeit."

Das Thema ist Bloch so wichtig, daß er im November gleich noch einen Artikel in der Weltbühne veröffentlicht. Die Diskussion in der Emigration über die Moskauer Prozesse reißen nicht ab, kaum noch jemand, der auf Blochs Seite steht. Er mokiert sich über die Mitstreiter, die nicht darüber hinwegkommen, „daß der zwanzigjährige bolschewistische Jüngling sich so vieler Feinde zu entledigen hat und sich ihrer so hart entledigt." Ihnen führt er nun eingehend am Beispiel der französischen Revolution vor, wie die Renegaten immer schon die Flucht ergriffen haben, „im Augenblick, wo das Revolutionstribunal die Begeisterung auf die Probe stellt". Seine Schlußfolgerung, fast schon eine Beschwörungsformel: „Sinnlos übertriebene Kritik am Mutterland der Revolution befördert durchaus nicht das Ideal der Revolution; dem dient einzig die Volksfront. Und diese verlangt noch keineswegs ein heftiges, gar absolutes Bekenntnis für Rußland, sondern nur das schlichte und, wie man meinen sollte, leicht unterschreibbare: Kein Kampf, nichts Gutes ohne Rußland." Und schließlich kann er noch einmal aufatmen, als nämlich Anfang 1938 ein ausführliches Protokoll des Prozesses gegen Bucharin veröffentlicht wurde. Das Geständnis Bucharins räumte die merkwürdigen Hypothesen über die Geständnisfreude der Angeklag-

Aufatmen über Bucharins Geständnis.

ten aus dem Weg, mit denen Bloch sich in einem früheren Aufsatz (Untertitel: Hypnose, Mescalin und die Wirklichkeit) auseinandergesetzt hatte. Und nun erfährt man, daß Bloch selbst zuweilen das Gefühl gehabt hatte, „diese Trotzkisten überbieten sich nur deshalb in Geständnisfreude, weil sie wissen, wie problematisch das auf den bürgerlichen Westen wirkt, weil sie die Sowjetunion damit diskreditieren wollen" – man sieht, in seinem prosowjetischen Eifer läßt Bloch damals keine Torheit aus.

Ganz geheuer ist ihm aber nach wie vor nicht. Er äußert die Hoffnung, „daß derartige Prozesse sich nicht endlos wiederholen werden", er entschuldigt die „traurigen Vorgänge", die „Dunkelheit" abermals mit der Notwehrsituation des jungen revolutionären Staates. Was ihn gegen die ungeheuren Verdächtigungen vor allem einnimmt, ist die verblüffende Übereinstimmung dieser Vorwürfe mit der faschistischen Greuelpropaganda. Später erläutert er: „Die Geschichtsschreibung der kapitalistischen Seite ist so parteiisch, die Greuel Stalins paßten ihr so entsetzlich gut in den Kram, daß man aus wissenschaftlich-methodisch vertretbaren Gründen das nicht für bare Münze nahm." Und weiter: „Wir haben keine Wahl gehabt. Wir hatten einen vordringenden Faschismus und hatten auf der anderen Seite eine Sowjetunion, die immerhin mit den anderen Großmächten, die gegen die Faschisten angingen, verbündet war." Das heißt: Solange noch über die Moskauer Prozesse spekuliert wird, versucht er mit eiserner Konsequenz in der Sowjetunion den „Halt der gesamten antifaschistischen Front" zu sehen: Gerade das Versagen der westeuropäischen Kommunisten im Kampf gegen den Faschismus zwingt ihn zur entschiedenen Parteinahme für den einzig noch möglichen Garanten des Untergangs des Faschismus.

Das ändert allerdings nichts daran, wie Oskar Negt betont, „daß derartig vereinfachte Einschätzungen der politischen Lage" wie Blochs Urteil über die mögliche trotzkistische Verschwörung „noch nicht einmal aus dem Faktenmaterial der stenographischen Prozeßberichte selber stichhaltig zu begründen waren". Ganz zu schweigen von weiteren Berichten aus dem Bekanntenkreis. Wie Karola Bloch sich erinnert, kamen 1938 deutsche Emigranten aus der Sowjetunion nach Prag; sie waren ausgewiesen worden, weil sie als Deutsche eine Gefahr für Rußland seien: „Was sie von Rußland erzählten, war niederschmetternd und unbegreiflich für uns." Sie erzählten „über die Prozesse und die Angst der Menschen, die bei Nacht von der GPU aus den Betten geholt, verhaftet, verschickt, zum Tode verurteilt wurden." Aber das alles irritiert nach Karolas Erinnerung Ernst Bloch nicht so sehr wie sie, und auch der deutsch-russische Pakt, die Besetzung Ost-Polens bringt Bloch nicht von seiner politischen Linie ab: „Ernst und ich bemühten uns, das zu verstehen, indem wir diesen Pakt als eine Notmaßnahme der Sowjetunion hinnahmen."

Das Werk schreitet voran

Neben diesen politischen Arbeiten beschäftigt sich Bloch auch in Prag weiter mit seinem philosophischen Werk. Er sitzt regelmäßig in der Bibliothek der Karls-Universität und arbeitet an seiner „alten Liebe“, der Logik weiter, immer noch von der Vorstellung geleitet, die „Zentren von Logik und Metaphysik“ als äußerste Verdichtung des philosophischen Systems darzustellen: „Die Darstellungsform hat etwas von Spinoza oder von Hegels ursprünglicher Heidelberger ›Enzyklopädie‹ von 1816. Kurze Definitionen, ohne Problemstellungen, tunlichst ohne Atmosphäre, aber offen.“ Die Arbeit wird aber immer wieder unterbrochen, zum Beispiel durch die Ausarbeitung des Kapitels über die Geschichte des Materie-Begriffs zu einem eigenen Manuskript. Allein daran schreibt Bloch zwei Jahre, es wird noch in Prag ins Reine geschrieben, als Buch erscheint es erst 1972: „Das Materialismusproblem, seine Geschichte und Substanz“. Später machte sich Bloch dann an sein „Prinzip Hoffnung“, so daß die Logik wieder liegenblieb, zum Teil in andere Werke eingebracht wurde. Das Logik-Manuskript geht schließlich verloren, die Kategorienlehre erscheint erst 1974 unter dem Titel „Experimentum Mundi“.

Den Prager Arbeitstag von Bloch beschreibt Frau Karola so: „Seine Beiträge für Zeitschriften erledigte Ernst gerne am Nachmittag, an seinen Büchern schrieb er die halben Nächte am Schreibtisch, schlief deshalb vormittags lange, frühstückte ausgiebig, las Zeitungen und Briefe. Die Hauptmahlzeit nahm er am Abend ein, danach begann seine eigentliche Arbeit. Und immer fand er noch Zeit zum Lesen, sogar von Kriminalromanen.“ Bloch ist so produktiv, daß der Malik-Verlag eine Gesamtausgabe plant:

1. Spuren
2. Erbschaft dieser Zeit
3. Theorie-Praxis der Materie
4. Aufklärung und rotes Geheimnis
5. Geist der Utopie
6. Thomas Münzer
7. Ansichten der Natur

Das Familienleben der Blochs ändert sich im Jahre 1937: Karola hatte unverändert ihre Kurierfahrten für die KP nach Polen unternommen, zuletzt auch als Geldbotin. Diese gefährliche Arbeit hört jetzt auf, weil sie schwanger wird. Da sie vorher eine Fehlgeburt hatte, muß sie nun die meiste Zeit liegen. „Ernst pflegte mich rührend, fütterte mich mit kalter Milch und Brot. Es war trotz aller Mühsal eine schöne Zeit, in der ich eine besonders zärtliche Beziehung zu Ernst hatte: Er war besorgt um mich und genoß es, daß ich immer da war, wenn er mir aus seiner Arbeit vorlesen wollte.“

Am 10. September 1937 wird Jan Robert geboren: „Er ist gesund und kräftig, hat einen großen Schädel, lange und große Augen, musikalische Ohren. Sämtliche Tanten der Emigration versichern: Ganz der Papa." Der Papa fängt gleich an, ein Tagebuch über den kleinen Sohn zu schreiben, der im übrigen „Herr Meier" heißt. Bloch hatte während Karolas Schwangerschaft auf Fragen nach dem Baby immer gesagt: „Herr Meier" oder „Frl. Meier" strampelt mächtig.

Für eine Familienidylle ist Prag allerdings nicht der richtige Platz. Schon 1936 hatte Bloch, bei allem Lob für das Exilland Tschechoslowakei, angemerkt: „Nicht darf vergessen werden, daß man hier auf einem Exilkrater sitzt. Bohemia ist zum Unterschied von der Schweiz in wenigen Stunden restlos besetzt. Tritt ein, sobald die Westbefestigungen gebaut sind. Und auf den englischen Spießgesellen darf man sich verlassen. Das also sind die Aussichten hier." Die Angst vor einem Einmarsch der Nazis, vor allem angesichts des starken propagandistischen Drucks der Reichsregierung auf Prag, ist tägliches Brot der Emigranten: „Der Fürchtebutz in

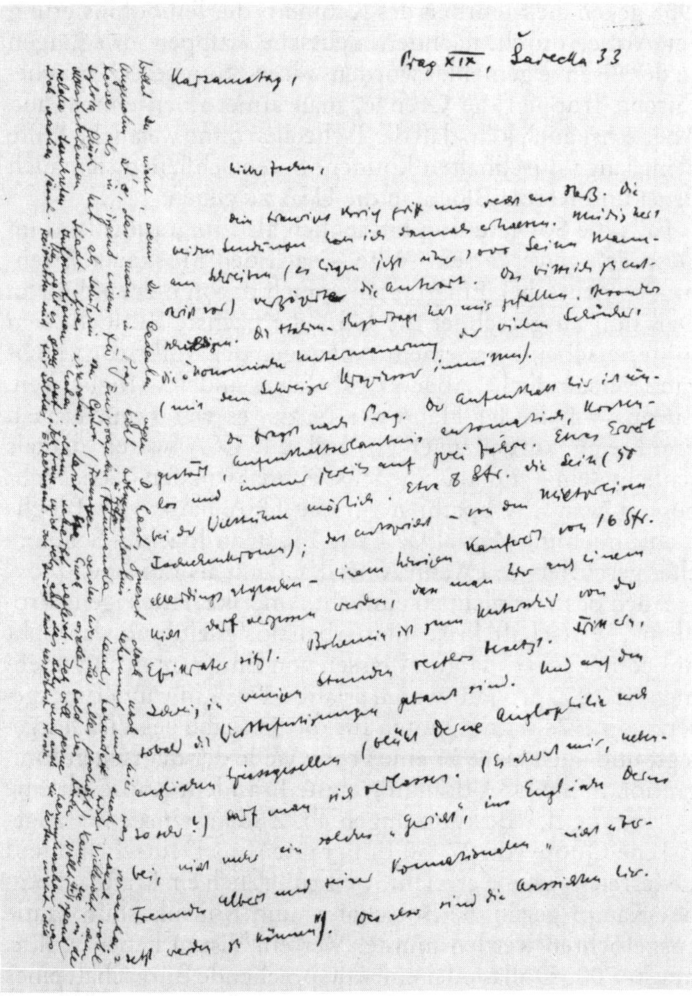
Prag XIX, Lovecka 33

Karsamstag,

Der „Exilkrater" Prag – Brief an Joachim Schuhmacher.

der Luft besteht hier weiter, ich mußte es Euch wahrheitsgemäß berichten", schreibt Bloch an Joachim Schumacher. „Aber wir bestehen ihn ja auch; das jüdische Köpfchen, nicht die Judenängste sind unser Teil." In einer Erinnerung an Prag aus den USA heißt es: „Man muß in Prag gelebt haben, um zu wissen, was gute Nerven sind. Rings um das Land, wenige Stunden entfernt, lauert ein grausamer, tückischer, erbarmungsloser Feind." Für die deutschen Emigranten ist klar, daß die Nazis die CSSR besetzen wollen, weil dann ein Weltkrieg leichter riskiert werden könnte: „denn der Faschismus treibt in den Krieg, und nur seine Schwäche hindert ihn noch."

Als deutsche Truppen im März 1938 nach Österreich einmarschieren, rechnet man in Prag mit einer baldigen Besetzung der CSSR, auf Hilfe von den Westmächten hofft niemand. Sylvia und Joachim Schumacher waren schon im Frühjahr 1937 in die USA gegangen, sie schrieben dringende Briefe, doch nachzukommen. Aber noch zeigte die Tschechoslowakei sich stark: Präsident Benesch setzte im Mai 1938 gegen die Mehrheit des Kabinetts die Teilmobilisierung der Armee durch, nachdem deutsche Truppenbewegungen an der Grenze gemeldet worden waren. Nun besetzen tschechische Truppen die Grenze, man atmet noch einmal auf. Aber es ist auch klar, daß die Tschechen ohne westliche Hilfe nicht lange durchhalten können: So entschließen sich auch Ernst und Karola Bloch, in die USA zu gehen.

Falls die Sowjetunion tatsächlich als Emigrationsland im Gespräch gewesen sein sollte – nach den Moskauer Erfahrungen deutscher Emigranten sprach davon niemand mehr. Daß nun ausgerechnet die USA die nächste Zuflucht sein sollte, erscheint bei einem Anhänger der Volksfront nicht ganz verständlich: Aber es gab keine andere Möglichkeit. Europa war in der Hand der Nazis, es war sinnlos, nach Frankreich zurückzugehen, und die USA waren damals schlicht „ein Land, das zunächst einmal von den Nazis nicht besetzt war." Sympathien für die USA hatten die Blochs nicht; noch im März 1937 hatte Bloch an Joachim Schumacher geschrieben: „Wenn Amerika, dann als Episode."

Auch das war nicht so einfach: Amerika hatte eigene Probleme, Wirtschaftskrise und Arbeitslosigkeit, und war nicht unbedingt scharf darauf, Massen von Emigranten aufzunehmen, 150 000 pro Jahr waren erlaubt. Das Einwanderungsgesetz von 1924 hatte Quoten für die Ausgabe des Visa festgelegt, und auch als 1936 eine große Welle der deutschen Emigration in die USA drängte, lehnte Präsident Roosevelt eine Lockerung der Bestimmungen ab. Zudem wurde die zugelassene Quote von 27 230 Emigranten aus Deutschland und Österreich fast nie erreicht, weil zusätzlich ein kräftezehrender Kampf gegen die Botschafts- und Konsulatsbürokratie ausgefochten werden mußte. Wer ein Visum haben wollte, mußte 7000 Dollar oder eine entsprechende Bürgschaft eines

US-Bürgers vorlegen oder nachweisen, daß er eine feste Anstellung in den USA hatte. Die Vereinigten Staaten wollten vermeiden, daß die Emigranten dem Staat auf der Tasche liegen. Also bittet Bloch im Februar 1938 Max Horkheimer vom New Yorker „Institut für Sozialforschung" um eine Bescheinigung, „daß ich am Institut für Sozialwissenschaft eine Arbeit übernehme". Zwei Wochen später macht er es schon dringlicher: „Wäre es möglich, daß ich in Ihrem Institut ankommen könnte oder: wissen Sie sonst eine Möglichkeit? Da mein Englisch noch detestabel ist, stehen nur Vorlesungen oder Seminarübungen in Deutsch vorerst zur Diskussion." Aber Max Horkheimers Antwort ist distanziert: Eine Mitarbeit an der Zeitschrift des Instituts wolle er gerne bestätigen, bezweifle aber, ob das viel nütze, und schließlich: „Das Institut steht finanziell gegenwärtig miserabel da", daher sei an eine Stelle für Bloch nicht zu denken.

Max Horkheimer: wenig Unterstützung für Bloch.

„Selbstverständlich dachte ich an keine definitiv feste Anstellung, wohl aber an Einleitung aussichtsreicher Unterhandlungen", antwortet Bloch und schildert noch einmal die Situation in Prag. „Panik habe ich keine, aber wir sehen das österreichische, das kampflose Beispiel." Aber all dies nützt nichts, Horkheimer kann oder will ihm nicht weiterhelfen. So wendet er sich im Mai an die „American Guild for German Cultural Freedom" mit dem Wunsch, eine Mitarbeit in einer „amerikanischen linksbürgerlichen Zeitschrift oder angesehenen Zeitung" vermittelt zu bekommen. „Persönlich bedeutet für mich dieser Weg zur amerikanischen Publizistik eine gewisse Sicherung, noch bevor ich in USA bin." Außerdem hofft Bloch darauf, sich mit solcher Arbeit in den USA über Wasser halten zu können, um in Ruhe an seinen Manuskripten weiterzuarbeiten. Aber diese Ruhe will dem 52jährigen Bloch niemand garantieren, auch eine Nachfrage bei der „American Guild" bringt keinen Erfolg. Schließlich gelingt es auf andere Weise, die Einreiseerlaubnis zu bekommen: Karolas Vater bezahlt die Überfahrt, und Blochs früherer Verleger Veilchenfeldt von Duncker & Humblot stellt die 7000 Dollar zur Verfügung.

Vor der Abreise nimmt Bloch noch vom 26. – 30. Juni am PEN-Kongreß in Prag als deutscher Delegierter neben Wieland Herzfelde und Oskar Maria Graf teil, Anfang Juli fährt die Familie Bloch nach Gdynia in Polen, von dort läuft die Pilsudski am 3. Juli 1938 aus nach New York. „Nichts liegt hinter uns zurück", schreibt Bloch über die neuerliche Emigration. „Es sei denn das Tote, das noch nicht zusammengehauen, abgehauen wurde. Was lebt und vor allem, was leben wird, ist mit uns näher als je. So kann das wahrhaft Heimatliche gar nicht verlassen werden. Es wurde ja selbst dort nicht verlassen, wo es sich einmal, notgedrungen, in ein anderes Land dauernd einpropfte. Die deutschen Achtundvierziger etwa, die übers große Wasser kamen, sind deutscher gewesen und geblieben als ihre Verfolger. Schlimmsten-

Übers Wasser in die Wüste – das Emigrantenschiff „Pilsudski“ aus Gdynia.

falls erwartet der Vertriebene, wenn er heute übers Wasser fährt, eine Wüste zu finden, in der er Prediger sein kann. Besser aber, ist er willens, fürs Nachhause zu sorgen, daran mitzuarbeiten, daß sein eigenes Land nach Hause kommt.“ Nach begeistertem Aufbruch in die Neue Welt klingt das nicht gerade. Prediger in der Wüste Amerika – eine eher trostlose Aussicht, und dieser Abgesang tönt denn auch mehr wie das Pfeifen im dunklen Walde, das Mut machen soll für die „Episode“ Amerika.

Kapitel 7

1938 – 1949

Ruhe fürs Werk – elf Jahre USA

Die übliche Einwanderungsprozedur im Aufnahmelager Ellis Island blieb den Blochs erspart, die Freunde Hanns Eisler und Joachim Schumacher holten sie im Hafen von New York ab: Es muß ein imponierendes Schauspiel gewesen sein, als die Habe der Familie Bloch ausgeladen wurde. Möbel und Hausrat, Kisten und Kartons, Kleider- und Manuskriptkoffer, eine ganze Bibliothek – was immer aus der Prager Wohnung wegzuschaffen gewesen war, hatten sie mitgenommen. Für Unterkunft war bereits gesorgt; Eisler und Schumacher, die den Sommer in Valley Cottage am Hudson-River verbrachten, hatten dort auch für die Blochs ein Ferienhaus gemietet.

So wohnte man zwar in der Neuen Welt, aber in durchaus ländlichen Verhältnissen. „Es war fast, wie wenn man, kaum in Berlin angekommen, im Spreewald landet." Trotzdem kam ländliche Abgeschiedenheit gar nicht erst auf. Vor allem Freunde und Kollegen Hanns Eislers, Schriftsteller, Schauspieler, Musiker, kamen fast an jedem Wochenende, Gespräche über Kunst und Literatur, über Politik und Emigration waren an der Tagesordnung, und selbst wenn kein Besuch da war, waren Eisler und Schumacher ständig anregende Gesprächspartner für Bloch. Letzteres war ihm sicherlich lieber, denn Bloch konnte kein Englisch und war deshalb in größeren Gesprächskreisen isoliert, eine für ihn völlig neue und befremdliche Erfahrung. Allerdings hatte er auch keine

Der Hafen von New York.

große Lust, Englisch zu lernen. Seine Frau Karola erzählt dazu diese Anekdote: Sie gingen mit Eisler durch New York, und Eisler bedrängte Bloch, doch nun ernsthaft Englisch zu lernen. Doch Bloch meinte, er könne sich schon auf Deutsch durchschlagen. Er bot Eisler eine Wette an: „Den ersten Mann, dem wir begegnen, werde ich deutsch ansprechen, und er wird mich verstehen." Zwar war dieser erste Mann ein Schwarzer, aber Bloch fragte ihn doch auf deutsch nach dem Weg zum Times Square. „Ja, freili, da müssen Sie nur gradaus gehen", war die Antwort in bayrischem Dialekt. Es stellte sich heraus, daß der Mann in München Zigarettenverkäufer im Café Odeon gewesen war.

Zwar ist diese Anekdote fast zu typisch, um wahr zu sein, doch wirft sie ein Licht auf Blochs gespaltenes Verhältnis zum neuen Exilland. Politisch war er nicht unbedingt gegen die USA eingestellt. Im Ersten Weltkrieg hatte er US-Präsident Wilson gegen die allzu schablonenhafte Kritik der Kommunisten verteidigt, im Prager Exil sieht sich Bloch veranlaßt, an Wilsons Reden aus den letzten Kriegsjahren zu erinnern. Wilson argumentiert darin energisch gegen den wilhelminischen Despotismus und ist der Meinung, daß das deutsche Volk von diesem Despotismus befreit werden muß, ein bloß militärischer Sieg also keine wahre Friedenslösung sei. Diese Position hat – wie wir gesehen haben – auch Bloch vehement vertreten, er erinnert 1937 an sie, weil das zeitgenössische Amerika nach seiner Meinung ähnliche Tendenzen zeigt: „Ohne ihn zu nennen, hat Roosevelt Worte an den deutschen Despotismus gewendet, die seit Wilsons trübem Abgang nicht mehr erklungen waren." Und auch zwei Jahre später lobt er eine Politik, die den faschistischen Despotismus deutlicher benennt als die europäischen Westmächte: „Und die Politik Roosevelts kann man ohne Schamröte anständig und zur Zeit betreibenswert finden." Was Bloch in der Neuen Welt im Unterschied zum Faschismus zumindest am Horizont sieht, ist „der älteste und glänzendste Grenzbegriff der Menschheit: die vollkommene Demokratie."

Trotzdem war er nur in Maßen bereit, sich auf das „Zentrum der begrenzten Möglichkeiten" einzulassen, Sprache und Kultur dieses Landes sich anzueignen. Wenn an den Wochenenden in Valley Cottage, wie Joachim Schumacher erzählt, das Amerikanische aus New York über die Ländlichkeit am Hudson hereinbrach, hielt sich Bloch abseits: „er, der zwischen Werktag und Sonntag nicht unterschied, mit der ihm eigenen Werkruhe und Werkbestimmtheit sich nur zeigte, nachdem er das Seine getan", lebte in den USA von vornherein recht isoliert. Obwohl er 11 Jahre dort verbrachte, schaffte er es gerade, die Umgangssprache zu verstehen und zu sprechen, die New York Times oder den Boston Globe zu lesen: „Das genügte ihm", sagt Karola Bloch. „Boston Globe war unsere Lokalzeitung, die Ernst eifrig las, besonders wegen der Comics, die er gerne hatte; noch nach

Die Comic-Seite des „Boston Globe".

Leipzig später schickten uns Bostoner Freunde die Comicseite zu." Erst in den letzten Jahren in den USA war Bloch in der Lage, auch einmal einen Vortrag in Englisch zu halten. An wissenschaftliche oder politische Veröffentlichungen in englischer Sprache aber war zu keiner Zeit zu denken. Warum Bloch das auch nicht wollte, hat er in einem Vortrag vor dem Schutzverband deutscher Schriftsteller in New York im Juni 1939 deutlich gemacht. Seine Hauptthese: „Man kann Sprache nicht zerstören, ohne in sich selber Kultur zu zerstören. Und umgekehrt, man kann eine Kultur nicht erhalten und fortentwickeln, ohne in der Sprache zu sprechen, worin diese Kultur gebildet worden ist und lebt." Erhaltung der eigenen Kultur ist aber für Bloch selbstverständliche Aufgabe. Zwar hält er es für richtig, daß ein Emigrant die Sprache des Gastlandes spricht: „Um mittels dieser Sprache ins amerikanische Sein und Bewußtsein einzutreten und das Unsere darin zu wirken", auch aus Höflichkeit den Gastgebern gegenüber; denn Bloch sieht deren berechtigte Erwartung, daß die „Immigranten sich auch als solche fühlen und nicht nur als Visitors und Überwinterer"; er sieht ein „patriotisches Unbehagen" bei Amerikanern angesichts von Emigranten, die eine deutsche Kulturinsel schaffen wollen oder die gar der Meinung sind, „sie müßten Amerika jene Gesittung beibringen, die Hitler zu Hause doch so leicht eliminieren konnte". Deshalb sein Aufruf: „So wollen wir uns an Amerika beteiligen, als wäre es – auch ein Stück Deutschland."

„Zerstörte Sprache – zerstörte Kultur."

Nur steht gegen diesen guten Willen die Schwierigkeit oder gar Unmöglichkeit, sich in der fremden Sprache so zu artikulieren wie in der eigenen. „Keine Nuancen sind ausdrückbar, keine Schärfe noch Tiefe." Gerade das ist aber wichtig, zumal nach Blochs Meinung Sprache und Denken in einem viel engeren Wechselverhältnis stehen als allgemein angenommen. Daß die Eigenarten eines Menschen, sein Denken und Verhalten sich in seiner Sprache, im Schreibstil niederschlagen, ist die normale Annahme. Für entscheidender hält Bloch aber umgekehrt den Einfluß der Sprache auf den Habitus des Menschen und darüberhinaus: „Vor allem wird durch die Anzahl und den Rang der beherrschten Worte und Wortverbindungen nicht nur der Habitus, sondern auch die Merkwelt eines Menschen mitbestimmt." Wenn das aber so ist, dann kann es umso weniger gleichgültig sein, in welcher Sprache man spricht, ja „denkt". Das Verhältnis von Sprache und Wahrheit stellt sich auf diese Weise für Bloch dar wie die Verkehrsverhältnisse im alten Theben: „Dort gab es hundert Tore, und sie alle führten, aus verschiedenen Richtungen, auf den Marktplatz. Jedoch muß man in sein Tor eingetreten sein, um an den Marktplatz zu gelangen." Blochs Zugang zur Wahrheit ist – zufällig – die deutsche Sprache, doch ist dieser Zufall nicht umkehrbar. Diese Sprache aber ist nach Blochs Meinung auf doppelte Weise

In Valley Cottage: Hanns Eisler, Karola Bloch, Lou Eisler, Sylvia Schumacher, Ernst Bloch.

gefährdet, nämlich durch die Nazis und durchs Exil: „In Deutschland droht sie zu ersticken, im Ausland zu erfrieren." Bemerkenswert der Zorn, mit dem Bloch über die Sprache der Nazis redet, gleichzeitig ein Beispiel dafür, daß er diese Philippika gegen die Sprachzerstörer nur in deutscher Sprache halten konnte, in jeder anderen wäre der prägnante Ton dieser Schimpfe auf der Strecke geblieben: „Die deutsche Sprache ist des Teufels geworden, der Teufel ist der Vater der Lüge, ihr allein soll sie dienen. Schleim und Schwulst, Nebel und Gebrüll, Schwachsinn und Elefantiasis der Superlative dienen der Demagogie. Die Nazisprache gibt jedem Humbug, jedem Unsinn, jeder Niedertracht, jeder Psychose Platz, ihre Phrasenhaftigkeit soll auch noch jenen Rest des Denkens betäuben, der durch Terror nicht auszurotten ist. Die Chloroformmasken, die dem Konzentrationslager leider fehlen, verwendet Goebbels für die sogenannte Massenbasis außerhalb: die Sprache wird Narkose. Worte verlieren ihren Sinn, Krieg heißt Frieden, Pogrom Notwehr, der Lustmörder Führer. Betrugs-Ideologie hat die deutsche Sprache auch in dem sogenannten Kulturgebrauch vernichtet, der ihr dort noch übrigbleibt. Die Literatur des Nazismus ist gesprochenes Niederwalddenkmal; errichtet über dem hilfeschreienden Schweigen abgedichteter Verliese." In welche Sprache könnte das Gebilde „gesprochenes Niederwalddenkmal" ohne Verlust, ohne Notwendigkeit zusätzlicher Erläuterungen übersetzt werden?

Also steht der deutsche Emigrant vor dem Dilemma, in seiner Heimat nur noch zerstörte Sprache zu sehen, im Exil-Land aber, um sich verständlich zu machen, gegebenenfalls diese Sprache, die zu retten wäre, aufgeben zu müssen. An seinen Mitemigranten sieht Bloch zwei Verhaltensweisen diesem Dilemma gegenüber: Die einen flüchten in „hektisches Möchtegern-Amerikanertum" und wollen von allem Deutschen überhaupt nichts mehr wissen, die anderen riegeln sich in ihrer Herkunft ab und lassen das Neue nicht an sich heran: „Manche ihrer kamen hierher, die nichts mehr als eine Wüste suchten, worin sie Prediger sein könnten. Statt dessen fanden sie ein ebenso problemreiches wie gastfreies Land." Das war zunächst, wie wir gesehen haben (s.o. S. 162), Blochs eigene Antrittsvoraussetzung, als er ins Land kam, inzwischen sieht er die unausbleiblichen Folgen einer Abkapselung gegen die neue Umwelt: „Der deutsche Intellektuelle blüht dann nicht, wie es sich gehört, als lernender Lehrer in Amerika, er figuriert nicht einmal als Museum, sondern als Gespenst." Wie man diesen Weg zum Gespenst vermeiden könnte, weiß Bloch allerdings auch nicht. Für ihn steht fest, daß die Emigranten weiter in deutscher Sprache denken und schreiben müssen – „das ist unser Handwerk und Erbe" –, er weiß aber auch, daß man damit nur die Deutschamerikaner erreicht, und er weiß vor allem, daß breitere Wirkung ohne eine gesicherte Position nicht möglich ist: „Der Immigrant, der sich und das Seine noch in keinerlei Job untergebracht hat, wird eher introvertiert bleiben als der Mann in Geschäft und Amt.“

Genau das ist aber die Situation, in der Bloch während der gesamten elf Jahre seines USA-Aufenthalts blieb. Noch 1941 schickt er einen Beitrag an „Books Abroad“ in Deutsch mit der Bemerkung: „My English is so bad and because of my solitude in the last years so poorly developed, that I think, the correction of this English would be a greater work than the translation of a German text.“ Dem wird man zustimmen können. 1974 sagt Bloch im Rückblick auf diese Zeit: „Ich war glücklich, ungestört auf deutsch schreiben zu können, in einer Sprache, die rundum nicht gesprochen und banalisiert wurde, einer wissenschaftlichen und einer philosophischen Sprache.“ Joachim Schumacher meint zu den in den USA entstandenen philosophischen Büchern: „die Werke selbst verraten nichts vom Wesen der Umwelt, in der er sich, meist eben nur notgedrungen, niedergelassen.“

Im September 1938 feiern die Blochs den ersten Geburtstag von Jan. Hanns Eisler hat zu diesem Anlaß eine Kantate für eine Singstimme, Viola und Klavier komponiert:

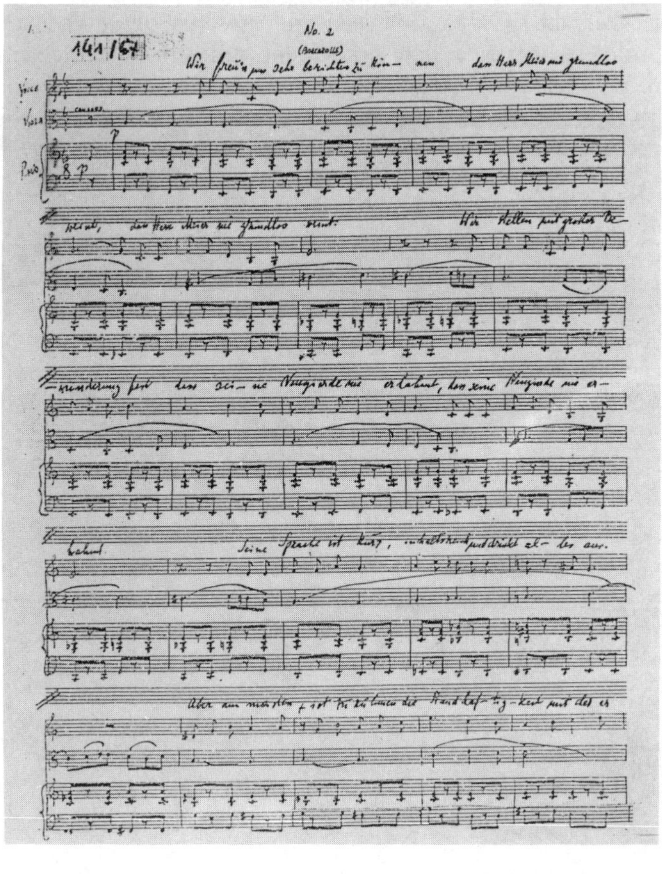

„Wir freu'n uns sehr berichten zu können, daß Herr Meier nie grundlos weint“ – Barcarole aus Hanns Eislers „Kantate zu Herrn Meiers ersten Geburtstag“.

Teil 3 und 4 dieser Kantate sind „Recitativo dramatico" und „Wiegendlied" mit dem bemerkenswerten Text:

„Gezeugt in Paris, geboren in Prag,
Fliehend vor der Gefahr in einem Gassack zu ersticken,
Bestiegen Sie in Gdynia ein polnisches Schiff,
Nach dem Verbrecher Pilsudski genannt,
Und flohen nach New York.
Doch hoffen wir, daß Sie bald die Gelegenheit haben werden,
Ihr Vaterland kennenzulernen.
Schlafen Sie ruhig, Herr Meier,
Draußen lauern zwar die Geier,
Doch sind sie halb so wild,
Wenn sie auch krächzen und stinken.
Bald werden sie von der Linken
Leise, leise, leise angekillt.
Schlafen Sie ruhig, Herr Meier, Herr Meier."

Diese Geburtstagsfeier ist gleichzeitig der Abschied von Valley Cottage. Die Blochs ziehen nach New York, in eine kleine Dreizimmerwohnung in Riverdale, wo New York nicht gar so sehr nach New York aussieht. Bloch macht sich auf die Suche nach Einnahmequellen. Er hatte ja schon von Prag aus Bittbriefe an Horkheimer und die „American Guild for German Cultural Freedom" geschrieben. Von der „Guild" erhoffte er sich ein Stipendium, um in Ruhe seine philosophische Arbeit fortführen zu können. Als Referen-

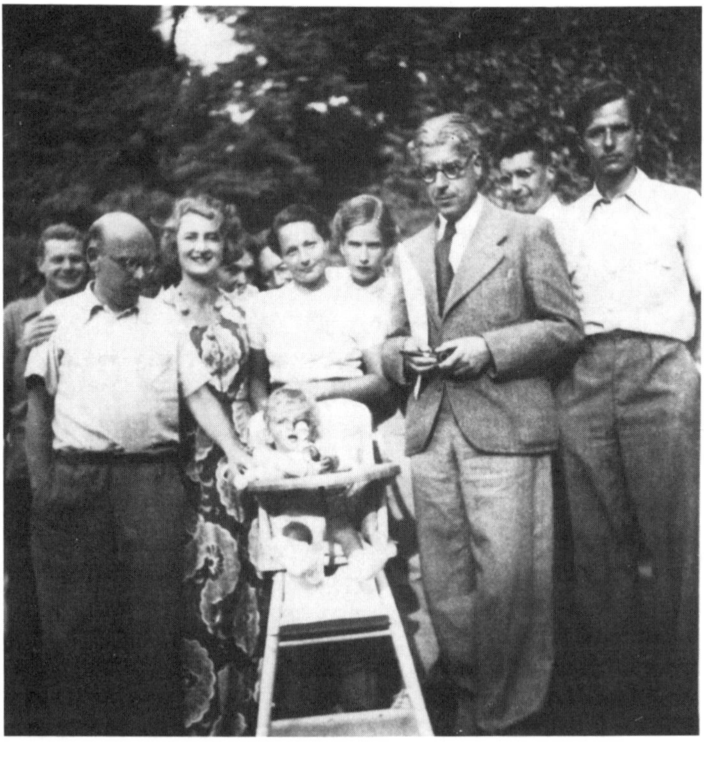

Geburtstag und Abschied von Valley Cottage 1938 (Von links: Hanns Eisler, Karola Bloch, Lou Eisler, Sylvia Schumacher, Ernst Bloch, Joachim Schumacher).

zen hatte er Horkheimer und Otto Klemperer angegeben; Klemperer verfaßte ein überschwengliches Empfehlungsschreiben, auch Horkheimer äußerte sich positiv, Paul Tillich setzte sich für ihn ein, so daß er im März 1939 tatsächlich 50 Dollar bekam, später noch zweimal die gleiche Summe. Nur mit einem Stipendium wollte es nicht klappen. Und auch im „Institut für Sozialforschung" gab es die Schwierigkeiten, die nach dem spröden Verhalten Horkheimers zu erwarten gewesen waren. Immerhin ging Bloch in New York zum Institut, weil er immer noch große Hoffnung daran setzte, wie viele andere deutsche Wissenschaftler auch hier eine Stelle zu bekommen. Doch Horkheimer sagte jetzt „ganz offen, daß Blochs politische Einstellung zu kommunistisch sei, um seine Aufnahme zu ermöglichen." Bloch erinnert sich an die erste Begegnung mit seinem alten Freund Adorno, der mit Horkheimer das Institut leitete: „die war sehr bitter. Die haben meine Stalin-Aufsätze gelesen und das genügt." Und schließlich: „Kaltlächelnd hätten die zugesehen, wenn wir wirklich verhungert wären, wir waren nahe dran!"

Das allerdings verhinderte Frau Karola, die zunächst in der Bronx und in Brooklyn als Versicherungsagentin Klinken putzte, dann einen kleinen Job in einem Architektenbüro bekam, der aber nicht viel einbrachte; und die „Spenden, die Ernst von verschiedenen Comitees oder Privatpersonen erhielt, machten den Braten auch nicht fett". So ergatterte sie schließlich den Auftrag, für einen New Yorker Germanistik-Professor ein Sommerhaus in New Jersey zu bauen. Inzwischen war das mitgebrachte Geld aufgebraucht, die Wohnung mußte aufgegeben, die Möbel einmal mehr eingelagert werden. Sohn Jan wurde in ein Kindercamp gebracht, Ernst kam in Maine bei den Ludwigshafener Freunden Max und Lene Hirschler unter, Frau Karola zog nach New Jersey, um das Haus zu bauen. Nach Abschluß dieser Arbeit ging es wieder zurück nach New York, wo die Blochs in einem möblierten Appartment am Broadway wohnten, Jan kam zu Pflegeeltern und sah die eigenen nur an Wochenenden. Als dieser Zustand unerträglich wurde, zog die ganze Familie Bloch zu den Pflegeeltern, wo man nun mit zwei Familien in drei Zimmern hauste.

Im Sommer 1940 kam vorübergehend eine bessere Zeit. Karola hatte Erfolg mit dem Haus in New Jersey, es wurde in einer Architekturzeitschrift abgebildet, daraufhin bekam sie eine Stelle in einem Architekten-Büro. Im Frühjahr kam eine Einladung der Witwe des Direktors des „Museum of Modern Art" in Boston, die Emigranten unterstützte und den Blochs einen Sommeraufenthalt auf ihrem Gut Merrywood in Marlborough, New Hampshire anbot. Sie nahmen an, und so folgte eine recht glückliche und geruhsame Zeit in ländlicher Umgebung: „Ernst war froh, ein stilles Zimmer für sich zu haben und arbeitete ausgiebig." Bloch hatte gleich nach der Ankunft in den USA seine philosophische Arbeit wieder aufgenommen. „Ich habe Tag und Nacht gearbeitet", erzählt er 1974, „elf Jahre lang, ernährt von meiner Frau, also kein Vorbild im amerikanischen Sinn." In der Tat war es für Bekannte und Kollegen Karolas ganz außergewöhnlich, daß die Frau die Familie ernährte, während der Mann seinem „Hobby" nachging. Denn als Job konnten sie nichts akzeptieren, was kein Geld brachte. Wenn also Philosophie nichts einbrachte, sollte er doch etwas anderes machen. „Ich konnte nichts anderes machen", ist Blochs Reaktion. „Außerdem sprach ich kein Englisch." Nach Karolas Angaben war es äußerst schwierig, Amerikanern derlei plausibel zu machen.

Zunächst setzte sich Bloch an ein Buch, das „Dreams of a better Life" heißen sollte und die Keimzelle des späteren „Prinzip Hoffnung" bildete. In New York arbeitete er oft und gerne im der Public Library; schon im Februar 1939 heißt es: „Ich stehe im vorletzten Teil; dieser ist wegen seines Stoffs der farbigste." In Merrywood sind die Arbeitsbedingungen geradezu ideal, er „ließ sich durch nichts stören und arbeitete unaufhörlich an seinem Hoffnungsbuch", hatte aber auch schon ein Manuskript mit dem Titel „Naturrecht

Arthur Kaufmann: Porträt von Ernst Bloch (1938).

und Rechtsphilosophie“ in Arbeit: „er durchlebte dort eine geradezu explodierende schöpferische Periode“.

Arthur Kaufmann: Triptychon der deutschen Emigration (Bloch linkes Paneel, hintere Reihe rechts).

In Merrywood wurde ein großes Haus geführt, andere Emigranten waren für den Sommer dort untergekommen, Freunde und Bekannte kamen zu Besuch. Als der Sommer vorüber war, machten die Gastgeber den Vorschlag, die Blochs sollten doch bis zum nächsten Sommer bleiben; eine andere jüdische Emigrantenfamilie wurde noch einquartiert, Frau Karola spielte die Hausfrau, der Philosoph Ernst bediente den Heizkessel: „Als der Winter kam, versorgte Ernst die Heizung, durchaus zuverlässig und mit Genugtuung darüber, daß ihm diese Arbeit gelang.“

Für Karola, die ihren Beruf und ihre politische Arbeit hatte, war der idyllische Zustand in Merrywood auf die Dauer allerdings nicht so glücklich wie für Ernst, und so beschloß man im Herbst 1941, wieder in die Stadt zu ziehen. Wieder haben die Blochs Glück: Eine Freundin vermittelt ihnen ein Haus eines Professors namens Cadbury in Cambridge (Massachusetts); der Professor stellte für die Dauer eines Afrika-Aufenthalts das Haus inklusive Bibliothek, Garten und einer Hausangestellten mietfrei zur Verfügung, eine Nachbarin übernahm die Betreuung des Sohnes, alle waren hilfsbereit und nett: „Das war eben auch Amerika, der Geist der Solidarität, der Freundlichkeit, der so vielen Amerikanern eigen ist.“

Unterdessen überschlugen sich die Ereignisse in Europa: Paris fiel im September 1940 in die Hände der Nazis, viele Emigranten, die noch hätten fliehen können, kamen in die USA, Komitees wurden gebildet, um den neu Eingereisten

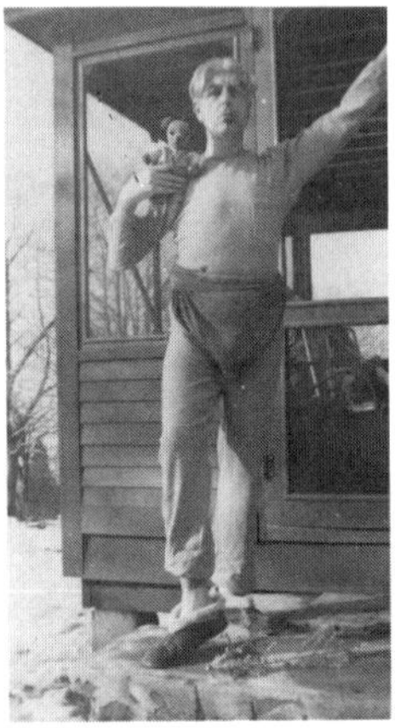

Theaterspiel an Weihnachten: Bloch in Woodbury.

zu helfen. Karola, während all der Jahre unermüdlich politisch tätig, war auch hier stark engagiert, aber auch Bloch selbst organisierte als Mitglied der „German American Writers Association" Hilfsaktionen für Neueinwanderer.

Die Lage der Emigranten wurde trotz großen Engagements von allen Seiten schwieriger. Nach dem Überfall der Japaner auf Pearl Harbour im Dezember 1941 wurden die Deutschen zu feindlichen Ausländern („Enemy Aliens") erklärt und durften sich nur noch innerhalb einer 50-Meilen-Zone bewegen. Zwar waren die Staatsbürgerschaftsanträge der Blochs schon angenommen, damit hatten sie ihre „First Papers", aber die „Second Papers", die endgültige Einbürgerung, war erst nach fünf Jahren möglich, also gehörten sie jetzt zu den feindlichen Ausländern.

Inzwischen war es auch wieder problematisch geworden, eine Arbeit als Architektin zu bekommen. Als sie nach Merrywood gingen, mußte Karola ihre feste Anstellung aufgeben, jetzt verdiente sie zunächst ihr Geld als Kellnerin, bevor sie wieder als Architektin und Zeichnerin unterkam. Bloch selbst fuhr manchmal, wenn er die Reiseerlaubnis bekam, nach New York, wo er gelegentlich Vorträge hielt und Stiftungen und Komitees abklapperte, um Stipendien, Darlehen, Unterstützungen zu ergattern. Da konnte es auch passieren, daß Blochs Vortrag so faszinierte, daß plötzlich eine monatliche Zuwendung von 50 Dollar heraussprang, einmal soll ihm eine Zuhörerin sogar einen 500-Dollar-Scheck in die Hand gedrückt haben. „Komme mir vor wie ein Zuhälter oder zuweilen wie Odysseus am Phäakenhof der Emigration. Vielerlei Nausikaa um den alten Esel, bin froh, wenn ich wieder weg bin, trotz allem. Besser Verständnislosigkeit als Weihrauch", schreibt Bloch an Joachim Schumacher.

Mit der Wohnung hatten die Blochs ein weiteres Mal Glück: Als Professor Cadbury aus Afrika zurückkam, zogen sie – wiederum mietfrei – in ein Haus in der Appleton Street, ebenfalls recht geräumig und mit einem großen Garten. Trotzdem wollten sie nun doch endlich eine eigene Wohnung mieten. Die findet Karola schließlich „in einem nicht sehr vornehmen Viertel von Cambridge", in der Vassal Lane, billig, aber geräumig. Man wohnt im oberen Stockwerk des zweigeschossigen Hauses einigermaßen kommod und kann nun endlich wieder die eigenen Möbel vom Lager holen. Um ein bißchen dazuzuverdienen, werden vorübergehend sogar zwei Zimmer untervermietet.

In Cambridge gewinnen die Blochs ein paar neue Freunde: Der Heidelberger Romanist Leonardo Olschky lebt dort, der Psychiater Kurt Goldstein, der Kybernetiker und Philosoph Gotthard Günther, der Philosoph Arnold Metzger, Adolf Lowe; vor allem mit Günther, Metzger und Lowe entwickeln sich enge Freundschaften. Auch alte Freunde kommen gelegentlich zu Besuch, so Hermann

Broch, den die Blochs in Wien kennengelernt hatten und der nun häufig aus Princeton nach Cambridge kam.

Trotzdem lebt Bloch auch hier sein abgeschiedenes Gelehrtenleben weiter, eher noch ausgeprägter als etwa in Valley Cottage oder in Woodbury, wo Bloch die Freunde Sylvia und Joachim Schumacher gelegentlich besuchte. Ohnehin ist Bloch nicht der Typ des geschmeidigen Kosmopoliten, der nun in der Emigration eifrig an kulturellen Zirkeln mitwirkt. Er bleibt, wie Hans Mayer betont, „ein Deutscher, ein Pfälzer, geboren als königlich-bayerischer Untertan. Mit zärtlichem Spott liebt er das zu erinnern. Er spricht unverkennbar mit dem Akzent einer Landschaft und Heimat. Ob er jemals in Massachusetts realisiert hat, daß man im Lande nicht deutsch sprach, ist mir immer zweifelhaft geblieben." Man muß bei alledem aber immer berücksichtigen, daß Bloch in den USA zwar isoliert war, aber keineswegs darunter gelitten hat. Sein Sohn Jan Robert Bloch erzählt, daß sein Vater so in seine Arbeit vergraben war, daß man buchstäblich von Kontakten mit den Gestalten der Philosophiegeschichte reden konnte. Er ging mit Jakob Böhme, Hegel oder Bacon um, als seien sie gegenwärtig, verhielt sich seinem Stoff gegenüber so, „als würde Thomas Münzer morgen vorbeikommen." Die Außenkontakte kommen vorwiegend durch die Mutter, durch ihren Beruf und die politische Arbeit in der Kommunistischen Partei der USA, sie ist die „praktische Außenstation der Familie". Derweil kümmerte der Vater sich um die erlesenen Füllfederhalter, mit denen er ausschließlich schrieb, und besorgte immer mal wieder Geld, weil zum Beispiel 150 Dollar zum Abschreiben eines Manuskripts her mußten.

Zwar übernahm Bloch auch die Betreuerfunktion für seinen Sohn Jan, da die Mutter den ganzen Tag außer Haus war, aber das stand in deutlichem Konflikt zum Werk, da war der

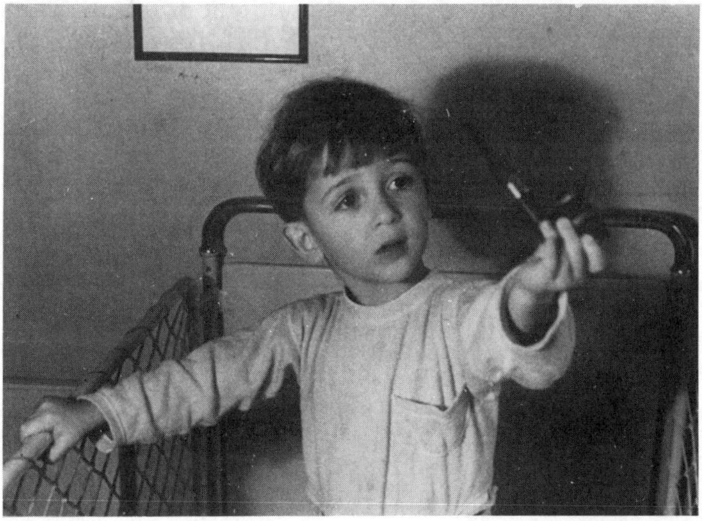

„I don't know what to do" – „But I know"

Sohn eher ein Störfaktor. Jan erzählt, daß er sich gelegentlich langweilte und einmal zum Vater ging und sagte: „I don't know what to do." Antwort: „But I know." Und weiter ging's mit dem „Prinzip Hoffnung". Was nicht heißen soll, daß Ernst Bloch ein Rabenvater war. Bloch mochte Kinder, konnte auch gut mit ihnen umgehen und hat sich, wie Jan erzählt, auf eine sehr jungenhafte Art mit seinem Sohn beschäftigt, allerlei Späße und Spiele mit ihm gemacht, die Vaterrolle dabei immer vermieden. In einem Aufsatz nennt Jan ihn seinen „Freund und Vater". Ohnehin hätte er eher der Großvater seines Sohne sein können: Als Jan geboren wurde, war Bloch 52 Jahre alt.

Wirtschaftlich blieb die Lage angespannt, die Blochs sind weiter gezwungen, von der Hand in den Mund zu leben. Bloch bekommt gelegentlich Geld von Freunden: So berichtet er im Oktober 1942, daß Hirschlers und Arnold Metzger zusammen 40 Dollar geschickt haben, von Joachim Schumacher, der selbst kaum genug zum Leben hat, kommen einmal 10 Dollar, Karola verdient um diese Zeit 50 Dollar im Monat. Horkheimers Institut für Sozialforschung, bei dem Bloch bemerkenswerterweise immer noch sein Glück versucht, hat ihm im September 100 Dollar zukommen lassen, im Oktober schreibt Bloch von der Zusage des Instituts, ihm 50 Dollar pro Monat zu geben, aber zufrieden ist er damit nicht. Offenbar möchte er noch immer eine Anstellung haben, denn er beklagt sich darüber, daß das Institut sich so verhalte, „als hätte es mich gewogen und zu leicht befunden." Adorno soll Bloch versichert haben, beim Institut liege es nicht am Wollen, sondern am Können. Mit dieser Auskunft war Bloch aber nicht zufrieden, und er schimpfte über den „wohlhabenden Wiesengrund" und über Max Horkheimer, der sich ein Haus in Kalifornien gebaut habe. „Sie wissen keinen anderen Rat als Teilnahme; man hat nicht mehr genug Kopf zum Schütteln."

Einen etwas anderen Rat wußte Adorno wohl: Er veröffentlichte in der Exil-Zeitschrift „Aufbau" einen Aufruf für Ernst Bloch. Er schildert darin die Verdienste des großen Philosophen, weist auf dessen „Philosophie der Utopie" hin, deren Gehalt Adorno auf die Formel bringt: „Die Bahn der Menschheit ist die unbedingte buchstäbliche Abschaffung von gesellschaftlich-natürlichem Leid, der Durchbruch aus der Verfallenheit an Schicksal, Mythos, Herrschaft, das Erlöschen der Natur im verwirklichten Glück, Raum schaffend für die ›Reichszeit‹, die endlich ins Irdische einbrechende Transzendenz, die Vergottung der Welt." Warum Bloch in den USA so erfolglos ist, begründet Adorno so: „er hat die schlimmste Sünde begangen, die ein Denker heutzutage begehen kann: Denken. – Noch eine Sünde hat er begangen: er kann schreiben." Aber: „Der die eigene Sprache leidenschaftlich sprach, kann die fremde nicht parlieren. Keiner versteht ihn mehr."

Für Ernst Bloch

Von T. W. ADORNO

Der Autor des *"Geistes der Utopie"* und des *"Thomas Münzer"* hat als Emigrant in Boston seine Stelle als Tellerwäscher verloren. Er kam bei dem vorgeschriebenen Tempo nicht mit; der Theolog der Revolution konnte sich nicht anpassen und das wird von denen, die die Arbeitsplätze zu vergeben haben, so wenig verziehen wie von den Intellektuellen, die verlangen, dass man die Welt nachkonstruiert, während jener von der Gestalt der unkonstruierbaren Frage schrieb. Jetzt kommt er nicht mehr zum Schreiben. Seine Beziehung zum Papier ist endlich realitätsgerecht geworden. Er bündelt es, acht Stunden am Tag in einem dunklen Loch stehend. Dem Konzentrationslager ist er entronnen, auf dass man ihm die Mucken draussen austreibe.

Wenn er ein Logiker wäre, der Formalismus nach Formalismus aus sich herausnimmt, wie einmal Variétékünstler unendliche Papierschlangen sich aus dem Munde zogen, mit ornamentaler Meisterschaft. Oder wenigstens ein Historiker der Philosophie, mit Spezialkenntnissen über die Renaissance, der nachwiese, dass der neuzeitliche Geist mit Petrus Pomponatius anfängt — warum nicht mit diesem? — es würde sich sogleich ein Verlag finden, der ihn mit der längst fälligen kritischen Pomponatiusausgabe betraute, und ein College, das ihn zum Professor ernennte. Aber er hat die schlimmste Sünde begangen, die ein Denker heutzutage begehen kann: Denken. Was er an Logik weiss und an Geschichte, gewiss nicht weniger als die anderen, hat er nicht geschont, angehortet, als Besitz auf den Markt getragen, sondern hat es als Rohstoff in den eigenen Gedanken eingeschmolzen, fortgeschenkt wie

(*Fortsetzung auf Seite* 17)

Die Emigration ist Bloch nach Meinung Adornos den Dank vor allem auch für sein Eintreten gegen den Faschismus „mit rücksichtsloser Tapferkeit" schuldig geblieben, außer der Hilfe von ein paar Freunden und wissenschaftlichen Stellen sei ihm nichts geblieben. „Sollte es ihnen selbst gelingen, bleibt die Unterstützung, die sie garantieren können, ein Hohn auf das, was dem Philosophen geschuldet wird. Wenn es der breiteren Solidarität nicht gelingt, Bloch aus einer Armut herauszuziehen, welche die schändet, die satt zu essen haben, so wird der Zweifel wach, ob es der Emigration mit dem Geist gegen Hitler überhaupt ernst sei". Das sind starke Worte, und man hätte denken können, daß Bloch diesen Freundesdienst – trotz oder gerade wegen des gespannten Verhältnisses zu Adorno – dankbar aufnehmen würde. Aber das Gegenteil trat ein: In der nächsten Nummer des „Aufbau" bittet Bloch die Redaktion mitzuteilen, „daß ich den Aufsatz T.W. Adornos ›Für Ernst Bloch‹ in No. 48 des ›Aufbau‹ nicht inspiriert habe und daß die Ausführungen, so dankenswert ihre herzlich-kollegiale Gesinnung, nicht in meinem Sinne seien."

Unschuldig an der Tellerwäscher-Legende: Theodor W. Adorno.

Die Reaktion Blochs wird verständlich, wenn man bedenkt, daß nach Adornos Aufruf der Eindruck entstehen mußte, die Blochs nagten buchstäblich am Hungertuch, während Karola doch fleißig für den Unterhalt der Familie sorgte. Er dankt Adorno zwar für dessen Freundschaftsgeste, erklärt aber, daß er schon im Oktober dem Herausgeber des „Aufbau" seine Zustimmung zu einem solchen Aufruf verweigert habe. Außerdem habe Karola inzwischen wieder Arbeit gefunden. „Es tut mir sehr, sehr leid, dass ich auf Deine Freundesgeste so reagieren muss." Er hätte es lieber gesehen, wenn die Angelegenheit „unter uns" geblieben wäre. „Es gibt viele Tausende, denen es ebenso wie mir und schlimmer ergeht." Das klingt ganz plausibel, verdeckt aber einen wesentlichen Hintergrund: Bloch war es äußerst peinlich, daß Adorno in seinem Aufruf davon gesprochen hatte, Bloch arbeite als Papierbündler, seine Stelle als Tellerwäscher habe er verloren, weil der das Tempo nicht halten konnte. Diese „Legende" ist seither häufig widerrufen worden, Karola Bloch schreibt in ihren Lebenserinnerungen noch: „Woher er diese ›Ente‹ hatte, weiß ich nicht. Aber die Legende hat sich bis heute gehalten und es ist schwer, sie aus der Welt zu schaffen." Um so schwerer, als sie von Bloch selbst stammt. In einem Brandbrief an Adorno hatte er nämlich geschrieben: „Als Tellerwäscher bin ich entlassen, weil ich mit dem Tempo nicht mitkam. Zähle und bündle jetzt Papiere, verschnüre sie und bringe sie auf einen Wagen. Anschaulich schildert Bloch seine Arbeitssituation alleine in einem finsteren Loch, die Beanspruchung durch einen Achtstundentag, so daß er mit An- und Abfahrt elf Stunden von zu Hause weg ist. Für die philosophische Arbeit bleibt dann selbstredend weder Zeit noch Energie.

Karola und Jan.

Seine Artikel würden von den Zeitschriften abgelehnt, obwohl er sich schon um niederstes Niveau bemüht habe, es gebe keine Möglichkeit zu Vorträgen, keine Bibliotheksarbeit, keine Mäzene, seine philosophischen Werke seien ohne Aussicht auf Übersetzung und Verlag. Bisher habe Karola ihn und das Kind über Wasser gehalten. „Ich verdiene jetzt, mit Hingabe meiner ganzen Existenz sozusagen, 20 D. die Woche; davon leben wir zu dritt und zahlen die Miete."

Seine philosophische Arbeit habe er mitten im Manuskript abgebrochen, auch samstags und sonntags fehle ihm die Kraft, seine Arbeit fortzusetzen." Millionäre haben in diesem Land mit der Tätigkeit begonnen, die ich jetzt ausführe, Philosophen hören damit auf." Schließlich bittet er Adorno und dessen Frau Gretl ausdrücklich, einen Kontakt zu Felix Weil herzustellen (ein reicher Amerikaner, der Horkheimers Institut unterstützte) und dabei Blochs Lage vorzutragen.

Daß Adorno auf diesen Brief mit seinem engagierten Aufruf reagierte, sollte nicht verwundern. Da bedarf es meines Erachtens auch solcher entschuldigenden Erläuterungen nicht, wie sie Gerhard Knapp in seiner Adorno-Monographie vorzunehmen sich genötigt sah: „Man wird annehmen dürfen, daß Adorno unter anderem am Falle des von ihm Verehrten die Situation der Emigration insgesamt illustrieren wollte." Bloch jedenfalls wird es unangenehm gewesen sein, daß seine Lust am Geschichtenerzählen ausgerechnet in einer solchen Angelegenheit zu einer Legende führte, die dann immer wieder dementiert werden mußte. Jedenfalls hat er offenbar keine der beschriebenen Arbeiten je ausgeführt. Sein Sohn berichtet lediglich, daß er einmal an der Harvard-Universität vorgesprochen habe, um in der Küche zu helfen. Dort habe man ihn aber wegen seiner Kurzsichtigkeit gar nicht erst angenommen.

Allen Unbilden zum Trotz arbeitete Bloch unermüdlich an seinen Manuskripten. 1942 schreibt er an Paul Tillich, daß er „Naturrecht und Rechtsphilosophie" abgeschlossen und mit einer „Philosophie der Religion" angefangen habe, auch das Hegel-Buch ist in Arbeit. Beim Hoffnungsbuch war er schon im Januar 1940 an der Durchsicht des 3. Bandes und meinte: „Vielleicht wird das Hoffnungsbuch bei dem Kurt Wolff deutsch, in der Oxford Press englisch erscheinen." Aber das zieht sich hin. Im März 1944 ist das Manuskript auf 1980 Seiten angewachsen, Bloch glaubt zur Fertigstellung mit 250 Dollar auszukommen, im September schreibt er an Hermann Broch, der ihm beim Verlag helfen soll. Die Oxford University Press hatte das Buch inzwischen als „too cryptic" abgelehnt, die Viking Press zeigte wenig Interesse, die Guggenheim-Stiftung wollte den Fortgang der Arbeit so wenig finanzieren wie die Carl-Schurz-Foundation. Nun wollte Bloch ein besonders starkes Geschütz auffahren: die Fürsprache Thomas Manns. Schon 1939 hatte Bloch Thomas

Karola, Jan, Ernst.

Mann in Princeton besucht, ihm auch einige Passagen des Manuskripts zugeschickt, unter anderem weil er eine Empfehlung für den Schutzverband deutscher Schriftsteller brauchte. Mann hatte daraufhin zwei positive Briefe über das Hoffnungs-Manuskript geschrieben, die Bloch nun einsetzen will, ohne aber „als einer der Schützlinge“ Manns aufzutreten. Außerdem gefällt ihm die Art der Fürsprache nicht ganz: Mann hatte Blochs Ansatz allzu häufig „marxistisch“ und „revolutionär“ genannt, weshalb Bloch jetzt vorschlägt, diese „untunlichen Etiketten“ bei einer Abschrift der Briefe wegzulassen. In diesem Fall wären die Briefe Thomas Manns für den zögernden Verleger sicherlich eine Art Empfehlung.

Gleichzeitig warnt er: Der Verleger solle Thomas Mann in dieser Angelegenheit nicht noch einmal anschreiben, weil Bloch in der Auseinandersetzung um die von Mann 1937–1939 in Zürich herausgegebene Zeitschrift „Maß und Wert“ gegen Manns These polemisiert hatte, das durch die Nazis „heillos geschändete“ revolutionäre Vokabular nicht mehr sozialistisch zu verwenden. Zwar hatten Bloch und Mann sich nach dieser Auseinandersetzung wieder getroffen und auch über die Zeitschrift gesprochen, aber Bloch nahm – wohl mit Recht – an, daß Mann nicht allzu gut auf ihn zu sprechen sein würde. Das galt übrigens schon vor der Auseinandersetzung über „Maß und Wert“. Schon 1936, Bloch ist in Prag, beklagt sich Mann über dessen „freche Herablassung“: „Dieser scharfe Typ hat mich schon in Deutschland unwürdig behandelt; heute scheint mir seine Sprache den Tatsachen noch weniger angepaßt. Eingesprengt unter 65 Millionen war er nützlich und notwendig. Jetzt, draußen, in Reinkultur nimmt er sich denn doch übler aus als man öffentlich eingestehen möchte.“

Das Haus in 69 Vassal Lane, Cambrigde/ Massachusetts: Hier wohnten die Blochs von 1942-1949.

Jedenfalls hat Blochs Manöver, falls Broch es tatsächlich mitgemacht haben sollte, nichts genutzt, sein Hoffnungs-Manuskript war nicht an den Mann zu bringen. Im Juni 1947 noch fügt er in den ersten Band eine ausführliche Affektenlehre ein, im Oktober ist er dann soweit, daß er das Vorwort schreiben kann, aber auch jetzt ist eine Veröffentlichung nicht in Sicht. Selbst Hermann Brochs Fürsprache bei der Bollinger Foundation nützt nichts, Blochs „Hoffnung“ bleibt ungedruckt. Mit seinem Hegel-Buch geht es ihm nicht viel anders. Er hatte zwar schon einen Vertrag mit Alfred Mendel von „The Living Thoughts Library“, aber der fand das Buch schlicht unverständlich und unübersetzbar: „es ist ueber die Koepfe der Leser dieser Serie hinweggeschrieben (frisz Vogel oder stirb!)“. Mendel schlägt erhebliche Kürzungen vor, Bloch befürchtet eine Zerstörung seines Werks, Mendel versichert, daß der Aufbau der Hegel-Darstellung nicht beeinträchtigt werden solle: „Nicht der ‚approach‘, der Styl war der Gegenstand meines Briefs an Sie. Und ich glaube, dasz bedaechtige Kuerzung noch keinem Manuskript geschadet hat. Beim Kuerzen ergibt sich vielmehr von

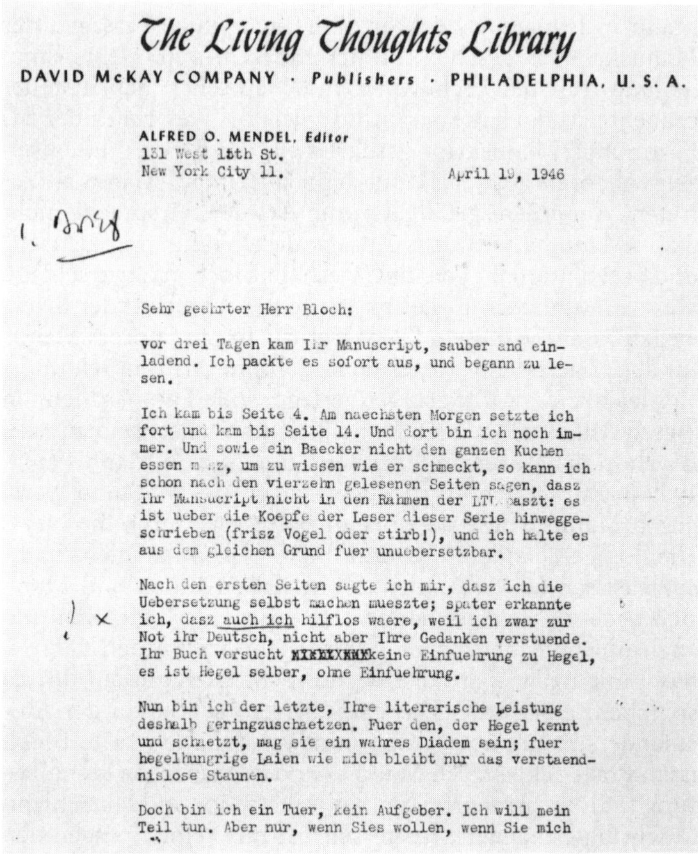

The Living Thoughts Library

DAVID McKAY COMPANY · Publishers · PHILADELPHIA, U. S. A.

ALFRED O. MENDEL, Editor
131 West 15th St.
New York City 11.

April 19, 1946

1. Brief

Sehr geehrter Herr Bloch:

vor drei Tagen kam Ihr Manuscript, sauber and einladend. Ich packte es sofort aus, und begann zu lesen.

Ich kam bis Seite 4. Am naechsten Morgen setzte ich fort und kam bis Seite 14. Und dort bin ich noch immer. Und sowie ein Baecker nicht den ganzen Kuchen essen musz, um zu wissen wie er schmeckt, so kann ich schon nach den vierzehn gelesenen Seiten sagen, dasz Ihr Manuscript nicht in den Rahmen der LTL paszt: es ist ueber die Koepfe der Leser dieser Serie hinweggeschrieben (frisz Vogel oder stirb!), und ich halte es aus dem gleichen Grund fuer unuebersetzbar.

Nach den ersten Seiten sagte ich mir, dasz ich die Uebersetzung selbst machen mueszte; spater erkannte ich, dasz auch ich hilflos waere, weil ich zwar zur Not ihr Deutsch, nicht aber Ihre Gedanken verstuende. Ihr Buch versucht XXXXXXXXkeine Einfuehrung zu Hegel, es ist Hegel selber, ohne Einfuehrung.

Nun bin ich der letzte, Ihre literarische Leistung deshalb geringzuschaetzen. Fuer den, der Hegel kennt und schaetzt, mag sie ein wahres Diadem sein; fuer hegelhungrige Laien wie mich bleibt nur das verstaendnislose Staunen.

Doch bin ich ein Tuer, kein Aufgeber. Ich will mein Teil tun. Aber nur, wenn Sies wollen, wenn Sie mich

Unleserlich, unübersetzbar: Verleger Alfred Mendel über Blochs Hegelmanuskript.

selbst eine Vereinfachung des Styls." Und dann kommt ein Vorwurf, der Bloch tief getroffen haben muß: „Komplizierte, dunkle Ausdrucksweise geht oft auf Bequemlichkeit und auch Hochmut zurück. Es ist wahrscheinlich kein Zufall, dasz Ihr Manuskript auch kritische Worte gegen Amerika enthaelt." Mendel wäre auch mit einem ganz neuen Manuskript – statt der Kürzungen – einverstanden, aber er drängt auf den Termin. Bloch bittet schließlich seinen Freund Joachim Schumacher, mit Mendel über diese Angelegenheit zu reden, er wartet danach vergeblich auf einen Brief des Verlags und schreibt schließlich recht vergrätzt: „Die Sache fängt leider an, recht verfahren zu werden." Mit einer „Reparatur" seines Manuskripts ist er nicht einverstanden, „dazu geben weder der Vertrag noch unsere nachträgliche Abmachung eine Handhabe." Er besteht deshalb darauf, daß Mendel das Manuskript entsprechend den vertraglichen Vereinbarungen akzeptiert. „Einige Veränderungen, dem leichteren Verständnis zuliebe, mag Dr. Schumacher vornehmen; obwohl ich zu solchen Veränderungen vertraglich nicht verpflichtet bin." Viel lieber aber möchte Bloch aus dem Vertrag aussteigen und das Buch anderwärts unterbringen. „Da ich durchaus auf keinem grünen Ast sitze, wäre es mir schon pekuniär gesehen recht traurig, wenn wir nicht weiter vorwärts kämen als bisher."

Die finanzielle Situation bleibt in der Tat unsicher. Zwar gibt Bloch seit Anfang 1945 Kurse über den Faschismus und die Folgen in einer Art Volkshochschule, und zwar in englischer Sprache – „so weit hatte er es inzwischen doch gebracht", erzählt Karola. Auch fährt er nach wie vor zu kleinen Vorträgen und zum Geldeintreiben nach New York: „In den paar Tagen, wo ich jeweils in New York bin, muss ich mir den Lebensunterhalt für ein ganzes Jahr verschaffen." Außerdem bekommt er kontinuierlich Unterstützung vom Komitee einer Frau Staudinger, so daß Karola zwischenzeitlich sogar meint: „wir hatten keine finanziellen Sorgen." Die kommen aber schnell wieder. Karola verliert ihre Stelle in dem Architektenbüro, so daß die wichtigste regelmäßige Geldquelle versiegt.

Im Juni 1946 aber ist Bloch schon wieder voller Hoffnung. Von einer seiner New-York-Reisen zurück, berichtet er Joachim Schumacher: „eine Freundin der Tobacco-Erbin Duke will die Ausgabe des Hegel in englisch und deutsch zugleich bei Kurt Wolff finanzieren." Bloch muß zwar noch aus dem Vertrag mit Mendel heraus, aber er hat schon 250 Dollar aus dem Tobacco-Fonds an Mendel zurückzahlen können. Auch die drei Bände des Hoffnungs-Buchs will dieser Fonds finanzieren, dazu ein dreijähriges Stipendium, und darüberhinaus soll er eine ganze Serie von Einleitungen in das Werk einzelner Philosophen schreiben. „Vorzusehen könnten sein: Heraklit, Platon, Aristoteles, Plotin, Thomas, Scotus, Occam, Spinoza, Leibniz, Kant, Schelling, (Hegel), Schopenhauer und warum nicht auch Nietzsche? Alles vom Tabak bezahlt und garantiert, mit genügendem Vorschuß für jeden Band, um jeweils ein Jahr davon zu leben. Die Paradiesschlange, als Raupe der Göttin der Vernunft, käme so etwas auf einen grünen Zweig. Zu grün, scheint mir, um wahr zu sein."

Diese Ahnung war richtig, der Plan wurde nie verwirklicht. Schon im September 1946 meint Bloch, „dass ich mich mit den 10 angegebenen Philosophen etwas übernommen habe." Aber es scheint nicht nur an ihm gelegen zu haben, daß all die üppigen Pläne nicht verwirklicht wurden. Nicht einmal das Hegel-Buch, dessen Finanzierung im Juni 1946 angeblich „fix und fertig" war, kommt bei Wolff heraus. Im Juni 1947 ist es endgültig fertig, es ist 650 Seiten stark und hat den Titel: „Die Selbsterkenntnis. Erläuterungen zu Hegel". Aber ein Verleger findet sich immer noch nicht. Schließlich meldet sich der Leiter des Berliner Aufbau-Verlags, Erich Wendt, und bittet um alle Manuskripte. Und so hat Bloch im August 1947 begründete Aussicht, daß sein Hegel, die Rechtsphilosophie und das Hoffnungsbuch bald in Berlin herauskommen werden. Frühjahr und Sommer 1948 will er in Europa zum Korrekturlesen verbringen. „Ich sage:

Europa, nicht Deutschland. Ich sage genauer: Paris. Bis jetzt kann ich das Grauen vor meinem Geburtsland nicht aus den Knochen kriegen; vor dem Land, wo meine Sprache nicht mehr klingt (um mich euphemistisch auszudrücken)." Aber auch dies zieht sich ungebührlich hin, und so erscheint Blochs Hegel-Buch 1949 unter dem Titel „El pensiamento di Hegel" kurioserweise zuerst in spanischer Sprache (im Verlag „Fondade Cultura Economica" in Mexiko und Buenos Aires). Ein spanischer Emigrant, Professor Venceslao Roces, hatte das Manuskript gesehen, es mit bemerkenswertem Tatendrang übersetzt und in kurzer Zeit veröffentlicht. Ein Kuriosum am Rande weiß Bloch über diese spanische Ausgabe zu berichten, „die in 600 Exemplaren nach Franco-Spanien kam und die dort sonderbarerweise keinen Anstoß erregte, weil man sich unter Hegel, dem königlich-preußischen Staatsphilosophen, nichts Schlimmes vorstellte."

Auf der anderen Seite hatte Bloch Erfolg mit einem Verlagsprojekt, an dem er mit zehn anderen Emigranten beteiligt war. Treibende Kraft war Wieland Herzfelde gewesen, der mit Hilfe des deutsch-amerikanischen Schriftstellerverbandes in New York 1943 die Emigrantenorganisation „Tribüne" gründete, die einen deutschen Emigrationsverlag aufbauen sollte. Die „French and Foreign Book Corporation" übernahm die Finanzierung und den Vertrieb, die Mitglieder des Schriftstellerverbandes unterstützten das Unternehmen durch Zeichnung von 10-Dollar-Anteilen, die Autoren schrieben ohne Honorar. Ende 1944 treten elf Verleger mit dem Verlag „Aurora" an die Öffentlichkeit: Ernst Bloch, Bertolt Brecht, Ferdinand Bruckner, Alfred Döblin, Lion Feuchtwanger, Oskar Maria Graf, Wieland Herzfelde, Heinrich Mann, Berthold Viertel, Ernst Waldinger, Franz Weiskopf. Im Juni 1945 kann Bloch berichten: „Auf dem Verlag strahlt jetzt der Blitz des Goldes." Immerhin stand für die Produktion des Jahres 1945 ein Etat von 18000 Dollar zur Verfügung. Und in diesem Verlag erschien 1946 endlich, nach über zehn Jahren, wieder ein Buch von Ernst Bloch: „Freiheit und Ordnung. Abriß der Sozialutopien", Kapitel 36 des späteren Hauptwerks „Das Prinzip Hoffnung".

Auch sonst blieb Bloch während der US-Emigration zwar nicht ganz unveröffentlicht, aber es war doch insgesamt mager, was von ihm gedruckt wurde. In der „Neuen Weltbühne" erschienen ein paar Artikel, die zum Teil noch in Prag geschrieben worden waren, die „Internationale Literatur" druckt einen Vortrag, „Maß und Wert" einen Aufsatz. Blochs Thema bleibt das alte: Die Nazis und antifaschistische Propaganda, die vor allem in einem Emigrationsland wie den USA besonders schwierig ist. Zu weit sind die Probleme des europäischen Kontinents entfernt, das Mitgefühl mit den unter dem Faschismus Leidenden nimmt mit wachsender Entfernung ab: „Man kann fremdes Leid nie als eigenes empfinden." Darauf muß sich die antifaschistische

Publizistik einstellen. Es ist sinnlos, unentwegt die großen Verbrechen der Nazis anzuprangern, nur die Beschreibung des alltäglichen Faschismus greift noch: „Gerade die alltäglichen Einzelfakten (an denen kein Mangel ist) sind das Plakatierbare am Nazi, sie geben auch dem sicheren Port eine Perspektive ins Unvorstellbare." Eins der Beispiele, die Bloch anführt: „Aber daß die Wiener Juden, um frische Luft zu schöpfen, auf einen jüdischen Friedhof vor der Stadt fahren müssen, weil sie auf keinem anderen Ausflugs- oder Vergnügungsort mehr geduldet werden: diese Symbolik schlägt emotional ein."

Unverbrüchlich ruft Bloch auch von den USA aus die Volksfront zu Einigkeit und Kampf auf: „Der Wille zur Volksfront ist und bleibt der Wille, der Kampfwille, eine Massenbasis der antifaschistischen Bewegung herzustellen; das ist ihre Grenze und ihre Wahrheit. Eine nicht aktive Volksfront ist überhaupt keine, sondern Burgfrieden, also ihr Gegenteil." Er schreibt dies anläßlich der Münchener Verträge zwischen Chamberlain, Daladier, Mussolini und Hitler vom September 1938: „München konnte nur jene überraschen, die die liberale Weisheit des westlichen Kapitals zu besingen sich angewöhnt hatten."

Auch die kleine Form der philosophischen Beobachtung einer Alltagssituation versucht Bloch noch einmal. Er beschreibt Straßenräuber in New York, die sogenannten Holdups, die am hellen Tag, mitten im Großstadtgewühl, einem Passanten die Pistole „an sein Hemd drücken und ihn so um das Ersparte bringen." Für den Angegriffenen besteht die Unsicherheit, ob der Angreifer nun wirklich schießt, was er eigentlich nicht wollen kann, weil mit Sicherheit der elektrische Stuhl auf ihn wartet. „Aber sie arbeiten mit dem Nimbus der jähen Tat, sie genießen das Gefühl, das Nietzsche den ›Reiz des gefährlichen Lebens‹ nennt, und genießen es nicht nur, sondern ziehen Früchte aus dem Reiz, die sich langsam addieren."

Von 1942 bis 1944 veröffentlicht Bloch außerdem in der deutschen antifaschistischen Exilzeitschrift „Freies Deutschland", die in Mexiko City erscheint, einige Aufsätze. Auch hier sein altes Thema: „Der Nazi kocht im eigenen Saft", „Der Nazi und die tragische Maske", „Die Nazis im Untergrund", und schließlich auch wieder die Frage, die er sich schon während des Ersten Weltkriegs stellte: Welchen Sieg wollen wir, was wollen wir mit dem Sieg, nach dem Sieg anfangen? Wiederum gibt es für ihn nur die klare Alternative Krieg oder Revolution. Der Faschismus muß nach seiner Meinung gründlich, ursächlich besiegt werden, sonst wird nämlich das Gleiche passieren wie nach Versailles, dann „schließt sich der Zirkel aufs neue: Erholung, Imperialismus, Revanche." Um das zu vermeiden, muß nicht nur die politische Machtclique des Nationalsozialismus beseitigt werden, sondern auch der Kapitalismus, der den Faschismus ermöglichte und trug: „Ganz gründlicher Antifaschismus in Deutschland scheint nicht erhältlich ohne die revolutionäre Austilgung des Faschismus in Deutschland". Aus diesem Grunde argumentiert Bloch auch vehement gegen den Morgenthau-Plan, der für ihn eine vertrackte Art ist, die Revolution zu verhindern durch „Ausstreichen eines neuen Deutschlands von der politischen Landkarte, die Vernichtung jeder künftigen deutschen Handlungsfähigkeit überhaupt."

„Revolutionäre Austilgung des Faschismus in Deutschland."

Damit liegt Bloch auf der Linie der Politik des Nationalkomitees Freies Deutschland, das im Juli 1943 in Moskau von deutschen Antifaschisten und Kriegsgefangenen gegründet worden war. In den USA entsteht daraufhin eine Free-Germany-Bewegung. Eine Gruppe von deutschen Emigranten – darunter Bertolt Brecht, Lion Feuchtwanger, Heinrich und Thomas Mann, Ludwig Marcuse – formuliert eine Erklärung, in der das Manifest des Nationalkomitees Freies Deutschland begrüßt wird, vor allem der Aufruf an das deutsche Volk, „seine Bedrücker zu bedingungsloser Kapitulation zu zwingen und eine starke Demokratie in Deutschland zu erkämpfen. Auch halten wir es für notwendig, scharf zu unterscheiden zwischen dem Hitlerregime und den ihm verbundenen Schichten einerseits und dem deutschen Volk andererseits." Diese Erklärung richtet sich vor allem gegen die Politik einiger deutscher Emigranten in den USA, die Sühne ohne Gnade für das deutsche Volk fordern. Das deutsche Volk müsse sich, so diese Position, seine Freiheit verdienen, und zwar in Ketten.

Eine einheitliche Politik deutscher Emigranten im Sinne des Nationalkomitees kommt allerdings nicht zustande, Thomas Mann distanziert sich einen Tag nach Formulierung der Erklärung, es kommt zu einem Streit zwischen Mann und Bertolt Brecht. Zwar wird im Juni 1944 der „Council for a Democratic Germany" gegründet. Den Vorsitz übernimmt Paul Tillich, Ernst Bloch ist ebenso dabei wie Brecht, Feuchtwanger, Kantorowicz, Kortner, Peter Lorre, Erwin Piscator und Heinrich Mann, aber über eine gemeinsame Gründungserklärung kommt der Council kaum hinaus, seine politische Wirkung bleibt marginal.

Die politische Situation für die Emigranten verschärft sich in der Zwischenzeit zusehends. Nach dem japanischen Angriff auf Pearl Harbour waren, wie gesehen, die Deutschen feindliche Ausländer geworden, Leute wie Bloch, die offen antifaschistisch argumentierten und in der prokommunistischen Zeitschrift „Freies Deutschland" veröffentlichten, waren ohnehin verdächtig und galten als „Premature Antifaschist", das hieß Antifaschist schon vor Pearl Harbour. Zwar hat Bloch nie vor dem „Komitee gegen unamerikanische Aktivitäten" gestanden, aber für die Staatsbürgerschaft mußte er doch immer wieder zum Einwanderungsbüro nach Boston. Schon 1944, also pünktlich fünf Jahre nach der Einwanderung, wurde Bloch zur Prüfung gebeten: „Ich habe übermorgen meine Citizenship-Prüfung. Sehr verjüngend, wieder ein Prüfling zu sein." Aber die Einwanderungsbehörde war wohl nicht zufrieden, das Verfahren zog sich hin. Immer wieder wurde er zu Verhören nach Boston bestellt, immer wieder wurde die berühmte Frage gestellt: „Sind Sie je in einer Gesellschaft gewesen, in der über Marxismus oder Kommunismus gesprochen wurde?" Und Bloch soll geantwortet haben: „Sind Sie je in einer Gesellschaft gewesen, in der nicht über den Kommunismus gesprochen wurde?" Schließlich dauerte es Bloch zu lange, er erklärte den Beamten, er habe an seinem Werk zu arbeiten und könne nicht ständig von Cambridge nach Boston fahren. Er sehe ohnehin, daß man ihm die Staatsbürgerschaft nicht geben wolle. Da bestellte ihn der Beamte zur Prüfung in amerikanischer Geschichte zwei Tage später.

„Ich habe denen eine Vorlesung gehalten über die Zusammenhänge der amerikanischen Revolution, bürgerliche Revolution, die in Pittsburg stattfand und nicht in Paris. Lafayette hat die Taktik von Amerika nach Frankreich hinübergetragen. Da rief der Vorsitzende diese Hearingsgestalten zusammen – die haben das nicht gewußt – um mir zuzuhören. Dann habe ich eine Propagandarede gehalten für die französische Revolution, für die amerikanische, der wir doch alle angehörten, sonst wären wir ja nicht hier, sondern Beamte beim englischen König. Also Amerika hat sich freigekämpft. Na ja, ist ja patriotisch, nicht? Die amerikanische und französische Revolution werden ja an höchster Stelle bei Engels zitiert: Freiheit, Gleichheit, Brüderlichkeit. Die Freiheit, Gleichheit, Brüderlichkeit der urkommunistische Gentes! Da gibt es zwischen Revolutionen Zusammenhänge, die nicht abreißen. Ein einziger roter Faden läuft durch, von Spartakus bis zu Lenin, alle meinen dasselbe. Also kann man für die Revolution sprechen und behandelt die französische dabei, die amerikanische. Und für diese Sache trete ich ein. Und da kamen sie her, diese Brüder, und haben es sich aufgeschrieben, als wenn's ein Kolleg wäre! Sie haben sich bedankt, – das ist auch ganz lustig." Bloch bekam also seine „Second Papers", Karola, von deren politischer Arbeit offenbar nichts bekannt war, war schon zwei Jahre früher amerikanische Staatsbürgerin geworden.

„Ein einziger roter Faden von Spartakus bis zu Lenin."

Trotz Staatsbürgerschaft bekamen antifaschistische Emigranten aber mehr und mehr Schwierigkeiten, so daß viele sich überlegten, wieder nach Deutschland zurückzukehren. Ohnehin hatten gerade antifaschistische Emigranten die USA von vornherein nur als vorübergehendes Asyl angesehen, man wollte zurück, um ein neues Deutschland aufzubauen, und trotz vieler neuer Freunde war man doch nie so recht heimisch geworden. Karola Bloch beschreibt ihre Empfindungen bei Kriegsende: „In Boston herrschte am 8. Mai ein Taumel in den Hauptstraßen: Alle Autos hupten,

Ging schon 1946 zurück nach Deutschland: Alfred Kantorowicz.

Papierfetzen wurden aus den Fenstern geworfen, wildfremde Menschen umarmten einander. Der Krieg hatte fünf Jahre, acht Monate und fünf Tage gedauert. Lange genug hatte man auf sein Ende warten müssen. Aber seltsam: Gerade jetzt fühlten wir unsere Heimatlosigkeit stärker denn je." Alfred Kantorowicz ging schon 1946 nach Deutschland zurück, faßte in Berlin schnell Fuß und gab die Zeitschrift „Ost und West" heraus, in der später auch Bloch veröffentlichte. Andere Freunde und Bekannte taten es Kantorowicz nach, aber die Blochs schwankten lange, was denn nun zu tun sei.

Ihre Entscheidung wurde Anfang 1948 erleichtert: Eine Berufung an die Universität Leipzig kam, kurz darauf eine weitere nach Berlin. Aus Leipzig schrieb Professor Werner Krauss: „Wir sind alle davon überzeugt, daß der verwaiste philosophische Lehrstuhl von Ihnen besetzt werden müßte." Es war der Lehrstuhl Hans-Georg Gadamers, der 1947 nach Frankfurt gegangen war. Zwar hatte Krauss zunächst Schwierigkeiten gehabt, seinen Wunschkandidaten durchzusetzen, aber schließlich hielten sogar zwei Fakultäten – die philosophische und die gesellschaftswissenschaftliche – einen Lehrstuhl für Bloch bereit. „Es wäre Ihnen natürlich unbegrenzte Freiheit gelassen", heißt es in dem Brief von Krauss. „Alle Ihre denkbaren Forderungen sind sozusagen im Voraus bewilligt."

Trotz dieses großzügigen Angebots druckst Bloch noch einige Zeit herum. Mit 63 Jahren, also in einem Alter, wo andere auf die Emeritierung warten, soll Bloch erstmals eine gesicherte Stellung haben, eine Beamtentätigkeit zumal, soll einer geregelten Arbeit nachgehen – das alles begeistert ihn nicht sonderlich. Er macht sich Gedanken, ob die Lehrtätigkeit ihn nicht von seinen philosophischen Manuskripten abhält, und auf die Frage von Adolf Lowe, wofür Bloch sich wohl bei Angeboten aus Leipzig und Harvard entscheiden würde, soll er geantwortet haben: „Capri". Im Mai 1948 scheint er sich dann aber doch für Leipzig entschieden zu haben. Er schreibt an Georg Lukács: „So sind wir jetzt auch im äußeren Sinn Kollegen." Entscheidend für diesen Entschluß wird wohl die Aussicht gewesen sein, daß das Werk nun endlich veröffentlicht wird. Zwar war Bloch auch in Zeiten äußerster Wirkungslosigkeit davon überzeugt, daß der Erfolg seines Denkens unausbleiblich sei. Aber nach über elf Jahren derart massiver Bedeutungslosigkeit spielte die Perspektive auf Werkedition und Einfluß an der Universität schon eine Rolle, wie vor allem seine optimistischen Briefe an Adolf Lowe dokumentieren. Die Verbesserung der wirtschaftlichen Situation hat ihn dagegen wohl nur am Rande interessiert.

Von nun an treibt ihn vor allem die Sorge um, daß das Hegel-Buch vor „meinen diversen Vorlesungen gedruckt vorliegt", denn der Aufbau-Verlag läßt in dieser Sache nichts von sich hören. Im April 1949 ist es dann so weit: Zusammen mit Trude und Wieland Herzfelde fährt Bloch, wiederum auf einem polnischen Schiff, nach Europa. Karola und Jan sollen erst im Sommer nachkommen. Bloch schreibt an Hermann Broch: „Sonst fühle ich mich als eine Art Studiosus, der ins erste Semester zieht.“ Er freut sich auf Leipzig, auf eine „fröhliche, weiter mit mir gehende Zeit.“ Und er versucht, ähnlich wie bei der Abreise aus Prag nach New York, den tiefen Einschnitt, den auch dieser Wechsel für sein Leben bedeutet, herunterzuspielen: „Das neue Buchmanuskript habe ich S. 681 mitten im Satz unterbrochen und werde am neuen Schreibtisch fortfahren, als wäre nichts geschehen. Es ist ja auch nichts geschehen.“

Kapitel 8
1949 – 1961

Aus dem Lande Metternichs in die Neue Welt

Der Arbeitsbeginn am neuen Schreibtisch verzögerte sich allerdings ein wenig. Es war schon umständlich gewesen, die Einreiseerlaubnis in die damalige Ostzone zu erhalten. Bloch mußte dazu eigens nach New York fahren und bei der sowjetischen Botschaft die entsprechenden Papiere besorgen. Auch die Reise selbst war mit Schwierigkeiten verbunden. In Gdynia dürfen Bloch und Herzfelde nicht weiterfahren, sie werden am 19.4.1949 nach Zopot gebracht, wohnen im besten Hotel und werden zuvorkommend behandelt. Aber da mit den Visa, vor allem wohl dem von Herzfelde, etwas schiefgelaufen ist, sitzen sie fest. Beide haben amerikanische Pässe und müssen sich an der russischen Paßstelle die Visa für die sowjetische Besatzungszone bestätigen lassen. Es gibt endlose Laufereien wegen der Papiere, doch Bloch bleibt zuversichtlich: „Wenigstens aber bin ich nun in Europa und insofern heimgekehrt." Sorgen macht er sich nur wegen seiner Manuskripte. Er hat gehört, daß derlei an der Grenze in Frankfurt/Oder überprüft wird und schreibt aus Zopot nach Leipzig: „Kann die zuständige Behörde (Volksbildung?) die Grenzstelle benachrichtigen, dass meine Manuskripte harmlos und für einen Philosophen natürlich sind?" Schließlich, nach fast einem Monat Aufenthalt, sind alle Angelegenheiten geregelt, und Bloch und die Herzfeldes fahren weiter über Berlin nach Leipzig.

Die Aufnahme dort ist freundlich, Bloch bekommt mit Herzfeldes eine Villa im Stadtteil Gohlis in der Kleiststraße, sein neuer Arbeitsplatz gefällt ihm: „Habe ein schönes, edelaltmodisch-klösterlich dreinsehendes Institut, mit sechs Zimmern und vielen Büchern." Es gibt schnell Kontakt, natürlich zu Werner Krauss, Hans Mayer lehrt in Leipzig, der Nationalökonom Fritz Behrens, der Universitäts-Rektor Georg Meyer, ein Stuttgarter, mit dem sich Bloch schnell anfreundet. Eins stört: „Unangenehm wirkt nur die Servilität ringsum." Trotzdem lebt er sich schnell ein, das amerikanische Exil bleibt nur noch unangenehme Erinnerung.

In einem Gespräch mit dem „Neuen Deutschland" am 27. August 1949 läßt Bloch kein gutes Haar am Exilland USA: „Ich habe eine verrottete Welt verlassen. Ich komme gleichsam aus dem Lande Metternichs und der Heiligen Allianz. Früher nannte man das die ‚neue Welt'. Nun aber ist sie hier bei uns, die neue Welt. Ich bejahe den deutschen demokrati-

NEUES DEUTSCHLAND

ZENTRALORGAN DER SOZIALISTISCHEN EINHEITSPARTEI DEUTSCHLANDS

4. Jahrgang / Nr. 200 — Berlin, Sonnabend, 27. August 1949 — Ausgabe B / Einzelpreis 15 Pf.

Krach unter Vettern

Die amerikanischen Trustherren ... einen großen Traum. Ihnen schwebt ein mächtiger Block vor, der ... kapitalistischen Länder und

Die Idee des Weltfriedens wird siegen

200 Millionen Sowjetmenschen im Kampfe gegen die Kriegstreiber / Der Moskauer Friedenskongreß

Gleichsam aus dem Lande Metternichs gekommen

Ein Gespräch mit dem aus Amerika heimgekehrten Leipziger Philosophiedirektor Ernst Bloch

Prof. Dr. Ernst Bloch, der kürzlich aus den Vereinigten Staaten nach Deutschland zurückgekehrt ist, erhielt einen Lehrstuhl an der Philosophischen Fakultät der Universität Leipzig. In folgendem bringen wir ein Interview mit dem weltbekannten Gelehrten. D. Red.

Wie Georg Lukács, mit dem er seit ihren gemeinsamen Studienjahren in Heidelberg befreundet ist, gilt Ernst Bloch seit Jahrzehnten als führender marxistischer Philosoph. An der Leipziger Universität hat er seine Tätigkeit als ordentlicher Professor für Philosophie und Direktor des Philosophischen Instituts aufgenommen.

„Ich habe eine verrottete Welt verlassen", sagte uns Bloch, um eine Erklärung für seine Rückkehr zu geben. „Ich komme gleichsam aus dem Lande Metternichs und der Heiligen Allianz. Früher nannte man es ‚die neue Welt'. Nun aber ist sie hier bei uns, die neue Welt. Ich bejahe den deutschen demokratischen Aufbau von ganzem Herzen und will nach besten Kräften dabei mitwirken."

In der Zeit der Weimarer Republik lebte Bloch zumeist in Italien und Frankreich, hielt aber zahlreiche Vorträge auch in Deutschland. Vor allem befaßte er sich damals mit den Problemen des dialektischen Materialismus, den er zum Kulturerbe in Beziehung setzte. Er schrieb einige Bücher, von denen „Geist der Utopie" und „Freiheit und Ordnung" die meistgelesenen waren. 1933 wurden seine Schriften verboten, und er selbst wanderte aus. Auf dem Weg über Zürich, Paris und Prag gelangte er 1938 nach Amerika.

Während seines zehnjährigen Aufenthalts in den USA wohnte Bloch in Cambridge bei Boston und stand mit der dortigen Harvard Universität in Verbindung. Als Publizist und Politiker kämpfte er zusammen mit seiner Frau gegen den deutschen, später gegen den amerikanischen Faschismus. Er schrieb für antifaschistische Zeitschriften, darunter für das von Ludwig Renn geleitete „Freies Deutschland". Gemeinsam mit Bert Brecht, Alfred Döblin, Lion Feuchtwanger, Heinrich Mann und Wieland Herzfelde gründete er den Aurora-Verlag. Als der amerikanische Imperialismus seine Verfolgungen gegen Demokraten und Antifaschisten verstärkte, war Bloch gezwungen, seine politischen Veröffentlichungen einzustellen. „In Amerika", so formuliert er seine Erfahrungen, „wird der Faschismus unter dem Namen der Freiheit eingeführt, also in anderen Formen als in Deutschland."

Bloch konnte nur unter einem Vorwand nach Deutschland zurückreisen. Nach den Eindrücken befragt, die er seitdem in Leipzig gewonnen habe, erwiderte er: „Im Gegensatz zu der Sklavensprache, zu der ich in Amerika verurteilt war, besteht hier in Leipzig Redefreiheit. Ich habe prachtvolle Kollegen mit großem geistigen Auftrieb kennengelernt."

Bloch steckt mitten in der Arbeit. Er beschäftigt sich damit, eine Gesamtausgabe seiner bisherigen Schriften vorzubereiten, die in 16 Bänden in der Verlagsanstalt Athenaion herauskommen soll. Der Aufbau-Verlag wird im Herbst unter dem Titel „Subjekt—Objekt" Blochs Erläuterungen zu Hegel bringen, die bereits in Mexiko in spanischer Sprache gedruckt worden sind.

Als Hauptziel seiner weiteren Arbeit bezeichnet Bloch die Fertigstellung einer Enzyklopädie der Philosophischen Wissenschaft. Er bereitet dieses Werk seit vielen Jahren vor und versichert, daß der Band über „Logik" besonders weit gediehen sei. Einen nicht geringen Platz in seinen Plänen nimmt auch der Ausbau seiner Lehrtätigkeit ein, von deren Richtung und Methode er sehr bestimmte Vorstellungen hat. „Wir müssen den Marxismus anregend machen und schöpferisch weiterbilden. Die Studenten in der Westzone werden dann immer mehr zu der Überzeugung kommen, daß sie, solange Deutschland gespalten ist, nur im Osten etwas Wahres und Wirkliches lernen können. Das setzt jedoch bei aller erstrebten Verständlichkeit ein hohes wissenschaftliches Niveau voraus." H. E.

Büchersammlung erfolgreich

In einer Konferenz der Vorstände aller Berliner Wirkungsgruppen des Kulturbundes gab Heinz Willmann einen Bericht über das bisherige Ergebnis der Bücherspende im Goethejahr. Bekanntlich hatte sich der Kulturbund die Aufgabe gestellt, durch seine Mitglieder zehntausend Bücher zu sammeln und diese an Berliner Betriebe als Werkbüchereien zu übergeben. Bis jetzt gingen 28 500 Bücher als Spende ein. Ein Teil war aus den verschiedensten Gründen für die Wiederbenutzung nicht geeignet, er wurde eingestampft und das gewonnene Druckpapier für die Herstellung der Goethe-Volksausgabe benutzt. Siebentausend Bücher wurden bisher an 32 Berliner Betriebe, an Fachschulen, einige Waisenhäuser und Ferienheime sowie an eine bei Berlin gelegene Maschinenausleihstation übergeben.

Geschenk an Polen

Eines der Glanzstücke der Ausstellung des 4. Pädagogischen Kongresses in Leipzig war das in freiwilliger Arbeit von Werktätigen und Jugendlichen der volkseigenen Betriebe Leipzig, hergestellte und vom Kreis Leipzig des FDGB für eine Schule in Warschau gestiftete Physikzimmer. Inzwischen wurde das Geschenk an den ersten Vorsitzenden der polnischen Lehrergewerkschaft, Pokora, übergeben, der versicherte, daß das Physikzimmer der polnischen Jugend beim Unterricht eine wesentliche Hilfe sein werde.

schen Aufbau von ganzem Herzen und will nach besten Kräften dabei mitwirken." Und sein neues Wirkungsfeld erscheint in ungetrübtem Licht: „Im Gegensatz zu der Sklavensprache, zu der ich in Amerika verurteilt war, besteht hier in Leipzig Redefreiheit. Ich habe prachtvolle Kollegen mit großem geistigen Auftrieb kennengelernt."

Als Frau Karola und Sohn Jan im Juli 1949 nachkommen, erzählt Bloch begeistert von seiner neuen Umgebung, von der Arbeit, die ihm auf Anhieb Spaß machte. Immerhin stand er als 63jähriger zum ersten Mal auf einem Universitätskatheder, „und es war, als hätte ich schon immer auf ihm gestanden."

„Er war schon bald nach seiner Ankunft von Verehrern umgeben gewesen", erzählt Karola, „seine Antrittsvorlesung wurde mit Begeisterung aufgenommen." Das bezieht sich wohl eher auf die Studenten, die neuen Kollegen Blochs teilten die Begeisterung nicht unbedingt. „Universität, Marxismus, Philosophie" – so hieß die Vorlesung, und schon dieser Titel muß einigen nicht geheuer gewesen sein. „Ich erinnere mich, wie einige akademische Bürokraten bereits Anstoß nahmen an dieser so unakademischen Fassung eines Vortragstitels", erzählt Hans Mayer. Die meisten Vertreter der bürgerlichen Philosophie waren der Veranstaltung ohnehin ferngeblieben, aber auch die „offiziellen" Vertreter des

Marxismus müssen Blochs Vortrag recht anstößig gefunden haben. Was da auf sie zukam, roch nach Unheil. Gleich von Anfang an verband Bloch zwei Elemente eines Verhaltens zur DDR, die widersprüchlich erscheinen und den Betrachter verwirren: Das Bekenntnis zum Deutschland des sozialistischen Aufbaus und die zunächst angedeutete, dann immer unverhohlener geäußerte Kritik an der Verluderung des Marxismus.

„Ich freue mich, zurückgekehrt zu sein. Und besonders ist es mir wichtig, in Ihrem Kreis mich zu befinden. Mit Erwartung eines gegenseitigen Vertrauens und in einer der gehaltvollsten Gemeinschaften, die es gibt: in der gemeinsamen Arbeit." So beginnt die Vorlesung, hier wird die Zugehörigkeit zur sozialistischen Gemeinschaft bekräftigt. Auch ansonsten läßt Bloch es an Solidaritätsbekundungen nicht fehlen: Deutlich das Bekenntnis zum Marxismus als einer Wissenschaft, die Anweisung zum konkreten Handeln sein will, drastisch die Abgrenzung gegenüber einer bürgerlichen Soziologie, die Marxsche Ideologiekritik entschärft und verfälscht: „Hier überall sind bürgerliche Affen des Marxismus am Werk."

Die Mehrwertheorie, die ökonomisch-dialektische Geschichtsauffassung, wonach Geschichte vor allem eine Geschichte von Klassenkämpfen ist, die klassenlose Gesellschaft als Ziel dieser Geschichte – all das stellt Bloch als die wesentlichen Inhalte dessen heraus, was unter dem Titel Marxismus an der Universität zu studieren wäre. Schon beim Theorie-Praxis-Verhältnis aber gerät Bloch in ein Fahrwasser, das den Funktionären unter seinen Zuhörern kaum gefallen haben kann. Bloch betont den Rang der Theorie, fordert Gründlichkeit und Eindringlichkeit von Lehre und Forschung und wendet sich strikt gegen eine Wahrheitsfindung „mit Schlagworten oder mit rasch agitatorische Simplifizierung". Gegen jede platte Verherrlichung der „schwieli-

Leipzig 1949 – das zerstörte Messegelände.

gen Faust" und Geringschätzung der Kopfarbeit besteht er auf Rang und Geltung der Theorie bis hin zu dem Satz, den manche seine Zuhörer als unerhört empfunden haben müssen: „Es gibt keine konkrete Praxis mehr ohne jenes Totum des Blicks, das Philosophie heißt." Totum des Blicks – das ist der traditionelle Anspruch von Philosophie, das Ganze, die Totalität in Blick und Urteil zu fassen, ein Anspruch, den viele Marx-Leser glaubten aufgeben zu müssen. Hatte Marx doch von der notwendigen Aufhebung der Philosophie gesprochen. (Wir erörtern dies Problem im Zusammenhang mit dem „Prinzip Hoffnung", s.u., Seite 214 – 216) Bloch besteht demgegenüber nicht nur darauf, daß Philosophie auch weiter ihre Geltung haben soll, er betont geradezu den Zusammenhang von Marx und Engels mit der deutschen klassischen Philosophie, vor allem mit Hegel, damals beileibe keine gute Adresse für Parteimarxisten: „Marx und Engels haben Hegel, seine Phänomenologie des Geistes und seine Logik, seine Geschichtsphilosophie und Ästhetik, sogar seine Naturphilosophie zu einer Zeit hochgehalten, unvergessen erhalten, wo die bürgerlichen Neukantianer und andere Epigonen über Hegel Witze rissen oder über ihn sprachen als über einen toten Hund."

Dabei soll man nicht annehmen, Bloch habe nicht genau gewußt, was er da sagt, habe seine Adressaten nicht genau gekannt: Daß man Hegel gefälligst als „erledigt" zu betrachten habe durch Marx und Engels, nämlich vom Kopf auf die Füße gestellt und damit ein- für allemal im doppelten – Hegelschen – Sinn aufgehoben (also gleichzeitig beseitigt und aufbewahrt), das hatte er schon von Hans Günther in der Auseinandersetzung um „Erbschaft dieser Zeit" erfahren. Und auch spätere Scharmützel mit Parteimarxisten haben Bloch deutlich gezeigt, wie man offiziell zu denken hat: Er wußte von vornherein, was er tat, er wußte, daß ja gerade orthodoxe Marxisten von Hegel sprachen wie von einem „toten Hund", er hat von vornherein in Kauf genommen, daß diejenigen, denen der Schuh paßte, sich mit bürgerlichen Neukantianern und anderen Epigonen verglichen sahen.

Und er geht mit seiner Herausforderung dessen, was er Vulgärmarxismus nennt, noch weiter: Die Philosophie des Idealismus ist für ihn durchaus nicht abgetan, er kündigt sogar allen Ernstes an, daß der Idealismus studiert und auf „kryptomaterialistischen Sinn" abgeklopft werden müsse. Wer den Idealismus einfach als Unsinn abtun will, und Bloch weiß, daß viele seiner Zuhörer das tun oder zu tun lernen sollen, bekommt von Bloch Lenins Satz um die Ohren geschlagen: „Der kluge Idealismus steht dem klugen Materialismus näher als der dumme Materialismus." Und auch für die schematischen Konstrukteure von Diamat und Histomat hat Bloch eine Warnmeldung: Der Geschichtsprozeß ist für ihn nicht schon ausgemacht „gleich dem einer Spießerfahrt, von

Reisegesellschaften organisiert". Es ist nicht so, wie Vulgärmarxisten gerne behaupten, daß die Geschichte gleichsam zwangsläufig und automatisch auf die klassenlose Gesellschaft zutreibt, es gibt echte Zukunft, es gibt Abenteuer an der Front des Prozesses, der subjektive Faktor dieses Prozesses, der Mensch, ist gefragt, seine Tapferkeit, seine Vernunft. „Diese Weisheit, die kühnbesonnene, offen-konkrete Weisheit Lenins und Stalins, wacht auf der Strecke zur klassenlosen Gesellschaft." Daß nun ausgerechnet im Namen Stalins gegen eine mechanistische Geschichtsauffassung und für die Kraft des subjektiven Faktors argumentiert wird, mag verwundern. Auf diese Weise jedenfalls wird Stalin auch zum Zeugen einer Philosophie, die sich definiert als „docta spes, als materialistisch begriffene Hoffnung." Ist das listige Vereinnahmung des großen Bruders in Moskau für eine im Kern oppositionelle Philosophie oder ernstgemeintes Festhalten an der Sowjetunion?

Seine engsten Leipziger Schüler haben Bloch als Oppositionellen von vornherein beschrieben. „Der XX. Parteitag zieht am Institut für Philosophie etliche Jahre früher ein. Hier stirbt Stalin noch zu Lebzeiten", heißt es bei Gerhard Zwerenz. Günter Zehm beschreibt Blochs philosophiegeschichtliche Vorlesungen, „wo er schon lange Jahre vor dem Tauwetter gegen das herrschende Banausentum unermüdlich stritt und dabei die Waffen der Ironie und der humorig verdeckten Kritik meisterhaft handhabte. Niemals wetterte er ausdrücklich und mit Namen und Hausnummer gegen die Doktrin des Dialektischen Materialismus und die SED-Ideologen – das durfte er nicht wagen –, aber die im Auditorium verteilten Spitzel bezogen in schöner Präzision ohnehin alles, was er gegen die Dummköpfe, Schmalspurphilosophen und ideologischen Raubritter im allgemeinen zu sagen wußte, sofort auf sich selber und verließen den Hörsaal oftmals wie geprügelte Hunde."

Auch im *Werk* Blochs lesen seine Schüler lauter Opposition: „Sein Werk enthielt unausgesprochen, aber dennoch deutlich herauslesbar, eine gründliche Verurteilung des Stalinismus, ohne daß dabei die Hoffnung diskreditiert wurde. Sie wurde im Gegenteil erst richtig zum Leuchten gebracht, denn ihr gesamtmenschlicher, anthropologischer Standort wurde wiedererinnert."

Ist das verklärende Erinnerung ehemaliger Schüler an den verehrten Lehrer? Denn auf der anderen Seite ist Blochs unveränderte Parteinahme für die Sowjetunion Stalins nicht zu übersehen, er zitiert Stalin, wie eben gesehen, sogar in der Antrittsvorlesung. War das Taktik, war das ein Brocken, den Funktionären hingeworfen, auf daß sie keinen Verdacht schöpften? Das ist kaum wahrscheinlich. Professor Krauss hatte Bloch doch jede Freiheit zugesichert, und dieser hatte keinen Anlaß, schon bei seinem ersten Auftreten vorsichtig zu sein. Sehr viel wahrscheinlicher ist die Interpretation, daß

Bloch seine Pro-Stalin-Haltung aus den 30er Jahren nicht ernsthaft überprüft hatte. „Bloch, aus den Staaten zurück, sieht in dem von der Sowjetunion und Stalin vertretenen Weg den einzig richtigen Weg zum Sozialismus. In den ersten Jahren der Lehrtätigkeit in Leipzig mögen Zweifel auftreten; sie werden unterdrückt." Wir werden wohl davon ausgehen müssen, daß die Zwiespältigkeit von Blochs Haltung in der US-Isolation sich noch verfestigt hat – nämlich grundsätzlich anti-orthodox und vom Charakter seines Denkens und Handelns her anti-stalinistisch, in Fragen der Politik aber eisern am sowjetischen Modell festhaltend. So ist zu erklären, daß Bloch all den Stumpfsinn parteiamtlicher Philosophie vom ersten Tag seiner Tätigkeit in Leipzig an bekämpft hat, dem Staat DDR aber über lange Zeit die Treue hielt. „Bloch, nicht Mitglied der Partei, hält sich für verpflichtet, eine Art Parteidisziplin zu beachten", meint Gerhard Zwerenz. Ähnlich sieht es Günter Zehm: „Dieser Mann hat einen hohen Begriff von Staatsräson." Er bringt der DDR großes Vertrauen entgegen, „und sein Vertrauen wog unendlich schwer, war es doch nicht das blinde Vertrauen fanatisierter Jungmannen, sondern das verständnisvolle Vertrauen eines treuen Weggefährten durch schwierigste Krisen und höchste Bedrängnisse."

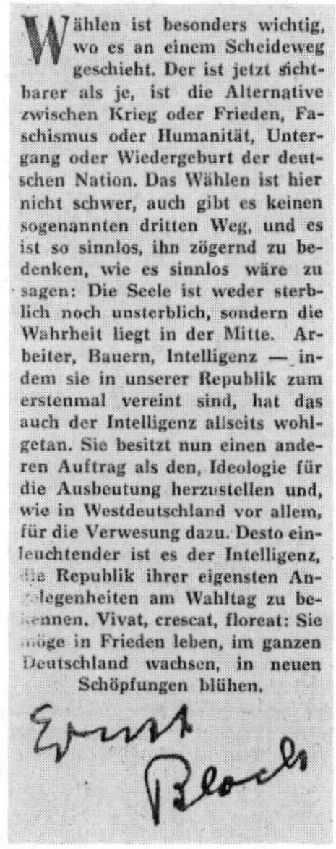
Wählen ist besonders wichtig, wo es an einem Scheideweg geschieht. Der ist jetzt sichtbarer als je, ist die Alternative zwischen Krieg oder Frieden, Faschismus oder Humanität, Untergang oder Wiedergeburt der deutschen Nation. Das Wählen ist hier nicht schwer, auch gibt es keinen sogenannten dritten Weg, und es ist so sinnlos, ihn zögernd zu bedenken, wie es sinnlos wäre zu sagen: Die Seele ist weder sterblich noch unsterblich, sondern die Wahrheit liegt in der Mitte. Arbeiter, Bauern, Intelligenz — indem sie in unserer Republik zum erstenmal vereint sind, hat das auch der Intelligenz allseits wohlgetan. Sie besitzt nun einen anderen Auftrag als den, Ideologie für die Ausbeutung herzustellen und, wie in Westdeutschland vor allem, für die Verwesung dazu. Desto einleuchtender ist es der Intelligenz, die Republik ihrer eigensten Angelegenheiten am Wahltag zu bekennen. Vivat, crescat, floreat: Sie möge in Frieden leben, im ganzen Deutschland wachsen, in neuen Schöpfungen blühen.

Ernst Bloch

Engagement für die DDR: Wahlaufruf Blochs im „Sonntag" vom 17. Oktober 1954.

Das zeigt sich vor allem in politischen Aufsätzen. Schon im Gespräch mit dem Neuen Deutschland im August 1949 heißt es über die USA: „In Amerika wird der Faschismus unter dem Namen der Freiheit eingeführt, also in anderen Formen als in Deutschland." Anläßlich der drohenden Wiederaufrüstung beurteilt Bloch die USA und die Bundesrepublik pauschal als neue imperialistische Mächte, während die Sowjetunion pauschal als Garant des Weltfriedens gilt.

Aufrüstung, Kriegsvorbereitung, imperialistische Hegemoniepolitik im Westen werden in Blochs Optik zu einer „Todesschleife", zu „Hitlers Wiederkehr in der amerikanischen Pest", US-Politik ist für Bloch schlicht „faschistische Aggression". Demgegenüber gilt der Versuch, die Hegemoniepolitik der UdSSR als „roten Imperialismus" zu bezeichnen, als „Gift- und Dummheitsgeschwätz", denn für Bloch ist die Sowjetunion das Haupt der Weltfriedensbewegung: „Die besten Intentionen des ehemals revolutionären Bürgertums einen sich hier mit der Politik des Arbeiter- und Bauernstaats, der bei all seiner Macht nie einen Angriffskrieg geführt hat und nie einen führen wird." Angesichts der negativen Reaktion des Westens auf Stalins Angebot eines Friedensvertrags – das ist der Anlaß für Blochs Aufsatz – mag die Einschätzung der Sowjetpolitik aus damaliger Sicht noch angehen; daß aber ausgerechnet Bloch, der den Faschismus unmittelbar erfahren und kenntnisreich wie kaum ein anderer analysiert hat, so leichtfertig mit den Begriffen „Faschismus" und „faschistisch" umgeht, ist schon verwunderlich. In einem weiteren Aufsatz zur geplanten Aufrüstung in Ost-

und Westdeutschland bringt Bloch dann seine Meinung auf folgende verblüffend platte Formel: „Im *Westen* Deutschlands wird darum die gleiche Armee wieder aufgerüstet, die erst vor kurzem die Welt in Brand gesteckt hat, mit den gleichen Naziverbrechern, den eilig freigelassenen, an der Spitze, und mit den gleichen Auftraggebern dahinter. Im *Osten* Deutschlands aber wird genau die Widerstandsbewegung gegen diese erneuerte Mordarmee organisiert, und die Auftraggeber sind hier, bei verschwundenem Großgrundbesitz und Finanzkapital, die Werktätigen, deren eigenstes Interesse die Erhaltung, die Sicherung des Friedens verlangt."

1953 heißt es unter dem Titel „Marx und die bürgerlichen Menschenrechte" im selben Tenor: „Die Freiheit dient dem Monopolkapital nur noch dazu, um in ihrem Namen den Faschismus einzuführen." Auf der anderen Seite stehe Stalin, der auf dem XIX. Parteitag der KPdSU die bürgerlichen Freiheiten nicht nur bejaht, sondern ausdrücklich gefordert habe, daß diese von der Bourgeoisie in den Schmutz gezogenen Ideale wieder in ihr Recht gesetzt werden müßten. Und Bloch zitiert Stalin: „Ich denke, daß Sie, die Vertreter der kommunistischen und demokratischen Parteien, dieses Banner werden erheben und vorantragen müssen, wenn Sie die Mehrheit des Volkes um sich sammeln wollen. Es gibt sonst niemand, der es erheben könnte." Daß die „Philister" derlei nicht gerne hören, liegt nach Bloch an ihrem Vorurteil gegen die Sowjetunion, „das seit 1917 den schönen Seelen den Blick trübt und die weniger schönen mit dem Vorwand zum Verrat beliefert". Hier wird deutlich, daß sich Blochs Argumentationsmuster seit den 30er Jahren nicht geändert hat. Er spricht von der Greuelpropaganda des bürgerlichen Westens gegenüber der Sowjetunion: „Verhaftungen (und ward nicht mehr gesehen); Moskauer Prozesse (Tränen der Bourgeoisiepresse über die ›alten Bolschewiken‹); geistige Uniformität (zum Unterschied von den reichen Verwesungsfarben zu Hause) und immer wieder Sibirien, Sibirien (aus der Zarenzeit, auf den Bolschewismus nützlich und heimtükkisch übertragen)." Daß der Sozialismus in der Sowjetunion auch in Blochs Augen nicht unbedingt das ist, was er sein sollte, geht indes aus solchen Formulierungen hervor, die mit denen über die Moskauer Prozesse fast identisch sind: „Heute lieber als morgen möchte die sozialistische Revolution, wenn der Vernichtungswille des Kapitals es ihr erlaubte, den martialischen Zustand aufgeben". Und geradezu beschwörend spricht er davon, daß die Diktatur des Proletariats nur ein Übergang ist, daß die sowjetische Staatsgewalt die Bedingungen schaffen soll, „unter denen der Staat als Herrschaft über Personen absterben kann", daß die Technik zur wachsenden Bedürfnisbefriedigung und nicht zur Profitmaximierung und Kriegsvorbereitung wie im Westen dient. Ergo: „Der Faschismus ist das totale Ende der Menschenrechte, der Sozialismus zum ersten Mal ihr möglicher, wirklicher Anfang."

Nun ist es sicherlich zu einfach, sich dies Phänomen so zu erklären, daß Bloch als Wissenschaftler und Philosoph ein Abweichler war, politisch aber Apologet des sowjetischen und DDR-Systems. Das würde voraussetzen, daß er unter einer Art Bewußtseinsspaltung litt oder sich selbst gegenüber unehrlich war. Es ist ja auch nicht so, daß Bloch nur in Dingen der Wissenschaft Kritik an der offiziellen Parteidoktrin äußerte, obwohl dies Moment zunächst sicherlich überwog. Vielmehr sind auch seine Bemerkungen in Vorlesungen und Seminaren, seine Anspielungen und Bonmots *politisch* und sind so aufgefaßt worden. Man muß sich wohl mit dieser Erklärung behelfen: Bloch hielt im engeren Wirkungskreis solche Kritik für angemessen, in der Außenwirkung aber nicht, so daß er in Aufsätzen mit deutlich politischem Anstrich die Parteidisziplin wahrte, von der eben die Rede war.

Ohnehin wirkte Bloch zunächst in kleinerem Raum, er war in der DDR durchaus keine Berühmtheit von Anfang an. Schon 1947 hatte Alfred Kantorowicz in seiner Zeitschrift „Ost und West" ein Stück aus „Prinzip Hoffnung" vorabgedruckt und an einer redaktionellen Vorbemerkung geschrieben: „Nur wenige kennen im Deutschland von heute den Namen von Ernst Bloch. Die seinen Namen kennen, nennen ihn mit Respekt als den eines großen schöpferischen Denkers unserer Epoche. Ernst Bloch's bisher in Druck erschienenen Werke werden von denen, die seine gewaltige philosophische Konzeption kennen, nur als die verheißenden Vorläufer des Gesamtwerkes betrachtet, das eines (hoffentlich baldigen) Tages in Deutschland vorgelegt werden wird." Und für die ersten Jahre Blochs in Leipzig notiert Gerhard Zwerenz: „Schwer vorstellbar, wie unbekannt, unbeachtet Bloch anfangs in Leipzig lebte. Eigentlich gab es ihn gar nicht, am Institut traf man kaum jemand, der über ihn einigermaßen Bescheid wußte. Ich erfuhr zu meinem Erstaunen, der Professor sei in der Weimarer Zeit durch Mitarbeit an der ›Frankfurter Zeitung‹ bekannt geworden. Von dieser früheren Publizität in Leipzig war nichts mehr zu spüren."

Mit Jan in Leipzig.

Daß hier der Autor von „Geist der Utopie", den „Spuren" und „Erbschaft dieser Zeit" liest, weiß kaum jemand, die langen Jahre der Emigration, vor allem die Zeit in den USA, haben Ernst Bloch zu einem nahezu Unbekannten gemacht. Noch 1954, also fünf Jahre nach seinem Beginn in Leipzig, war Bloch nach dem Zeugnis seines Schülers Manfred Riedel, jetzt Professor in Erlangen, lediglich ein „Lehrer für Philosophiestudenten", über das Philosophische Institut hinaus nicht einmal an der Universität, geschweige denn in Leipzig, geschweige denn in der DDR ein Begriff. Wer ihn aber in den Vorlesungen hörte, war begeistert: „Blochs verdeckte Leidenschaftlichkeit: Sein Vortrag zürnend, witzig, sarkastisch, ironisch, mehrdeutig. – In den Sätzen, die über sich hinausweisen, den Geschichten, auf beste deutsche Weise ›hinterfotzig‹, lebt die ungeduldige Energie des Revolutionärs, dem die Gegenwart ein Gefängnis ist."

Das Loch im Hemd der Muttergottes

Viele seine Zuhörer berichten, daß sie fasziniert waren von dem Vortrag dieses Mannes, der einen anderen Geist atmete als die Verwalter der marxistisch-leninistischen Schulweisheiten: „Ich war gewohnt von der Schule her und auch von dem sogenannten Grundlagenstudium des Marxismus-Leninismus her, das wir ja besuchen mußten, das Spruchband, die Phrasen, den Leerlauf der marxistischen Sprache, die Verschriftlichung und die Veräußerlichung des Geistes. Und mit einem Mal war da eine Stimme, da war ein Klang, ein orphischer Klang, und ich war verzaubert, so wie Orpheus seine Umgebung verzauberte. Es war eine Art Initiation. Aber nun nicht zum Marxismus, sondern zu einem mit der jüdischen, christlichen, griechischen Tradition angereicherten und bereicherten Marxismus."

Im ersten Semester beginnt Bloch mit Vorlesungen und Seminaren unter dem Titel „Philosophische Grundfragen", ein Kolleg über Materie und Dialektik folgt, danach ein Hegelkolleg. Von 1951 bis 1956 liest er, insgesamt dreimal, Geschichte der Philosophie, beginnend bei Thales, endend bei Heidegger. Später hat er diese Vorlesungsreihe unterschiedlich charakterisiert. Einmal spricht er von schulmäßigen Vorlesungen im Stil von Handbüchern, „in denen kein einziger Gedanke von mir ist. Nur implicite kam Neues vor, wenn ich davon sprach, was bei Cusanus und Leibniz umgeht. Aber das merkte niemand. Ich fühlte mich wohl in diesem Inkognito." An anderer Stelle heißt es über die Vorlesungen: „Bei dieser Gelegenheit konnte ich alles unterbringen, was ich wollte, freilich oft nur in Form einer Andeutung. Mich selbst habe ich dabei scheinbar immer völlig versteckt; dies war jedoch eine List, die auch von einem großen Teil meiner Zuhörer verstanden wurde." Sicher ist jedenfalls: Schon daß diese Themenbreite gewählt wird, ist ein Politikum, wird doch hier dem marxistisch-leninistischen Grundlagenstudium ein historischer Kurs entgegengesetzt, der bewußt enge Grenzen sprengt. „Wir müssen den Marxismus anregend machen und schöpferisch weiterbilden. Die Studenten in der Westzone werden dann immer mehr zu der Überzeugung kommen, daß sie, solange Deutschland gespalten ist, nur im Osten etwas Wahres und Wirkliches lernen können. Das setzt jedoch bei aller erstrebten Verständlichkeit ein hohes wissenschaftliches Niveau voraus." Das hatte Bloch schon 1949 dem „Neuen Deutschland" gesagt.

Blochs Vortrag ist meist frei, sein phänomenales Gedächtnis, seine Lust am Geschichtenerzählen bestimmen den

Gang der Vorlesung. „Ich erinnere mich deutlich an die Sprichwörter, die er zitierte. An das Märchen etwa, vergiß das Beste nicht, eine Toposformel von ihm. Er brachte Beispiele aus der Musik, ja er sang sogar, er sang aus Mozartopern." Auf kleinen Zetteln machte er sich handschriftliche Notizen: „Sie waren kreuz und quer vollgekritzelt mit rot und blau unterstrichenen Zeilen. Auf die Frage, wie ihm solche Chiffren helfen könnten, beruhigte er mich, für ihn seien die Schlagworte durchaus lesbar, er benutze die Zettel nur als kleine Gedächtnishilfe, vor allem wegen der Betonung einzelner Stellen."

Viele junge Menschen in Leipzig waren von ihm fasziniert, die Lebendigkeit, Leidenschaftlichkeit seiner Rede, aber auch die äußere Erscheinung des alten Professors war imponierend: „Als ich Bloch in Leipzig kennenlernte, war er ein Mittsechziger, schon sehr stark kurzsichtig und hinter dicke Gläser verbannt, ja halb bis ganz blind, je nach Laune und Stimmung, ansonst aber erstaunlich gut bei Kräften, bestens in Schuß, ein Bär von Mann. – Bloch war kraftvoll in seinen Bewegungen, heftig geradezu, wenn er in Rage war, und das geschah oft, beim Vortrag, im Seminar, im Kolloquium. Wenn er ging, ging er wie ein Möbelpacker, wenn er stand, stand er wie aus Erz oder Blei gegossen, man gewann unwillkürlich den Eindruck eines großen Gewichts, wozu der mächtige gedrungene Oberkörper beitrug, doch hielt Bloch sich nicht aufrecht, beim Gehen bildete sich der Ansatz eines Buckels, was den Eindruck von einer etwas vornübergeneigten Kopfhaltung noch verstärkte."

Auch das persönliche Verhältnis zu seinen Studenten erscheint durchweg in freundlichem Licht: „Bloch war den Studenten Vorbild und Freund zugleich. – Die große Menschlichkeit des Professors beschämte immer wieder selbst die Provokateure, die von parteiwegen in seine Kreise einzudrängen versuchten." Bloch selbst schildert das so: „Mein Verhältnis zu den Studenten war im allgemeinen ausgezeichnet, allerdings wurde es immer dann getrübt, wenn die Studenten in Kontakt mit den Apparatschiks gekommen waren. Aber die Apparatschiks haben zunächst kapituliert".

Schüler und Bekannte schildern ihn als einen liebenswürdigen Professor, der mit seiner Jugendlichkeit die jungen Menschen immer anzusprechen wußte: „Er sprach von Freundschaft, von der Wichtigkeit der Freundschaft, des gemeinsamen Sprechens und miteinander Umgehens, er sprach von der Liebe, von dem privaten Weltereignis, wie er das nannte. Er sprach etwa zu Ende des Herbstsemesters vor Weihnachten vom Advent, und in seine Vorlesung flocht er immer dieses Nebenbei ein, wie er es nannte, das uns junge Menschen direkt ansprach." Und Gerhard Zwerenz findet eine Formulierung, die wohl symptomatisch für viele sein dürfte: „In den Gesprächen mit Bloch entdeckte ich endlich, was uns anderen fehlte: die bürgerliche Subjektivität."

Auf der anderen Seite scheint er sein Amt des Institutsdirektors auch ernst genommen zu haben. Zwar sagte er, wie sein Sohn Jan erzählt, gelegentlich: „Im Institut muß ich den dicken Wilhelm spielen", aber er scheint diese Rolle doch ausgefüllt zu haben, „ununterscheidbar dem Typus des deutschen Professors an einer deutschen Universität". Die Strukturen des Instituts – und Universitätsbetriebs werden nach dieser Einschätzung von Bloch grundsätzlich akzeptiert, wenn er sie auch zuweilen zu überschreiten versucht. Gerade dafür allerdings ist er in Leipzig berühmt geworden.

Er wird als zwar strenger, weil auf philosophisches Niveau bedachter Lehrer geschildert, aber als äußerst gütiger und großzügiger Prüfer. Nur wenn man ihm allzu dumm und flach kommt, wird er grantig oder auch spitz. „Wenn Bloch Feinde bekommt, liegt's am Sarkasmus. Einer aus der Führung will im Staatsexamen für Philosophie bestehen. Gelesen hat der Gute Friedrich Engels ›Ludwig Feuerbach und der Ausgang der klassischen Philosophie‹. – ›Sonst nichts?‹, fragt Bloch." Ansonsten aber ging es auch in Prüfungen großzügig zu. Jürgen Teller erzählt: „Steckte in einer noch so gestammelten Antwort eines Prüflings nur die Spur eines interessanten Funkens, pflegte er daraus das große Feuerwerk des Gedankens selbst zu veranstalten, so daß jener am Ende mit dem Gefühl entlassen wurde, er habe einen wesentlichen Anteil an der Hervorbringung dieses Reichtums." Eine Anekdote aus dieser Zeit, ebenfalls von Jürgen Teller notiert, mag diese Atmosphäre deutlicher beleuchten:

„Der Student W. hatte gemäß dem sonderbaren Brauch der damaligen Prüfungsordnung aus einer Schüssel mit losartig zusammengerollten Zettelchen sein Thema gefischt. Übergab es dem Professor – es lautete etwa ›Die neue Unendlichkeit in der Philosophie Giordano Brunos‹ –, schießen Sie also los, Herr W.! Der Student zögerte, wollte vorher selbst etwas fragen: Darf ich auch rauchen? – Bitte! Der Student, dem Assistenten als eingefleischter Konsument von Zigaretten bekannt, langte statt einer ›Turf‹ seinerseits eine Pfeife aus der Tasche, nur von noch gewaltigeren Dimensionen als diejenige Blochs, stopfte sie sehr umständlich und brachte sie endlich zum Glühen. Das dauerte insgesamt, wie der Assistent heimlich-ängstlich registrierte, viereinhalb Minuten. Dann schnurrte W. seinen Stoff herunter, zwischendurch paffend, freilich angehalten, das ungewohnte Monstrum immer wieder in Brand zu setzen. E.B. stellte keine Zwischenfragen. Als die Zeit um war, bescheinigte er W., die Materie zu beherrschen, sogar (worin der Examinant ihm über sei) einige von Brunos Sonetten aus dem Kopf hersagen zu können. Aber völlig ungeachtet dessen, damit schloß E.B. die Prüfung, sich erhebend und W. die Hand schüttelnd, gebe ich Ihnen ein ›Ausgezeichnet‹ schon allein wegen philosophischer Haltung!" Gerade aus der Leipziger Zeit kursieren reichlich Anekdoten über den alten Professor, so auch das hartnäckig sich haltende Gerücht, er habe einer Studentin unzweideutige Angebote gemacht. Als ihn später seine Frau Karola fragte, ob er denn wirklich eine Studentin aufgefordert habe, mit ihm zu schlafen, meinte Bloch: „Eine Studentin? Alle habe ich gefragt." Seinen Studenten in Leipzig hat Bloch gelegentlich folgende Scherzfrage gestellt: „Was ist die partielle Negation des In- und Umseins der passiven Kausalität des Unendlichen?" Alles rätselte, dann die Antwort des Meisters: „Ein Loch im Hemd der Muttergottes."

Annäherungen an Studentinnen? Ernst Bloch im Kreise seiner Schüler, ganz links Günter Zehm.

Unterdessen zieht sich die Veröffentlichung von Blochs Werken weiter hin. Zu Beginn seiner Leipziger Tätigkeit hatte er als Hauptziel seiner weiteren Arbeit die „Fertigstellung einer Enzyklopädie der Philosophischen Wissenschaft" angegeben, der Band über die Logik sei dabei besonders weit gediehen. Wir sehen also, daß die System- und Werkpläne vom Beginn des Blochschen Philosophierens fortbestehen. Eine Gesamtausgabe in 16 Bänden soll in der Verlagsanstalt Athenaion in Potsdam herauskommen, „Subjekt-Objekt" ist für den Herbst 1949 im Aufbau-Verlag geplant. Auch in einer Vorbemerkung zum Abdruck von Blochs Antrittsvorlesung in der Zeitschrift „Ost und West" ist die Rede von dem „demnächst im Aufbau-Verlag erscheinenden" Hegel-Buch. Das „Demnächst" ließ allerdings noch zwei Jahre auf sich warten, erst 1951 erscheint „Subjekt-Objekt. Erläuterungen zu Hegel".

Erster Ärger wegen Hegel

Die Philosophie Hegels war für Bloch im Laufe der Jahre immer wichtiger geworden. Noch im Erstwerk „Geist der Utopie" von 1918 spielt Hegel kaum eine Rolle, das ändert sich in der zweiten Fassung ein wenig, in „Erbschaft dieser Zeit" dann wird Hegel allein deshalb wichtig, weil die Auseinandersetzung mit dem Marxismus eine nähere mit Hegel notwendig gemacht hatte. Nicht von ungefähr spielt in der Debatte um das marxistische Erbe an der klassischen deutschen Philosophie anläßlich von „Erbschaft dieser Zeit" Blochs Hegel-Verständnis schon eine Rolle (s.o., S. 146 – 148).

Der Wunsch, in den USA ein Hegel-Buch zu schreiben, war zwar nicht nur von inhaltlichem Interesse bestimmt. Bloch wollte in den USA ja eine ganze Reihe einführender philosophischer Monographien schreiben, und Hegel schien ihm dafür der angemessene Auftakt (s.o., S. 179) Aber schon hier spielte das Motiv mit, den eigenen Standort in der marxistischen Hegel-Diskussion auszuloten. In der DDR nun gewinnen solche Sätze eine ganz eigene Dignität: „Es gibt wenig Vergangenheit, die so problemhaltig wie seine uns noch aus der Zukunft entgegenkäme", heißt es, von dem „unerhörten Meister" ist die Rede – Blochs „hochverehrter Jugendlehrer" wird zum entscheidenden Kristallisationspunkt der Verständigung über sein Verhältnis zum Marxismus, zur wesentlichen Ortsbestimmung seiner Philosophie, zumal die Hauptwerke ja noch nicht erschienen sind. Nicht von ungefähr haben sich die Debatten um Bloch immer wieder an seinem Hegel-Verständnis festgemacht. Es geht deshalb hier darum, diejenigen Elemente an Blochs Hegel-Darstellung herauszuarbeiten, die seinen spezifischen Standort in der Diskussion um das Verhältnis des Marxismus zu Hegel ausmachen.

So heißt es im Vorwort zu „Subjekt – Objekt", 1947 in Cambridge/Massachusetts geschrieben, 1949 in Leipzig aktualisiert: „Jeder große Gedanke blickt, indem er auf der Höhe seiner Zeit steht, auch in die nächste, ja gegebenenfalls in das ganze menschliche Zeitanliegen hinein. Er enthält ein Fortbetreffendes, ein Unerledigtes in seiner wesenhaften Frage, ein Unabgegoltenes in deren versuchter Lösung. Dieses Unabgegoltene ist das philosophische Substrat des Kulturerbes; es ist das desto mehr, je frischer neues Substrat des Kulturerbes entspringt. Solches Erbe gehört zum Geschehen der Philosophie, nicht nur zu ihrer Geschichte. Und rücksichtlich Hegels, eines Lehrers von Marx: es gibt wenig Vergangenheit, die so problemhaltig wie seine uns noch aus der Zukunft entgegenkäme. Die Scheinprobleme des Philosophen, die Ideologien und Idealismen seines sogenannten Weltgeistes sind durch Marx verschwunden; die echten Fragen, die Marxismen der Sache selbst bleiben desto unverwechselbarer. Wer beim Studium der historisch-materialistischen Dialektik Hegel ausläßt, hat keine Aussicht, den historisch-dialektischen Materialismus voll zu erobern."

Ohne Pfeife nicht vorstellbar – Zeichnung aus den 50er Jahren.

Damit hat Bloch gleich die professionellen „Erlediger“ gegen sich, die Hegel nur noch durch die Marxsche Brille sehen und ansonsten an ihm nichts Bemerkenswertes entdekken wollen. Ihnen begegnet er – ob aus Überzeugung oder mit List – mit Stalin, der jede schematische Erledigung Hegels als unmarxistisch und anarchistisch bezeichnet hatte. Diese Anarchisten sehen, so Stalin, in Hegel lediglich den konservativen Denker, den Philosophen der Restaurationsepoche und glauben ihn damit hinreichend beurteilt zu haben. „Auf diese Weise wollen die Anarchisten die dialektische Methode widerlegen. Wir erklären, daß sie auf diesem Wege nichts beweisen als ihre eigene Unwissenheit“. Und auch mit Lenin-Zitaten kann Bloch den orthodoxen Lehrbuchmarxisten reichlich dienen: „Man kann das ›Kapital‹ von Marx und besonders das erste Kapitel nicht vollkommen begreifen, wenn man nicht die *ganze* Logik Hegels durchstudiert und begriffen hat. Folglich hat nach einem halben Jahrhundert keiner von den Marxisten Marx begriffen“.

Weiter bezeichnet Lenin die Marxsche Theorie „als direkte und unmittelbare Fortsetzung der Lehre der größten Vertreter der Philosophie, der politischen Ökonomie und des Sozialismus“, für ihn knüpft Marx „unmittelbar an Hegel an, wenn er das Kriterium der Praxis in die Erkenntnistheorie einführt“, bei Hegel sei schon der Materialismus „fast mit Händen zu greifen“, sein Idealismus sei „ganz dicht an den Materialismus herangekommen, hat sich teilweise sogar in ihn verwandelt“ – das alles zitiert Bloch mit Nachdruck, und er hat schließlich immer wieder den schlagenden Lenin-Satz parat: „Der kluge Idealismus steht dem klugen Materialismus näher als der dumme Materialismus“. Derart – vermeintlich – gegen allzu flache Kritik gewappnet, begibt sich Bloch auf die Suche nach Kostbarkeiten in der Hegelschen Erbmasse. Und gleich beim Eintritt in Hegels Haus sieht man, welche Wahl-, ja Wesensverwandtschaft hier besteht. Da ist zunächst die Sprache: „Hegels Sprache zeigt überall dort, wo der Leser die eigenwillige Terminologie durchdrungen hat, Musik aus Lutherdeutsch, versehen mit der jähesten Anschaulichkeit. Mit der Anschaulichkeit, wie sie ein Blitz, aus keineswegs wolkenleerem Himmel, verleiht, wenn er mit einem Schlag die ganze Landschaft erleuchtet, präzisiert, zusammenfaßt. – Es ist Blut und Mark in Hegels Sprache, ein Korpus aus süddeutschem Erbgut, und das knorrige Wesen blüht, oft gotischer Zaubergarten, oft Weltfigur, in einem einzigen winkligen Detail.“ Mit diesen Sätzen wird Hegels Sprache aufs anschaulichste beschrieben, und die Beschreibung bedient sich selbst einer Sprache, die in sich Illustration des Beschriebenen und *gleichzeitig* Selbstinterpretation ist: An diesem Anfang wie im Fortgang dient Hegel als wichtiger Zeuge für das Selbstverständnis Blochs. Man könnte „Subjekt – Objekt“ als methodisches Vorwort zu Blochs philosophischem Gesamtwerk verstehen: Nirgendwo sonst legt er so differenziert dar, was Methode und System, was Philosophie für ihn bedeuten. Einen ähnlichen Rang bekommt später allenfalls die „Tübinger Einleitung in die Philosophie“.

„Hegels Sprache zeigt Musik aus Lutherdeutsch.“

Das besondere Interesse gilt zunächst Hegels Begriff von Dialektik, logisch gefaßt als „Selbstbewegung des Begriffs“: Jede Setzung (Thesis) treibt mit innerer Notwendigkeit ihr Gegenteil aus sich heraus (Antithesis), und dieser Widerspruch wird in der Einheit von Thesis und Antithesis aufgehoben, wobei Aufhebung für Hegel immer Überwindung und Bewahrung auf einer höheren Ebene bedeutet: Synthesis. Diese Bewegung ist für Hegel gleichzeitig eine reale, da Denken und Sein tendenziell zusammenfallen, sie gilt also als dialektische Gesetzmäßigkeit auch für die Wirklichkeit, nicht nur für eine logische Operation.

In der „Phänomenologie des Geistes“ beschreibt Hegel den Bildungs- und Erziehungsprozeß des Individuums, die Durchdringung des Individuums mit dem Weltgeist. In diesem Prozeß soll das selbstbewußte Ich zu seiner Substanz und die Substanz (der Weltgeist) zu ihrem Selbstbewußtsein kommen. „Phänomenologie des Geistes ist die fahrende Erfahrung, die das Bewußtsein inhaltlich, nämlich gegenständlich über sich selbst macht. Zugleich aber ändert sich der Gegenstand mit der Veränderung des Bewußtseins, mit dieser Tätigkeit an ihm." Wie wir schon gesehen haben, vergleicht Bloch diesen Weg des Subjekts in Hegels „Phänomenologie" mit der „dialektischen Weltfahrt" von Goethes Faust, eine Fahrt, auf der sich das Subjekt an den Gegenständen dieser Welt entwickelt, ändert, berichtigt, verwesentlicht: „bei Goethe trägt ein Zaubermantel durch die Reiche, und Faust durchfährt sie lernend, erfahrend, der Welt und seiner selbst immer genauer teilhaftig; bei Hegel ist es der ›Siebenmeilenstiefel des Begriffes‹, der das Subjekt durch die Welt bringt und Objekt wie Subjekt aneinander belehrt, miteinander durchdringt."

Wichtig an dieser Konzeption ist für Bloch die Darstellung der Geschichte als eines dialektischen Prozesses. Der Antrieb zu dieser Dialektik ist bei Hegel der Wunsch des Weltgeistes, zu sich selbst zu kommen, bei sich selbst zu sein, Subjekt und Substanz identisch werden zu lassen. Das hatte Marx als idealistisch kritisiert und „auf die Füße stellen" wollen durch die Behauptung, daß nicht ein „Gespräch des Weltgeistes mit sich selbst" (so eine prägnante Formulierung Blochs), sondern der praktische Austausch zwischen Mensch und Natur im Produktionsprozeß der Kern dieser Dialektik sei. Für Marx bestand ja die Größe der Phänomenologie darin, daß sie „das Wesen der Arbeit faßt und den gegenständlichen Menschen, wahren, weil wirklichen Menschen, als Resultat seiner eigenen Arbeit begreift." Damit stehe Hegels Phänomenologie „auf dem Standpunkt der modernen Nationalökonomie". Nur hat Hegel nach Marx die Wirklichkeit dieser Welt als reines Wissen aus Gedanken ableiten wollen und *damit* auf den Kopf gestellt. Von dieser Marxschen Kritik geht auch Bloch aus, fügt ihr aber noch ein wesentliches Element hinzu: Die Kritik an Hegels geschlossenem Weltbild, das echte Zukunft nicht kennt, an seinem kreisförmigen Geschichtsbild, wonach Geschichte mit dem zu sich gekommenen Weltgeist prinzipiell zu ihrem Ende gekommen ist. Alles Wissen, so Bloch, ist nach Hegel Wiedererinnerung; was am Ende des Entwicklungsprozesses von Subjekt und Substanz herauskommt, war auch schon das Erste. In seinem berühmt gewordenen Brief an Niethammer hat Hegel diese Ausgemachtheit, Fertigkeit, Abgeschlossenheit des Prozesses der Weltgeschichte so ausgedrückt: „Ich halte mich daran, daß der Weltgeist der Zeit das Kommandowort zu avancieren gegeben. Solchem Kommando wird pariert; dies Wesen schreitet wie eine gepanzerte, festgeschlossene Phalanx unwiderstehlich und mit so unmerklicher Bewegung, als die Sonne schreitet, vorwärts durch dick und dünne. Unzählbare leichte Truppen gegen und für dasselbe flankieren drum herum, die meisten wissen gar von nichts, um was es sich handelt, und kriegen nur Stöße durch den Kopf wie von einer unsichtbaren Hand. Alles verweilerische Geflunkere und weismacherische Lufts-

Das Kommandowort des Weltgeistes.

treicherei hilft nichts dagegen. Es kann diesem Kolossen etwa bis an die Schuhriemen reichen und ein bißchen Schuhwichse und Kot daran schmieren, aber vermag dieselben nicht zu lösen, viel weniger die Götterschuhe mit den elastischen Schwungsohlen oder gar die Siebenmeilenstiefel auszuziehen".

Zu Besuch bei Hans Mayer, einer der guten Freunde in Leipzig.

Dieses Statische kritisiert Bloch an Hegels Geschichtsbegriff: „Das Werden ist danach nichts als die pädagogische Entwicklung eines fertigen Lehrsatzes an der Tafel vor dem lernenden Subjekt." Außerdem wird durch diese Statik die Philosophie zu einer Wissenschaft, die dem Prozeß immer nur hinterherlaufen kann („Die Eule der Minerva fliegt nach Hegel immer erst in der Dämmerung"), und schließlich ist der einzelne Mensch bei Hegel zwar der Macher der Geschichte, aber er macht sie nicht bewußt, sie ist für ihn als Schicksal undurchschaubar, der einzelne holt lediglich durch seine Tätigkeit, durch die Verfolgung seiner egoistischen Ziele, „dem Weltgeist die Kastanien aus dem Feuer".

An diesen Punkten setzt Bloch nun an. Nach seiner Vorstellung nämlich gibt gerade Hegels Dialektik-Konzept mehr her, als dieser ihm zumuten wollte. Die forttreibende Kraft der Negation, begriffen als Widerspruch des Subjekts gegen unzureichende Verhältnisse – das wäre für Bloch der Motor der Geschichte, nicht irgendein anonymer Weltgeist „hoch droben". Hegel hatte selbst die Antithesis mit einem wühlenden Maulwurf verglichen, darauf beruft sich Bloch: „Als Maulwurf ist die Antithesis die Unruhe, die bohrende Unruhe in allem, was ist. Sie zeigt, daß das Gute noch nicht geworden ist, daß der Prozeß noch nicht zu Ende ist, daß also noch nicht aller Abende Tag, aber auch, daß noch nicht aller Tage Abend ist." In Hegels Denken nun wird diese rebellische Antithese wieder beruhigt, domestiziert: „Der Widerspruch, dieser bösartige Bursche, die Negation, wird von der Thesis auf der einen Seite und von der Synthesis, dem Ziel, auf der anderen Seite unter den Arm genommen, muß so zum besten dienen, und es geht auf alle Fälle gut aus." Auf diese Weise wird aus der Sprengkraft Dialektik „ein Walzertakt, in dem der Weltgeist sein Tänzchen aufführt". Geschichte wird so zu einer verabredeten Veranstaltung: „Man kann die Hände in den Schoß legen und braucht dem Weltgeist sozusagen nur zuzusehen, wie er von Stufe zu Stufe schreitet, und immer weiter zum Anundfürsichsein seines Inhalts gelangt."

Dagegen besteht Bloch darauf, daß Geschichte kein – durch welche Instanz auch immer – von vornherein definierter Prozeß ist. Für ihn handelt es sich um einen Prozeß, in dem ein noch nicht fertig bestimmter Mensch aufgrund partiell erst noch zu erwerbender Fähigkeiten seine eigene Geschichte nicht nur machen, sondern *bewußt* machen und sich *bewußtmachen* soll. Das heißt aber nicht, daß Hegel „erledigt" sei. Denn nur indem man sich seiner Konzeption kritisch versichert, kann man nach Blochs Meinung die richtungweisende Rolle einer materialistischen Interpretation Hegels ermessen. Für ihn steht „Hegels ganze Philosophie auf dem Sprung, aus dem idealistischen Produktionsprozeß in den Begriff des wirklichen vorzubrechen." Und das Erbe an Hegel wäre dann vor allem: „betreibbare Nicht-Statik der Welt oder: Herstellung der Bedingungen, in denen angefangen werden kann, dasjenige reell zu beginnen, was Hegel als einen schon erreichten Zustand in seine bloße Idee einschrieb." Und so kann Bloch an diesem Ende mit Hegel und über ihn hinaus definieren: „Dialektik selber, in der von Menschen gemachten Welt, ist Subjekt-Objekt-Beziehung, nichts anderes; ist erarbeitende Subjektivität, die die ihr gewordene Objektivierung und Objektivität immer wieder überholt und zu sprengen strebt. Letzthin ist stets das bedürftige Subjekt, indem es sich und seine Arbeit unangemessen objektiviert findet, der *Treiber* der geschichtlich auftretenden Widersprüche."

Allzuviel Freude hat Bloch den Verwaltern des Sozialismus damit nicht gemacht. Zunächst einmal, so berichtet jedenfalls Gerhard Zwerenz, vermißten die Funktionäre Stalin: „In Blochs Hegel-Buch ist er mit keinem einzigen Zitat erwähnt. Ein Gewaltiger aus Berlin drahtet nach Leipzig. Die Parteileitung sucht ein Zitat. Man schiebt es zwischen die Zeilen." Aber das scheint einigen nicht gereicht zu haben. Wolfgang Schubardt bemerkt in seiner Rezension im SED-Organ „Einheit", daß Hegel in den sozialistischen Klassikern doch längst aufgehoben sei, vor allem in Stalin, den Bloch viel zu wenig zitiere. Georg Mende bemängelt in seiner Besprechung, daß Bloch die Aufhebung Hegels nicht „am Beispiel der russischen revolutionären Demokraten erörtert" habe: „Es fällt nur der Name Herzen und auch der nur ein einziges Mal." Das sind aber eher Probleme auf der Basis der Grundrechenarten, insgesamt werten die wenigen Besprechungen Blochs Hegel-Buch positiv. Freilich täuscht dieser Eindruck. Schubardts Anmerkungen konnten schon darauf schließen lassen, daß die Angelegenheit mit ein paar nichtssagenden Rezensionen nicht abgetan sein würde. Es stellte sich bald heraus, was Hans Heinz Holz so formulierte: „die marxistische Orthodoxie will die Lehre des Gründers gegen die Behauptung abschirmen, so oder so mit dem deutschen spekulativen Idealismus verquickt zu sein."

Wenn auch noch nicht öffentlich, so galt Bloch doch in der inneruniversitären Diskussion als Hegelianer, und das war allemal ein Schimpfwort. Zwar hatte es auch öffentlich einmal eine Andeutung von Kritik gegeben, aber das war wohl nicht zu ernst genommen worden. So hatte das SED-Organ „Einheit" schon 1950 einen Aufsatz „Über die marxistisch-leninistische Erziehung der wissenschaftlichen Kader" gebracht, in dem die Leipziger Universität – besonders der Politökonom Professor Behrens – schlechte Noten bekommt. Auch das philosophische Institut gedeiht nicht zur Zufriedenheit der Kader-Marxisten. „So predigt zum Beispiel Professor Bloch unter marxistischem Aushängeschild die idealistische Dialektik Hegels, wobei er die Anschauung vertritt, daß das Verständnis der Dialektik einer geistigen Elite vorbehalten sei." Eindringlich werden die Mühen der Betriebsgruppe der SED an der Leipziger Universität geschildert, die Professoren und Dozenten zu einer selbstkritischen Diskussion ihrer Arbeit „vor einem marxistischen Forum" zu bewegen, auch seien die Genossen Philosophen durchaus nicht bereit, „die umwälzenden Ergebnisse der Sowjetwissenschaft gemeinsam zu diskutieren." Aber das ist zunächst noch weniger als ein Mückenstich, keiner fühlt sich ernsthaft angesprochen.

In diesen Jahren ist Bloch sehr produktiv, auch außerhalb des Hörsaals. Auf „Subjekt – Objekt" folgt 1952 die Schrift „Avicenna und die Aristotelische Linke", 1953 das Bändchen „Christian Thomasius, ein deutscher Gelehrter ohne Misere", beides freundlich und positiv besprochene Werke. „Ich habe in der Leipziger Zeit sehr viel und nicht unglücklich gearbeitet", heißt es später; fast die Hälfte des Materialismus-Buchs entsteht hier, auch um die Herausgabe einer Zeitschrift bemüht sich Bloch. Schon im September 1948, noch in den USA, hatte er „Beiträge zum wissenschaftlichen Sozialismus" geplant und Georg Lukács brieflich um Mitarbeit gebeten. Die Zeitschrift kam dann aber nicht zustande. Im September 1952 unterrichtet er wiederum Lukács von seinem Plan, eine „Deutsche Zeitschrift für philosophische Wissenschaft" zu gründen, Wolfgang Harich soll dabei sein. „Selbstverständlich steht die Partei, vertreten durch Kurt Hager, der Sache nahe." Bloch mahnt ausdrücklich eine Antwort an, weil sich Lukács auf eine frühere Anfrage nicht gemeldet und auch auf das Hegel-Buch und die Avicenna-Schrift nicht reagiert hatte. „Daß wir nicht eben mehr einen Naturschutzpark für Differenzen brauchen, ist mir gleichfalls bekannt. Aber die gemeinsame Position, Gesinnung, Arbeitsrichtung, in der wir uns befinden, macht ein fast rätselhaftes Schweigen so wenig ersprießlich wie ratsam." 1949 hatten sich die beiden zwar in Weimar zur Feier von Goethes 200. Geburtstag gesehen, aber allzu herzlich ist dieses Wiedersehen wohl nicht ausgefallen. Jetzt aber meldet sich Lukács auf Blochs Mahnung doch, in den folgenden Jahren treffen sie sich wieder häufiger, meist in Leipzig. Schließlich kommt 1953 die „Deutsche Zeitschrift für Philosophie" heraus, Bloch ist einer der vier Herausgeber, Harich Chefredakteur.

Unterdessen sind die Blochs aus Gohlis weggezogen, die dortige Villa war ohnehin nur als Übergang gedacht. Sie bewohnen seit 1952 ein Haus in der Wilhelm-Wild-Straße im Stadtteil Schleussig im Westen Leipzigs, eine Villa mit sechs Zimmern, Bloch ist zufrieden: „Schönes Haus mit großem Garten (ist uns jetzt geschenkt worden), einflußreiche Professur, großes Gehalt, keine Katastrophe des Zusammenstoßes von Philosophie (meiner) mit der Schablone, im Gegenteil."

Wilhelm-Wild-Straße 8: „Schönes Haus mit großem Garten".

Bloch ist damit beschäftigt, Antiquitäten für das Haus einzukaufen: „Ernst war in seinem Element: Er liebte es, Wohnungen einzurichten." Allmählich wird das Haus ein Treffpunkt für Freunde und Schüler: „Bei offiziellen Gelegenheiten kamen Berühmtheiten wie Hans Mayer, Hanns Eisler, Alfred Kantorowicz, Peter Huchel, Wolfgang Harich; lang wurden die privaten Abende, die meist die ganze Nacht über andauerten, weil der Hausherr, einmal ins Erzählen gekommen, keine Lust hatte aufzuhören."

Er scheint dieses Leben mit allen Attributen bürgerlichen Wohlstands genossen zu haben. Er verdiente als Ordinarius rund 6000 Mark (Ost), hatte eine schöne Villa, vollgestopft mit erlesenen Antiquitäten, ausgestattet mit Statussymbolen wie Hausangestellten. Eine Bügelfrau kam regelmäßig, eine Waschfrau, ein Gärtner war da, die Hausangestellte wurde mit einer Messing-Glocke herbeigerufen, ein Auto stand zur Verfügung. Die Blochs waren Privilegierte, sie hatten Lebensmittelkarten der Kategorie A und wurden beim Einkaufen bevorzugt bedient. Bloch war Vorsitzender im Kulturbund, Direktor des Philosophischen Instituts, ein angesehener Mann.

Ein Stein des Anstoßes – das Prinzip Hoffnung

Allmählich konkretisieren sich auch die Pläne zu einer Werkausgabe ein wenig, obwohl alles viel länger dauerte, als Bloch vor seiner Übersiedlung in die DDR angenommen hatte. 1952 schreibt er: „Dem Hegelbuch folgen jetzt erst ›Geschichte des Begriffs Materie‹ und ›Naturrecht und Sozialismus‹ nach. Dazwischen wird das dreibändige ›Prinzip der Hoffnung‹ (zuverlässig ein Stein des Anstoßes) herauskommen." Vorabdrucke aus dem „Prinzip Hoffnung" kann Bloch jetzt ohne Schwierigkeiten in der „Deutschen Zeitschrift für Philosophie" unterbringen, allein im ersten Jahrgang der Zeitschrift erscheinen vier Kapitel aus dem „Prinzip Hoffnung". Auch die Zeitschrift „Sinn und Form", deren Chefredakteur seit 1948 der alte Freund Peter Huchel ist, bringt Vorabdrucke und andere Arbeiten. Nur das Buch selbst läßt noch auf sich warten, von den Manuskripten über den Materiebegriff oder das Naturrecht ganz zu schweigen. Manche haben das so interpretiert, daß die parteiamtliche Zensur eben doch sehr argwöhnisch war und deshalb mit der Veröffentlichung des „Prinzip Hoffnung" lange zögerten. Doch Karola Bloch berichtet, daß ihr Mann am ursprünglichen Manuskript so viel geändert habe, daß es insgesamt dreimal gesetzt werden mußte. „Das war schwierig, aber der Aufbau-Verlag mit seinen Chefs Wendt und Janka machte es dennoch möglich." So kam der erste Band erst 1954 auf den Markt, der zweite 1955.

Bloch legt hier nach „Geist der Utopie" das zweite Hauptwerk zum Thema Utopie vor. Der große Unterschied: „Prinzip Hoffnung" ist nicht, wie das Erstwerk, romantischer

Ausdruck des utopischen Bewußtseins, sondern analysiert die geschichtlichen Formen und Ursachen des utopischen Denkens, unter anderem mit dem Ziel, den marxistischen Sozialismus als diejenige Form utopischen Denkens herauszustellen, die das Utopistische zwar überwunden, den utopischen Impuls auf dem Weg zur Wissenschaft aber nicht verloren hat. Damit wird das „Prinzip Hoffnung" zum ersten systematischen Utopie-Buch Blochs.

Auftakt dieser großangelegten Enzyklopädie der Hoffnungsbilder sind die „Kleinen Tagträume", eine Thematik also, die in den „Spuren" bereits angelegt und formuliert war, in „Erbschaft dieser Zeit" ausgeführt wurde. Damit wird auch hier der Anspruch erhoben, Philosophie nicht von oben her mit erschlagendem Systemanspruch zu betreiben, sondern beim Kleinen, Alltäglichen zu beginnen, im konkreten Fall bei den Tagträumen, deren begrifflicher Stellenwert allerdings noch nicht bezeichnet wird. Zunächst wird erst noch berichtet, erzählt.

„Ich rege mich. Von früh auf sucht man. Ist ganz und gar begehrlich, schreit. Hat nicht, was man will." Das ist der Ausgangspunkt, von dem *philosophisch* zunächst nichts weitergesagt wird. Tagträume in verschiedenem Alter werden *erzählt:* Die Wünsche von Kindern, das Versteck auf dem Baum, die Sehnsucht nach Abenteuern, phantastische, märchenhafte Fluchtträume, erotische und geschlechtliche Wünsche, schließlich Berufswünsche, die lockende Ferne, die triumphale Heimkehr: „War das Elternhaus nicht nur eng, sondern auch schlecht, dann ist die ausgemalte Heimkehr des Siegers eine besonders beliebte und träumerisch weit verbreitete Genugtuung, so überbietend, daß sie den früheren Jammer fast als Folie begrüßt. Die berühmte Schauspielerin kehrt zurück, scheu stehen die Eltern und Nachbarn beiseite, leutselig verzeiht sie, was man ihr angetan. Der gedrückte Junge von damals kommt vierspännig wieder, das schöne reiche Mädchen zur Seite, das er sich als Frau erobert hat; er ist nun nicht mehr unverstanden, kommt als Schlachtenlenker oder als großer Künstler, kommt auf jeden Fall mit beschämender Pracht. Sein ist die Prinzessin, anmutig, stolz und mild, mit Duft von hoch droben, und um sie wallt der silberne Reiseschleier, all das ist Liebchens gewonnene Herrlichkeit, all das wie Nizza daheim."

Weiter geht es zu den erwachsenen Tagträumen, denen des Kleinbürgers, des reichen Großbürgers, des Proletariers, Wünsche im Alter. Diese Beschreibungen dienen gleichsam als Vorwort für eine systematische Analyse des „antizipierenden Bewußtseins", hier wird zum ersten Mal in Blochs Werk zusammenhängend der Kern seiner Philosophie herausgearbeitet. „Was treibt in uns an? Wir regen uns, sind warm und scharf. Was lebt, ist erregt, und zwar zuerst durch sich selbst. Es atmet, solange es ist, und reizt uns auf. Um immer wieder zu kochen, von unten her."

Ausgangspunkt dieser Philosophie ist der Mensch, Bloch geht also „anthropologisch“ vor, und der Ort seiner anthropologischen Ermittlung ist das Innere des Menschen, der Ort, wo das Leben zu leben beginnt: als Drang, Trieb. Woher dieser Drang kommt, kann nicht weiter angegeben werden, er ist „durch sich selbst“. Von vornherein schließt Bloch also jede Theorie eines „Bewegers“ – Gott oder Geist – aus, der Anstoß zu dieser ursprünglichen Bewegung sein könnte. Die Tatsache des Lebendigseins ist nicht ergründbar: „Daß man lebt, ist nicht zu empfinden. Das Daß, das uns als lebendig setzt, kommt selber nicht hervor.“ Es ist nur vorfindbar, nicht aber als solches erfaßbar: „es muß dazu erst aus sich herausgehen. Dann spürt es sich als ›Drang‹, als ganz vagen und unbestimmten.“

Diesen Anfang Blochschen Philosophierens sollte man mit aller Sorgfalt zur Kenntnis nehmen, denn die ganze Fülle seiner Philosophie, vor allem die problematischen Bereiche werden immer wieder von diesem Kern erschlossen. Wer an diesem Punkt nicht übereinstimmt, wird in vielen Ausführungen keinen Sinn sehen können. Hier wird nämlich nicht die Frage gestellt: „Warum ist Leben?“, das Leben wird also zunächst nicht „hinterfragt“. Blochs Betrachtungen bleiben immanent, wollen nicht transzendent sein, auch diese Unterscheidung muß man sich, um sich vor Mißverständnissen zu schützen, von vornherein klar machen. Und das heißt auch, daß – zunächst – nicht die Frage nach einem Ziel oder Zweck des Lebens gestellt wird. Der Anfang ist der Leib, das Geschehen des Leibseins.

Bei der Arbeit im Garten.

Das Drängen, so argumentiert Bloch weiter, äußert sich, dieses Äußern ist das, was wir empfinden. Die ursprünglichste Äußerung des Drängens ist ein Streben, noch ungerichtet, „begehrend irgendwohin“. Wird dieses Streben gefühlt, dann ist es ein Sehnen, „der einzige bei allen Menschen ehrliche Zustand.“ Auch dies ist allerdings noch vage, wird als gezieltes Treiben (oder Suchen) schon etwas konkreter, als Trieb dann gerichtet auf ein jeweils konkretes Objekt. Das sind Äußerungsformen des Drängens, die allerdings noch eher animalisch sind. Dem Menschen spezifisch sind darüberhinaus Formen des Begehrens, die ihr Ziel ausmalen; so beim Wünschen, das sich auf die Vorstellung des Begehrten richtet, oder beim Wollen, das sich auf ein bestimmtes Tun richtet.

Wer oder was treibt nun an, steckt hinter dem Trieb, fragt Bloch weiter: „Wer bewegt sich in der lebendigen Bewegung, wer treibt im Tier, wer wünscht im Menschen?“ Zunächst ist das Treibende nur der lebendige Körper selbst, „der sich erhalten will, deshalb ißt, trinkt, liebt, überwältigt und so allein in den Trieben treibt, in den noch so vielfältigen, auch durch das auftretende Ich und seine Beziehungen verwandelten.“ Dies auftretende Ich, das menschliche Subjekt, ist ebenfalls affekthaft, ein Träger von Trieben. „Der bewußte Mensch ist das am schwersten zu sättigende Tier; er ist – in der Befriedigung seiner Wünsche – das Umwege machende Tier.“ So daß sich insgesamt ergibt: „der Mensch ist ein ebenso wandelbares wie umfängliches Triebwesen, ein Haufen von wechselnden Wünschen und meist von schlecht geordneten. Und eine bleibende Triebfeder, ein einziger Grundtrieb, will sich schwer fassen lassen.“

Von daher setzt sich Bloch mit verschiedenen Theorien vom menschlichen Grundtrieb auseinander: Bei Sigmund Freud die Libido, bei Alfred Adler der Wille zur Macht, bei C.G. Jung der Rauschtrieb oder Antriebe aus archaischen Bewußtseinsresten. Es kann hier nicht im einzelnen dargestellt werden, warum Bloch diese Konzeptionen verwirft. Grundsätzlich tut er es deshalb, weil alle diese vermeintlichen „Grundtriebe“ selbst von geschichtlichen Bedingungen abhängen, nicht unwandelbar durch die Zeiten und gesellschaftlichen und ökonomischen Verhältnisse sich durchhalten: „Die angebliche ›Natur des Menschen‹, im Sinn der starren Grundtriebsforschung, wurde im Lauf der Geschichte hundertmal umgezüchtet und umgebrochen.“

Gleichwohl sucht auch Bloch nach einem Antrieb, der noch am ehesten allen anderen zugrundeliegen könnte, und das ist für ihn der *Hunger* als Selbsterhaltungstrieb: „Denn ein Mensch ohne Nahrung kommt um, während sich ohne Liebesgenuß immerhin eine Weile leben läßt. Erst recht läßt sich ohne Befriedigung des Machttriebes leben, erst recht ohne Rückkehr ins Unbewußte fünfhunderttausendjähriger Vorfahren. Aber der zusammenbrechende Arbeitslose, der seit Tagen nichts gegessen hat, ist wirklich an die ältest bedürftige Stelle unseres Daseins geführt worden und macht sie sichtbar.“

Freilich hat auch der Selbsterhaltungstrieb wechselnde historische Erscheinungsformen, ändert sich mit den „Veränderungen in der Produktions- und Austauschweise. – Es gibt sogar für den Hunger keine ›natürliche‹ Triebstruktur, schon deshalb nicht, weil auch die ihm zugeordnete Wahrnehmungsart, folglich Reizwelt geschichtlich variabel ist. – Er steht vielmehr als gesellschaftlich gewordenes und gesteuertes Bedürfnis in Wechselwirkung mit den übrigen gesellschaftlichen, daher geschichtlich variierenden Bedürfnissen, denen er zugrunde liegt". Immerhin: Er liegt den anderen zugrunde und ist daher für Bloch noch der „verläßlichste" aller Grundtriebe.

Um nun seinen Begriff Hoffnung einzukreisen, legt Bloch eine ausführliche Affektenlehre vor. Unter Affekten versteht er Gemütsbewegungen, die sich ihrer selbst innewerden. Dabei unterscheidet er zwischen gefüllten Affekten (wie Neid, Habsucht, Verehrung), das sind solche Affekte, deren Triebgegenstand vorhanden ist, gleichsam bereit liegt, und Erwartungsaffekten (wie Angst, Furcht, Hoffnung, Glaube), deren Triebgegenstand nicht greifbar vorhanden ist. „Alle Affekte sind auf das eigentlich Zeithafte in der Zeit bezogen, nämlich auf den Modus der Zukunft, aber während die gefüllten Affekte nur eine unechte Zukunft haben, nämlich eine solche, worin objektiv nichts Neues geschieht, implizieren die Erwartungsaffekte wesentlich eine echte Zukunft; eben die des Noch-Nicht, des objektiv so noch nicht Dagewesenen."

Bei den Erwartungsaffekten unterscheidet Bloch dann weiter zwischen negativen und positiven: Negative Erwartungsaffekte sind die *Angst* als Erwartung eines unbestimmten negativen Ereignisses und die verschiedenen Formen der *Furcht* (Schreck, Entsetzen, Verzweiflung) als Erwartung eines bestimmten negativen Ereignisses. Positive Erwartungsaffekte sind nach seiner Definition *Hoffnung* (Erwartung eines unbestimmten, aber prinzipiell möglichen Positiven) und *Zuversicht* (Erwartung eines Ausgangs, an dem kein Zweifel mehr möglich ist). Hoffnung, als Gegenaffekt gegen Angst und Furcht, ist dabei für Bloch *„die menschlichste aller Gemütsbewegungen und nur Menschen zugänglich, sie ist zugleich auf den weitesten und den hellsten Horizont bezogen."*

Nun ist Hoffnung, so definiert, immer noch nichts Aktives, sondern nur erst eine Befindlichkeit. Wie geht sie aus sich heraus? Hunger im buchstäblichen wie im übertragenen Sinn, so Bloch, erneuert sich immer wieder. Bleibt die Sättigung auf Dauer aus, wird das Ich rebellisch, will die Situation verändern, „die den leeren Magen, den hängenden Kopf gebracht hat. – Selbsterhaltung wird Selbsterweiterung."

Derlei geschieht aber weder bloß aus dem hohlen Bauch, noch ist es normalerweise geplant: Hunger bricht nicht so einfach um zur Revolution, und so simpel, wie Bloch ihn zunächst ausdrückt, sieht er den Vorgang letztlich nicht: „Aus dem ökonomisch aufgeklärten Hunger kommt heute der Entschluß zur Aufhebung aller Verhältnisse, in denen der Mensch ein unterdrücktes und verschollenes Wesen ist." Vielmehr muß sich konkret-revolutionäres Interesse auf Entwürfe von Selbsterweiterung stützen können, die tiefer verankert sind als konkreter Wille zur Veränderung. Als Ort solcher Entwürfe bestimmt Bloch die Tagträume, die damit

Philosoph mit Gießkanne.

nicht mehr bloß – wie anfänglich scheinen konnte – eine aphoristische Einleitung zum Hauptwerk hergeben, sondern einen systematischen Platz in der Philosophie der Hoffnung zugewiesen bekommen.

Seinen Begriff des Tagtraums setzt Bloch der Freudschen Psychoanalyse und ihrem Begriff vom Nachttraum entgegen. Für Freud ist der Traum eine psychische Tätigkeit, die wichtige Aufschlüsse über die Arbeit des Unbewußten geben kann, die man sonst nur an pathologischen Beispielen erlangen kann. Im Traum wird ein Tagesrest verarbeitet, der in der Regel aus unterdrückten Wünschen besteht, die nun – offen oder verhüllt – erfüllt werden. Wichtig am Nachttraum ist für Bloch, daß das schlafende Ich so gut wie nicht beteiligt ist an der Traumarbeit, daß aus dem Wachzustand nur die Reste in den Traum eingehen, daß die Realität der Außenwelt keinen unverstellten Zugang zum Traum hat.

Demgegenüber besteht der Tagtraum aus selbstgewählten Vorstellungen, das Ich bleibt als Leitbild dieser Traumfahrten präsent, Tagträume haben den Charakter der Weltverbesserung: „Der Schläfer ist mit seinen Schätzen allein, das Ego des Schwärmers kann sich auf andere beziehen." Der Tagtraum als Fahrt ins Blaue ist dann auch tendenziell eine Fahrt ans Ende: „der Nachttraum lebt in Regression, er wird in seine Bilder wahllos hineingezogen, der Tagtraum projiziert seine Bilder in Künftiges, durchaus nicht wahllos, sondern noch bei ungestümster Einbildungskraft dirigierbar, mit objektiv Möglichem vermittelbar. *Der Inhalt des Nachtt-raums ist versteckt und verstellt, der Inhalt der Tagphantasie ist offen, ausfabelnd, antizipierend, und sein Latentes liegt vorn.*“

Der Raum, in den dieser Tagtraum ausfabelnd zieht, ist das Noch-Nicht-Bewußte, Blochs eigentliche philosophische „Entdeckung“. Zur Erinnerung: Gegen die Definition der Freudschen Psychoanalyse, für die Unbewußtes lediglich Nicht-Mehr-Bewußtes bedeutet, pointiert Bloch eine andere Seite des Unbewußten, das Noch-Nicht-Bewußte als „Geburtsort des Neuen.“ Dieses Neue aber soll kein reines Phantasieprodukt sein. Unermüdlich versucht Bloch, deutlich zu machen, daß dieser Bewußtseinszustand ein bestimmtes Verhalten gegenüber der Realität ist, aber derjenigen Realität, die selbst auf eigentümliche Weise noch nicht völlig ausdefiniert ist. Das utopische Bewußtsein ist kein einsamer, beziehungsloser Geistes- oder Seelenzustand, sondern soll verstanden werden als psychische Repräsentierung des Noch-Nicht-Gewordenen in Zeit und Welt: „Das Bewußtmachen des Noch-Nicht-Bewußten, das Gestalten des Noch-Nicht-Gewordenen ist nur in diesem Raum, als einem der konkreten Antizipation, nur in ihm steht der Vulkan der Produktivität und wirft sein Feuer.“

Warum sich in der Geschichte von Philosophie und Wissenschaft kaum jemand in Ansätzen, niemand systematisch mit diesem Problemfeld beschäftigt hat, erklärt Bloch mit Marx damit, daß sich die Menschheit im Prinzip nur die Aufgaben stellt, die sie lösen kann. Zu sehr herrschte das Bewußtsein einer fertigen Welt, zu sehr herrschte ein Wissensbegriff vor, der antizipatorisches Denken schwer machte. Bloch sieht hier eine originäre Leistung des Marxschen Denkens, nicht mehr wesentlich auf Gewordenes, bereits Vorhandenes bezogen zu sein, sondern auf das, was sich im Schoße des Bestehenden an Heraufkommenden bildet. „Das Thema der Philosophie steht seitdem einzig auf dem Topos eines unabgeschlossenen gesetzmäßigen Werde-Felds im abbildend-eingreifenden Bewußtsein und in der Welt des Gewußtseins. Dieser Topos ist erst vom Marxismus mit Wissenschaft entdeckt worden – eben mit der Entwicklung des Sozialismus von der Utopie zur Wissenschaft.“

Marxismus als „Kampf- und Oppositions-wissenschaft“.

Allerdings besteht auch die Gefahr, daß sich der Sozialismus allzusehr zur Wissenschaft entwickelt. Bloch versucht das mit dem Begriffspaar „Kältestrom – Wärmestrom“ im Marxismus deutlich zu machen. Auf der einen Seite ist klare, nüchterne Erkenntnis der Wirklichkeit nötig, Entzauberung allen schönen Scheins, Entlarvung der Ideologien, ökonomisch-materialistische Analyse dessen, was ist, *und* der Möglichkeiten der *Veränderung* des analysierten und entlarvten Zustands. Damit ist der Marxismus gleichzeitig als „Kampf- und Oppositionswissenschaft“ bestimmt. Aber das ist für Bloch dann nicht genug, wenn darüber das Ziel all der kalten, nüchternen Entzauberung und Entlarvung vergessen wird. Dieses Ziel lautet mit den Begriffen des jungen Marx Ende der Selbstentfremdung, Beseitigung aller Verhältnisse, in denen der Mensch ein erniedrigtes, geknechtetes, verlassenes, verächtlich gemachtes Wesen ist, lautet Naturalisierung der Menschen, Humanisierung der Natur, lautet Reich der Freiheit, mit den Begriffen Blochs „jene Freiheit, jene Heimat der Identität, worin sich weder der Mensch zur Welt noch aber auch die Welt zum Menschen verhalten als zu einem Fremden." Voraussetzung für die Erreichung eines solchen Ziels sind Sozialismus, Kommunismus, klassenlose Gesellschaft.

Naturalisierung des Menschen, Humanisierung der Natur.

Um das zu erreichen, genügt es eben nicht – und das prägt den Wissenschaftsbegriff Blochs und sein Verständnis von Parteilichkeit entscheidend –, dem Prozeß der Geschichte zuzuschauen, seine Gesetzmäßigkeiten zu analysieren und darauf zu warten, daß sie ihre Arbeit tun. Die Arbeit muß der Mensch tun, da eben nicht alles starr gesetzmäßig abläuft, sondern die Entwicklung dieser Welt durchaus noch unentschieden ist. Es gilt, Entwicklungstendenzen zu beobachten und sich zu ihnen konkret arbeitend zu verhalten. Und dazu ist vor allem „militanter Optimismus" nötig.

Daß in diesem Zusammenhang eine ganz spezifische Interpretation des Marxismus greift, liegt auf der Hand. Bloch ist deshalb auch darum bemüht, anders als in früheren Werken sein Verständnis von Marxismus ausdrücklich darzulegen, unter anderem anhand einer eingehenden Interpretation der Marxschen Feuerbach-Thesen. In diesen elf Thesen hatte Marx sich vom Materialismus Feuerbachs, der seiner Meinung nach bei der Kritik des deutschen Idealismus auf halbem Wege stehengeblieben war, abgegrenzt und gleichzeitig wesentliche Aussagen über sich selbst gemacht. Das gleiche Verfahren wendet jetzt Bloch an. In der und durch die Interpretation der Marxschen Feuerbachthesen erläutert er sich selbst. Zunächst übernimmt er Marxens Kritik an Feuerbachs Begriff der Sinnlichkeit: Feuerbach hatte die „Kopflastigkeit" der idealistischen Philosophie kritisiert und die Sinnlichkeit, die Anschauung an den Anfang des Denkens gestellt. Dabei versteht Feuerbach Sinnlichkeit aber als bloße Anschauung, nicht als Tätigkeit. Diese Wende verdanken wir Marx, er hat die menschliche Arbeit als Grundlage der sinnlichen Welt verstanden, insofern hinter Feuerbach auf Hegel zurückgreifend. Hier setzt Blochs Interpretation ein: Wenn wir von dem berühmten Grundsatz ausgehen, daß das Sein das Bewußtsein bestimmt, darf man nicht vergessen, daß der arbeitende Mensch selbst entscheidend mit zur materiellen Basis gehört. Sein Wirken auf die Natur außer ihm und dadurch deren Veränderung ändert zugleich auch seine eigene Natur. Dazu paßt Marxens Betonung, „daß die Umstände ebensosehr die Menschen wie die Menschen die Umstände machen". Bloch: „Damit also ist die menschliche Tätigkeit mit ihrem Bewußtsein selber als Stück Natur erklärt, als wichtigstes dazu, eben als umwälzende Praxis gerade an der Basis des materiellen Seins, das primär wieder das folgende Bewußtsein bedingt."

Ein weiterer zentraler Punkt, den Bloch anhand der Feuerbachthesen deutlich machen will, ist seine Position zur Philosophie. „Die Philosophen haben die Welt nur verschieden interpretiert; es kömmt aber darauf an, sie zu verändern" – so lautet die 11. Feuerbachthese Marxens, und sie ist häufig so interpretiert worden, als müsse man schlicht Theorie durch Praxis ersetzen, die Philosophie also abschaffen. Bloch betont dagegen, daß weder die 11. Feuerbachthese noch Bemerkungen aus „Kritik der Hegelschen Rechtsphilosophie" so gedeutet werden dürften, als sollte die Philosophie nun abdanken. Marxens Kritik richtet sich nach Bloch nicht gegen die Philosophie allgemein, sondern „genau gegen eine bestimmte Art kontemplativer Philosophie, nämlich die der Hegel-Epigonen seiner Zeit, welche vielmehr eine Nicht-Philosophie war." In der Tat bezieht sich Marx im gesamten Text auf bestimmte zeitgenössische Schulen: Einmal die theoretisch-politische oder „philosophische" Partei: „Sie glaubte die Philosophie verwirklichen zu können, ohne sie aufzuheben." Demgegenüber steht die praktische politische Partei, die eine Negation der Philosophie dadurch vollbringen will, „daß sie der Philosophie den Rükken kehrt und abgewandten Hauptes – einige ärgerliche und banale Phrasen über sie hermurmelt." Dieser Partei sagt Marx: „Ihr könnt die Philosophie nicht aufheben, ohne sie zu verwirklichen."

Privat in Denkerpose.

Verwirklichung wie Aufhebung der Philosophie bindet Marx an Verwirklichung und Aufhebung des Proletariats: „Wie die Philosophie im Proletariat ihre materiellen, so findet das Proletariat in der Philosophie seine geistigen Waffen. – Die Philosophie kann sich nicht verwirklichen ohne die Aufhebung des Proletariats, das Proletariat kann sich nicht aufheben ohne die Verwirklichung der Philosophie.“ Damit, so Bloch, wird lediglich eine die Welt antiquarisch interpretierende Philosophie bekämpft, nicht eine die Welt revolutionär verändernde. So versteht er auch den Satz aus der „Deutschen Ideologie“: „Philosophie und Studium der wirklichen Welt verhalten sich zueinander wie Onanie und Geschlechtsliebe“. Als Philosophen sind in diesem Zusammenhang Stirner und Kuhlmann (ein pietistischer Theologe) genannt, also wiederum zeitgenössische Un-Philosophen. In der Tat macht Marx an keiner dieser Stellen eine Aussage darüber, welchen Stellenwert Philosophie als theoretische Betätigung grundsätzlich haben soll. Er sagt lediglich, daß die Wirklichkeit gewordene Philosophie als verwirklichtes und aufgehobenes Proletariat eine bestimmte Form gesellschaftlicher Praxis ist: die klassenlose Gesellschaft. Er will damit feststellen, was er sich unter praxisbezogenem Denken vorstellt: Was *allein* im Denken geschieht, taugt weder zu Realisation noch zu Veränderung – es bleibt im Kopf, bleibt theoretisch. Das Denken selbst, die Philosophie, muß die Realität mitdenken, diese Realität als die das Denken mitumfassende denken; nur so kann Denken Realität werden und dann möglicherweise – als Realität, nicht als Philosophie – auch verändert, gar aufgehoben werden. „Das schlechthin Neue in der marxistischen Philosophie besteht in der radikalen Veränderung ihrer Grundlage, in ihrem proletarisch-revolutionären Auftrag; aber das schlechthin Neue besteht nicht darin, daß die einzige zur konkreten Weltveränderung fähige und bestimmte Philosophie keine – Philosophie mehr wäre.“ Und Bloch weist darauf hin, daß es gerade Philosophen waren, die in diesem Sinne die Welt verändert haben: Marx, Engels, Lenin. Möglicherweise aber ist in alledem zu wenig bedacht, daß Marx Philosophie *als* Philosophie aufheben will, also einen Typus von traditioneller Theorie, den Bloch nicht aufgeben will und den Marx sicherlich entschiedener bekämpft, als Bloch das wahrhaben will.

Für Bloch jedenfalls bringt Marx das Neue in die Philosophie hinein, die es ihr ermöglicht, als marxistische Theorie zu bestehen, als Philosophie der Weltveränderung. „›In der bürgerlichen Gesellschaft‹, sagt das Kommunistische Manifest, ›herrscht die Vergangenheit über die Gegenwart, in der kommunistischen die Gegenwart über die Vergangenheit.‹ Und es herrscht die Gegenwart *zusammen mit dem Horizont in ihr,* der der Horizont der Zukunft ist, und der dem Fluß der Gegenwart den spezifischen Raum gibt, den Raum neuer, betreibbar besserer Gegenwart. Also wurde die beginnende Philosophie der Revolution, das ist, der Veränderbarkeit zum Guten, allerletzt am und im *Horizont der Zukunft* eröffnet; mit Wissenschaft des Neuen und Kraft zu seiner Leitung." Dies letztlich ist Blochs wichtigste Zutat zu Marx, ist Kern seines originären Marxismus-Verständnisses und seiner Selbsteinschätzung als marxistischer Denker.

„Grundrisse einer besseren Welt – Wunschbilder des erfüllten Augenblicks."

Nach dieser Grundlegung breitet Bloch einen reichen Fächer aus mit Wunschbildern und Zukunftsvorstellungen aus allen möglichen Gebieten menschlichen Denkens, Träumens, Handelns. Denn nachdem er dargelegt hat, wie und inwiefern der Mensch ein Wesen ist, das utopische Funktion entwickeln kann, wie und inwiefern diese Welt selbst utopiehaltig ist, will er jetzt darstellen, welche Vorstellungen sich Menschen – über die kleinen Tagträume hinaus – von einer anderen Zukunft machen und wo gegebenenfalls die Aufschlagstellen solcher Vorstellungen auf geeignete Verwirklichungsfelder sind. So grast er in seiner „Enzyklopädie der Hoffnungen" zunächst noch eher private Wunschbilder ab: Spiegel, neues Kleid, schöne Maske, Jahrmarkt und Zirkus, Märchen und Kolportage, Reise und Schauerroman, Tanz und Film – wir kennen diese Thematik aus vielen kleineren Arbeiten Blochs und – zentral – aus „Erbschaft dieser Zeit". Sodann folgen die „Grundrisse einer besseren Welt", also schon über das private Vorstellen hinausgehende Pläne: ihr Kern sind die Sozialutopien (das „Stammhaus" der Utopien, wie Bloch sie nennt), dann technische, architektonische, geographische Zukunftsbilder, Wunschlandschaften in Kunst, Philosophie, in poliltischen Programmen, schließlich die „Wunschbilder des erfüllten Augenblicks", das sind Vorstellungen von Identität. Hierhin gehört unter anderem Blochs spekulative Religionsphilosophie (wovon später). Schlußkapitel des „Prinzip Hoffnung" ist aber wiederum, in deutlicher Anlehnung an das Erstwerk „Geist der Utopie", ein Abschnitt über Karl Marx. Hieß das in „Geist der Utopie" noch „Karl Marx, der Tod und die Apokalypse", so wird im „Prinzip Hoffnung" schon im Titel der Unterschied deutlich: „Karl Marx und die Menschlichkeit; Stoff der Hoffnung". Hier versucht Bloch noch einmal, in einem abschließenden Bogen, sein Verhältnis zum Marxismus anzugeben.

Die Parteinahme für den Marxismus, so Bloch, erklärt sich ja nicht aus der blitzhaften Einsicht in die Richtigkeit und vor allem Mächtigkeit des dialektischen Materialismus, wie manche Schulmarxisten behaupten. „Was hat solche, die es sozusagen nicht nötig hatten, zur roten Fahne geführt?", fragt Bloch, und er fragt das aus Anlaß, denn er gehört zu denen, die es „sozusagen nicht nötig hatten". Das ist nun nicht nur das gute Herz für die Armen und Unterdrückten, derlei reicht „nicht in allen Fällen zum Klassenverrat an den Wohlgeborenen aus." Wissensdurst kommt sicher noch hinzu, schließlich: „Es gehört also mindestens ein *Zusam-*

menwirken von Gemüt, Gewissen und vor allem Erkenntnis dazu, um sozialistisches Bewußtsein gegen das eigene bisherige gesellschaftliche Sein abzuheben", eine Mischung, die Bloch dann auf diese Formel bringt: „es ist die *sich tätig begreifende Menschlichkeit.*"

„Die Kritik der Religion endet mit der Lehre, daß der Mensch das höchste Wesen für den Menschen sei, also mit dem kategorischen Imperativ, alle Verhältnisse umzuwerfen, in denen der Mensch ein erniedrigtes, ein geknechtetes, ein verlassenes, ein verächtliches Wesen ist". So lautet der berühmte, von Bloch immer wieder zitierte Marx-Satz aus der Einleitung zur Kritik der Hegelschen Rechtsphilosophie. Noch deutlicher auf Blochs Anliegen weist eine Passage aus einem Brief Marxens an Arnold Ruge aus dem Jahr 1843 hin: „Von unserer Seite muß die alte Welt vollkommen ans Tageslicht gezogen und die neue positiv ausgebildet werden. Je länger die Ereignisse der denkenden Menschheit Zeit lassen, sich zu besinnen, und der leidenden, sich zu sammeln, umso vollendeter wird das Produkt in die Welt treten, welches die Gegenwart in ihrem Schoße trägt." Und Marx fährt fort, nun endgültig im Bloch-Ton und mit dieser Passage daher häufig zitiert: „Es wird sich zeigen, daß die Welt längst den Traum von einer Sache besitzt, von dem sie nur das Bewußtsein besitzen muß, um sie wirklich zu besitzen. Es wird sich dann zeigen, daß es sich nicht um einen großen Gedankenstrich zwischen Vergangenheit und Zukunft handelt, sondern um die Vollziehung der Gedanken der Vergangenheit." Blochs „Prinzip Hoffnung" ist der Versuch, Marx an dieser Stelle besonders ernst zu nehmen, das Bewußtsein wie den Traum von der von Marx gemeinten Sache zu schildern *und* weiterzutreiben. Und so lautet der Schluß der großen Hoffnungs-Enzyklopädie: „Das Morgen im Heute lebt, es wird immer nach ihm gefragt. Die Gesichter, die sich in die utopische Richtung wandten, waren zwar zu jeder Zeit verschieden, genauso wie das, was sie darin im einzelnen, von Fall zu Fall, zu sehen meinten. Dagegen die *Richtung* ist hier überall verwandt, ja in ihrem noch verdeckten Ziel die gleiche; sie erscheint als das einzig Unveränderliche in der Geschichte. Glück, Freiheit, Nicht-Entfremdung, Goldenes Zeitalter, Land, wo Milch und Honig fließt, das Ewig-Weibliche, Trompetensignal im Fidelio und das Christförmige des Auferstehungstags danach: es sind so viele und verschiedenwertige Zeugen und Bilder, doch alle um das her aufgestellt, was für sich selber spricht, indem es noch schweigt. Die Richtung auf dies materiell und nicht nur logisch Einleuchtende muß invariant sein; das ist an jedem Ort erkennbar, wo Hoffnung ihr Überhaupt aufschlägt und darin zu lesen versucht."

„Das Land, wo Milch und Honig fließt."

„Marx bezeichnet als sein letztes Anliegen ›die Entwicklung des Reichtums der menschlichen Natur‹; dieser *menschliche* Reichtum wie der von *Natur* insgesamt liegt einzig in der Tendenz-Latenz, worin die Welt sich befindet – vis-à-vis de tout. Mit diesem Blick also gilt: Der Mensch lebt noch überall in der Vorgeschichte, ja alles und jedes steht noch vor Erschaffung der Welt, als einer rechten. *Die wirkliche Genesis ist nicht am Anfang, sondern am Ende,* und sie beginnt erst anzufangen, wenn Gesellschaft und Dasein radikal werden, das heißt sich an der Wurzel fassen. Die Wurzel der Geschichte aber ist der arbeitende, schaffende, die Gegebenheiten umbildende und überholende Mensch. Hat er sich erfaßt und das Seine ohne Entäußerung und Entfremdung in realer Demokratie begründet, so entsteht in der Welt etwas, das allen in die Kindheit scheint und worin noch niemand war: Heimat."

Kritik und Lobpreisungen der Partei

Es gab zunächst kaum Reaktionen auf das „Prinzip Hoffnung". 1954, im Erscheinungsjahr des ersten Bandes, nahm sich die Parteiorthodoxie stattdessen Blochs Hegel-Buch vor. Auf der Philosophenkonferenz der SED in Babelsberg kritisierte sein Leipziger Kollege Rugard Otto Gropp das vermeintlich idealistische Dialektik-Verständnis Blochs. Kurz darauf begann in der „Deutschen Zeitschrift für Philosophie" eine Diskussion über das Verhältnis des Marxismus zu Hegel, eingeleitet wiederum von Gropp, der seine Babelsberger Kritik weiterführte und Bloch vorwarf, dieser stelle den Materialismus nicht deutlich genug gegen den Idealismus, er behaupte sogar, Marx habe seine Dialektik direkt von Hegel abgeleitet. Zu Blochs Polemik gegen Hegel-Erlediger der nun schon bekannte rituelle Satz: „Wirklich aber und grundsätzlich erledigt wurde die idealistische Philosophie und Dialektik Hegels durch Marx und Engels. Die Entwicklung der marxistischen dialektischen Methode war abhängig von der Erledigung der idealistischen Dialektik."

Aber es sah zunächst nicht so aus, als könnte der Philosophieprofessor Gropp, ein Vertrauter Walter Ulbrichts, Ernst Bloch gefährlich werden. In der Zeitschrift entspann sich eine friedlich-akademische Diskussion über den Aufsatz Gropps, seine Kritik wurde von mehreren Autoren zurückgewiesen, von einem bekräftigt, er selbst antwortete noch einmal abschließend, damit schien die Sache abgetan.

Ohnehin wurde das Jahr darauf zu einem Jahr der Ehrungen und Auszeichnungen für Bloch. Im März wird er Ordentliches Mitglied der Deutschen Akademie der Wissenschaften, am Nationalfeiertag der DDR, dem 7. Oktober, bekommt er den Nationalpreis 2. Klasse: „Der Präsident der Deutschen Demokratischen Republik verleiht Professor Dr. Ernst Bloch für seine philosophischen Werke der letzten Jahre, die eine tiefdringende Analyse und Interpretation der Welt mit einer progressiven Einstellung verbinden, den deutschen Nationalpreis II. Klasse für Wissenschaft und Technik in Anerkennung seiner hervorragenden Mitwirkung an der

Manuskript, Pfeife, mißmutiger Blick: das offizielle Bild zur Nationalpreisverleihung.

Entwicklung der Friedenswirtschaft." Zu seinem 70. Geburtstag am 8. Juli 1955 gibt es den Vaterländischen Verdienstorden, und das Zentralkomitee der SED schickt einen Glückwunsch, in dem Bloch als „hervorragender Wissenschaftler und Publizist" gefeiert wird, der seine ganze Kraft „in den Dienst des Kampfes für ein neues demokratisches Deutschland gestellt" habe. „Die Veröffentlichung Ihrer bedeutenden philosophischen Werke trug dazu bei, den gesunden Stolz auf die großen kulturellen Traditionen unseres Volkes zu wecken und in unserer Deutschen Demokratischen Republik die Ideen des Humanismus und Fortschritts zu verbreiten." Kein Geringerer als Kurt Hager, Sekretär des Zentralkomitees und verantwortlich für Kultur, schreibt im Neuen Deutschland eine Laudatio auf Bloch, „einen aufrechten Menschen, einen bedeutenden fortschrittlichen Philosophen und leidenschaftlichen Kämpfer". Ausdrücklich wird Blochs Parteinahme für den sozialistischen Aufbau in der DDR hervorgehoben, seine Philosophie charakterisiert als eine, „die offen parteilich und eng mit dem Volk verbunden ist, die sich für den Sieg des Neuen einsetzt und das Leben bejaht, die den Aufstieg der Menschheit und die Unvermeidlichkeit des Triumphes der sozialistischen Gesellschaftordnung verkündet."

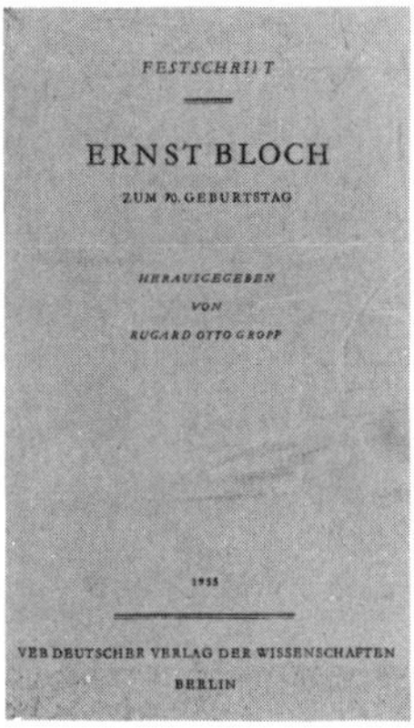

Der Aufbau-Verlag bringt unter dem Titel „Wissen und Hoffen" einen Auswahlband mit Texten von Bloch heraus, Wilhelm Pieck, Otto Grotewohl, Walter Ulbricht gehören zu den Gratulanten, die Universität gibt ein Festessen, die Studenten veranstalten einen Fackelzug, die Kollegen Dozenten und Professoren äußern sich durchweg lobend über ihren Institutsdirektor in einer Festschrift zu Ehren Ernst Blochs. Herausgeber und Verfasser einer lobhudelnden Einleitung: Rugard Otto Gropp. „Ihre Freunde und Kollegen ehren in Ihnen mit dem Philosophen zugleich die Persönlichkeit, die sich leidenschaftlich zum Humanismus, zum historischen Progreß, zum Sozialismus bekennt. Ihr Denken ist dem Leben, der Praxis zugewandt", heißt es da, und Gropp schließt sein Grußwort: „Ihre Freunde, Kollegen und Mitarbeiter wünschen Ihnen, hochverehrter Ernst Bloch, noch viele Jahre reichen Schaffens." Wie sich herausstellte, kann das nicht allzu ernst gemeint gewesen sein.

Karola erzählt: „Ernst stand im Zenit seines Ruhmes in der DDR. Sechs Jahre zuvor war er noch ein ›nobody‹, wie er sich selbst nannte, im amerikanischen Cambridge gewesen." Zwar hat Bloch nie viel Aufhebens um Orden und Ehrenzeichen gemacht: „ich bekam alle möglichen Titel und Orden, von denen es in der Deutschen Demokratischen Republik ja so viele gibt. Geschmückt wie ein Pfau lief man da herum, z.B. als ordentliches Mitglied der Akademie der Wissenschaften, als Nationalpreisträger usw." Das ist allerdings eine Äußerung aus dem Jahr 1974, und man wird davon ausgehen können, daß ihn 1955 die Ehrungen des Staates, dessen sozialistischen Aufbau er doch fördern wollte, nicht ganz gleichgültig gelassen haben. Jedenfalls scheinen sie ihm zusätzliches Selbstbewußtsein vermittelt zu haben. Sein Schüler Manfred Riedel berichtet, Bloch habe sich in seiner Rede nach der Aufnahme in die Akademie der Wissenschaften unverblümt darüber beschwert, daß sein Werk so langsam erscheine. „Und er sprach die Hoffnung aus, daß jetzt, nachdem er in der Akademie Mitglied sei, seine Manuskripte rascher gedruckt werden könnten, als das in den vorhergehenden Jahren der Fall war."

1955 ist nach Riedels Erinnerung auch das Jahr, in dem Bloch an der Universität erstmals eine breitere Wirkung erreichte. Im Frühjahr hielt er in der Anatomie, dem größten Hörsaal, einen Vortrag unter dem Titel „Universität, Wahrheit, Freiheit" vor einem breiteren Publikum als nur vor Philosophiestudenten, ein längst fälliges Ereignis, wie Bloch eigens betonte. Er hält ein engagiertes Plädoyer für die universitas literarum und gegen jede Verschulung des Studiums, argumentiert also in aller Öffentlichkeit gegen das, was die Partei den Studenten der DDR gerade als Universitätsreform verordnet hatte. „Verschulung jedenfalls, wie sie ausgerechnet in der so wünschbaren Durchdringung mit Marxismus nicht selten geübt wird, dürfte gerade das Niveau senken, das sie dialektisch-materialistisch heben möchte." Das sind sicherlich „Dinge, die den damals anwesenden Funktionären in den Ohren weitergeklungen haben mögen", wie Manfred Riedel meint, genau wie die Rede von den Schematikern, „deren Wappen der Papagei ist, mit Holzhammer daneben, dem zuschlagenden, nicht nur einbläuenden." Nochmal Riedel: „Das waren also ganz unglaubliche Bloch-Sätze. Ferner sprach er die direkt an, die zu seinen Füßen saßen, und es gab Beifall zwischendurch, es gab Klopfen, es gab Lachen. Es war eine unglaubliche Veranstaltung." Bloch spricht von Schmalspur, von „Murxisten", wie Brecht die Vulgärmarxisten genannt hatte, und das durchweg in einer Sprache, die jeder versteht, der hören kann: „jede Gouvernantenenge marxistischer Einführungen erzeugt erwiesenermaßen das Gegenteil ihres vortrefflichen Zwecks, nämlich allzu oft synthetisch hergestellte Gleichgültigkeit."

Das ist vor allem ein anderer Ton, als ihn Gerhard Zwerenz aus den Anfängen Blochs in Leipzig beschreibt: „Blochs expressionistische Sprache. Wenige verstehen ihn. Wenige bringen den Mut auf. Die Obrigkeit ahnt nicht, was ihr ins Haus steht." Das konnte nun nicht mehr der Fall sein. Dieser Vortrag im Jahr 1955 machte – nach Riedels Erinnerung – aus Bloch schlagartig eine Berühmtheit. „Blochs Hörsaal wurde die Nr. 40 im zerbombten Augustineum, und er las jetzt vor einem großen Publikum, mehrere Hunderte von Leuten, auch aus der Leipziger literarischen und sonstigen Öffentlichkeit. Er hatte eine zentrale Stellung im geistigen

Urlaub in Ahrenshoop an der Ostsee 1953.

Leben der Stadt inne.“ Unzufriedenheit mit manchen Vorgängen in der DDR, sofern sie nicht den Universitätsbetrieb betrafen, hatte Bloch zwar immer mal wieder geäußert, meist aber im kleinen Kreis: „Kurz nach dem 17. Juni 1953 meint Bloch beiläufig, die Forderungen der Arbeiter nach Absetzung Ulbrichts seien wohl falsch, aber immerhin verständlich.“ Darüberhinaus soll Bloch 1953 in Ahrenshoop an der Ostsee bei einem Spaziergang mit seiner Frau, Gerhart Eisler und Heinz Brandt gesagt haben: „Was not tut, ist eine Erneuerung der Partei an Haupt und Gliedern. Ich wiederhole: reformatio capitis et membrorum. – Ulbricht hat nie gewagt, mit den Sowjets ein offenes Wort zu sprechen. Deren politische Strategie war von Grund auf falsch. Sie hätten die DDR zum *Schaufenster* des Sozialismus machen müssen; statt dessen waren wir seine *Rumpelkammer*, angefangen von der Demontage bis zum Normen-Irrsinn. Tabula rasa machen! Wenn jetzt nicht, wann denn?!“

Öffentlich aber ist der 17. Juni, sind die politischen Zustände insgesamt für Bloch kein Thema. Dafür versteckt er seine Kritik an den herrschenden Verhältnissen listig in Vorlesungen und Seminaren. Gerade das, was er zu Beginn seiner DDR-Karriere im „Neuen Deutschland“ als unnötig bezeichnet hatte, nämlich „Sklavensprache“ zu sprechen, hat sich inzwischen als notwendige Verkleidung herausgestellt. Bloch meint mit diesem Begriff nicht etwa die Sprache der Untertanen: „Der Kuschende spricht, was man oben hören will. Auch das ist Sklavensprache, ihr Wurm krümmt sich, ihr Hund wedelt, seit je.“ Demgegenüber kennt er eine Sklavensprache, die den Herrschenden gefährlich werden kann und die sich deshalb maskiert: „Das ist dann gute Sklavensprache, in erlaubtem Sinn sogar geriebene, sie läßt in einer beherrschten und auch noch in einer verordneten Welt Freiheit nicht nur flüstern.“

Auf diese geriebene Art und Weise hat Bloch an der Leipziger Universität nach dem Zeugnis von Freunden und Schülern gesprochen. „Die Vorlesungen enthalten Zeichen, typische Chiffren derer, die sich mit ihrer Vereinzelung nicht abfinden wollen und nach Freunden und Partnern suchen“, meint Gerhard Zwerenz; „seine Kunst, in anmerkenden Nebensätzen Grundsätzliches unterzubringen, Zweifel durch Stimmanhebung, Aufmerksamkeit durch verringerte Lautstärke zu bewirken, erregte meine Bewunderung.“

Eine Fülle von Anekdoten über Blochs listenreiche „Systemkritik“ kursiert aus dieser Zeit, Bloch selbst erzählt derlei auch gerne wieder: „In einem rechtsphilosophischen Kolleg in Leipzig habe ich den Satz von Engels vorgenommen: Der Staat stirbt ab, und die Ergänzung von Lenin: Wir müssen es soweit bringen, daß eine Köchin den Staat regieren kann. Pause. Wohleinstudierte Pause. ›Nun, meine Damen und Herren, wir in der Deutschen Demokratischen Republik haben es ja bereits soweit!‹ Kategorie Köchin eingeführt

„Leider hat der Mann keinen sex appeal" – Bloch über Ulbricht.

für Ulbricht! Mit einem Lenin-Zitat! Es war nichts zu machen. Und es gab Zustimmung, freudige Zustimmung".

Überhaupt mochte Bloch den Führer des Arbeiter- und Bauernstaates nicht besonders und ließ sich das merken. Als Ulbricht eines Tages die Universität Leipzig besuchte, um Kontakt mit den Wissenschaftlern zu bekommen, traf er auch Bloch. Von seinen Studenten gefragt, wie das Gespräch denn verlaufen sei, soll Bloch geantwortet haben: „Ach, leider hat der Mann keinen sex appeal."

Ohne Zweifel hat Bloch seine Position zunehmend als die eines Kritikers verstanden, aufschlußreich in diesem Zusammenhang ein Brief aus dem Jahr 1955 an Georg Lukács, der als „Abweichler" und „Hegelianer" ebenfalls zunehmender Kritik ausgesetzt war. Bloch betont darin, daß die tatsächlichen Verhältnisse die Beziehung der beiden Jugendfreunde deutlicher ausdrücken, als sie selbst es in den Jahren der Entfremdung fertiggebracht haben. Beide hätten sie jetzt annähernd die gleichen Feinde und nahezu die gleichen Anhänger. „Wir werden als diejenigen angesehen, die der Intelligenz am unverwechselbarsten das Niveau und die Perspektiven, die Wissensfülle und die Humanität des Marxismus sichtbar machen.“

Öffentliche Kriegserklärung

Im März 1956 berief Bloch, inzwischen Leiter der Sektion Philosophie der Deutschen Akademie der Wissenschaften, eine Konferenz ein zum Thema „Das Problem der Freiheit im Lichte des wissenschaftlichen Sozialismus“. Sein Einleitungsreferat zeigt noch einmal deutlich den politischen Standort des Philosophen: „ein Kennzeichen für jeden echten Freiheitswillen und seinen Begriff bleibt: Er kann sich, bei noch so kritischem Verhalten gegenüber gegebenenfalls irrigen Maßnahmen, nie gegen die Sowjetunion und ihr Anliegen richten. Denn dieses ist das Anliegen der menschlichen Befreiung selber, die endlich zum Zuge kommt.“

Prägnanter als hier hat Bloch seine loyale und gleichzeitig distanzierte Haltung selten ausgedrückt: Zwar ist die Rede von „irrigen Maßnahmen“, aber das Anliegen der menschlichen Befreiung muß hochgehalten werden. Daß dies im Schematismus des Funktionärsmarxismus aber nicht eingelöst wird, sagt er im gleichen Atemzug: „obwohl, ja weil die Freiheit allemal eine gesellschaftliche Kategorie ist, ist sie originär eine anthropologische, eine des menschlichen Willens und schließlich der menschlich-intensiven Substanz.“ Und wie sich Bloch begrifflich das Reich der Freiheit vorstellt, unterscheidet sich für den, der zuzuhören versteht, deutlich vom „realen Sozialismus“ Ostberliner Prägung: „wenn die Umstände menschlich gebildet werden, so daß sie nicht mehr als Fremdes, hier also: als Zwang gegenüberstehen, dann hören sie nicht als Objekt auf, sondern werden den Subjekten der Freiheit ihre objektiv-adäquate Umgebung, Ordnung und Heimat.“ Bloch plädiert einmal mehr für die bürgerlichen Freiheiten, die erst mit dem Sieg des Sozialismus vollendet werden können, ein Sieg mithin, den Bloch nicht als schon gegeben betrachtet. Im Gegenteil: Das Gebot der Stunde heißt Kampf, und zwar nicht für den nächsten Fünfjahresplan. „Die jetzt mögliche Freiheit muß geschützt, die im nächsten Schritt mögliche gewonnen werden. Hierbei gibt es freilich in den sozialistischen Ländern einige der bereits gewonnenen bürgerlichen Freiheiten nicht mehr oder noch nicht wieder.“ Das erklärt Bloch – wie in den Jahren zuvor – damit, daß dem sozialistischen Aufbau bestimmte Einschränkungen von außen aufgezwungen werden, und er sagt deutlich, daß die „eiserne Faust“ mit dem Sozialismus ursächlich nichts zu tun hat. An die Adresse der Feinde des Sozialismus heißt es deshalb, „daß die Diktatur des Proletariats, dies notwendigste Mittel zur Durchsetzung des Reichs der Freiheit, sich vor den Feinden dieses Reichs (gegen die doch die Diktatur gerichtet ist oder war) nicht zu entschuldigen braucht, noch nicht dieses Reich zu sein oder seiner unendlichen Toleranz bereits erwünscht adäquat zu sein." Und nach innen gerichtet, auf die Partei gemünzt, ist die Aussage, daß der Sozialismus „noch keineswegs, auch in Rationen gewiß nicht, mit dem erstrebten Zielinhalt unverwechselbar oder auch nur überall völlig ähnlich" sei. „Realistik ohne Frieden mit der Vorhandenheit" heißt ein späterer Aufsatz Blochs, dieser Titel kennzeichnet exakt die Haltung, die Bloch dem Staat des deutschen Sozialismus entgegenbringen wollte.

Im Schlußwort zum Freiheits-Kongreß formuliert er dann schärfer, was ihm an der Art, wie viele Marxismus betreiben, nicht paßt. Es ist die „Haltung einer Gouvernante, wie sie ängstlich dafür sorgt, daß sich das Kindchen Marxismus nicht ein Schleifchen schmutzig macht." Diese Berührungsängste habe dieser Kongreß zwar vermieden, auch habe sich wenig Schmalspur gezeigt, aber doch „Sprache in zu fertigen Kategorien", Bloch vermißt die „schöpferische Mitte zwischen Aktuellem und Begrifflichem." Er sagt den Teilnehmern des Kongresses unverblümt, wie er manche von ihnen einschätzt: Schematismus, Praktizismus – „Wissenschaft als eine Art Küchenfee für die unmittelbar oder sofortig wirkende Praxis" mißverstehend, und er schreibt ihnen ins Stammbuch, wie er sich demgegenüber Philosophie vorstellt: „Echtes marxistisches Philosophieren hat die Eigenschaft des Adlers, sehr hoch zu fliegen, um gerade dadurch, mit erlangtem Weitblick, jederzeit ins Detail niederstoßen zu können und es zu packen – mit einem dialektischen Zugleich von Weitblick und Nähe, von Zukunftsperspektive und intensivster Zeitgenossenschaft."

Hatte Bloch vorher nur angedeutet, so spricht er jetzt auch deutlicher von den „häuslichen Freiheitsgrenzen", über die seine Kollegen zu wenig reden. Daß dergleichen von Schematikern und Administratoren immer damit entschuldigt wird, daß der Sozialismus eben noch aufgebaut werde, hält er für ein überstrapaziertes Argument. Es gibt unvermeidliche, aber auch überflüssige Freiheitsbeschränkungen, etwa in der bildenden Kunst, in der Musik, der Architektur, wo er „mediokre Schulmeisterei" und „Kunstpapismus" am Werk sieht, mit denen „dem Sozialismus und seiner Anziehung deutlicher Schaden zugefügt" wurde.

Schließlich grundsätzlich: Bloch akzeptiert zwar den von Hegel und Marx herkommenden Satz, daß Freiheit Einsicht in die Notwendigkeit sei, nämlich in die Notwendigkeit des Geschichtsprozesses. Aber die unentwegte Wiederholung dieses Satzes ist für ihn nichts weiter als monoton, denn Freiheit definiert er darüberhinaus als „das menschliche Vermögen, die objektive Notwendigkeit (physische und soziale Gesetzmäßigkeit) nun zur Beförderung der eigenen Zwecke zu gebrauchen." Freiheit *nur* als Einsicht in die Notwendigkeit wäre ein Sich-Fügen in einen als Automatismus mißverstandenen Weltprozeß. Damit rührt Bloch natürlich an die Grundfesten eines Marxismus-Verständnisses, das davon ausgeht, daß die Sowjetunion die Einlösung der von Marx beschriebenen Gesetzmäßigkeit des Geschichtsprozesses *ist* und nunmehr nur noch die Politik der Sowjetunion befördert und nachgeahmt zu werden brauchte. Mit anderen Worten: Diese Freiheitskonferenz ist Blochs erste *öffentliche* „Kriegserklärung an den Diamat", so eine Formulierung von Jan Robert Bloch. In der wissenschaftlichen Diskussion hatte Bloch derlei auch schon vorher formuliert: In dem 1954 erschienenen Aufsatz „Über Freiheit und objektive Gesetzlichkeit, politisch gefaßt", wendet er sich gegen eine mechanistische Übertreibung der Gesetzmäßigkeit des Geschichtsprozesses. Dagegen betont er die Bedeutung des subjektiven Faktors, der auch im Sozialismus nicht verschwinden wird, „auch wenn er es durchaus nicht mehr nötig hat, ein Gegenzug gegen schlecht Vorhandenes, Überaltertes zu sein, wenn er vielmehr einzig das Amt hat, gute

Im Namen von Friedrich Engels gegen Schmalspur-Marxismus.

Tendenz zu beschleunigen, gutes Mögliche zu verwirklichen." Und auch der objektive Faktor, die Gesetzlichkeit, ist nichts Ehernes, sondern sie ändert sich: Sind neue Bedingungen etwa revolutionär hergestellt, dann treten neue Gesetze auf, auch neue Möglichkeiten als nicht total Ausdeterminiertes. Ähnlich argumentiert er in einem Vortrag über „Differenzierungen im Begriff Fortschritt" vor der Deutschen Akademie der Wissenschaften im Oktober 1955, und in einem Aufsatz über „Friedrich Engels als Polyhistor" plädiert er für ein umfassendes enzyklopädisches Interesse und Studium, gegen die Schmalspur des Diamat.

Das Jahr 1956 war außerdem gekennzeichnet von den politischen Spannungen in Ungarn und Polen, die Bloch selbst im nachhinein für Reibungen mit der Parteiführung verantwortlich macht: „Das ging alles ganz gut bis zum Ausbruch der ungarischen Revolte, des polnischen Widerstands im Herbst 1956 und der Unruhen, die dann auch in der DDR begannen". Seitdem, so Bloch, sei er unentwegt des Abweichlertums und des Revisionismus beschuldigt worden. Das suggeriert allerdings, daß er wegen seiner Haltung zu Ungarn und Polen angegriffen worden sei, was so nicht der Fall war. Gegenüber den Ereignissen in Ungarn war er wohl eher unentschlossen. Daß sein Jugendfreund Lukács zweitweilig in Gefahr war, hat auch Bloch sicherlich vorübergehend gegen die Maßnahmen des Staates eingenommen. Aber immerhin hat er nach eigenen Angaben den Einmarsch der Sowjets gefordert: „Jetzt ist doch die allerhöchste Zeit, wann marschiert endlich die Rote Armee ein?" Höchste Zeit schien es ihm deshalb, weil die Horthy-Gruppe als Drahtzieher oder mindestens Nutznießer des Ungarn-Aufstands sich herausstellte. Anders war sein Verhalten zu Polen. Hier gab es keine Horthy-Faschisten, und Bloch sprach wohl in kleinem Kreis durchaus vom „polnischen Frühling", exakt, wie ihm das später vorgeworfen wurde. Auch öffentlich macht er Unterschiede zwischen Ungarn und Polen. Auf einer Rundfrage des „Sonntag" schreibt er am 4. 11. 1956: „Man fragt sich entsetzt, wie das in Ungarn geschehen konnte. Vor allem auch an Polen denkend, wo die Bewegung zur sozialistischen Erneuerung bei der Stange blieb und keine faschistischen Mörder sich einschleichen, gar durchbrechen ließ."

Endlich Schach statt Mühle spielen

Das wichtigste politische Ereignis im Jahre 1956 war aber ohne Zweifel der XX. Parteitag der KPdSU und die Geheimrede Chruschtschows, die die Wahrheit des Stalinismus ans Licht brachte. Die Ergebnisse dieses Parteitags müssen für Bloch wie ein Schock gewirkt haben. Ludwig Marcuse berichtet: „Einer seiner engsten Freunde beschrieb mir, wie der Siebzigjährige zusammenbrach." Zwar war die Enttäuschung über die kleinbürgerlich-deutsche Version des Stalinismus schon groß genug, vor allem darüber, daß Blochs prophetische Rede vom Staatssozialismus und vom roten Preußentum durch UdSSR und DDR so schlagend eingelöst worden waren. Die Enthüllungen über die Greuel des Stalinismus aber entlarven Blochs mit dem Glauben der Verzweiflung behauptete Haltung zu den Moskauer Prozessen und der stalinistischen Praxis als naiv. Seine Reaktion: „Wie doch ein bloßes Wegtun uns reich machen kann. Diesfalls ein Wegtun des Drückenden, Falschen, Hemmenden, das sich an der großen Sache angesetzt hatte. Mit einem ist die Luft verändert und das überall dort, wo man begreift, begreifen will." Im gleichen Atemzug grenzt er sich Bloch gegen Kritiker ab, die alles immer schon gewußt haben wollen: „Sie blieben nicht im Schiff, um hier die Fahne hoch oben zu halten, sie gegebenenfalls an den Mast zu nageln, sondern verrieten und hetzten; alles Falsche, gar Blutige kam ihnen zu paß." Jetzt aber bezeichnet auch Bloch die Moskauer Prozesse als „Inquisition" von Stalins Gnaden: „In Revolutionstribunale mischte sich ein Ketzergericht, und dieses urteilte zu oft nach den entsetzlichen Meinungen und Weisungen eines Mannes, der wie aus Stoff der alten Selbstbeherrscher betrachtet und kultiviert wurde."

Was „weggetan" wurde durch den Parteitag, ist für Bloch zum einen „der vorgeschriebene Aberglaube, die Partei habe immer recht, und das, was damit an Schädlichem, ja Entsetzlichem zusammenhängt." Es ist zum anderen – damit zusammenhängend – das Verbot der Kritik, meist damit begründet, daß der Klassenfeind seinen Nutzen daraus ziehen könnte. „Daß aber auch ein sozialistisch befreites Volk unmündig und gedankenlos wäre, daß es überhaupt erst durch feindliche Einflüsterungen kritisch würde und daß Fehlgriffe der Regierung außerhalb der Kritik stünden, weil ein unfreundliches Ausland diese Kritik gebrauchen könnte: das ist in Volksregierungen schwerlich ein haltbares Motiv." Wohlgemerkt: So ganz ferne hatte Bloch, zumindest in öffentlichen Äußerungen, einer solchen Haltung lange Zeit nicht gestanden; übertriebene Kritik am sozialistischen Mutterland war für ihn, wie wir gesehen haben, immer schädlich, weil die äußeren Feinde davon profitieren könnten. Auch das ist also jetzt „weggetan".

Schluß sein soll für Bloch mit einem Personenkult, der neben der Möglichkeit lebendiger kritischer Auseinandersetzung auch die theoretische Diskussion austrocknet: „Unter Stalin (obwohl nicht unter ihm allein, durch ihn allein) konnte es bisweilen scheinen, als sei der Marxismus eine abgeschlossene Lehre und eine Idee nichts anderes als eine Verbindung zwischen zwei Zitaten. Zugespitzt formuliert: Bislang hatte nur Stalin das Recht, ein anderes als Zitate zu sagen, ein Anderes, das nun sogleich und vor allem wieder ein Zitat wurde." Nun hofft er darauf, daß die „Zitat-Zeloten" und die „unfruchtbaren Schematiker" ausgeschaltet werden, um die innermarxistische Diskussion aus ihrer Erstarrung zu lösen.

Allerdings will er nicht alle Fehler des Stalinismus auf Stalin abwälzen; dabei käme eine Art negativer Personenkult heraus. Damit würde man es sich nach Blochs Meinung im sozialistischen Lager zu einfach machen: Die Ursachen und Hintergründe für stalinistische Fehlentwicklungen, so Bloch, liegen nicht nur in der Person Stalins, sondern ebenso in dogmatischen Tendenzen in der Partei. Es genügt hier also keineswegs, „wegzutun", diesesfalls die Person Stalins. Sondern: „Die Bewährung heißt im ganzen sozialistischen Lager innerparteiliche Demokratie mit endlich wieder forschender, belehrt-lehrender Theorie, und im Westen neue Volksfront dazu."

Es zeigte sich bald, daß Bloch den XX. Parteitag gründlich mißverstanden hatte, daß die Konsequenzen, die man offiziell daraus zu ziehen bereit war, ganz andere waren als die von Bloch gemeinten. Chruschtschow hatte seine Abrechnung mit Stalin sehr wohl in erster Linie als persönliche

Der Diktator und seine Erben: Mao Tse-Tung, Ulbricht, Stalin, Chruschtschow.

Karola und Ernst Bloch 1955 in Weimar anläßlich der Feiern zum 150. Todestag Schillers.

Schuldzuweisung gemeint, hatte die Fehlentwicklungen vorrangig aus Charakterfehlern Stalins erklärt. Und auch Ulbricht in der DDR denkt überhaupt nicht daran, statt dem von Bloch kritisierten „Anmaßen hoch droben, mit keinem Ohr am Herzen des Volks“ die erhoffte Rückbesinnung auf die revolutionäre Subjektivität des Volkes einzuleiten. Er denkt ebensowenig daran, die von Bloch kritisierte „Devotheit“ der Sowjetunion gegenüber zu überprüfen und über einen eigenen deutschen Weg zum Sozialismus nachzudenken. Das erhoffte Tauwetter dieser Art ist nie eingetreten.

Seinen Aufsatz zum XX. Parteitag hat Bloch in der DDR zwar nicht veröffentlicht – er wurde erst später in der Sammlung „Politische Messungen“ abgedruckt –, aber der Text kursierte unter seinen engsten Schülern. Ohnehin blieb seine Haltung nicht verborgen. Am 14. November 1956 hält er anläßlich einer Gedenkfeier zum 125. Todestags Hegels in der Berliner Universität die Festrede. Hier zieht er öffentlich die Konsequenzen, die sich für ihn wissenschaftlich und philosophisch aus dem XX. Parteitag ergeben, besonders hinsichtlich der Behandlung der klassischen deutschen Philosophie und vor allem Hegels. Die Debatte über Hegel aus dem Jahre 1954 war noch nicht vergessen, hier war Bloch ja zum ersten Mal massiv kritisiert worden. Jetzt glaubt er, mit der „Entstalinisierung“ im Rücken, diese Debatte wieder aufnehmen zu können. „Auch die Mitteilung Stalins, die deutsche klassische Philosophie sei nichts anderes gewesen als die aristokratische Reaktion auf die Französische Revolution, war ja nicht von der ganzen Fülle des wissenschaftlichen Bewußtseins umflossen." Derlei philosophischer Tiefstand sei mit dem XX. Parteitag behoben, meint Bloch, und formuliert den folgenschweren Satz: „Genug davon, jetzt muß statt Mühle endlich Schach gespielt werden." Das heißt unter anderem, „daß wieder Welt in ihrer Fülle und zentralen Tiefe abzubilden versucht wird, nicht aber ein Stilleben aus vier bis fünf Lesefrüchten oder eine Schulmeisterei aus Sekte und vorwissenschaftlichem Katechismus. Uns helfen keine roten Oberlehrer fern vom Leben, keine Papier-Ästhetik fern von Kunst, kein Philosophieren fern von Philosophie."

Die roten Oberlehrer jedoch waren nicht gewillt, sich derlei gefallen zu lassen. Unmut über Bloch hatte sich genug angesammelt, deutliche Warnschüsse hatte es gegeben, ohnehin hatten die Gratulanten zum 70. Geburtstag im Jahr 1955 hinter dem Rücken das Messer schon gewetzt. Ein letztes Warnsignal hatte die Partei in Richtung auf die „Deutsche Zeitschrift für Philosophie" abgefeuert. 1955 war die Redaktion erweitert worden, weil die Parteileitung mit der Arbeit vor allem des Chefredakteurs Wolfgang Harich unzufrieden war, 1956 erscheint ein Leitartikel der Redaktion mit dem Titel: „Über die Lage und die Aufgaben der marxistischen Philosophie in der Deutschen Demokratischen Republik". Zwar wird Herausgeber Bloch noch gelobt als Freund und Mitstreiter, als „leidenschaftlicher Kämpfer für die Interessen der deutschen Arbeiterklasse". Aber die kritische Auseinandersetzung mit „Subjekt – Objekt" und dem „Prinzip Hoffnung" sei ausgeblieben, was die Redaktion herzlich bedauert, denn „zweifellos weist die Blochsche Hoffnungs-Philosophie, zumal was ihre wissenschaftliche Begründung betrifft, Züge auf, die dem dialektischen und historischen Materialismus wesensfremd sind, so daß es sich als notwendig erweist, die in ihr angeschnittenen Probleme gründlich zu diskutieren."

Wollte Ulbricht stürzen: Wolfgang Harich.

Auch Chefredakteur Harich wird kritisiert, weil er den geistigen Bedürfnissen der neuen Kräfte der Republik nicht genügend Aufmerksamkeit gewidmet, vielmehr die Planung der Zeitschrift „den oft recht beliebigen Wünschen der Autoren" angepaßt habe. Das ist wiederum eindeutig auf Bloch gemünzt, der Vorabdrucke des „Prinzip Hoffnung" in der von ihm herausgegebenen Zeitschrift ohne große Mühe hatte unterbringen und auch Aufsätze von Lukács immer wieder hatte plazieren können.

Anlaß für die massiven Aktionen der Parteiführung gegen Bloch waren die Aktivitäten Wolfgang Harichs in Berlin, der reale Umsturzpläne mit sich herumtrug, von denen Bloch zwar erfahren hatte, die er aber scharf ablehnte. Harich und einige seiner Berliner Freunde wurden verhaftet, Bloch und sein Leipziger Institut gerieten nun aus dieser Richtung in die Schußlinie der Partei. Eine massive Kampagne begann, den Auftakt machte – wieder einmal – Rugard Otto Gropp,

Ulbrichts Aufpasser in Leipzig. Gropp berichtet am 19.12.1956 im „Neuen Deutschland“ über die Zustände am philosophischen Institut der Karl-Marx-Universität Leipzig, vor allem über Erfahrungen bei Abschlußprüfungen. Die Prüflinge, so Gropp, seien mit allerlei gefährlich abweichlerischen Thesen gefüttert, die vor allem aus Vorlesungen und Veröffentlichungen des Nationalpreisträgers Bloch herrührten. Die derart Infizierten seien „Genossen, die nun als ausgebildete marxistische Wissenschaftler und Propagandisten tätig sein sollen“, ja sogar „Assistenten und Hilfsassistenten“ des Instituts.

NEUES DEUTSCHLAND

ORGAN DES ZENTRALKOMITEES DER SOZIALISTISCHEN EINHEITSPARTEI DEUTSCHLANDS

Berliner Ausgabe „Vorwärts“ | Berlin, Sonntag, 30. Dezember 1956 | 11. (67.) Jahrgang / Nr. 310 / Einzelpreis 15 Pf

Was wir wollen und was wir nicht wollen

Von Walter Ulbricht

Gegen Ende dieses Jahres fand die Parteidelegiertenkonferenz der Karl-Marx-Universität in Leipzig statt. Der Rechenschaftsbericht und das Auftreten der Delegierten zeichneten sich durch offene Kritik und Selbstkritik und durch ein kämpferisches Einsetzen für die Verbreitung der marxistisch-leninistischen Wissenschaft und gegen den Einfluß bürgerlicher Ideologien aus. Eine Atmosphäre geistigen Lebens herrschte auf dieser Konferenz, die allen Teilnehmern viel Stoff zum Nachdenken gab. Die Darlegungen der Parteigenossen, der Professoren wie der Studenten, zeigten eine ideologische Weiterentwicklung seit dem XX. Parteitag der KPdSU und der 3. Parteikonferenz der SED.

Es ist naheliegend, daß am Ende dieses Jahres, das so große, aber auch so erschütternde Ereignisse aufweist, in der Partei und in den Kreisen der Werktätigen viel mehr über die tieferen Zusammenhänge des Geschehens nachgedacht wird, als das früher der Fall war. Daraus erklärt sich auch die inter-

alles tat, um die Partei und den Staatsapparat zu zersetzen, wurden aus den westlichen Ländern, insbesondere aus Westdeutschland, die Horthyfaschisten, die Söhne der Großgrundbesitzer und Kapitalisten nach Ungarn in Bewegung gesetzt und der Aufstand vorbereitet. Am Tage nach der ersten Demonstration, die am 23. Oktober stattfand, trat der konterrevolutionäre Stab in Tätigkeit und organisierte die Waffenverteilung und weitere Waffenbeschaffung.

Die Regierung Nagy bereitete immer mehr der Konterrevolution den Weg. Als Nagy die Horthyfaschisten in den Staatsapparat genommen hatte, nachdem feudale Grafen wie Esterhazy auf den Plan getreten und ungarische Kapitalisten aus Westdeutschland gekommen waren, um die volkseigenen Betriebe zu übernehmen, erklärte Nagy die Loslösung Ungarns vom Warschauer Vertrag und appellierte an

kanntlich hat damals die Presse der DDR gewisse Leute, die in Westdeutschland und Westberlin verrückt geworden waren, gewarnt. Es wäre Zeit, daß die Bonner Regierung aus den ungarischen Ereignissen die Lehren zieht und auf ihre Phantasien über die Stärke der NATO und ihre eigene Stärke verzichtet.

Wir erinnern daran, daß die Sowjetunion in ihrem Friedensplan vom 17. November 1956 ausdrücklich erklärte, daß sie keine anderen Ziele verfolgt außer der Erhaltung und Festigung des Friedens, den die Völker aller Länder ersehnen. In dieser Erklärung wies die Sowjetunion darauf hin, daß sie niemals beabsichtigt hat, die durch die anglo-französische Aggression in Ägypten entstandene Lage auszunutzen, um gegen die Streitkräfte des Atlantikblockes vorzugehen, obwohl sie die ihr hinsichtlich Westeuropas verleumderischerweise zugeschriebenen militärischen Absichten sogar ohne Einsatz der modernen Kern- und Raketenwaffen verwirklichen könnte. In Westeuropa hat sich eine solche strate-

Das Leben ist 1956 besser geworden

Kurt Helbig über die Ergebnisse der Arbeit der Werktätigen der DDR

Berlin (ND). Zum Jahresausklang 1956 gewährte der Sekretär des Bundesvorstandes des FDGB, Kurt Helbig, unserem Rt-Kollegiumsmitglied folgendes Interview:

Frage: Zum Ende des Jahres 1956 interessiert sich unsere Bevölkerung für die Ergebnisse ihrer eigenen Arbeit. Wie schätzen Sie die Leistungen der Werktätigen im Jahre 1956 ein?

Antwort: In diesem Jahr war es den Werktätigen der DDR möglich, die Industrieproduktion bedeutend zu erhöhen, so daß im III. Quartal 1956 die Produktion im sozialistischen Sektor um 10 % über der des III. Quartals 1955 lag. Das konnte vor allem dadurch erreicht werden, daß in den Betrieben durch die verstärkte Anwendung der neuen Technik, durch Wettbewerbe, durch Verbesserungen in der Arbeitsorganisation die Arbeitsproduktivität gesteigert wurde. Das ist ein Beweis dafür, daß unsere Arbeiter, Angestellten und Angehörigen der Intelligenz die Steigerung der Arbeitsproduktivität immer mehr als die entscheidende Voraussetzung für die Hebung des Lebensstan-

Der Parteichef greift in die Debatte ein.

Walter Ulbricht nannte im Leitartikel des „Neuen Deutschland“ vom 30.12.1956 („Was wir wollen und was wir nicht wollen“) Bloch zwar nicht namentlich, aber er spielte mit seiner Kritik an den Zuständen in Leipzig doch unüberhörbar auf ihn an. Ein Genosse, so Ulbricht, vertrete dort die These, „man könne das Morgen nur vom Übermorgen aus verstehen. Das zeigt doch, wie weit sich manche Philosophen vom Kampf um die neue sozialistische Gesellschaftsordnung und von den Problemen der gesellschaftlichen und geistigen Entwicklung gelöst und vom Volke entfremdet haben.“

Daß also etwas im Gang war gegen Bloch, muß auch er gewußt haben, aber er hat sich wohl nicht klargemacht, wie ernst das alles war. Er glaubte immer noch, daß hier nur die kleinen Funktionärshunde bellten, und sprach vom „Aufstand der Piefkes“. Manfred Riedel: „Ich erinnere mich an seine letzte Vorlesung, die hielt er im Dezember 1956. Es war seine Abschlußvorlesung zum Advent, wie er das nannte. Und er entließ uns auf das neue Jahr. Er sprach auch damals schon von der Hoffnung, die einen Trauerflor trug. Und dies sagte er, obwohl er das Eingreifen der sowjetischen Armee in

Ungarn, in Budapest befürwortete. Und er sprach damals einen anderen Text, er hatte seine Geschichte der Philosophie seit den Griechen abgeschlossen, er endete mit Heidegger und Jaspers, mit der Philosophie der Gegenwart. Er skizzierte kurz das Programm der nun von ihm selber weiterzuführenden marxistischen Philosophie. – Daß er nicht Ruhe geben würde auch nach dem Scheitern der Reformbemühungen im damaligen kommunistischen System, nach dem Scheitern der Hoffnung auf einen Sozialismus mit menschlichem Gesicht, das war klar. Er konnte keine Ruhe geben. Und der Hauptvorwurf, den die Funktionäre und – genötigt – die übrigen Dozenten, die Mitglieder des Instituts für Philosophie, Ernst Bloch machten, war, daß er ein Verführer der Jugend sei."

Die Würfel waren zu diesem Zeitpunkt wohl schon gefallen. Im Januar 1957 fanden die Studenten einen Aushang am Schwarzen Brett mit der Mitteilung, daß Blochs Vorlesungen ausfallen; zwei Tage später hieß es dann, der Professor stelle „wegen Arbeitsüberlastung und zur Vorbereitung auf ein wissenschaftliches Streitgespräch" seine Lehrtätigkeit vorläufig ein. Am 19. Januar hatte Bloch einen Offenen Brief der Parteileitung der SED am philosophischen Institut der Leipziger Universität bekommen, in dem von „nicht mehr ausgleichbaren Unterschieden" zwischen ihm und den anderen Dozenten die Rede ist. Ihm wird Sympathie mit den Unruhen in Ungarn und Polen vorgeworfen, seine Kritik am Grundlagenstudium, Inhalt und Form seines Philosophierens werden bemängelt.

Bloch geht zunächst zu Universitätsrektor Georg Meyer, zu dem er stets freundschaftliche Beziehungen hatte. Meyer ist entsetzt, er weiß nichts von dem Brief der Parteileitung, und er rät ihm, sofort nach Berlin zu fahren und die Angelegenheit dem Staatssekretär für das Hochschulwesen, Gerhard Harig, vorzutragen. Was dieses Gespräch bei Harig, der Bloch jahrelang gestützt hatte, ausgelöst hat, läßt sich nicht mehr genau rekonstruieren. Ernst Bloch jedenfalls war zwangsemeritiert, er durfte nicht mehr lesen, die Universität nicht mehr betreten, überhaupt nicht mehr öffentlich als Philosophieprofessor auftreten. Gerhard Harig wurde kurz darauf von seinem Posten abgelöst, sein Nachfolger wurde Ulbricht-Schützling Wilhelm Girnus, der noch 1954 bei Hans Mayer und Ernst Bloch über Goethe promoviert hatte. Girnus ist unerbittlich: Bloch bleibt entlassen.

Er versucht noch, mit einer Rechtfertigungsschrift das Schlimmste zu verhüten. In einem Offenen Brief an die Partei will er am 22. Januar 1957 alle Vorwürfe entkräften – nicht eben ein Dokument der Souveränität. Bloch argumentiert vielmehr über weite Strecken wie ein Schüler, der beteuert, daß er nichts Unrechtes getan habe. So betont er, daß er vor Zeugen im Institut den Einmarsch der Roten Armee nach Ungarn gefordert habe, daß er nachgewiesenermaßen dem

Anliegen der Arbeiterklasse sich immer eng verbunden gefühlt habe, daß er doch das philosophische Institut immer mit Assistenten besetzt habe, die SED-Mitglieder sind. „Bei der Aufnahme von Studenten sorgte ich dafür, daß nicht nur Arbeiter- und Bauernkinder in erster Reihe berücksichtigt werden, sondern es wurden auch – in Fällen gleich ausgewiesener Intelligenz und Vorbildung – Mitglieder der SED besonders beachtet." Jürgen Rühle meint dazu: „Der Brief Blochs mit seinen mannigfachen taktischen Volten ist nur zu verstehen, wenn man nachvollzieht, daß er seine Schüler zu schützen suchte."

Dies Motiv hat mit Sicherheit eine Rolle gespielt. In seinem Offenen Brief schreibt Bloch unter anderem: „Des Näheren aber haben vor allem der Absolvent Zehm, dann Kleine, mit Abstand auch Fräulein Teubner eine Diplomarbeit geschrieben, die nur insofern eine Abweichung (nämlich von dem bequem Gewohnten) darstellt, als sie Frische, Mut und marxistische Treue zu neu aufgetauchten Problemen zeigt. Wenn dabei Fehler auftreten, so ist das nicht nur unvermeidbar, sondern durch beständige Fortarbeit samt Beratung sind diese auch korrigierbar. Nicht korrigierbar wäre dagegen die Vernichtung eines jungen, sehr vielversprechenden Talents. Es hat dergleichen zwar schon oft gegeben, aber die Geschichte hat mit ihrem Urteil darüber nicht gespart; und sicher liegt eine so oft beklagte und abgelehnte Holzhammertechnik nicht im Sinn des Marxismus."

Das ist eine deutliche Sprache, in Blochs damaliger Situation zweifellos ein mutiges Eintreten für seine Schüler. Gleichzeitig aber spielt der Professor in einer Angelegenheit eines anderen Schülers eine weniger vorzeigbare Rolle. Hans Heinz Holz wollte bei Bloch in Leipzig promovieren, aber es machte Schwierigkeiten, einen Studenten aus der Bundesrepublik in die DDR zu holen. Außerdem entdeckte man kurz vor dem Rigorosum, daß Holz das Buch eines französischen Faschisten übersetzt und außerdem über Arnold Gehlen, in den Augen der Funktionäre ein höchst anrüchiger bürgerlicher Wissenschaftler, geschrieben hatte. Aus der Promotion wurde also nichts. Karola schreibt: „Ernst war sehr enttäuscht, konnte und wollte aber nichts machen." In der Bloch-Biographie von Silvia Markun, mit dem Lebensweg von Hans Heinz Holz besonders vertraut, klingt das anders: Die Promotion „scheiterte lange an den bürokratischen Schwierigkeiten, die das Staatssekretariat für Hochschulwesen der Übersiedlung eines Westdeutschen entgegensetzte". In Blochs Rechtfertigung gegenüber der Parteileitung lies sich das so: Es habe negative Gerüchte über Holz gegeben, und er habe die Promotion nur eingeleitet, nachdem Hager vom ZK grünes Licht gegeben habe. „Als aber durch Herrn Engelmann, durch glücklichen Zufall, in der Deutschen Bücherei ein skandalöses Buch entdeckt wurde (Charles Mayer, Eine Moral für die Zukunft), das Holz aus dem Französischen übersetzte und mit einem mehr als bedenklichen Nachwort ausgestattet hatte, stoppte ich umgehend die Promotion, gab dem Staatssekretariat für Hochschulwesen und Professor Hager ebenso umgehend Aufklärung über den Fall." Ob das nun berechnende Botmäßigkeit in einem ungefährlichen Fall ist oder nicht – auch Blochs Eintreten für andere hat den Betroffenen wenig geholfen:

Wolfgang Harich mußte zehn Jahre ins Zuchthaus, Walter Janka fünf Jahre, Günter Zehm fünf Jahre, Manfred Hertwig, Redaktionssekretär der „Deutschen Zeitschrift für Philosophie" zwei Jahre. Gerhard Zwerenz, Richard Lorenz und andere gingen in die BRD, andere wurden gemaßregelt, unter Druck gesetzt. Auch Bloch sollte verhaftet werden, Generalstaatsanwalt Melsheimer hatte den Haftbefehl schon unterschrieben, aber Ulbricht und Hager hielten es nicht für geschickt, den alten Mann auch noch ins Gefängnis zu stekken. Für sie war es taktisch klüger, Bloch persönlich zu isolieren, mundtot zu machen und seine Philosophie öffentlich zu kritisieren.

So kam es denn auch. Das letzte Heft des Jahrgangs 1956 der „Deutschen Zeitschrift für Philosophie" war eingezogen worden, Bloch war nicht mehr Herausgeber, Harich selbstverständlich nicht mehr Chefredakteur. Die Zeitschrift kommt erst Anfang 1957 wieder heraus, erster Artikel ist der Auszug aus der Rede, mit der Walter Ulbricht am 30. Januar 1957 das 30. Plenum des Zentralkomitees der SED eröffnet hatte. Ulbricht geht recht zurückhaltend auf Bloch ein und zitiert lediglich aus dem Brief der Universitäts-Parteileitung, wonach keinem Professor zugebilligt werden dürfe, nichtmarxistische Theorien zu lehren und sich gleichwohl Marxist zu nennen. „Ein solches Privileg mußte zur Desorientierung innerhalb der Studentenschaft führen und seine schädlichen Auswirkungen auf die Ausbreitung und Vertiefung des Marxismus-Leninismus überhaupt haben." Parteisekretär Kurt Hager wird da schon deutlicher: Schüler Ernst Blochs, so Hager in seiner Rede auf dem 30. Plenum, hätten behauptet, „der Personenkult liege am gesellschaftlichen System des Sozialismus", sie hätten „die demagogische Unterscheidung von ›Stalinisten‹ und ›Nichtstalinisten‹" vertreten, die ungarische KP für die dortigen Ereignisse verantwortlich gemacht und den jugoslawischen Weg verherrlicht. „Man fragt sich, was ist das für eine Philosophie, die derartige politische Resultate hat, die Arbeiter- und Bauernkinder, junge Genossen in einer solchen Weise verseucht?" Das Urteil ist deshalb klar: Bloch vertritt nicht den dialektischen Materialismus, er übt mit seiner idealistischen Philosophie einen negativen politischen Einfluß aus. „Die Auseinandersetzung mit der Philosophie E. Blochs muß von unseren Wissenschaftlern geführt werden." Das geschieht dann auch mit einigem organisatorischen Aufwand, die Meute wird buchstäblich auf Bloch losgelassen.

Eingezogen: das letzte Heft des Jahrgangs 1956 der „Deutschen Zeitschrift für Philosophie".

Auf der 6. Bezirksleitungssitzung der SED in Leipzig am 20. Februar meinte Paul Fröhlich, Bezirksleiter der SED Leipzig: „Herr Prof. Bloch ist ein hochgebildeter Mann – ich spreche ihm das nicht ab – aber wenn er das Grundlagenstudium des Marxismus-Leninismus als Schmalspurmarxismus bezeichnet, dann ist das sehr ernst, denn dieselbe Terminologie findet man auch in westdeutschen Zeitungen und bei all den Philosophen und Apologeten, die gegen unsere Partei und unseren Arbeiter- und Bauern-Staat auftreten." Und Kritik an der Verhaftung Harichs bescheidet Fröhlich so: „Aber gegen Leute, die unter dem Deckmantel der Wissenschaft bei uns konterrevolutionäre Tätigkeit organisieren, gibt es nur eine Schlußfolgerung: Sie müssen eingesperrt werden. Mit ihrem Gerede, daß die Verhaftung Harichs sich gegen die Intelligenz richtet, wollen sie nichts weiter als solche Banditen wieder aus dem Gefängnis herausholen."

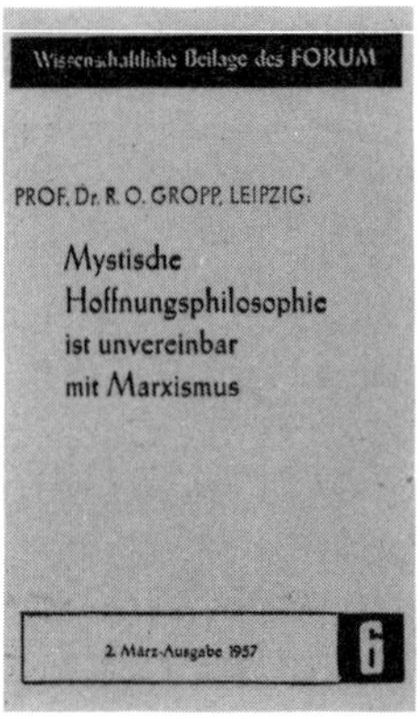

Das Niveau der Auseinandersetzung war damit ungefähr abgesteckt. Im März befindet Rugard Otto Gropp in der Zeitschrift „Forum" kategorisch: „Mystische Hoffnungsphilosophie ist unvereinbar mit Marxismus", Gropp hat augenscheinlich „Das Prinzip Hoffnung", das heißt die beiden bis dahin erschienenen Bände, gelesen, und muß herzlich erschrocken sein. „In einer Zeit, wo der Klassenkampf des Proletariats und der Aufbau des Sozialismus eine entwikkelte und weiterverzweigte Gesellschaftswissenschaft zur Grundlage hat und ein hohes gesellschaftliches Bewußtsein erfordert", spricht Bloch von Hoffnung und von utopischem Denken, wobei er nicht einmal vor dem „Jahrmarktrummel" und dem „Schauerroman" haltmacht. „Bloch will im Leser unaufhörlich den Eindruck erwecken, daß doch alles Wünschen, Träumen und Hoffen der Menschen sich auf irgend etwas beziehe, das auch ›objektiv‹ Hoffnung sei, daß doch noch etwas anderes in der Welt stecken müsse, als es materialistisches und wissenschaftliches Denken wahrhaben wollen. Und man begreift, warum Bloch das marxistisch-leninistische Grundlagenstudium an unseren Universitäten als eine ›Schmalspurwissenschaft‹ bezeichnet hat." Hermann Ley begründet im März-Heft des SED-Organs „Einheit", warum man über Blochs Hegel-Vortrag vom November so aufgeregt war: Bloch hatte darin zum wiederholten Male den Genossen Lenins Satz vorgehalten, wonach der kluge Idealismus dem Materialismus näher stehe als der dumme Materialismus. Das versteht Ley so: „Er meint, daß die Trennung von Materialistischem und Idealistischem der Geschichte der Philosophie widerspräche, von kenntnisloser Auffassung zeuge und eine unzulässige Vereinfachung darstelle." Solche Fehlurteile aber sind nach Leys Meinung nur möglich, weil Bloch die Beziehung zwischen Philosophie und Klasse nicht versteht: „Der dialektische Materialismus ist eine revolutionäre Philosophie und als solche ein wirksames Instrument in Händen der Arbeiterklasse und ihrer revolutionären Partei, zur Umgestaltung des gesellschaftlichen Lebens." Wer da noch vom Studium der klassischen deutschen Philosophie redet, betreibt Konterrevolution.

Am 4. und 5. April veranstaltet die Parteileitung an Blochs Institut eine „Konferenz über Fragen der Blochschen Philosophie", an dem Schüler und Kollegen Blochs teilnehmen. Das Ergebnis dieser Konferenz ist ein Buch, herausgegeben von Rugard Otto Gropp: „Ernst Blochs Revision des Marxismus". Johannes Heinz Horn, der das Vorwort und einen Beitrag schreibt, begeht kurz nach Erscheinen des Buches Selbstmord. Schüler und Freunde Blochs werden aufgefordert, öffentlich zu widerrufen oder gegen Bloch zu arbeiten. Gerhard Zwerenz berichtet, daß die Partei von ihm eine Anti-Bloch-Schrift haben wollte. Er lehnt ab und entzieht sich der drohenden Verhaftung durch Flucht. „Ich suchte Bloch zum letzten Mal im August 1957 auf. Die Polizei durfte nichts merken. Bei Dunkelheit schlich ich mich ins Haus. Eine Nacht mit langen Gesprächen wurde es, ganz als sei nichts geschehen. Gegen Morgen wurden wir übermütig. Entweder die Polizei hat ihn gesehen, dann ist's sowieso zu spät, oder sie hat ihn nicht gesehen, und dann aufs Ohr legen und beruhigt schlafen, sagte der Hausherr."

Auch andere Schüler blieben standhaft. Manfred Riedel schrieb zusammen mit dem Sohn des damaligen Volkskammer-Präsidenten Dieckmann einen Solidaritäts-Brief an Bloch und einen an das Staatssekretariat im Innenministerium, um die Begründung für die Maßnahmen gegen Bloch zu erfahren. „Wenn ich mich dann richtig erinnere, wurde in einer der öffentlichen Reden von Ulbricht dieser Brief erwähnt zur Bezeichnung der geistigen Lage in der DDR-Studentenschaft, daß sich jetzt sogar Studenten erdreisteten, die Maßnahmen der Staatsorgane in Frage zu stellen."

Jürgen Teller, ehemaliger Assistent Blochs, wurde von der Partei besonders intensiv gedrängt, den Lehren des Meisters abzuschwören. Vor der Parteiversammlung beteuerte Teller dagegen, daß nach seiner Meinung die Philosophie Blochs revolutionär und sozialistisch sei. Dann sollte er in der „Leipziger Volkszeitung" einen Artikel gegen Bloch schreiben. Er schrieb unter anderem: „Wer undankbar ist gegen seinen Lehrer, ist schlimmer als ein Hund." Der Artikel wurde nicht gedruckt, Teller als Feind der Arbeiterklasse aus der SED ausgeschlossen, von der Universität entlassen. Er fand Arbeit in einem Stahlwerk, verunglückte – weil er wegen eines Gehörschadens aus dem Krieg die Gefahr nicht bemerkt hatte – an einer Maschine und verlor seinen linken Arm. Dieser Fall sorgte für einige Unruhe, und die Partei versuchte das Ganze wieder geradezubiegen, indem sie Teller eine Arbeit verschaffte. Heute ist Jürgen Teller Cheflektor beim Leipziger Reclam-Verlag. Auch andere Schüler blieben Bloch trotz aller Schwierigkeiten treu: Lothar Kleine, Horst

Engelmann, Trude Teubner. Andere Zöglinge Blochs machten Karriere: Rochhausen, Horn und Buhr, denen Bloch geholfen, zum Teil Stellen verschafft hatte, bezahlten dafür mit Attacken gegen den alten Lehrer. Während andere allerdings nur ihre Beiträge für „Ernst Blochs Revision des Marxismus“ schrieben, blieb Buhr auch später noch fleißiger Bloch-Kritiker. Er hat heute eine hohe Position in der Deutschen Akademie der Wissenschaften.

Inzwischen war Karola Bloch aus der SED ausgeschlossen worden, nur wenige von den Kollegen, Bekannten, Freunden wagten den Kontakt zu Bloch aufrecht zu erhalten. Aber die Isolation des alten Mannes genügte den DDR-Mächtigen nicht, zu wirkungsvoll blieb auch ohne die persönliche Weiterarbeit Blochs die Wirkung dessen, was er gelehrt hatte.

Im Oktober 1957 wurde der Fall Bloch auf der Kulturtagung der SED-Bezirksleitung Leipzig noch einmal öffentlich zum Thema, vor allem auch wegen der Reaktionen in der BRD zu Blochs Sturz. Zwerenz, inzwischen im Westen, hatte im Westberliner „Telegraf“ einen Artikel über Bloch und die DDR veröffentlicht, darin von einem Bloch-Kreis gesprochen. Dazu Heinrich Schwartze auf der Kulturtagung: „Welche politischen Absichten der sogenannte Bloch-Kreis verfolgt, der sich durch den Mund von Zwerenz vorstellt, ist klar. Es sind im Grunde die gleichen Absichten, die Harich auf die präziseste Formel gebracht hat: Auflösung des Zentralkomitees und Umbildung der Regierung. Oder mit anderen Worten: Nicht nur Stopp für den Aufbau des Sozialismus, sondern die Liquidierung des Sozialismus überhaupt.“ Und Bloch – „unser Mitbürger, Mitglied der Akademie der Wissenschaften in Berlin, Träger des Nationalpreises der DDR“ – wird aufgefordert, sich zum Treiben dieses „Bloch-Kreises“ zu äußern. Auf der Kulturkonferenz der SED in Berlin am 23. und 24. Oktober 1957 machte dann Hager deutlich, wo die Blochsche Gefahr unvermindert lauere, nämlich im Klub der Kulturschaffenden in Berlin, in den Organisationen des Kulturbundes, in Klubs junger Künstler, in verschiedenen Zeitungen und Zeitschriften – überall machten sich Schwankungen im Verhältnis zu Partei und Regierung bemerkbar, werde die ideologische Auseinandersetzung versäumt. Johannes R. Becher beklagt sich auf derselben Konferenz über den Kulturbund, „der dem Treiben von Bloch zuschaut, der duldet, daß Bloch den Präsidenten und die anderen Präsidialratsmitglieder beschimpft und Angst hat, ein Wort darüber zu reden, wenn Bloch erscheint“. Und Becher bringt es sogar fertig, die Vorgänge in die Nähe des Faschismus zu rücken. „Den Harich habe ich nicht ernst genommen. ›Mein Kampf‹ von Hitler war auch nicht ernst zu nehmen. Aber gerade deswegen, weil er von einem gewissen Standpunkt aus nicht ernstzunehmen war, hatte er die Möglichkeit, die Menschen zu verwirren und ungemeinen Schaden anzustiften.“ Kurt Hager zieht ein paar Tage später noch einmal nach: „Wir müssen heute feststellen, daß die ideologischen Quellen für die Tätigkeit der Harich-Gruppe nicht nur im Westen zu suchen sind, sondern vor allem bei Georg Lukács und Ernst Bloch. Blochs negative Haltung gegen die Partei und ihre Führung, besonders den Genossen Walter Ulbricht, sein größenwahnsinniger Anspruch, den Marxismus zu erneuern und zu einer marxistischen Anthropologie, zum ›menschlichen Sozialismus‹ weiterzuentwickeln, übte auf zahlreiche seiner Schüler einen verhängnisvollen Einfluß aus."

Schließlich kündigt die SED-Parteileitung am Philosophischen Institut in Leipzig eine neue Initiative in der Auseinandersetzung mit Bloch an; dieser habe bei einer Besprechung im Vorstand des „Kulturbundes" die Ereignisse und seinen Einfluß bagatellisiert. Sie fordert ihn auf, sich klar und eindeutig von denjenigen Studenten und Assistenten zu distanzieren, die sich in ihrer Argumentation gegen Partei und Regierung auf ihn berufen. Auch seine Kollegen und Schüler werden aufgefordert, eine klare Trennungslinie zu Ernst Bloch zu ziehen. Die Nervosität in der Partei muß nach wie vor groß gewesen sein.

IRRWEGE einer Philosophie

Ein Appell an das Akademiemitglied Ernst Bloch zur Stellungnahme

Prüfstein für den Wahrheitsgehalt und Wert einer Weltanschauung ist immer die gesellschaftliche Praxis. Nun ist die Leistungsfähigkeit der seit über einem Jahrhundert wirksamen, einzig wissenschaftlichen Weltanschauung, des dialektischen Materialismus, unwiderleglich manifestiert in den revolutionären Errungenschaften der Arbeiterklasse, in den sozialen, kulturellen und ssenschaftlichen Großtaten des Sozialismus. In letzter Zeit war auf Gremien der Partei der Arbeiterklasse mehrfach Anlaß, die Bedeutung des dialektischen Materialismus für das Verständnis der allgemeinen Entwicklung und Perspektive der menschlichen Gesellschaft und für die praktische Tätigkeit beim Aufbau des Sozialismus hervorzuheben. Die 3. Hochschulkonferenz der SED zeigte, daß der Grad der Fähigkeit unserer Wissenschaftler und jungen Intelligenz, den Marxismus-Leninismus in ihrer Tätigkeit konsequent anzuwenden

Druck auf den kaltgestellten Philosophen: Berliner Zeitung vom 29. März 1958.

Auf der 3. Hochschulkonferenz der SED wird wiederum die philosophische Fakultät der Universität Leipzig kritisiert. „Dort haben es die Genossen des Rates der Fakultät bis heute noch nicht fertiggebracht, daß sich der Rat der Fakultät mit dem gegen unseren Arbeiter- und Bauernstaat gerichteten Verhalten von Professor Bloch und seinen Schülern auseinandersetzt und öffentlich an der Fakultät dazu Stellung bezieht." Und am 29. März schreibt die „Berliner Zeitung" über „Irrwege einer Philosophie" mit der Aufforderung: „Nicht bedeutungslos wäre es, wenn Akademiemitglied Bloch zu den seit einigen Monaten aufgeworfenen Fragen um seine Philosophie, deren Ansprüche und politische Rolle Stellung nähme."

Im April 1958 tut Bloch der Partei schließlich den Gefallen. Er veröffentlicht eine Erklärung, in der er sich von „Kriegshetzern" in Westdeutschland distanziert, die mit seinem Namen politische Geschäfte betreiben wollten:

„Ich stehe auf dem Boden der DDR"

Erklärung von Prof. Dr. Ernst Bloch

Berlin (ND). Wir erhielten von Prof. Dr. Ernst Bloch, Leipzig, die nachstehend veröffentlichte Erklärung:

In einer Zeit, wo der Bundestag die Atomaufrüstung beschließt, die Sowjetunion dagegen zur Einstellung aller Atombombenversuche in ihrem Territorium sich bereit erklärt, in solcher Zeit muß ich mit Zorn immer wieder hören, daß Kriegshetzer in Westdeutschland, und nicht nur dort, mit meinem Namen versuchen, politische Geschäfte zu betreiben. Davon distanziere ich mich energisch. Keine philosophische Diskussion berührt mein Bekenntnis zum Sozialismus, zum Frieden, zur deutschen Einheit. Und es ist die Deutsche Demokratische Republik, auf deren Boden ich stehe, mit deren humanistischem Anliegen ich übereinstimme, in deren Zentrum die Abschaffung der Ausbeutung von Menschen durch den Menschen steht. Auch Kritik kann nur reinlich sein, wenn sie hier auf dem Boden der Republik geschieht und sich unmißverständlich auf sozialistischem Weg befindet, auf keinem anderen.

„Neues Deutschland" vom 20. April 1958.

Aber mit dieser Erklärung werden die Mächtigen kaum glücklich geworden sein, rückt Bloch doch kein Jota von der früher geäußerten Kritik ab. Auch künftig wird daher jede Gelegenheit genutzt, gegen Blochs Einfluß auf seine Schüler zu agitieren. Der Theater-Autor Hans Pfeiffer, Schüler Blochs, erklärt bei einem Kulturtreffen in Leipzig: „Es ist ja andererseits auch so, daß mancher nun glaubt, selbst dem Vortrupp um 1000 Jahre voraus zu sein und sich so von der Arbeiterklasse und damit von der Wirklichkeit hoffnungslos isoliert." Diese Krise aufgrund des Einflusses der Blochschen Philosophie habe er nun überwunden. „Geholfen haben mir die Sprache der objektiven, das heißt die Klarheit der sozialistischen Perspektive, die neuangeknüpften engen Beziehungen zur Arbeiterklasse."

Die Haltung einiger seiner Schüler hat Bloch zwar tief getroffen, Pfeiffer zum Beispiel hat er das öffentliche Abschwören nie verziehen. Ansonsten konzentriert er sich aber weiter auf seine Arbeit. „Ernst arbeitete wie immer gelassen an seinem Werk", erzählt seine Frau Karola. Allerdings erscheint nun vorläufig überhaupt nichts mehr von Bloch, obwohl der neue Leiter des Aufbau-Verlages Klaus Gysi – Walter Janka saß ja im Zuchthaus – Bloch zugesichert hatte, den dritten Band des „Prinzip Hoffnung" bald herauszugeben. Aber obwohl der Band längst gedruckt war, wurde er nicht ausgeliefert. Wirtschaftliche Schwierigkeiten hatte Bloch nicht: Sein Gehalt als Professor lief weiter, dazu monatlich 1000 Mark von der Akademie der Wissenschaften, dessen Mitglied Bloch bis zum Schluß blieb. Die Akademie war damals noch ein gesamtdeutsches Unternehmen, prominente Professoren aus der Bundesrepublik waren Mitglied, und es wäre schwierig gewesen, Bloch vor die Tür zu setzen, solange er noch in der DDR war. Außerdem hatte er in der Akademie nach wie vor Gönner.

So fuhr Bloch – meist mit seinem Sohn – alle vierzehn Tage von Leipzig nach Berlin zur Sektions- und Plenumssitzung der Akademie, machte auch Besuche in Westberlin, manchmal, um ins Kino zu gehen, wenn Weltereignisse wie „Ben Hur" gegeben wurden. Auch andere Privilegien behielt Bloch: So bekam er ohne Mühe einen Paß, konnte also einigermaßen ungehindert ins Ausland reisen. „In diesen verhältnismäßig ruhigen Jahren", so Karola Bloch, war man viel auf Reisen, nach Griechenland und Ägypten, in die Nor-

Mützenwechsel mit Pfeife: Ernst Bloch und Sohn Jan im Urlaub in der Hohen Tatra.

mandie, nach Albanien. Bloch fuhr auch regelmäßig zu Vorträgen und zum Urlaub in die Bundesrepublik, auch nach Frankreich, nahm Kontakte zu Verlagen auf, so daß es 1959 zur zweibändigen Ausgabe des „Prinzip Hoffnung“ und zur Neuauflage der „Spuren“ beim Suhrkamp-Verlag kam. Da die Lizenz vom Aufbau-Verlag gekauft werden mußte, wußte man in Ostberlin natürlich von den Frankfurter Plänen und brachte noch vor der Suhrkamp-Ausgabe den dritten Band des „Prinzip Hoffnung“ auf den Markt. Die 1000 Exemplare waren schnell vergriffen. Im Juni 1960 waren plötzlich auch Band 1 und 2 wieder in den DDR-Buchläden zu finden, natürlich in der ursprünglichen Form, das heißt mit den in der Frankfurter Ausgabe getilgten Stalin-Zitaten.

Jetzt hat Manfred Buhr noch einmal einen großen Auftritt: Schon 1958 hatte er nachgekartet, als er in der „Deutschen Zeitschrift für Philosophie“ Blochs Werk grundsätzlich anging: „Der religiöse Ursprung und Charakter der Hoffnungsphilosophie Ernst Blochs“ hieß der Aufsatz, der die Diskussion von 1957 noch einmal auffrischen sollte. Im Juni 1960, nachdem alle drei Bände wieder greifbar sind, rezensiert er das Hauptwerk Ernst Blochs insgesamt und stellt fest, daß dieser offenbar aus der Kritik an seiner Philosophie 1957 nichts gelernt habe. Mit aller Scheinheiligkeit, deren sogenannte Wissenschaft fähig ist, beschwert sich Buhr darüber, daß Bloch keinen Beitrag dazu geleistet habe, den „verderblichen Einfluß, den seine Philosophie auf gewisse Kreise der Intelligenz und Studentenschaft gewonnen hat“, zurückzudrängen. Blochs Philosophie sei die „Restauration eines Denkens, über das die Geschichte hinweggeschritten ist“, vor allem eine „Erscheinungsform religiösen Gedankenguts“ und bewege sich „abseits von der großen Heerstraße, die zum Sozialismus führt“. Unvereinbar mit Marx, Engels, Lenin, trage dieses Denken „Züge einer

Mit Jan 1957.

ideologischen Demagogie", mit der man sich vor allem deshalb auseinandersetzen müsse, „weil Bloch sich plötzlich in bestimmten Kreisen Westdeutschlands und Frankreichs einer besonderen Beliebtheit erfreut." Schließlich heißt es, in eindeutig drohendem Ton, über Blochs Position in der DDR: „Alle Brücken werden abgebrochen. Die Igelstellung ist ausgebaut."

An seinem 75. Geburtstag am 8. Juli 1960 sieht es daher anders aus als noch fünf Jahre vorher. Siegfried Unseld berichtet: „In der Leipziger Wilhelm-Wild-Straße 8 versammelten sich knapp zehn Freunde und Schüler; der Dekan der philosophischen Fakultät kam für zehn Minuten mit einem Alpenveilchen und keineswegs im offiziellen Auftrag; ein Schüler Blochs saß noch im Zuchthaus, ein anderer war eben aus der Zwangsarbeit entlassen. Hans Mayer hat damals, wo jedes Wort für Bloch gefährlich war, eine kleine Laudatio gehalten."

Massive Kritik kam unterdessen auch aus der Sowjetunion. Im Februar 1961 nahm sich die „Sowjetskaja Kultura" den Revisionismus vor und meinte zu Bloch: „Die Freiheit des Schöpferischen, die Bloch für sich reklamiert, bedeutet die Freiheit, den Massen feindliche Dogmen und reaktionäre Ideen zu verkünden." Blochs personalistische Geschichtsauffassung lasse ihn die Rolle der Volksmassen bei der revolutionären Umwandlung der Gesellschaft leugnen, wobei letztlich die Geschichte der menschlichen Gesellschaft mit der Tätigkeit der Fords und Rockefellers gleichgesetzt werde. Einen humanistischen Gehalt jedenfalls vermochten die sowjetischen Kulturredakteure im Werk des „deutschen Revisionisten" Ernst Bloch nicht zu entdecken.

Trotz der häufigen Westreisen hatte Bloch offenbar keine Neigung, in den Westen überzusiedeln. Darauf angesprochen, erwiderte er, „daß sein Platz in der DDR sei, weil er nur von dort aus Einfluß auf die Entwicklung eines Sozialismus haben könne, wie wir ihn uns vorstellten. Er war der Meinung, daß der Weg dorthin zwar schwierig, aber nicht unmöglich sei." Max Hirschler schreibt nach einer Begegnung mit seinem Freund Ernst Bloch in Düsseldorf: „Nach dem Westen zu gehen, ist keine Verlockung für ihn, da er mit der Politik im Westen ebensowenig etwas zu tun hat wie mit der im Osten." Ohnehin gab es für Bloch keinen unmittelbaren Anlaß, die DDR zu verlassen. Zwar wurden seine Bücher nicht veröffentlicht, aber er konnte doch ein bequemes Pensionärs-Leben führen und hatte begründete Hoffnung, daß sein Gesamtwerk im Westen erscheinen würde.

1960 reiste Bloch zu mehreren Vorträgen nach Tübingen, Stuttgart, Heidelberg; der Erfolg war vor allem in Tübingen so überwältigend, daß die Universität ihn zu einer Gastprofessur für eines der nächsten Semester einlud. Die offizielle Einladung zum Gastsemester kam, die Formalitäten mußten allerdings erst noch mit Hilfe der Akademie der Wissenschaften erledigt werden. Bloch fuhr im Sommer 1961 wieder zu Vorträgen nach Tübingen und Bayreuth, dann zum Urlaub ins oberbayrische Marquartstein, von dort am 13. August weiter nach München, um Freunde zu besuchen. Die empfingen die Blochs mit der Nachricht vom Mauerbau.

Karola: „Wir waren wie vor den Kopf geschlagen, überlegten, was wir machen sollten. Unseld kam aus Frankfurt und äußerte die Befürchtung, daß, wenn wir nach Leipzig zurückgingen, die Gefahr bestünde, von dort nichts mehr nach Frankfurt schicken zu können. Er riet uns, in Westdeutschland zu bleiben und die Manuskripte durch eine unbelastete Vertrauensperson aus Leipzig in den Westen bringen zu lassen." In der Tat war die Manuskriptfrage entscheidend, weniger die Tatsache, daß abermals ein wohleingerichteter Hausstand, eine üppige Bibliothek zurückgelassen werden mußte. Derlei bürgerlicher Annehmlichkeiten wußte Bloch zwar zu schätzen, aber er hat nie sonderlich daran gehangen. „Das Härteste für mich war, daß ich alle meine Manuskripte in Leipzig zurücklassen mußte – mein ganzes Leben, meine Arbeit. Ich wäre bereit gewesen, zurückzugehen, nur um sie wiederzufinden."

Vor dem Mauerbau – Karola und Ernst 1961 in Bayreuth.

Unterdessen sorgte eine Meldung des „Ostspiegels" des SPD-Pressedienstes für Aufregung. Professor Ernst Bloch sei aus Leipzig spurlos verschwunden, hieß es. Freunde und Bekannte versuchten seit Wochen vergeblich, mit Bloch Kontakt aufzunehmen. Sie fürchteten, Bloch sei verschleppt oder verhaftet worden. Doch schon bald sorgte Bloch hier für Aufklärung. Nachdem ein Freund Siegfried Unselds zwei Manuskriptkoffer aus Leipzig nach Tübingen gebracht hatte, entschieden sich die Blochs endgültig, im Westen zu

Prof. Bloch verschwunden

Dem neuen Terrorfeldzug Ulbrichts zum Opfer gefallen?

HE Bonn,. 20. September

Nach einer Meldung des über Vorgänge in der Sowjetzone meist gut unterrichteten „Ostspiegels“ des SPD-Pressedienstes ist Professor Ernst Bloch spurlos verschwunden.

Bloch sei seit Jahren heftigen Verfolgungen ausgesetzt gewesen, die nach dem Ungarn-Aufstand 1956 zum Entzug seines Lehrstuhls an der Leipziger Universität geführt hätten, weil seine Auslegung des Marxismus weit von dem Vorstellungen des kommunistischen Partei- und Staatschefs Ulbricht und der Stalinisten abweiche. Die SED habe Bloch zum „Revisionisten“ gestempelt und seinen Lehren unter anderem die Schuld an dem „Aufstand“ der Intellektuellen der Sowjetzone unter Harich gegeben.

Unter den Leipziger Intellektuellen, unter denen Bloch noch viele Anhänger und Freunde besitze, habe sich die Befürchtung verbreitet, daß er dem neuen Terrorfeldzug Ulbrichts zum Opfer gefallen sei. Eine Bestätigung von Blochs Verhaftung sei bis jetzt aber nicht zu erlangen gewesen.

Pressemeldung vom 21. September 1961.

bleiben. Am 20. September schrieb Bloch aus Marquartstein an den Präsidenten der Akademie der Wissenschaften:

„Seit Mai 1949, nach meiner Rückkehr aus der Emigration in Amerika, lebte ich, nachdem ich eine Berufung auf den Leipziger Lehrstuhl für Philosophie angenommen hatte, in dem Staat, der sich nachher als Deutsche Demokratische Republik bezeichnete.

In den ersten Jahren meiner Universitätstätigkeit erfreute ich mich ungehindert der Freiheit des Wortes, der Schrift und der Lehre. In den letzten Jahren hat sich diese Situation zunehmend geändert. Ich wurde in Isolierung getrieben, hatte keine Möglichkeit zu lehren, der Kontakt mit Studenten wurde unterbrochen, meine besten Schüler wurden verfolgt und bestraft, die Möglichkeit für publizistisches Wirken wurde unterbunden, ich konnte in keiner Zeitschrift veröffentlichen, und der Aufbauverlag in Berlin kam seinen vertraglichen Verpflichtungen meinen Werken gegenüber nicht nach. So enstand die Tendenz, mich in Schweigen zu begraben.

Demgegenüber gaben mir seit geraumer Zeit Universitäten, Zeitschriften und mein Verlag in Westdeutschland Gelegenheit zu lehren, zu publizieren und meine bisherigen Arbeiten ungestört fortzusetzen.

Nach den Ereignissen vom 13. August, die erwarten lassen, daß für selbständig Denkende überhaupt kein Lebens- und Wirkungsraum mehr bleibt, bin ich nicht mehr gewillt, meine Arbeit und mich selber unwürdigen Verhältnissen und der Bedrohung, die sie allein aufrechterhalten, auszusetzen. Mit meinen 76 Jahren habe ich mich entschieden, nicht nach Leipzig zurückzukehren.

Ich muß Ihnen deshalb, sehr verehrter Herr Präsident, mitteilen, daß ich bei künftigen Sitzungen der Deutschen Akademie der Wissenschaften, deren ordentliches Mitglied ich bin, zu meinem wahren Bedauern nicht mehr anwesend sein kann.“

Kapitel 9
1961 – 1977

Von Deutschland nach Deutschland

Die Reaktionen auf Blochs neuerliche Emigration waren in Ost und West naturgemäß verschieden, hatten aber einen gemeinsamen Nenner: Unsicherheit. Man wußte hüben wie drüben nicht so recht umzugehen mit dem Kuckucksei, das der alte Mann da beiden Seiten ins Nest gelegt hatte. Für die DDR war der Prestigeverlust natürlich enorm. Zwar waren viele bedeutende (bürgerliche) Wissenschaftler schon vor Bloch in den Westen gegangen: Hans-Georg Gadamer, Nicolai Hartmann, Eduard Spranger, Theodor Litt, Max Bense, aber meist vor der Gründung der DDR und ohne großes Aufsehen. Bloch war dagegen im Prinzip doch einer der Ihren, und sein Weggang – zumal dessen Umstände – tat weh. Kurt Hager hat später einmal gesagt, daß soviel Geheimniskrämerei durchaus nicht notwendig gewesen wäre. Die Übersiedlung in die BRD hätte öffentlich vonstatten gehen können, die SED hätte sein Haus verkauft, den Umzug organisiert, alles wäre seinen geregelten Gang gegangen. Fraglich, wie ernst solche Äußerungen zu nehmen sind. Auf diese Weise jedenfalls blieb den Blochs außer den beiden Manuskriptkoffern buchstäblich nichts. Die schönen Antiquitäten, die ganze Bibliothek, die Jugend-Manuskripte, vor allem auch Notizhefte, persönliche Dokumente, Bilder und Erinnerungen – all das ist verloren. Die Bibliothek ist später verhökert worden, Kenner entdeckten in den 60er Jahren Stücke aus Blochs Besitz in westeuropäischen Antiquariaten, die Möbel wurden wohl auch zu Geld gemacht, die persönlichen Dinge vernichtet oder vielleicht auch aufbewahrt. Karola Bloch hat wegen dieses persönlichen Besitzes zweimal mit dem Ostberliner Rechtsanwalt und Vertrauten Honeckers, Vogel, Kontakt aufgenommen, aber nicht einmal dieser einflußreiche Mann konnte helfen.

So recht zufrieden war die Parteiführung jedenfalls mit der ganzen Affäre nicht: Unter den Philosophen zumindest gab es eine Reihe von Leuten, die meinten, man habe hier übertrieben und es sei eine Schande, daß man mit einem solchen Mann nicht leben konnte. Wenn er schon kein Marxist gewesen sei, so doch ein fortschrittlicher bürgerlicher Philosoph, und den müsse das System aushalten. Aber der Parteiapparat hatte Angst vor Bloch und seinem Einfluß, die ganze Unfähigkeit und Borniertheit des Apparats zeigte sich gerade in der Behandlung solcher „Fälle". Das hat man in der Partei später auch so gesehen; heute würde man sich wohl hüten, sich noch einmal einen Fall Bloch oder auch einen Fall Havemann aufzuhalsen. Kurt Hager, wichtigster Mann im Parteiapparat für „Fälle" wie Ernst Bloch, spielte hier die entscheidende Rolle. Er hat Bloch persönlich wohl ganz gern gemocht, aber er war auf der anderen Seite der typische Apparatschik, dem Politbüro gegenüber dafür verantwortlich, daß Ruhe an der intellektuellen Front herrschte. Schaffte er das nicht, hatte er selbst Schwierigkeiten zu befürchten. Deshalb setzte er sich im entscheidenden

Moment an die Spitze der Bewegung, die Bloch stillstellte, weil er unbequem geworden war. Dessen Wechsel nach Westdeutschland aber brach die alten Wunden wieder auf.

Symptomatisch dafür mag die Wut sein, mit der man offiziell auf Blochs Weggang reagierte. Verhalten und bemüht um Beiläufigkeit noch in der Stellungnahme der Karl-Marx-Universität Leipzig: „Nachdem der Akademische Senat vom Verrat des ehemaligen Philosophieprofessors Bloch, der auf die Seite der Feinde des deutschen Volkes überlief, Kenntnis genommen hatte, stellte der Senat fest, daß damit der Prozeß der Selbstentlarvung Blochs sein Ende gefunden hat, und ging unverzüglich zur Tagesordnung über". Der Ausschluß aus der Akademie der Wissenschaften war mit heftigen Diskussionen verbunden, westdeutsche Mitglieder protestierten oder verzichteten auf die Mitgliedschaft wie der Hamburger Bruno Snell. Die SED-Parteileitung der Universität Leipzig schließlich langt kräftig hin: „Deserteur, Renegat, Verräter, Betrüger, gefährlicher Verbrecher" wird Bloch genannt: „Er ist zu Globke gegangen, er ist Jaspers und Schlamm vor die Füße gefallen. Pack schlägt sich, Pack verträgt sich! – Die imperialistischen Ideologen, von denen er vorgab, mit ihnen nichts zu tun zu haben, werden ihn nun als einen der Ihren begrüßen. Sie werden aus seinem Schritt politisches antikommunistisches Kapital zu schlagen versuchen. Rühmende Artikel widmen ihm jetzt diejenigen in der westdeutschen Presse, die ihn noch vor kurzem als philosophischen Scharlatan, als Clown unter den Philosophen bezeichneten. Ist genug politische Münze aus Bloch geschlagen, werden sie ihn fallenlassen wie einen nassen Sack. Der völlige geistige, moralische und menschliche Bankrott ist nun mal das Schicksal aller Renegaten.

Mögen die Möpse Zwerenzscher und Zehmscher Art im westdeutschen Blätterwald bellen, die Karawane zieht ruhig, sicher und zielbewußt weiter." Was hier Gänsehaut verursachen mag, ist die Vertrautheit des Tons: So ähnlich hatte Bloch selbst in seinen ersten DDR-Jahren westliche Politik und bürgerliche Philosophie abgefertigt.

„Deserteur, Renegat, Verräter, Betrüger, Verbrecher."

Aber die SED-Philosophen hatten sich geirrt: So ganz mundgerecht machte ihnen der Westen den Empfang Blochs nicht. Zwar hieß es im schönsten Boulevard-Stil „Auch er wählte die Freiheit", und die nämliche Plumpheit, nur wenig intellektuell verbrämt, zeichnet einen Artikel in der „Deutschen Universitätszeitung" aus, dessen gedrechselte Beweisführung immer wieder lesenswert ist: „Der partizipierende Kommunist Ernst Bloch, mit tausend Fäden traditioneller und personeller Art an die konkrete kommunistische Geschichte gebunden, aber unausgesetzt philosophisch und analytisch die ›Utopie‹ und die ›Hoffnung‹ suchend und verkündend, wurde durch die reale Dialektik der Diktatur, die ihm die geistigen und materiellen Lebensmöglichkeiten zunehmend verweigerte, gleichsam durch einen Umschlag von Quantität zur Qualität, zögernd und widerwillig aber unausweichlich in einen von ihm philosophisch negierten aber de facto anerkannten gesellschaftlichen Raum ›geworfen‹: in die Bundesrepublik. So triumphiert Freiheit in realer Gestalt".

Mit Verleger Siegfried Unseld in Tübingen.

Man wird lange suchen müssen, um eine derartige Anhäufung von sachlichem Unsinn und gedanklicher Fehlkonstruktion in der an Abstrusitäten nicht eben armen Literatur zu Bloch ein zweites Mal zu finden. An derlei „Analyse" schließt sich sogleich die Aufforderung an, doch nun von jeder Krittelei an der BRD Abstand zu nehmen: „Bloch und sein Schicksal erweisen sich als stärkste Gegenposition zu jenen intellektuellen Kritikern, die das Phänomen der Freiheit so zerfasert und relativiert haben, das ihnen die Freiheit selbst unter den Händen verschwunden ist. Blochs Entschluß zeigt Freiheit in concreto." Ähnlich der warnende Zeigefinger in der „Frankfurter Neuen Presse": „Das Schicksal dieses Mannes sollte jenen Literaten im Westen, die es für schick halten, von der hierzulande herrschenden Freiheit nur in Gänsefüßchen zu schreiben und zu reden, ein wenig zu denken geben." Ansonsten überwiegt von rechts bis links eine gewisse Verlegenheit: Man weiß nicht so recht, wer da auf einen zukommt, oder meint es ganz genau zu wissen und äußert deshalb Unbehagen. „Nein! Ernst Bloch ist kein Flüchtling, der bei uns die Freiheit sucht – es sei denn die Freiheit, weiterhin seine Vorstellungen von der kommunistischen Unterdrückung der Freiheit zu verkünden", verkündet die „Rheinische Post", ihres Zeichens „Zeitung für christliche Kultur und Politik". Von Ulbricht unterscheidet Bloch danach nur die andere Auslegung des Wegs zum Sozialismus, das Ziel sei beiden gleich: „Auch gegen die Unterdrückung Andersdenkender, ja selbst gegen ihre physische Ausrottung, hat Bloch nichts einzuwenden. Zu Stalins Zeiten, als der kommunistische Philosophieprofessor in Amerika Asyl genoß, verteidigte er dort das Wüten des roten Zaren gegen Kommunisten und Nichtkommunisten." Und auch jetzt sei Bloch lediglich darüber verärgert, daß ihm persönlich Unbill widerfährt: „An dem Unglück seiner Landsleute nimmt er keinen Anteil." Schließlich folgt die unverhohlene Warnung der „Freiheitsbesitzer" an den „Flüchtling" Bloch: „Wir mißgönnen es ihm nicht, in der Welt der Freiheit zu leben, für deren Untergang er sein Leben lang gewirkt hat. Aber er kommt nicht als ein Bekehrter, sondern nur als ein persönlich Verärgerter. Hätte ihn Ulbricht, der ihn einst als Paradestück benutzte, weiterarbeiten lassen, Bloch hätte mit Sicherheit von jenseits der Mauer dieses Schandmal des Kommunismus lautstärker gepriesen, als er sie von diesseits verurteilt. Deshalb muß die Mauer, obwohl er ihr entronnen, zwischen ihm und uns stehen. Er mag in der Freiheit leben, aber er hat kein Recht, sie zu ihrer Zerstörung zu benutzen." Auf vertrackte Weise hat dieser anonyme Geiferer, im Tonfall der „Leipziger Universitätszeitung" nicht unähnlich und in der Beurteilung ähnlich falsch, doch mehr von Bloch verstanden als die sozialistischen Brüder.

Der Hinweis darauf, daß man nicht auf ein Einschwenken Blochs auf den westlichen Kurs hoffen dürfe, geht durch fast alle Artikel in der BRD-Presse, am schönsten wohl formuliert in der „Mainzer Allgemeinen Zeitung": „Denn daß aus einem kommunistischen Saulus unversehentlich ein humanistischer Paulus werden könnte, erscheint völlig absurd." Allenthalben wird an Blochs Pro-Stalin-Haltung erinnert und gewarnt: „Man soll nicht aus Begeisterung über die Flucht Blochs nach dem Westen vergessen, daß dieser sich's etwas kosten ließ, seine Philosophie im Osten hoffähig zu machen und ihr nicht nur ein möglichst marxistisches, sondern ein möglichst linientreues Gepräge zu geben."

Im günstigsten Fall löste Blochs Weg produktive Irritation aus: „Ernst Bloch gehört zu den wunderbaren Mandarinen, die nicht aufhören, Verwirrung und Klarheit zu stiften", schreibt Hans-Dietrich Sander in der „Welt" unter dem Titel „Was bedeutet uns Ernst Bloch?", eine Frage, die Walter Jens in der „Zeit" fast gleichlautend stellt: „Was bedeutet Ernst Bloch bei uns?" Die Warnung solcher Autoren geht an die Bundesrepublik selbst: Hier gebe es keinen Grund zu triumphieren, sondern eher Anlaß umzulernen und die Klischees über Marxisten, Kommunisten, Stalinisten zu überprüfen: „Es ist gut, in die Schranken gefordert zu werden. Es ist wichtig, sich gegen einen großen Mann behaupten zu müssen." Die bemerkenswerteste Stellungnahme in diesem

Tenor steht ausgerechnet in einem Boulevardblatt: „Dieser leidenschaftliche Denker, der vom Zwang seiner Utopien gejagt wird, darf im Westen auch ›abweichende‹ Gedanken interpretieren! Gebt ihm an einer deutschen Hochschule eine Heimstatt! Wir sind so tolerant, daß wir auch über fremd erscheinende Gedanken debattieren können. – Wir brauchen ›Fremdlinge im Geiste‹ und Ausnahmeerscheinungen, weil sie uns aus unserer geistigen Lethargie aufzurütteln vermögen."

Sonderausgabe Nr. 4 **Oktober 1961**

Die Rote Fahne

Zentralorgan des Bundes der Sozialisten und Kommunisten im okkupierten Deutschland

Keine Hoffnung mehr auf Hoffnung?

Die Bedeutung des Falls Bloch für die marxistische Philosophie

Der seit Lenins Tod verwaiste Thron des führenden marxistischen Philosophen im sozialistischen Lager steht leer. Ernst Bloch, der diesen Platz niemals selbst einnehmen, sich aber in seiner Nähe aufhalten wollte, hat die Hoffnung aufgegeben, daß in absehbarer Zeit wieder ein Philosoph darauf sitzen wird. Damit ist die antiphilosophische Parteilinie Stalin-Schdanow-Suslow erneut etabliert. In Fragen der marxistischen Philosophie entscheidet nicht der führende Philosoph, sondern der jeweilige Erste Sekretär, und die Organe der Staatssicherheit sind seine wissenschaftlichen Assistenten. Wie ist es dazu gekommen?

„Aber Westdeutschland gewann einen marxistischen Philosophen …" – Sonderausgabe der „Roten Fahne".

Auch ganz links sah man sich zu Besonderem veranlaßt: Der „Bund der Sozialisten und Kommunisten im okkupierten Deutschland" fragte in einer Sonderausgabe seines Zentralorgans „Die Rote Fahne": „Keine Hoffnung mehr auf Hoffnung?" Hier sieht man das Dirnendasein der marxistischen Philosophie mit Blochs Weggang aus der DDR endgültig zementiert: „Das Entsetzliche daran sind nicht sein Schicksal oder die Auswirkungen seines Schrittes auf die Intellektuellen in Ost und West, sondern der Gedanke, daß Karl Marx selbst es im ›sozialistischen Lager‹ heute nicht aushalten würde und ein neugeborenes Genie vom Format eines Marx und Engels in der Sowjetunion und in der DDR administrativ abgetrieben würde." Also keine Hoffnung mehr auf Hoffnung, höchstens für den Westen: „Den größten Lehrer dieses ›Prinzips‹ ins Exil zu jagen, bedeutet einen Schlag ins Gesicht der Arbeiter und Intellektuellen, die sich im Marxismus der *Sonne* zuzuwenden glaubten. Gleichzeitig bekommen die Existentialisten, aber insbesondere die Neothomisten Oberwasser in den kapitalistischen Ländern. Aber Westdeutschland gewann einen marxistischen Philosophen …"

Und das war für Westdeutschland kein einfaches Erbe. Früher hatte man sich mit Bloch leichter getan. Seine Tätigkeit in der DDR wurde so gut wie nicht registriert. Die wissenschaftliche Beschäftigung mit Ernst Bloch wurde von westdeutscher Seite in den 50er Jahren weitgehend von Hans-Heinz Holz getragen, der Bloch seit 1949 kannte und seit 1952 regelmäßig Aufsätze über ihn veröffentlichte. Zu Blochs Hegel-Interpretation erschien 1952 in der „Neuen Literarischen Welt" ein Beitrag von Max Bense, der in „Subjekt – Objekt" nichts anderes erkennen konnte „als eine Anpassung an das Regime, das ihn bezahlt." Bloch habe einmal einen guten Namen gehabt als Autor von „Geist der Utopie", das vor allem „leidenschaftlich und schön in der Sprache" gewesen sei, nun aber verkomme Blochs Sprache zur üblichen Spruchbandprosa des Ostens. Nebenbei: Vier Jahre später kommt Bense, ohne uns den Grund für seinen Sinneswandel zu verraten, zu dem Ergebnis, daß Blochs politische Entscheidung für den Osten „den Stil nicht gefährdet" habe, daß Bloch gerade in seinem Hegel-Buch „zu den wenigen marxistischen Autoren gehört, die aus dem Dialektischen Materialismus, genauer aus der nicht deformierten Hegelsprache des Dialektischen Materialismus eine neue, sublime Kunstprosa entwickelt haben."

Hermann Lübbe schreibt 1954/55 in der „Philosophischen Rundschau" eine Abhandlung „Zur marxistischen Auslegung Hegels", in der er sich verständig mit Blochs Hegel-Buch auseinandersetzt und unter anderem manche Provokation begreift: „B. schockiert den Leser damit, daß er genau das für den marxistischen Materialismus in Anspruch nimmt, was man im allgemeinen für unvereinbar mit ihm zu halten gewohnt ist." Von Helmut Olles erscheinen Rezensionen zu Band 1 und 2 des „Prinzip Hoffnung" in den „Frankfurter Heften", Jürgen Habermas bereitet 1957 in einem eher beiläufigen Absatz über Blochs Naturphilosophie und deren Beziehung zu Schelling seinen später sprichwörtlich gewordenen Bloch-Aufsatz „Ein marxistischer Schelling" vor. 1957 setzen dann auch die Reaktionen auf die politischen Vorgänge um Bloch in der westdeutschen Presse und in Zeitschriften ein, am kundigsten und ausführlichsten wohl durch Iring Fetschers Artikelserie „Das Verhältnis des Marxismus zu Hegel", dessen dritter Teil sich eingehend mit der Debatte um Bloch befaßt. Seit Erscheinen des „Prinzip Hoffnung" im Suhrkamp-Verlag 1959 und mit Bloch 75. Geburtstag 1960 gehört die Beschäftigung mit Bloch zum regelmäßigen Geschäft literarischer, politischer und philosophischer Zeitschriften und der Feuilletons in Presse und Rundfunk. Bloch war im Westen „ein attraktives Gerücht" geworden, wie Martin Walser schrieb. „Bewunderung und Beifall", „Unruhe und Aufsehen" habe Bloch durch das im Westen veröffentlichte „Prinzip Hoffnung" erregt, stellte Jürgen Moltmann fest, und Ivo Frenzel glaubte herausgefunden zu haben, worauf soviel „Zulauf, Bewunderung und Beifall" zurückzuführen sei: „Da sei einer, so hieß es, der – von Marx und der östlichen Doktrin herkommend – die Leute wachrüttele, der ebenso durch die Noblesse seiner Person wie durch die Größe seiner höchst unkonventionellen Gedanken wirke."

Zulauf, Bewunderung und Beifall sind freilich nicht unbedingt und nicht überall besonderer Sachkenntnis geschuldet: In dieser Zeit beginnt in der Tat auch eine Aneignung Blochs durch eine bestimmte Art von westlichen Kulturenthusiasten, die von vornherein eine Entschärfung durch Anverwandlung bedeutet. Bloch wurde flugs in einen kulturphilosophischen Olymp der keimfreien Unverbindlichkeit erhoben, in dem die Ideologen des „Abendländischen" sich mit ihrem Bloch wohlfühlten. Alfred Schmidt schreibt im April 1961: „Blochs Philosophie zu loben, ist etwas peinlich geworden, seitdem jene, die ihn noch vor kurzem schlicht als ostzonalen Kulturfunktionär abtaten, ihn jubelnd ins westliche Kulturgespräch einbezogen haben. Früher kaum beachtet, wirkte das Erscheinen seines Hauptwerks ›Das Prinzip Hoffnung‹ wie ein ersehnter Regen auf ausgedörrtem Land. Der politisch Anrüchige avancierte plötzlich zum großen Metaphysiker. Daß bei dieser übereifrigen Rezeption das Sperrige, Anstoß Erregende in Bloch säuberlich ausgekreist wurde, ist kennzeichnend für den gegenwärtigen Stand des Bewußtseins."

Kennzeichnend für die Schwierigkeiten mit Bloch mag Ludwig Marcuses Aufsatz „Bewunderung und Abscheu" sein, eine sehr persönliche, polemische Rezension von „Prinzip Hoffnung". Marcuse bewundert an Bloch unter anderem die „Fülle kulturgeschichtlichen Materials", Stil und Sprache des philosophischen Schriftstellers, das Festhalten am Hoffnungs-„Schlachtruf", Abweichungen von der marxistischen Konvention. Aber dann nennt er dieses Buch doch „die verschandeltste Schönheit, die gefälschteste Einsicht, die seit langem gedruckt worden ist." Mit reichlich Schaum vor dem Mund geht Marcuse dem Werk zu Leibe: „Funktionärs-Philosophie und Funktionärs-Sprache, ordinärer nicht vorzustellen" macht er aus, Bloch ist für ihn ein „wackerer Verhetzer", ein „Hymniker" und „Untertan Stalins", der so höhnisch und hämisch sei wie die schlimmsten seiner Genossen: „Der große Denker und Gestalter Ernst Bloch wird zum kleinsten nachplappernden Beamten." Und schließlich: „Die Philosophie ›Hoffnung‹ ist die Begleit-Musik zum Kalten Krieg, bengalisch beleuchtet von einem der gelerntesten Feuerwerker." Das ist genau die Stiuation: Als Kulturheros, als „philosophischen Schriftsteller" möchte man Bloch ganz gerne haben, seine politische Wirkung aber soll möglichst ausgegrenzt bleiben.

Zeichnung von Eva Schwimmer (1965).

Nach fünf Jahren Lehrverbot steht Ernst Bloch am 17. November 1961 zum erstenmal wieder vor Studenten: „hünenhaft, ungebeugt, mit lebendigen Augen, faszinierend durch die Kraft seiner Gedanken, seiner Worte und seiner Gestalt." Im Auditorium Maximum der Tübinger Universität geschieht Ungewöhnliches: „Die ersten Reihen wurden mühsam freigemacht für die Prominenz, eine Übertragung der Vorlesung in einen anderen Hörsaal wurde vorbereitet, und es begann ein abenteuerlicher Zustrom, der das Auditorium bis auf den letzten Quadratzentimeter füllte, so daß zu befürchten war, Ernst Bloch würde sich kaum zum Rednerpult durchkämpfen können."

Gemälde von André Ficus (1965).

Er konnte, 76jährig, weißhaarig, jung wie eh und je. „Meine Damen und Herren, ich freue mich, unter Ihnen zu sein. Hier möchte ich meine bisherige Arbeit fortsetzen. Meine bisherige, sagte ich, und sie werde in Freiheit als realer Humanismus fortgesetzt." Thema der Vorlesung: „Kann Hoffnung enttäuscht werden?" Blochs Antwort: „Und wie doch, gewiß, so etwas ist leicht zu haben. Kommt haufenweise vor, jedes Leben ist voll von Träumen, die nicht gar werden." Die Vorlesung, „in der ich sozusagen Farbe bekannte", wie Bloch später sagt, ist ein Plädoyer *gegen* jeden flachen Utopismus und *für* die Philosophie der konkreten Utopie, ein Dämpfer für all diejenigen, die hämisch händereibend dasaßen und darauf warteten, daß der enttäuschte Philosoph des „Prinzip Hoffnung" diesem Prinzip reumütig abschwören würde. Ihnen vor allem galt die Lektion, die sie schon aus seinem Werk hätten ziehen können. Aber wie sich bis heute bei Beurteilungen Blochs zeigt, werden gerade diese Passagen geflissentlich überlesen.

Daß Hoffnung enttäuscht wird, so Bloch, ist bei jedem Hoffen unausweichlich, das keinen Boden unter den Füßen hat, das nur buntes Träumen ist. Wie ist es aber mit der fundierten Hoffnung? „Nun, auch sie kann und wird enttäuscht werden, ja sie muß es, sogar bei ihrer Ehre; *sonst wäre sie ja keine Hoffnung.*" Allerdings ist dies Enttäuschbare etwas anderes als das nur Gelackmeierte, obwohl fundierte Hoffnung auch daran teilhaben kann, „in allen schwachen Stunden sozusagen, in allen überfliegenden der Träumerei oder übereilenden der raschen Heldentat." Das spezifisch Enttäuschbare an fundierter Hoffnung aber ist ihr Wagnischarakter. Sie ist offen nach vorn und ist insofern auch ein gut Stück dem Zufall ausgeliefert. Das heißt auch, daß Hoffnung es nie mit fertigen, also vollständig berechenbaren Tatsachen zu tun hat. Was erst noch wird, herausgebracht wird, ist nicht als unwiderrufliches Faktum auszumachen. „Mit anderen Worten, aufs Enttäuschbare direkt bezogen: Hoffnung hat eo ipso das Prekäre der Vereitlung in sich: sie ist keine Zuversicht." Docta spes, gelehrte Hoffnung, muß sich auch gegebenenfalls von Enttäuschungen belehren lassen, von der Tendenz des Prozesses, die möglicherweise falsch eingeschätzt worden ist: „an ihr wird Hoffen oft schrecklich, doch immer gemäß der Tendenz im Einzelnen berichtigt." Also wird Hoffnung durch Schaden klug genau in dem Maße, wie sie durch Schaden *nicht* klug wird: Denn von dem wesentlichen Zielinhalt läßt sich fundierte Hoffnung nicht abbringen. Dieser Zielinhalt aber heißt „realer Humanismus", er ist weder vorhanden, so daß man aus Erfahrung über ihn sprechen könnte, noch ist er – ebendeswegen – vollständig auszuformulieren; denn derlei wäre reines Fabulieren, kein Definieren. Doch ist „die *Richtung* daraufhin bestimmbar, und zwar als ebenso unvariante wie unabdingliche." Diese unabdingliche Richtung ist „genau in dem ältesten Wachtraum der Menschheit bedeutet: in der Umwerfung (statt hypokritischer Neuinstallierung) aller Verhältnisse, worin der Mensch ein erniedrigtes, geknechtetes, verlassenes, verächtliches Wesen ist."

„Bloch hat niemals gezögert, die Einladung nach Bayreuth anzunehmen. Er war gern in Bayreuth, das spürte man. Ihn bedrückte nichts." (Hans Mayer) – Bloch mit Wieland Wagner 1961 in Bayreuth.

Nicht erst an diesem Punkt wird der aufmerksame Hörer im Tübinger Audimax gemerkt haben, wie sehr Bloch hier von sich selbst spricht, der Verarbeitung seine Erfahrungen in der DDR. Wem das noch nicht deutlich genug war, der erfährt weiter, daß auch das genaue Gegenteil von realem Humanismus, „also etwa Hitler oder der spätere Stalin" (diese zeitliche Differenzierung taucht hier zum ersten Mal auf) keinen Anlaß zur Resignation geben dürfe, wenn anders sie ernstgenommen und nicht nur als „Unfälle" der Weltgeschichte in die Ecke gestellt werden sollen: „Sondern auch die umsichblickende, echt orthodoxe Enttäuschung am rückfälligen, bis zur Unkenntlichkeit oder gar bis zur Kenntlichkeit veränderten Produkt gehört zur Hoffnung: qua Unnachlaßlichkeit, qua ihrer Pflicht, Maßstab zu sein, gemäß dem Zielinhalt, der Reich der Freiheit heißt."

Und schließlich liefert Bloch seinen Zuhörern auch noch eine Interpretation seiner Rolle in der DDR und der Position der Ostberliner Machthaber. Enttäuschung der fundierten Hoffnung muß sich an einem Maßstab orientieren. Der war mit Reich der Freiheit und Marxens humanistischer Zielbestimmung angegeben. Daß dieser Maßstab verlassen worden ist, so Bloch, kann von außen her weder adäquat erkannt noch angemessen kritisiert werden. Diese Kritik kann nur von innen, vom Original her geschehen. „Indem das aber nicht maßlos, sondern maßstabhaft vor sich geht, gewinnt am Ende diese Macht nun gar eine selber höchst unenttäuschende Sprengkraft."

Wäre das nicht so gewesen, dann wäre Bloch für das DDR-Regime nicht so unerträglich gewesen. Was einmal als Zielinhalt formuliert worden ist – wenn auch noch so vage –, kann nicht mehr zurückgenommen werden. Es ist in der Welt, und wenn es sich auch nicht von selbst Bahn bricht, so richtet es doch die falschen Wege und hält die richtigen offen. „Es ist hier wie mit dem Genie, dem Geniehaften in der Menschheit; wäre es zu unterdrücken, sagte Jean Paul, so hätte es nie eines gegeben." Und von daher formuliert Bloch noch einmal den Satz, der in seiner Philosophie immer schon eine Rolle spielte, der von nun an aber an eine zentrale Stelle rückt: „Der Weltprozeß ist noch nirgends gewonnen, doch freilich auch: er ist noch nirgends vereitelt, und die Menschen können auf der Erde die Weichensteller seines noch nicht zum Heil, aber auch noch nicht zum Unheil entschiedenen Wege sein. Die Welt bleibt in ihrem Insgesamt das selber höchst laborierende Laboratorium possibilis salutis."

Der in der Antrittsvorlesung angekündigte Plan einer „Einleitung in die Philosophie" greift weit aus, umfaßt zunächst 22 Vorlesungen, also mehr, als in einem Semester normalerweise unterzubringen ist. Dabei ist die Zukunft Blochs an der Universität Tübingen noch gar nicht gesichert. Die Einladung zur Gastprofessur gilt für ein Semester, für das Sommersemester 1962 mußten neue Vereinbarungen getroffen werden. Die Verlängerung wird bewilligt, Karola schreibt im Februar 1962: „Für die nächsten Jahre sind wir versorgt, für die ferneren bemüht sich die Universität irgendein modus vivendi zu finden."

Das ist allerdings gar nicht so einfach, das Beamtenrecht und andere Widerstände sind dagegen. Weil Bloch die Altersgrenze längst überschritten hat, kann man ihn nicht mehr zum ordentlichen Professor machen. Eine Honorarprofessur hätte ihm nicht viel genützt, da dann nur die Vorlesungen und Seminare bezahlt worden wären. Bloch brauchte aber eine Hauptbeschäftigung, er war ja faktisch arbeitslos. Zwar sorgten alte und neue Freunde für die Blochs. Inge und Walter Jens, Ruth und Walter Schulz, die Buchhandlung Gastl in Tübingen, die durch ihre Einladung für den ersten großen Auftritt Blochs in Tübingen gesorgt hatte; vor allem dem großen Einsatz des Suhrkamp-Verlags und Siegfried Unselds ist es zu verdanken, daß Bloch im Westen überhaupt Fuß fassen konnte. Das spiegelt sich auch in einer späteren Bemerkung Blochs: „1961 Übersiedlung nicht zu Globke, kaltem Krieg, Monopol, sondern an die Universität Tübingen, zu einem des Lebens vollen Verlag, zu alten und den neu gewonnenen Freunden, gar in die unterscheidende Tradition Hölderlin – Schelling – Hegel." Aber auch der Generalvertrag mit Suhrkamp war nicht allzu üppig.

Eine Hauptbeschäftigung an der Universität aber mußte in deren Haushalt ausgewiesen werden. Es ist dem Einsatz von Theodor Eschenburg, damals Rektor der Universität, und dem damaligen Kultusminister Baden-Württembergs, Gerhart Storz, den Bloch schon aus den 20er Jahren kannte, zu verdanken, daß Bloch seine Gastprofessur bekam. Widerstände dagegen gab es genug: Eschenburg brauchte die Mehrheit im Kleinen Senat der Universität für diese Entscheidung, Storz die Mehrheit im Kabinett, und für beide gab es ein gut Stück Arbeit, die anderen von der Richtigkeit einer solchen Entscheidung zu überzeugen. Mit offenen Armen ist Bloch im Westen jedenfalls nicht empfangen worden. Schließlich wurde durchgesetzt, daß die Gastprofessur für Bloch gleichsam als fester Haushaltsposten bis 1965 verlängert wurde. Nach seinem 80. Geburtstag wird er dann von der Lehrverpflichtung entbunden, hält nur noch ein Seminar ab und bekommt vom Land Baden-Württemberg ein „Gratial", eine Art zusätzliches Gnadenbrot.

Sorgte für Gastprofessur: Theodor Eschenburg.

Bloch hatte also wieder feste Einkünfte – seit Oktober 1964 monatlich 1800 Mark –, dazu kamen Honorare für Vorträge und schriftstellerische Arbeit. Wie amtlich bescheinigt wurde, hat er zwischen 1962 und 1965 monatlich im Durchschnitt 4600 Mark brutto verdient. Davon läßt sich sicherlich leben, aber eine reichliche Ernte eines solchen Lebens ist das ebenso sicher nicht.

Um in den Genuß von Vergünstigungen für Flüchtlinge zu kommen, beantragt Bloch schon 1961 einen Flüchtlingsausweis. Wird der bewilligt, hat man Anspruch auf Lastenausgleich, auf eine Wohnung im sozialen Wohnungsbau, Steuererleichterungen und ähnliches. Aber das ist nicht so einfach: Laut Vertriebenengesetz hat keinen Anspruch auf diesen Ausweis, wer zum Beispiel in der DDR das Regime verteidigt hat. Die Behörden machen Bloch Schwierigkeiten, er weist in einem Brief an seinen alten Schulfreund Karl Lochner darauf hin, „dass wir im Mai 1949 in die damals noch offiziell bestehende sowjetische Besatzungszone zurückgekehrt sind und nicht in jene D.D.R., die erst im Oktober 1949, also ein halbes Jahr später, gegründet wurde." Als Referenzen gibt Bloch Theodor Eschenburg, Gerhard Storz und Siegfried Unseld an, aber das scheint die Verantwortlichen nicht beeindruckt zu haben. Der Flüchtlingsausweis wird verweigert, Bloch muß einen Anwalt einschalten.

1963 wird er schließlich als Vertriebener anerkannt, 1966 spricht ihm das Landesamt für Wiedergutmachung in Stuttgart eine Entschädigung für „Schaden im beruflichen Fortkommen" in Höhe von 7200 Mark für die Zeit vor dem 1. November 1953 zu, außerdem bekommt er von Oktober 1960 an eine monatliche Rente von 1 030 Mark. Das deshalb, weil das vom Staatsministerium Baden-Württemberg zugesicherte Gratial nach Meinung des Landesamts eine ausreichende Altersversorgung nicht garantieren würde. (Wörtlich: „weil die Nachhaltigkeit der ausreichenden Lebensgrundlage, die er aus seiner beruflichen Tätigkeit bisher noch hat, für die Zukunft in Frage steht und weil eine ausreichende Versorgung für ihn und seine Ehefrau nach den getroffenen Ermittlungen zur Rechtsnatur und zu der materiellen Gestaltung des zugesagten Gratials nicht hinreichend sichergestellt ist.")

Orthopädie des aufrechten Gangs

Die Herausgabe von Blochs Gesamtwerk geht nun zügig voran. Zusammen mit dem „Prinzip Hoffnung" war 1959 eine erweiterte Ausgabe der „Spuren" herausgekommen, schon 1961 erscheint „Naturrecht und menschliche Würde", ein Manuskript, das unter dem Titel „Naturrecht und Sozialismus" schon in den USA begonnen, in der DDR abgeschlossen worden war. Für Bloch ist das Naturrecht ein – weitgehend unterschlagener – legitimer Vorläufer des Sozialismus, und er hält es für seine Aufgabe, diese „Orthopädie des aufrechten Gangs" wieder für den Sozialismus zu reklamieren. „An der Wiege des Marxismus stand nicht nur die ökonomische Parteilichkeit für die *Mühseligen* und *Beladenen,* sondern doch auch die naturrechtliche für die *Erniedrigten* und *Beleidigten* – als Parteilichkeit, die sich auf den Kampf menschlicher Würde, auf solch konstituives Erbe aus dem klassischen Naturrecht, versteht und keiner Obrigkeit, sofern überhaupt noch eine nötig ist, den angestammten oder neu reproduzierten Kamm schwellen ließ."

Naturrecht soll dabei nicht einen angeblichen Urzustand des Menschen bezeichnen, aus dem sich sein Recht herleitet: Bei derlei Definition käme nur das Recht des Stärkeren, das Faustrecht heraus. Im Unterschied zu einem von oben gesetzten Recht, in dem das als Recht gilt, was nicht verboten ist, bezeichnet Naturrecht das Recht zu handeln, Koalitionsrecht, Streikrecht, also das Recht des Menschen, sich selbst als geltenden Wert fordernd einzubringen. Insofern ist das Naturrecht allemal revolutionär, so hat es auch historisch gewirkt zum Beispiel als Einforderung allgemeiner Menschenrechte, also der formalen Gleichheit der bürgerlichen Revolution „statt des buntscheckigen Privilegienrechts aus dem Mittelalter." Wenn auch von „Freiheit, Gleichheit, Brüderlichkeit" der französischen Revolution letztlich die Freiheit des Unternehmers und die bloß formale Gleichheit vor dem Gesetz übrigblieb: Diesen bürgerlichen Menschenrechten ist auch der Marxismus verpflichtet. Das Wichtigste wäre diesem Erbe allerdings erst noch hinzuzufügen, nämlich die ökonomische Befreiung, das heißt die Herstellung von Bedingungen, in denen *eine* gesellschaftliche Klasse nicht mehr kraft ihrer Macht über die Produktionsmittel die Herrschaft über die *gesamte* Gesellschaft ausüben kann. Nur darf auf dem Wege der ökonomischen Befreiung die Orthopädie des aufrechten Gangs nicht vergessen werden: „Aufhebung aller Verhältnisse, in denen der Mensch mit den Dingen zur Ware entfremdet ist und nicht nur zur Ware, sondern zur Nullität an Eigenwert. Keine Demokratie ohne Sozialismus, kein Sozialismus ohne Demokratie, das ist die Formel einer Wechselwirkung, die über die Zukunft entscheidet." Die Zielrichtung dieser Losung ist klar: Blochs Kritik am Osten wird in den Jahren in der Bundesrepublik immer unverhohlener und schärfer. Klar aber auch, daß der alte Mann in Tübingen seinen westlichen Verehrern nicht den Gefallen tut, nun den Westen als das „Reich der Freiheit" auszuzeichnen.

„Hier gibt es keine Lorbeeren für irgendeine Art von Kapitalismus."

Zwar formuliert Bloch den erstaunlichen Satz: „Diejenigen, die jetzt über die Mauer springen von Ost- nach West-Berlin, vollziehen tatsächlich einen Sprung aus dem Reich der Notwendigkeit in das Reich der Freiheit." Und auch die Garantien des Rechtsstaats sind für jemanden, der gerade aus dem Reich des Stasi kommt, keine Selbstverständlichkeit. „Hier im Westen ist das Humanum formal geschützter. Man kann in dem Rechtsstaat noch ruhig schlafen (besonders schlafen), ohne daß man nachts von der Staatspolizei abgeholt wird." Insgesamt aber gilt: „Hier gibt es keine Lorbeeren für irgendeine Art von Kapitalismus". Die Wirklichkeit dieses Kapitalismus sieht er unter anderem so: „Eine Handvoll Glück wird hier schlau gegeben, eine Ewigkeit von Glück sogar vorgetäuscht, und schon ist sie vorbei; die alte Unsicherheit der proletarischen Existenz ist nicht aus der Welt geschafft, aus der Welt des Kapitalismus selber. Daß die Freizeit des Proletariats nur der garnierten Reproduktion seiner Arbeitskraft dient, dies hängt unaufhebbar mit der ökonomischen Klassenstruktur des Kapitalismus zusammen, der auf den Maximalprofit gebauten." Und bei den Darmstädter Gesprächen 1963 sagt er ganz unmißverständlich: „Nötig ist das deutliche, durchaus unverwischbare Gefühl für die Front von Links gegen Rechts, der Kampf der Linksfront gegen jeden Schwindel einer Sozialpartnerschaft, zur Erzeugung von Hammelherde und Menschenmaterial. Nötig zugleich der deutliche Sinn für den epochalen Zusammenhang von heimischem Widerspruch und Widersprechen mit dem Gemeinsamen junger Unruhe nicht nur in der dritten Welt."

Bloch bleibt hartnäckig dabei, daß die von Marx und Engels angegebene Marschrichtung die bestimmende sein

„Die Luft ist voll Tabakrauch, Bloch stopft sich schon die nächste Pfeife, er, der Inbegriff des Pfeifenrauchers, tut das mit einer Nachlässigkeit, die jedem Adepten dieser edlen Rauchkunst unbegreiflich erscheinen muß". (Gert Ueding) – „Meinen feineren, englischen Tabak verachtete er mit Jakobinerstolz. Der holländische war ihm grundehrliches Brot." (Jan Robert Bloch)

muß. Das Reich der Freiheit ist danach dazu geeignet, menschliche Entfremdung und Herrschaft von Menschen über Menschen abzuschaffen, weil am Ende der kapitalistischen Gesellschaft nicht eine andere Aneignung der Produktivkräfte die kapitalistische abwechselt, sondern weil eine Befreiung eben dieser Kräfte durch sich selbst stattfinden soll. „Sondern die Reife der Produktivkräfte selber tendiert zur genossenschaftlichen Verwaltungsform, der ohnehin schon längst geschehenden Anhängigkeiten, zur Einsetzung der geschichtserzeugenden menschlichen Arbeit in den vollen Genuß ihres Produkts und in ihre unverdinglichten Rechte." Der Sprung ins Reich der Freiheit ist einer aus der unbeherrschten Notwendigkeit in die beherrschte oder gar überschrittene. Durch die klassenlose Gesellschaft sollen zunächst alle Verhältnisse aufgehoben werden, die eine Herrschaft von Menschen über Menschen ermöglichen: Dies ist vorerst der Inbegriff dessen, was Bloch unter „Reich der Freiheit" denkt. Der Begriff „Reich", den er ja einmal recht wichtig genommen hatte, erscheint ihm dabei jetzt sekundär. In der Metapher „Reich der Freiheit" besagt er für ihn lediglich „die möglich gewordene Unabhängigkeit aller mit allen, deren Raum das Reich darstellt." Alle Assoziationen mit einem herkömmlichen Staat, der ja im Sozialismus „absterben" soll, sind für Bloch unzulässig. Reich kann für ihn lediglich mit dem Topos der Ordnung verbunden werden, den er als positiven Wechselbegriff zu Freiheit auffaßt. Diesen Zusammenhang hatte Bloch schon im „Prinzip Hoffnung" ausführlich dargelegt, das Kapitel über die Sozialutopien trägt die Überschrift „Freiheit und Ordnung". Ordnung ist hier gemeint als eine der Bindung an „Vor-Bilder, an die Zucht der Haltung, an sachgemäße Disziplin und Methode."

Gegenüber der bürgerlichen Gesellschaft, die im Nebenmenschen die *Schranke* der individuellen Freiheit sieht und deshalb den Staat als ordnend-repressiv versteht und so auftreten läßt, formuliert Bloch für die Ordnung in der klassenlosen Gesellschaft eine „Freiheit in Solidarität": „Die klassenlose Gesellschaft sieht im Nebenmenschen die *Garantie* der eigenen Freiheit; wonach eben der Mensch, wie Marx sagt, seine eigenen Kräfte als gesellschaftliche Kräfte erkennt und organisiert." Freiheit ist derart nur durch Ordnung eine nichtanarchische, eine des ›gemeinschaftlich offenbar gewordenen und sozial gelingenden Willens‹. Ordnung fungiert als unabdingbarer Raum für Freiheit, die wiederum als das einzig Substanzielle der Ordnung verstanden wird, als Gegenzug gegen räuberisch-vereinzelte Freiheit, gegen absolute Haltlosigkeit. Ergo: „Konkretes Freisein ist Ordnung, als die seines eigenen Felds, konkretes Geordnetsein ist Freiheit, als die seines einzigen Inhalts."

Die Schwierigkeit solcher Definitionen liegt in der Unmöglichkeit, einen Zustand konkret zu beschreiben, den es noch nicht gibt, gleichzeitig aber nicht nur abstrakt sprechen zu wollen. Bloch weigert sich mit Marx und Engels, über gesellschaftliche Zustände nach der Vergesellschaftung der Produktionsmittel inhaltliche Aussagen zu machen. Vor allem will gerade Bloch sich gegen alle utopistischen Ausmalungen des Zukunftsstaates in herkömmlichen Sozialutopien abgrenzen. Aber er ist in der vertrackten Situation, trotzdem genauere Angaben über das machen zu müssen, was Marx und Engels seiner Meinung nach gemeint haben, um das deutlich von dem abzugrenzen, was „sozialistische" Staaten im Osten als Einlösung des marxistischen Versprechens ausgeben.

Dabei beschäftigt ihn zunehmend die Rolle von Individuum und Kollektiv. Kollektiv ist im Verständnis Blochs kein positiver Begriff an sich: die faschistische Pervertierung des Kollektivs zur rasenden, bestialischen Horde ist für ihn eindringliches Beispiel dafür, daß das Kollektiv gegen den einzelnen ausgespielt werden kann. Ein Kollektiv hat die Aufgabe, das unverwechselbar Individuelle des einzelnen Menschen zu retten, zu sichern, entfalten zu helfen und nicht auszutrocknen, zu erdrücken. Es hat aus den Individuen hervorzugehen und darf diesen nicht vorgesetzt und verordnet werden. Kollektiv im Sinne revolutionären Klassenbewußtseins heißt für Bloch solidarische Einheit von Individuen, die (gemäß der Formel Lenins) nach ihren jeweiligen Fähigkeiten produzieren und nach ihren jeweiligen Bedürfnissen konsumieren. Nicht „Diktatur der Mittelmäßigkeit" ist gefragt, sondern die aus selbstbewußten Individuen hervorgehende „vielstimmige Richtungseinheit der Willen, die von gleichem human-konkretem Zielinhalt erfüllt sind."

In der Buchhandlung Gastl, die Bloch schon vor 1961 nach Tübingen eingeladen hatte.

Es liegt auf der Hand, daß die Erfahrungen mit dem sogenannten „realen" Sozialismus solchen Ansprüchen nicht standhalten. Bloch kommt denn auch in seiner Tübinger Zeit mehr und mehr dazu, über die Gründe der Entstellungen des Marxismus nachzudenken. „Ich habe den Vorschlag gemacht, daß wir in einem neutralen Land – an der Wiener Akademie der Wissenschaften – ein Gremium der besten Oekonomen, Soziologen und Philosophen dieser Welt bilden, das sine ira et studio in zwei, drei Jahren die Frage untersucht, wie es im Osten Europas zu dem gekommen ist, wozu es kam: Was sind die Gründe, daß sich der marxistische Sozialismus dermaßen verändert hat – bis zur Unkenntlichkeit, bis zur Kenntlichkeit?" So Bloch 1963. Zu diesem Gremium ist es nie gekommen, er mußte seine Fragen selbst beantworten. Er fängt damit gleich bei Marx an: In dessen Theorie, so Bloch, sind keine „Sicherungen" eingebaut gegen Irrwege und Mißbräuche, so beim Begriff „Diktatur des Proletariats". Dieser von Marx eher beiläufig und hilfsweise benutzte Begriff trägt seine Perversion gleichsam schon in sich. Sie sollte ursprünglich gerichtet sein „gegen die damaligen Feinde, gegen Kulaken, gegen Kleinbürger, gegen nachwachsende Kleinbürger, sie war notwendig gerichtet gegen die inneren Feinde des Regimes, während der Zeit des Aufbaus, sie konnte abnehmen im Augenblick, wo im Inneren die Lage sich konsolidiert hatte, der alte Context also fast verschwunden war." Aber die Eigendynamik einer Parteibürokratie, die sich durchaus nicht abschaffen wollte, führte zu einer „Diktatur der Apparatschiks", zur „Diktatur des Proletariats über das Proletariat". Und in gleicher Weise ist es nicht etwa zum Absterben des Staates gekommen, sondern zu neuer „Staatsomnipotenz, wie sie die Geschichte kaum bisher geliefert hat. Bis in die kleinsten Regungen der Individualität hinein geht die Staatsmacht." Für diese Perversion findet Bloch, je länger er im Westen ist, um so schärfere Attribute: „Zarisierungen des sowjetischen Marxismus", „absolutistischer Zentralismus", „Terror und Polizeistaat", „terroristischer Staatskapitalismus".

Zum anderen liegen für Bloch Ursachen für Entstellungen des Marxismus auch in der ökonomischen Theorie. Was im 19. Jahrhundert richtig analysiert worden war, muß im späten 20. Jahrhundert nicht ebenso richtig sein. Das gilt zum Beispiel für die Verelendungstheorie: Ein „fortdauerndes Sinken des Proletariats zum (dadurch umschlagenden) Null-

Meister und Schüler, Erkennungszeichen Pfeife.

punkt" ist allein schon durch die vom Kapitalismus im 20. Jahrhundert neu geschaffenen Bedingungen verhindert worden, zumindest für die Industrieländer. In der Dritten Welt allerdings hat diese Theorie unverändert Geltung; darauf muß der Marxismus reagieren.

Auch die Erklärung von Selbstentfremdung und Unterdrückung ausschließlich aus dem Privatbesitz an Produktionsmitteln hat sich für Bloch als unzureichend erwiesen: „wie neu entfremdet macht gerade der Funktionärsstaat." Und schließlich nimmt er ein Element wieder auf, das in den ersten Jahren nach der russischen Oktoberrevolution zum Standard seiner Kritik an der Sowjetunion gehörte. Fatal ist danach, daß Rußland als Land ohne bürgerliche Revolution zum Ursprungsland der sozialistischen Revolution wurde. Rund 60 Jahre später setzt Bloch wieder seine ganze Hoffnung auf das Krähen des gallischen Hahns, da der Sozialismus in einem Land mit so starker zaristischer Tradition letztlich nicht verwirklicht werden könne: „Erst dann, wenn in Frankreich, das vier oder fünf Revolutionen im Bauch hat, oder in Italien, alle die Dinge wieder einen Leib finden, die in der liberalen, freiheitlichen Tradition des Bürgertums vom revolutionären Citoyen, nicht vom Bourgeois, in die Luft gerufen worden sind, dann wird dieser rätselhafte Ausfall des französischen Revolutionsethos seine hemmende Wirkung verlieren, und auch in der Sowjetunion wird wieder die Erinnerung an Rosa Luxemburg und Lenin – trotz aller Widersprüche und Kontroversen zwischen Lenin und Rosa Luxemburg – Gehör finden."

Weiterhin kritisiert Bloch, daß im Marxismus die Ausarbeitung einer „linken" Rechtsphilosophie versäumt worden ist. Marxens Kritik der politischen Ökonomie hat die Freisetzung der wirtschaftlich-gesellschaftlichen Kräfte zum Ziel. Diese aber äußert sich in der individuellen Freiheit dieser einzelnen Kräfte. „Statt dessen ist durch einseitigen Ökonomismus selbst ökonomisch eine Verlumpung eingetreten, derart, daß bei Strafe des ökonomischen Untergangs jedem Menschen alles, was die Partei will, befohlen werden kann. Wir haben also eine neue Art von Versklavung. Das Gegenteil von dem, was Marx intendierte." Ergo: „Das, was unter Sozialismus gedacht war, hat überhaupt noch nicht begonnen. Was in Rußland praktiziert wird, ist überalteter Staatskapitalismus mit gleichzeitiger Reproduktion des zaristischen Feudalismus. Noch nie war das Proletariat so unterdrückt und ausgebeutet." Insofern ist Bloch auch immer weniger bereit, Perversionen des Sozialismus im Osten – sozusagen aus taktischen Überlegungen – gegen Perversionen des Kapitalismus aufzurechnen. Vielmehr: „Selbst wenn das, was im Osten geschieht, viel weniger schlimm ist als das, was der Kapitalismus in Vietnam, Chile usw. anrichtet, so entschuldigt dies gar nichts. Denn vom Kapitalismus ist ja nichts anderes zu erwarten; von Hitlers Programm war ja auch nichts anderes zu erwarten als das, was er getan hat. Betrachtet man aber näher, was im Osten geschehen ist, so sollte man sich an ein altes lateinisches Sprichwort erinnern, das heißt: ›Corruptio optimi pessima‹, die Korruption des Besten ist die schlimmste Korruption."

Vermächtnis von Hölderlin, Schelling, Hegel

1962 erscheint der erste Band der „Verfremdungen", Aufsätze in der Tradition der „Spuren", meist mit literarischen Themen, der zweite Band (Geographica) folgt 1964: Hier sind vor allem Orts- und Reisebeschreibungen aus den 20er und 30er Jahren gesammelt, die meist schon in Zeitungen und Zeitschriften veröffentlicht waren. Die „Tübinger Einleitung in die Philosophie", die gedruckte Fassung der Vorlesungen der ersten beiden Tübinger Semester, erscheint 1963: Tübingen ist nicht aus Lokalpatriotismus, sondern wegen Hölderlin, Hegel und Schelling genannt. „Mir ging es hier vor allem darum, zu betonen, daß das Vermächtnis von Hölderlin, Schelling, Hegel in die Philosophie kommt und daß es nicht bei der bloßen Aufnahme von Schulmeistervorlesungen über bereits abgestempelte, längst behandelte und scheinbar erledigte Themen – vor allem erkenntnistheoretischer Art – bleibt." In einer späteren Ausgabe (1970) wird die „Tübinger Einleitung" erweitert um zwei Vorträge: „Zur Ontologie des Noch-Nicht-Seins" und „Einsichten in den Nihilismus und die Identität", die vorher in einer Einzelausgabe „Philosophische Grundfragen I" erschienen waren. Es handelt sich hier um Vortragsthemen, die Bloch schon 1960 bei Reisen in die Bundesrepublik behandelt hatte, um logische Formalisierungen der Lehre vom Noch-Nicht-Bewußten und Noch-Nicht-Gewordenen. Den Begriff „Ontologie des Noch-Nicht-Seins" hatte er schon 1956 in seiner Eröffnung zum Freiheitskongreß der Deutschen Akademie der Wissenschaften erwähnt, sie ist dann im „Prinzip Hoffnung" formal durchgeführt, ohne daß aber dieser Begriff dafür benutzt wird. Hier heißt es lediglich: „Die reale Möglichkeit wohnt derart in keiner fertig gemachten Ontologie des Seins des bisher Seienden, sondern in der stets neu zu begründenden Ontologie des Seins des Noch-Nicht-Seienden, wie sie Zukunft selbst noch in der Vergangenheit entdeckt und in der ganzen Natur."

Mit dem Begriff Ontologie bezieht sich Bloch auf eine philosophische Tradition: Aufgabe der Philosophie seit Aristoteles ist es, die Prinzipien, Gesetzlichkeiten, Merkmale des Seienden zu bestimmen. Dies wird seit dem 17. Jahrhundert „Ontologie" genannt, Christian Wolff führte diesen Begriff als „Lehre vom Sein im allgemeinen" also als Logik des Begriffs Sein in die philosophische Terminologie ein. Darauf bezieht sich Bloch in der Begriffsbildung „Ontologie des Noch-Nicht-Seins". Denn wenn Ontologie traditionell vom Sein spricht, ist ein Vorhandenes gemeint, geredet wird über ein Etwas. Bloch aber geht von einem unbestimmten Antrieb des Seins aus, und das nennt er – im Unterschied zum Etwas – „ein gärend Nicht". Also: „Das Nicht ist nicht da, aber indem es derart das Nicht eines Da ist, ist es nicht einfach Nicht, sondern zugleich das Nicht-Da. Als solches hält es das Nicht bei sich nicht aus, ist vielmehr aufs Da eines Etwas treibend bezogen. Das Nicht ist Mangel an Etwas und ebenso Flucht aus diesem Mangel; so ist es Treiben nach dem, was ihm fehlt. – Weil das Nicht Anfang zu jeder Bewegung nach etwas ist, so ist es eben darum keineswegs ein Nichts. Vielmehr: Nicht und Nichts müssen zunächst so weit voneinander gehalten werden wie möglich; das ganze Abenteuer der Bestimmung liegt zwischen ihnen. Das Nicht liegt im Ursprung als das noch Leere, Unbestimmte, Unentschiedene, als Start zum Anfang; das Nichts dagegen ist ein Bestimmtes. Es setzt Bemühungen voraus, lang ausgebrochenen Prozeß, der schließlich vereitelt wird; und der Akt des Nichts ist nicht wie der des Nicht ein Treiben, sondern eine Vernichtung." Gegenbegriff zum Nichts ist das Alles, darauf richtet sich das Treiben aus dem Nicht. Damit ist Bloch ontologisches Handwerkszeug umrissen: „hier werden also das Nicht, das Noch-Nicht, das Nichts oder aber das Alles als diejenigen ausgezeichnet, welche in abgekürztester Terminologie den intensiv sich bewegenden Weltstoff in seinen drei Hauptmomenten kenntlich machen."

Blochs Ruhm in der Bundesrepublik verbreitet sich schnell, er fühlt sich in Tübingen wohl: „Eine treffliche Universität, nette Kollegen und 1200 Hörer, mehr kann man nicht verlangen." Wobei er einen bemerkenswerten Unterschied zu Leipzig notiert. Dort habe er ganz normal über Geschichte der Philosophie gelesen, „hier erwarten die Studenten von mir etwas, was hochgezogene Augenbrauen hat, wollen nicht lernen, sondern erstaunen." Und noch etwas ist anders als in Leipzig, wo nicht alles gesagt werden durfte: „Hier dagegen, in der rahmenlosen pluralistischen Gesellschaft, darf jeder alles sagen, weil er doch nichts zu sagen (d.h. zu bestimmen) hat. Jedes Wort ist erlaubt und entsprechend unwichtig. Es gibt keine ›Sklavensprache‹ mehr. Versteckte Bosheiten werden nicht verstanden, weil die Studenten schon gar nicht mehr gewohnt sind, auf das Unausgesprochene zu hören." Gert Ueding, einer seiner engeren Schüler notiert: „Wie alt, dumpf und erstickt durch Schule und die ersten Semester in einer großstädtischen Massenuniverstität fühlte ich mich, als ich sah und hörte, was dort oben auf dem Katheder vor sich ging, und darin war mehr Jugend, als ich sie noch besaß. Zarathustra wollte nur an einen Gott glauben, der zu tanzen verstünde und da vorne, vor unseren Augen, wurden die Gedanken zum Tanzen gebracht, die an derselben Stelle (vielleicht nur wenige Stunden früher oder später) eingefroren, katalogisiert, verstaubt wurden."

„Hier wollen die Studenten nicht lernen, sondern erstaunen."

Er ist ständig zu Vorträgen unterwegs in der ganzen Bundesrepublik, in Frankreich und Holland, er ist mit seinen nun fast 80 Jahren vital wie eh und je, wer mit ihm zusammentrifft, ist fasziniert: „Über einer großen, weit vorgeneigten Adlernase verändern graublaue Augen hinter dicken Brillengläsern in lebhafter Folge ihren Ausdruck: spitzbübisch blitzend, heiter, nachdenklich, ernst, forschend." Oder: „Hört man Ernst Bloch bei einem Vortrag oder einer Diskussion, so hat man die Gewißheit, sich nun vorstellen zu können, wie die alttestamentarischen Propheten ausgesehen haben mögen. Vornehm, voll Würde, doch blitzschnell und scharf in seinen Reaktionen, ohne jede Geste und doch in seiner Rede gewaltig wie von ferne heranrollender Donner: Seine Persönlichkeit hat etwas kraftvoll Mosaisches, seine Gedanken lösen sich aus dem Dunkel des Menschheitsanfangs und führen in die ›Dämmerung nach vorn‹. Die menschlichen Lebensalter scheinen über Ernst Bloch keine Macht zu haben: man findet ihn in Diskussionen und auf Reisen, nach stundenlang durchredeten Abenden ohne Zeichen von Müdigkeit, immer noch das Leuchten von Zukunft in den Augen. Er ist einer der seltenen Philosophen, die, mag man ihre Lehre bejahen oder nicht, das Leben lebenswert machen."

Vortrag in der Hamburger Universität 1967.

Die „Frankfurter Rundschau" schreibt am 20. Januar 1965: „Grazile Studentinnen mit keck über die Schulter gelegtem langen Haar, bärtige Studenten, die im Gesichtsausdruck ihr ›nonkonformistisches Weltbild‹ zur Schau stellen, unzählige Akademiker und solche, die es werden wollen

– sie alle hatten Sitzreihen, Durchgänge, freie Plätze um das Podium besetzt, drängelten sich an den Wänden und Türen. Im Hörsaal VI, einer der größten Hörsäle der Universität, warteten sie auf ›ihn‹. Schon mehr als eine Stunde vor Beginn waren im Hörsaal viele Plätze mit Mappen, Zeitungen und Taschen belegt. 45 Minuten vorher gab es schon keinen Sitzplatz mehr, 15 Minuten vorher bedurfte es schon Wühlmausarbeit, sich durch die Gänge zu schlängeln, 10 Minuten vor dem Vortrag war das Podium besetzt. Nein, nicht von dem Philosophen, sondern von seinen Zuhörern."

Zum 80. Geburtstag 1965 erfuhr Bloch allerlei Freundlichkeiten: Die Presse feierte ihn, er war für das bürgerliche Feuilleton längst eine Institution geworden, in Tübingen veranstalteten Studenten ihm zu Ehren einen Fackelzug, eine umstrittene Veranstaltung, weil einige sich gegen diese traditionelle Form der Ehrung wandten. Bloch dazu mit einem Zitat von Georg Simmel: „Es gibt Dinge, die man noch mehr anerkennt, wenn man sie bekämpft, als wenn man sie billigt." Siegfried Unseld gab eine Festschrift „Ernst Bloch zu ehren" heraus, die unter anderem zwei Tendenzen deutlich machte: Zum einen den Versuch, Blochs Philosophie ins Unverbindlich-Allgemeine einzusenken und damit zu entschärfen, zum anderen die Vereinnahmung durch die Theologen.

Fackelzug zum 80. Geburtstag 1965.

Zum ersten: Werner Maihofer brachte es in der Festschrift zum 80. Geburtstag fertig, Blochs Kernsatz aus „Naturrecht und menschliche Würde" – Keine Demokratie ohne Sozialismus, kein Sozialismus ohne Demokratie – als Aufforderung zum friedlichen Tänzchen mit den bestehenden Verhältnis-

„Für mich ist Bloch einfach ein Element meines autobiographischen Inventars." Bloch mit Uwe Johnson.

Gratulanten:
Günter Zehm (rechts), Jan Robert Bloch (Mitte), Gerhard Zwerenz (links).

sen mißzuverstehen: „So haben wir als Bürger der aus der französischen und amerikanischen Revolution hervorgegangenen Demokratien des Westens allen Grund, mit Entschiedenheit an den echten Errungenschaften unserer freiheitlichen Staats- und Gesellschaftsform festzuhalten und mit Entschlossenheit unseren Weg fortzusetzen, mit dem Ziel der Errichtung einer weltweiten Ordnung nach dem demokratischen Prinzip größtmöglicher und gleichberechtigter individualer Freiheit Aller, bei bestmöglicher Sicherheit der Grenzen dieser Freiheit." Genau so kann man Bloch in die Arme einer Rechts- und Staatsphilosophie nehmen, die vor lauter Hochtönendem gar nichts mehr sagt. Bloch pflegte zu derlei abstrakter Verblasenheit zu sagen: „Leises Nichts will sich laut machen und es wird lauter Nichts."

Wohlan, ich will aufrührerisch sein

Zwei Jahre später konnte Maihofer bei der Verleihung des Friedenspreises des Deutschen Buchhandels an Ernst Bloch noch einmal nachfassen: „Sein des Preises würdiges Wirken für den Frieden in dieser Welt liegt in der Wirkung seines Werkes selbst, als eines Brückenschlages zwischen bislang durch einen Abgrund von Fremdheit und Feindschaft getrennten Welten des Geistes." Auf diese Weise lobt man einen Denker vom Format Blochs in die Bedeutungslosigkeit. Dem konnte der Gelobte kräftig antworten: „Nur sanft sein heißt nicht gut sein. Die vielen Schwächlinge, die wir haben, sind noch nicht friedlich. Sie sind es nur im billigen, schlechten Sinn des Wortes, sind es nämlich allzu leicht. Zwar, als kleine Kinder ließen sie sich nichts gefallen, die begehren auf, daß man wunders meint, was es mit uns auf sich habe. Aber danach kamen auf zehn Aufstände tausend Kriege, und die Opfer leben brav. Daneben überall die vielen Duckmäuser, sagen nicht so und sagen nicht so, damit es nachher nicht heißt, sie hätten so oder so gesagt. Sie gibt es auch, und sie geben sich als besonders friedlich, diese Stillen im Lande, sind aber doch mehr feig und verkrochen." Das ist ein anderer Ton, rebellisch gegen den „verdrückten Kleinbürger" und seinen „Pazifismus" hinterm Ofen: „Als häufiges Gemisch von Limonade und Phrase wäre Pazifismus nicht das, was er für viele Demokraten zu sein hat: Widerstand der sozial-humanen Vernunft, aktiv, ohne Ausrede." Und Bloch sagt auch ganz unmißverständlich, wen er damit meint. Fünf Monate vorher war in Berlin Benno Ohnesorg erschossen worden, hatte die Staatsmacht sich schützend vor den Schah von Persien gestellt und mit Polizeiknüppeln den studentischen Protest beantwortet. Diese Staatsmacht weiß Bloch wohl zu würdigen: „So auch etwa als Polizei: liebend gerne ein Freund des Publikums und ein guter Vater des reibungslosen Verkehrs. Wenn es aber einmal hart auf hart geht, werden ausschließlich die nicht so rechten, also mehr linken Leute, die sich aufzulehnen scheinen, anders behandelt.

Diese latente Gewalt, die auf der herrschenden Seite war, konnte sofort sehr aktuell werden. Die anderen haben selbstverständlich angefangen, in der Obrigkeit, im Staat selbst ist keine Gewalt." Dagegen, der herrschenden Gewalt und der Gewalt der Herrschenden zur Warnung, zitiert Bloch Thomas Münzer: „Unsere Herren machen es selber, daß der gemeine Mann ihnen feind wird und sich empört und das heißen sie dann Aufruhr. Wohlan, ich will aufrührerisch sein."

Für den Kampf, gegen den Krieg – wie 1918 in den politischen Aufsätzen des Schweizer Exils propagiert Bloch diese Haltung auch jetzt. Für Thomas Münzer, für Streiks und Umwälzungen vom Format der Sklavenaufstände, der Französischen Revolution, gegen Wilhelm- und Hitler-Kriege, gegen Zarismus und die Politik des Pentagon, gegen die geschichtliche Linie „von den Kreuzigungen bis Auschwitz, und von den Autodafés bis Vietnam". Die Honoratioren in der Frankfurter Paulskirche an jenem 15. Oktober 1967 werden ihre Mühe gehabt haben, dem alten Mann an solchen Stellen Beifall zu zollen.

Nicht erst an diesem Punkt wird deutlich, daß Bloch – inzwischen 82 Jahre alt – überhaupt nicht daran denkt, aufs Altenteil zu gehen, er mischt sich unentwegt in die Tagespolitik ein. Im August 1965 unterschreibt er einen Aufruf des „Wahlkontors deutscher Schriftsteller" für eine sozialdemokratische Regierung, im Oktober 1967 den Aufruf gegen das Monopol von Springer, 1968 eine Erklärung gegen die Wie-

Friedenspreisverleihung 1967: Bloch, Friedrich Georgi vom Börsenverein des deutschen Buchhandels, Werner Maihofer, Wirtschaftsminister Karl Schiller.

„Ich habe dieses ›Prinzip Hoffnung‹ immer als mein Gegenüber betrachtet. Voller Skepsis. Voller Toleranz diesem Bedürfnis gegenüber, auch mit der Einsicht, daß man es vielleicht bräuchte, dieses ›Prinzip Hoffnung‹, um Durststrecken überstehen zu können. Aber getragen hat es mich nie.“ (Günter Grass)

dereinführung der Vorbeugehaft. Er wendet sich gegen Berufsverbote, Atombewaffnung, israelischen Militarismus, deutschen Anitsemitismus, den Vietnam-Krieg: „Die Nazis wurden wegen ähnlicher Verbrechen, wie sie die Amerikaner gegen das vietnamesische Volk seit Jahren begehen, von einem Nürnberger Gericht unter dem Vorsitz eines amerikanischen Richters zu den strengsten Strafen verurteilt. Wann endlich merkt die Welt diese Parallele, urteilt und handelt danach?“

Am 30. Oktober 1966 spricht er gegen die Notstandsgesetze auf dem Frankfurter Römerberg, steht mehr als zwei Stunden in der Eiseskälte auf der Tribüne, 81jährig. „Wir kommen zusammen, um den Anfängen zu wehren. Diese kennen wir bereits aus den ersten Sätzen der Notverordnung; die weiteren sollen uns erst später bleich machen. Absicht und Tenor der Sache sind so klar wie unheimlich, auch wenn, ja gerade wenn die Ausführungsbstimmungen, die ergänzenden, noch geheime Reichssache sind. Hier kann auch Wehner nicht beruhigen, nicht abwarten und den bisher üblichen Tee trinken lassen, die Zeit ist nicht danach, daß sie uns soviel Zeit läßt.“ Bloch erinnert an den unseligen Artikel 48 der Weimarer Verfassung, der die Demokratie schützen sollte und die Nazis letztlich ermöglichte. „Die Spuren also schrecken, wir wollen uns von ihnen endlich aufschrecken lassen. Wir Wissenschaftler, die den Aufruf gegen den Skandal unterschrieben haben, rufen mit dem einsichtigen überwiegenden Teil der Gewerkschaften zum Protest auf, ehe es zu spät ist. Die alten Herren mit ihrem Artikel 48 haben bereits die Vergangenheit verspielt, die neuen Herren mit ihrem Notstandsrecht sollen nicht unsere Zukunft verspielen.“

Genausogut engagierte sich Bloch auf der „anderen Seite“: Seit Mitte der 60er Jahre hatte er Kontakt mit der Praxis-Gruppe, einem Zusammenschluß jugoslawischer Philo-

Vor 20000 Menschen spricht Bloch beim Kongreß „Notstand der Demokratie" in Frankfurt.

sophen, die um einen Reformkommunismus bemüht waren. Er gehörte der Redaktion der Zeitschrift „Praxis" an und nahm häufig an den Tagungen der Sommerschule in Korcula teil. Während einer solchen Tagung im Sommer 1968 rückten Sowjetpanzer in Prag ein und beendeten blutig den „Prager Frühling". Blochs Reaktion: „Das grauenvolle Prager Geschehen wird nie vergessen werden. Stalin war keine Person, er ist eine unüberwundene Einrichtung. Sie war bisher hauptsächlich aufs innere Leben in Rußland beschränkt, jetzt aber wütet sie penetranter und totaler als je in der neuen russischen Kolonie: Tschechoslowakei. Lüge über Lüge kommt hinzu, angebliche Rettung des Marxismus wird von denen ausgebrüllt, mit Panzern und Blutvergießen garniert, die in Wahrheit als seine schlimmsten Feinde und Diskreditierer vor den entsetzten Augen der Linken in der ganzen Welt tätig sind. Gewinn davon haben einzig die langsam resonanzloser gewordenen Matadoren des kalten Kriegs und die Kollegen des russischen Überfalls am anderen Ende der Welt, in Vietnam." Bloch gibt also den Entschärfern in der Bundesrepublik nach wie vor keine Chance, ihn zu den Ihren zu zählen, sein Banner bleibt die Oktoberrevolution: „Zur Zeit hat die russische Hand die Intelligentia an der Gurgel, doch Vernunft schreitet weiter, Zarismus war nicht der Inhalt der Oktoberrevolution." Dieses doppelte Engagement macht Bloch dann auch zum Maßstab für andere, um jeden Beifall von der falschen Seite zu vermeiden: „Wer Vietnam zugestimmt oder sich lau dazu verhalten hat, hat kein

Recht, keine Legitimation, über die Aktion der Sowjetunion gegen Prag zu urteilen. Erst wer sich gegen den imperialistischen Kapitalismus in Vietnam gewandt hat, kann sich auch dazu äußern, was in Prag geschehen ist."

Das ist ein Punkt, der ihn mit der Studentenbewegung verbindet: „es wird niemals gegen Kambodscha allein gerufen, ohne Erinnerung an andere Unterdrückungen zu haben: zum Beispiel an die Tschechoslowakei oder an die Breschnew-Doktrin." Bloch hat von Anfang an auf Seiten der rebellierenden Studenten gestanden, und das nicht nur theoretisch. „Klar, man hat nicht mehr aber auch nicht weniger als einen Vormärz um sich." Für ihn ist diese studentische Rebellion etwas durchaus Überraschendes, vor allem für Deutschland. „Was ist da aus den deutschen Studenten geworden, die früher im Glück der Bügelfalte geschwelgt haben? Ein ganz anderer Typ Student ist erschienen". Freilich ist er nicht nur begeistert. „Man darf Revolution nicht mit Krafthuberei übersetzen. Daß einer dauernd herumfuchtelt, weil ihm nichts paßt, daß einer alles wegschmeißt, weil er was Besseres sieht, daß er wie der Hund am Wasser nach dem schöneren Spiegelbild des Bissens schnappt, den er im Maul hat – das alles ist nicht Revolution. Selbstverständlich ist Revolution ein Reifezustand". So bemängelt Bloch denn auch, daß die Studentenrevolte, im Unterschied zu früheren Rebellionen (1832, 1848, 1917/18), noch nicht so recht weiß, was sie will. Aber immerhin weiß man schon, was man *nicht* will, darin ist das Positive zumindest schon angedeutet. Und die Gewaltanwendung von Studenten verteidigt Bloch als „Aufruhr gegen primäre Unterdrückung". Das Einschlagen von Fensterscheiben kann insofern, wenn es sich nicht um blinde Aggression handelt, seinen Sinn haben, nämlich als Gegenwehr gegen institutionelle Gewalt. „Folglich: die Gewalt des Aufruhrs ist nicht die primäre, sie wendet sich vielmehr gegen die überall vorhandene Unterdrückungsmacht der herrschenden Verhältnisse."

Mit Herbert Marcuse in Korčula 1968.

Auf der anderen Seite grenzt Bloch den studentischen Protest ganz deutlich von terroristischen Aktionen ab. Derlei sei „ein Ausdruck von Misere und nicht etwa ein Ausdruck von Erwachen; es kann deshalb auch nicht verwechselt werden mit einem anderen Erwachen, das eines durch Vermittlung ist und das Wort ›Gelehrsamkeit‹ oder ›Wissenschaftlichkeit‹ durchaus für sich in Anspruch nimmt. Das kann durch anarchistische Kurzschlüsse oder Kurzschüsse nicht ersetzt werden." Im übrigen ist er der Meinung, daß der Terrorismus den Sozialisten erheblich schadet und auch keine gute Propaganda für den wahren Anarchismus ist. Bloch hatte schon lange, bevor es in der Bundesrepublik linken Terrorismus gab, das Seine dazu gesagt. Auf einer Tagung des Kongresses für kulturelle Freiheit 1963 heißt es: „Die rasche Heldentat, der Putschismus, der Aberglaube, alles sei zu jeder Zeit möglich, die Mißachtung der Fälligkeit, also des gesellschaftlich-

Korčula 1968.

historischen Fahrplans: daß so etwas nicht in Terror untergehe oder ihn nach sich ziehe oder ihn gar selber in sich habe, dafür trägt genau die Überlegung im Widerstand ihre Verantwortung."

Und auch einen anderen Gefallen tut Bloch den Studenten nicht: Für allerlei subkulturelle Experimente hat er nicht allzuviel übrig, und angebliche Bewußtseinserweiterung durch Drogen verfällt diesem Verdikt: „Das ist individueller Luxus, und so kann ein besseres Leben nicht gebaut werden. Das hat überhaupt nichts mit dieser Welt zu tun." Und wem das nicht reichte, der konnte von Bloch auch die historische Begleitmusik zu solchem Urteil hören: „Das können ja Herrengifte sein, die Rauschgifte! Z.B. Haschisch wurde zuerst geraucht im 7. oder 8. Jahrhundert, bei einem arabischen Stammesfürsten, der damit Krieger erzog, die blind, ohne zu achten, was los ist, losschlugen, im Dienst des Herrn. Das war die Wirkung von Haschisch, und so kommt aus dem Wort ›Haschisch‹ das französische Wort ›assassin‹ – Mörder."

„Daß es Bloch gibt, das richtet mir öfter den Kopf auf, der die Tendenz hat, auf die eigene Brust zu sinken, dort zu verharren, was dazu führen würde, den eigenen Nabel für den Horizont zu halten." (Martin Walser) – Ernst Bloch und Martin Walser bei der Vietnam-Manifestation 1970 in der Frankfurter Paulskirche.

Schließlich äußert Bloch eine gewisse Skepsis auch gegenüber bestimmten basisorientierten Politikformen der Studenten: „So will der marxistisch-leninistisch sich nennende, freilich auch Stalinbildern nicht abgeneigte Teil der Studentenschaft aus dem Universitätsbereich sich entfernen, um eben mitten im arbeitenden Proletariat, also in den Fabriken das so rätselhaft unterbrochene Bewußtsein wiederzuerwekken." Das beurteilt er im Prinzip nicht negativ, nur sieht er die Gefahr der Theoriefeindschaft. „Wonach denn als wahre Theorie nur anerkannt wird, was dem Proletariat unmittelbar verstehbar ist und so allein von ihm in Praxis umgesetzt werden kann". Das würde aber bedeuten, daß große Passagen von Marx, Lenin, Bebel, Liebknecht ebenfalls als bloße theoretische Spielwiese abgetan werden müßte. Derlei Theorien – wie auch die These vom Ende der Kunst und andere kulturfeindliche Haltungen – kritisiert er zwar, nennt sie aber „Schattenseiten von Tugenden", und zwar solchen des „Aufbruchs, der Abbruch braucht und die abzubrechenden Objekte, von verwechselter Spielwiese abgesehen, weit besser ahnt, als es deren Besitzern und Nutznießern lieb ist." Bloch macht auf der anderen Seite nicht den Fehler mancher philosophierender oder soziologisierender Zeitgenossen, die Studenten nun für das neue revolutionäre Subjekt zu halten: „der biologische Ort des Neuen ist die Jugend, der soziologische Ort der Revolution ist die unzufriedene

„Die Nazis wurden wegen ähnlicher Verbrechen, wie sie die Amerikaner gegen das vietnamesische Volk begehen, zu den strengsten Strafen verurteilt."

Klasse." Das sind traditionell die Bauern, Bürger, dann das revolutionäre Proletariat, nicht aber die Jugend oder gar nur ihr studentischer Teil. „Es muß hier eine Statthalterschaft eintreten, etwa mit der inneren Begründung: Wenn die Massen sich nicht zeigen und marschieren, müssen wir es tun, müssen diskutieren und uns selbst aus dem Establishment herausbringen, aus dem wir kommen und das an unserer Wiege sang." Die Studentenbewegung zeigt nämlich für Bloch eine doppelte Anomalie: Einmal die Rebellion der Studenten selbst, die es doch eigentlich gar nicht nötig haben, zum anderen die Lethargie des Proletariats. Er spricht immer wieder ganz verwundert vom rätselhaften Schlaf, von Stumpfheit und Ahnungslosigkeit des Proletariats vor allem in Deutschland (zum Unterschied von Italien und Frankreich), und er hofft von daher auf einen neuen Anstoß durch die Studenten: „Eine neue Bewegung müßte Unruhe bringen in den Schlaf, in den jahrelang der Westen gefallen war, in das große Eiapopeia, das nicht vom Himmel heruntergekommen ist, sondern von der Börse, zuerst die Menschen eingeschläfert und sie dann völlig konform gemacht hat mit der kapitalistischen Produktionsweise." Das ist aber genau das Problem: Das Kleinbürgertum und die Arbeiter haben gegen Studenten und ihre Aktionen Vorurteile, sie fühlen sich von dem, was die Studenten machen, nicht betroffen, es berührt scheinbar ihre Interessen nicht.

„Die Studenten erscheinen diesen Arbeitern, nach soundso viel Jahrzehnten Hitler und Adenauer, überhaupt nicht als etwas, was auf ihrer Seite steht, sondern als Mitglieder, wenn sie auch ein bißchen revolutionär zu sein glauben, der herrschenden Klasse; sie sagen: das sind die feinen Pinkel, und so bleiben die alten Klischees; die Arbeiter denken: und wenn Studenten auch recht hätten, so sind sie von Hause aus doch unsere Gegner." Ganz entsetzt reagiert Bloch darauf, daß Bauarbeiter demonstrierenden Studenten eine rote Fahne wegnahmen und diese zerrissen. Daß es soweit kommen konnte, liegt für ihn unter anderem daran, daß einem bundesdeutschen Arbeiter bei der roten Fahne nicht mehr „Wacht auf, Verdammte dieser Erde" einfällt, sondern Stalin und Ulbricht, Parteidiktatur, Apparatschiks.

Ernst und Karola in Hamburg.

Abhilfe verspricht er sich durch ein Bündnis von Arbeitern und Intellektuellen, keineswegs wird das Proletariat als revolutionäres Subjekt aufgegeben. „Ohnehin beinhaltet ja der Ruf nach einem neuen revolutionären Subjekt oft auch eine Art Sich-absetzen vom Proletariat. So, als ob man zu einer anderen Firma geht, weil die erste Bankrott gemacht hat. Statt einer derartigen Verzettelung wäre die Rückgewinnung des Proletariats jedenfalls von größerer und ausdauernder Kraft – also ein erneutes Bewußtwerden des Proletariats im Bund mit einer möglichst breiten Schicht derer, die in der gleichen Situation sind wie die Proletarier, so daß eine riesige Majorität im Sinn eines revolutionären Subjekts neu entsteht. Es muß sich der Sozialismus also wieder zurück in das verwandeln, was ihm an der Wiege gesungen wurde."

Dabei ist nun interessant für Bloch, was die Studenten eigentlich bewegt, gegen Bestehendes zu rebellieren. Der Protest gegen den Vietnamkrieg, gegen den Schah von Persien, gegen Faschismus in Griechenland („Besser als gar nichts, selbstverständlich") kann's doch nicht gewesen sein.

„Wenn die Massen sich nicht zeigen und marschieren" – Bloch mit Studenten.

Was tun wir denn, wenn in Vietnam Frieden geschlossen wird, wenn der Herr Pahlewi nicht mehr foltert: Sind wir dann zufrieden, hören wir dann auf? Augenscheinlich drückt doch dieser Protest „nicht die Unzufriedenheit und auch die Erbitterung, die hierzulande herrscht, in ihren Inhalten und Anlässen aus." Ohnehin fühlen sich die Proletarier, wenn überhaupt, ökonomisch unterdrückt und ausgebeutet, das revolutionäre Interesse ist zudem auf bloße Gewerkschaftsforderungen wie höheren Lohn und kürzere

Arbeitszeit herabgesunken. Bei den Studenten ist die Lage anders: „Es gibt die Entfremdung, die sich nicht auf schlechten Lohn allein zurückführen läßt, sondern die zu sozialer Emanzipation berufen hat und beruft, weil man den Zustand Herr und Knecht als solchen nicht ertragen kann." Die „Erbitterung gegen alles Unterdrückende, Manipuliertmachende, alles Leben Automatisierende, vom allgemeinen Management bis hin zum Besonderen akademischen Patriarchentums" – das ist der Unterschied zu bloßer schlechter ökonomischer Situation, und die „Studenten haben dieses andere subversive Element der Revolution wieder zum Bewußtsein gebracht."

Podiumsgespräch mit Walter Jens, Klaus Harpprecht, Rudolf Augstein, Günther Gaus (von links)

Da nun aber ein Bündnis zwischen Arbeitern und Intellektuellen, wie die Geschichte lehrt, nicht von alleine kommt, müssen die Studenten von sich aus in dieser Richtung aktiv werden, genau indem sie ihre Aufgabe als Intellektuelle wahrnehmen. „Sie müßten doch eigentlich mithelfen, den übrigen, den mit Recht Unzufriedenen, die Parolen zu liefern und einigen Begriff zu den Parolen." Denn eine breitere Revolte wird nur möglich sein, „wo immer dieser Wohlstandsstaat nicht mehr imstande ist oder es ihm vergönnt wird, den Widerspruch zwischen Herr und Knecht durch Eisschränke einzufrieren, durch Sozialpartnerschaft zu verkleistern." Und damit ist Bloch wieder beim Thema Propaganda, das ihn seit den 20er Jahren im Zusammenhang mit der sozialistischen Bewegung unentwegt beschäftigt hat.

Das Klassenbewußtsein des Proletariats, so Bloch, stimmt mit dem tatsächlichen Bewußtsein der Arbeiter nicht immer überein: „Und hier setzt nun die Pflicht zur Propaganda ein, die gerade von den linken Zeitschriften und Zeitungen auf eine Weise betrieben werden müßte, die die Arbeiter erreicht und sie aufweckt, sie ihrer wirklichen Lage bewußt und bereit macht, ihre Praxis mit wissenschaftlichem Sozialismus zu durchdringen." Bloch wendet sich energisch gegen „das unter linken Theoretikern weitverbreitete Parteichinesisch, das als schwierige Terminologie gefaßt wohl der Forschung zur schließlich wegwerfbaren Leiter dienlich sein mag, aber doch gerade für und in öffentlichen Bewegungen Gemeintes esoterisch formuliert, sektiererisch einschließt und politisch unfruchtbar macht."

In solchen Zusammenhängen sind jedoch nicht philosophische Untersuchungen gemeint. Er hatte ja schon in der Auseinandersetzung mit Joachim Schumacher um „Erbschaft dieser Zeit" abgelehnt, Philosophie selbst als Propaganda dienlich zu machen. (s.o., Seite 132) Es geht im engeren Sinne um die politische Propaganda, die unter den Bedingungen des entwickelten Kapitalismus des 20. Jahrhunderts erhebliche Schwierigkeiten hat: „Stinnes war deutlich. Die jetzige antikapitalistische Bewegung hat keinen Adressaten mehr." Hier müßte konkrete Aufklärung durch eine plastische, witzige, in die Phantasie greifende Propagandasprache betrieben werden. „Wenn man jetzt zu einem Proleten von Durchschnittsprofitrate spricht, das kotzt den an! Das ist doch gar nicht, was er will." Völlig ungeeignet dafür ist natürlich das Soziologendeutsch, das Bloch unter anderem Habermas ankreidet: „So ist der Habermas, die Habermassche Terminologie kein Zufall und zugleich ein Mittel, sich unschädlich zu machen. Denn das versteht sowieso kein Arsch."

Für die sozialistische Propaganda heißt das konkret, daß der Adressat immer mit einbezogen werden muß. Kritik des Kapitalismus heißt damit gleichzeitig, die revolutionären bürgerlichen Traditionen dieses Westens hervorzuheben, Kritik des östlichen Sozialismus heißt, dessen stalinistische Perversionen anzuprangern und gleichzeitig auf die Übergangsschwierigkeiten im sozialistischen Aufbau hinzuweisen. Denn: „Die Grundsonderbarkeit liegt darin, daß wir heutzutage keinen deutlich sterbenden Kapitalismus haben, sondern leider dessen unerwartete Erholung auf neuen Teilgebieten, und keinen ohne weiteres jugendfrischen, fahrplanmäßig fälligen Sozialismus, der so scharf und entfesselnd die untergehende Gesellschaft ablöste, wie das 1789 der bürgerlichen Revolution gelang." Daraus ergibt sich das Postulat: „mit allen Mitteln, mit militantem Optimismus diese Lage aufzuheben." Und dazu dient auch eine durchgekochte Propaganda.

Auch im hohen Alter gehört Bloch nicht zu den Lauen, die nicht so oder so sagen, damit man sie später nicht darauf festnageln kann. Zum Tod von Holger Meins protestiert er 1974 auf einer von der Universitätsleitung verbotenen Gedenkveranstaltung „gegen die Untaten der Folter, der Einzelhaft und

„Wir haben keinen jugendfrischen Sozialismus."

gegen die schließliche, langsame Hinrichtung von Gefangenen". Aber er macht auch klar, daß „wir nicht auf der Seite der Baader-Meinhof-Gruppe stehen" – nur berührt dies seine Solidarität mit denen nicht, die nach seiner Meinung ungerecht behandelt werden. „Jedenfalls setzt sich der Staat selber in ein großes Unrecht, das im Fall der Baader-Meinhof-Gruppe gekennzeichnet ist durch Isolationsfolter, durch Vernichtung der Persönlichkeit, durch Austilgung alles dessen, was sie in ihrem Zusammenhang und im Zusammenhang mit ihrem Leben, mit ihren falschen Überzeugungen an den Tag gelegt haben – dieses alles wird auch ausgetilgt, und wir leben dann, hervorgerufen durch den Rechtsstaat, in einem zweifellos sich anbahnenden Unrechtsstaat, in einer Aufhebung der liberalen Partien der Verfassung, die ohne weiteres und mit Leichtigkeit in den immer drohenden und noch lange nicht abgegoltenen möglichen Faschismus überleiten kann." Nein, zu vereinnahmen war Ernst Bloch nicht von denen, die ihm gerne die Zähne gezogen hätten. Aber auch nicht von denen, die ihn aufgrund solcher Äußerungen zum Zeugen für einen politischen Kampf machen wollten, den er – taktisch und grundsätzlich – für falsch hielt. Beeindruckendes Dokument dafür ein Interview, das die Tübinger Studentenzeitung „Widerspruch" mit Bloch im Juli 1975 zum 90. Geburtstag und anläßlich der Verleihung der Ehrendoktorwürde der Universität Tübingen führte.

Frage: Herr Bloch, Sie werden vom Fachbereich Philosophie der Universität Tübingen zu Ihrem 90. Geburtstag den philosophischen Ehrendoktor erhalten. Wie kommt eine bürgerliche Universität dazu, einen Marxisten auf diese Weise zu ehren?

Bloch: Es ist eigentlich nicht meine Sache, dazu Stellung zu nehmen. Das wäre eine Gewissensfrage: Wieso können Sie überhaupt den Ehrendoktor annehmen und ähnliches. Der Doktor geht aber nicht vom Staat aus, sondern vom Fachbereich, der in einem entscheidenden Teil mit der Reaktion nichts gemein hat und auch ohne Neinstimmen beschloß. Was anderes läge freilich vor, wenn z.B. etwas ins Haus fallen sollte wie das Bundesverdienstkreuz. Das ist nicht annehmbar, wegen der Schandpersonen, die ebenfalls das Bundesverdienstkreuz bekommen haben.

Es ist aber eine ganz andere Sache, worüber wir reden müssen, daß junge Wissenschaftler durch das Berufsverbot gehindert werden, das Katheder zu besteigen.

F: Wozu ich Sie bitte, Herr Bloch, Stellung zu nehmen, ist eine Wertung des politischen Klimas, das zur Zeit herrscht. Hat der Intellektuelle in der heutigen Situation die Möglichkeit, Meinungen zu beeinflußen, welche Macht hat der linke Intellektuelle angesichts des Stammheimer Prozesses?

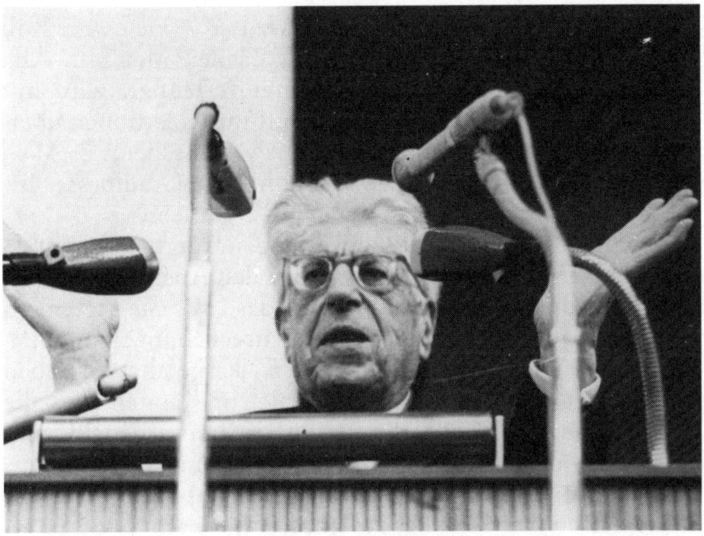

„Wie er da stand, schlohweißen Hauptes, mit beschwörendem Seherblick, die Arme zum Himmel gereckt, Zornesfalten über der Nase, steil zur zerfurchten breiten Stirn aufsteigend, so daß sich die vertikalen und horizontalen Linien michelangelesk überschnitten, glich er einem alttestamentarischen Propheten, der, mit Jehova hadernd, den Untergang seines Jerusalems abzuwenden unternimmt." (Heinz Brandt über Bloch)

B: Die Baader/Meinhof-Sache ist natürlich nicht ganz leicht. Ich finde es gibt glücklichere Themen als dieses. Und wenn man immer das zwar wichtige, aber ebenso armselige Wort sagen muß, daß man kein Anarchist ist und mit dem nicht übereinstimmt, daß im Gegenteil die Baader/Meinhof-Gruppe dem Rechtstrend doch einen äußeren Anlaß geliefert hat, dann müßte man noch etwas anderes haben, das nicht den Spießern recht gibt. *Es ist abscheulich, Bomben in ein Warenhaus zu werfen, unadressiert Attentate zu machen, wobei man die eigenen Genossen hätte mittreffen können.* Das wird auch die Situation nicht verändern, also insofern kann man ja schon allein aus praktisch strategischen Gründen kein Anarchist sein.

Die Haftbedingungen bei Baader/Meinhof mögen ja durchaus katastrophal sein. Ich weiß aber nicht, ob sie anders sind, als bei vielen anderen Häftlingen auch. Z.B. das was in Mannheim passiert ist, davon hat kein Mensch geredet, bis der Skandal bekannt wurde, daß Menschen durch Beamte in ekelerregender Weise umgebracht worden sind, die schon vorher schreckliche Bedingungen hatten. Man sollte nicht vergessen, *daß B/M eine Gefangenen-Aristokratie darstellen,* die uns andere, die anonymen Inhaftierten in den Gefängnissen zu leicht vergessen lassen. *Also, man müßte einen anderen Fall haben, um den Rechtsstaat anzuprangern. Dazu wäre das Berufsverbot sehr gut geeignet.*

F: Das ist zweifellos richtig, aber die Schwierigkeit ist ja die, daß B/M von der Reaktion zum Prüfstein für die Verfassungstreue gemacht worden sind, d.h. wenn jemand eintritt – nicht für Baader/Meinhof aber für ordentliche Haftbedingungen, für einen fairen Prozeß im Rahmen der bürgerlichen Legalität, so wird er – wie es bei Böll geschehen ist – identifiziert mit Baader/Meinhof, d.h., wer nur die bürgerliche Legalität verteidigt, wird mit denen identifiziert, obwohl er mit ihren Aktionen überhaupt nichts gemein hat. Und deswegen scheint B/M so etwas wie der moralische und politische Gradmesser für die gegenwärtige Situation der BRD zu sein.

B: Sachlich stimme ich Ihnen völlig bei, trotzdem ist es taktisch genau umgekehrt. Man hilft den Anarchisten nicht und hilft uns nicht, wenn man das, was Sie sagten, so stark pointiert. Es gibt andere Schrecken im Spätkapitalismus: Wir haben die dauernde Kriegsgefahr, wir haben wieder deutlich den Urwiderspruch im Kapitalismus, die ökonomische Krise, die hervortritt und arbeitslos und brotlos macht. Das sind Sachen, die zum Kapitalismus gehören und die direkt wohl jeder empfindet, und wo selbstverständlich alles auf unserer Seite ist.

F: Die Frage ist eben nur, ob die Linke im Augenblick in der BRD nicht so schwach ist, daß ihr Stellungnahmen zum Thema B/M buchstäblich aufgezwungen werden, die Linke also nur noch reagieren, nicht mehr agieren kann.

B: Als ob es sonst nichts gäbe. Reden wir nicht von der Linken, sondern vom Unerträglichen unseres Zustandes, der eine Linke hervorrufen müßte, die diesen aufhebt. Reden wir von der Ölkrise, wie da geschoben worden ist, und die die Ausrede ist für ungeheuere Preissteigerungen der Konzerne. Reden wir davon, daß der Kapitalismus selber die Krise befördert. Diese Themen sind doch leicht verständlich und verwischen die Situation nicht, im Gegenteil.

F: Sie haben eben das Stichwort gegeben, daß die Zustände in der BRD so sind, daß es eigentlich eine Linke geben müsse. Nun, wir haben eine Linke, aber die ist schwach und zersplittert. Gibt es spezifische Ursachen, daß hier die Linke so schwach ist, während das auf unsere Nachbarländer, etwa Frankreich, keineswegs zutrifft?

B: Darf ich da Marx zitieren aus der Kritik der Hegelschen Rechtsphilosophie, Einleitung? Wir Deutsche haben die Restaurationen der modernen Völker geteilt, ohne ihre Revolutionen zu teilen. Wir befanden uns immer nur einmal in der Gesellschaft der Freiheit, am Tag ihrer Beerdigung.

Das ist die deutsche Tradition: zwischen deutscher Theorie und deutscher Praxis klafft ein Riß. Lenin hat allerdings geglaubt, daß der Schlußpunkt der Revolution – und was für einer – mit großem Krach in Deutschland vollzogen würde. Bei ihm war Respekt vor Deutschland da, wegen der Großen Theorie. Aber die Deutschen haben kein Talent zur Praxis. Wo Praxis in anderen Ländern schon vorhanden war, 1848 oder 1918, da machten wir mit, aber wo ist denn eine Revolution in Deutschland

„Reden wir nicht von der Linken, sondern vom Unerträglichen unseres Zustandes, der eine Linke hervorrufen müßte, die diesen aufhebt.“ Ernst Bloch unter Studenten. Im Hintergrund Oskar Negt.

gelungen? Was ist denn aus 1918 in Deutschland geworden? Was ist mit Liebknecht und Rosa Luxemburg passiert? Daß 1918 in Frankreich, England oder Amerika die Revolution nicht ausgebrochen ist, hängt damit zusammen, daß diese Staaten Sieger waren. Also, man darf nicht Deutschland als Ausgangspunkt der Revolution sehen – schön wär's, aber damit rechnen kann man in keinem Fall. Die Nazis haben die Linke im Nu überrumpelt, und sind so rasch eingebrochen ins Proletariat, als wäre es Sozialismus gewesen, was die Nazis zu bieten hatten.

„Wo ist denn eine Revolution in Deutschland gelungen?"

Jetzt sieht es mit unserer Linken auch nicht viel besser aus. Bismarck brauchte heute gar kein Sozialistengesetz, sondern die Roten haben sich durch ihre Streitigkeiten und Zersplitterung selbst das Gesetz gegeben. Aber aufgeschoben ist nicht aufgehoben. Die Theorie des Marxismus haben die Deutschen gegeben, und das ist eine ewige Ehre. Die Praxis werden die anderen machen, und dann machen die deutschen Proleten mit, aber die Führer in der Verwirklichung der Revolution sind sie offenbar nicht. Ich glaube, daß der Satz vom jungen Marx noch eine große Zukunft hat: Wenn alle inneren Bedingungen erfüllt sind, wird der deutsche Auferstehungstag verkündet werden durch das Schmettern des gallischen Hahns. Diesen Satz hat man nach 1917 verlacht als eine falsche Prophezeiung. Er ist auf jeden Fall etwas pathetisch, aber wenn man das „Schmettern des gallischen Hahns" abstreicht, dann ist etwas daran. Allein konnten die Deutschen eben keine Revolution zum Sieg führen, der Ausgang des Bauernkriegs ist ein Symptom dafür.

Thomas Münzer wollte die Landsknechte haben. Geld hatten die Bauern keines, das hatten aber die Fürsten und Herren. Also schlug Münzer vor, daß man die Landsknechte mit der Plünderung der fürstlichen Schlösser bezahlen sollte. Mit den Landsknechten hätten die Bauern siegen können. Münzers Vorschlag wurde fast einstimmig abgelehnt, weil der christliche Heerhaufen nichts mit den Landsknechten zu tun haben wollte. Und das, obwohl Friedrich der sogenannte Weise in einem Brief geschrieben hatte: wir Fürsten sind jetzt verloren. So sicher war den Fürsten ihr eigener Untergang, als einige Bauern anfingen zu schießen. Die Schlacht bei Frankenhausen ging ja dann auf schreckliche Weise für die Bauern verloren. Das gab es bei jeder Revolution, daß sie nicht allein eine Revolte der Mühseligen und Beladenen war, sondern auch eine der Intelligenz. War Lenin denn kein Intellektueller?

F: Nur, hat unsere Studentenbewegung nicht daran gekrankt, daß sie rein auf die Universität beschränkt blieb, während die französischen oder die italienischen Studenten eine KP hinter sich haben, und auch Teile der Arbeiterschaft?

B: Na, die KP in Frankreich während des Pariser Mai kann sich sehen lassen, sie hat auf Weisung Moskaus gehandelt, d.h.: nicht gehandelt. Die Studentenbewegung in Paris wäre anders ausgegangen, ohne daß die Studenten einen Schuß hätten abzufeuern brauchen, hätte sie die KP entsprechend unterstützt. In der BRD ist die Linke isoliert und zersplittert, weil sie sich untereinander über eine einheitliche politische Konzeption nicht einigen kann. Ich meine, da gehören noch andere Horizonte dazu, und anderes, als ewig an sich gegenseitig herumzumäkeln.

F: Ein viel diskutiertes Thema ist die Frage der Gewalt. Die Frage ist: Gehört zur Vorstellung des Revolutionären der Begriff Gewalt notwendig dazu?

B: Ob Gewalt notwendig hinzugehört, das kommt auf die Verhältnissse an, gegen die sich die subversive Gewalt richtet oder zu richten hat. Wenn eine sehr große Reife der Bedingungen da ist zu einer Veränderung der bestehenden Verhältnisse, so daß sich sogar eine Mehrheit bildet, die der Veränderung zustimmt, dann, in diesem überwiegend theoretischen Fall leider, ist die Gewalt in einem strengen Sinn nicht notwendig. Aber, wie gesagt, diese Verhältnisse sind selten eingetreten und Revolutionen lassen sich nicht durch eine Parlamentsmehrheit beschließen.

Und lassen sich in den seltensten Fällen ersetzen. Nun stutze ich überhaupt bei dem Wort: Gewalt, indem sie ausschließlich rebellischen Bewegungen zugeschrieben wird. Die rebellischen Bewegungen haben Gewalt gebraucht, weil sie gezwungen waren, Gewalt zu gebrauchen. Und zwar durch jene Oberen, die die eigentliche Gewalt nicht als einen ausbrechenden und dynamisch sichtbaren Zustand besaßen, sondern eine statische Gewalt ausübten, die zu schlafen schien und so auch sich geben konnte, als wäre sie gar nicht vorhanden. Im Augenblick aber, in dem eine Veränderung hervorgerufen wurde, verwandelt sich die statische Gewalt in ihr echtes Gesicht, nämlich ebenfalls in eine dynamische; also: Unterdrückung, Pistolenschüsse oder wenn es eine Revolution niederzuschlagen gilt, weißer Terror. Neben dem roten der weiße Terror, der sich auch sehen lassen kann; also die Kategorie der Gewalt gilt auch für beide Seiten durchaus. Wenn es eine Verabscheuung der Gewalt, ein Aufrufen der Bergpredigt hier gegen rebellische Linke gibt, ist es Heuchelei. Die ganze Zeit eben braucht die Obrigkeit Gewalt und erklärt, sie habe ihr Schwert von Gott. Diese Gewalt ist zwar lange Zeit statisch, das Schwert bleibt noch in der Scheide. Aber es ist doch ein Schwert und zu jeder Zeit bereit, aus der Scheide herausgenommen zu werden. Andererseits freilich, glaube ich, gibt es auch ein Gewaltrecht des Guten. Also:

„Es gibt ein Gewaltrecht des Guten."

Mit Peter Weiss und Siegfried Unseld 1971 in Tübingen.

der kategorische Imperativ sozusagen mit dem Revolver in der Hand. Das steht z.T. wörtlich in meinem Buch „Thomas Münzer", im Kapitel „Gewaltrecht des Guten".

Im bürgerlichen Gebrauch des Wortes „Gewalt" steckt viel Scheinheiligkeit. Der Marxist muß aber untersuchen, wofür die Gewalt gebraucht wird. Die linke Gewalt wird für den Fortgang der Geschichte gebraucht und zur Aufhebung der künstlichen Verhinderung von etwas, das längs fällig ist. Die staatliche bürgerliche Gewalt wird zur Wahrung eines längst veralteten Zustands gebraucht. Für spätere Zeiten wird es wahrscheinlich unbegreiflich sein, daß es künstlich und sinnlos zwei Arten von Menschen gibt: Herr und Knecht, wobei es ganz gleich ist, ob es Leibeigene oder Feudalherren, oder ob es Monopolkapitalisten sind und hinausgeworfene Fabrikarbeiter – es gibt viele Beispiele, soviel Sie wollen, das Grundverhältnis Herr und Knecht ist darin geblieben. Ob jemand Herr oder Knecht ist, ist ein reiner Zufall der Geburt. Dieser unerträgliche, unverständliche Zustand, soll aufgehoben werden, und dazu hat die Geschichte ein paar Schritte gemacht, indem die schlimmste Herrenwillkür gefallen ist. Bauern werden heute nicht mehr aufgehängt und vorher gefoltert, weil sie ein paar Hölzer gestohlen haben, um sich eine Suppe kochen zu können. Es gab bis zur französischen Revolution eine völlige Unangemessenheit von Strafe und Vergehen. Aber die ungeheure Heuchelei bleibt auch in der bürgerlichen Gesellschaft bestehen. Das ist ausgedrückt in einem schönen Satz von Anatole France: „O die majestätische Gleichheit des Gesetzes, das den Armen wie den Reichen gleichmäßig verbietet, Holz zu stehlen und unter Brücken zu schlafen."

F: Es scheint die gegenwärtige innenpolitische Situation der BRD gerade auch dadurch gekennzeichnet, daß versucht wird, bestimmte Gesinnungen und Neigungsäußerungen zu unterdrücken. Die Berufsverbotspraxis basiert wesentlich auf Gesinnungsschnüffelei.

B: Ja, das scheint nicht nur so, das ist so. Nun kann ja auch eine rein theoretische Propaganda jederzeit in eine praktische umschlagen. Das Essen ist der Beweis des Puddings, sagt Engels. Wenn wir bloß über Formeln aus der höheren Mathematik, aus der Quantentheorie oder aus der allgemeinen und speziellen Relativitätstheorie sprächen, würde niemand zur Unterdrückung dessen etwas unternehmen. Wir Marxisten aber können ja nicht plötzlich reine Kontemplation treiben. Wir lehren eben den inneren Widerspruch der Gesellschaft, die Krise des Kapitalismus, mit einem anderen Akzent und mit einem anderen Ziel, als wenn wir an die Tafel schreiben: $v = 1/2\ gt^2$. Das ist die Formel des Fallgesetzes, das können wir ruhig lehren. Aber schon den Widerspruch im Kapitalismus können wir nicht lehren, weil keiner von uns bei dem theoretischen Widerspruch allein bleiben kann.

F: Glauben Sie, daß die Sozialdemokratie heute noch willens und in der Lage ist, den Rechtsdrall in der BRD aufzuhalten?

B: Ja, der linke Flügel, die Jusos, der einwandfrei ist aber schwach. Von der Gesamtpartei kann ich bis jetzt freilich leider nur sagen, daß sie die Berufsverbote entscheidend initiiert und durchgeführt hat. Daran sind die Kommunisten zum Teil sogar selbst schuld. Sie machen es der Sozialdemokratie leicht, damals und heute: Ist denn die Sowjetunion mehr als 50 Jahre nach der sozialistischen Revolution immer noch so schwach, innerlich so wenig gefestigt, daß sie oppositionelle Intellektuelle in die Emigration treiben muß, daß sie die moderne Kunst unterdrücken, abstrakte Bilder verbrennen muß? Hat die Sowjetunion so wenig Vertrauen in die Errungenschaften des Sozialismus, daß sie sich dermaßen abriegeln muß? Das gilt auch für die DDR mit der Sowjetunion im Hintergrund. Ist es denn für sie wirklich notwendig, so vorzugehen, daß sie dafür eine ungeheuer schlechte propagandistische Wirkung im Westen in Kauf nimmt? Wozu denn diese Angst?

1975 wurde zum Jahr der Ehrungen für Ernst Bloch. Damit war die deutsche Westrepublik bis dahin recht sparsam gewesen. 1964 erhielt Bloch zusammen mit Franz Masareel den Kulturpreis des DGB, 1967 den Friedenspreis des deutschen Buchhandels. Die Stadt Ludwigshafen rang sich

1970 dazu durch, Bloch zum Ehrenbürger zu machen, mit Schwierigkeiten freilich. Helmut Kohl hatte sich zwar dafür ausgesprochen, aber sein Parteifreund im Ludwigshafener Stadtrat, Kurt Böckmann, meinte, man sei mit Bloch nicht einig, „wo er den Staat in Frage stellt", ohne Frage eine richtige Einschätzung. Und FDP-Ratsmitglieder argumentierten, Ludwigshafen als Geburtsstadt Blochs allein sei noch kein Grund für eine so hohe Auszeichnung. Schließlich hatte auch Bloch selbst „ein gesprenkeltes Gefühl" angesichts die-

„Gesprenkeltes Gefühl" als Ehrenbürger von Ludwigshafen.

ser Ehrung. Die erste Ehrendoktorwürde verlieh ihm die Universität Zagreb 1969, die zweite die Pariser Sorbonne im März 1975, die Darmstädter Akademie gab Bloch den Sigmund-Freud-Preis für wissenschaftliche Prosa, schließlich beschloß auch die Universität Tübingen nach einigen Mühen, Bloch zum Ehrendoktor zu machen. Nach einer Kampfabstimmung kam es zu einer Mehrheit von einer Stimme (bei fünf Enthaltungen) im Fachbereich Philosophie, nicht einmal der Dekan, der dann die Laudatio hielt, soll für Bloch gestimmt haben. Von „peinlichem Vorspiel" war in der Presse die Rede, Gert Ueding spricht von einer „blamablen Schmierenkomödie, mit der die Tübinger philosophische Fakultät die Verleihung der Ehrendoktorwürde an Bloch zu torpedieren versuchte". Denn es gab außerdem Gerangel um den Saal für die Geburtstagsfeier und die Verleihung des Ehrendoktors. Zunächst wollte der Fachbereich nur einen kleinen Saal nehmen, dagegen wehrte sich Bloch, der echte Öffentlichkeit wollte, also Beteiligung und Rederecht für Studenten. Dann nahm man den zweitgrößten Saal und mußte schließlich doch, angesichts des großen Andrangs, den Festsaal nehmen, und auch dort standen sich die Gäste noch auf den Füßen herum. Als Bloch vom Ehrendoktor erfuhr, soll er gesagt haben: „Oh Gott, ich hab' doch schon ein paar", eine andere Überlieferung zitiert ihn mit dem Satz: „Habe ich denn etwas Falsches gemacht?" Jedenfalls geriet die Feier nicht zu dem, was die Universitäts-Honoratioren sich darunter vorgestellt hatten: Festakt, Streichquartett, Kugelbäumchen, roter Läufer. Eine Studentin berichtete von einem in Chile verfolgten Intellektuellen, dessen Leben durch eine Berufung in die Bundesrepublik gerettet werden könnte. Bloch plädierte dafür, ihm einen Lehrstuhl in Tübingen anzubieten. „Wer mich freuen will, der höre und handle im Fall dieses Chilenen." Nachdem ein Schüler Blochs auf dessen politisches Engagement gegen Notstandsgesetze und Berufsverbote hingewiesen hatte, entrollten zwei Studenten in Kapuzen ein Spruchband mit der Aufschrift: „Wann ist ER dran?" Beifall im Auditorium, aber auch Protest, einige Festgäste verlassen empört den Saal. Sie müssen nicht mehr mit anhören, wie ein Studentenvertreter sagt: „Ernst Bloch ehren, heißt der humanen sozialistischen Zukunft gedenken. In ihm ehrt die Tübinger Philosophie einen bedeutenden Marxisten. Dies geschieht zu einem Zeitpunkt, wo politisch Mächtige dieses Landes offensichtlich verhindern wollen, daß auch nur der Name ‚Marxismus' an einer Universität noch genannt wird." Sie hören auch nicht Blochs Rede, der durchaus Dankbarkeit zeigt dafür, daß die Universität Tübingen ihm eine neue Heimat geboten habe. Aber dann folgt gleich der Hinweis auf Tübingens Größen Hölderlin, Schelling, Hegel, die in Tübingen die französische Revolution jubelnd begrüßt und „um den Maibaum als Zeichen der Freiheit" getanzt hatten. Und die dagebliebenen Ehrengäste müssen schließlich noch pikiert mitansehen, wie der greise Bloch, von seinen Studenten und Freunden minutenlang gefeiert, die magere Faust zum Gruß hochreckt.

Ehrendoktorwürde der Sorbonne.

Ob all die illustren Gratulanten zu Blochs Neunzigstem daran ihre Freude gehabt hätten – Bundespräsident Scheel, Bundeskanzler Schmidt, Ministerpräsident Kohl, Franz-Josef Strauß? Aus der DDR meldete sich nur Wolfgang Harich mit einem Glückwunsch:

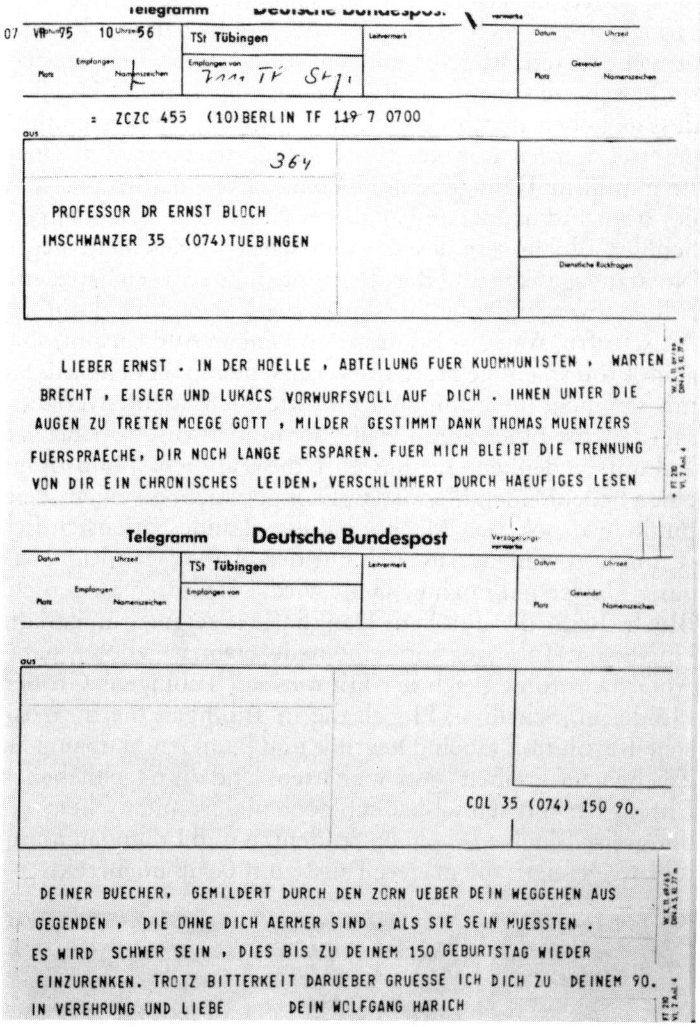

Telegramm Deutsche Bundespost

07 VII 75 10 56 TSt Tübingen

: ZCZC 455 (10)BERLIN TF 119 7 0700

364

PROFESSOR DR ERNST BLOCH
IMSCHWANZER 35 (074)TUEBINGEN

LIEBER ERNST . IN DER HOELLE , ABTEILUNG FUER KUOMMUNISTEN , WARTEN BRECHT , EISLER UND LUKACS VORWURFSVOLL AUF DICH . IHNEN UNTER DIE AUGEN ZU TRETEN MOEGE GOTT , MILDER GESTIMMT DANK THOMAS MUENTZERS FUERSPRAECHE, DIR NOCH LANGE ERSPAREN. FUER MICH BLEIBT DIE TRENNUNG VON DIR EIN CHRONISCHES LEIDEN, VERSCHLIMMERT DURCH HAEUFIGES LESEN

Telegramm Deutsche Bundespost

TSt Tübingen

COL 35 (074) 150 90.

DEINER BUECHER, GEMILDERT DURCH DEN ZORN UEBER DEIN WEGGEHEN AUS GEGENDEN , DIE OHNE DICH AERMER SIND , ALS SIE SEIN MUESSTEN . ES WIRD SCHWER SEIN , DIES BIS ZU DEINEM 150 GEBURTSTAG WIEDER EINZURENKEN. TROTZ BITTERKEIT DARUEBER GRUESSE ICH DICH ZU DEINEM 90. IN VEREHRUNG UND LIEBE DEIN WOLFGANG HARICH

Glückwunschtelegramm Wolfgang Harichs zum 90. Geburtstag Blochs. Nach dessen Tod schreibt Harich: „Nichts, kein Konflikt mit Ulbricht, keine Zwangsemeritierung, kein Mauerbau kann entschuldigen, daß Bloch 1961, kurzsichtig resignierend, der DDR fernblieb. Es war schlecht für diesen Staat, der nun unnötig lange brauchen wird, seinen bedeutendsten Denker dereinst wiederzuentdecken. Und es hat einen bis heute unheilvoll fortwirkenden Präzedenzfall geschaffen."

Werner Maihofer, inzwischen Innenminister der Republik und mitverantwortlich für die Anti-Terror-Gesetze, hat er nicht gratuliert. Bloch erklärt das damit, daß er bei Maihofer gegen das von Genscher ausgesprochene Einreiseverbot für Ernest Mandel protestiert habe, das Maihofer aufrechterhielt. „Wer sich so äußert, darf vielleicht nicht mit einem Glückwunsch aus dem Innenministerium rechnen", meint Bloch. Hätte er denn gerne einen bekommen?

Die zweite Tendenz der Bloch-Verarbeitung im Westen nach 1961 ist die Vereinnahmung seines Denkens durch die Theologen. Allein sechs Beiträge in der Festschrift zum 80. Geburtstag 1965 beschäftigen sich mit Blochs Religionsphilosophie. Dieser Richtung gab Bloch bald neuen Stoff: 1968 erschien „Atheismus im Christentum. Zur Religion des Exodus und des Reichs." Auch dieses Buch war bereits in den USA entstanden. Im Haus des Theologie-Professors Cadbury in Cambridge/Massachusetts fand Bloch eine umfangreiche theologische Bibliothek, die seine religionsphilosophischen Studien entschieden beflügelte und den Plan zu einem eigenen Buch über Christentum und Marxismus vorantrieb (eine Ketzergeschichte war ohnehin schon länger geplant, „Thomas Münzer" sollte nur ein Auftakt sein).

Das Beste an der Religion ist, daß sie Ketzer schafft

Religiöse und theologische Fragestellungen haben Blochs Werk von Anfang an berührt. Nicht von ungefähr wird ihm eine kaum zu entwirrende Mischung aus jüdischem Messianismus, christlicher Mystik, Chiliasmus, eschatologischem, apokalyptischem Denken zugesprochen, wobei Aufkleben und Beschriften solcher Etiketten häufig die Analyse ersetzen soll. Bringen wir ein wenig Ordnung in das Gewirr.

Ausgangspunkt in Blochs Frühwerk ist die Vorstellung von einem irdischen Jammertal, das überwunden werden müsse. Diese Überwindung meint Bloch zwar schon im Frühwerk eher politisch, Sprache und Metaphorik bezieht er aber noch weitgehend aus dem theologischen Bereich. Denn hier sind allemal Modelle von Welterlösung formuliert und erträumt worden, an denen entlang Bloch seinen „Geist der Utopie" herauskristallisiert. Da ist zum einen die christliche Vorstellung: Gott hat seinen Sohn, den Messias, als Erlöser geschickt, damit ist die Sündigkeit dieser Welt gesühnt. Im Vertrauen auf die Erlöserkraft Jesu Christi lebt der Mensch wesentlich auf ein Ziel hin: Das ewige Leben, das Reich Gottes. Dies ist seine eigentliche Bestimmung, seine wahre Hoffnung. Prinzipiell ist das Reich Gottes durch die Erscheinung Jesu schon eingetreten. Die christliche Eschatologie (Lehre vom Ende der Weltgeschichte) ist damit eine des Weltuntergangs und Gerichts. Die Apokalypse der Offenbarung des Johannes im letzten Buch des neuen Testaments schildert die Vollendung des Gottesreichs nach dem Untergang der Welt, der Überwindung des Satans und dem Jüngsten Gericht.

Dagegen steht der jüdische Messianismus: Der von Gott verheißene Erlöser wird noch kommen und ein neues irdisches Königreich Zion errichten zu Ehren der Herrlichkeit Gottes. Das Reich Gottes ist also eins *auf Erden*, Weltuntergang und Weltgericht kommen hier nicht vor.

Diese beiden Grundtypen von Eschatologie vermischen sich nun im frühchristlichen Chiliasmus (auch: Millenarismus). Der alte Traum vom Goldenen Zeitalter, die jüdische Erwartung eines irdischen Messiasreiches und die Erwartung der baldigen Wiederkehr Christi bei den frühen Christengemeinden verbinden sich hier zu dem Glauben, daß Christus am Ende dieser Welt ein Tausendjähriges Reich des Friedens auf Erden errichten wird. Erst nach diesem Millenium kommen Untergang der Welt, Weltgericht, Himmel und Hölle. In die „offizielle" christliche Eschatologie ist also mit einem Element des jüdischen Messianismus ein Zwischenreich gleichsam „eingeschoben", das aber die christliche Apokalypse-Vorstellung nicht aufhebt, sondern ihr nur vorgeschaltet ist. Dieser Chiliasmus, in den frühchristlichen Sekten lebendig, im Mittelalter von der Kirche verboten, lebte immer wieder auf: Bei den Flagellanten, Taboriten, Böhmischen Brüdern im Spätmittelalter, später bei Adventisten, Wiedertäufern und anderen Sekten, bei denen der Chiliasmus auch politischen Charakter hatte.

Zeichnung von Willy Geiger (1969).

Wir hatten gesehen, daß Bloch im Frühwerk ausdrücklich auf ein „System des theoretischen Messianismus" hinarbeitete, das die Überwindung der bestehenden Welt und deren Einmündung in eine sozialistische Brüdergemeinde zum Ziel hatte. Der Sozialismus Marxscher Prägung wird dabei als Prophetie eines solchen Reiches interpretiert, ökonomistische Züge am Marxismus werden kritisiert. Wir haben an anderen Beispielen gesehen, wie Bloch sich von diesem Anfang weiterentwickelt hat. In einem Brief aus dem Jahre 1955 heißt es in diesem Zusammenhang über „Geist der Utopie" und „Thomas Münzer": „Ich habe mich in den letzten Jahrzehnten durch bessere Kenntnis des Marxismus von manchem Schein und manchem Überschwang darin entfernt, keinesfalls aber von ihren Grundanliegen." Das gilt auch für seine religionsphilosophischen Erörterungen und ihren Stellenwert im System der Hoffnungsphilosophie. Bloch will auch im späteren Werk Religion als Äußerungsform menschlichen Bewußtseins ernstnehmen, er ist nicht damit zufrieden, Religion bloß als Aberglauben, als Ergebnis von Dämonen-Furcht oder Unwissenheit zu bezeichnen oder Religionskritik zu betreiben durch den Nachweis, daß die Bibel historisch nicht „recht" gehabt hat. Die utopisch-humanen Inhalte der jüdisch-christlichen Ketzergeschichte sind es, die ihn vor allem interessieren: *„das Beste an der Religion ist, daß sie Ketzer schafft"*, und deshalb ist es für Bloch dringend nötig, „die Bibel sub specie ihrer weiterwirkenden *Ketzergeschichte* zu lesen". Was dazu im „Prinzip Hoffnung" bereits grundsätzlich ausgeführt wurde, wird jetzt in „Atheismus im Christentum" mit einer Fülle von Material belegt.

Ausgangspunkt für Blochs Religionsphilosophie ist auf einer ersten Stufe die Religionskritik Feuerbachs, deren Ergebnisse er im wesentlichen voraussetzt: Der Mensch glaubt an Götter vor allem deshalb, weil er bestimmte Wunschvorstellungen eines vollkommenen Wesens hat und diese in einem Gott personifiziert. Feuerbach holt, so Bloch,

Mit Hut und Brille: Bloch, Rudolf Hagelstange, dessen Frau und Walter Schmieding beim Stuttgarter Schriftstellerkongress 1970.

den Gott wieder in den Menschen zurück – das ist das Wichtige an seiner Kritik. Marx hatte Feuerbachs Ansatz aufgenommen und einen Schritt weitergeführt. Auch für ihn gilt: „Die Religion ist die phantastische Verwirklichung des menschlichen Wesens, weil das menschliche Wesen keine wahre Wirklichkeit besitzt." Aber die phantastische Verwirklichung selbst hat einen realen Grund: „Das religiöse Elend ist in einem der Ausdruck des wirklichen Elends und in einem die Protestation gegen das wirkliche Elend. Die Religion ist der Seufzer der bedrängten Kreatur, das Gemüt einer herzlosen Welt, wie sie der Geist geistloser Zustände ist. Sie ist das Opium des Volkes. Die Aufhebung der Religion als des illusorischen Glücks des Volkes ist die Forderung seines wirklichen Glücks." Wohlgemerkt: Marx hält sich nicht bei der These von Religion als „Pfaffenbetrug" oder Herrschaftsideologie auf. Das mag eine Rolle spielen, ist für Marx aber nicht entscheidend. Er spricht, entgegen der landläufigen falschen Zitierweise ja nicht von „Opium für das Volk", redet also nicht davon, daß irgendjemand, der ein Herrschafts- und Unterdrückungsinteresse hat, dem Volk Religion als Opium verabreicht. Sondern Religion ist für Marx eine Form von Selbstbetrug, der im gleichen Akt Entlarvung des tatsächlichen Elends ist. Daraus zieht er die Forderung, die in der Religion nur phantasierte Verwirklichung des menschlichen Wesens nun tatsächlich einzulösen. Denn: „Die Kritik hat die imaginären Blumen an der Kette zerpflückt, nicht damit der Mensch die phantasielose, trostlose Kette trage, sondern damit er die Kette abwerfe und die lebendige Blume breche."

Bloch geht es nun darum, die Geltung dieser religiösen Wunschprojektionen herauszuarbeiten, zu zeigen, daß das Streben nach Erfüllung legitim ist und wie es sinnvoll umgemünzt werden kann. Von daher wird die Enttheokratisierung der Religion zum Hauptthema: Was als Gott gedacht ist, soll wieder dem Menschen zukommen – das ist das Erbe an Feuerbach; die phantastische Überschreitung der schlechten Wirklichkeit in religiösen Vorstellungen soll umgemünzt werden in die praktische Umwälzung dieser Verhältnisse – das ist das Erbe an Marx. Blochs Religionsphilosophie ist so zunächst Atheismus, das heißt, er fordert die Abdankung, Absetzung Gottes. Der Glaube an Gott als Person oder Geist ist für Bloch eindeutig Aberglaube, die Eliminierung der Gottvorstellung notwendige Voraussetzung seines Atheismus. Nur soll jetzt der Platz, auf dem der abgesetzte Gott gesessen hat, wieder besetzt werden: An seine Stelle tritt der Mensch. Das darf aber nicht heißen, daß das, was man sich unter dem Göttlichen vorgestellt hat, nun auf ein dürftiges menschliches Maß verengt wird. Nicht die Menschwerdung Gottes ist gemeint, sondern der human-utopische Inhalt der alttestamentarischen Prophezeiung: „Eritis sicut deus" – Ihr werdet sein wie Gott. Die noch ungewordenen Möglichkeiten des bisherigen Menschen sollen in dieser Art aufgehobener Religion eröffnet werden: „Eine Religion ohne Gott hat nicht aufgehört, Religion zu sein, sondern löst das, was im Namen der Religion an Behaltbarem und Eindenkbarem umging, auf eine ehrliche Weise ein." In der Bibel, vor allem in der Ketzergeschichte, war solche Absetzung Gottes und Einsetzung des Menschen in sein Recht nach Blochs Interpretation immer schon gemeint, nur hat die offizielle Theologie dergleichen stets unterdrückt.

Gespräche über Religion – Ernst Bloch und der Theologe Adolph Lowe.

Daher sein Satz: „Nur ein Atheist kann ein guter Christ sein", nämlich derjenige, der das Rebellische, die Sprengkraft der Bibel richtig liest. Und andererseits: „nur ein Christ kann ein guter Atheist sein" – dieser Satz richtet sich gegen allzuviel Banalität eines Atheismus, der in Religion nichts als Aberglauben, Betrug, Unsinn erkennen will und die atheistisch erbbaren Züge am Christentum – eben den „Atheismus im Christentum" – nicht wahrhaben will.

Was Bloch letztlich besonders interessiert, ist die messianische Vorstellung des Reiches Gottes. Ist Gott erst einmal aus diesen Vorstellungen verschwunden, dann wird das Reich Gottes zu einem utopischen Begriff dessen, was „Reich der Freiheit" meinen könnte. Jede revolutionär gerichtete Aufklärung hat nach Bloch dieses Messianische als „rotes Geheimnis", jede messianisch gerichtete Religion hat darin ein Stück Utopie als „Kanaan in unerforschter Pracht, als das Wunderbare."

„Atheismus im Christentum" ist von vielen Theologen scharf kritisiert worden, weil nach ihrer Meinung Bloch sich eine Karikatur der Religion als Gott-Herrscher-Glaube zurechtmache, die er dann trefflich angreifen könne. Er kritisiere zwar mit Recht die mittelalterliche Theologie, die institutionelle Gestalt des Christentums, die Theologie überhaupt, nie aber das Wesen oder den Kern des Selbstverständnisses des christlichen Glaubens. Seine dem Christentum angehängte Gottesvorstellung komme über den Kleinen Katechismus nicht hinaus. Blochs These vom Atheismus im Christentum ist andererseits für die orthodox-marxistischen Kritiker ein Paradox: „Was soll hierzu gesagt werden?" ruft Manfred Buhr verzweifelt aus. Für theologische Kritiker ist derlei zumindest heilsame Provokation, weil sich an dieser Zumutung der Begriff des wahren Christentums soll behaupten können.

Die Ernte wird eingebracht

Bloch arbeitet in diesen Jahren intensiv an der „Einbringung der Ernte", wie er die Fertigstellung des Gesamtwerks gerne nannte. Sein Arbeitsrhythmus hatte sich nicht geändert: Erst am späten Vormittag wird gefrühstückt, dann kommen die Zeitungen, die Korrespondenz, die Tagesaktualität. Nachmittag, Abend und Nacht gehören der Arbeit am Werk, sofern nicht Veranstaltungen an der Universität diesen Rhythmus unterbrechen.

Seit dem Jahre 1967, Bloch war 82 Jahre alt geworden, ist der Philosoph fast völlig blind. „Nach einer der üblichen Routineuntersuchungen in der Augenklinik verlor sich jene Trübung nicht mehr, die einige Stunden, manchmal auch Tage durch die Wirkung des eingeträufelten Atropins den Gesichtssinn verwirrt." Zuvor hatte Bloch, wenn auch extrem kurzsichtig, doch immer noch lesen können, indem er das Manuskript ganz nahe an seine dicken Brillengläser führte. Jetzt muß er sich alles vorlesen lassen, was seine Frau Karola mit großer Geduld und Hingabe tut, aber auch Assistenten und Studenten. Sein langjähriger Mitarbeiter Gert Ueding erzählt: „Bloch ist mir vorangegangen, und als ich in sein Arbeitszimmer trete, sitzt er schon wieder in dem bequemen Lehnsessel gegenüber von dem Schreibtisch, der für die nächsten Stunden mein Arbeitsplatz sein wird. Die Luft ist voll Tabakrauch, Bloch stopft sich schon die nächste Pfeife, er, der Inbegriff des Pfeifenrauchers, den kein Zeichner, kein Photograph ohne sein wichtigstes Requisit abzubilden versucht, er tut das mit einer Nachlässigkeit, die jedem Adepten dieser edlen Rauchkunst unbegreiflich erscheinen muß, der, wie ich selber, mit seinen Pfeifen, ihrer Maserung, den Tabaksorten und dem glänzenden Besteck ein ganzes Ritual entfaltet und viel Wesen um den blauen Dunst macht. Bloch reinigt seine Pfeife erst, wenn es nicht mehr anders geht und sie wirklich völlig verstopft ist. Außerdem hat er meist nur eine, manchmal zwei Pfeifen im Gebrauch, die diesen Raubbau dann auch nur wenige Monate aushalten. Schließlich raucht er ein Kraut – Translanta hieß es – das sowieso jeder Pfeife über kurz oder lang den Garaus machen würde. Meist eröffnen wir die Sitzung mit dem üblichen Geplänkel: ich biete aus meiner Dose an, vergebens natürlich. Bloch weist den nun keineswegs etwa exklusiven Tabak mit übertrieben zornigem Gebrumm zurück: ›Ihr vornehmes Zeug!‹“ Wort für Wort werden nun die Texte durchgearbeitet, Bloch formuliert alle Manuskripte und Typoskripte, die für die Gesamtausgabe vorgesehen sind, penibel durch. „Oftmals blieb kein Wort auf dem anderen, selbst bei schon veröffentlichten Werkpartien. – Er brachte mitunter sogar die Setzer zur Verzweiflung, weil die Korrekturfahnen derart mit Veränderungen und Neuformulierungen, mit Strichen und Ergänzungen überladen waren, daß nur ein kompletter Neusatz einigermaßen Klarheit versprach.“

Mit Ingeborg Bachmann 1971.

Nicht nur Setzer, auch Leser und treue Anhänger. Nach den „Literarischen Aufsätzen“ (1965) und den „Philosophischen Aufsätzen“ (1969), deren Gruppierung schon zum Teil wenig einleuchtete, deren Datierung zum Teil falsch, deren Textgestaltung nicht immer zufriedenstellend war, kam 1970 als dritter Aufsatzsammelband „Politische Messungen, Pestzeit, Vormärz“ heraus und wurde schnell zum Ärgernis. Gesammelt sind hier Aufsätze aus sechs Jahrzehnten, die zum Teil noch nicht erschienen oder nur schwer greifbar waren, aus neuerer Zeit auch Gespräche und Vorträge. Im Vorwort heißt es: „Dies Buch ist eine Auswahl, was auch bedeutet, daß einiges, was heute anders beurteilt werden kann als etwa 1936/37, hier nicht aufgenommen wurde.“ Das leuchtet ein, denn daß Bloch die Stalin-Ära inzwischen schonungslos kritisierte, war ja bekannt. Aber wer genauer hinschaute, rieb sich zunächst verdutzt, dann verärgert die Augen. Bloch hatte nicht nur ausgelassen, er hatte geändert.

Hans-Albert Walter waren diese Änderungen aufgefallen, er listete sie in der „Frankfurter Rundschau“ akkurat auf. Vor allem Fehleinschätzungen der Kriegsgefahr in den 30er Jahren waren in der Buchfassung herausseziert oder umgemünzt, ohne daß die Eingriffe kenntlich gemacht wurden. „Die Nazis brüllen Frieden, aber ihre Armee wälzt sich schweigend in den Krieg“, hatte Bloch 1935 geschrieben, gleich darauf aber beschwichtigt und die Hoffnung geäußert, daß es so weit nicht kommen werde. In der Buchfassung fehlt diese Passage. 1938 setzte Bloch darauf, daß sich die bürgerlichen Intellektuellen letztlich doch gegen Hitler orientieren würden, in der Buchfassung ist diese Fehleinschätzung unkenntlich gemacht durch die Formulierung, „der bürgerliche Geist scheint wieder ansprechbar geworden“. Die völlige Falschprognose Blochs in einem Aufsatz vom 17. Februar 1938, wonach die Entlassung der Generale Blomberg und Fritsch „der Anfang vom Ende der Nazis“ sei, weil der Nazi sich für die herrschende Klasse nicht mehr lohne, wurde nicht in die „Politischen Messungen“ übernommen. An diesem Aufsatz wäre die politische Fehleinschätzung nicht mehr kosmetisch zu verändern gewesen.

Die Beurteilung der Sowjetunion und der Moskauer Prozesse wird dem Leser ebenfalls nur in homöopathischen Dosen verabreicht: Die zwei wichtigsten Aufsätze zu den Moskauer Prozessen – „Kritik einer Prozeßkritik“ und „Bucharins Schlußwort“ – fehlen ganz, in anderen Aufsätzen sind die Hinweise auf die Sowjetunion und den Kommunismus wiederum so retuschiert, daß es aussieht, als distanziere sich Bloch schon zu dieser Zeit von falschen Entwicklungen in der Sowjetunion. Und wer, auf diese Weise aufmerksam geworden, weiterblätterte, fand auch in Aufsätzen des Schweizer Exils, sofern sie aufgenommen worden waren, solches Zurechtschustern.

Man konnte weiter feststellen, daß in vorherigen Sammlungen dieselbe Methode verwandt worden war. In den „Philosophischen Aufsätzen“ zum Beispiel ist ein Aufsatz abgedruckt „Über Freiheit und objektive Gesetzlichkeit, im Prozeß gesehen“, Jahresangabe 1954. In der Tat stimmt dieser Aufsatz über weite Strecken überein mit dem Original „Über Freiheit und objektive Gesetzlichkeit, politisch gefaßt“, 1954 in der „Deutschen Zeitschrift für Philosophie“ erschienen, eines der ersten Dokumente Blochschen Abweichens von der Parteidoktrin auch in der Öffentlichkeit. Nur hätte Bloch es augenscheinlich 1969 gerne etwas deutlicher gehabt: An die Erörterung von subjektivem Faktor und objektiver Gesetzlichkeit schließt Bloch die Bemerkung an: „Wobei allerdings auch eine noch gegebene objektive Gesetzlichkeit mit jeweiligen Parteibeschlüssen und deren Kodifizierungen nie verwechselt werden darf, schon deshalb nicht, weil kein wirklich objektives Gesetz bloß auferlegt ist und mit Gewaltanwendung zu reglementieren braucht.“

„Einiges heute anders beurteilt als 1936/37.“

Nur steht dieser mutige Satz im Original nicht, das interessierte Publikum in der DDR von 1954 hat derlei lediglich zwischen den Zeilen lesen können, tatsächlich so gedruckt wäre ein Skandal daraus geworden. Hat Bloch es nötig, den Lesern von 1969 weiszumachen, er habe dies schon 1954 so gesagt?

Mit Karola 1967 in Rom.

Derlei ist nun nichts anderes als Manipulation, und so forderte Hans-Albert Walter, nun wieder bezogen auf „Politische Messungen": „Ernst Bloch möge diesen Band zurückziehen und durch einen mit den kommentierten Urfassungen ersetzen, unter Einschluß der hier ausgelassenen wichtigen Aufsätze. Damit ihm wieder geglaubt werde." Eine nicht unbillige Forderung. Stattdessen begann eine merkwürdige Debatte, nicht über Blochs Retuschen, sondern über Walters Rezension. Bloch selbst reagierte so: „Mit diesen politischen Aufsätzen sind ja keine diplomatischen Dokumente veröffentlicht, an denen nicht einmal ein Komma verändert werden dürfte. Es ist auch keinerlei Autobiographisches beabsichtigt oder im mindesten nur an irgendeiner Stelle nahegelegt. – Im Übrigen sind die ›Politischen Messungen‹ ein Beitrag zur politischen Philosophie im Rahmen der Gesamtausgabe als Ausgabe letzter Hand; daher wurden sie stilistisch überarbeitet, in gleicher Art wie die anderen Bände. – Hauptsache: an Gesinnung, Richtung und am Maß, mit dem hier gemessen wurde, wurde selbstverständlich nichts verändert". Eine Verteidigung mit „matten Argumenten", wie Ivo Frenzel zu Recht feststellte. Dafür unternahm es dann Iring Fetscher in der „Zeit", Bloch gegen seine Kritiker zu verteidigen: „Die kleinliche Beckmesserei eines Rezensenten hat das Buch ins Gespräch gebracht" – ein Vorwurf, wie er unsinniger kaum noch zu formulieren ist. Auch Helmut Gollwitzer stellte sich schützend vor Bloch, indem er Hans-Albert Walter „Verständnislosigkeit" und Enge des Horizonts vorwarf: „Wer in einer Ausgabe letzter Hand die Summe seines Lebenswerkes zieht, hat das Recht, dafür auszuwählen, was ihm Bestand, auch heute noch vertretene Gültigkeit zu haben scheint, und auch das Recht, Früheres so zu verändern, wie es nun abschließend im Kontext des Ganzen seinen Platz haben soll." Damit auch die Linke in diesen Eiertanz einbezogen sei, meldete sich Oskar Negt zu Wort: Da habe doch tatsächlich ein Philologe an Bloch herumgekrittelt, eigentlich ein undiskutabler Vorgang. „Könnte die Sache nicht von den Gegnern Blochs mißbraucht werden, würde sich jedes weitere Wort darüber erübrigen." So aber stellt Negt klar: „Das Entscheidende ist aber nicht, ob ein Philosoph vom Range Blochs Irrtümer in der Beurteilung zeitgeschichtlicher Verhältnisse begeht, sondern ob sie (wie etwa bei Heidegger in Bezug auf den Faschismus) Ausdruck des Prinzips seiner Philosophie sind. Das ist für Bloch eindeutig zu verneinen." Es ist schon merkwürdig, wie man Maßstäbe zurechtbiegen kann, wenn's gerade an einer Ecke nicht paßt. Einzig wirkliches Maß – und das scheinen seine Verteidiger nicht begriffen zu haben – ist doch gerade die moralische Integrität, die denkerische Ehrlichkeit und Geradlinigkeit, die an Bloch fasziniert und der er ohne Not und eher grob als leicht fahrlässig eine Scharte versetzt hat.

Einig schienen jedenfalls alle darin, daß der Suhrkamp-Verlag die meiste Schuld hatte, und der gab dann auch 1972 die Originalfassungen der politischen Aufsätze aus den Jahren 1934 – 1939 heraus, ein Unternehmen, das getrost auf alle politischen und literarischen Arbeiten Blochs ausgedehnt werden könnte – hier sind noch einige Schätze zu heben.

Mit Willy Brandt 1968 bei der Karl-Marx-Feier in Trier (150. Geburtstag).

„Sehr selten sah und sieht man dies: ein Antlitz von derart ungeheurer, fast quälender geistiger Angestrengtheit. Lippen, die tief herabgezogen sind, nicht von Spott, noch weniger von Verachtung; von gestrafftestem geistigen Kraftaufwand ganz allein. Längsfalten, wie von Schnitzmessern gekerbt. Durchdringend blickende Augen hinter beängstigend dicken Brillen eines schwer Kurzsichtigen. Dazu eine ganz seltsame Stirn, höhnisches Dementi des Wort- und Bildklischees von der ›Hohen Denkerstirn‹. Ernst Blochs Stirne ist auffallend niedrig, ein mäßig gebogenes Halbrund, gebildet vom Ansatz des dichten, harten weißen Haares. Das ganze Gesicht stellt beunruhigende Anforderungen, vor denen zu bestehen keiner sich so geschwind zutraut.“ (Jean Améry)

Anfang der 70er Jahre rundet sich allmählich die Gesamtausgabe des Blochschen Werks. 1972 erscheint „Das Materialismusproblem, seine Geschichte und Substanz“, 1975 bildet „Experimentum Mundi“ den systematischen Schlußpunkt. Das Materialismusbuch war – wie wir gesehen hatten – im Prager Exil begonnen worden und dort schon weit gediehen, Bloch hatte in den USA und in der DDR vergeblich mit einem Erscheinen gerechnet. 1969 bis 1971 hat er das Manuskript noch einmal durchgesehen, er widmet es „dem Jugendfreund Georg Lukács“. Kern des Buches ist eine breit angelegte Materie-Theorie, die systematisch eigentlich an den Anfang des Gesamtwerkes gehört. Die Betrachtung dieser Welt, dieser Wirklichkeit, nennt sich bei Bloch Philosophie, weil und indem sie immer das Ganze dieser Welt in den Blick bekommen will, ihre Totalität. Damit formuliert Bloch einen traditionellen Anspruch von Philosophie – unter materialistischem Blickwinkel – wieder neu. Aber Bloch genügt es nicht, nur die Wirklichkeit in Augenschein zu nehmen. Er will auch wissen, was es mit dieser Welt auf sich hat, wohin das alles treibt, was ist, und warum es treibt, welcher Sinn im Treiben dieser Welt steckt. Damit formuliert er den traditionellen Anspruch einer Metaphysik. Will eine Philosophie aber alle diese Fragen stellen, muß sie angeben, über welchen Stoff sie eigentlich redet: Das ist für Bloch *Materie*, er geht von einer umfassenden Materialität, der materiellen Einheit dieser Welt aus, betreibt also nicht Geistphilosophie oder Anthropologie, sondern im umfassenden Sinn materialistische Philosophie. So spricht Bloch davon, daß „das anthropologische Realproblem (was wir Menschen in Wahrheit sind) von dem kosmologischen (was das Ungeheure der Natur in seiner Selbstverschlossenheit führen kann) letzthin umfaßt“ wird. Sein Materie-Begriff umschließt also Natur und Mensch; Naturstoff und Mensch sind keine Gegensätze, sondern Entwicklungsstufen auseinander. Das gilt selbstverständlich nicht nur für die Körperlichkeit des Menschen, sondern auch für den menschlichen Geist: Es gibt für Bloch keinen Dualismus von Materie und Geist.

Bloch spricht so von der physischen und der „menschhistorischen, der bewußten“ Materie. Für ihn ist Materie nicht mehr nur als „das zu verstehen, was man mit den Händen fassen kann, was Gewicht hat“. Sondern darüberhinaus gilt auch der Bereich der „Beziehung von Menschen zu Menschen und zur Natur“ (nach einem Begriff von Marx) als Materie. Diese hat eine phyisch-organische Basis und menschlich-gesellschaftliche Entwicklungsstufen. Die „Erklärung der Welt aus sich selbst“ geht von einer Evolution der Materie aus mikrokosmischen Anfängen bis zu allerhöchsten Organisationsformen aus.

Wichtig ist dabei, daß diese Entwicklung des bewußten Subjekts aus anorganischen Anfängen, also aus Kohlewasserstoffverbindungen, nicht als Zufall interpretiert wird, in dem Sinne: Es hätte auch ganz anders kommen können, der Mensch als vorläufiges „Endprodukt“ der Materie-Entwicklung ist ein Zufallsprodukt. Sondern: Auch in der Naturmaterie – so Bloch – gibt es ein Treibendes, das aus sich selbst heraus Entwicklungen in Gang setzt. Dieses Treibende enthält keimhaft ein Subjektives, das im bewußten Menschensubjekt seine höchste Ausformung findet.

Einen solchen Materie-Begriff bezieht Bloch aus der Tradition der arabischen Aristoteles-Interpretation (Avicenna, Avicebron, Averroes) und aus der Philosophie Giordano Brunos: diese Gruppe nennt er die „Aristotelische Linke“. Zwar versteht Aristoteles Materie zunächst als etwas durchaus Passives, auf das Formung, Gestaltung von außen einwirken muß. Aber er kennt auch eine Aktivität der Materie, den Charakter eines aktiven mütterlichen Schoßes, der zum Gebären disponiert ist. So spricht er von einer „Sehnsucht der Materie nach der Form“, ein Element, das eben von der „Aristotelischen Linken“ zu einem dynamischen Materie-Begriff ausgebaut worden war.

Auch mit einem solchen Materie-Begriff bleibt es natürlich ein Problem, „aus mechanischen Bewegungen, gar aus bloßen Lagerungen der Stoffteile ein so völlig Nicht-Äußeres wie Bewußtsein zu erklären". Dafür macht Bloch eine Anleihe bei der romantischen Naturphilosophie. Schelling hatte die Produktivität der Natur als die eines Geistes verstanden, der als Subjekt handelt. In aller natürlichen Organisation herrscht danach der Trieb, „ins Unendliche fort ein und dasselbe Urbild, *die reine Form unseres Geistes*, auszudrücken." Für Bloch ist daran wichtig: Damit wendet sich Schelling gegen die geläufige Auffassung, wonach die Welt als ein Standbild mit ›anorganischem Sockel‹ und ›organischer Statue‹ zu erklären ist. Vielmehr geht Schelling von einer einheitlichen Entwicklung aus: „Die jetzt vor uns liegende unorganisch scheinende Materie ist dasjenige von der Erde, was nicht Thier und Pflanze werden oder sich bis zu dem Punkt verwandeln konnte, wo es organisch wurde", es ist „das nach außen gekehrte Knochengerüste der ganzen organischen Welt." Er sieht schließlich sogar in organischen Formen Vorboten „sittlicher und sozialer Verhältnisse" und versteht den menschlichen Geist als „höchste Blüte der ganzen organischen Metamorphose". Das dem menschlichen Geist als Produzierendes in der Natur Vorhergehende nennt Schelling nun „Natursubjekt" – hier knüpft Bloch an. Zwar schränkt er ein: „Ein Ich oder Selbst ist nicht darin, auch wenn es von den Menschen immer wieder eingeführt worden ist." Vielmehr ist es das Treibende in der Materie, was ihn interessiert. Wir erinnern uns: Das, was im Menschen antreibt, ist unbekannt. Der Mensch ist aber selbst Natur, ist – im allgemeinsten Sinn des Wortes – Materie. Also fragt Bloch nach dem, was in der Materie antreibt: „Das Gärende ist das Subjekt in der Materie, die entstehende Blüte oder Frucht ist die Substanz dieses Subjekts." Dabei geht es ihm vor allem um die Formulierung eines neuen Verhältnisses des Menschen zur Natur. Er wendet sich gegen eine bloß ausbeutende Beziehung, in der der Mensch die Natur als fremdes Gegenüber sieht, dem mit technischen Mitteln, mit Gewalt oder List und Tücke beizukommen ist, das man sich „untertan" machen muß.

Friedrich Wilhelm Schelling.

Die naturwissenschaftliche Technik ist zwar in der Lage gewesen, eine ungeheure Entfesselung der Produktivkräfte zu bewirken, ein zunächst durchaus positives Element. Aber damit geht die Anbindung an die alte, gewachsene Welt verloren: Die Öde und Häßlichkeit, das Elend von Fabriklandschaft und Industriestadt, die „Vorarchitektur der Hölle" im Frühkapitalismus, all dies sind für Bloch Zeichen eines fehlenden Anschlusses an die kapitalistisch überschrittene Welt, vor allem an „ein der Technik selber Günstiges in der Natur." Dies abstrakte Verhältnis der Technik zur Natur wird besonders deutlich beim technischen Unfall. Dieser resultiert aus der „Angst des Ingenieurs" vor den Kräften, mit denen er umgeht, die er aber nicht hinreichend kennt. Diese Abstraktheit soll überwunden werden. Blochs Naturphilosophie ist also zu verstehen als Feldzug gegen alles nur quantifizierende, mechanisch berechnende Denken, das das Verhältnis von Mensch und Natur in ein mathematisches Kalkül bringen will und so Mensch und Universum voneinander trennt. Diesem Verständnis setzt er eine Qualifizierung des Naturverhältnisses entgegen. Was der Mensch, zum Beispiel, als Naturschönheit, Naturerhabenheit empfindet, kann nach Blochs Meinung nicht nur menschliche Zutat sein. So als sei Natur „an sich" eine chemische Formel, für den Menschen aber ein herzwärmendes Erlebnis. Er ist vielmehr der Meinung, daß in der Natur objektiv angelegte Qualitäten bestimmte menschliche Verhaltensweisen ansprechen, während andererseits die menschliche Wahrnehmung die Naturqualitäten erst zum Erwachen bringt. Oder anders: „von der Tiefe der Natur wird in dem von ihr ergriffenen Mensch-Subjekt erzählt." Was letztlich *Ziel* des Entwicklungsprozesses der Materie sein könnte, nennt Bloch Identität von Natur und Menschenwelt. Freilich: Wenn er behauptet, daß der Prozeß dieser Welt noch unentschieden ist, daß die in Mensch und Welt steckenden Möglichkeiten erst noch herausgebracht werden müssen, dann kann es natürlich auch sein, daß diese Welt zu gar keinem Ziel hintreibt. Das räumt er bei seinen geschichtsphilosophischen Betrachtungen auch ein. In der Naturwissenschaft herrscht darüberhinaus, so wie die Dinge stehen, die Lehrmeinung vor, daß unser galaktisches System irgendwann in sich zusammenstürzen wird. Das mag so sein, sagt Bloch, es *muß* aber nicht sein. Dank dem „unausgeschöpften dialektischen Reichtum der Materie" kann sie immer neue Qualitäten freisetzen und muß nicht im ewig gleichen Karussell von Entstehung und Selbstvernichtung sich bewegen.

Plastik von Gustav Seitz.

Seine in Tübingen mühsam wieder zusammengestellte Büchersammlung nannte Bloch „Bibliothek eines Kutschers" – Arbeitszimmer in Tübingen.

Derlei ist nicht ganz so spekulativ, wie es sich anhören mag: Es gibt auch in kosmologischen Theorien Hypothesen über eine mögliche relative Stabilität des Universums, wonach nicht notwendig nach 20 – 35 Milliarden Jahren unser galaktisches System sich selbst wieder zerstört. So hält die „Antimaterie"-Theorie eine stabilisierende Wechselwirkung von Materie und Antimaterie für möglich, die eine kosmische Katastrophe verhindern könnte.

Gibt es ein Ziel der Geschichte?

Daß nun *überhaupt* von einem solchen Prozeßziel gesprochen wird, mag verwundern, gilt es doch unter Marxisten als ausgemacht, daß das Reich der Freiheit (als klassenlose Gesellschaft) erkämpft werden soll. Allerdings hat Bloch immer darauf hingewiesen, daß mit solchen Zieldefinitionen noch nicht allzuviel gesagt ist. Nach Marx heißt das Ziel der Geschichte Aufhebung der Entfremdung und Verdinglichung des Menschen durch Aufhebung der Bedingungen der warenproduzierenden Gesellschaft: privater Besitz an Produktionsmitteln, private Aneignung des gesellschaftlich produzierten Mehrwerts. Das heißt: Das Ziel der Geschichte – ein menschenwürdiges Leben in Freiheit und Selbstbestimmung – ist nur zu erreichen durch Aufhebung der Mächte, die summarisch als „Kapitalismus" bezeichnet werden. Daß diese Summe von Produktionsweisen, gesellschaftlichen Verkehrsformen und kulturellen Produktionsweisen – genannt „Kapitalismus" – unter den Bedingungen des späten 20. Jahrhunderts neu analysiert werden muß, ist Bloch klar. Sein Beitrag dazu ist

1. die Analyse von Bewußtseinsformen, die die bestehenden Verhältnisse stabilisieren und rechtfertigen (Ideologien)
2. die Analyse der Bewußtseinsformen, die diese Verhältnisse kritisieren und damit tendenziell gefährden (Utopien)
3. die Analyse der auch noch in den Ideologien steckenden utopischen Gehalte.

Aber die Bekämpfung und Überwindung des Kapitalismus in diesem Sinne löst nicht alle Probleme, sie ist für Bloch nur Vorarbeit. „Marxismus ist die erste Tür zu dem Zustand, der Ausbeutung und Abhängigkeit ursächlich ausscheidet, folglich zu einem beginnenden Sein wie Utopie." Bloch kann sich dabei auf Marx und Engels berufen, die auch nicht auf die Idee gekommen sind, etwa den Kommunismus für das höchste Ziel der Menschheit zu halten. „Der *Kommunismus* ist die notwendige Gestalt und das energische Prinzip der nächsten Zukunft, aber der Kommunismus ist nicht als solcher das Ziel der menschlichen Entwicklung – die Gestalt der menschlichen Gesellschaft." Und: „Der Kommunismus ist für uns nicht ein *Zustand,* der hergestellt werden soll, ein

Ideal, wonach die Wirklichkeit sich zu richten haben (wird). Wir nennen Kommunismus die *wirkliche* Bewegung, welche den jetzigen Zustand aufhebt. Die Bedingungen dieser Bewegung ergeben sich aus der jetzt bestehenden Voraussetzung."

Bloch treibt diese Gedanken weiter: Für ihn bestehen auch in der klassenlosen Gesellschaft weiterhin Widersprüche, freilich keine antagonistischen Widersprüche mehr, also nur noch solche, die kein „äußeres und schmutziges Elend mehr" erzeugen. Es bleiben aber „rein menschliche, menschenwürdige" Unstimmigkeiten, welche die „einzig wahren Existenzsorgen betreffen." Der Marxismus, so Bloch, ist mit seiner Verwirklichung erledigt wie eine Errungenschaft, die nicht mehr erkämpft zu werden braucht, wenn sie erst einmal zum Prinzip des Lebens geworden ist: „wenn der Marxismus verwirklicht ist, dann ist er langweilig."

Marxismus als Kritik der politischen Ökonomie ist unnötig geworden, sobald die kritisierte Form politischer Ökonomie nicht mehr existiert. Dann werden andere Inhalte in den „Weiterungen des Marxismus" interessant. Oder anders: Wenn Produktions- und Verteilungsvorgänge nicht mehr im Zentrum der gesellschaftlichen Sorge stehen, treten die „echten, wertvollen, uns angemessenen Sorgen vor, die Frage dessen, was wirklich im Leben nicht stimmt." Es wäre dann Hauptaufgabe der Gesellschaft, „die immer reichere und tiefere Gestaltung der menschlichen Beziehungen zu aktivieren", Aufgabe einer neuen Ideologie, einer „Ideologie des Überhaupt", die Zielmöglichkeiten des Menschen und der Natur weiterzudenken und weiterzutreiben. Für die Lösung solcher Fragen denkt Bloch sich eine Instanz, die an die Stelle der alten Kirche treten könnte (die selbst als „verstaatlichter Gott" mit dem Staat zugrundegeht). Eine solche Rat-

„Keine hohe Denkerstirn: seine Wahrheit ist eine erschaute und erfahrene, keine erklügelte. Mächtig dagegen, wenn man ihn von der Seite sieht, das Ohr: ein Mensch, der mehr lauscht und vernimmt als konstruiert und setzt – daher läßt er auch in seiner Philosophie objektiv gegeben sein, was für andere ein Gestiftetes, von unserem Bewußtsein Geleistetes ist –: einer, der das Vielfältige nicht nur der Töne, sondern der Welt überhaupt in sich faßt, so wie im Geistigen immer der Zeugende auch ein großer Empfangender ist. Um den Mund fast etwas Verächtliches, wenn nicht Verzweifeltes: Blochs Glaube an Mensch und Zukunft ist kein ungebrochener, sondern wird von einer Anfechtung bedroht." (Michael Landmann)

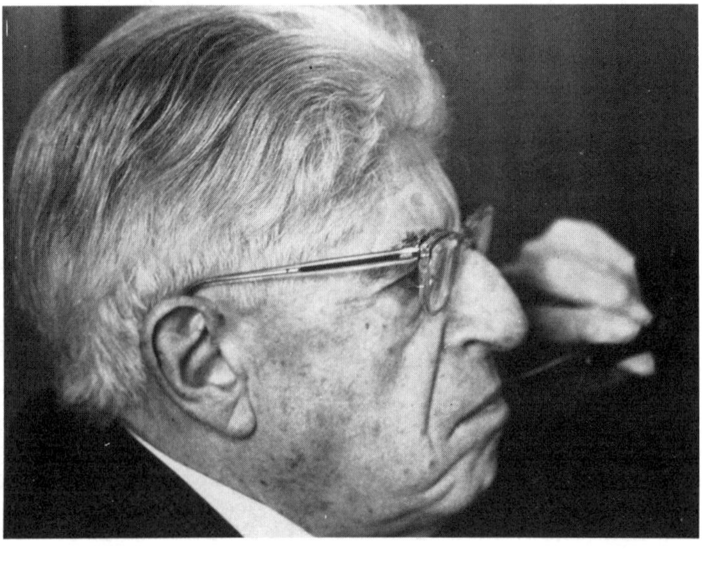

gebungsinstanz als „Lehrmacht des Gewissens ums Wohin und Wozu“ soll über die kommunistisch intendierte „Verwaltung von Sachen“ hinaus als „neue Ökumene“ das Kernproblem menschlicher Solidarität lösen. „Ein Verwandtes war von der frühen Kirche in der Ökumene versucht und keineswegs erreicht; die Klassengesellschaft hat es verhindert, und die Kirche selbst, die, einschließlich der verbindenden Dogmatik, deren Instrument war. Eine *kommunistische Ökumene*, mit reich ausgebildeten Individuen und bis auf weiteres selbst Nationen, hätte ein klassenhaft unentzweites, konkret-offenes Ziel für sich; sie wäre die gemeinsame Probe auf sein Exempel.“ Diese Überlegungen aus den Vorarbeiten zum „Prinzip Hoffnung“ hat Bloch schon 1949 in der DDR veröffentlicht. Man scheint ihn nicht sehr genau gelesen zu haben. Das Wohin und Wozu, das die Ratgebungsinstanz lehren sollte, ist für Bloch die „Identität des Wir mit sich und mit seiner Welt, statt der Entfremdung.“ Damit ist zum einen, wie schon angedeutet, die Identität des Menschen mit der Natur gemeint. Darunter versteht Bloch zunächst die Aufhebung des Ausbeuterstandpunkts: Daß dieser Standpunkt verhängnisvoll auf den Menschen zurückschlagen kann, hat die ökologische Krise im letzten Drittel des 20. Jahrhunderts gezeigt. Die aktuellen Folgen der Ahnungslosigkeit einer Menschengattung, die eine Natur beherrschen wollte, deren abhängiger Teil sie doch ist, zeigen die apokalyptische Steigerung dessen, was in Blochs Formulierungen von technischem Unfall und der Angst des Ingenieurs noch verhalten anklingt. Die akute Möglichkeit der Selbstvernichtung der Menschheit durch Anwendung eines Prinzips, das für das wesentliche der Selbsterhaltung der Gattung erachtet wird – nämlich blindwütige Ausbeutung der Natur – läßt Blochs Gedanken einer notwendigen „Allianz“ des Menschen mit der Natur nicht mehr so lächerlich erscheinen wie noch seinen frühen Kritikern.

Privatissime.

Aber Bloch meint mit Identität mehr als genaue menschliche Natur-Kenntnis, mehr als völlige Vertrautheit, er meint einen Zustand, in dem der Mensch mit nichts mehr behaftet ist, das ihm fremd ist. Die doppelte Bestimmung: Identität des Menschen mit seinen Bestimmungsgründen und mit der Natur, Aufhebung des dem Selbst entfremdeten Objekts und Identität beider, Identität des zu sich gekommenen Menschen mit seiner für ihn gelungenen Welt, setzt voraus, daß über diese Bestimmungsgründe des Menschen und der Natur etwas gesagt werden kann. Das ist aber prinzipiell, nach Blochs eigenen Voraussetzungen, nicht möglich. Der Zielinhalt des Existierens steht noch aus, weil der „Existenzherd“, der Kern der Materie noch nicht herausgebracht ist. Alle Bewegung im Prozeß ist ja nach Bloch begründet in diesem puren Antrieb des Augenblicks. Diesen Kern zu realisieren, das Treibende herauszubringen, ist letztlich Ziel aller Utopie, damit Kern ihrer Philosophie.

„Der wesentliche Inhalt der Hoffnung ist nicht die Hoffnung.“

Darüber aber kann nicht mehr geredet werden, nur äußerste Formen poetischer oder religiöser Vor-Zeichen deuten auf ein solches Ziel hin. Beispiele für ein „Aufblitzen von utopischem Endzustand“ kennt Bloch in der Geschichte bei Ereignissen „von höchster gefüllter Aktualität“ wie der Französischen Revolution. Er kennt sie in der Musik und in der Literatur, zum Beispiel im Faustischen Wunsch nach dem Höchsten Augenblick, für Bloch *die Daseins-Utopie überhaupt.* Mit dieser Utopie ist die Lichtung des dunklen Augenblicks angedeutet, das Da-Sein im jeweiligen gelebten Augenblick: „Der wesentliche Inhalt der Hoffnung ist nicht die Hoffnung, sondern abstandslos Da-Sein, Präsens.“

Der eindringlichste menschliche Versuch aber, den Inhalt des Höchsten Augenblicks zu bestimmen, ist ein religiöser „im Sinn der Selbsteinsetzung des Menschen ins Geheimnis: das letzte Jenseits ist unser nächstes Diesseits, unsere immanenteste Nähe.“ Da derlei aber kaum zu denken, erst recht nicht zu formulieren ist, spricht hier nicht mehr der praktisch-politische Philosoph, sondern der Mystiker: Utopie des Da-Seins wird gedacht „als dereinst möglicher Blitz, senkrecht ins Nächste einschlagend, so, daß das Rätsel des treibenden X in seine Lösung gänzlich umgeschmolzen, gänzlich verwandelt wird.“ Die Erfüllung der Hoffnung auf den Höchsten Augenblick wird dann „religiös letzthin das *gleiche wie Mystik,* genauer: wie das Nu oder Nunc aeternum in der Mystik.“

All diese Spekulationen sind für Bloch keineswegs so abstrakt schwebend, wie sie uns vorkommen mögen, denn der Kampf ums Reich der Freiheit bleibt für ihn halbe Sache, „wenn er außer seiner Moral nicht auch diese glücklichsten Grenzbilder des Wohin, Wozu, Überhaupt implizierte.“

Mit Elias Canetti.

Freilich ist das Geschäft dieser Welt, die Herstellung politischer Freiheit, allemal unabdingbare Voraussetzung für alle weitere philosophische Arbeit: „gewiß ist unsere Geschichte eine alltäglichere Sorge als ihre Fernbeziehungen zu einem Endziel". Oder: „Solange noch so dringend das Allernächste besorgt werden muß, wäre es vollkommen sinnlos, diese Dinge in den Vordergrund zu rücken."

1975 erscheint „Experimentum Mundi", ein Buch, das eigentlich an den Anfang der Werkausgabe gehört hätte. Es kommt dem am nächsten, was Bloch ursprünglich einmal als Logik geplant hatte (das eigentliche Logik-Manuskript ging ja verloren). Das Manuskript wurde 1935 in Prag begonnen (s.o., S. 158), aber immer wieder unterbrochen. „Es sind die Zentren der Logik und Metaphysik. Beide werden hier nicht mehr in Gesellschaft von anderen Disziplinen herausgestellt. Also keine Fülle von Weltmaterial. – Kurze Definitionen, ohne Problemstellungen, tunlichst ohne Atmosphäre, aber offen. Es ist ein Buch über das Rahmenhafte."

„Experimentum Mundi" stellt gleichsam Blochs Begriffsapparat in gedrängter Form vor, sozusagen das Handwerkszeug seiner Erkenntnistheorie: die Kategorien Raum und Zeit, Kausalität, Finalität und Substanzialität, Geschichte, Subjekt, Objekt, Chiffre, Allegorie, Symbol, Theorie und Praxis, schließlich Experiment. „Kategorienlehre war schon immer die Philosophie in der Philosophie. Was das *Experimentum Mundi* in sie als Neuartiges hineinträgt, ist eine Kategorienlehre der sich erst aufschlagenden Daseinsweisen und Daseinsformen quer und zentral durch die Welt hindurch, eine prozessierende Kategorienlehre also, in der immer deutlicher, gestaltender und objektivierter sich herausarbeitet, was in dem leer anfangenden Nullpunkt des unmittelbaren Augenblicks das eigentlich Gemeinte denn nun sei." Eine schwierige Lektüre, aber das liegt nicht nur am Schreiber, sondern auch am Gegenstand: „Die Welt selber ist kein Honiglecken, die Kategorien sind nicht klar, es ist noch nicht die Hauptsache herausgebracht, es bestehen Umkreisungen, es bestehen Analogien, Allegorien, Symbole in Mengen, die alle unangekommene und unangelangte Bedeutungen darstellen." Trotzdem: „Das Buch ist, verglichen mit den Werken der Philosophie, die scheinbar angekommen sind und durchgeschlagen haben, geradezu eine Eisenbahnlektüre – nehmen Sie etwa die *Kritik der reinen Vernunft* oder gar die *Phänomenologie des Geistes.*"

„Zwischenwelten in der Philosophiegeschichte" bildet schließlich den zeitlichen Abschluß des Gesamtwerks, es erscheint in Blochs Todesjahr 1977, ein merkwürdiges Buch, nicht Fisch noch Fleisch. Es handelt sich um Teile der Leipziger Vorlesungen zur Geschichte der Philosophie, von denen ein wiederum kleinerer Teil, die „Vorlesungen zur Philosophie der Renaissance", in einer Einzelausgabe 1972 auf den Markt gekommen waren. Das Ganze ist wohl eher der gelegentlich recht seltsamen Editionspraxis des Suhrkamp-Verlages geschuldet, nicht jedoch innerer Notwendigkeit. Im Gesamtwerk haben die Leipziger Vorlesungen als Ganzes ihren Platz, und so werden sie zum 100. Geburtstag Blochs endlich erscheinen. Unzufrieden war der Autor wohl selbst: „Übergenug fehlt ja nun in der Buchfassung der Leipziger Vorlesungen ohnehin, es fällt auf diesem kurzen Raum auch bewußt zu viel an Denken aus." Herausgestellt werden soll das, was in der Geschichte der Philosophie zu Unrecht vergessen oder was an den großen philosophischen Traditionen falsch pointiert wurde. „Dabei wird eine ganz andere Geschichte der Philosophie sichtbar als die, die in den Lehrbüchern steht, die die Prüfer uns weiterhin empfehlen und die im allgemeinen ja ganz gut zu gebrauchen sind."

Der Tod – die stärkste Nicht-Utopie

In den letzten Tübinger Jahren hielt Bloch nur noch sein Seminar ab, mit wachsender Unlust, wie Gert Ueding erzählt: „Die Seminardiskussionen sind übrigens meist sehr lebhaft, befriedigen Bloch aber immer seltener, denn die Diskrepanz zwischen dieser Lebendigkeit und philosophischer Sachkenntnis, zwischen steter Diskussionsbereitschaft und der Abneigung gegen neue Erfahrungen und alle widersprechenden Ansichten, schließlich der Widerwille gegen jede Form von Studiendisziplin nehmen ständig zu." Immerhin hat Bloch bis zuletzt den Kontakt mit den Studenten gesucht, das Seminar fiel nur aus, wenn der Professor, was nach 1974 freilich häufiger vorkam, krank war. Und wer Ernst Bloch in diesen Seminaren erlebt hat, konnte bis zuletzt den Eindruck gewinnen, daß ihm die Auseinandersetzung mit den Studenten immer noch Spaß machte – und das war für ihn stets eine wichtige Arbeits-Kategorie. Noch im Todesjahr, für das WS 1977/78, war auf Dienstag abend das Seminar „Klassenbewußtsein und Ethik" angekündigt.

Nach Abschluß der Gesamtausgabe ging Bloch an den „Nachlaß zu Lebzeiten", er sah die noch vorhandenen Manuskripte durch und wählte aus, was an wichtigen Aufsätzen, Vorträgen, Gesprächen in einen Ergänzungsband zur Gesamtausgabe aufgenommen werden sollte. Dazu gehören Auszüge aus seiner Dissertation „Kritische Erörterungen über Rickert" von 1908, vor allem das „Gedenkbuch für Else Bloch-von Stritzki", an dessen Veröffentlichung ihm offenbar viel lag, schließlich ein Versuch „Über Modellbildungen in der Philosophie", eine der letzten Arbeiten Blochs vor seinem Tode. „Bloch hat den ganzen Band noch kurz vor seinem Tod für die Drucklegung bis zum Schluß durchgesehen", heißt es im Nachwort.

Und selbst in dieser Zeit bleibt er involviert in das politische Tagesgeschehen. Wenige Tage vor seinem Tod antwortet er den „Blättern für deutsche und internationale Politik" auf eine Umfrage zur Neutronenbombe: „Präsident Carter setzt

Im Krankenhaus.

sich für Menschenrechte ein. Gleichzeitig propagiert er neue Waffen, die zwar menschenmörderisch sind, aber zynischerweise Sachen schonen. Es drängt sich der Gedanke auf, daß die Neutronen-Waffe nicht nur gegen Feinde gerichtet ist, sondern überhaupt gegen Menschen. Denn der Mensch ist überflüssig geworden. Die Arbeitslosigkeit und die Rationalisierung haben die menschliche Arbeitskraft in großen Massen überflüssig gemacht. Man wird vielleicht eine Situation schaffen, in der man mit dieser abscheulichen Waffe Millionen Menschen vernichten kann, die überflüssig geworden und eine dauernde Belastung des Geschäfts sind. Diese Waffe wird dazu ›human‹ genannt, wobei man gleichzeitig erfährt, daß die davon betroffenen Menschen in Wochen, vielleicht Monaten qualvoll sterben. Hitler hat 6 Millionen Juden umgebracht. Wie viele Menschen wird die Neutronen-Waffe umbringen?“

Kurz vor seinem Tod trifft der alte Philosoph noch Wolf Biermann, den ausgebürgerten Dichter und Sänger. Der kam mit einem noch nicht ganz fertigen Lied („Und als ich von Deutschland nach Deutschland") zu Bloch, und dieser spielte die Hebamme. Der berüchtigte Refrain des Liedes: „Und ich bin gekommen vom Regen in die Jauche" klebte in der ersten Fassung noch an jeder der zahlreichen Strophen. Der Refrain selbst störte Bloch wohl nicht. „Was ihn empörte, was ihn ärgerte, das war der Refrain in seiner ewigen Wiederholung", erzählt Biermann. „Nach der ersten Strophe hörte er den Refrain mit Vergnügen und Verständnis, nach der zweiten Strophe mit Freundlichkeit, nach der dritten Strophe schon etwas ungeduldig, nach der vierten Strophe hörte er schon weg." Und irgendwann mitten im Lied wurde der alte Mann grantig, unterbrach den Sänger und beschwerte sich: „Er hätt's ja nun begriffen, er möchte ihn nicht immer wieder vorgekaut bekommen, diesen Refrain, das wäre ihm zu breitärschig." Also machte Biermann das Ganze schlanker, der Refrain kommt in der Endfassung des Liedes nur noch am Anfang und am Ende vor. „So hat sich das Lied entscheidend verbessert, das verdanke ich dem Meister. Also nannte ich in vorsichtigem Überschwang dieses Lied das Bloch-Lied."

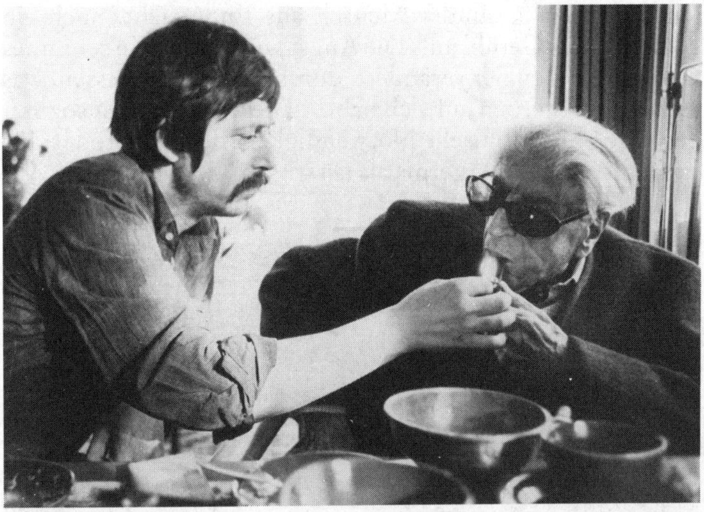

„Zu breitärschig" – Wolf Biermann bei Ernst Bloch.

Das war wenige Wochen vor Blochs Tod. Der Gedanke an den Tod war Bloch vertraut. Er hatte sich in seinem Werk häufig damit beschäftigt. „Wie drängt man die letzte Angst von sich ab? Heute fällt das vielen nicht mehr so schwer wie in unaufgeklärten Tagen. Die Uhr schlägt, wieder ist es eine Stunde näher zum Grab. Doch der Blick auf dieses ist zerstreut, oder er wird künstlich kurzsichtig gemacht. Wie es vorläufig steht, ist die Furcht vorm Alter quälender geworden als das Denken an den Tod. Er soll nicht erinnert werden, billige Bilder verdrängen ihn. – Das Sterben wird weggeschoben, nicht als ob man so gern lebte, aber auch nicht, als ob man irgendwo gern in ein Kommendes sähe oder sehen ließe, auch nicht an diesem persönlichen Punkt. Gewünscht wird hier lediglich, nichts davon zu hören und zu sehen, selbst wenn das Ende da ist."

Nicht so bei Bloch, der nach Auskunft enger Freunde in den letzten Lebensjahren viel vom Tode redete. „Er hatte Schmerzen, er war blind, er konnte nicht gehen, er wußte, daß er sterben mußte, aber er klagte nie; wenn er weinte, dann nicht über sich; nun, da er näher kam, der Tod, erzählte er uns von seiner Neugier; das wollte er denn doch auch noch sehen, wie das Licht oder das ganz andere sich ausnehme, verliebt ins Neue, wie er nun einmal sei; er sprach ruhig – eher heiter als besorgt." So Walter Jens in seiner Trauerrede. Siegfried Unseld bestätigt diese Darstellung: „Mit der Neugierde eines Forschers schaue er diesem Augenblick entgegen. Der Weg, den er vor sich habe dorthin, sei eine kleine Entdeckungsreise. Er begrüße dieses Ereignis, da er dann von allem Körperlichen befreit und erlöst sei." Ob dies nun tatsächlich Blochs Empfinden war oder eher Treue zum Werk, bleibt fraglich. Denn diese Neugier auf den Tod ist im „Prinzip Hoffnung" als positives Verhalten dem Tod gegenüber gekennzeichnet: „Kommt man um die letzte Angst herum, indem sie überhaupt keine ist? In der Tat lebt zuweilen, wenn ein gesunder Mensch ans Ende sieht, noch ein ganz anderes Gefühl auf. Die Angst wird durch ein seltsames Gefühl der Neugier verändert, durch die Lust zu wissen, was es mit dem Sterben auf sich habe." Diese Neugier ist sozusagen eine philosophische Notwendigkeit, denn der Tod ist für ihn ein ständiges Ärgernis als „stärkste Nicht-Utopie".

Ein Jahr vor seinem Tod.

Denn alles Hoffen ist für Bloch diesseitig: So sehr er die gegebene Welt transzendieren, überschreiten will, so ausgeschlossen ist für ihn jede Transzendenz als Jenseitigkeit – Transzendieren ohne Transzendenz heißt die Parole, und so ist die Hoffnung auf ein Leben nach dem Tode prinzipiell versperrt. Das hat ihm aber keine Ruhe gelassen, daß nun mit dem Tod alles aus sein, daß auch sein Utopiewesen hierüber keine Macht haben soll. Und so hat er gelegentlich mit der Seelenwanderei geliebäugelt, in „Geist der Utopie" noch heftiger als im „Prinzip Hoffnung", aber auch da hat er sich diese Möglichkeit augenzwinkernd offengehalten. „Ist nicht die ganze Ewigkeit mein? fragte Lessing; mindestens gilt dieser seelenwanderische Anspruch für das intensive Mein des Menschen in der Welt, das noch nicht sichtbar geworden ist."

Am Morgen des 4. August 1977 stirbt Ernst Bloch, 92 Jahre alt. Abends zuvor hatte er noch Musik gehört, Otto Klemperers Aufnahme von Beethovens Leonoren-Ouvertüre, deren Trompetensignale ihn immer wieder zu Tränen gerührt haben. Die Nacht verläuft ruhig, Karola sieht am frühen Morgen nach ihm, wie stets in den letzten Jahren, er schläft. Beim Aufwachen ist ihm nicht wohl, er kann nicht aufstehen, als Karola den Kaffee hereinbringt. Sie ruft einen Nachbarn zu Hilfe, gemeinsam führen sie Ernst zu seinem Lehnstuhl, er entgleitet ihnen. Fällt aber nicht zu Boden, sondern legt sich sanft vor seinen Manuskriptschrank. „Ich kann nicht mehr", sind die letzten Worte, Ernst Bloch ist tot. Die Hausärztin stellt Herzversagen fest.

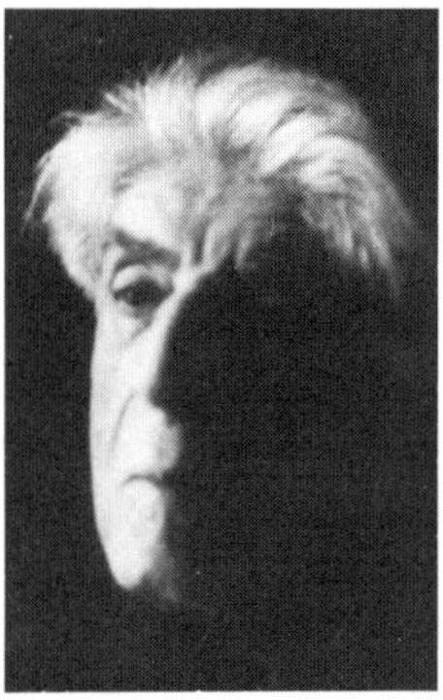

Das letzte Foto.

Auch nach dem Tod – Ärger um Bloch

An seiner Beerdigung, ihrer Vorgeschichte und den Nachwehen hätte Bloch wohl eine teuflische Freude gehabt: Hier entlarvte sich in beängstigender Deutlichkeit, was deutscher Kleingeist zu leisten imstande ist. „Die Studentenschaft trauert um Ernst Bloch, den großen Philosophen und Denker, ihren Professor, ihren Genossen, der wie kein zweiter uns den aufrechten Gang durch die Menschengeschichte in Theorie und Praxis gelehrt hat", heißt es in einer Erklärung des Tübinger AStA vom 8. August. In der Nacht zum 6. August hatte man über dem Portal der Universität die Schrift: „Ernst-Bloch-Universität" angebracht. Das paßte nun dem Dekan der Fachschaft Philosophie, Professor Dr. Bruno Baron von Freytag-Löringhoff überhaupt nicht: Er spucke aus vor diesen Schmierern, da habe man nun die verhängnisvollen Folgen von Bloch „und seiner ganzen Brut", soll er gesagt haben. Nämlicher Baron war auch als Redner bei Blochs Begräbnis vorgesehen, denn die Rede des ursprünglich angetretenen Philosophie-Vertreters, Professor Walter Schulz, war den Organisatoren zu lang, kürzen mochte der Professor nicht, so zog er seine Rede zurück. Also kam die Angelegenheit auf den Freiherrn, einen ausgewiesenen Gegner Blochs, zu. Dieser meinte: „Wenn es sein muß, werde ich ein paar angemessene Bemerkungen machen."

Alles ganz anders, ließ der Baron verlauten: Professor Schulz habe eine Ansprache nur vorbereitet, weil in der Zeitung sein Name als Redner genannt worden sei. Als dann eine Diskussion über diese Rede entstand, habe er zurückgezogen. Da nun aber die Zeitung soviel Böses und Falsches über ihn, den Baron, geschrieben habe, könne er dem Professor Bloch die Ehre von ein paar Sätzen am Grabe nicht mehr erweisen. Also sprang Professor Helmut Fahrenbach („Ich selber zähle mich zu dieser Brut!") mit einer Trauerrede ein, freilich nur für einen Teil der Tübinger Philosophen sprechend: „Ich spreche im Namen all derer vom Fachbereich Philosophie, für die Ernst Blochs Denken und Wirken in Tübingen nunmehr von unwiederbringlicher und doch unverlierbar bleibender Bedeutung ist." Den anderen, wohl größeren Teil des Fachbereichs nannte das „Schwäbische Tagblatt" einen „Verein eitler und würdeloser Selbstdarsteller, Rechthaber, Neider und Reaktionäre."

Und so mißtönte es weiter: Bei der Beerdigung selbst – rund 2500 waren gekommen – wies Universitätspräsident und CDU-Mitglied Adolf Theis darauf hin, daß Bloch immer schon umstritten war und seine Professur im wesentlichen dem persönlichen Einsatz von Theodor Eschenburg zu verdanken hatte. „In der Universität war er für viele eine ständige Herausforderung, die nicht alle mit dem notwendigen Maß an Ruhe, der Selbstgewißheit und der menschlichen Toleranz bestanden haben, ob sie nun von einem anderen Selbstverständnis herkommend oder ob sie eilfertig Ernst Bloch in ihre Reihen eingereiht sehen konnten."

Aber so wollten die Studenten den unruhigen Geist Ernst Bloch nicht zur Ruhe gelegt wissen. „Ernst Bloch. Neunzigjährig stand er mit geballter Faust vor uns“, so begann die Rede der AStA-Vertreterin Gundi Reck. An Benno Ohnesorg und Holger Meins erinnerte sie, an den alten Mitstreiter Ernst Bloch, der in diesen Fragen Partei ergriffen hatte. „Ernst Bloch lebt weiter, nicht in den Bilanzen der Bewußtseinsindustrie, nicht in der Heuchelei der Herrschenden und Manipulateure, nicht in privater, sondern in revolutionärer Hoffnung.“ Das hörten manche gar nicht gerne, erst recht nicht die Rede von Rudi Dutschke, der sich darüber beklagte, daß nun plötzlich „viele der herrschenden Figuren in den Parteien der BRD die ›Größe‹ von Ernst Bloch“ entdeckten.

Rudi Dutschke bei Blochs Beerdigung.

Aufsehen erregte aber vor allem sein Anfangssatz: „Wenn in der BRD ein hoher Bankspekulant, eine gesellschaftlich *austauschbare* Charaktermaske des Kapitals von Desperados ermordet wird, so gibt es ein mit ungeheuren Kosten und hochtechnologisiertem Polizeischutz versehenes Staatsbegräbnis.“ Gemeint war der von Terroristen ermordete Bankier Ponto, das Geschrei in der Öffentlichkeit entsprechend groß, die Kommentar- und Leserbriefspalten voll der Aufregung über diesen Dutschke.

Merkwürdigkeiten gab es da freilich schon: Bundeskanzler Helmut Schmidt, der in seinem Beileidsbrief an Karola Bloch von einem geplanten Besuch bei Ernst Bloch sprach und bedauerte, daß es zu dieser Begegnung nicht gekommen

sei, fand keine Zeit, um an der Trauerfeier teilzunehmen. Helmut Kohl entdeckte im Namen der Christlich Demokratischen Union Deutschlands, daß Bloch „die philosophische und politische Diskussion in unserem Land entschieden (oder meinte Kohl entscheidend?) beeinflußt" habe und bekundete „Trauer und Anteilnahme". Als Bundeskanzler nahm Kohl später Bloch sogar in eine Regierungserklärung auf. Im Auftrag des Bundesrates nennt Ministerpräsident Vogel Bloch einen „Künder der Hoffnung", der darauf vertraut habe, daß die „Menschheit aus sich selbst zur Verwirklichung der Humanität" finden würde. Da dies aber nur in Freiheit möglich sei, sei Bloch in den Westen gegangen. Und Hans-Karl Filbinger, in dessen Ländle linke Lehrer besonders unerbittlich mit Berufsverboten belegt wurden, würdigte den Verstorbenen als außergewöhnlich bedeutenden Philosophen, den er verehre. Kann man sich über sich selbst so täuschen, daß man als Hans-Karl Filbinger wirklich glaubt, Ernst Bloch zu verehren? Oder war Bloch tatsächlich für die bürgerliche Öffentlichkeit schon so zahnlos geworden, daß man ihn ohne Schaden für das eigene Ansehen feiern konnte? Oder hatten diese Leute verlernt zuzuhören, wenn der Alte aus Tübingen Unbotmäßiges donnerte?

Die Studenten jedenfalls waren angetreten, „Ernst Bloch in Schutz zu nehmen gegen jene Lobredner, die ihn zu Tode feiern wollen. Nicht nur ihn, sondern auch seine Philosophie. Denn sie haben Angst, daß das Noch-Nicht zur Praxis werden könnte, daß die Zukunft unsere Heimat wird."

Nur ein paar Tage hielt der neue Name der Universität Tübingen.

Ein Würmlein hat es mir gesagt,
was drunten den Eberhard quäle.
Er dreht sich und dreht sich und dreht sich im Grab,
er befahl mir, daß ich es erzähle.

Ernst Bloch ist tot. Ernst Bloch ist tot,
so wisperten drunten die Toten.
Er war ein Prophet von Freiheit und Recht.
In Leipzig ist er verboten...

In Tübingen ist er nur unbeliebt.
Das hat seine trefflichen Gründe:
Er dachte zuviel an die bessere Welt,
und das ist hierzuland Sünde.

Er hat zu fest an die Menschen geglaubt.
Das kann ein Professor nicht fassen.
Sie haben es ihm vergolten, indem
sie ihn von Herzen hassen.

Die letzte Ehre verweigern sie ihm!
Sie richte die Geschichte.
Ach Gott, was sind in Deutschland doch
Professoren für klägliche Wichte!

Als Eberhard all dies vernommen hat,
er wollte den Sargdeckel spalten!
„Nein", schrie er, „dieses feige Pack
soll Reden nicht über mich halten!

Ich war ein aufgeklärter Despot.
Ich wollte das Wissen vermehren.
Zum Nutzen der Menschheit! Zum Nutzen der Welt!
Oh, haltet den Mann mir in Ehren!

Verwalter des Wissens, Verwalter des Geistes!
Hab' ich Euch um solches gebeten?
Das ist des Eberhards Auftrag nicht,
des Geistes Feuer auszutreten.

Die Fackel, die ich angesteckt,
ich sehe es, sie brennt noch.
Sie brennt nicht gleich in jedem Kopf,
sie brannte im Herzen von Bloch.

Drum, Würmlein, richte getreulich aus,
was ich den Lebenden rate.
Tauft um mein Haus! Tauft Bloch mein Haus!
Ich stehe persönlich Pate!"

So sprach der Eberhard im Grab.
Weitsichtig ist er und klug.
Fünfhundert Jahre Unsterblichkeit
sind wahrlich übergenug.

So hat es das Würmlein mir hinterbracht.
Es lispelte deutlich und leise.
Jetzt wollen die Professoren von mir,
daß ich die Geschichte beweise.

Ich hoffe sehr für meinen Fall,
daß sich der Empiriker irrt,
und daß ihm die Geschichte des Wurms
geschichtlich bewiesen wird.

Viel Aufregung in den Leserbriefspalten: im Todesjahr Blochs wurde die Eberhard-Karls-Universität 500 Jahre alt, dazu das Gedicht von Ulrich Mihr im „Schwäbischen Tagblatt".

Am Abend der Beerdigung nahmen fast 3000 an einem Fackelzug für Ernst Bloch teil, mit einer Kundgebung vor der Universität, die an diesem Abend zum letzten Mal „Ernst-Bloch-Universität" hieß. Anderntags wurde die Aufschrift entfernt.

Jan und Karola Bloch.

Mit Ehrungen für Bloch tat man sich in dieser Republik auch weiterhin schwer. Die Stadt Tübingen überlegte sich, wie sie ihn, der immerhin 16 Jahre dort gewohnt hatte, würdigen sollte. Seine Freunde hätten gern die Universität offiziell nach ihm benannt, aber davon hatte er offenbar nicht genug. Eine Schule sollte es sein, oder dann doch zumindest eine repräsentative Straße, die Wilhelmstraße zum Beispiel. Die Lösung war dann so pfiffig wie provinziell: Die Straße „Im Schwanzer", in der Bloch gewohnt hatte, sollte in „Ernst-Bloch-Straße" umbenannt werden, eine „kaum vier Meter breite Sackgasse", wie sich ein SPD-Gemeinderat aufregte. Aber schon die Sackgasse war einigen zu viel. Ein CDU-Ratsmitglied meinte, Blochs Bedeutung sei noch nicht so gesichert, daß man schon eine Straße nach ihm benennen könne, es hub eine weitschweifige Diskussion im Tübinger Gemeinderat an, die schließlich damit endete, daß sich stolze zwei Drittel der Versammlung für die beeindrukkende Ehrung aussprachen.

Stuttgart erging es nicht viel besser: Ein fraktionsloses Ratsmitglied beantragte, doch den Karlsplatz in Ernst-Bloch-Platz umzubenennen und Bloch außerdem posthum den Hegel-Preis zu verleihen. Die SPD zeigte sich einverstanden, aber die CDU mauerte. Jede andere Würdigung ja, aber der Karlsplatz komme nicht in Frage. Schließlich rang sich der Verwaltungsausschuß dazu durch, im Arbeitervorort Feuerbach eine Straße nach Ernst Bloch zu benennen. Aber da gingen zwei CDU-Stadträte auf die Barrikaden.

Weil Bloch „in den 50er Jahren das SED-Regime aktiv unterstützte und weil er öffentlich zur gewaltsamen Beseitigung unserer freiheitlich-demokratischen Grundordnung aufgerufen hat", wollten sie überhaupt keine Ernst-Bloch-Straße haben. Große Aufregung im Rat, SPD-Leuten treibt das alles „die Schamröte ins Gesicht", Oberbürgermeister Rommel ist das Ganze peinlich, zumal die Entscheidung schon rechtsgültig ist. Vom Frühjahr 1978 an heißt die ehemalige Straße 68 in Stuttgart Feuerbach Ernst-Bloch-Straße.

Blochs Geburtsstadt Ludwigshafen hatte es ebenfalls schwer, ihren Ehrenbürger zu würdigen. Die Ehrenbürgerschaft hatte er ja schon 1970 bekommen, dann wurde 1979 das „Ernst-Bloch-Archiv" eingerichtet, aber die Benennung der Gesamtschule in Oggersheim machte dann doch Schwierigkeiten. Schon im Frühjahr 1978 hatte der Stadtrat die Umbenennung beschlossen, um den Modellcharakter der Integrierten Gesamtschule und ihr „Bemühen um eine neue und zukunftsorientierte Pädagogik" zu unterstreichen. Aber das paßte dem Mainzer Kultusministerium nun gar nicht, derlei sei Sache eines Schulausschusses, in dem Lehrer, Eltern und Schüler vertreten sein sollten. Der Schulleiter erklärte, die Bezeichnung „Integrierte Gesamtschule Ludwigshafen-Oggersheim" sei ohnehin besser, außerdem habe eine Umfrage bei zehn- bis elfjährigen Schülern ergeben, daß mit Bloch kaum einer etwas anfangen könne. Aber die Stadt setzte sich durch; seit Januar 1982 hat Oggersheim eine Bloch-Schule.

„Mit großer Sicherheit sperrte er dergleichen Gezänk aus seiner Merkwelt aus, es langweilte ihn, weil auch die Gegnerschaft belangvoll sein muß, wenn sie aus bloßem Ressentiment herausführen und produktiv werden soll." (Gert Ueding)

Versuche, in Ludwigshafen ein „Ernst-Bloch-Institut für Praktische Philosophie" einzurichten, sind allerdings genauso bloßes Papier geblieben wie der Vorschlag von Helmut Fahrenbach, eine „Forschungsstätte Ernst Bloch" an der Uni Tübingen aufzubauen. Tübingen hat es gerade geschafft, den Manuskript-Nachlaß Blochs treulich zu verwalten. Die Manuskripte zu den Hauptwerken sind hier, soweit erhalten, versammelt, zum Beispiel das Prager Manuskript zum „Materialismusproblem", ein Systementwurf von 1921 und eine Menge anderer Raritäten und Kostbarkeiten im Umfeld der großen Werke. Erstes Ergebnis dieser Nachlaßverwaltung war die Herausgabe eines Aufsatz- und Vortragsbandes unter dem Titel „Abschied von der Utopie?" durch Hanna Gekle, die den Nachlaß bis 1982 betreute. Auch über mangelnde akademische Nachreife brauchte Bloch sich nicht mehr zu beklagen. In den letzten Tübingen Jahren hatte er gelegentlich bemängelt, daß Sekundärliteratur zu seinem Werk kaum in angemessenem Umfang oder ansprechender Qualität vorliege. Das ist inzwischen anders: Die Diskussion über Blochs Werk ist nicht mehr von Theologen und Religionsphilosophen majorisiert, und wenn Breite und Fülle seines Denkens auch noch längst nicht repräsentativ ausgeleuchtet sind, so haben einige seiner Schüler doch inzwischen bemerkenswerte Arbeiten sowohl über Bloch als auch im Geiste seines Denkens veröffentlicht. Auch sonst ist er nicht vergessen: Seit 1978 treffen sich Bloch-Freunde jährlich im Haus Salecina, beziehungsreich an der Malojastraße nach Italien gelegen (zu Maloja s.o., S.129), zu Bloch-Seminaren. Im jugoslawischen Ragusa fand 1980 eine Bloch-Tagung statt, in Akademien und Seminaren aller Art kommt Bloch immer mal wieder vor, in Paris und Dubrovnik finden zum 100. Geburtstag Blochs Lukács-Symposien statt. Und sogar in der DDR ist eine schleichende Rehabilitierung des Verfemten zu entdecken. Wurde er zunächst jahrelang totgeschwiegen, so taucht nun sein Name in Aufsätzen und Büchern gelegentlich wieder ohne das übliche Verdammungsvokabular auf, und der Leipziger Reclam-Vertrag bringt zum 100. Geburtstag sogar eine Neuauflage von „Freiheit und Ordnung".

Der Genosse Bloch lebt?

Freunde Blochs aus der Bundesrepublik und West-Berlin planen zum 100. die Gründung einer Internationalen Bloch-Assoziation, sicherlich ein schwieriges Unterfangen, denn wie will man ausgerechnet einen Verein im Geiste Ernst Blochs gründen und gleichzeitig der Gefahr entrinnen, sein Denken zu akademisieren und zu institutionalisieren. „Man macht zu Bloch, der in die politischen Bewegungen gehört, keine spezielle Gesellschaft", meinte Burghart Schmidt, lange Jahre Tübinger Assistent Blochs. Ist Bloch denn in den politischen Bewegungen, in die er hineingehörte? Denn das müßte doch bedeuten, daß Bloch in den *linken* Bewegungen zu Hause wäre, denn nur dort hat er selbst zeitlebens seinen Standort gesehen.

So haben das wohl auch die Studenten verstanden, die bei der Trauerfeier und dem abendlichen Fackelzug sprachen. „Die Linke in der BRD verehrt Ernst Bloch", hieß es da. „Sie betrachtet ihn mit Recht als einen der ihren." Oder: „Der Genosse Bloch ist gestorben. Er wird leben im kommenden, sicher kommenden Sieg der Beleidigten und Unterdrückten über ihre Herren." Aber derlei Einverständnis ging einher mit Unbehagen: „Die Blochschen Theoreme tauchen in unseren Theorie- und Strategiedebatten kaum auf. Dies, obwohl jeder, der sich mit den Hauptwerken auch nur oberflächlich befaßt hat, sofort merkt, daß hier eine zentrale Problemlage der Linken politisch behandelt wird." „Wehrt Euch gegen die Quadratur Eurer Köpfe; setzt Euch produktiv mit Ernst Bloch auseinander", meint ein anderer an jenem Abend des 9. August 1977. Hat die Linke das je getan? Daß Bloch ein Denker sei, „den die Jugend versteht, wie keinen zweiten aus seiner Generation", ist allgemein anerkanntes Urteil. Er ist für die einen die „überragende Gestalt der Neuen Linken in und weit über die Bundesrepublik hinaus", für die anderen der „heimliche Theoretiker der Neuen Linken", und für die dritten hat er zum Beispiel auf die studentische Linke überhaupt keinen Einfluß gehabt: „Die rebellischen Studenten von 1968 kamen so gut wie ohne ihn aus." Ähnlich: „Seine Werke fanden keinen Anklang bei den führenden Ideologen der Neuen Linken und ihren Anhängern. Bloch fand nicht ihre Zustimmung, obgleich er bei fast keiner Demonstration gegen den Vietnamkrieg oder die Notstandsgesetze fehlte, obwohl er öffentlich ihre Aktionen billigte und zu weiteren Aktionen gegen das kapitalistische System aufrief." Und noch einmal andersherum: „Man kann sagen, daß zum Eingang der siebziger Jahre auf die deutsche akademische Jugend niemand einen so tiefgreifenden Einfluß ausgeübt hat wie Bloch. Und in der Phase, da jene Neue Linke in die Resignation geriet, nahm für sie die Bedeutung Blochs noch einmal zu. Wer heute mit intellektuellen Linken diskutiert, der begegnet immer wieder diesem Namen". Oder auch so: Blochs „Verbindung von Alltag und Revolte machte ihn zum Philosophen der Studentenbewegung, ehe Alltägliches theoretisch von der neuen Linken bedacht wurde."

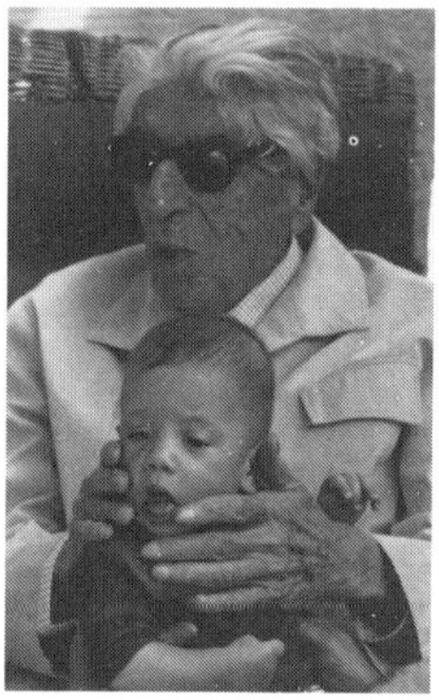

Mit seinem Enkel Hannes-Gustav.

Gert Ueding erzählt, wie dieses Verhältnis aus nächster Nähe Blochs während der Studentenbewegung ausgesehen hat: „Ernst Bloch gilt vielen ihrer Protagonisten als erprobter Vordenker. Von Bloch haben sie meist kaum etwas gelesen, vielleicht seinen Vortrag über den Wissenschaftsbegriff des Marxismus gehört oder ein Fernsehgespräch gesehen. Außerdem kursieren auf den täglichen Flugblättern, die in Mensa und Universität alle Tische und Bänke bedecken, oder

Neben anderen „wirkt er wie ein Wesen von einem anderen Planeten, aus einer noch nicht entdeckten Seite des Menschseins atmend, wie verwittertes Urgestein zwischen glatten Kieseln, vor oder vielleicht auch schon wieder nach der Zivilisation. Ein Vergleich fällt mir ein: ein Wasserspeier an einer mittelalterlichen Kathedrale. Nonkonformist, Ketzer, Waldschrat, nein: Dämon."
(Michael Landmann)

auf den Transparenten und Wandzeitungen im AStA-Gebäude einige besonders markige Bloch-Sentenzen. (›Das Auge des Gesetzes sitzt im Gesicht der herrschenden Klasse.‹) Daraus beziehen viele vor allem jüngere Studenten ihr Blochbild und befinden sich damit in der Gesellschaft engagierter Bloch-Gegner, die auch selten mehr kennen." Bloch also als schicker Protest-Anstecker, weil er so dekorativ revolutionär ist? Das würde dem Urteil Günter Zehms entgegenkommen. Nach seiner Meinung nahmen die revolutionären Studenten das „Prinzip Hoffnung" als Paradiesersatz. „Der alte Bloch kam dadurch in ganz putzige Gesellschaften. Hans Heinz Holz und Walter Jens wurden nun zu seinen Erzengeln. Rudi Dutschke wurde zur himmlischen Ordonanz, die aus dem Hauptquartier der staunenden Öffentlichkeit die kuriosesten Stellungnahmen zu den nichtigsten Tagesereignissen überbrachte, und der Leiter der Evangelischen Akademie zu Bad Boll spielte mit seinem großen Tagungsschlüssel Petrus persönlich."

Bad Boll ist das Stichwort. Vor dieser Diskussion mit Rudi Dutschke im Februar war Bloch sicherlich in Tübingen ein Name, im Club Voltaire in Stuttgart auch, bei regelmäßigen Besuchern solcher Akademien wie Bad Boll, Alpbach oder Tutzing ebenso. Aber in Frankfurt sprach man von Adorno, Horkheimer und Herbert Marcuse, in Berlin wohl mehr von Marcuse. Erst die Publizität des Gesprächs von Bad Boll macht auch Bloch mit einem Schlag bekannt. „Der alte Mann und der junge Mann sind fasziniert voneinander", schreibt Gerhard Mauz im „Spiegel". Rudi Dutschke ant-

„Der alte Mann und der junge Mann sind fasziniert voneinander“ – Bloch und Dutschke in Bad Boll.

wortet jedem, doch genaugenommen ist allein Ernst Bloch sein Gesprächspartner.“ An Dutschke selbst ist abzulesen, wie Bloch weiter wirkte. Seit Anfang der 70er Jahre besuchten die Blochs Rudi Dutschke und dessen Familie regelmäßig in Dänemark, es kam zu einem ständigen Gedankenaustausch. Was Dutschke – und mit ihm viele Linke – an Bloch gefunden hat, ist die „Augen und Ohren öffnende Propaganda, die weder ein Bein in Moskau noch eins in Peking stehen hat.“ Für ihn ist Bloch die „philosophische Seele“ eines neuen Wegs zum Sozialismus, ganz unstreitig macht er einen wachsenden „Einfluß der Blochschen Philosophie und seiner politischen Standortbestimmung als aufrecht gehender Sozialist und Kommunist“ aus. Seinen Stellenwert in der theoretischen Untermauerung der Studentenbewegung bestimmt Dutschke so: „Herbert Marcuse als soziologischer, Ernst Bloch als philosophischer Prophet und Georg Lukács als Ausdruck der kommunistischen Reform-Opposition im Warschauer Pakt bildeten in der Neuen Linken der 60er Jahre durchaus eine Einheit.“ Bloch als der „Repräsentant der revolutionären Philosophie, in der die Hoffnung als Kategorie fest geworden ist“, wird für Dutschke zum theoretischen und praktischen Anker in den sektiererischen Theorie-Debatten der Linken, vor allem auch deshalb, weil Bloch sich nie auf die anderwärts propagierte Suche nach einem neuen revolutionären Subjekt eingelassen hat (s.o. S. 275 – 279), sondern erreichen will, „daß wir die historischen schweren Niederlagen mit ihren Besonderheiten rekonstruieren, um die aktuellen Fragen eines neuen Bündnisses von Arbeiterklasse und Sozialismus überhaupt richtig stellen zu können.“ Und damit geht Dutschke, Arm in Arm mit Bloch, wieder auf das Propaganda-Problem zu. Die subjektive Seite des Emanzipationsprozesses ist theoretisch und praktisch-politisch noch zu wenig beachtet worden, deshalb: „Ohne die angemessene Spannung von scharfer Einfachheit, eindeutiger Ehrlichkeit und Wärme, Witz, Phantasie und Klarheit des Konkreten, Unzweideutigkeit des Alternativen ist da weniger denn je etwas ›zu holen‹."

Nun könnte das freilich die bloß private Meinung von Rudi Dutschke sein, auf „die" Linke nicht übertragbar. In der Tat hat es lange Jahre keine Auseinandersetzung mit Bloch von links gegeben. 1975, zum 90. Geburtstag, erscheint – neben einer dicken Aufsatzsammlung „Ernst Blochs Wirkung" bei Suhrkamp – ein schmales Bändchen im Wagenbach-Verlag: „Es muß nicht immer Marmor sein". Die Bloch-Rezeption durch die Linke stehe noch am Anfang, heißt es da, die Studentenbewegung sei fast ohne den Theoretiker Bloch ausgekommen, und man registriert das Paradox: „Bloch erscheint in seiner moralischen und politischen Integrität mit seinem geschriebenen Werk derart identisch, daß der falsche Eindruck entsteht, man könne das

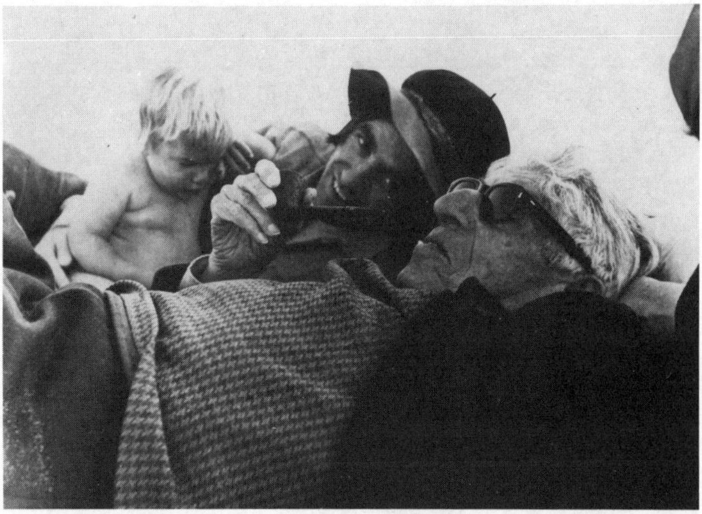

Bloch bei Dutschke in Dänemark.

eine ohne das andere zur Kenntnis nehmen. So behindert gerade die Sympathie, welche ihm die studentische Linke seit Jahren entgegenbringt, die philosophische Solidarität, die sich in der Auseinandersetzung mit den Arbeiten von Bloch erweist." In der Tat kommen wir so dem Problem näher: Zwar hat Bloch nie die aktuellen Parolen für die Studentenbewegung und ihre Nachfolger in der Neuen Linken geliefert. Das lag sicherlich auch daran, daß die großen Ereignisse dieser Bewegung in Berlin, Frankfurt, Heidelberg sich abspielten, wo Bloch kaum aufgetreten ist. Aber spätestens seit 1968/69 war Bloch, und zwar zumindest mit seiner Faschismus-Analyse aus „Erbschaft dieser Zeit", Teil des theoretischen Handgepäcks vieler linker Studenten. Mag sein, daß die Beschäftigung bei den meisten darüber nicht hinausgegangen ist. Aber auch für diese Version spricht einiges: „Bloch wird in einer merkwürdigen Privatheit gelesen. In politischen Diskussionen, auch wenn sie nicht nur auf die sogenannten Klassiker zurückgreifen, fällt kaum der Name Bloch." So ein Mitglied des Sozialistischen Zentrums Tübingens zur Eröffnung der Ersten Ernst-Bloch-Tage am 27. Oktober 1978. Blochs Werk ist danach mit der politischen Praxis der Linken nur schwer zusammenzubringen, „nicht weil es einfach zu theoretisch oder zu abgehoben wäre, sondern weil seine Inhalte nicht nur in Konflikt geraten mit der herrschenden Rationalität dieser Gesellschaft, sondern auch mit der Rationalität, die weitgehend unsere politische Praxis bestimmt." Freilich dauerte die Auseinandersetzung darüber nicht lange an. Es gab noch die Zweiten Ernst-Bloch-Tage 1981, dann überließ die Linke es wieder dem bürgerlichen Feuilleton, Bloch einzureihen.

„Mein Körper hat sich längst nicht nur ans Nikotin, sondern auch an die Nikotinvergiftung gewöhnt!"

Offener Brief an Tutoren, Hilfskräfte und Bedienstete der Universität Frankfurt

Mir sind Vorfälle und Vorgehensweisen der Hessischen Regierung und des Präsidenten der Frankfurter Universität zu Ohren gekommen, die mich zu äußerster Besorgnis veranlassen. Der sogenannte Radikalenerlaß beginnt in Hessen mit durchgreifenden Säuberungskampagnen: durch Sonderverhöre und Berufsverbote wird der öffentliche Dienst, insbesondere Hochschulen und Schulen reingewaschen von dem, was die derzeitige Regierung unter radikal und kommunistisch versteht. So wurde mir bekannt, daß im April dieses Jahres, eingeleitet vom Kultusminister des Landes Hessen, Anhörungsverfahren von Tutoren, Hilfskräften und Bediensteten durch den Kanzler der Goethe-Universität durchgeführt wurden. Diese politischen Prüfungen stützen sich auf teilweise jahrelange Bespitzelungen des Verfassungsschutzes. Alle an der Universität Tätigen sollen auf diese Weise auf Anordnung des Kultusministers politisch überprüft werden. Wer zum politisch Verdächtigen gemacht wird, muß selbst seine Verfassungstreue beweisen. Zu den Anhörungen gehören jene Erklärungen, mit denen die Protokolle zu schließen pflegen, formale Bekenntnisse also, welche die Verfassungsauffassung des Kultusministers darstellen. Mit erzwungenen Bekenntnissen werden demokratische Grundrechte verdrängt durch anbefohlene Pflichten und dadurch ihres liberalen Rechtscharakters als facultas agendi entkleidet. Der Inhalt der Verfassung wird hiermit benutzt und degradiert zur Aufrechterhaltung und Sicherung gebliebener Herrschaftsstrukturen statt zur Verbesserung der Demokratie und zu sinnvollem Fortschritt. Herrschaftssicherung wird damit zur Parole. Hierfür werden Reformansätze an Schule und Hochschule im Ansatz liquidiert. Im Vergleich zu solchen Vorgängen wirkt es zynisch, wenn der Frankfurter Universitätspräsident sich bemüht fühlt, wenigstens vorerst noch die Gewerkschaften vom Radikalitätsverdacht auszunehmen, indem er sagt »...daß die Mitgliedschaft in Gewerkschaften nicht zu Zweifeln an der Verfassungstreue der Bewerber führt« (Unireport, 8. Mai 75). Und gar noch die politische Überprüfung umdeutet in einen Schutz der Betroffenen: »Die Anhörung verschafft dem Bewerber das in einem rechtsstaatlichen Verfahren erforderliche Gehör.« Und weiter der Meinung ist, »daß gerade die Anhörung der Betroffenen in der Universität deren Rechte sichert« (Uni-Report, 8. Mai 75). Wie diese Rechte vom Uni-Präsidenten gewährleistet werden, belegt die Behandlung des Lehrauftrages von Brigitte Heinrich.

Während nach 1972 alte Nazis mit dem Stern zum großen Bundesverdienstkreuz geehrt werden und ihnen Machtbefugnisse übertragen werden, ist man jederzeit bereit, die wissenschaftliche Arbeit von Studenten und jungen Wissenschaftlern zu zerstören, weil sie sich in politischen Auseinandersetzungen etwa über den Vietnamkrieg vor vielen Jahren engagiert haben. Dieses wirft Licht auf die wirklichen Gefährdungen unserer Demokratie.

Ein Beispiel für Blochs linkes Engagement: Offener Brief gegen Berufsverbote. Brigitte Heinrich war während der Polizei-Aktion „Winterreise“ festgenommen worden. Die Universität setzte daraufhin den Lehrauftrag aus.

Ernst Bloch

Hans-Peter Schwöbel
Im Prinzip Hoffnung

für Ernst Bloch
den Nachbarn links
des großen Stroms

kleine Angst
schmal
am Rande des
großen Kontinents

: aufrecht gehen
schön
und
gut

wer Sterne beobachtet
oder Vogelflug

wie aber

den Erd-Apfel
ernten

Erz brechen
unter Tage

und
Krüge formen
in der
Ebene des roten Tons

mit bloßen Händen
und

auf
Recht

Die merkwürdige Privatheit linker Bloch-Aneignung hat sich also durchgehalten, man wird wohl insgesamt von einer Art „unterirdischen" Wirkungsgeschichte Blochs bei der bundesdeutschen Linken sprechen müssen, die öffentliche steht noch aus. Das liegt natürlich auch an der traditionellen Zersplitterung der Linken, die es naturgemäß verhindert, daß man sich ohne endlose Streitereien auf eine gemeinsame Quelle beruft. Dabei wäre gerade Bloch eine mögliche Integrationsfigur: „Man kann Ernst Bloch nicht partei- und fraktionspolitisch festlegen. Will man ihn politisch fassen, kann man ihn als generell links darstellen, aber er ist nicht für bestimmte Gruppen okkupierbar." So Wolfgang Abendroth, der ja selbst eher der orthodox-marxistischen Linie zuneigt, ebenso wie Hans-Heinz Holz, der gleichwohl ein – wenn auch zunehmend distanzierter – Anhänger Blochs ist. Für orthodox linke Parteipolitik ist Bloch natürlich eine immense Verlegenheit: Seinen Begriff von Volksfront und Bündnispolitik müßte die DKP zum Beispiel ohne Probleme übernehmen können, seine harsche Kritik an der DDR und der Sowjetunion dagegen selbstverständlich nicht. So ist es kein Wunder, daß direkte Verbindungen Blochs am problemlosesten mit undogmatischen Linken wie im „Sozialistischen Büro" zustande kamen. Den direktesten Bezug zu Bloch hatte die 1978 gegründete Zeitschrift „Spuren", ideologisch eher in der Nachbarschaft der 1980 aufgelösten KPD angesiedelt. Ende desselben Jahres gingen auch die „Spuren" ein, wurden aber Anfang 1983 neu gegründet. Karola Bloch fungiert als Herausgeberin, Jan Robert Bloch steht im

Impressum, Hans Joachim Lenger und Frieder Reininghaus sind von der alten „Spuren“-Besetzung noch dabei.

Liest man Papiere studentischer Basis-Gruppen, dann taucht der Name Bloch recht häufig auf – ohne Zweifel liefert Blochs breiter Begriff von sozialistischer Politik hier wieder neue Identifikations-Anreize. Bei den Grünen, die Bloch zumindest wegen seines naturphilosophischen Ansatzes eigentlich zu den Gründervätern zählen müßten, kommt Bloch – explizit jedenfalls – nicht vor. Eine heimliche Wirkungsgeschichte hat seine Philosophie aber auch hier.

Schließlich hat Gerhard Zwerenz in einer Diskussionsvorlage für die Gründung der Bloch-Assoziation von einem „Dritten Denken“ gesprochen, das Lösungsansätze zur Überwindung des blockgebundenen Ost-West-Denkens mit seinem tödlichen Kreislauf Krieg-Frieden-Krieg enthalte. „Dem kapitalistischen, wo nicht imperialen Westen wendet das dritte Denken seine gesellschaftskritische Analytik zu, ohne den realsozialistischen Osten deshalb daraus zu entlassen. Die kulturellen Errungenschaften der Gesellschaftskritik entbinden den Realsozialismus nicht von der Pflicht, sich selbst kritisch zu analysieren und zu korrigieren, und solange er sich dem verweigert, werden die Denker des dritten Weges es stellvertretend tun.“ Auf eine derartige Nutzbarmachung Blochschen Denkens werden sich in der aktuellen politischen Landschaft zumindest undogmatische Linke und Grüne einigen können.

„Bloch dürfte, lebte er jetzt, nicht einmal Lokomotivführer werden, geschweige denn Ordinarius, aber den Toten lassen alle gern eingehen in den abstrakten, unpolitischen Himmel der Geistesgeschichte.“ (Walter Boehlich)

Was können wir von ihm lernen?

Sind wir Bloch näher gekommen? Oder er uns? Was können wir mit ihm anfangen, von ihm lernen? Bloch lehrt uns die Hoffnung, hört man allenthalben. Was heißt das nun an diesem Ende? Bloch sagt: Der Mensch kann Hoffnung haben aufgrund seiner selbst und seiner Geschichte. Er hat sich in dieser Geschichte herausgestellt als das Wesen, das die gewordene Wirklichkeit überschreiten und Möglichkeiten verwirklichen kann, kluge Analyse dieser bestehenden Wirklichkeit immer vorausgesetzt. Wenn das so ist, besteht auch angesichts der Katastrophen dieser Welt, angesichts von Kriegen, Auschwitz, Mord, Folter, Rassenhaß, angesichts von imperialistischer Unterdrückung und Militarismus in West und Ost, angesichts von Vietnam und Prag, Nicaragua und Afghanistan, angesichts von Völkermord an Kurden und Ausrottung der Bahai immer noch die Möglichkeit einer Geschichte des Heils gegen das Unheil. Denn auf der anderen Seite stehen ja *die* Werke der Menschen, die auf eine solche Heilsgeschichte hindeuten, auf das, was Bloch summarisch als „Humanum" bezeichnet und in seiner spekulativen Identitätsphilosophie auf die Spitze treibt. Aber auch wenn man auf dem Boden bleibt, dann heißt Blochs Hoffnung ganz konkret: „ein Leben in Freiheit, ein Leben in Glück, ein Leben in möglicher Erfüllung, ein Leben mit Inhalten." Und Voraussetzung dazu ist unverbrüchlich die politische Aktion: „Herstellung der klassenlosen Gesellschaft, Abschaffung des Privateigentums an Produktionsmitteln, Aufhebung des Unterschieds zwischen Kapital und Arbeit, zwischen Herr und Knecht, Befreiung der Entmündigten, der Mühseligen und Beladenen, der Erniedrigten und Beleidigten – das alles kann doch nur im Zusammenhang mit dem geschehen, was der Wirklichkeit, auch der gesellschaftlichen Wirklichkeit entspricht." Aufruf zu politischer Aktion aus gründlicher philosophischer Analyse, das kann man von Bloch lernen, mit dem Ergebnis: „Wer Bloch kennt, kann weder zum Terroristen noch zum Bourgeois werden", wie Gerhard Zwerenz betont. Blochs Rolle ist dabei nicht die des Politökonomen. Das mag man bedauern, da ja gerade die von Bloch geforderte marxistische Bewältigung des neu sich organisierenden Kapitalismus und der Perversionen des Sozialismus unter den Bedingungen des ausgehenden 20. Jahrhunderts auch in einer neuen Kritik der politischen Ökonomie geleistet werden müßte. Dabei wäre aber zu fragen, was manche allzu ahnungslosen Kritiker einem solch monumentalen Lebenswerk noch alles zumuten wollen. Bloch hat es demgegenüber als seine Lebensaufgabe angesehen, die Bedingungen der Möglichkeit einer der sprengendsten revolutionären Bewußtseinsformen darzustellen: des utopischen Bewußtseins. Und er hat konkret analysiert, welche Bewußtseinsformen notwendig sind, damit die Menschen ihre Geschichte tatsächlich in ihrem Sinne ergreifen, „machen" und zu einem menschgemäßen Zustand treiben.

Er hat zudem gezeigt, daß Formen der Utopie nicht nur Formen wissenschaftlich geschulten und höchst fortgeschrittenen Bewußtseins sind (Utopie ist kein Luxusartikel!), sondern daß utopische Funktion auch in alltäglichen Lebensäußerungen anzutreffen ist. Die Philosophie der Utopie trifft nach ihrem Selbstverständnis eben nicht nur auf hohle, dumpfe Köpfe, sondern auf Vorformen der geschulten Hoffnung (docta spes), auf Äußerungen eines urwüchsigen allgemeinen *Lebenspathos,* das zwar noch nicht weiß, wo ihm der Kopf steht, aber schon fühlt, was in diesem Leben nicht richtig ist. Gerade Bloch hat gezeigt, daß dieses Lebenspathos, wie unbeholfen und verkleidet auch immer, wie verführbar und ablenkbar zudem, im alltäglichen Bewußtseins der Menschen existiert – ein Pathos, ohne das die Existenz der meisten Menschen ohnehin endgültig zur Metapher des Grauens verkommen müßte.

Anders als für manche Anhänger einer „Kritischen Theorie“, die letztlich Hoffnungslosigkeit verbreitet, gibt es für Bloch Spuren einer Subjektivität, die noch nicht der totalen Deformation und Sinnentleerung in der modernen Industrie- und Massengesellschaft anheimgefallen sind, die trotz aller Entsubjektivierung durch Kapitalismus und Staatssozialismus Lebensäußerungen zeigen, die den totalen Verlust der Subjektivität unterlaufen. Ganz abgesehen von ausdrücklichen Überschreitungen dieser Situation in Kunst, Philosophie und Religion, deren Produkte und Utopiebilder aber folgenlos bleiben müßten, träfen sie nicht auf eben dies Lebenspathos.

Bloch, wie er singt und lacht.

Und weiter ist von Bloch zu lernen, wieviel Kraft und Hartnäckigkeit dazu gehört, diesen im doppelten Wortsinn „roten“ Faden durch ein derart volles Leben und reichliches Werk durchzuhalten. Und das bei allen Brüchen und Widersprüchen in Theorie und Praxis. Gerade das macht die Erfahrung Bloch so wichtig: Da schwebt kein Weiser über den Wassern, sondern da ist einer in harter Wanderung seinem utopischen Stern gefolgt, durch schlimme Irrtümer, durch Festhalten an politischen wie philosophischen Prinzipien beinahe um den Preis der Selbstaufgabe, durch mancherlei Verfolgung und Anfeindung, auch persönliche Entbehrung.

„An seinen Gedanken kann man sich wärmen“, sagte Walter Benjamin über Bloch. Und Rudi Dutschke sekundiert: „Seine philosophische Denk- und Daseinsweise ist gekennzeichnet von analytischer Schärfe und menschlicher Wärme. Der notwendige ›Kältestrom‹, also die unbestechliche Kritik der ökonomischen und sozialen Verhältnisse einerseits, der nicht unterzukriegende ›Wärmestrom‹ aus menschlicher Solidarität, Hoffnung und Phantasie andererseits sind bei Bloch zwei unzertrennliche Seiten derselben sozialistischen Sache. Trotz aller Niederlagen und Rückschläge, die Arbeiterbewegung und Demokratie in diesem Jahrhundert erlitten haben, war er deshalb nie in Gefahr, zum bürgerlichen Seminarphilosophen der Lebens- und Geschichtslosigkeit zu werden."

Durch alle Niederlagen und Rückschläge hindurch – auch das lernen wir von Ernst Bloch – geht nämlich die Gewißheit des schweren Wegs zusammen mit dem Glauben an die Sprengkraft aktiver, konkreter Hoffnung. „Der aufrechte Gang wird am letzten gelernt. Kopf oben, frei umherblikkend, nur dazu ist er da", notierte der 20jährige Bloch. Und der 70jährige versicherte: „Man muß ans ›Prinzip Hoffnung‹ glauben. Ein Marxist hat nicht das Recht, Pessimist zu sein."

Wolf Biermann
Ernst Bloch ist ja tot

kurz vor dem Ende
als ich ihn endlich traf
ja, da ging es zu Ende
mit mir

zuletzt hatten die Jahre ihn
doch ein Stück runter: krumm
wie ein Fidelbogen, so
sah ich ihn gehen
den aufrechten Gang

kurz vor dem Ende
sah ich den Erblindeten
ja, der war blind
– sah aber durch!

Bloch, seines biblischen Alters
lästige Gebrechen – er
ertrug sie
mit Lässigkeit

aber immer noch
staunte der Alte
über das stein-alte Übliche
die alltägliche Gemeinheit
die gesetzestreuen Verbrechen
ihn entsetzten sie, das normale
Unrecht hinzunehmen
bis an sein Ende, Bloch
hat es nicht gelernt

hilfloser Alter, aber
so wußte er sich zu helfen
kurz vor dem Ende
mir
half er auf

Anmerkungen

Dieses Buch ist in erster Linie für Leser gedacht, nicht für Liebhaber von Fußnoten. Daher ist immer so zitiert worden, daß der Text durchgängig lesbar bleibt: Auslassungen, Umstellungen und Zusammenziehungen werden nicht im einzelnen kenntlich gemacht. Wer in den zitierten Texten nachschauen will, kann das an Hand der hier folgenden Hinweise tun.

Einleitung

Seite 7 *So einen Kerl:* Dieses Kleist-Zitat im Zusammenhang mit Bloch zuerst bei Hans Mayer, Der Redner Ernst Bloch. In: Ernst Blochs Wirkung. Frankfurt 1975, S. 220
Mündlichkeit Blochs: Rudi Dutschke berichtet, daß Freunde aus der DDR mit eben solchen Erfahrungen Bloch ganz anders begriffen als er selbst. „Die besondere Bedeutung des persönlichen Dialogs, der unmittelbaren Kommunikation mit Bloch wurde mir erst Jahre später in Tübingen und Dänemark klar." Rudi Dutschke, Was von ihm zu lernen ist. Frankfurter Rundschau 30.4.1976.
Nur Menschen, nicht Ideen: Ludwig Marcuse, Mein zwanzigstes Jahrhundert. Auf dem Weg zu einer Autobiographie. München 1960, S. 25

Seite 8 *Wenn das Philosophie wird:* Ernst Bloch, Das Zeitalter des Systems ist abgelaufen. Gespräch mit Adelbert Reif. In: Karola Bloch/Adelbert Reif (Hrsg.), Denken heißt Überschreiten. Köln, Frankfurt 1978, S. 19
Döblin: Michael Landmann, Gespräche mit Ernst Bloch. Neue Deutsche Hefte 1980, H.l, S. 4
Verhandeln und Warten: Stuttgarter Zeitung vom 10.9.1984

Seite 9 *Wolfgang Neuss:* tageszeitung vom 7.2.1984

Seite 10 *Luzifer empört sich:* Michael Landmann, Ernst Bloch im Gespräch. Neue Deutsche Hefte 1967, H.l, S. 47
Das Leben ist nichts: Georg Lukács, Die Seele und die Formen. Neuwied, Berlin 1971, S. 36
Der Hintern des Teufels: Brief Blochs an Georg Lukács vom 12.7.1911. In: Arno Münster, Utopie, Messianismus und Apokalypse im Frühwerk von Ernst Bloch. Frankfurt 1982, S. 65
Tätige Weisheit: Bloch, Die neue Linke und die Tradition. In: Abschied von der Utopie? Frankfurt 1980, S. 181
De te fabula narratur: Karl Marx, Das Kapital. Marx/Engels Werke Bd. 23, S. 12

Kapitel 1

Biographisches von Ernst Bloch selbst finden wir vor allem in den „Spuren" (Gesamtausgabe Bd. 1, Frankfurt 1963, Seite 61 ff.), in dem Aufsatz „Ludwigshafen – Mannheim" in „Erbschaft dieser Zeit" (Gesamtausgabe Bd. 4, Frankfurt 1962, S. 208 ff.), „Mannheim aus freundlicher Erinnerung" in den „Literarischen Aufsätzen" (Gesamtausgabe Bd. 9, Frankfurt 1965, S. 405 ff.), im „Morgenblatt für Freunde der Literatur" des Suhrkamp-Verlages, Sondernummer Ernst Bloch vom 2.11.1959 unter dem Titel „Über Eigenes selber", sowie in verschiedenen Gesprächen und Interviews, die vor allem in folgenden Sammelbänden abgedruckt sind: Rainer Traub/Harald Wieser (Hrsg.), Gespräche mit Ernst Bloch. Frankfurt 1975 (zitiert als „Gespräche"); Arno Münster (Hrsg.), Tagträume vom aufrechten Gang. Frankfurt 1977 (zitiert als „Tagträume"). Ein wichtiges Gespräch über Blochs Kindheit ist abgedruckt im Bloch-Almanach 1(1981), S. 11 ff.; außerdem finden wir einen kurzen selbstverfaßten Lebenslauf Blochs in: Ludwig J. Pongratz, Philosophie in Selbstdarstellungen. Bd. 1, Hamburg 1975, S. 1 ff.; dieser Text ist auch abgedruckt in Gespräche, S. 300 f.; darüberhinaus viele biographische Hinweise bei Michael Landmann, Ernst Bloch im Gespräch. In: Ernst Bloch zu ehren. Frankfurt 1965, S. 345 ff.; unter demselben Titel sind zwei weitere Gesprächsaufzeichnungen Landmanns erschienen in Neue Deutsche Hefte 14 (1967), H.l, S. 41 ff. und H. 3, S. 23 ff.; ebenfalls von Landmann: Gespräche mit Ernst Bloch im Sommer 1968 auf Korcula. Neue Deutsche Hefte 27 (1980), H.l, S. 3 ff.; H.2, S. 278 ff.; Gespräche mit Ernst Bloch III, H.3, S. 501 ff.

Seite 11 *Eigene Biographie:* Tagträume, S. 20; Spuren, S. 72
Mit fast nichts: Bloch, Das Materialismusproblem, seine Geschichte und Substanz. Frankfurt 1972, S. 21
Geist, der sich erst bildet: Vorabdruck dieser Passage am 15.8.1930 in der „Frankfurter Zeitung", vgl. Erbschaft dieser Zeit. Frankfurt 1962, S. 166 ff.: „Bunte Flucht".
Spüre mich atmen: Spuren, S. 61
Wird es heller: Spuren, S. 61
Hinter dem obersten Fenster: Spuren, S. 62

Seite 12 *Vater Markus, Mutter Barbara:* Tagträume, S. 23; Über prägende Erlebnisse im Ludwigshafen der Jahrhundertwende (Gespräche mit Manfred Buchwald), Bloch-Almanach 1(1981), S. 15

Seite 13 *Assimilation:* Raphael Löwenfels, Schutzjuden oder Staatsbürger? Berlin 1893.
Spritproduktion: Claus Grossner, Verfall der Philosophie. Reinbek 1971, S. 94; vgl. Eva Karádi/Eva Fekete (Hrsg.), Georg Lukács. Briefwechsel 1902 – 1917, Stuttgart 1982, S. 206 (Brief Blochs vom 22. 2. 1911).
Schwierige Kindheit: Bloch-Almanach 1, S. 15
Und die meisten Kinder: Erbschaft dieser Zeit, S. 167
Tante in Worms: Gedenkbuch für Else Bloch-von Stritzki. In: Bloch, Tendenz – Latenz – Utopie. Frankfurt 1978, S. 25; Bloch Almanach 1, S. 15
Schule: Bloch-Almanach 1, S. 15, Tagträume, S. 24; Spuren, S. 66

Seite 14 *Zeugnis-Vermerk:* Bloch zitiert aus dem Gedächtnis ungenau: „Dieser Schüler ist zwar Repetent, gleichwohl sind seine Leistungen so gering, daß es fraglich ist, ob er wenigstens in diesem Jahr das Ziel der Klasse erreicht." Tagträume, S. 23; in dieser Form wird auch meist in der Literatur zu Bloch zitiert.
Roter Faden: Über Eigenes selber, S. 1; Gespräche, S. 28
Häkchen: Spuren, S. 103; Gespräche, S.300
Haß gegen den Durchschnitt: Das Prinzip Hoffnung, S. 24 f.
Ludwigshafen: Über Eigenes selber, S.2; Erbschaft dieser Zeit, S. 210 f.
Auf Schiffen: Spuren, S. 68

Seite 15 *Kneipen:* Bloch, Geladener Hohlraum (Gespräch mit Iring Fetscher und Georg Lukács). In: Tendenz, S. 370; vgl. Gespräche, S. 29
Themse: Spuren, S. 68 f.
Man zog zum Meßplatz: Spuren, S. 68 – 70; vgl. Literarische Aufsätze, S. 405 f., Prinzip Hoffnung, S. 421 ff.; dieses Jahrmarktsmotiv erscheint zuerst in dem Aufsatz „Über die Melodie im Kino" in: Der neue Merkur 5 (1921/22), S. 812 ff.; ähnlich: „Die Melodie im Kino oder immanente und transzendentale Musik". In: Die Argonauten 1914/1921, S. 82 ff; wieder in: Durch die Wüste, Berlin 1923, S. 124 ff.

Seite 16 *München:* Bloch-Almanach 1, S. 16
Politik, Marx und Engels, SPD-Parteitage, Revanche: Tagträume, S. 26 f.; Gespräche, S. 19 f., 28; Spuren, S. 66

Seite 17 *Hungriger Junge:* Gespräche, S. 28
Schloßbibliothek Mannheim: Tagträume, S. 28; Gespräche, S. 29

Seite 18 *Interesse für Physik:* Tagträume, S. 30
Traktätchen: Gespräche, S. 28, vgl. Spuren, S. 67

Materie, Atheismus: Spuren, S. 67; Tagträume, S. 22; vgl. Gespräche, S. 28 f.: „Die Materie ist die Mutter alles Seins.“; vgl. Tendenz, S. 369: „Mit 13 Jahren schrieb ich ein kleines Heft voll: System des Materialismus, mit dem ersten Satz: Die Materie ist die Mutter alles Seienden.“
Welt des Gefühls: Über Eigenes, S. 1; vgl. Spuren, S. 70, hier heißt der Aufsatz: „Renaissance der Sinnlichkeit“.

Seite 19 *Widerlegung Newtons:* Über Eigenes, S. 1; Tagträume, S. 29 f.; Spuren, S. 66; Gespräche, S. 14 f.
Über die Kraft: Spuren, S. 71; vgl. Philosophische Aufsätze, Frankfurt 1969, S. 5: „sondern das Wesen der Welt ist heiterer Geist und Drang zum schaffenden Gestalten“; vgl. leicht abweichendes, sinngemäßes Zitat Tagträume, S. 24

Seite 21 *Der Direktor:* Bloch-Almanach 1, S. 17 f.
Windelband: Bloch-Almanach 1, S. 18; vgl. Tagträume, S. 24
Zeugnisvermerk: Bloch zitiert auch hier meist ungenau: „Dieser Schüler trug ein anmaßendes, unbescheidenes, selbstgefälliges Wesen zur Schau, daß mit dem tiefen Stand seiner Kenntnisse durchaus nicht im Einklang steht.“ Tagträume, S. 23, 24; Bloch-Almanach 1, S. 17

Seite 22 *Jugend und Lautverstärkung:* Über Eigenes, S. 2

Seite 23 *Unter uns war Bloch:* Friedrich Burscnell, Erinnerungen an den jungen Ernst Bloch. In: Stimme der Pfalz 21 (1970), H. 3, S. 3
Brief an Mach: Abgedruckt in: Silvia Markun, Ernst Bloch. Reinbek 1977, S. 17

Seite 24 *Postkarten:* Tagträume S. 32
Schweiz: Karola Bloch, Aus meinem Leben. Pfullingen 1981, S. 45.

Seite 25 *Schelling-Grabstein:* Tagträume, S. 26

Seite 26 *Ludwigshafen und Mannheim:* Gespräche, S. 29 f.; Tagträume, S. 21; Erbschaft dieser Zeit, S. 211 f.; Bloch-Almanach 1, S. 21 f.; Literarische Aufsätze, S. 405.

Seite 27 *Fabrik und Aura:* Über Eigenes, S. 2
Grundgedanke: Bloch-Almanach 1, S. 18
Bild der Jugend: Subjekt – Objekt. Frankfurt 1962, S. 35
Träume seiner Jugend: Tagträume, S. 122.
Karl May und Hegel: Landmann, Ernst Bloch im Gespräch. In: Ernst Bloch zu ehren, S. 358; vgl. Tendenz, S. 373: „Ich kenne nur Karl May und Hegel; alles, was es sonst gibt, ist aus beiden eine unreinliche Mischung; wozu soll ich das lesen?“

Kapitel 2

Seite 28 *München:* Tagträume S. 28
Schauspielerin: Tendenz, S. 371; vgl. Gespräche S. 30
Lipps: Philosophische Aufsätze, S. 54
Oper: Tagträume S. 30 f.

Seite 29 *Nietzsche:* Bloch, über das Problem Nietzsches. In: Das Freie Wort 6(1906) S. 567 f.

Seite 30 *Nietzsche:* wie oben, S. 568, 570
Trübselig: Tendenz, S. 22; vgl. Spuren, S. 36

Seite 31 *Psychologie und Philosophie:* Geist der Utopie. München 1918, S. 244; Bloch zitiert hier einen Ausspruch des Physikers Weidenbach, vgl. Landmann, Gespräche mit Ernst Bloch. In: Neue Deutsche Hefte 1967, H. 3, S. 26
Külpe: Geist der Utopie, S. 244
Würzburg: Tendenz, S. 22, 43, 371.

Universitätsphilosophie: Tagträume S. 101, dort auch: „Ich bin ein Philosoph, der in seinem eigenen philosophischen Gebäude wohnt."
Lehrstuhlinhaber: Geist der Utopie, S. 243 f.

Seite 32 *Dissertation:* Würzburg 1908, gedruckt 1909.
Marcuse/Rickert: Ludwig Marcuse, Mein zwanzigstes Jahrhundert, S. 28

Seite 33 *Zitate aus Dissertation:* S. 74, S. 68, S. 67

Seite 34 *Zitate aus Dissertation:* S. 48, S. 71, S. 77, S. 80
Simmel: Tendenz, S. 372

Seite 35 *Maulhelden:* Tagträume, S. 35
Adorno über Simmel: Theodor W. Adorno, Henkel, Krug und frühe Erfahrung. In: Ernst Bloch zu ehren, S. 11
Lukács über Simmel: Eva Fekete/Eva Karádi, Georg Lukács. Sein Leben in Bildern, Selbstzeugnissen und Dokumenten. Stuttgart 1981, S. 30
Marcuse über Simmel: Marcuse, Mein zwanzigstes Jahrhundert, S. 25
Bloch über Simmel: Philosophische Aufsätze, S. 59

Seite 36 *Andere Sprache:* Tagträume, S. 33
Denker des Vielleicht: Philosophische Aufsätze, S. 57
Marcuse: Mein zwanzigstes Jahrhundert, S. 26
Aussprüche Simmels: Philosophische Aufsätze, S. 57
Belohnung: Tagträume, S. 34

Seite 37 *Entdeckung des Noch-Nicht-Bewußten:* Tagträume, S. 34; Über Eigenes, S. 2

Seite 38 *Reise nach Italien:* Tagträume S. 34; zur Datierung der Italien-Reise: „Vierzehn Tage später – gegen Semesterende – fuhren wir gemeinsam nach Italien", schreibt Bloch. Karola: „1911 gingen beide nach Italien" (Karola Bloch, Aus meinem Leben, S. 46); Landmann, Ernst Bloch im Gespräch, Ernst Bloch zu ehren, S. 348: „zu Simmels 50. Geburtstag waren die beiden drei Wochen zusammen in Italien." Das war aber der 1.3.1908, da war Bloch noch in Würzburg, er kam erst im Wintersemester 1908/09 nach Berlin; also ist das Frühjahr 1909 – das wäre Simmels 51. Geburtstag – der wahrscheinliche Termin, das sind auch die Ferien des Wintersemesters 1908/09.
Suppen: Karola Bloch, Aus meinem Leben, S. 46; vgl. Landmann, S. 348: Jeden Freitag wurde eine neue Suppe erfunden, „und für jede Suppe mußte ein passender Name ausgedacht werden."
Kritik an Simmel: Geist der Utopie S. 246 f., Durch die Wüste, Berlin 1923, S. 92, Tagträume, S. 35; Philosophische Aufsätze, S. 56 – 59

Seite 39 *Simmel und der Krieg:* Tagträume, S. 35 f.; vgl. Landmann, S. 345 ff.; nach dieser Version hat Bloch den Brief an Simmel erst nach deren Treffen bei einem der Heidelberger „Vorträge zum Zeitgeschehen" geschrieben.
Korpsstudent: Bloch, Politische Messungen. Frankfurt 1970, S. 15
Liebschaft ohne Liebe: Tendenz, S. 22
Bonn: Lukács, Brief vom 11.2.1911, Lukács-Briefe, S. 202

Seite 40 *Wildes Leben:* Bloch, Brief vom 24.4.1911, Lukács-Briefe S. 215
Frau in Zürich: Bloch, Brief vom 22.2.1911 aus Ludwigshafen, wo er die „Rolle des Haussohns" spielt. Lukács-Briefe, S. 205
Mitgift: Lukács-Briefe, S. 206
Braut: Bloch, Brief vom 31.12.1911, Lukács-Briefe, S. 278

Seite 41 *Kranke Ethik:* Emma Ritoók am 17.1.1913, Lukács-Briefe, S. 307
Ich kam aus Bonn: Tendenz, S. 42
Intellektueller Impuls: Lukács-Briefe, S. 202
Gewaltiger Einfluß: Lukács, Gelebtes Denken, Frankfurt 1981, S. 59
Muttersprache der alten Philosophen: Tendenz, S. 374; ähnlich: „Meine Begegnung mit Bloch (1910) brachte das Erlebnis, daß heute noch Philoso-

phie im klassischen Sinn möglich ist." Fekete/Karádi, Georg Lukács, S. 56
Nicht beeindruckt: Tagträume, S. 102

Seite 42 *Menschenkenner:* Tagträume, S. 103
Florenz: Fekete/Karádi, Lukács, S. 56

Seite 43 *Stelle in Freiburg:* Lukács, Brief vom 11.2.1911, Lukács-Briefe, S. 203
Naturschutzpark, Symbiose: Tagträume, S. 102 ff.; Tendenz, S. 372 f.
Sauer und ölig: Bloch, Durch die Wüste, Berlin 1923, S. 74; zu Lukács' Beziehung zu George vgl. Lukács, Die Seele und die Formen, Berlin 1911, S. 190f.

Seite 44 *Aristokrat:* Gerhard Zwerenz, Kopf und Bauch, Frankfurt 1971, S. 115.
Die Anekdote über Bloch und Lukács notierte Blochs ehemaliger Leipziger Assistent Jürgen Teller. *Zu Wolff:* Bloch bezieht sich hier auf Christian Wolff, der unter anderem durch eine populäre Systematisierung der Philosophie von Leibniz bekanntgeworden ist.
Aufruhr: Paul Honigsheim, On Max Weber, New York 1968, S. 24

Seite 45 *Junge Leute:* Marianne Weber, Max Weber: Ein Lebensbild, Tübingen 1926, S. 373, 474
Jüngling mit Haartolle: Marianne Weber, S. 476
Friedrich Naumann: Marianne Weber, S. 476; Honigsheim, On Max Weber, S. 29
Bloch-Schelte: Honigsheim, S. 28 f., S. 66
Gespräch beherrscht: Helmut Plessner, Heidelberg im Jahr 1913. In: Kölner Zeitschrift für Soziologie, Sonderheft 7, 1963, S. 30
Naphta: Fekete/Karádi, Georg Lukács, S. 129; Tagträume S. 110

Seite 46 *Gnostiker:* Karl Jaspers, Heidelberger Erinnerungen. Heidelberger Jahrbücher 5 (1961), S. 5; zu den „Evangelisten" vgl. auch Plessner, a.a.O.; die *Gnosis* war eine religiöse Bewegung deren Ziel die Erlösung nicht nur durch den Glauben, sondern vor allem durch die Erkenntnis (Gnosis) Gottes oder der Welt des Übersinnlichen war.
Messias: Honigsheim, On Max Weber, S. 109; Geist der Utopie, S. 247
Spaß mit Figuren: Tendenz, S. 372
Geheimrätlichkeit: Tendenz, S. 373 f.
Professur in Leipzig: Brief von Andreas Berthold Schwarz an Georg Lukács vom 11.5.1913, Lukács-Briefe, S. 322

Seite 47 *Topologie:* Tendenz, S. 373; Topologie von griechisch topos (der Ort): die Lehre von der richtigen Einordnung
Berge von Manuskripten: Über Eigenes, S. 2; zum Begriff ›innere Linie‹: „Das stammt aus der Kriegsstrategie: als Deutschland 1914 mit einer belagerten Festung verglichen wurde, erschien es als Vorteil, nur über kürzere Entfernungen operieren zu müssen, während die andern Nachschubschwierigkeiten hatten. In der Logik kann man in geschlossenem, ganz kleinem Raum metaphysische Probleme kondensiert wiedergeben." Bloch-Almanach 4, S. 26 f.; „Die Logik ist meine alte Liebe. Vor dem Ersten Weltkrieg in Heidelberg schrieb ich etwa 200 Seiten über den Unterschied von konjunktivischen und kopulativen Urteilen." Bloch-Almanach 4, S. 26
Jahre des Sammelns: Tendenz, S. 22
Revanche: Bloch, Brief vom 22.4.1910, Lukács-Briefe, S. 112
Heidelberg (Bildtext): Durch die Wüste, S. 60

Seite 48 *Systempläne:* Bloch, Brief vom Oktober 1911, zitiert in: Arno Münster, Utopie, Messianismus und Apokalypse im Frühwerk von Ernst Bloch. Frankfurt 1982, S. 78; vgl. Bloch, Brief vom 6.11.1911, zitiert bei Münster, S. 81
Hundehütte: Bloch-Almanach 4, S. 27
Summa: Über Eigenes, S. 2:„Freundschaft und Symposion zu dieser Zeit mit Lukács, er noch mit Eckardt und Ethik, mit den Konfinien von Moral und Kunst beschäftigt, ich noch mit Thomas und den Systemationsproblemen einer neuen ›Summa‹ (einer allerdings fahrenden, worin kein schon vorhandenes Ziel in ihre Kreise sah)." Vgl. Gespräche S. 300 f.: alles „im Zei-

chen Hegels, eines totalen Systemwillens, freilich eines stets dialektisch-paradox unterbrochenen, und futurisch, ja ›eschatologisch‹ offenen". Die Rede ist von *Thomas von Aquin,* der im 13. Jahrhundert mit seiner „Summa theologica" eine Zusammenfassung der damals bekannten philosophischen und theologischen Systeme anstrebte.
Sphären: Bloch-Almanach 4, S. 29
Wenn bei Anfängern: Über Eigenes, S. 2
Der Name Gottes: Bloch, Brief vom 5. 3. 1914, Lukács-Briefe, S. 332
Logik: Bloch, Brief vom 16. 8. 1916, Lukács-Briefe, S. 373

Seite 49 *Harmonie:* Tagträume S. 107 f.; ob hier Blochs Erinnerung verläßlich ist, mag bezweifelt werden, zumal er diesen Vorschlag auf 1918 datiert; Lukács habe ihm in diesem Sinne nach Interlaken geschrieben. Wie wir noch sehen werden, war aber das Verhältnis Bloch-Lukács 1918 schon so abgekühlt, daß ein solcher Vorgang höchst unwahrscheinlich ist.

Kapitel 3

Seite 50 *Webers Kriegsbegeisterung:* Tagträume, S. 102
Auseinandersetzungen mit Lukács: Tagträume, S. 104, 109; Tendenz, S. 375; Brief vom 5. 3. 1914, Lukács-Briefe, S. 330 f.
Ablehnung des Krieges: Landmann, S. 350; vgl. „Zu Kriegsbeginn 1914 fühlten wir uns beide vollständig verloren. Dieser Krieg wurde zu einem entscheidenden Faktor für die Entwicklung eines jeden von uns." Tagträume, S. 109; „sowohl Bloch wie ich hatten den Krieg vom ersten Moment an heftig abgelehnt, und wir haben uns beide in einer linken Richtung entwickelt." Lukács, Tendenz, S. 374
Politische Phänomene: Tagträume, S. 104

Seite 51 *Aristokratismus bei Lukács:* Bloch, Brief vom 12. 7. 1911; später setzt sich Bloch ausführlicher mit der Tragik-Konzeption seines Freundes auseinander, zum Beispiel in „Geist der Utopie", dazu vgl.: Münster, Utopie, Messianismus und Apokalypse im Frühwerk von Ernst Bloch, S. 61 ff.; Sándor Radnóti, Bloch und Lukács: Zwei Kritiker in der „gottverlassenen Welt". In: Die Seele und das Leben, Frankfurt 1977, S. 177 ff.; Ferenc Feher, Am Scheideweg des romantischen Antikapitalismus, a.a.O., S. 241 ff.
Lukács nach Budapest zurück: Fekete/Karádi, Georg Lukács, S. 68
Auch ich bin ernstlich in Gefahr: Bloch, Brief vom 21. 9. 1915, Lukács-Briefe S. 360; vgl. Tendenz, S. 375, wo Bloch erklärt, er sei wegen seiner Kurzsichtigkeit für dauernd (!) kriegsdienstuntauglich erklärt worden; vgl. Bloch-Almanach 4, S. 19: „Auf 10 m Entfernung konnte ich eine deutsche von einer englischen Uniform nicht unterscheiden und hätte versehentlich einen deutschen General erschießen können!" Lukács schreibt am 24. 9. 1915 an Paul Ernst: „ich bin bei der Stellung tauglich gefunden worden." Aus diesem Grunde müsse er alle Pläne zurückstellen, und weiter: „ich verlasse heute Heidelberg, erledige ein paar wichtige Angelegenheiten und fahre dann nach Hause, zum Dienst." Lukács-Briefe, S. 361 f.
Myop: Von Myopie = Kurzsichtigkeit
Man kann ihm ausweichen: Bloch, Brief von Ende Mai 1915, Lukács-Briefe S. 355 f.; die Herausgeber des Lukács-Briefwechsels knüpfen daran die Vermutung, Bloch habe sich durch Wechsel des Wohnortes dem Stellungsbefehl zu entziehen versucht, dies habe Lukács mißbilligt. Es wird aber nicht klar, ob nicht vielleicht Lukács mit dieser Reise gemeint war, denn Blochs Wohnungswechsel von Heidelberg bzw. Garmisch nach München-Grünwald war zu dieser Zeit schon perfekt.
Kein forderndes Liebesverlangen: Bloch, Brief vom 16.8.1916, Lukács-Briefe, S. 374
Decrescendo der Beziehungen: Bloch, Brief vom 1. 11. 1916, Lukács-Briefe, S. 382

Seite 52 *Haben Sie in München:* Lukács-Briefe, S. 395 f.
Junggesellenleben: Tendenz, S. 20

Geld von Lukács: Lukács-Briefe, S. 331
Glanzvolles Haus: Tendenz, S. 20
Gralsburg: Burschell, Erinnerungen, a.a.O., S. 4
Bloch war nun viel milder: Burschell, a.a.O.
Haus in Grünwald: Tendenz, S. 20

Seite 53 *Geist der Utopie:* Zur Datierung heißt es in der Erstausgabe von 1918: „begonnen April 1915, abgeschlossen Mai 1917", in der Zweitausgabe 1923: „Es wurde begonnen April 1915, beendet Mai 1917, erschien Sommer 1918." Dagegen in „Durch die Wüste", S. 59: „Niedergeschrieben wurde das Buch in den ersten, nicht gerade sehr sozialistisch bewegten Kriegsjahren; der Druck war beendet anderthalb Jahre vor Ausbruch der Revolution." In „Geist der Utopie" 1964: „Vorliegendes Buch, 1915/16 geschrieben, erschien zuerst 1918, dann teilweise verändert 1923." Tendenz, S. 380: „Das Buch wurde geschrieben mitten im Ersten Weltkrieg, 1915 angefangen und 1917 beendet." Tagträume, S. 40 nennt drei Ausgaben, „die erste ist die von 1918, die von 1915 bis 1918 in Grünwald im Isartal, mit meiner Frau Else zusammen geschrieben wurde."
Die wahrscheinlichste Datierung ist in der Tat die in der Erstausgabe angegebene: Bloch hat im Frühjahr 1915 mit der Niederschrift begonnen, sie im Frühjahr 1917 abgeschlossen, dann aber noch ergänzt. Schließlich bezieht sich Bloch in der Erstausgabe (S. 297 ff.) auf die russische Oktoberrevolution; völlig absurd ist demnach die Behauptung, der Druck sei anderthalb Jahre vor Ausbruch der Revolution beendet gewesen. Bloch hat mit ziemlicher Sicherheit noch im Schweizer Exil an den Druckfahnen gearbeitet.
Der Gedankenkomplex: Durch die Wüste, S. 59; vgl. Gespräche, S. 301
Ursprünglich nur als Nebenwerk: Bloch-Almanach 4, S. 26
Sturm- und Drang-Buch: Geist der Utopie 1964, S. 347
Gegen Preußen: Tendenz, S. 381
Erste opusmäßige Bekundung: Über Eigenes, S. 2; weitere Formulierungen dieser Art: „ein versuchtes erstes Hauptwerk, expressiv, barock, fromm, mit zentralem Gegenstand." (Geist der Utopie 1964, S. 347); „mit Sturm und Drang gefüllt von oben bis unten, – begonnen mit 29 Jahren und in zwei Jahren herunterrhapsodiert, sozusagen" (Tendenz, S. 389); „Ein Sturm- und Drang-Buch, bei all dem, im Haus der Jugend, der Politik, der Philosophie." (Tendenz, S. 391)
In Garmisch sind auch (Bildtext): Tendenz, S. 372

Seite 54 *Die Faulen, die Elenden:* Geist der Utopie, S. 9
Aber der Held: Geist der Utopie, S. 398 f.; später heißt es in Abwandlung dieser Stelle: „und nur die deutschen Dichter waren poetisch genug, vom Schwert zu reden, obzwar auch dieses nur noch aus Giftbomben bestand." Durch die Wüste, S. 16

Seite 55 *Zwei Gesichter:* Geist der Utopie, S. 397 f.
Denn der vorliegende Krieg: S. 394
Jedes Volk war willenlos: S. 395
Viel Feind, viel Ehr: S. 295
Zeitalter der Gottferne: S. 73
Aber man darf nicht vergessen: S. 20
Heraufkommende Welt: S. 21

Seite 56 *Ihr eigentliches Ziel:* S. 21
Geburtszange, Zuckerzange: S. 22
Das Ornament ist immerhin: Tendenz, S. 382
Ein alter Krug: Geist der Utopie, S. 13
Wer den alten Krug: S. 14

Seite 57 *Wir sind plötzlich:* S. 50
Wir sind ichhafter: S. 43
Die Distanz zwischen Subjekt und Objekt: S. 51, 52
Hier können uns die Bildwerke: S. 52
Für Lukács nur Geschmiere: Tagträume, S. 109; vgl. Bloch, Tendenz, S. 375:

„was nicht in der strenggehaltenen Form war, das gehörte zu den zerrissenen Nerven eines Zigeuners, und das war das negativste Urteil, das es für ihn überhaupt gab."
Ob wir wirklich im Begriffe sind: Lukács, Theorie des Romans, Neuwied, Berlin 1964, S. 158

Seite 58 *Wenn er Wagner spielte:* Burschell, Erinnerungen, S. 3 f.
Aber nicht ein einziges Thema: Tagträume, S. 31
Ein mediokrer Kapellmeister: Tagträume, S. 31
Es singt unaufhörlich in mir: Brief vom 20.2.1913, zitiert bei Münster, Utopie..., S. 150
Wie erhebt sich das Herz: Geist der Utopie, S. 84

Seite 59 *Das Herz bricht auf:* Geist der Utopie, S. 90
Mit sichtbaren Gegenständen nichts zu tun: Tendenz, S. 376
Man kann sagen: Geist der Utopie, S. 219
Unabgelenkte Sprache der Musik: Tagträume, S. 40
Wo die neuen Musiker: Geist der Utopie, S. 234; *Theurgie:* Beschwörung Gottes
Metaphysik der Innerlichkeit: S. 363
Daß dieses, was es gibt: S. 64

Seite 60 *Wann lebt man eigentlich:* S. 364
Ich kann leichthin sagen: S. 443
Wir haben kein Organ: S. 371 f.
Vergiß das Beste nicht: S. 364
Ein Mann will etwas kaufen: Tagträume, S. 38 f.; vgl. Tendenz, S. 383 f.
Der bedürftige Mensch: Geist der Utopie, S. 366

Seite 61 *Wenn wir die begrifflichen Schleifen:* S. 366
Die Wissenschaft baut: S. 334
So bleibt dieses: S. 367
An uns allein ist es: S. 251
Denn das, was ist, kann nicht wahr sein: S. 338
Wir werden doch nicht: S. 344 f.
Es wäre uns nicht möglich: S. 417, ähnliche Formulierungen S. 335, 342, 387 f.
Was die Dinge, Menschen, Werke: S. 339
Wahrheit in diesem Sinn: Bloch-Almanach 4, S. 33

Seite 62 *Nur in uns selber:* Geist der Utopie, S. 341
Es geht um uns: S. 342
Don Quixote: S. 339; bei Don Quixote passiert alles zu früh, falsch, zu überschlagend: „Denn die Träume an sich können nichts bedeuten, sondern es kommt darauf an, daß sie rufend, zeugend sind und dem Weltlauf, der geht, ohne zu wissen, wohin es geht, tätige, vertretende, pragmatistisch wahre, konstitutive Phantasie einzuverleiben." (S. 65 f.)
Kein sozialistischer Gedanke: S. 9

Seite 63 *Verpflichtende Stoßrichtung:* Tendenz, S. 381
Aber nun ist die russische Revolution: Geist der Utopie, S. 297 f.
Karl Marx: S. 298 f.

Seite 64 *Land der Untertanen:* S. 302 f.
In unserem tiefsten Inneren: S. 332
Und so ist es immer noch denkbar: S. 332

Seite 65 *Durch das revolutionäre Proletariat:* S. 432
Verbrauchs- und Produktionsregelung: S. 402
Das Leid, die Sorge: S. 410
Die Seele, der Messias: S. 433
Wenn der Marxismus: S. 407; *eudämonistisch:* nach dieser Auffassung ist sittlich gut all das, was der menschlichen Glückseligkeit dient.
Trotz des vielen: Brief vom 16.8.1919, Lukács-Briefe, S. 375

Seite 66 *Dem, der in eisiger Sturmnacht:* Margarete Susman, Geist der Utopie (Rezension), Frankfurter Zeitung 12.1.1919
Wir wissen wieder: Friedrich Burschell, Geist der Utopie. In: Ernst Bloch zu ehren, S. 375
Um uns geht es: Susman, a.a.O.
Der Prophet im Werk: Burschell, S. 381

Seite 67 *So ist das Buch lebendig:* Ernst Blaß, Geist der Utopie, zitiert nach: Burghart Schmidt, Materialien zu Ernst Blochs „Prinzip Hoffnung", Frankfurt 1978, S. 65, weitere Zitate S. 63, 66
Der dunkelbraune: Theodor W. Adorno, Henkel, Krug und frühe Erfahrung. In: Ernst Bloch zu ehren, S. 9 ff.
Von den philosophischen Stiftlern weg: Ludwig Marcuse, Mein zwanzigstes Jahrhundert, S. 66
Nicht grundlos: Durch die Wüste, S. 60

Seite 68 *Ungeheure Mängel:* Benjamin, Brief vom 19.9.1919. In: Walter Benjamin, Briefe, Frankfurt 1966, S. 218
Für den Erfolg: Willi Kahl, Ernst Bloch: Geist der Utopie. Die Musik 16 (1923), H.3, S. 204
Blochs Unkenntnis: Paul Bekker, Musik und Philosophie. Frankfurter Zeitung 8.4.1919
Nulle insgesamt: Durch die Wüste, S. 60
Die Ideen über eine Revolutionierung: Dossier der königlich-bayerischen Militärzensur vom 29.9.1917. Bayerisches Hauptstaatsarchiv München, Kriegsarchiv. Bestand MKr 13897.

Seite 69 *Viel zweifelhafter:* wie oben

Kapitel 4

Seite 71 *Aber die Clique um Weber:* Tagträume, S. 110 f.
Nur halb ernst gemeint: Bloch-Almanach 4, S. 35
Man darf übrigens: Bloch, Brief vom 15.3.1915, Lukács-Briefe, S. 347
Przemysl: russische Stadt südwestlich von Lemberg, 1914/15 heftig umkämpft, gehört seit 1918 zu Polen.
Ich bin ein müder: Brief vom 16.8.1916, Lukács-Briefe, S. 373
Exil: Bloch, Vademecum für heutige Demokraten, Bern 1919, S. 83

Seite 72 *Nicht in Internierungslager:* Tagträume, S. 42; Bloch-Almanach 4, S. 35 ff.
In den zwei Jahren: Zu diesem ganzen Komplex vgl. Martin Korol, Über die Entwicklung des politischen Denkens Ernst Blochs im Schweizer Exil des Ersten Weltkrieges, dargestellt an drei Texten aus den Jahren 1917, 1918 und 1919. Bloch-Almanach 1, S. 23 ff.
Pseudonyme: Brief vom 13.6.1918 an Wilhelm Muehlon, vgl. Korol S. 26 f.
In diesem Heft: Dossier der königlich-bayerischen Militärzensur vom 24.10.1917. Bayerisches Hauptstaatsarchiv München, Kriegsarchiv. Bestand MKr. 13898.

Seite 73 *Eines der widerlichsten Phänomene:* Brief an Muehlon vom 13.6.1918, zitiert bei Korol, S. 29

Seite 74 *Nur die Junker:* Bloch, Schadet oder nützt Deutschland eine Niederlage seiner Militärs? Bern 1918, S. 13
Wir sind wie schlechte Schüler: Der Traum – ein Leben. Freie Zeitung 20.3.1918; Schadet oder nützt, S. 8; vgl. Politische Messungen, S. 38
Der verbohrteste Materialist: Freie Zeitung 14.4.1917

Seite 75 *Bestochene Hunde:* Korol, S. 26
Zwielichtige Gestalt: Korol, S. 26; vgl. S. 43, Anmerkung 46
Aber der deutsche Generalstab: Politische Messungen, S. 17
Nackter Unternehmerkrieg: Geist der Utopie, S. 398

An ihm beginnt der Abbau: Durch die Wüste, S. 17
Junkerlich-militärisch: Das falsche Geleise Zimmerwalds, Freie Zeitung 6.11.1918

Seite 76 *Sozialismus:* wie oben
Natürlich ein befreiter Jubel: Tagträume, S. 44
Wir haben selbstverständlich: Tendenz, S. 377 (1967)
Jedes Volk hat nur: Vgl. Tagträume, S. 44: „Es ist ein Unterschied, ob man an den Sieg anknüpfen kann, an ›Freiheit, Gleichheit, Brüderlichkeit‹, oder ob man nur anknüpfen kann an ›Heil Dir im Siegerkranz, Herrscher des Vaterlands, Heil Kaiser Dir‹, wie in Deutschland."

Seite 77 *Die letzten Tage der Bolschewiki:* Freie Zeitung, 17.8.1918
Zitate aus „Vademecum": S. 51, 53

Seite 78 *Lassalle:* Politische Messungen, S. 55
Dieser in Rußland: Vademecum, S. 55
Es ist den Kennern: Politische Messungen, S. 56
Eine Sprengung der Diktatur: Vademecum, S. 67
Es ist heute: Politische Messungen, S. 49
Preußen allein: Vademecum, S. 8
Niederlage: Vademecum, S. 9

Seite 79 *Der Kampf, der Sieg:* Vademecum, S. 12 f.
Aus verhältnismäßiger Geborgenheit: Vademecum, S. 7
Innerstes Erleben: Vademecum, S. 76
Dieses Deutschland selber: Vademecum, S. 82
Jetzt steht: Vademecum, S. 88

Seite 80 *Liebknecht am Schloßfenster:* Die deutsche Revolution. Freie Zeitung 20.11.1918
Magischer Wille, mystische Leichtigkeit: Vademecum, S. 88

Seite 81 *Sie fühlen ein Licht:* Wie ist Sozialismus möglich? Die weißen Blätter 6 (1919), H. 5, S. 200 f.
Symbiose: Bloch-Almanach 4, S. 33

Seite 82 *Wir sind unserer nie selber:* Über das noch nicht bewußte Wissen. Die weißen Blätter 6 (1919), S. 355 ff.
Ich sagte damals: Tendenz, S. 20

Seite 83 *Zugleich wäre es mir:* Brief an Muehlon vom 4.7.1918, zitiert bei Münster, Utopie, Messianismus, S. 265
Schon länger: Brief an Muehlon vom 7.8.1918
Ich bin sehr betrübt: Brief an Muehlon vom 16.12.1918, zitiert bei Korol, S. 30
Die beiden Leutchen: Korol, S. 30 f.

Seite 84 *Bisher, so sagte ich:* Bloch-Almanach 4, S. 37
Lange, quälende Bedenken: Brief an Muehlon vom 8.12.1918, zitiert bei Münster, S. 268
Einmal sagte ich: Bloch-Almanach 4, S. 36
Keine Zeile mehr: Brief an Muehlon vom 22.11.1918, zitiert bei Münster, S. 266, vgl. S. 196 f.
Letzter Leitartikel: vgl. Bloch-Almanach 4, S. 37
Schweizer aus altem Schrot und Korn: Tagträume, S. 42; Bloch-Almanach 4, S. 37 f.; Tendenz, S. 21

Seite 85 *Denn einen Ehrenbürger:* Bloch-Almanach 4, S. 38; Tagträume, S. 43 (ebenso das nächste Zitat)

Seite 86 *Etappenschweine der Revolution:* Brief an Muehlon vom 22.11.1918, zitiert bei Münster, S. 266

Kurz und gut: Brief an Muehlon vom 8.12.1918, zitiert bei Münster, S. 268
Wäre es nicht einfach: Brief an Muehlon vom 11.12.1918
Gerne möchte ich: Paßantrag, Bayerisches Hauptstaatsarchiv München, Bestand Bayerische Gesandtschaft Bern 196
Auf der Strecke Lindau: Brief der Bayerischen Gesandtschaft Bern.
Januar 19: Tendenz, S. 21

Seite 87 *Vagabundieren müssend:* Tendenz, S. 21
In Deutschland gab es: Tagträume, S. 44
Jugend, Hindenburg: Durch die Wüste, S. 27 ff.
Aber am erstaunlichsten: Durch die Wüste, S. 27
So stumpf: S. 28
Die Arbeitermassen: S. 29 f.

Seite 88 *Meine Geister blühen weiter:* Brief an Max Scheler vom 3.9.1919.
Sie bekommen: Bloch-Almanach 4, S. 38 f.
Herr Fischer: wie oben, S. 39
Else so oft krank: Tendenz, S. 21, vgl. 27, 43, 48

Seite 89 *Kindheit, erste Liebe:* Tendenz, S. 16, 20
Gedenkbuch: Tendenz, S. 13 ff.; die Schreibweise des Namens Stritzky variiert; hier im „Gedenkbuch" findet sich „Stritzki", in der Heiratsurkunde steht „Strizky" (sofern kein Abschreibefehler vorliegt), üblich ist aber die Schreibweise „Stritzky", an die ich mich auch durchgängig halte.
Else glaubte fest: Tendenz, S. 16
Durchstrich ich eine Stelle: Tendenz, S. 17, ebenso das nächste Zitat.
Frau, ihr schönes: Tendenz, S. 48

Seite 90 *Lichte, anmutige Seele:* Geist der Utopie, S. 351
Sie lächelte: Tendenz, S. 13
Else als Schutz: Tendenz, S. 14
Wie oft, wie alttestamentlich: Tendenz, S. 16

Seite 91 *Eine entsetzliche Schneenacht:* Tendenz, S. 17
Ich fühle, seit Else tot ist: Tendenz S. 14, 16
Möchte nichts: Tendenz, S. 39
Die Frau von Ernst Bloch: Benjamin, Briefe, Frankfurt 1966, S. 253, nächstes Zitat: S. 275
Ich arbeite wieder: Tendenz, S. 14

Seite 92 *Revolutionäre Romantik:* Thomas Münzer als Theologe der Revolution, Frankfurt 1969, S. 320
So erscheine uns denn: Thomas Münzer, S. 19
Ist Gott Mensch geworden: S. 79
Revolutionäre Subjektsmagie: S. 81

Seite 93 *Die Toten kehren:* S. 19
Münzer verwandte Tage: S. 250
Derart also vereinigen sich: S. 297

Seite 94 *Wir wollen immer nur:* S. 13
Doch was sich gestern: S. 85
Dies Buch ist: H. Hermelink, Ernst Bloch: Thomas Münzer, Theologische Blätter 1923, Spalte 198
Stimmungsausdruck: Karl Holl, Ernst Bloch: Thomas Münzer. Theologische Literaturzeitung 1922, Nr. 18/19, Spalte 403
Blochs Buch: Hermelink, a.a.O.

Seite 95 *So beginne ich:* Tendenz, S. 49
Teils war ich verreist: Brief vom 27.2.1922
Ich glaube doch, Berlin: Tendenz, S. 44

Kapitel 5

Seite 96 *In Nordafrika gewesen:* Karola Bloch, Aus meinem Leben, S. 40
Er liebte sie immer noch: Karola Bloch, S. 44
Ich kaufe Ihnen: Bloch-Almanach 4, S. 40
Mit der hier vorliegenden: Geist der Utopie 1923, Vorsatzblatt

Seite 97 *Innerlichkeit und System:* Geist der Utopie 1918, S. 271 ff.
Kant und Hegel: Geist der Utopie 1923, S. 211 ff.

Seite 98 *Bei Marx:* Tendenz, S. 388
Später geschämt: Jörg Drews, Expressionismus in der Philosophie. In: Ernst Blochs Wirkung, Frankfurt 1975, S. 30
Durch die Wüste ziehen wir: Durch die Wüste, S. 6; vgl. Thomas Münzer, S. 85: „Doch was sich gestern träumte und intendierte, muß morgen sein, gegen die Sehnsucht wenigstens ist weder Gewalt noch Finsternis gewachsen, hinter der Wüste wartet Kanaan in unerforschter Pracht, und Gott ist immer noch, immer wieder bei Tag Wolke, in der trübsten Nacht Feuersäule."
Zum Teil auch dem zweiten: Durch die Wüste, S. 5

Seite 99 *Wir sind arm und matt:* S. 11

Seite 100 *Philosophische Anekdoten:* Der Neue Merkur 5 (1921/22), Seite 806 ff.
Eine kurze Weile: Hans Mayer, Ein Deutscher auf Widerruf, Bd. 1, Frankfurt 1982, S. 67
Ich weiß, daß meine Arbeit nicht untergeht: Brief an Efraim Frisch 1923.
Nudelfabrik: Landmann, Gespräche mit Ernst Bloch III, Neue Deutsche Hefte 1980, H. 3, S. 505 f.
Gespenstergeschichten: Alfred Kantorowicz, Der Mantel aus Positano, Sonntag (Ostberlin), 30. 9. 1956.
Weit im Arabischen: Bloch-Almanach 4, S. 39; vgl. Tagträume, S. 46

Seite 101 *Ein Mensch nimmt sich mit:* Tübinger Einleitung in die Philosophie, Frankfurt 1963, S. 49
Schlecht wandern: wie oben, S. 50
Die Stadt scheint: Literarische Aufsätze, S. 408 f., Erstfassung Frankfurter Zeitung 7. 7. 1932.

Seite 102 *Die Wege des Harz:* Um den Brocken, Frankfurter Zeitung 29. 12. 1928, zitiert nach: Literarische Aufsätze, S. 433
Ekel an schmutzigen Dingen: Literarische Aufsätze, S. 430
Er lebte zurückgezogen: Über Walter Benjamin, Frankfurt 1968, S. 16

Seite 103 *Nach diesem Aufenthalt:* wie oben
Bloch ist außerordentlich: Benjamin, Briefe, Frankfurt 1966, S. 424
Schützengrabenkrankheit: Über Walter Benjamin, S. 16
Marzipanfiguren: Karola Bloch, Aus meinem Leben, S. 53
Ein sonderbares Gebilde: Tagträume, S. 49; vgl. Über Walter Benjamin, S. 22; Erbschaft dieser Zeit, S. 371
Von Benjamin abgeschrieben: Gershom Scholem/Walter Benjamin, Briefwechsel, Frankfurt 1980, S. 180, 204, 208; Gershom Scholem, Walter Benjamin – Die Geschichte einer Freundschaft. Frankfurt 1975, S. 206, 291

Seite 104 *Systempläne:* Adorno, Über Walter Benjamin, S. 13
Schon in einer Rezension: Bloch, Revueform in der Philosophie. Zu Walter Benjamins „Einbahnstraße". Vossische Zeitung 1.8.1928; vgl. Erbschaft dieser Zeit, S. 368 ff.
Sie sitzt, und hilflos: Benjamin, Einbahnstraße, Frankfurt 1980, S. 82
Sie sitzt wartend: Bloch, Das Prinzip Hoffnung, S. 388
Im ganzen war er: Tagträume, S. 50

Seite 105 *Benjamin hatte:* Über Walter Benjamin, S. 17

Seite 106 *Zur Rettung:* Die weißen Blätter 6 (1919), H. 12. Geschichte und Klassenbewußtsein (Besprechung): Bloch, Aktualität und Utopie. Der Neue Merkur 7 (1923/24), Bd. 1, H. 6, S. 457 ff.
In Lukács' Buch: Tagträume, S. 108
Noch nicht Bewußtes: Gespräche, S. 36

Seite 107 *Letzte Wimpel:* Tagträume, S. 45
Ich glaube: Lukács, Gespräche, S. 33
Der Anschluß: Tagträume, S. 109

Seite 108 *Begegnung mit Lukács:* vgl. Münster, S. 109 f., 283 f.
Der heutige Rausch: Ernst Blochs Wirkung, Frankfurt 1975, S. 182
Benjamin sah alsbald: Landmann, Ernst Bloch im Gespräch. In: Ernst Bloch zu ehren, S. 353
Nein, ich nehme nichts: Ernst Blochs Wirkung, S. 186
Otto Klemperer: Tagträume, S. 52, Karola Bloch, S. 51 f.

Seite 109 *Unvergeßliche Rhythmen:* Tagträume, S. 53
Über dieses Lied: Lied der Seeräuberjenny in der Dreigroschenoper. In: Anbruch 11 (1929), S. 125 ff.; vgl. Literarische Aufsätze, S. 392 ff.
Die Gäste lachen: Literarische Aufsätze, S. 395 f.
Ernst liebte dieses Lied: Karola Bloch, S. 55

Seite 110 *Kutscherkneipe:* Landmann, Bloch-Almanach 4, S. 22 f.; eine Variante dieser Geschichte in Tagträume, S. 54 f.; der letzte Satz dieses Zitats Tagträume S. 55; vgl. Karola Bloch, S. 63

Seite 112 *Auf dem Tisch vor mir:* Wildwest an Weihnacht, Frankfurter Zeitung 14.12.1930

Seite 113 *Durch einen Zufall:* Karola Bloch, S. 56 f.
Ich war zwar immer: Karola Bloch, S. 59

Seite 114 *Der Rote Block:* Karola Bloch, S. 68 f.
Es muß Mitte: Hans Mayer, Ernst Blochs poetische Sendung. In: Ernst Bloch zu ehren, S. 23

Seite 115 *Die einen sind so beschaffen:* Tagträume, S. 57
Was leicht und seltsam ist: Spuren, S. 16
Man achte gerade: wie oben
Etwas ist nicht geheuer: Philosophische Ansicht des Detektivromans. In: Literarische Aufsätze, S. 242
Da ist doch eine Spur: Tagträume, S. 57
Spurenlesen kreuz und quer: Spuren, S. 17
Merkwürdig: Spuren, S. 12
Wenn ich ein Buch (Bildtext): Martin Walser/Wolfgang Harich, Ernst Bloch – nie ist ein Linker weniger borniert gewesen. In: Denken heißt Überschreiten, Köln, Frankfurt 1978, S. 118

Seite 116 *Was tun Sie:* Spuren, S. 21
Die meisten werden: S. 30
Viel für die proles übrig: wie oben
Denn so vorsichtig: S. 31
Er vergaß nur: wie oben

Seite 117 *Auch ohne Armut:* S. 32
Aber da fand einmal: S. 35
Er begann zu schwanken: S. 120

Seite 118 *Ist denn das Allabendliche:* S. 119
Bei wie vielen: S. 121

Seite 119 *Unterdessen hatte:* Bücherschau, Weltbühne 1929, 2. Halbjahr, S. 854 ff.;

vgl. Literarische Aufsätze, S. 16 ff.
Solche Literaturblätter: Literarische Aufsätze, S. 18
Plagiatsgeschrei: Carl von Ossietzky, Plagiatsgeschrei, Weltbühne 26 (1930), S. 180 ff.
Ein früher, alter Ton: Literarische Aufsätze, S. 172
Folgendes wurde: Spuren, S. 190; die folgenden Zitate: Spuren, S. 98, 72

Seite 120 *So etwas ist selten:* Spuren, S. 90; zu Hebels Erzählstil vgl. Literarische Aufsätze, S. 172 ff.
Aus Begebenheiten: Spuren, S. 16
Blochs Geschichten: Hans Mayer, Ernst Blochs poetische Sendung, S. 25
Ein Tropfen fällt: Geist der Utopie 1918, S. 364
Man ist hier entweder: Geist der Utopie 1918, S. 365

Seite 121 *Die ersten Regentropfen:* Spuren, S. 216
Ja, denken Sie nur: wie oben
Sind wir matt: Spuren, S. 117
Besprechung der „Spuren“: Benno Reifenberg, Wie sieht unsere Zeitliteratur aus? Spuren. In: Frankfurter Zeitung 23. 11. 1930.
1934 beklagt Bloch: Brief an Max Rychner vom 10.1.1934, zitiert bei Rainer Hoffmann, Montage im Hohlraum – zu Ernst Blochs „Spuren“, Bonn 1977, S. 15.

Seite 122 *Thomas Münzer:* Brief an Rychner, zitiert bei Hoffmann, S. 243
Man ging zuerst: Hitlers Gewalt, Das Tage-Buch 5 (1924), S. 474, ebenso die folgenden Zitate.

Seite 123 *Er kannte Tunis:* Karola Bloch, Aus meinem Leben, S. 74
Auftrag von Lukács: Karola Bloch, S. 75; vgl. Fekete/Karádi, Georg Lukács, S. 146

Seite 124 *Ludwigshafen:* Karola Bloch, S. 75
Madonna hat geholfen: Karola Bloch, S. 81
Ich rief ihn an: Karola Bloch, S. 82
Schulaufsatz: Über den deutschen Schulaufsatz. In: Das Tage-Buch 14 (1933), S. 389 ff.
Weil ein Steckbrief: Tagträume, S. 70; bislang war es allerdings nicht möglich, einen Haftbefehl oder Steckbrief der Nazis gegen Bloch zu finden. Auch die Hinweise, Bloch sei zum „Staatsfeind Nr. 1“ erklärt worden, entbehren noch jedes dokumentarischen Belegs. Ebenso war es nicht möglich, Hellmuth Bütows Behauptung zu bestätigen, der „Völkische Beobachter“ hätte auf Blochs Aufsatz wütend reagiert. Im März-Band 1933 des „Völkischen Beobachters“ war ein Artikel über Bloch nicht aufzufinden. Vgl. Hellmuth Bütow, Philosoph in dieser Zeit. Zur Lebensgeschichte von Ernst Bloch. In: Kommunität 5 (1961), S. 1 ff., bes. S. 4.

Kapitel 6

Seite 126 *Sehr geehrter Herr Doktor:* Brief an Schumacher, zitiert in: Helmut Reinicke (Hrsg.), Revolution der Utopie. Frankfurt 1979, S. 96
Bei aller Klarheit: Joachim Schumacher, Ernst Bloch: Erlebtes, Gespräche, das Unvergeßliche (1932 – 77). In: Revolution der Utopie, S. 97

Seite 127 *Ihr Schreiben vom:* Verfügung der Fremdenpolizei, zitiert bei Karola Bloch, Aus meinem Leben, S. 92

Seite 129 *So geht die berühmte Straße:* Literarische Aufsätze, S. 498
Menaggio: Bloch, Brief an Schumacher, zitiert in: Revolution der Utopie, S. 44
Woraufhin die Szene: Joachim Schumacher, Der unbekannte Ernst Bloch. In: Der Monat 31 (1979), H. 3, S. 36

Seite 130 *Daher bin ich:* Brief an Klaus Mann vom 25. 1. 1934
Als wäre ich ein kleiner Anfänger: Brief an Klaus Mann vom 15. 4. 1934
Der Rabbiner: Schumacher, Der unbekannte Ernst Bloch, S. 37
Am Tage vor der Hochzeit: Karola Bloch, Aus meinem Leben, S. 96

Seite 132 *Rezension von Mann:* Klaus Mann, Erbschaft dieser Zeit. In: Die Sammlung 2 (1935), S. 206 ff.
Schumachers Text: Joachim Schumacher, Wie zu erben sei. In: Ernst Blochs Wirkung, S. 201 ff.
Zu gedrängte Sprache: Schumacher, Wie zu erben sei, S. 206
Gegen Allgemeinverständlichkeit: Brief an Schumacher vom 8. 1. 1935
Fibelton: Brief vom 31. 2. 1935 (Irrtum oder Scherzdatum) an Schumacher, zitiert in: Revolution der Utopie, S. 32 ff.
Burschell: Friedrich Burschell, Erbschaft dieser Zeit. Neue Weltbühne 32 (1936), H. 6, S. 173 ff.
Wie ist es möglich: Brief an Klaus Mann vom 10. 4. 1935

Seite 133 *Eher abseitige Anlässe:* Zum Beispiel in den Aufsätzen: Verband sächsischer Germanen, Weltbühne 1930, vgl. Politische Messungen, S. 83 ff.; zum „Dritten Reich", Frankfurter Zeitung 22.11.1930, vgl. Erbschaft dieser Zeit, S. 61 ff.; Verändertes Pastorale, Frankfurter Zeitung 15.9.1929, vgl. Erbschaft dieser Zeit, S. 52 ff.; Gedenket, schenket, wachet, betet, Tage-Buch 13 (1932), H. 52, S. 2074, vgl. Politische Messungen, S. 88 f.; Trikot und Staatsrock, Frankfurter Zeitung 2.11.1929, vgl. Literarische Aufsätze, S. 199 ff.
Die Zeit fault: Erbschaft dieser Zeit, S. 15
Der Tenor dieser Blätter: wie oben
Die proletarische Befreiung: wie oben

Seite 134 *Sie registriert:* Leo Trotzki, Wie wird der Nationalsozialismus geschlagen, Frankfurt 1971, S. 44
Es geht nicht an: Erbschaft dieser Zeit, S. 155
Ein Stück älteren: S. 16
Gerade hier ist der Reichtum: S. 17
Was die Partei: S. 19

Seite 135 *Aufsätze übernommen:* Künstliche Mitte, Neue Rundschau 1930, S. 861 f.; Rauhnacht in Stadt und Land, Frankfurter Zeitung 15.9.1929; Neue Sklavenmoral der Zeitung, Sammlung, Januar 1935; Aus der Geschichte der großen Verschwendung, Sammlung, Februar 1934; Rassentheorie im Vormärz, Neue Weltbühne 24. 1. 1934; Über Märchen, Kolportage und Sage, Frankfurter Zeitung 31. 3. 1929 und andere.
Der Angestellte: Erbschaft dieser Zeit, S. 31, vgl. Blochs Aufsatz zu Kracauers Buch „Die Angestellten" auf Seite 35 ff.
Doch ihr Bewußtsein: S. 33
Mit einem Pflichtgefühl: S. 31
Cafés, Filme, Lunapark: S. 36

Seite 136 *Fortvegetation:* Karl Marx, Vorwort zum „Kapital", Marx/Engels Werke Bd. 23, S. 15
Die Ungleichzeitigkeit: Philosophische Aufsätze, S. 43; vgl. Erbschaft, S. 16

Seite 137 *Drittes Reich:* Erbschaft, S. 63
Verwandlung mythischer Anfänge: S.66
Große Massen: wie oben

Seite 138 *Daß die SA-Proleten:* S. 67
Ich war einmal im Sportpalast: Gespräche, S. 198

Seite 139 *Benjamin bereits:* Erbschaft, S. 166
Feind ausrauben: S. 18 f.

Seite 140 *Trägt das untergehende:* S. 15
Die Frage lautet: Tagträume, S. 61

Seite 142 *Sorge der Dichter:* Literarische Aufsätze, S. 138
An ihrem Stoff ertrinken: S. 137
Denn die Wahrheit: S. 141
Der subjektive Faktor: S. 140
Da ist die Kindheit: S. 141

Seite 143 *Eines Tages:* Karola Bloch
In Sanary: Ludwig Marcuse, Mein zwanzigstes Jahrhundert, S. 192
Unter diesen Deutschen: Ludwig Marcuse, S. 193
Diamat: Abkürzung für „Dialektischer Materialismus".

Seite 144 *Wir liebten Paris:* Karola Bloch, S. 114
Entschlüsse der Partei: S. 115
Man geht einen Monat: Bloch an Schumacher undatiert aus Prag

Seite 146 *Das äußere Elend:* Brief an Klaus Mann vom 27.1.1936
Etwa 8 Sfr. die Seite: Brief an Schumacher, Karsamstag 1936, zitiert in: Revolution der Utopie, S. 35 ff.
Wie ein Ex-König: Karola Bloch, S. 118
Gänsebraten: Bloch an Schumacher, Revolution der Utopie, S. 38; Karola Bloch, S. 121
Reiner Abklatsch: Schumacher, Der unbekannte Ernst Bloch, S. 37

Seite 147 *Das wichtigste Kriterium:* Hans Günther, Erbschaft dieser Zeit? Internationale Literatur 6 (1936), H. 3, S. 88
Abschütteln: Günther, S. 90
Das Wertvolle, der Verfall: Günther, S. 101

Seite 148 *Der Stil ist auch nicht:* Günther, S. 86 f.
Das Buch hat überall: Bloch, Bemerkungen zu „Erbschaft dieser Zeit", Internationale Literatur 6 (1936), H. 6, S. 122 ff., zitiert nach: Vom Hasard zur Katastrophe. Politische Aufsätze aus den Jahren 1934 – 1939, Frankfurt 1972, S. 42 ff., hier: S. 44
Von vornherein: Bemerkungen, S. 42
In jenem Gebiet: Bemerkungen, S. 50
Es sei daher absurd: Hans Günther, Antwort an Ernst Bloch, Internationale Literatur 6 (1936), H. 8, S. 114

Seite 149 *Von den breiten Massen:* Ernst Bloch/Hanns Eisler, Avantgarde-Kunst und Volksfront. Neue Weltbühne 50, 9.12.1937, S. 1568 ff.; zitiert nach: Hasard, S. 318 ff., hier: S. 319
Für das Leben: Avantgarde-Kunst, S. 324
Was die Künstler brauchen: Ernst Bloch/Hanns Eisler, Die Kunst zu erben, Neue Weltbühne 1, 6.1.1938, S. 13 ff., zitiert nach: Hasard, S. 325 ff., hier: S. 327
In einem tapferen Gegensatz: Die Kunst zu erben, Hasard, S. 329
Scheinaktivismus: Georg Lukács, „Größe und Verfall" des Expressionismus, Internationale Literatur 1934, H. 1

Seite 150 *Gottfried Benn:* Klaus Mann, Gottfried Benn. Die Geschichte einer Verirrung, Das Wort 2 (1937), H. 9
Erstens läßt sich: Bernhard Ziegler, Das Wort 2 (1937), H. 9, S. 43; zu diesem Komplex vgl. Hans Albert Walter, Die Exilzeitschrift Das Wort. In: Basis. Jahrbuch für deutsche Gegenwartsliteratur 3 (1972), S. 7 ff.
Sturm durch diese Welt: Bloch, Der Expressionismus, Neue Weltbühne 45, S. 1415, zitiert nach Hasard, S. 273 ff., hier: S. 277
Gewiß noch: S. 278
Ich halte es: Brief an Fritz Erpenbeck vom 22.12.1937

Seite 151 *Es ist derart nicht:* Bloch, Diskussionen über Expressionismus. Das Wort 3 (1938), H. 6, S. 103 ff., zitiert nach Hasard, S. 366 ff., hier: S. 368
Schulbeispiel: S. 370
Schwarz-Weiß-Zeichnung: S. 370 f.

Seite 152 *Weil Lukács:* S. 372 f.
Das Erbe des Expressionismus: S. 377
Vorwurf an Bloch: Georg Lukács, Es geht um den Realismus, Das Wort 3 (1938), H. 6
Schlußwort: Alfred Kurella, Das Wort 3 (1938), H. 7, S. 121
Originalgeschichte: Bloch, Originalgeschichte des Dritten Reichs, Das Wort 2 (1937), H. 12, S. 54 ff., zitiert nach Hasard, S. 291 ff.

Seite 153 *Die revolutionäre Klasse:* Hasard, S. 311; in Erbschaft dieser Zeit, Ausgabe 1962, ist dieser Aufsatz aufgenommen, „Stalin“ und „erhaben“ kommt aber nicht mehr vor (Erbschaft, S. 146 f.).
Oktoberrevolution: Vgl. Butzbacher Autorenbefragung, München 1973, S. 24 und andere Stellen.
Engels sagt einmal: Wilson geht um, Neue Weltbühne 23, 3.6.1937, S. 714 ff., zitiert nach: Hasard, S. 211 ff., hier: S. 219

Seite 154 *Stärkung der Sowjetunion:* Karola Bloch
Je eher, je lieber: Bloch, Neuer Adel, Neue Weltbühne 4, 21.1.1937, zitiert nach Hasard, S. 124 ff.
Psychologie des Völkischen Beobachters: Kritik einer Prozeßkritik, Hypnose, Mescalin und die Wirklichkeit, Neue Weltbühne 10, 4.3.1937, S. 294, zitiert nach Hasard, S. 175 ff., hier: 176

Seite 155 *Es ist eine Naivität:* wie oben, S. 179
Als Sokrates: wie oben, S. 184
Die Moskauer Prozesse: Karola Bloch, S. 125
Aber wir konnten dennoch: Karola Bloch, S. 100; zu Schumachers Erfahrungen in Moskau vgl. Joachim Schumacher, Der unbekannte Ernst Bloch, S. 37
Mindestens dieselbe Klugheit: Bloch, Brief an Schumacher vom 9.3.1937, zitiert in: Revolution der Utopie, S. 48
Was Stalin angeht: Brief an Schumacher vom 17.10.1937

Seite 156 *Die kleine Schrift:* Feuchtwangers „Moskau 1937“, Neue Weltbühne 30, 22.7.1937, S. 934 ff., zitiert nach: Hasard, S. 230 ff.
Das Faktum der Geständnisse: wie oben, S. 233
Diese sehen sozialistische: wie oben, S. 234 f.
Daß der zwanzigjährige: Jubiläum der Renegaten, Neue Weltbühne 46, 11.11.1937, S. 1437 ff., zitiert nach: Hasard, S. 281 ff., hier: S. 281
Sinnlos übertriebene Kritik: wie oben, S. 288

Seite 157 *Diese Trotzkisten:* Bucharins Schlußwort, Neue Weltbühne 18, 5.5.1938, S. 558 ff., zitiert nach: Hasard, S. 351 ff., hier: S. 352
Daß derartige Prozesse: Hasard, S. 358
Traurige Vorgänge: S. 281
Dunkelheit: S. 180
Notwehrsituation: S. 177 ff., 235, 381, 287 ff., 194, 358
Die Geschichtsschreibung: Gespräche, S. 82, vgl. Hasard, S. 176, 182
Wir haben keine Wahl gehabt: Gespräche, S. 82
Halt der gesamten: Hasard, S. 176, vgl. S. 357
Daß derartige vereinfachte: Oskar Negt, Ernst Bloch – der deutsche Philosoph der Oktoberrevolution. Nachwort zu: Hasard, S. 429 ff., hier: S. 432
Was sie von Rußland: Karola Bloch, S. 125
Ernst und ich: Karola Bloch, S. 146

Seite 158 *Die Darstellungsform:* Bloch-Almanach 4, S. 26
Seine Beiträge: Karola Bloch, S. 124
Ernst pflegte mich: Karola Bloch, S. 120

Seite 159 *Nicht darf vergessen werden:* Bloch, Brief an Schumacher vom Karsamstag 1936, zitiert in: Revolution der Utopie, S. 38
Der Fürchtebutz: Bloch an Schumacher 16.9.1936, Revolution der Utopie, S. 44
Brief an Schumacher: Abgedruckt in: Revolution der Utopie, S. 36

Seite 160	*Man muß in Prag:* Reminescence on Prague, Politische Messungen, S. 266 *Denn der Faschismus:* wie oben, S. 268 *Wenn Amerika:* Bloch an Schumacher, 9.3.1937, Revolution der Utopie, S. 48
Seite 161	*Wäre es möglich:* Bloch an Horkheimer, 6.3.1938 *Das Institut:* Horkheimer an Bloch, 10.3.1938, vgl. 17.3.1938 *Selbstverständlich dachte ich:* Bloch an Horkheimer, 21.3.1938 *Persönlich bedeutet:* Bloch an American Guild, 29.5.1938 *Nichts liegt hinter uns:* Politische Messungen, S. 260
	Kapitel 7
Seite 163	*Es war fast:* Schumacher, Der unbekannte Ernst Bloch, S. 38
Seite 164	*Den ersten Mann:* Karola Bloch, S. 136 *Ohne ihn zu nennen:* Wilson geht um, Neue Weltbühne 23, 3.6.1937, S. 714 ff., zitiert nach: Hasard, S. 211 ff., hier: S. 212 *Und die Politik Roosevelts:* Zerstörte Sprache – zerstörte Kultur, Hasard, S. 426 *Der älteste und glänzendste:* Ansprache auf dem Congress of American Writers. New York 1939, Politische Messungen, S. 263 *Zwischen Werktag und Sonntag:* Schumacher, Der unbekannte Ernst Bloch, S. 38 *Boston Globe:* Karola Bloch, S. 157
Seite 165	*Man kann Sprache:* Zerstörte Sprache – zerstörte Kultur, Hasard, S. 403 f. *Um mittels dieser Sprache:* wie oben, S. 405 *Immigranten::* S. 424 *Sie müßten Amerika:* S. 422 *So wollen wir uns:* S. 426 *Keine Nuancen:* S. 405 *Vor allem wird:* S. 406 *Dort gab es hundert:* S. 412 f.
Seite 166	*In Deutschland droht:* S. 418 *Die deutsche Sprache:* S. 418 *Möchtegern-Amerikanertum:* S. 424 *Manche ihrer:* S. 421 *Der deutsche Intellektuelle:* S. 424 *Das ist unser Handwerk:* S. 425
Seite 167	*Der Immigrant:* S. 432 *My English:* Bloch an „Books Abroad", 21.3.1941 *Ich war glücklich:* Tagträume, S. 70 *Die Werke selbst:* Schumacher, S. 38
Seite 168	*Gezeugt in Paris:* zitiert nach Karola Bloch, S. 134 f.
Seite 169	*Horkheimer sagte jetzt:* Karola Bloch, S. 136 *Die war sehr bitter:* Bloch, Sokratisches zu Berufsverbot und Studentenbewegung (Gespräch mit Helmut Reinicke). In: Revolution der Utopie, S. 71 ff., hier: S. 78 *Kaltlächelnd:* wie oben, S. 80 *Spenden:* Karola Bloch, S. 140 *Ernst war froh:* Karola Bloch, S. 147
Seite 170	*Tag und Nacht gearbeitet:* Tagträume, S. 70 *Ich konnte nichts anderes:* wie oben, vgl. Karola Bloch, S. 162 f. *Er ließ sich durch nichts:* Karola Bloch, S. 153
Seite 171	*Er durchlebte dort:* wie oben *Als der Winter kam:* Karola Bloch, S. 150

Das war eben auch Amerika: S. 155

Seite 172 *German American:* Diese Association wurde 1938 gegründet, Thomas Mann war Ehrenpräsident, Oskar Maria Graf Präsident, Bloch saß im Beirat. Man organisierte Vorträge, literarische Veranstaltungen, Radiosendungen, Hilfsaktionen für Emigranten.
Komme mir vor: Karola Bloch, S. 165
Wohnung in der Vassal Lane: Karola Bloch, S. 163 ff.

Seite 173 *Ein deutscher, ein Pfälzer:* Hans Mayer, Ernst Bloch, Utopie, Literatur. In: Ernst Blochs Wirkung, S. 237 ff., hier: S. 245
Als würde Thomas Münzer: Jan Robert Bloch in einem Gespräch im Februar 1985.
Praktische Außenstation: wie oben

Seite 174 *Sie wissen keinen anderen Rat:* Bloch an Schumacher, 14.10.1942
Die Bahn der Menschheit: Theodor W. Adorno, Für Ernst Bloch. Aufbau 8 (1942), 27.11.1942

Seite 175 *Sollte es ihnen gelingen:* wie oben
Es tut mir leid: Bloch an Adorno, 30.11.1948
Woher er diese Ente: Karola Bloch, S. 164
Als Tellerwäscher: Bloch an Adorno, 18.9.1948

Seite 176 *Millionäre haben in diesem Land:* „Ernst hat zwar einmal das Bonmot geprägt, daß in Europa die Philosophen mit Geschirrabwaschen anfangen und in Amerika damit enden, aber er hat nie eine ähnliche Betätigung ausgeübt, es sei denn für unseren Haushalt, wo er diese Aufgabe ebenso selbstverständlich übernahm wie die Wartung der Heizung und das Einholen der Lebensmittel". (Karola Bloch, S. 164 f.) Bloch in einem Gespräch 1974 über seine Situation in den USA: „Sollte ich Tellerwäscher werden? Ich habe dazu in einer Emigranten-Zeitschrift einen Aphorismus veröffentlicht: ›In Amerika fangen die Millionäre mit Tellerwaschen an, die Philosophen hören damit auf.‹" (Tagträume, S. 71)
Man wird annehmen können: Gerhard Knapp, Theodor W. Adorno, Berlin 1980, S. 39
An Paul Tillich: Karola Bloch, S. 154

Seite 177 *Untunliche Etiketten:* Bloch an Hermann Broch, 13.9.1944
Gegen Manns These: Bloch, Thomas Manns Manifest, Neue Weltbühne 37, 9.9.1937, S. 1152 ff., zitiert nach Hasard, S. 250 ff.
Dieser scharfe Typ: Thomas Mann, Brief vom 12.12.1936, Literatur-Archiv der Akademie der Künste der DDR.
Es ist über die Köpfe: Alfred Mendel an Bloch, 19.4.1946

Seite 178 *Komplizierte Ausdrucksweise:* Mendel an Bloch, 28.4.1946
Da ich durchaus: Bloch an Mendel, 23.5.1946

Seite 179 *So weit hatte er:* Karola Bloch, S. 182
In den paar Tagen: Brief vom 13.6.1946
Eine Freundin: Brief an Schumacher, 11.6.1946, zitiert in: Spuren 4 (1983) S. 6 f.
Ich sage Europa: Brief vom 20.8.1947

Seite 180 *Die in 600 Exemplaren:* Tagträume, S. 80
Auf dem Verlag: Brief vom 12.6.1945
Man kann fremdes Leid: Das Quadrat der Entfernung, Neue Weltbühne 36, 8.9.1938, S. 1131 ff. zitiert nach Hasard, S. 389 ff., hier: S. 392

Seite 181 *Gerade die alltäglichen:* wie oben, S. 391
Die Wiener Juden: wie oben, S. 290
Der Wille zur Volksfront: Demokratie als Ausnahme, Neue Weltbühne 14, 6.4.1939, S. 421 ff., zitiert nach Hasard, S. 397 ff., hier: S. 402

Holdups: Jünger des Unberechenbaren, Neue Weltbühne 38, 22.9.1938, zitiert nach Hasard, S. 394 ff., hier: S. 394
Aber sie arbeiten: wie oben, S. 395
Dann schließt sich der Zirkel: Halbheit, Ganzheit und die Folgen. Freies Deutschland 1943, Nr. 1, S. 10 f., zitiert nach Politische Messungen, S. 321 ff., hier: S. 323

Seite 182 *Ganz gründlicher:* wie oben, S. 324
Ausstreichen: S. 325
Seine Bedrücker: Eike Middell u.a., Exil in den USA, Frankfurt 1980, S. 176 f.

Seite 183 *Ich habe übermorgen:* Brief vom 28.3.1944
Sind Sie je: Karola Bloch, S. 175
Ich habe denen eine Vorlesung gehalten: Bloch, Sokratisches, Revolution der Utopie, S. 74 f.
In Boston herrschte: Karola Bloch, S. 171

Seite 184 *Wir sind alle:* Karola Bloch, S. 183
Capri: Karola Bloch, S. 186
So sind wir jetzt auch: Brief an Lukács, 16.5.1948

Seite 185 *Sonst fühle ich mich:* Brief an Broch, 2.4.1949

Kapitel 8

Seite 186 *Kann die zuständige Behörde:* Brief vom 30.4.1949
Ich habe eine verrottete Welt: Gleichsam aus dem Lande Metternichs gekommen, Neues Deutschland, 27.8.1949.

Seite 187 *Und es war:* Landmann, Ernst Bloch im Gespräch, Neue Deutsche Hefte 1967, H. 1, S. 52
Er war schon bald: Karola Bloch, S. 192
Ich erinnere mich: Hans Mayer, Ernst Bloch, Utopie, Literatur, Ernst Blochs Wirkung, S. 237

Seite 188 *Ich freue mich:* Bloch, Universität, Marxismus, Philosophie. Ost und West 3 (1949), H. 11, S. 65
Hier überall sind: wie oben, S. 67
Mit Schlagworten: S. 75

Seite 189 *Es gibt keine konkrete:* wie oben, S. 70
Marx und Engels: S. 66
Der kluge Idealismus: S. 77; kryptomaterialistisch: versteckt, verborgen materialistisch
Gleich dem einer Spießerfahrt: S. 88

Seite 190 *Diese Weisheit:* S. 80
Der XX. Parteitag: Gerhard Zwerenz, Kopf und Bauch, S. 112
Wo er schon lange: Günter Zehm, Wie gingen mir die Augen auf. In: Konrad Löw u.a. (Hrsg.), Betrogene Hoffnung. Aus Selbstzeugnissen ehemaliger Kommunisten. Krefeld 1978, S. 23 f.
Sein Werk enthielt: Zehm, S. 21

Seite 191 *Bloch, aus den Staaten:* Zwerenz, Kopf und Bauch, S. 112
Bloch, nicht Mitglied: wie oben
Dieser Mann: Zehm, Wie gingen mir die Augen auf, S. 21
In Amerika wird: Bloch, Neues Deutschland 27.8.1949
Todesschleife: Bloch, Die Todesschleife. Aufbau 8 (1952), H. 5, S. 387 ff.
Die besten Intentionen: Todesschleife, S. 389

Seite 192 *Im Westen Deutschlands:* Bloch, Deutsche Armee des Friedens, Aufbau 8 (1952), H. 11, S. 975 ff., hier: S. 997
Die Freiheit dient: Bloch, Marx und die bürgerlichen Menschenrechte, Auf-

bau 9 (1953), S. 395 ff., hier: S. 395; entschärfte Fassung dieses Aufsatzes: Politische Messungen, S. 342 ff., Naturrecht und menschliche Würde, Frankfurt 1961, S. 175 ff., S. 200 ff.
Ich denke, daß Sie: wie oben, S. 397
Verhaftungen: S. 397
Heute lieber als morgen: S. 397

Seite 193 *Der Faschismus:* wie oben, S. 398
Nur wenige kennen: Ost und West 1 (1947), H. 3, S. 83, Vorbemerkung zu Bloch: Programm der Jugendbewegung, vgl. Prinzip Hoffnung, S. 683 ff.
Schwer vorstellbar: Zwerenz, Kopf und Bauch, S. 119

Seite 194 *Blochs verdeckte Leidenschaftlichkeit:* Zwerenz, S. 131
Ich war gewohnt: Manfred Riedel in einem Gespräch am 26. 1. 1985
In denen kein einziger: Landmann, Gespräche mit Ernst Bloch, Neue Deutsche Hefte 1980, H. 1, S. 12
Bei dieser Gelegenheit: Tagträume, S. 78
Wir müssen den Marxismus: Neues Deutschland, 27. 8. 1949

Seite 195 *Ich erinnere mich deutlich:* Manfred Riedel am 26. 1. 1985
Sie waren kreuz und quer: Karola Bloch, S. 195
Als ich Bloch in Leipzig: Gerhard Zwerenz, Der Widerspruch, Frankfurt 1974, S. 76 f.
Bloch war den Studenten: Zehm, Wie gingen mir die Augen auf, S. 23
Mein Verhältnis: Tagträume, S. 78
Er sprach von Freundschaft: Manfred Riedel, wie oben

Seite 196 *In den Gesprächen:* Zwerenz, Der Widerspruch, S. 80
Im Institut: So erzählt von Jan Robert Bloch
Wenn Bloch Feinde: Zwerenz, Kopf und Bauch, S. 111 f.
Steckte in einer: Dies und die folgende Anekdote erzählt von Jürgen Teller.

Seite 197 *Angebote an Studentin:* Zwerenz, Widerspruch, S. 36; über Blochs Reaktion berichtet Ingrid Zwerenz, Sherry mit Zucker, Pardon 1975 , H. 9, S. 88

Seite 198 *Es gibt wenig Vergangenheit:* Bloch, Subjekt – Objekt, Frankfurt 1962, S. 12
Hochverehrter Jugendlehrer: Tagträume, S. 76
Jeder große Gedanke: Subjekt – Objekt, S. 11 f.

Seite 199 *Auf diese Weise:* Stalin-Zitat bei Bloch, Subjekt – Objekt, S. 55
Man kann das Kapital: Lenin, Aus dem philosophischen Nachlaß, Berlin 1949, S. 99, zitiert in Subjekt – Objekt, S. 383
Direkte und unmittelbare: Subjekt – Objekt, S. 411
Unmittelbar an Hegel: Lenin, Aus dem philosophischen Nachlaß, S. 133, zitiert in Subjekt – Objekt, S. 425

Seite 200 *Fast mit Händen:* Lenin, wie oben, S. 159
Ganz dicht an den Materialismus: wie oben, S. 215
Kluger Idealismus: wie oben, S. 212, zitiert in Subjekt – Objekt, S. 431
Hegels Sprache: Subjekt – Objekt, S. 19, vgl. Helmut Reinicke, Revolution der Utopie, S. 14: „Wer sich an die Lektüre von Bloch setzt, dem wird es ergehen wie bei Hegel; die bauernschlaue Derbheit der Sprache scheint bekannt und doch donnert es aus allen Fugen; nicht soziologistisch aufgepäppelt, aber in einer agitatorisch- philosophischen Landläufigkeit, die sie mit dem ›Hessischen Landboten‹ gemein hat."
Phänomenologie des Geistes ist die fahrende: Subjekt – Objekt, S. 80, vgl. S. 61, 68, 75

Seite 201 *Bei Goethe trägt:* wie oben, S. 59
Gespräch des Weltgeistes: S. 136
Die Größe der Phänomenologie: Karl Marx, Ökonomisch-Philosophische Manuskripte, Marx/Engels Gesamtausgabe I, 3, S. 156
Geschlossenes Weltbild: Bloch, Subjekt – Objekt, S. 226 ff.

Ich halte mich daran: Hegel, Briefe Bd. II, S. 85 f., Brief an Niethammer vom 5.7.1816

Seite 202 *Das Werden ist danach:* Subjekt – Objekt, S. 481, vgl. S. 330

Seite 203 *Als Maulwurf:* „Unsere Enkel fechten's besser aus" – Hegel als Novum. In: Abschied von der Utopie?, Frankfurt 1980, S. 197 ff., hier: S. 199 f.
Der Widerspruch: wie oben, S. 200
Ein Walzertakt: S. 199
Man kann die Hände: S. 210
Hegels ganze Philosophie: Subjekt – Objekt, S. 424
Betreibbare Nicht-Statik: S. 450
Dialektik selber: S. 512

Seite 204 *In Blochs Hegel-Buch:* Zwerenz, Kopf und Bauch, S. 112
Wolfgang Schubardt: Kritische Bemerkungen zu dem Buch „Subjekt – Objekt" von Prof. Dr. Ernst Bloch. Einheit 7 (1952), S. 600 ff.
Georg Mende: Klassisches Erbe der Philosophie. Bemerkungen zum Hegel-Buch von Ernst Bloch. Aufbau 8 (1952), S. 277 ff.
Die marxistische Orthodoxie: Hans Heinz Holz, Über Ernst Blochs „Subjekt – Objekt", Ernst Blochs Wirkung, S. 59 ff., hier: S. 63
Über die marxistisch: Ernst Hoffmann, Über die marxistisch-leninistische Erziehung der wissenschaftlichen Kader, Einheit 5 (1950), H. 10, S. 859 ff.
So predigt: wie oben, S. 868
Die umwälzenden Ergebnisse: wie oben, S. 869
Ich habe in der Leipziger Zeit: Tagträume, S. 79

Seite 205 *Selbstverständlich steht die Partei:* An Lukács, 24.9.1952
Daß wir nicht eben: wie oben; vgl. Zwerenz, Kopf und Bauch, S. 115 über Blochs Gram angesichts von Lukács' Desinteresse.
Schönes Haus: Brief vom 9.7.1952; Karola Bloch berichtet, daß das Haus abbezahlt wurde, S. 196

Seite 206 *Ernst war in seinem Element:* Karola Bloch, S. 196
Bei offiziellen Gelegenheiten: Zwerenz, Widerspruch, S. 72
Dem Hegelbuch: Brief vom 9.7.1952
Das war schwierig: Karola Bloch, S. 204

Seite 207 *Ich rege mich:* Prinzip Hoffnung, Frankfurt 1959, S. 21
War das Elternhaus: S. 29 f.
Was treibt in uns an: S. 49
Daß man lebt: S. 49

Seite 209 *Wer bewegt sich:* S. 52
Der sich erhalten will: S. 53
Der bewußte Mensch: S. 54
Der Mensch ist ein ebenso: S. 55
Die angebliche Natur: S. 75
Denn ein Mensch ohne Nahrung: S. 71 f.
Veränderungen: S. 76

Seite 210 *Alle Affekte sind:* S. 83
Die menschlichste aller: S. 83 f.
Die den leeren Magen: S. 84
Aus dem ökonomisch: S. 84

Seite 211 *Der Schläfer ist:* S. 103
Der Nachttraum lebt: S. 111

Seite 212 *Geburtsort des Neuen:* S. 132
Das Bewußtmachen: S. 143
Das Thema der Philosophie: S. 166

Seite 213 *Jene Freiheit, jene Heimat:* S. 241
Militanter Optimismus: S. 229
Daß die Umstände ebensosehr: Marx/Engels, Deutsche Ideologie, Marx/Engels Gesamtausgabe I, 5, S. 27 f.
Damit also ist die: Bloch, Prinzip Hoffnung, S. 302

Seite 214 *Genau gegen eine bestimmte:* S. 323
Aufhebung, Verwirklichung: Marx, Einleitung zur Kritik der Hegelschen Rechtsphilosophie, Marx/Engels Werke Bd. 1, S. 384

Seite 215 *Wie die Philosophie:* wie oben, S. 391
Das schlechthin Neue: Bloch, Prinzip Hoffnung, S. 326; zu diesem Problem vgl. Helmut Fahrenbach, Ernst Bloch und das Problem der Einheit von Philosophie und marxistischer Theorie. In: Seminar: Zur Philosophie Ernst Blochs, Frankfurt 1983, S. 75 ff.
In der bürgerlichen Gesellschaft: Bloch, Prinzip Hoffnung, S. 329

Seite 216 *Die es nicht nötig hatten:* S. 1604
Es gehört also mindestens: S. 1606

Seite 217 *Das Morgen im Heute lebt:* S. 1627
Marx bezeichnet: S. 1628

Seite 218 *Wirklich aber:* Rugard Otto Gropp, Die marxistische dialektische Methode und ihr Gegensatz zur idealistischen Dialektik Hegels, Deutsche Zeitschrift für Philosophie 2 (1954), S. 69 ff., 344 ff., hier: S. 97
Der Präsident: Neues Deutschland 8.7.1955

Seite 219 *Einen aufrechten Menschen:* Kurt Hager, Parteilichkeit oder politische Neutralität? Neues Deutschland, 8.7.1955

Seite 220 *Ihre Freunde:* Rugard Otto Gropp, Festschrift Ernst Bloch zum 70. Geburtstag, Berlin 1955, S. 7
Ernst stand im Zenit: Karola Bloch, S. 214
Ich bekam alle möglichen: Tagträume, S. 78
Und er sprach die Hoffnung aus: Manfred Riedel, Gespräch am 26. 1. 1985

Seite 221 *Verschulung jedenfalls:* Philosophische Aufsätze, S. 328
Wappen der Papagei: wie oben, S. 324
Jede Gouvernantenenge: S. 328
Blochs expressionistische Sprache: Zwerenz, Kopf und Bauch, S. 111
Blochs Hörsaal: Riedel, wie oben

Seite 222 *Kurz nach dem 17. Juni:* Zwerenz, Kopf und Bauch, S. 112
Was not tut: Heinz Brandt, Ein Traum, der nicht entführbar ist, München 1967, S. 254 f.
Der Kuschende spricht: Atheismus im Christentum, Frankfurt 1968, S. 16
Die Vorlesungen enthalten: Zwerenz, Kopf und Bauch, S. 113
Seine Kunst: Zwerenz, Widerspruch, S. 75
In einem rechtsphilosophischen: Bloch, Sokratisches, Revolution der Utopie, S. 89

Seite 224 *Wir werden als diejenigen:* Brief an Lukács, 11.6.1955
Ein Kennzeichen für jeden: Protokoll der Konferenz der Sektion Philosophie der Deutschen Akademie der Wissenschaften zu Berlin 8. – 10. März, Berlin 1956, S. 19
Obwohl, ja weil: Protokoll, S. 21
Die jetzt mögliche Freiheit: S. 29
Daß die Diktatur: S. 30

Seite 225 *Haltung einer Gouvernante:* Politische Messungen, S. 366
Wissenschaft als Küchenfee: S. 367
Eigenschaft des Adlers: S. 367

Freiheitsbeschränkungen: S. 368 f.
Das menschliche Vermögen: S. 369

Seite 226 *Auch wenn er es durchaus:* Über Freiheit und objektive Gesetzlichkeit, politisch gefaßt, Deutsche Zeitschrift für Philosophie 2 (1954), S. 808 ff., hier: S. 821

Seite 227 *Ähnlich argumentiert:* Differenzierungen im Begriff Fortschritt, Sitzungsberichte der Deutschen Akademie der Wissenschaften zu Berlin, Klasse für Philosophie, Jg. 1955, Nr. 5; Friedrich Engels als Polyhistor, Deutsche Zeitschrift für Philosophie 3 (1955), S. 669 ff.
Das ging alles ganz gut: Tagträume, S. 78
Allerhöchste Zeit: Bloch-Almanach 3, S. 22
Man fragt sich entsetzt: „Im Oktober 1956 stellte sich Ernst auf die Seite des antistalinistischen Gomulka", meint Karola Bloch. In: Landmann, Gespräche, Neue Deutsche Hefte 1980, H. 2, S. 281
Einer seiner engsten Freunde: Ludwig Marcuse, Bewunderung und Abscheu, Ernst Blochs Wirkung, S. 77

Seite 228 *Wie doch ein bloßes:* Politische Messungen, S. 357
Sie blieben nicht im Schiff: wie oben
In Revolutionstribunale: S. 360 f.
Der vorgeschriebene Aberglaube: S. 358
Daß aber auch ein: S. 359
Unter Stalin: S. 364
Zitat-Zeloten: S. 365

Seite 229 *Die Bewährung heißt:* S. 361

Seite 230 *Anmaßen hoch droben:* S. 361 f.
Auch die Mitteilung: Philosophische Aufsätze, S. 482

Seite 231 *Genug davon:* S. 483
Über die Lage: Deutsche Zeitschrift für Philosophie 4 (1956), H. 1, S. 5 ff.
Leidenschaftlicher Kämpfer: wie oben, S. 14, vgl. 26
Subjekt – Objekt, Prinzip Hoffnung: S. 26 f.
Zweifellos weist: S. 14
Beliebige Wünsche: S. 31

Seite 233 *Offener Brief:* Bloch-Almanach 3, S. 21 ff.

Seite 234 *Bei der Aufnahme:* Bloch-Almanach 3, S. 30
Der Brief Blochs: Jürgen Rühle, Das warme und das kalte Rot. Ernst Bloch im Netzwerk der SED. Bloch-Almanach 4, S. 75 ff., hier: S. 84
Des Näheren aber: Bloch-Almanach 3, S. 31
Ernst war sehr enttäuscht: Karola Bloch, S. 229
Die Promotion scheiterte: Silvia Markun, Ernst Bloch, Reinbek 1977, S. 87
Herr Engelmann: Bloch-Almanach 3, S. 30

Seite 235 *Melsheimer, Ulbricht, Hager:* Karola Bloch, S. 223; Rühle, Bloch-Almanach 4, S. 84; Hans Mayer, Ein Deutscher auf Widerruf, Bd. 2, Frankfurt 1984, S. 129, 290
Ein solches Privileg: Ulbricht, Zum Kampf zwischen dem Marxismus-Leninismus und den Ideologien der Bourgeoisie. Deutsche Zeitschrift für Philosophie 4 (1956), S. 523
Man fragt sich: Kurt Hager, Der Kampf gegen bürgerliche Ideologen und Revisionismus. Deutsche Zeitschrift für Philosophie 4 (1956), S. 537

Seite 236 *Herr Prof. Dr. Bloch:* Leipziger Volkszeitung, 21.2.1957
In einer Zeit: Rugard Otto Gropp, Mystische Hoffnungsphilosophie ist unvereinbar mit Marxismus. Wissenschaftliche Beilage des Forum, 2. März-Ausgabe 1957, S. 2 ff., hier: S. 6
Blochs Hegel-Vortrag: Hermann Ley, Ernst Bloch und das Hegelsche

System, Einheit 12 (1957), S. 327 ff.
Er meint: wie oben, S. 332
Der dialektische Materialismus: S. 335

Seite 237 *Ich suchte Bloch:* Zwerenz, Kopf und Bauch, S. 104
Wenn ich mich: Manfred Riedel, Gespräch am 26. 1. 1985
Wer undankbar ist: Karola Bloch, S. 236 f.

Seite 238 *Welche politischen Absichten:* Heinrich Schwartze, zitiert in Neues Deutschland, 15. 10. 1957
Blochsche Gefahr: Hager, zitiert in Neues Deutschland, 26. 10. 1957; Treiben von Bloch, Johannes R. Becher, Neues Deutschland 26. 10. 1957

Seite 239 *Wir müssen heute:* Kurt Hager, Die Zeit, in der wir leben und kämpfen, Sonntag, 3. 11. 1957.
Dort haben es: Neues Deutschland 11. 1. 1958
Irrwege: Berliner Zeitung, 29. 3. 1958

Seite 240 *Es ist ja andererseits:* Berliner Zeitung, 10. 6. 1958
Ernst arbeitete: Karola Bloch, S. 228

Seite 242 *Der religiöse Ursprung:* Deutsche Zeitschrift für Philosophie 6 (1958), H. 4, S. 576 ff.
Verderblicher Einfluß: Manfred Buhr, Kritische Bemerkungen zu Ernst Blochs Hauptwerk „Das Prinzip Hoffnung". Deutsche Zeitschrift für Philosophie 8 (1960), S. 365 ff.

Seite 243 *75. Geburtstag:* Siegfried Unseld, Ernst Bloch zu ehren, S. 6
Daß sein Platz in der DDR sei: Karola Bloch, S. 230 f.
Nach dem Westen zu gehen: Max Hirschler, 5.6.1962

Seite 244 *Wir waren wie vor den Kopf:* Karola Bloch, S. 242
Das Härteste für mich war: Tagträume, S. 125

Kapitel 9

Seite 247 *Nachdem der Akademische:* Leipziger Volkszeitung, 24. 9. 1961
Deserteur, Renegat: Universitätszeitung Leipzig, Organ der SED-Parteileitung, 26. 9. 1961
Auch er wählte: Abendzeitung, 21. 9. 1961
Der partizipierende Kommunist: Ernest J. Salter, Ernst Bloch kehrt nicht zurück. Deutsche Universitätszeitung 16 (1961), H. 10 , S. 34

Seite 248 *Das Schicksal dieses Mannes:* Ernst Trip, Bruch mit dem Prinzip Hoffnung, Frankfurter Neue Presse, 21. 9. 1961
Bloch ist kein Flüchtling: Der Flüchtling Bloch, Rheinische Post, 21. 9. 1961

Seite 249 *Saulus – Paulus:* Erwin Wäsche, Die heimatlose Linke, Mainzer Allgemeine Zeitung 26. 9. 1961; vgl. Tagesspiegel 21. 9., Hamburger Echo 23. 9. 1961; Chr. Michael, Hoffnung, Illusion und Bloch. Ernst Blochs Philosophie bleibt Apologie des Ostens. Freie Rundschau 1962, S. 25 ff.
Man soll nicht: Norbert Leser, Keine Heimat für Ernst Bloch, Forum 8 (1961), H. 96, S. 437
Was bedeutet Bloch: Hans Dietrich Sander, Welt 21. 9. 1961; Walter Jens, Zeit 29. 9. 1961.
Es ist gut: Walter Jens, Zeit 29. 9. 1961; vgl. Herbert Ludz, Hamburger Echo 23. 9. 1961 und Tat, Zürich, 30. 9. 1961: „Allzu eifrige Freiheitspotentaten dürften aber schlecht beraten sein, wenn sie Bloch dazu mißbrauchen sollten in ihm den Abfall der Intellektuellen vom Marxismus gekrönt zu sehen."

Seite 250 *Dieser leidenschaftliche:* Till, Der Osten verlor seinen großen Denker, Abendpost Frankfurt, 21. 9. 1961

Seite 251 *Anpassung an das Regime:* Max Bense, Hegel, marxistisch gedeutet, Neue literarische Welt Nr. 3, 10.2.1952, S. 13
Jahre später: Max Bense, Rationalismus und Sensibilität, Baden-Baden 1956, S. 137 ff.: Ernst Bloch Prosa und die neue Seinsthematik.
Hermann Lübbe: Zur marxistischen Auslegung Hegels, Philosophische Rundschau 2 (1954/55), S. 38 ff., hier: S. 55
Helmut Olles: Der Marxismus und die Träume vom besseren Leben, Frankfurter Hefte 10 (1955), S. 293 ff.; Die Welt verändern, Frankfurter Hefte 11 (1956), S. 745 ff.
Jürgen Habermas: Zur philosophischen Diskussion um Marx und den Marxismus, Philosophische Rundschau 5 (1957), S. 199 f.; Ein marxistischer Schelling, Merkur 10 (1960), S. 1078 ff.
Iring Fetscher: Das Verhältnis des Marxismus zu Hegel, (Dritter Teil), Aus Politik und Zeitgeschichte (Beilage zur Wochenzeitung „Das Parlament"), 28.5.1958.
Attraktives Gerücht: Martin Walser, Prophet mit Marx- und Engelszungen, Süddeutsche Zeitung 26.9.1959; Jürgen Moltmann, Messianismus und Marxismus, Kirche in der Zeit 1960, zitiert nach: Über Ernst Bloch, Frankfurt 1968, S. 43; Ivo Frenzel, Philosophie zwischen Traum und Apokalypse, Frankfurter Hefte 15 (1960), H. 7, S. 457 ff., 545 ff.

Seite 252 *Blochs Philosophie:* Alfred Schmidt, Ernst Bloch und die ultima materia, Diskus (Frankfurter Studentenzeitung), April 1961, zitiert nach: Ernst Blochs Wirkung, S. 71 ff.
Kennzeichnend: Ludwig Marcuse, Bewunderung und Abscheu, Ernst Blochs Wirkung, S. 74 ff.
Hünenhaft, ungebeugt: Hamburger Abendblatt, 17.11.1961

Seite 253 *Die ersten Reihen:* Joachim Kaiser, Gibt es Märtyrer der Hoffnung? Süddeutsche Zeitung 20.11.1961
Kann Hoffnung enttäuscht werden: Literarische Aufsätze, S. 385 ff.
Farbe bekannte: Tagträume, S. 89
Auch sie kann: Literarische Aufsätze, S. 386
Mit anderen Worten: S. 387
An ihr wird Hoffen: S. 389

Seite 254 *Realer Humanismus:* S. 389
Ältester Wachtraum: S. 390
Sondern auch: S. 390

Seite 255 *Indem das aber nicht:* S. 390
Wie mit dem Genie: S. 391; *Laboratorium possibilis salutis:* Werkstatt möglichen Heils.
Für die nächsten Jahre: Brief von Karola Bloch, 15.2.1962

Seite 256 *Nicht zu Globke:* Mannheimer Morgen, 5.8.1977
Wie amtlich bescheinigt: Bescheid des Landesamtes für Wiedergutmachung über Blochs Rentenanspruch; 1966.
Daß wir im Mai 1949: Brief an Karl Lochner, 6.9.1961
Anerkennung als Vertriebener, Rente: Bescheid des Stuttgarter Landesamtes für Wiedergutmachung vom 26.10.1966.

Seite 257 *Orthopädie des aufrechten Gangs:* Tagträume, S. 83 und öfter
An der Wiege: Naturrecht und menschliche Würde, S. 213
Statt Privilegienrecht: S. 69

Seite 258 *Aufhebung aller Verhältnisse: S. 232*
Über die Mauer: Gespräche, S. 21
Humanum im Westen: Politische Messungen, S. 416
Keine Lorbeeren: Gespräche, S. 86
Eine Handvoll Glück: Politische Messungen, S. 474 f.
Nötig ist das deutliche: Politische Messungen, S. 428

Seite 259 *Sondern die Reife:* Naturrecht, S. 179
Die Luft ist voll Tabaksrauch (Bildtext): Gert Ueding, Bloch in Tübingen, in: Physiognomien, Philosophen des 20. Jahrhunderts in Portraits. Königstein 1980, S. 159 ff., hier: S. 163; Jan Robert Bloch, Ein alter Tisch aus London, in: Seminar: Zur Philosophie Ernst Blochs, S. 261 ff., hier: S. 262

Seite 260 *Möglich gewordene Unabhängigkeit:* Naturrecht, S. 259, vgl. Prinzip Hoffnung, S. 620 f.
Vor-Bilder: Philosophische Aufsätze, S. 594
Die klassenlose Gesellschaft: Philosophische Aufsätze, S. 595
Freiheit – Ordnung: Prinzip Hoffnung, S. 620 f.
Konkretes Freisein: Prinzip Hoffnung, S. 621
Gegen Ausmalung: Prinzip Hoffnung, S. 725, Gespräche, S. 133

Seite 261 *Kollektiv hat die Aufgabe:* Prinzip Hoffnung, S. 637
Einheit von Individuen: S. 1135 ff.
Diktatur der Mittelmäßigkeit: S. 1139
Richtungseinheit: S. 1139
Vorschlag gemacht: Der Sozialismus hat überhaupt noch nicht begonnen. Gespräch mit Heinz Peter Körfgen, Mannheimer Morgen 7.2.1963; vgl. Stufen und Grenzen der Verantwortung, Tagung des Kongresses für kulturelle Freiheit 1963, in: Widerstand und Friede, Frankfurt 1969, S. 60 ff., hier: S. 65 f.; vgl. Politische Messungen, S. 391 f. und öfter.

Seite 262 *Gegen die damaligen Feinde:* Politische Messungen, S. 480
Diktatur der Apparatschiks: Gespräche, S. 83, Politische Messungen, S. 392, 480, vgl. 417, 439, 482
Absterben des Staates: Gespräche, S. 84
Zarisierungen: Politische Messungen 449, 415
Fortdauerndes Sinken: Politische Messungen, S. 392, vgl. Gespräche, S. 160

Seite 263 *Neu entfremdet:* Politische Messungen, S. 392
Gallischer Hahn: Politische Messungen, S. 392, Gespräche, S. 243
Statt dessen: Gespräche, S. 85
Was unter Sozialismus: Mannheimer Morgen, 7.2.1963
Selbst wenn das: Tagträume, S. 93

Seite 264 *Vermächtnis von Hölderlin:* Tagträume, S. 90 f.
Die reale Möglichkeit: Prinzip Hoffnung, S. 274, vgl. Philosophische Aufsätze, S. 589

Seite 265 *Das Nicht ist nicht da:* Prinzip Hoffnung, S. 357
Hier erwarten die Studenten: Landmann, Gespräche mit Ernst Bloch, Neue Deutsche Hefte 1967, H. 3, S. 30
Hier dagegen: wie oben, S. 31
Wie alt, dumpf: Ueding, Bloch in Tübingen, S. 168

Seite 266 *Über einer großen:* Mannheimer Morgen, 7.2.1963
Hört man Ernst Bloch: Wolfgang Kraus, Philosoph der Hoffnung, Augsburger Allgemeine 17.7.1965

Seite 267 *Es gibt Dinge:* Landmann, Gespräche mit Ernst Bloch, S. 24

Seite 269 *So haben wir als Bürger:* Werner Maihofer, Demokratie und Sozialismus, Ernst Bloch zu ehren, S. 31 ff., hier: S. 63 f.
Leises Nichts: Zitat bei Schumacher, Revolution der Utopie, S. 98
Sein des Preises würdiges: Werner Maihofer, Ernst Blochs Evolution des Marxismus, in: Über Ernst Bloch, Frankfurt 1968, S. 112
Nur sanft sein: Bloch, Widerstand und Friede, S. 100; vgl. Politische Messungen, S. 433 ff.: In den Messungen ist der gedruckte Text aufgenommen, in Widerstand und Friede steht der gesprochene Text von Blochs Rede.
Als häufiges Gemisch: Politische Messungen, S. 434
So auch als Polizei: Widerstand und Friede, S. 100, vgl. Politische Messun-

gen, S. 434 abweichend: „Nur sie begehen dann Landfriedensbruch, sozusagen primär, erscheinen allein als gewaltätig."

Seite 270 *Unsere Herren:* Widerstand und Friede, S. 101
Von den Kreuzigungen: Widerstand und Friede, S. 103

Seite 271 *Die Nazis wurden:* Politische Messungen, S. 376
Wir kommen zusammen: Notstand jetzt, in: Widerstand und Friede, S. 81 – 83
Ich habe dieses Prinzip (Bildtext): Günter Grass, Schwäbisches Tagblatt 17.8.1977

Seite 272 *Das grauenvolle Prager:* Politische Messungen, S. 418
Zur Zeit hat die: S. 419
Wer Vietnam: Gespräche, S. 126

Seite 273 *Es wird niemals allein:* Gespräche, S. 149
Klar, man hat nicht mehr: Politische Messungen, S. 474
Was ist da aus den: Gespräche, S. 169, vgl. 146 f.
Man darf Revolution: Politische Messungen, S. 394 f.
Das Positive angedeutet: Gespräche, S. 122, 128, Messungen, S. 398
Aufruhr gegen primäre: Gespräche, S. 121
Die Gewalt des Aufruhrs: Gespräche, S. 165, vgl. S. 130, 149
Ausdruck von Misere: Gespräche, S. 252
Die rasche Heldentat: Widerstand und Friede, S. 64; vgl. Revolution der Utopie, S. 83

Seite 274 *Individueller Luxus:* Gespräche, S. 136
Herrengifte: wie oben, S. 136 f.
Daß es Bloch gibt (Bildtext): Martin Walser in: Denken heißt Überschreiten, S. 117 f.

Seite 275 *So will der marxistisch:* Messungen, S. 468
Aufbruch, Abbruch: Messungen, S. 471
Der biologische Ort: Messungen, S. 396

Seite 276 *Statthalterschaft:* Messungen, S. 396
Schlaf des Proletariats: Gespräche, S. 109, 146 f., 167, 242 f., 246; Messungen, S. 474, 476
Eine neue Bewegung: Gespräche, S. 127
Die Studenten erscheinen: Gespräche, S. 136
Ohnehin beinhaltet: Gespräche, S. 159, vgl. S. 109, 147

Seite 277 *Besser als gar nichts:* Gespräche, S. 114
Unzufriedenheit, Erbitterung: Gespräche, S. 116
Ökonomisch unterdrückt: S. 147 f.

Seite 278 *Es gibt die Entfremdung:* S. 147
Erbitterung gegen alles: Messungen, S. 397
Andere subversive Element: Gespräche, S. 148
Sie müßten doch: S. 112
Wo immer dieser Wohlfahrtsstaat: Messungen, S. 474
Pflicht zur Propaganda: Gespräche, S. 167

Seite 279 *Parteichinesisch:* Gespräche, S. 168, vgl. Messungen, S. 401 f.
Stinnes war deutlich: Revolution der Utopie, S. 86
Durchschnittsprofitrate: S. 88
Habermas: S. 87
Grundsonderbarkeit: Messungen, S. 399

Seite 280 *Jedenfalls setzt sich:* Grußwort zur Gedenkveranstaltung für Holger Meins, 15.11.1974, in: Ernst Bloch lebt weiter. Dokumentation des AStA Tübingen, S. 8 (1977)

Seite 281 *Wie er da stand (Bildtext):* Heinz Brandt, Ein Traum, der nicht entführbar ist, S. 255

Seite 288 *Gesprenkeltes Gefühl:* Mannheimer Morgen, 5. 8. 1977
Schmierenkomödie: Ueding, Bloch in Tübingen, S. 173

Seite 289 *Habe ich denn:* Gérard Raulet, Die Banalität ist die Gegenrevolution. Ernst Bloch, der Tod und die Bundesrepublik. In: Denken heißt Überschreiten, S. 259 ff., hier: S. 263
Ernst Bloch ehren: AStA-Dokumentation, S. 17

Seite 290 *Wer sich so äußert:* Ingrid Zwerenz, Sherry mit Zucker, Pardon 1975, H. 9, S. 88
Nichts, kein Konflikt (Bildtext): Wolfgang Harich, Denken heißt Überschreiten, S. 120

Seite 292 *Dämonen-Furcht:* Atheismus im Christentum, S. 23;
Historisch nicht recht: Prinzip Hoffnung, S. 1528 ff., Philosophische Aufsätze, S. 479 f. und öfter
Das Beste an der Religion: Atheismus im Christentum, S. 23, Geist der Utopie, S. 110; Geist der Utopie 1923, S. 73; Philosophische Aufsätze, S. 269 f.; Erbschaft dieser Zeit, S. 126 ff.; Subjekt – Objekt, S. 535; Prinzip Hoffnung, S. 567 f., 590 ff.; Thomas Münzer durchgängig.
sub specie: hinsichtlich

Seite 293 *Die Religion ist die phantastische:* Karl Marx, Zur Kritik der Hegelschen Rechtsphilosophie, Einleitung Marx/Engels Werke Bd. 1, S. 378 f.
Imaginäre Blumen: wie oben, S. 379; diese Passage endet mit der von Bloch wiederholt zitierten Stelle: „Die Kritik der Religion endet mit der Lehre, daß der Mensch das höchste Wesen für den Menschen sei; also mit dem kategorischen Imperativ, alle Verhältnisse umzuwerfen, in denen der Mensch ein erniedrigtes, ein geknechtetes, ein verlassenes, ein verächtliches Wesen ist."

Seite 294 *Geltung der Wunschprojektionen:* Atheismus im Christentum, S. 282 f.; Prinzip Hoffnung, S. 1520 f.; Philosophische Aufsätze, S. 183
Aberglaube: Prinzip Hoffnung, S. 1412 ff., 1542 ff.
Eine Religion ohne Gott: Gespräche, S. 189

Seite 295 *Nur ein Atheist:* Atheismus im Christentum, S. 24
Rotes Geheimnis: Atheismus im Christentum, S. 317
Kanaan: Prinzip Hoffnung, S. 1461
Theologische Kritik: Aus der Fülle der theologischen Arbeiten über Bloch habe ich hier die Argumente zitiert von: Helmut Gollwitzer, Krummes Holz – aufrechter Gang. München 1970, S. 167; Ludwig Weimer, Das Verständnis von Religion und Offenbarung bei Ernst Bloch, München 1971, S. 231; Carl-Heinz Ratschow, Atheismus im Christentum? Gütersloh 1971, S. 106; Egenolf Roeder von Diersburg, Zur Ontologie und Logik offener Systeme, Hamburg 1967, S. 87 f.
Was soll hierzu: Manfred Buhr, Kritische Bemerkungen, S. 371
Heilsame Provokation: Paul Schütz, Parusia – Hoffnung und Prophetie. Hamburg 1963, S. 498; Michael Theunissen, Hegels Lehre vom absoluten Geist als theologisch-politischer Traktat, Berlin 1970, S. 363 f.; Wolf-Dieter Marsch. „Eritis sicut Deus", in: Philosophie im Schatten Gottes, Gütersloh 1973, S. 68 f.
Nach einer der üblichen: Ueding, Bloch in Tübingen, S. 164

Seite 296 *Bloch ist mir vorangegangen:* Ueding, S. 163
Oftmals blieb: Ueding, S. 165
Dies Buch ist eine Auswahl: Messungen, S. 12

Seite 297 *Änderungen:* Hans-Albert Walter, Vor Tische las man's anders ..., Frankfurter Rundschau 12. 12. 1970

Die Nazis brüllen Frieden: Musik der Bedrohung, Neue Weltbühne 5.12.1935
Bürgerliche Intellektuelle: Der Intelektuelle und die Politik, Neue Weltbühne 3.2.1938, Blochs Änderung: Messungen, S. 201
Über Freiheit: Philosophische Aufsätze, S. 531 ff.
Wobei allerdings auch: Messungen, S. 547 f.

Seite 298 *Keine diplomatischen Dokumente:* Frankfurter Rundschau, 15.12.1970
Matte Argumente: Ivo Frenzel, Zweierlei Maß, Süddeutsche Zeitung, 18.12.1970
Kleinliche Beckmesserei: Iring Fetscher, Träumer nach vorwärts, Die Zeit, 12.2.1971

Seite 299 *Verständnislosigkeit:* Helmut Gollwitzer, Maßstäbe für Ernst Bloch, Neues Forum 1971, S. 15
Das Entscheidende ist aber nicht: Oskar Negt, Ein kämpfender Philosoph, links 8 (1971), S. 9

Seite 300 *Sehr selten sah (Bildtext):* Jean Améry, Basler National-Zeitung, 11.7.1965

Seite 301 *Das anthropologische Realproblem:* Tübinger Einleitung in die Philosophie, Frankfurt 1970, S. 235
Bewußte Materie: Das Materialismusproblem, seine Geschichte und Substanz, Frankfurt 1972, S. 305
Was Gewicht hat: Gespräche, S. 278
Erklärung der Welt aus sich selbst: Materialismus, S. 373
Aristotelische Linke: Avicenna und die Aristotelische Linke, 1952 als Einzelausgabe erschienen, ist im „Materialismusproblem" als Anhang aufgenommen (S. 479 ff.)

Seite 302 *Aus mechanischen Bewegungen:* Materialismus, S. 187
Ins Unendliche fort: Friedrich Wilhelm Schelling, Abhandlungen zur Erläuterung des Idealismus der Wissenschaftslehre (1796), Werke I/1, Stuttgart 1856, S. 387
Die jetzt vor uns liegende: Schelling, Darstellung meines Systems der Philosophie (1801), Werke I/4, Stuttgart 1859, S. 208
Vorboten sittlicher und sozialer: Schelling, Darstellung des Naturprozesses, Werke I/10, Stuttgart 1861, S. 377; Darstellung meines Systems der Philosophie, Werke I/4. S. 211; Schelling spricht in diesem Zusammenhang auch von einer möglichen ›Auferstehung der toten Materie‹, S. 208
Ein Ich oder Selbst: Experimentum Mundi, Frankfurt 1975, S. 215
Das Gärende: Materialismus, S. 375
Gewalt oder List: Prinzip Hoffnung, S. 779 ff.
Vorarchitektur der Hölle: Prinzip Hoffnung, S. 808
Ein der Technik selber: Prinzip Hoffnung, S. 809
Angst des Ingenieurs: Literarische Aufsätze, S. 347 ff.; Prinzip Hoffnung, S. 810 ff.; Materialismus, S. 434

Seite 303 *Zum Erwachen bringt:* Materialismus, S. 464 f.
Von der Tiefe: Experimentum, S. 222
Identität: Prinzip Hoffnung, S. 1570
Unausgeschöpfter Reichtum: Materialismus, S. 371
Kutscherbibliothek: Ueding, Bloch in Tübingen, S. 176

Seite 304 *Antimaterie:* Hannes Alfvén, Kosmologie und Antimaterie, Frankfurt 1969, S. 56 ff.
Marxismus aber ist: Prinzip Hoffnung, S. 728
Der Kommunismus ist die notwendige: Karl Marx, Ökonomisch-philosophische Manuskripte (1844), Marx/Engels Werke, Ergänzungsband 1, S. 546, vgl. S. 536
Kommunismus nicht ein Zustand: Marx/Engels, Deutsche Ideologie, Marx/Engels Werke Bd. 3, S. 35

Seite 306 *Äußeres und schmutziges:* Prinzip Hoffnung, S. 1080
Einzig wahre Sorgen: S. 1083
Marxismus langweilig: Gespräche, S. 135, vgl. S. 218
Weiterungen: Gespräche, S. 218
Angemessene Sorgen: Naturrecht, S. 310, vgl. Erbschaft, S. 69
Ideologie des Überhaupt: Prinzip Hoffnung, S. 1083 ff.
Keine hohe Denkerstirn (Bildtext): Michael Landmann, Gespräche mit Ernst Bloch, Neue Deutsche Hefte 1980, H. 1, S. 18

Seite 307 *Neue Ökumene:* Naturrecht, S. 312, 314, vgl. 259
Kommunistische Ökumene: Bloch, Ich und Wir, Aufbau 5 (1949), S. 789
Identität des Wir: Prinzip Hoffnung, S. 1143

Seite 308 *Aufblitzen:* Experimentum, S. 258
Geschichte: Experimentum, S. 258, vgl. 245, 259 f., 96 f. und öfter
Musik: Prinzip Hoffnung, S. 1296, Experimentum, S. 245 und öfter
Literatur: Prinzip Hoffnung, S. 1188, 1192, 1194 und öfter
Präsens: Prinzip Hoffnung, S. 366
Selbsteinsetzung: Prinzip Hoffnung, S. 1534, vgl. 1548
Rätsel des treibenden X: Tübinger Einleitung, S. 277
Mystik: Prinzip Hoffnung, S. 1534, vgl. 1549 f., Tübinger Einleitung, S. 273
Nu, Nunc stans, Nunc aeternum: Begriffe für den erfüllten Augenblick des Eins-Seins des Ich mit Gott in der Mystik.
Außer seiner Moral: Atheismus im Christentum, S. 352

Seite 309 *Alltäglichere Sorge:* Atheismus im Christentum, S. 353, vgl. 345, Experimentum, S. 257
Solange noch so dringend: Gespräche, S. 135, vgl. Subjekt – Objekt, S. 487
Buch über das Rahmenhafte: Bloch-Almanach 3, S. 26
Kategorienlehre war: Gespräche, S. 261
Die Welt selber: Gespräche, S. 261
Eisenbahnlektüre: Gespräche, S. 265

Seite 310 *Übergenug fehlt:* Zwischenwelten in der Philosophiegeschichte, Frankfurt 1977, S. 16 f.
Ganz andere Geschichte: Tagträume, S. 90
Die Seminardiskussionen: Ueding, Bloch in Tübingen, S. 166 f.
An dem ihm viel lag: Tendenz, S. 420
Noch durchgesehen: Tendenz, S. 420
Präsident Carter: Konkret, September 1977

Seite 312 *Was ihn empörte:* Wolf Biermann in einem Gespräch im August 1984

Seite 313 *Wie drängt man:* Prinzip Hoffnung, S. 1298 f.
Er hatte Schmerzen: Walter Jens, Ein Segel in eine andere Welt, in: Denken heißt Überschreiten, S. 272
Mit Neugierde: Siegfried Unseld, Warum sucht Ihr den, der da lebt, unter den Toten? In: Denken heißt Überschreiten, S. 273
Kommt man um die letzte: Prinzip Hoffnung, S. 1384

Seite 314 *Stärkste Nicht-Utopie:* Prinzip Hoffnung, S. 1297
Seelenwanderung: Prinzip Hoffnung, S. 1391; vgl. Gespräch mit Unseld über den Tod, Tendenz, S. 308 ff.
Tod Blochs: So von Karola Bloch im Gespräch berichtet; leicht abweichende Darstellung bei Elisabeth Freundlich, Die Feierstunde für Ernst Bloch, Frankfurter Hefte 32 (1977), Nr. 11, S. 41

Seite 315 *Schmierer, Brut:* Schwäbisches Tagblatt, 9. 8. 1977
Fahrenbach, Brut: Schwäbisches Tagblatt, 12. 8. 1977
Ich spreche im Namen: Helmut Fahrenbach, Ein Denker des „Nach-vorn“, in: Denken heißt Überschreiten, S. 277
Verein eitler Selbstdarsteller: Schwäbisches Tagblatt, 9. 8. 1977
In der Universität: AStA-Dokumentation, S. 24

Mit geballter Faust: AStA-Dokumentation, S. 27

Seite 316 *Dutschke-Rede:* Denken heißt Überschreiten, S. 284, 285

Seite 317 *Trauer und Anteilnahme:* Denken heißt Überschreiten, S. 314
Künder der Hoffnung: Frankfurter Neue Presse, 6. 8. 1977
Filbinger: Schwäbisches Tagblatt, 9. 8. 1977
Ernst Bloch in Schutz zu nehmen: Denken heißt Überschreiten, S. 281

Seite 320 *Bemühen um eine neue:* Rede von Kulturdezernent Rund, 14. 1. 1982
Mit großer Sicherheit (Bildtext): Ueding, Bloch in Tübingen, S. 174

Seite 322 *Einer der ihren:* AStA-Dokumentation, S. 47
Der Genosse Bloch: S. 46
Denker, den die Jugend versteht: Ivo Frenzel, Süddeutsche Zeitung, 18. 12. 1970
Überragende Gestalt der Neuen Linken: Hans-Albert Walter, Frankfurter Rundschau, 12. 12. 1970
Heimlicher Theoretiker: Günther Lüschen, Helmut Schelsky – Ein deutscher Soziologe, Civis 3 (Sept. 1984)
So gut wie ohne ihn aus: Paul-Heinz Koesters, Deutschland deine Denker, Hamburg 1980, S. 289
Seine Werke fanden: Christian de Nuys, Hebammen der Gewalt? Civis 2/84, S. 67
Man kann sagen: Frankfurter Allgemeine Zeitung, 5. 8. 1977
Verbindung von Alltag und Revolte: Helmut Reinicke, Revolution der Utopie, S. 9
Ernst Bloch gilt vielen: Ueding, Bloch in Tübingen, S. 167

Seite 323 *Der alte Bloch kam:* Günter Zehm, Der große Magier und sein Orplid, Die Welt, 5. 8. 1977
Der alte Mann und der junge Mann: Gerhard Mauz, Schwierigkeiten beim Aufrechtgehen. Über eine Diskussion mit Ernst Bloch und Rudi Dutschke, Spiegel 22 (1968), Nr. 8, S. 30
Neben anderen (Bildtext): Landmann, Gespräche mit Ernst Bloch, Neue Deutsche Hefte 1980, H. 1, S. 18

Seite 324 *Augen und Ohren:* Rudi Dutschke, Was von ihm zu lernen ist, Frankfurter Rundschau 30. 4. 1976
Herbert Marcuse als: Rudi Dutschke, Im gleichen Gang und Feldzugsplan, in: Materialien zu Ernst Blochs „Prinzip Hoffnung", Frankfurt 1978, S. 220
Repräsentant der revolutionären Philosophie: wie oben, S. 222
Daß wir die historischen: Dutschke, Was von ihm zu lernen ist

Seite 325 *Ohne die angemessene:* Dutschke, wie oben
Bloch erscheint: Joachim Perels, Jürgen Peters, Es muß nicht immer Marmor sein, Ernst Bloch zum 90. Geburtstag, Vorwort, S. 7

Seite 326 *Merkwürdige Privatheit:* Marxismus und Naturbeherrschung, Beiträge zu den Ersten Ernst-Bloch-Tagen, Tübingen 1978, S. 8

Seite 328 *Man kann Ernst Bloch:* Wolfgang Abendroth, Schwäbisches Tagblatt 12. 8. 1977
Im Prinzip Hoffnung: Hans-Peter Schwöbel, Im Prinzip Hoffnung, in: Wir müssen uns das Leben nehmen. Edition Quadrat, Mannheim 1983.

Seite 329 *Drittes Denken:* Gerhard Zwerenz, Vorwärts 5. 1. 1985
Bloch dürfte (Bildtext): Walter Boehlich, Die Farbe der Hoffnung ist rot, in: Denken heißt Überschreiten, S. 123

Seite 331 *Ein Leben in Freiheit:* Gespräche, S. 175
Herstellung der klassenlosen Gesellschaft: Gespräche, S. 155
Wer Bloch kennt: Zwerenz, Schwäbisches Tagblatt, 11. 8. 1977

Seite 332 *Denk- und Daseinsweise:* Dutschke, Was von ihm zu lernen ist, Frankfurter Rundschau 30. 4. 1976

Seite 333 *Der aufrechte Gang:* Politische Messungen, S. 13
Pessimist: Tagträume, S. 118
Ernst Bloch ist ja tot: Wolf Biermann, Ernst Bloch ist ja tot, in: Denken heißt Überschreiten, S. 325

Bildnachweis

Karola Bloch: 85, 95, 107, 113, 123, 129, 166, 168, 171, 172, 176, 177, 193, 197, 199, 202, 205, 208, 211, 214, 221, 230, 241, 242, 244, 247, 248, 252, 253, 258, 259, 261, 262, 266, 267, 268, 273, 276, 277, 279, 284, 285, 286, 289, 292, 294, 298, 303, 307, 308, 314, 317, 319, 322, 332
Jan Robert Bloch: 90, 173, 219, 311
Deutsche Presse-Agentur: 24, 35, 38, 149, 154, 155, 156, 175, 184, 272, 306
Associated Press: 270, 274, 278, 299, 300, 316
Ullstein-Bilderdienst: 101, 102, 127, 128, 131, 143, 145, 163
Karin Voigt: 270, 293, 297
Wolfgang Haut: 320, 326, 333
Erika Sulzer-Kleinemeier: 275, 283, 305
Digne Meller-Markovicz: 269, 324
Helga Reidemeister: 325
Wilhelm Meinberg: 288
Hannes Pflaum: 330
Reinhard Schmid: 329
Manfred Grohe: 296
Thomas Höpker/Agentur Anne Hamann: 303, 323
Wilhelm Rauh: 254
Foto Joppen, Frankfurt: 271
Gerd Schultheiss: 281
Wolf Biermann: 312, 313
Foto Fetzer, Bad Ragaz: 25
Fred Stein: 141
A. Duncan: 162
Lukács-Archiv Budapest: 33, 42, 43, 105
Bildarchiv Preußischer Kulturbesitz: 188
Stadtarchiv Ludwigshafen: 12, 15
Stadtarchiv Mannheim: 17
Ekkehard Bartsch, Archiv der Karl-May-Gesellschaft: 15, 27
Amt für Öffentlichkeitsarbeit der Stadt Würzburg: 32
Stadtarchiv Heidelberg: 47
Photohaus Beckert, Garmisch: 53
Gemeindeschreiberei Interlaken: 79
Kunsthistorisches Institut der Universität Bonn: 105
Landesbildstelle Berlin: 114
Museum der Stadt Mülheim: 170
Keystone: 265

Hinweise für Weiterleser

Auf eine vollständige Bibliographie zu Ernst Bloch und der Bloch-Literatur wird hier verzichtet, da derlei anderswo nachzulesen ist. Die sechzehnbändige Werkausgabe (mit einem Ergänzungsband) ist im Suhrkamp-Verlag in gebundener und als Taschenbuchausgabe herausgekommen:

Band 1: Spuren (1969)
Band 2: Thomas Münzer als Theologe der Revolution (1969)
Band 3: Geist der Utopie (1964)
Band 4: Erbschaft dieser Zeit (1962)
Band 5: Das Prinzip Hoffnung (1959)
Band 6: Naturrecht und menschliche Würde (1961)
Band 7: Das Materialismusproblem, seine Geschichte und Substanz (1972)
Band 8: Subjekt – Objekt. Erläuterungen zu Hegel (1962)
Band 9: Literarische Aufsätze (1965)
Band 10: Philosophische Aufsätze zur objektiven Phantasie (1969)
Band 11: Politische Messungen, Pestzeit, Vormärz (1970)
Band 12: Zwischenwelten in der Philosophiegeschichte (1977)
Band 13: Tübinger Einleitung in die Philosophie (1970)
Band 14: Atheismus im Christentum (1968)
Band 15: Experimentum mundi (1974)
Band 16: Geist der Utopie (1918)
Ergänzungsband: Tendenz – Latenz – Utopie (1978)

Ein umfangreiches Verzeichnis der Arbeiten Blochs über diese Ausgabe hinaus findet sich im Bloch-Almanach 2 (1982), S. 99 ff., auch die Sekundärliteratur ist im Bloch-Almanach am vollständigsten verzeichnet, und zwar der erste Teil in Almanach 3 (1983), S. 159 ff.; der zweite Teil wird in Almanach 5 (1985) erscheinen.

Zum Einlesen in das Werk Ernst Blochs, sollte man nicht mit Großem anfangen. Am günstigsten ist es, Bloch als Gesprächspartner und Redner kennenzulernen. Daher sollte man zuerst zu diesen drei Sammlungen greifen:

Rainer Traub/Harald Wieser (Hrsg.), Gespräche Ernst Bloch. Frankfurt 1975 (edition suhrkamp 798).

Arno Münster (Hrsg.), Tagträume vom aufrechten Gang. Sechs Interviews mit Ernst Bloch. Frankfurt 1977 (edition suhrkamp 920).

Hanna Gekle (Hrsg.), Ernst Bloch: Abschied von der Utopie? Frankfurt 1980 (edition suhrkamp 1064).

Wer dann noch Appetit auf Bloch hat, kann bei den „Spuren“ anfangen, die zum 100. Todestag in einer billigen Sonderausgabe neu herauskommen, dann mit den „Verfremdungen“ weitermachen (als Einzelausgabe in zwei Bänden in der

„Bibliothek Suhrkamp“ erschienen, in der Gesamtausgabe Teil der „Literarischen Aufsätze“), schließlich „Erbschaft dieser Zeit“ lesen als in großen Teilen immer noch gültige Analyse des Faschismus.

Erst dann sollte man sich an das „große“ Werk heranmachen: Hier ist und bleibt „Das Prinzip Hoffnung“ das Hauptwerk, an dem man nicht vorbeikommt (als Taschenbuchausgabe in der Reihe „suhrkamp taschenbuch wissenschaft“ erschienen). Eine gut lesbare Einführung – ohne die enzyklopädische Fülle des „Prinzip Hoffnung“ – ist Blochs „Tübinger Einleitung in die Philosophie“. Vertiefung und Erweiterung nach thematischen Gesichtspunkten bieten dann die anderen Werke: Politisches („Politische Messungen“, „Vom Hasard zur Katastrophe“), damit eng zusammenhängend Rechtsphilosophisches („Naturrecht und menschliche Würde“), Religionsphilosophisches („Atheismus im Christentum“), die Geschichte des Materiebegriffs („Materialismusproblem“), Methodik und Kategorienlehre („Experimentum Mundi“), Geschichte der Philosophie („Zwischenwelten in der Philosophiegeschichte“ bzw. die vollständigen „Leipziger Vorlesungen zur Geschichte der Philosophie“). Wer über das vorliegende Buch hinaus Interesse an biographischem Material über Ernst Bloch hat, sollte zur der von Karola Bloch herausgegebenen großen Edition der Briefe von und an Ernst Bloch (Suhrkamp Verlag) greifen.

Wer nicht gerade spezielles wissenschaftliches Interesse an Bloch und der philosophischen Beurteilung seines Werks hat, kann sich die Lektüre der fachspezifischen Sekundärliteratur sparen. Die leichteste Einführung für Bloch-Anfänger ist eine Auswahl seiner Schriften mit erläuternden Einleitungs- und Zwischentexten von Hans Heinz Holz:

Ernst Bloch, Auswahl aus seinen Schriften. Zusammengestellt und eingeleitet von Hans Heinz Holz. Frankfurt 1967. Dieses Buch ist nicht mehr lieferbar, kann also nur noch in Bibliotheken ausgeliehen werden. Eine aktualisierte Neuauflage wäre eine segensreiche Tat.

Besonders lesenswert für diejenigen, die sich zuerst an den „Spuren“ versucht haben, ist:

Gert Ueding, Glanzvolles Elend. Versuch über Kitsch und Kolportage. Frankfurt 1973.
Der dritte Teil dieses Buches liefert eine ausführliche Analyse von Blochs „Spuren“ und damit eine plastische Einführung in seine Philosophie.

Auf weiterführende Literatur zu einzelnen Themen habe ich gelegentlich in den Anmerkungen hingewiesen. Darüberhinaus lohnt es sich auch in diesem Fall eher, zunächst die Aufsätze in den verschiedenen Sammelbänden und in den Bloch-Almanachen zu lesen, bevor man sich größeren Werken über Bloch aussetzt. Die wichtigsten Sammelbände:

Siegfried Unseld (Hrsg.), Ernst Bloch zu ehren. Beiträge zu seinem Werk. Frankfurt 1965.
Dieser Band dokumentiert vor allem die frühe theologische Bloch-Rezeption, enthält aber auch Adornos schönen Aufsatz „Henkel, Krug und frühe Erfahrung" und Hans Mayers Beitrag „Ernst Blochs poetische Sendung".

Über Ernst Bloch. Frankfurt 1968.
Ein lesenswertes Bändchen („edition suhrkamp" 251) unter anderem mit Martin Walsers „Prophet mit Marx- und Engelszungen" und dem frühen Aufsatz von Jürgen Habermas „Ein marxistischer Schelling".

Ernst Blochs Wirkung. Ein Arbeitsbuch zum 90. Geburtstag. Frankfurt 1975.
Tatsächlich ein „Arbeitsbuch" mit einer Fülle von Rezensionen, Aufsätzen, Auseinandersetzungen mit Bloch von „Geist der Utopie" bis „Experimentum Mundi".

Ernst Bloch zum 90. Geburtstag. Es muß nicht immer Marmor sein. Berlin 1975.
Die erste ausdrücklich „linke" Auseinandersetzung mit Ernst Bloch, nach wie vor eine wichtige Lektüre.

Karola Bloch/Adelbert Reif (Hrsg.), „Denken heißt überschreiten". In memoriam Ernst Bloch 1885 – 1977. Köln, Frankfurt 1978.
Die umfassendste Sammlung von Bloch-Nachwirkungen, Reaktionen auf seinen Tod, zum Teil in angenehmer Weise „persönlich" gehaltene Zeugnisse der Betroffenheit von Blochs Leben und Denken.

Helmut Reinicke (Hrsg.), Revolution der Utopie. Texte von und über Ernst Bloch. Frankfurt 1979.
Lesenswert allein schon wegen der Einleitung von Helmut Reinicke, aber auch wegen der Bloch-Texte und vor allem der Erinnerungen von Joachim Schumacher.

Burghart Schmidt (Hrsg.), Materialien zu Ernst Blochs „Prinzip Hoffnung". Frankfurt 1978.
Anders als der Titel angibt, ist dies eine umfangreiche Materialsammlung weit über das „Prinzip Hoffnung" hinaus, hilfreich auch wegen der Auszüge aus größeren wissenschaftlichen Bloch-Darstellungen.

Burghart Schmidt (Hrsg.), Seminar: Zur Philosophie Ernst Blochs. Frankfurt 1983.
Einige Versuche des „Weitertreibens" Blochscher Ansätze, auch grundsätzliche Tiefenbohrungen an wichtigen Einzelfragen. Bis auf die unerträglich gelehrsam-protzende Einleitung des Herausgebers empfehlenswert.

Personenregister

Dankeschön

Die biographische Bloch-Forschung steht am Anfang, das Beschaffen von Dokumenten ist daher recht schwierig und war nicht immer von Erfolg gekrönt. Besonderer Dank gilt dem Ernst-Bloch-Archiv in Ludwigshafen und seinem Leiter Karlheinz Weigand, der mir neben einer Fülle von anderem Material auch die noch unveröffentlichten Teile seiner Bloch-Bibliographie zur Verfügung stellte. Sie sollen im Bloch-Almanach 5/1985 erscheinen.

Dank für Unterstützung außerdem: Universität München, Universität Würzburg, Pfälzisches Landesarchiv Speyer, Bayerisches Hauptstaatsarchiv (Kriegsarchiv), Geheimes Staatsarchiv Preußischer Kulturbesitz, Landesarchiv Berlin.

Darüberhinaus ist vor allem Frau Karola Bloch zu danken, die bei der Beschaffung von persönlichen Dokumenten und Material zu Ernst Bloch stets hilfreich war und umstandslos auch ihr Einverständnis zur Einsicht in private Dokumente gegeben hat. Weiter wäre allen zu danken, die bereit waren, ihre persönlichen Erfahrungen mit Ernst Bloch weiterzugeben – für die vielen Namen seien genannt: Jan Robert Bloch, Manfred Riedel, Jürgen Teller.

Der Hintern des Teufels
ist die Unruhe,
die Langeweile
ist der Hintern Gottes.

Ernst Bloch an Georg Lukács, 12. 7. 1911

1938 Emigration in die USA; bis Herbst 1938 in Valley Cottage, bis 1940 in New York, bis 1941 in Marborough/New Hampshire, bis 1949 in Cambridge/Massachusetts. Arbeit an „Prinzip Hoffnung", „Naturrecht und menschliche Würde", „Subjekt-Objekt", an Religionsphilosophie und weiter am Materialismusbuch.

1946 „Freiheit und Ordnung" erscheint in New York (ein Kapitel aus „Prinzip Hoffnung").

1949 Übersiedlung nach Leipzig, Lehrstuhl für Philosophie.

1951 „Subjekt-Objekt" erscheint.

1954 „Prinzip Hoffnung", erster Band, 1955 zweiter Band.

1955 Nationalpreis der DDR, Vaterländischer Verdienstorden, Mitglied der Deutschen Akademie der Wissenschaften, gleichzeitig zunehmend Auseinandersetzungen um seine Philosophie, Kritik an seinem Hegel-Buch und am „Prinzip Hoffnung".

1956 Ungarn-Aufstand, Unruhen in Polen, XX. Parteitag der KPdSU (Beginn der Entstalinisierung), Freiheitskonferenz in Berlin und Hegel-Vortrag Blochs: Bloch kritisiert mehr und mehr auch öffentlich die SED und ihre Politik, Ende 1956 reagiert die Partei massiv, eine Kampagne gegen Bloch wird eingeleitet.

1957 Emeritierung, Lehr- und Veröffentlichungsverbot, Isolierung.

1959 „Spuren" und „Prinzip Hoffnung" erscheinen im Westen bei Suhrkamp.

1960 Vortragsreise in der Bundesrepublik.

1961 Während einer Reise nach Bayreuth und München Mauerbau in Berlin, Bloch kehrt nicht in die DDR zurück, Gastprofessur in Tübingen. „Naturrecht und menschliche Würde" erscheint.

1964 Kulturpreis der DGB.

1965 „Literarische Aufsätze", Engagement gegen die Notstandsgesetze.

1967 Friedenspreis des Deutschen Buchhandels.

1968 „Atheismus im Christentum".

1969 „Philosophische Aufsätze", Ehrendoktor der Universität Zagreb.

1970 „Politische Messungen", Ehrenbürger der Stadt Ludwigshafen.

1972 „Materialismusproblem"

1975 „Experimentum Mundi", Ehrendoktor der Sorbonne und der Universität Tübingen.

1977 „Zwischenwelten in der Philosophiegeschichte", „Tendenz – Latenz – Utopie" (Ergänzungsband zur Gesamtausgabe).

1977 Am 4. August in Tübingen gestorben.

1885 am 8. Juli in Ludwigshafen geboren.

1905 Studium in München: Philosophie, Germanistik.

1906 Studium in Würzburg: Philosophie, Physik, Musik.

1908 Promotion mit einer Arbeit über Rickert.

1908 Berlin: Kolloquium bei Georg Simmel, Bekanntschaft mit Lukács.

1911 Bonn, Garmisch, Heidelberg, seit Ende 1911 abwechselnd Garmisch und Heidelberg: Bekanntschaft mit Else von Stritzky, Freundschaft mit Georg Lukács, Arbeit an einem großen philosophischen System.

1913 Heirat mit Else von Stritzky, Wohnung in Heidelberg.

1914 Umzug nach Grünwald im Isartal, hier Arbeit an „Geist der Utopie".

1917 Emigration in die Schweiz, politische Artikel gegen den Krieg und das wilhelminische Deutschland.

1918 „Geist der Utopie" erscheint.

1919 Zurück nach Deutschland, Berlin, München, Arbeit an „Thomas Münzer".

1921 Tod von Else, Umzug nach Berlin, „Thomas Münzer" erscheint.

1922 Heirat mit Linda Oppenheimer.

1923 „Geist der Utopie" (Neuausgabe) und „Durch die Wüste" erscheinen.

1924 Reisen nach Italien, Frankreich, Nordafrika.

1926 Wieder in Berlin, Bekanntschaft mit Karola Piotrkowska, Mitarbeit bei Zeitungen und Zeitschriften, Freundschaft mit Brecht, Weill, Klemperer, Benjamin, Adorno.

1928 Scheidung von Linda Oppenheimer, Geburt der Tochter Mirjam.

1929 Mit Karola Piotrkowska in Wien.

1930 Umsiedlung nach Berlin, „Spuren" erscheinen, Arbeit an „Erbschaft dieser Zeit".

1933 Emigration in die Schweiz.

1934 Ausweisung aus der Schweiz, weiter nach Österreich, Heirat mit Karola.

1935 Umsiedlung nach Paris, „Erbschaft dieser Zeit" erscheint in Zürich.

1936 Umsiedlung nach Prag, Arbeit an „Materialismus"-Manuskript, an Logik, philosophische und politische Aufsätze.

1937 Geburt des Sohnes Jan Robert.